消された日本古代史を復原する

―マルクス主義の古代国家形成論にたって―

草野善彦 著

KUSANO Yoshihiko

本の泉社

消された日本古代史を復原する

—マルクス主義の古代国家形成論にたって—

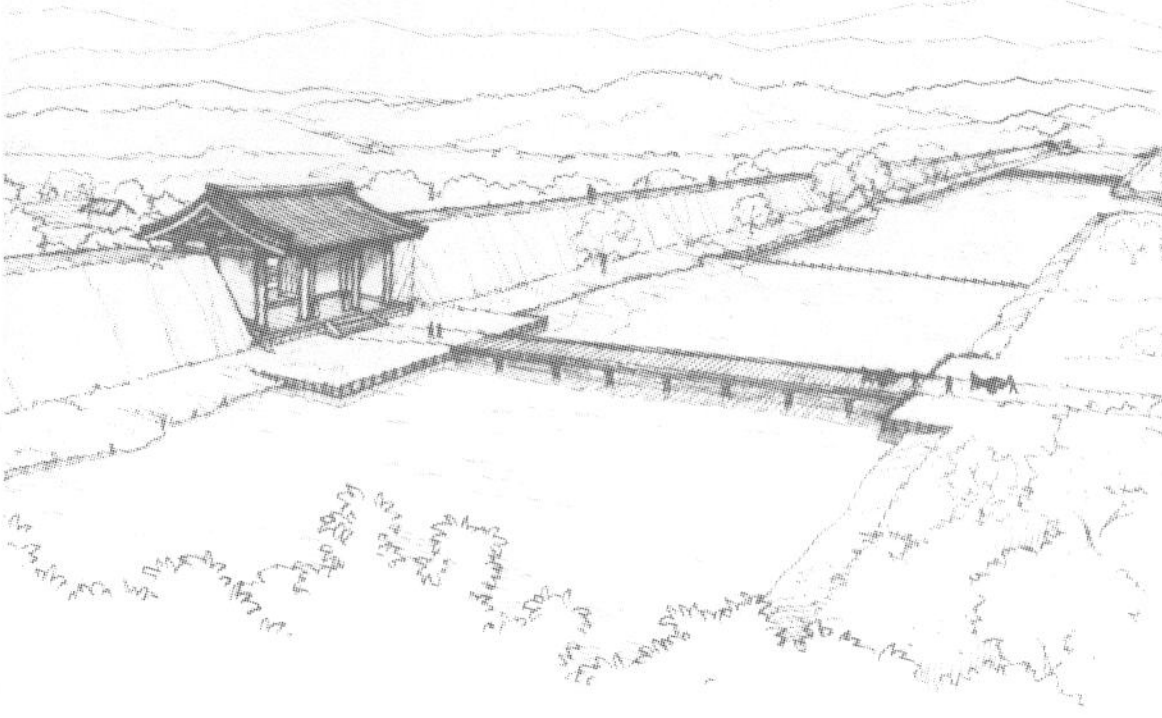

草野善彦 著
KUSANO Yoshihiko

本の泉社

Contents

目次

消された日本古代史を復原する

――マルクス主義の古代国家形成論にたって――

Contents

Contents

Introduction

はじめに

消された日本古代史を復原する

――マルクス主義の古代国家形成論にたって――

　本書は拙著『天皇制は日本の伝統ではない』のいわば改訂版である。したがって重複部分があることを御了承願いたい。ここにあらためて取りあげた問題は、古代国家形成・発展の問題で〝世界で日本本土だけ〟という、大学的日本古代史学の戦前・戦後共通の異例の姿、およびそれへの批判的検討である。これを行うにあたってモーガンの氏族社会論と、マルクス・エンゲルスならびにゴールドン・チャイルドの古代国家形成にかかわる有名な研究に依拠した。

　この問題にとりくんで驚いたことは大学的日本古代史学の一角をしめる、マルクス主義にたつという著名な歴史学者の日本古代国家形成論が、マルクス・エンゲルス等の研究の到達点、すなわち古代国家は都市国家として誕生し、それは氏族社会の原始「都市」を基盤としているという「本源的都市論」を、まったく無視はおろか歪曲・否定していることであった。この発見は実に驚きであった。たしかに大学的日本古代史学はもちろん、日本のマルクス主義的古代史学にも都市国家論も本源的都市論もない。つまり日本古代史学の国家誕生論は世界の普遍的な姿に反して、「大和朝廷」という地域国家＝統一国家を最初とするのである。この世界との食い違いが問題点として露呈しているものが、七世紀末まで都城がない日本本土以外に類例のない「大和朝廷」の特異な姿である。本書はこれへの批判的な検討をマルクス主義の古代国家形成論をふまえて試みた。

　わが国では「縄文都市論」を古田武彦氏が提唱（『古代は輝いていた・I』、朝日新聞社、一九八四年）されていた。氏はここにたってマルクス主義の古代国家形成論に同意されていないが、どうやらこの「マルクス主義」は、〝日本古代史家のマルクス主義〟ということになる。

　なお引用文献中の『日本書紀』は岩波書店の日本古典文学体系本の上・下により、引用では『日本書紀・上、下』と記し、また『古事記』は倉野憲司氏校注の岩波文庫本によった。

Chapter 1
第１章
日本古代史——世界で日本本土だけの「怪」

〝世界で日本本土だけ〟という異例の姿の第一は、「万世一系の天皇制は日本民族の伝統」という「歴史」である。この「万世一系」は、「大和朝廷」の始祖から現天皇にいたるまでの「血の一貫性」を意味するとすれば、地上の生きとし生けるものは人間はいうにおよばずチョウチョウ、トンボも、生き物はすべて親からの「万世一系」である。生き物はそれ以外にありようがない。したがって親からの「血の一貫性」だけでは、憲法に書くような特別の意義がないことになる。

ここから戦前の「大日本帝国憲法」第一条の、「大日本帝国ハ万世一系ノ天皇之ヲ統治ス」や、これを継承する戦後の日本国憲法第一条の、「天皇は、日本国の象徴であり日本国民統合の象徴であって……」という象徴性、それの学問的な形式である日本古代史学の「万世一系の天皇制」とは、「王家としての万世一系」という意味であることになる。

つまり日本民族は国家の最初・開闢《かいびゃく》以来、「大和朝廷」以外の王家は存在したことはないという、「大和朝廷一元史およびその史観」を指すことになる。これは私の単なる解釈ではない。たとえばわが国の古代国家形成期である弥生時代にかんする学問（考古学）を、「（弥生時代にうまれる、引用者）こうした数多くの『国』（環濠集落）の歴史的変遷を明らかにすること……それらが時間を経るに従って変動し、統合され、最終的に『ヤマト政権』に収斂してゆく過程の解明……」（金関恕氏監修、『弥生時代の集落』、森井貞雄氏著、「近畿地方の環濠集落」、一三五頁、学生社、二〇〇三年、初版。括弧内は引用者）としているところにも、それは示されている。

この一文に学者はもちろん、国民も特に奇異の念をもたないのが現状ではなかろうか。御覧のとおり弥生時代という日本民族の古代国家形成時代の探究の眼目が、「最終的に『ヤマト政権』に収斂してゆく過程の解明」、すなわち日本民族の国家・王朝の発生・発展時代の研究が、最初から「大和朝廷」の成立におかれているのである。しかし、この「大和朝廷一元史・一元史観」、すなわち〝一民族に一王朝以外は存在しない〟という姿は、世界で日本本土だけであって、古代琉球という日本民族の一枝をふくめて、世界の王朝・国家の誕生・発展の姿は、複数王朝、王朝交代、王朝滅亡史が普遍的な姿である。

もし「万世一系の天皇制」なる「大和朝廷一元史」が正しいのであれば、何故、日本本土だけが世界に類例のない「一元史」を必然とし、どんな理由で世界と古代琉球の複数王朝、王朝交代、王朝滅亡史という普遍性が存在しないのか、その科学的な説明が行われなければならない。戦前の「皇国史観」はこれを、「日本は世界に類例のない神国」論で「説明」したのである。しかし、戦後の「皇国史観批判」で有名な津田史学以降は、津田氏の日本民族「単一民族・平和統一論」(二四九頁参照)という「大和朝廷国家形成論」――これもまた「万邦無比」の「古代国家形成論」であるが――しかないのである。

さすがの戦後の大学的日本古代史学も、「日本単一民族・平和統一論」なる、古代国家形成論は都合が悪いと考えているのか、これにかんしては一切沈黙したままである。したがって本土日本人だけが、なぜ世界でただ一つ「大和朝廷一元史」なのか、という肝心の説明はおこなわれていない。まことに歴史学として奇異のいたりの姿である。実にここに戦後の大学的日本古代史学の古代国家形成論の破綻が隠されているのである。

この異例な「日本史」にたいして、周から唐までの時代を記録する古代中国王朝の正史類の、日中の使者交流にたつ「交流記」にみる「日本史」は、『古事記』『日本書紀』の「大和朝廷一元史、一元史観」を、正面から否定するものとなっている。その記録の眼目は、「倭人・倭国は大和朝廷とは別の王朝・国家であって、倭国は、七世紀の六六〇年代まで中国・朝鮮諸国にたいして、日本列島の諸政治勢力を代表する国家であった」というものである。

しかも古代日本において遣唐使の派遣でおなじみのはずの唐は、その正史『旧唐書』東夷伝に七世紀までを「倭国伝」、八世紀から「日本国伝」と「二国併記」をしている。したがって大和朝廷が史上初めて古代中国正史に登場するのは、この唐の正史の東夷伝の「日本国伝」からということになる。ところが『旧唐書』日本国伝では、唐・中国側と、中国とは初対面の大和朝廷の使者とのあいだで、大和朝廷が称した「日本」という国号にかんする大和朝廷側の説明をめぐって、真っ正面から激突するという、日中の「国家的論争」が展開されているのである。

しかも、粟田真人などの「一部」の遣唐使が、「倭国」を「日本国」の先行国家と明言し、「日本という国号はもともとは倭国が称したもので、大和朝廷は従来は一小国に過ぎなかったが、倭国を併合した。その際、日本という国号を自分の国号にした」とのべたことが記されている。同時に、これが唐と中国の対日交流史＝日本史への認識であることも示されているのである。

これは明治以降の「学問・日本史」とは一八〇度食い違う、重大な歴史的な記録のはずである。これにたてば七世紀以前に、日本本土を代表した国家・王朝は、「倭国」つまり卑弥呼の王朝となり、大和朝廷の成立は七世紀末となる。戦前・戦後の大学的日本古代史学の深刻な問題点は、この『旧唐書』東夷伝の「日本列島二国併記」と、「倭国」と「日本国」の関係にかんする遣唐使の明言に完全に沈黙し、日本古代史に有名な日中交流の空前の発展の象徴である遣唐使の、唐朝での日中交流史にかんする発言をもまったく無視してきたことである。しかも、この中国側の記録にたてば、日本民族も世界の諸民族・諸国家同様に、複数王朝、王朝交代、王朝滅亡史を共有していることになるのである。

では、この古代中国正史類の記録が、なぜ近代の大学的日本古代史学でとりあげられなかったのか、じつはこれが近代日本の形成の特質と、その文化状況と深く結びついた問題であって、一言にしていえば大学的日本古代史学形成時、すなわち明治維新の歴史的、あるいは階級的な性格と特徴に深くかかわる、近代~現代の日本の大きな問題点と考えるものである。本書は、これの性格がどんなものかをも探究するものである。

次に第二の〝世界で日本本土だけ〟の問題である。それは『古事記』『日本書紀』によれば「神武」以来、七世紀末(藤原京、六九四年遷都~七一〇年)まで、「古代大和朝廷」には都城・京師がなく、「天皇」の代替りごとに奈良県内、さらには大阪、その往復というように「遷宮」しているという問題である。これは古代琉球の諸国家をふくむ世界の古代国家に例のない姿である。この都城問題は日本本土以外では、古代国家形成・誕生の研究において基本問題とされている。したがってマルクス・エンゲルス、モーガン、G・チャイルドも例外なく、氏族社会から国家形成へとすすむ過程の研究・考察で、この問題を基礎にしているのである。

大学的日本古代史学でも、その学者がマルクス主義を口にするか否かにかかわらず、氏族社会から古代国家が誕生したという点までは一般論としては認めている。にもかかわらず大学的日本古代史学では、古代琉球をふくめ世界の科学的歴史学の研究の到達点に反して、「神武」から七世紀末まで「天皇」の代替りごとの「遷宮」、つまり「都城・京師」が存在しないという、世界に類例のない姿を不審とし問題にした学者・研究者は一人もいない、といっても過言ではない状況である。これもまた世界と沖縄の歴史学にてらせば、まことに異例の「歴史学」の姿である。

重要な点は、この問題は第一の問題と当然ながら密接にかかわっているのである。『古事記』『日本書紀』、国学等の「大和朝廷一元史と史観」と、古代中国正史類の「倭国・非大和朝廷」記載のどちらが真実か、これは真実の日本史の探究では根本問題である。これの探究では一つには、当然ながら文献上の学問的比較検討が必要であることはいうまでもない。しかし、同時に、動かざる事実、すなわち考古学上の決定論が必要であることは、さらにいうまでもない。

その決定論上で大きな意味がありながら戦前・戦後の近代日本古代史学が、まったくとりあげてこなかった問題が、この第二の都城・京師問題である。日本本土以外の古代琉球史学をふくむ世界の古代史学は、古代国家の誕生・確立の確認は文献とともに、それを実証する都城・京師の考古学的確認によって行われている。しかし、『古事記』『日本書紀』に照らせば、大和朝廷の都城の最初の成立は藤原京、すなわち七世紀も最終期である。〝王朝の成立〟が宣言されて以来、七世紀末まで都城・京師がない国家という姿は、「大和朝廷一元史」と同様に異例・異様のことである。

さらには「天皇」の在位期間が、一年半や二〜三年でもち「遷都・遷宮」している。この意味は、汽車・トラックはもちろん手動の大工道具しかない時代の建物をつくる工期から考えて、在位一年半やそこらでどんな規模の「都・宮殿」ができるのか、おして知るべきだ、という問題である。「大和朝廷は巨大なり」。これは例えば「皇国史観」的心情を別にすれば、戦後の「実証的歴史学」の名のもとに、例えば「仁徳天皇陵」なる「前方後円墳」等を「大和朝廷の造営」と称することで形成された、「実証主義」的観念である。

しかし、日本本土以外では都城・京師の存在の確認こそが国家確立の前提であって、その規模は国家の中心として数百年〜一千年にわたる大規模な都城・京師である。しかも、この都城・京師こそが古代国家の巨大な造営物、例えばピラミッドや万里の長城造営の物質的基礎であることも解明されている（二二九頁参照）。こうした巨大な都城・京師がない個建住宅水準の者が、ピラミッドに匹敵する巨大古墳を造営する物質的基礎を、どこにもっていたのか、これが問われるのである。

たとえば新羅討伐とかかわる「仲哀天皇」などは、在位は九年（いわゆる皇紀、しかも二〜三ヶ所も遷宮）の「天皇」である。新羅は建国以来（紀元前約一世紀）、約一千年の都城を形成しており、「仲哀天皇」をあえて三世紀としても、新羅の都城の金城（慶州）はあしかけ四〇〇年を経過していることになる。この比較が重要なのである。金城と「仲哀天皇」一代の「ミヤコ」の比較からは、「仲哀天皇」の国力と新羅とでは大きな差があるというべきであって、新羅・百済がいう「倭」が当時の「大和朝廷」という断定は、少なくとも都城問題という国家の存在にかかわる根本問題からは、でてこないのである。

この都城問題の日本史的意味は、大和朝廷の「京」の出現が七世紀末で「本格的」な都城の出現が平安京（七九四年）、事実上は九世紀だ、という点にあるのである。つまり七世紀末以前には、日本列島を代表した王朝は「倭国」という古代中国各王朝の正史の記載ならびに、八世紀初頭の大和朝廷の遣唐使・粟田真人等が唐朝で述べている「日本史」と、大和朝廷の「本格的」な都城の出現・確立の時期とがほぼ一致する点である。

しかも「倭国」の巨大都城の実在を文献的にも、考古学的にも指摘できるどころか、実際のところ九州大学理学部の教授らの理化学的年代測定等で、それは客観的には実証されてもいるのである。さらには世界の古代国家は、なぜ、どうして巨大な都城や京師の確立を必然とするのか、である。これを明らかにすることは、『古事記』『日本書紀』が描きだし水戸史学や国学等の近世の尊皇史学が礼賛する、「万世一系の天皇制は日本民族の伝統論」の真偽を照らしだす鏡となるのである。

なお本書は、とくに戦後に批判が強調された「皇国史観」を、あらためて批判することが目的ではなく、「皇国史観」の本質は「大和朝廷一元史観」であって、戦後の大学的日本古代史学は、これを継承したものに過ぎず、したがってこれの批判的検討こそが、真の日本古代史への扉をひらくものと考えるのである。「皇国史観」への批判とは、真の意味では、「大和朝廷一元史ならびにその史観」への科学的批判以外にあり得ないからである。したがって本書では、まことに残念なことながら、戦後の日本のマルクス主義的古代史学を云々する人々も、それが「大和朝廷一元史観」を大学的日本古代史学と共有するので、いわば戦後の「皇国史観」的な大学的日本古代史学の一翼におくことになるのである。

Chapter 1

Chapter 2
第2章
大学的日本古代史学の特異な体質

一　日本語文法が認められない

日本古代史学といえば、明治以来「文部省」が天皇主義的日本論、すなわち戦前の憲法の第一条、「万世一系の天皇制」を教学政策の根幹におき、これに応えた第一級の国立大学等の博士諸氏が、キラ星のようにならぶ学問的な高峰の連山であって、一介の勤労国民がおいそれと口をはさむなどは、おそれおおいと感じたとしても不思議はない。しかし、この日本古代史学には、日本語文法の無視が、その「説」の前提とされるなどの特異な体質があることは、必ずしも知られていないのである。

まず、日本語文法、日本語の常識が通用しないという問題である。それは埼玉県の武蔵稲荷山古墳出土の鉄剣銘の解読問題に、典型的に見られるのである。この黄金文字一一五字の解読にあたって通説は一致して、ここに記される「大王」の名を「ワカタケル」と読み、この「ワカタケル大王」を雄略天皇に当てることは、多少とも日本古代史を知る人には周知のことである。この部分は鉄剣の裏面に当たり、通説は「ワカタケル大王の寺（役所）、斯鬼宮（シキノミヤ）に在りし時、吾、天下を佐治《さじ》（＝王に代わって天下を治めること）し、此の百鍛の利刀作らしめ吾、記し奉事するは□□なり」と読むのである。

しかし稲荷山古墳には、二つの墓室があり、一つは中央部の粘土棺であり、もう一つは傍部にある礫床である。この鉄剣はこの礫床から出土している。つまりその埋葬状況から考えてこの鉄剣は、傍部の礫床に葬られた「オノワケノオミ」が、中央部の粘土棺に葬られた大王に捧げたもの、と考えられるのである。がさて、この鉄剣銘文の訓みの問題点と、その意味は何か、これをとりあげられて通説を批判されたのは古田武彦氏（『古代は輝いていた・Ⅱ』、朝日新聞社、一九八五年、第一刷）である。本書では古田氏が指摘された基本点をここに記し、通説の姿と対比したい。

その問題点とは、通説が「ワカタケル大王」と読み下し、これを雄略天皇に当てる仕方が日本語文法に照らして、成立しないという問題が一つである。「ワカタケル」とは、「ワカ」

が若いの意であり「タケル」は、熊襲のタケル、出雲のタケルまたは「ヤマトタケル」の「タケル」であって、英雄・勇者・強者などの意味であることはいうまでもない。したがって「ワカタケル」とは「若い英雄」「若い勇者」という程度の意味でしかなく、武家時代の言葉になおせば「若武者」「若殿」、ないしは商人でいえば「若旦那」というような意味である。

つまり「ワカタケル」とは固有名詞ではないのである。したがって「ワカタケル大王」と読み下すのは、あたかも「若殿大王」というようなもので、これではどこの「若い英雄、若殿」か、わからないことは自明であろう。したがって日本語としては、「ワカタケル」を人名とする読みはあり得ないということになる。これは率直にいって別に大学にいかなくても、日本人ならば常識のうちではなかろうか。

そもそも「ワカタケル」だけでは何処の「ワカタケル」なのかわからないこと、あたかも若殿、若旦那だけではどこの若殿か若旦那なのかわからないが如しであって、太郎、次郎、花子だけではどこの太郎……かわからず、試験の時に姓をかかずに名だけで答案をだせば、不採用になっても文句はいえないことぐらい、子供にでもわかりそうなことではなかろうか。

日本語としては「ワカタケル」の前に、姓にあたる地名か氏族名がなければならない。現に、古田氏も指摘されているとおり『古事記』『日本書紀』に照らしても、熊襲とか出雲とか大和とかが「タケル」の前にある。あまりにも当り前のことである。そもそも大学的日本古代史学はこの剣を、「大和朝廷」に捧げられたと主張するために、氏名とは言えない「ワカタケル」読みに固執するのであるが、肝心要の雄略天皇の名は「オホハッセノワカタケ」（大泊瀬幼武）であって、キチットと「オホハッセ」という地名がついている。

この意味は何か、これが肝心である。この鉄剣碑文を刻んだオノワケノオミという人物が、日本人であるということには異論はなかろう。その日本人のオワケノオミが日本語文法にあり得ない、「ワカタケル大王」などという文章を鉄剣に刻むということは、あり得ないということである。したがって「ワカタケル」読みは、日本人の名としてはあり得ないものなのである。古田武彦氏は「カタシロ大王」という読みを提案されている。

本来こんなことは、一流大学の教授等が知らないとか、わからないはずは断じてない問題である。がしかし、ここに戦前・戦後の日本古代史学のもっとも基本的な性格がしめされているのである。それはつまり、ひとたび「ワカタケル」読みを日本語文法にしたがって止めれば、その瞬間に、この鉄剣と大和朝廷を関連づける根拠が一切消滅するのである。その意味は、関東に大和朝廷以外に「大王」と呼ばれた者が存在したということになり、近世以降の「万世一系の天皇制は日本の伝統」論に幕がおりるのである。

これは単に明治以降の大学的日本古代史学の日本古代史論

の否定となるに止まらず、戦前の大日本帝国憲法第一条の、「大日本帝国ハ万世一系ノ天皇、之ヲ統治ス」や、これを継承する戦後の日本国憲法の「象徴天皇制」の根拠が日本史にないことを明らかにすることになるのである。こうして出土した一個の金石文の解読という、考古学的課題の理解如何が、たちまち明治維新の「尊皇攘夷」の「尊皇」論という、近代日本の国家体制の理念の歴史論的根拠を左右するという、大きな政治という「壁」に突き当たるのである。

稲荷山古墳とその鉄剣は後代の造作物ではない。純粋の考古学的出土物である。この鉄剣銘文の冒頭（鉄剣表側）の「辛亥年七月中記……」の辛亥年について、西暦四七一年説と五三一年説がある。どちらを取るにせよ『古事記』（成立七一二年）、『日本書紀』（成立七二〇年）に比較してはるかに、古いというに止まらず、この鉄剣銘文は、いわばオワケノオミの死にともなって埋葬されたもので、その時点の東日本の現実を直接に記録したものである。

つまりこの鉄剣に刻まれた文字と文章は、『古事記』『日本書紀』のように日本の古代の現実から数百年も後代の文書でなく、まさに日本古代社会の一個の現実がそのまま記録されたものであって、歴史的資料としては『古事記』『日本書紀』とは比較にならない、圧倒的に上位の金石文・考古学的遺物である。日本本土をのぞく世界の考古学は、こうした金石文は後代の『古事記』『日本書紀』などよりは、はるかに高い史実の記録として優先させて、この史料から『古事記』『日本書紀』をも検証するという態度が当然ながらとられる。当り前のことである。これが歴史科学の常道である。つまり意義ある出土物によってそれの発見以前に成立していた学説を、検討、変更するという態度こそが、科学的考古学・歴史学の当然の姿であろう。

二　『古事記』『日本書紀』も無視

ところが日本古代史学では、「ワカタケル」読みが一致して採用されるばかりではなく、「大和朝廷一元史観」擁護のために、ついには『古事記』『日本書紀』をもとに無視していくのである。その驚くべき姿を以下につぶさに述べたいと思う。この「大王」の役所＝「宮」が「斯鬼宮」と明記されている点についてである。

『古事記』『日本書紀』には「神武天皇」以来、八世紀まで「シキミヤ」（通説はシキノミヤとノを入れるが）という「宮」にいた天皇はいない。先ず通説が「ワカタケル大王」と読み下して、それに該当させる「雄略天皇」であるが、その「宮」は「泊瀬の朝倉」（『日本書紀・上』、四六〇頁）。「長谷の朝倉宮」（『古事記』、一八四頁）である。

したがって「シキミヤ」を理由に雄略に比定することは、「宮」にかんする〝文献記録〟に照らしても、不可能であり不合理である。「泊瀬・長谷の朝倉宮」の所在地にかんして、岩波古典文学大系の『日本書紀・上』の注は、「帝王編年記

Chapter 2

に『泊瀬朝倉宮（大和国城上郡磐坂谷也）』、大和志に『在二黒崎・岩坂二村間一』（「黒崎・岩崎二村の間に在り）とあり、黒崎・岩坂は今、桜井市の大字。（同書、「補注14―三」、六三三頁）とある。

「泊瀬」にかんしては、奈良県桜井市初瀬――同書、四五六頁「上段注一」）とあり、「朝倉」については縷々説が記されているが、結局は「不明」（『古事記・中』、次田真幸氏全訳注、一一三頁、講談社学術文庫、一九八四年、第一刷）とある。この雄略等の「宮」問題は、実は『古事記』『日本書紀』の真実の姿を明らかにするうえで大きな意味があるのであるが、それにかんしては三二〇頁を参照していただきたい。いずれにせよ「シキミヤ」ではないことは以上のようである。

さて、雄略以前の「天皇」にも「シキミヤ」という「宮」号は一つもない。これを「シキノミヤ」と「ノ」をいれて、〝磯城にあった宮〟と解するのは、「佐治天下」という文言に照らしても奇妙であって、こうした鉄剣に入れる銘文の場合、正式の「宮号」が使用されると考える。やはり「シキノミヤ」読みも「ワカタケル」読みに通じると考える。それは大和の地名の磯城（シキ）に「天皇の宮」があった、という説明で合理化しようとする態度に通じるが、これは一般の世間の言葉では「言い抜ける」とか、「誤魔化す」といわれる類で、不誠実な態度の代表のようなものに見える。

なぜならば例え「磯城」（シキ）に「宮」があっても、「シキミヤ」とよばれる「宮」は存在していないからである。例えば地名の「シキ」にかかわって「宮」があった「天皇」とその「宮号」ならびに、天皇の名は次の通りである。

孝霊天皇――黒田の蘆戸宮　磯城郡田原本町黒田という、『古事記』は黒田の蘆戸宮　天皇名　オオヤマトネコヒコフトニ

崇神天皇――磯城の瑞離宮　奈良県桜井市金屋付近という天皇名　ミマキイリビコイニヱ

垂仁天皇――纏向の珠城宮　奈良県磯城郡。『古事記』は師木の玉垣宮という　天皇名　イクメイリビコイサチ

欽明天皇――磯城嶋の金刺宮　奈良県桜井市金屋付近か。『古事記』は師木島の大宮　天皇名　アメクニオシハラキヒロニワ

ここにみるとおり地名の「磯城」に宮があるという場合でも、「磯城の〇〇宮」とあって単に「シキミヤ」ではない。したがって「シキミヤ」はあくまで「シキミヤ」であって、これを近畿大和の「シキ」に当てることは、『古事記』『日本書紀』の宮号記載からも一貫性を欠く強引な説明、すなわち「こじつけ」といわれても仕方がない態度であろう。

古田武彦氏は、関東にシキミヤならびに「シキ」という地名が、今日も存在している事実を指摘されている。これは重要な指摘である。そもそも「シキ」は埼玉県に「志木」があり、この古墳から約二〇㎞の地点に、明治一二年建碑の「大前神社、其の先、磯城宮と号す」という石碑（栃木県藤岡町）が現存している点を指摘（『古代は輝いていた・Ⅱ』、二九八

頁）されている。
にもかかわらず古田氏の指摘は一致して無視されている。これは驚くべき姿ではなかろうか。

三　「佐治天下」中国古典をも無視

さらに「佐治天下」問題である。この部分を古田氏は「今獲てカタシロ（か?）大王・寺、斯鬼宮（シキミヤ）に在り。時に吾佐（たすけ）て天下を治す」（『古代は輝いていた・Ⅱ』、二九一頁）とされている。これにたいして例えば筑摩書房の『年表日本歴史・1』が「通説」として掲げる読み下しでは、「ワカタケル大王の寺、斯鬼宮に在る時、吾天下を佐治す」（同書、一七四頁）とされている。

問題は古田氏が指摘されるとおり「佐治天下」の意味である。通説ではこれが「補佐した」とか「たすけた」式に「説明」されるのである、しかし、これも「いいわけ」の類なのである。まず第一に『日本書紀』自らが悪王という「雄略天皇」について、『古事記』ともども、その「治世」を関東出身の人物に「助けられた」等の記述はない。その意味で「助けた」「補佐した」と読んでも、『古事記』『日本書紀』の記述と根本から食い違うことに変りはないのである。

だが、鉄剣の記載は「佐治天下」という強烈なものである。この言葉は古代中国史に有名な言葉であって、いわば中国の古典的文言なのである。したがって五～六世紀に生きた「オワケノオミ」が、自ら鉄剣に刻んだこの中国古典の熟語を、今日の日本の学者が僭越にも「自己流」に読み、国民に宣伝する権利はそもそもないであろう。「佐治天下」の意味は、「王を助けて天下を治める」という意味である。大変な言葉なのである。「天下を治める」が中心をしめる言葉であって、古田氏も例証されているが『三国志』魏志・倭人伝中の「有男弟、佐治国」を、『中国正史伝1』の編訳者の石原道博氏は、「男弟あり、佐けて国を治む」（『魏志倭人伝、後漢書倭伝、宋書倭国伝、隋書倭国伝』、一一二頁、岩波文庫、一九九一年、第五四刷）とされている。御覧のとおり「国を治める」というのが正しい理解である。

この「佐治天下」は古田氏が指摘されるとおり、彼の有名な周の周公の治であって、兄亡き後、その子成王の成人まで「佐けて天下を治め」、それによって周王朝の基礎を固めたという故事にちなむ有名な言葉であって、古田氏は「『太宰……周武の時、周公始めて之に居り、邦の治を建つるを掌《つかさど》る』、『通典』、職官、太宰」（前掲書、二九四頁）をも例証されている。

この意味は、通説が一致してそれに該当させる雄略記・紀に、雄略に代わって天下を治めた人物、すなわち「佐治天下」の記事などは一切ないという事実と矛盾するという問題である。ましてや当該年代に東国人による「佐治天下」云々などは、大学的日本古代史学の「学説」に照らしても無理であろう。通説にたてば当時、東国は征服の対象でしかないであろう。大学的日本古代史学の大和朝廷による「五世紀日本統一論」と、この鉄剣銘文が真っ向から食い違うのである。ここに見るその姿はかなりのものであろう。以上から大学的日本古代史学の当該鉄剣銘文への理解と主張に、合理的理性的根拠もそれにたった理路もないことはあきらかであろう。通説の諸権威も「学問は事実にもとづいて真理を探究するもの」と、常日頃口にしていることは周知のことである。しかし、その実際はその主張とは白と黒ほどに違うのである。

この姿を生みだす真の要因は何か、を問えば、答えは「政治の壁」、日本国憲法と象徴天皇制であろう。その意味で「皇国史観批判」は、真の意味ではまったく行われないままに、戦後約六〇年以上の歳月が流れさったのである。そうして「日の丸」「君が代」の強制が復権しても、戦後の大学的日本古代史学の姿からは、いささかも不思議ではないのである。

四　近代天皇制と日本古代史学

なぜこうした事実や道理を無視する特質が日本古代史学の根幹に横たわるのかは、今日の「日本古代史」とその史学を考えるうえで重大な問題と考える。これは明治維新の「尊皇攘夷」の尊皇論に直接的な淵源をもち、その「万世一系の天皇制は日本の伝統」論は、維新勢力の徳川幕府打倒の正当化の「錦の御旗」であったばかりではなく、明治政府の教学の中軸すなわち近代天皇制政府の国民支配の中心的な理念とされ、さらには政府の近代化路線や第二次世界大戦にいたる、対外侵略政策の正当化のイデオロギーとされたものである。

明治以降の日本古代史学は、倒幕以降の明治政府の尊皇論への学問的支柱であって、その使命は「真実の追求」にあるのではなく、資本主義的近代化を推進する維新政府の正当化を尊皇論的日本史によって、おこなうという役割におかれているというべきものと考える。

これはヨーロッパの近代化の姿とは全く異なる、日本の近代化の特質に根ざすと考える。ヨーロッパでは封建制打破のたたかいで、近世以来の自由都市等の町人・ブルジョアジーは、古代ギリシャ・ローマ（共和制）の民主主義思想、文化の復権を掲げ、イタリア・ルネッサンスを開始し、これは宗教改革というヨーロッパ封建制の宗教的、思想的牙城への強襲へと発展した。特にこれが契機でオランダのスペインへの約八〇年間（一五六八〜一六四八年）にわたる市民参加の独立戦争へと発展、その勝利によって人類史上はじめての共和制的地域国家（それ以前は民主的都市国家）の確立へと結実した。この怒涛のような進撃は、まさにヴェートーベンの「運命」、一九世紀のフランスの画家、「レアリズム論」創設者のクルーベの「海」にみる岸辺を砕く波のように、イギリス・フランス（両者、差異はあるが）における直接生産者（農民・都市勤労市民）が参加した、「ブルジョア・民主主義革命」へと発展し資本主義的制約はあれ、やがて社会主義的民主主義へと飛躍する近代民主主義を実現した。この壮挙は一五〇〇年代から数百年間にわたる、膨大な流血のたたかいでもあった。

五　日本の近代化の特質

これに対して日本の町人・都市ブルジョアジーは、フィレンツェに比べるべくもない「自由都市・堺」云々はさておき、徳川幕府ならびに東アジア諸国の鎖国政策等で、商品生産の発展が人為的に抑制されて、ヨーロッパ的な民主主義と科学的思考にたつ変革の担い手とはなりえなかった。こうした歴史的な事情のもとで日本の近代化は、欧米資本主義列強の東アジア侵略・植民地化という危機を前に、封建勢力たる武士階級の下層部分が、徳川幕府という戦国以来の武家の名門政権を、「下剋上」する道が採用される結果となった。

たしかに幕末にかけて、農民・都市下層民の一揆は未曾有の規模に達し、下層農民等の徳川幕藩体制への犠牲をおそれぬたたかいは、幕府の支配体制を根底から揺るがす規模と力であったに違いない。しかしヨーロッパと違い、これらの力がブルジョアジーの指導のもとに、民主主義的変革に結実することは日本ではなり得なかったのである。日本に限って言えば、勤労国民の「頑張りは犠牲の割には報われなかった」かに見えるといえるかも知れない。こうして下級武士の倒幕という「下剋上」が残された道であった。

こうした「下剋上」には、それを正当化する名分が是非必要である。この「下剋上」に際して採用された理念が、所謂「水戸史学」ならびに国学の尊皇日本論であった。「尊王論を以て、或は国学研究の勃興に帰し、或は徳川氏が自己の覇業を——自らは王道と信じて——維持せんが為に奨励せる漢学就《なかんづく》中朱子の註に依る儒学の尊王賤覇の説に帰し、或は又朱子学に対する陽明学の輸入に帰する等、論拠とする所必ずしも一でないが、尊王論の勃興を以て学問の研究に帰する点に於て一致して居り、而も何れも一応の論拠を有することは、これを認め得る」（野呂栄太郎氏著、『日本資本主義発達史』、五七頁、岩波書店、一九五四年、第一刷）という指摘がある。

また、「薩長両藩が政治的孤立をさけつつ幕府を倒すには、なんらかの大義名分がなければならない。薩長倒幕派の最大の問題点は、そうした大義名分をもたないことであった。それは、かれらが封建支配下の民衆の解放＝市民革命をもとめない以上、とうぜんであった。かれらがたよりにしたのは、手近にある朝廷の権威であった」（石井寛治氏著、『大系・日本の歴史』⑫、一八九頁、小学館、二〇〇〇年、第三刷。傍線は引用者、以下同様）。

さらに、「維新政府は、……太政官布告《だじょうかんふこく》において、『政祭一致』の方針を宣言し、全国の神社を政府の神祇官《じんぎかん》が統括することにした。一九世紀後半の近代世界のまったただなかで、『政祭一致』をとなえて発足するという時代錯誤（アナクロニズム）をあえておこなったのは、天皇親政の政権が国民を支配する正当性を、天皇制神話のイデオロギーにもとめるしかなかったためである。……当時の民衆の多くは天皇の名すらしらなかった」(前掲書、一二三頁)。

これらの指摘は近代日本の歴史学を考えるうえで極めて重要な意味をもつ。つまり近世尊王(本書は尊皇とする)思想は、『古事記』『日本書紀』から直接的に誕生したものではなく、この国学やいわゆる「水戸史学」(『大日本史』)など江戸時代に新たに誕生した尊皇思想を背景とするものなのである。とくに国学や水戸史学の近世尊皇思想と史学は後述(三六頁参照)のとおり、強烈な反中国文化という思想にたって、「万世一系の天皇制は日本の世界に誇る伝統」論を強調した日本独自の、島国という状態で長期の鎖国主義のなかで育った、狭隘で排他的な民族主義的傾向の思想と考える。これが欧米列強の東アジア侵略という危機のなかで「攘夷」と結合されて、近代日本の民族意識形成に大きな影響を与えたことは事実である。

こうしたものが徳川幕府打倒という下級武士の「下剋上」の正当化論に採用され、さらにその尊皇日本史論は、明治以降~今日までの日本資本主義の権力の日本史論からの美化・正当化論とされ、これに欧米流の資本主義合理化論が合体されるというのが、日本の近代・現代的保守思想の特質であろうと考える。現に、明治政府は水戸史学や国学系統の学者を文部省にすえ、幕末までその存在さえ国民には知られていなかった、天皇の神聖化を学校教育を通じておこない、さらには子供と教職員に対して教育勅語を押しつけるなど、行政的方法を採用して徹底化をはかった。ここに真の学問は顔をだす余地などはなかったであろう。

その仕方の特質は、『古事記』(『日本書紀』にもある)の「天照大御神之命以ちて、『豊葦原之《トヨアシハラノ》千《チ》秋長《アキナガ》五《イ》百《ホ》秋《アキ》之《ノ》瑞《ミズ》穂《ホ》国者《ノクニハ》我が御子、正勝吾勝勝速日天忍穂耳命之《マサカツアカツカチハヤヒノアメノオシホミミノミコトノ》所知す国(シラス国=治める国』と言因《コトヨ》(=命令)さし賜ひ而《テ》、天降りましき」なる一節を「天壌無窮の神勅」と称して、天皇による永遠の統治こそは日本固有の国家の姿=国体と位置づけ、まさにここにたって戦前の文部省に思想局(一九三四年、以前は「学生課」で学生の思想統制が仕事)や後の教学局(思想局を一九三七年に改組)がおかれて、国民の天皇制崇拝強制の砦の役割をはたし、これに指導され追従した史観と思想が東京大学等の諸教授の「日本古代史」の骨子である。明治以降の日本史、とくに日本古代史は近代天皇制の神聖化が意識化されたものであったのである。

現に、「神武紀元が歴史家の問題で、国民の問題にすべきではないという那珂(通世)と同じような考えが、研究の不毛に影響しているにちがいない」(藤間生大氏著、『倭の五王』、一三頁、岩波新書、一九八三年、第一五刷。傍線と括弧内は引用者)という、藤間生大氏の指摘がある。「国民の問題にすべきではない」という意味は、国民に歴史の真実を語る必要はない、という意味である。

ここに戦前・戦後の大学的日本古代史学の真の姿があるの

である。別の例では、「一九三三年度、東京帝国大学文学部国史学科新入生歓迎会において、名誉教授の三上参次がのべたという。『諸君は大学を出て、教師になったとき、大学でまなんだことをそのまま生徒に教えてはいけない。学問としての歴史学と教育としての歴史とはちがうのである。たとえば皇紀が六百年ばかりのびているということは、学問上は定説である。しかし、いままで二六〇〇年とおしえているから、それをいま、そうでないなどといってはならぬ』」（長谷川亮一氏著、『「皇国史観」という問題』、六四頁、白澤社、二〇〇八年）といったという、おそるべき姿が指摘されている。

さらに同書には、「（一九〇一年）……以降、歴史研究においては、天皇や『国体』の起源について論じることは公然のタブーと化し、また――久野修の比喩を援用すれば――『顕教』としての『応用史学』＝歴史教育と、『密教』としての『純正史学』＝歴史研究の区別が確立されることになった」（同書、六四頁。傍線は引用者）とある。ここにまさに「皇国史観・大和朝廷一元史観」にたつ「学」の真髄があるのである。国民を政府の統制の対象としかみない視点である。

指摘したとおり明治維新以降の政府は、自己正当化論の根拠を「万世一系の天皇制は日本の伝統論」に求めたのであって、明治維新以降の「日本史」、特に「日本古代史学」はそれの学問的体裁での権威づけの具であって、万に一つも「大和朝廷」の発祥を探究して遂に、「万世一系の天皇制・大和朝廷一元史と史観」に、科学の光が差しこむようなことがあってはならない、というのが、政府ならびにその意にそった学者の立場と考える。

したがってこの「日本古代史学」は、戦前・戦後をとわず、「万世一系の天皇制」「象徴天皇制」の擁護が課題であって、国民に真理を語るなどはその誕生以来、その課題、いなその基本的な性格にないのである。もし真実の探究の気運が生れた場合には、全力をあげてこれを阻止し歪めるために、学問的見地と方法のすべてを踏みにじっても、まったく問題はない、という「学」である。したがって自分達の主張が、事実や世の常識や世界の歴史学の普遍性と食い違っても、国民の前でそれを認めないという性格が、この「学」の基礎となるのは当然の姿なのである。戦前の日本ではこうした傾向を「御用学」と称したのである。

というと、「それは違う。戦後に津田左右吉氏の『記・紀批判』によって、克服された」という反批判があるかと思うが、これがそもそもボタンのかけ違いなのである。まず「皇国史観」を「造作神話」で天皇の神聖化をしたもの、という規定そのものが誤りなのである。第一に「皇国史観」すなわち近世尊皇史観の本質は、「大和朝廷一元史観」にあるのである。津田氏のいわゆる「記・紀批判」は、終戦直後の国民の天皇と軍部への批判の高まりのなかで、批判の矛先を本来罪のない「神話」にむけ、天皇と天皇制への批判を「神話」批判にすり替え、戦後の天皇制を新たに擁護する役割（第四章、参照）を果たしたに過ぎない。さらに重要なことは、津田左右吉氏は筋金入の「大和朝廷一元史観」の持ち主（第四章）である。

自由民権運動の近代天皇制批判、その革新的伝統をうけついだ日本のマルクス主義政党・日本共産党の天皇制批判は、近代天皇制をヨーロッパ・ロシアの近世的絶対主義的権力の日本版として、それの「ブルジョア民主主義制度（共和制）」の確立による克服を呼びかけた優れた視点であった。今日の日本の諸政党で戦前に、「絶対主義的天皇制」の民主主義制度による克服を呼びかけた政党は日本共産党以外になく、その意味でも日本の共産党は日本の民主主義を語る資格を真にもつ、日本における唯一の政党である。しかしながら、これら自由民権運動をふくむ近代天皇制への批判は、政治的体制的な批判にかぎられて同時に展開すべき、日本史論と日本思想史からの天皇制批判、すなわち「大和朝廷一元史観」批判はなかった。

この点、日本古代史学等にかかわるマルクス主義をいう学者は、「一元史観」への批判という固有の課題を自覚せず、肝心のマルクス主義の古代国家形成論における「本源的都市」論が、氏族社会から古代都市国家形成・誕生の、いわば「ヘソの緒」として位置づけられている点も無視し、単に津田左右吉氏の「記・紀批判」への迎合の水準に止まった。これは近代日本の学問上での真に大きな問題である。

六　松本清張氏の指摘

「今はそんなことはないと思いますけれども、一時は邪馬台国について、京都の古代史の研究方向が畿内説、東京の方が九州説というふうに色わけがあったとされています。それはつまり偉い先生が、いうなれば大学のすぐれた指導者が言われたら、後の門下生の先生は、何となくそれに従わなければならないという風潮があったからだと思います。

やはり学界の、あるいは自分の身の将来がかかっておりますから、非難（批判の意、引用者）することができない。学界というところは、やはりそういう弱い、真理ばかり追究できない点がございます。しかし、学問というものは、やはり真理を探究しなければならんわけで、（偉い、引用者）先生がどう言われようと学問は真理を第一にしなければならないと思います」（『吉野ケ里遺蹟と古代国家』、八頁、佐賀県教育委員会編、吉川弘文館、一九九五年、第一刷。傍線は引用者）。これは「古代史シンポジュウム、『古代国家形成の謎を追え』（一九九〇年一二月一〜二日、於東京国立博物館）で、松本清張氏が「日本古代国家の謎」と題しておこなった特別講演の一節である。

このシンポジュウムには学界の著名な学者も多数参加している。松本清張氏は周知のとおり専門の日本古代史家でも、「一元史観批判者」でもない。しかし、日本古代史学の著名な諸先生があつまる催しで、日本古代国家誕生問題で「特別講演」を依頼される人でもある。すなわち既存の日本古代史学界の秩序・派閥の外にあって、日本古代史にかんする発言にさいして、あれこれの権威に気兼ねする必要がない、という立場の人である。

そうした人だからこそ右のような、日本古代史学界の深刻な問題点を指摘できるのであろう。私はこの氏の指摘を次のように理解する。つまり〝大学的日本古代史学の世界には、「真実の探究」以上に「学界の将来＝学説の都合」というものが優先され、それぞれの「門下生」の諸先生は、「立身出世」ということもあって、「学界の将来＝学説の都合」をいう「偉い先生」に従わねばならない。しかし、そうした状況では真の学問はできないのではないか〟といっていると。この講演は学界の著名な諸教授等を面前にしたものである。したがってその表現はいくらかは柔らかくされているようである。

しかも「学問は事実の探究であって、それ以外の要因が介入するようなものは真の学問ではない」などということは、本来は、大学の学部の新入生にでも、「研究者の心得」として学部長等が強調すべきものであろう。それが白髪頭の著名な諸先生の前で声を大にして叫ばれる、この姿に現代日本の、しかも国家の中枢にかかわる学問・日本古代史学の、特異な姿があるとおもわれる。

まさにマルクス・エンゲルス共著の『ドイツ・イデオロギー』の、「特定の階級社会の支配的理念は、支配階級の理念である」という規定が、日本古代史学界では純粋の姿で存在することが、松本氏の「特別講演」の一節をふくめて、鮮やかに浮かびあがると思われる。

Chapter 3
第３章
「皇国史観」とは「大和朝廷一元史観」

「皇国史観」の真髄は「万世一系の天皇制は日本の伝統」論にある、というのが本書の立場である。したがって「皇国史観」は戦後といえども全く批判されずに温存されたことになるのである。戦後、「皇国史観批判」を行ったと高く評価され、これによって戦後日本古代史学の開祖とされる津田左右吉氏は、敗戦の翌年の一九四六年四月号の『世界』誌上に、「建国の事情と万世一系の思想」なる一文をよせ、「二千年の歴史を国民とともにせられた皇室を、現代の国家、現代の国民生活に適応する地位に置き、それを美しくし、これを安泰にし、さうしてその永久性を確実にするのは、国民みづからの愛の力である。愛するところに民主主義の徹底したすがたがある……」（『世界』四月号、五四頁）という言葉で、その最後をしめくくっている。ここにこの「皇国史観批判」者の日本史観が、「万世一系・大和朝廷一元史観」であることがしめされている。この「大和朝廷一元史観」が戦後の日本古代史学の共通の基盤とされ、またその点で戦前の「皇国史観」史学とまったく矛盾がないことは、以下のとおりである。

① 「皇国史観」――天照大御神からの「万世一系」
② 「邪馬台国・北九州説、大和朝廷に滅ぼされた論」……津田左右吉、本居宣長等、近畿大和中心の「万世一系論」
③ 「邪馬台国・近畿大和説」、「邪馬台国・東遷説」……ともに「万世一系論」にたつ日本史観である。この三つ以外には、明治以降の大学的日本古代史学の「日本史観」は存在していないし、いずれもこれらのどれかに吸収される。この三つに共通な点は、いずれも「大和朝廷」を一貫した日本の唯一の王朝という考え方で一致しているところである。ただ③の「近畿説」と「東遷説」は、周知のとおり卑弥呼の国家を近畿大和と見るか、北九州と考えるかでは対立するものの、いずれも卑弥呼を「大和朝廷」の始祖とする点では共通で、その意味で前二者同様に「一元史観」である。

一　「皇国史観」の祖、本居宣長

この戦前・戦後の大学的日本古代史学の「万世一系・大和

朝廷一元史観」は、指摘したとおり『古事記』『日本書紀』から直接的に生れたものではなく、一つは水戸史学である。この「学派」は本来は徳川幕府の日本史的正当化の論理構築を意図した「尊皇論」であるが、後にこれが倒幕をめざした下級武士の利用するところとなった。

もう一つは国学である。この「学派」は、その担い手が主として武士や、それの関係者であったと思われる儒学と敵対しつつ、豪農層や豪商層を中心に影響力をひろげた面があり、その門弟は本居宣長で約五〇〇人、平田篤胤では七〇〇人ぐらいといわれている。問題は、この門弟達の多くは当時、経済的支配力をもつ豪農、豪商層に属し、江戸中期から末期に非常な激しさをます農民と都市の「日銭稼ぎ」層の一揆にさいして、あらかじめ打ち壊しの対象に内定されるような人物が多かったという。これは近代「尊皇思想」の性格を考えるうえで重要な点と思う。

国学とは

近世の国学は契沖《けいちゅう》（一六四〇〜一七〇一年）を始祖として、荷田春満《かだのあずままろ》（一六六九〜一七三六年）、賀茂真淵（一六九七〜一七六九年）をへて本居宣長（一七三〇〜一八〇一年）、さらには平田篤胤（一七七六〜一八四三年）に継承されて、明治政府の教学の中心思想を形成した近世〜近代〜現代の日本思想である。

この国学は、『万葉集』や『古事記』などの古語・古文研究で功績ありとされている。しかし、この学派の特徴は日本古語や古文の研究をつうじて、『古事記』（『日本書紀』）の記事を、すべて日本史の事実と絶対化し、さらには「万世一系の天皇制を世界に類例のない日本の特質」と主張した点にある。こうして世界に例がない国家・社会発展史としての「皇国史観」、近世尊皇思想が形成されたのである。

また本居宣長が『古事記』『万葉集』等の古語研究で巨大な実績を上げたとして、「皇国史観」の罪を平田篤胤に集中する傾向もあるが、これは歪曲的な評価であって本居宣長こそは、近世尊皇思想を〝大成〟した、その意味では「皇国史観」の基礎をきずいた者と考える。またその古語研究もつまるところは「万世一系の天皇制は日本の伝統」論にたった、『古事記』『万葉集』原点主義であって、真の日本古語に通じる方言はなおざりにされ、その貴重な方言は今日では、もはや復原も難しいほどに破壊されたのではなかろうか。

二　本居宣長と万世一系論

さて次に、国学を代表する本居宣長の膨大な論集から「皇国史観」の本命となる部分を引用して、「皇国史観、造作神話歴史化論」の真偽を確かめよう。なお括弧内と傍線は引用者。

1　「そもそも此道は、天照大御神の道にして、天皇の天下をしろしめす（治める）道、四海万国にゆきわたりたる、まことの道なるが、ひとり皇国に伝はれるを、其道はいかなるさまの道ぞといふに、此道は、古事記書紀の二典に記されたる、神代上代の、もろもろの事跡のうへに備はりたる」（「うひ山ぶみ」）。

2　「異国は、天照大御神の御国にあらざるが故に、定まれる主（万世一系の王家の意）なくして、狭蠅《さばえ》（＝ハエが汚物にむらがるように……他国をいやしめた表現）なす神ところを得て、あらぶるによりて、人心あしく、ならはしみだりがわしくして、国をし取つれば、賤しき奴《やっこ》（＝平民）も、たちまち君（君主）ともなれば、上《かみ》とある人は、下なる人に奪はれじとかまへ、下なるは、上のひま（隙）をうかがひて、うばわむとはかりて、かたみに仇みつつ、古へより国治まりがたくなも有りける。（『古事記伝』、「直毘霊《なおびのたま》」）。

3　「まことの道は、天地の間にわたりて、何れの国までも、同じくただ一すぢなり。然るに此道、ひとり皇国にのみただしく伝はりて、外国にはみな、上古より既にその伝来を失へり。それ故に異国には又別にさまざまの道を説きて、おのおの其道を正道のやうに申せども、異国の道は、皆末々の枝道にして、本のまことの正道にはあらず」（「玉くしげ」）。

4　「本朝の皇統は、すなわち此世ノを照らしましまします。天照大御神の御末にましまして、かの天壌無窮の神勅の如く、万々歳の末の代までも、動かせたまふことなく、天地のあらんかぎり伝はらせ玉ふ御事、まづ道の大本なる此ノ一事。かくのごとくかの神勅のしるし有りて、現に違はせ給はざるを以て、神代の古伝説の、虚偽ならざることを知るべく、異国の及ぶところにあらざることをしるべく……」（「玉くしげ」）。

5　「人は人事を以て神代を議《はか》る。我は神代を以て人事を知れり」（『古事記伝』）。

すなわち

第一に、世界のすべての国は、本来、「万世一系の王統」であるべきであるが、その本来の姿は、日本以外には伝わらなかった。

したがって日本の姿こそが本来の姿であって、他国はいろいろ言っているが、すべては虚偽の説に過ぎない。

第二は、日本の国が「真」で他国は「虚偽」という理由は、他国は王朝交代があり、これは「人の国を奪うことが公認されている」ことを示すもので、ここに「善・真」はないからである。（この理論でいけば天皇主義的日本軍国主義は、「人の国」である中国・朝鮮を侵略したのであるから「悪・虚偽」であって、日本帝国主義の侵略戦争を反省することは当然となり、この反省を「自虐」などということは「君が代」「日の丸」神聖化論の大元締めの、宣長の「教え」に背くものともいえよう）。

第三に、『古事記』の神話が正しいという証明は、日本だけ「現に万世一系の皇統であるという事実による」。これに照らせば神話の正しさは不動である。

第四は、世人は『古事記』の神話を、現実の世の姿に照して虚偽と言うが、世界に例がない「万世一系の皇統の事実」にたてば、『古事記』の神話は現実というべきである、というのである。

以上から明らかなとおり、国学的「皇国史観」の中心的思想と主張は、「万世一系の天皇制、大和朝廷一元史観」こそが、日本の特質という点につきるのである。宣長は「万世一系の天皇制」を神聖視したが、なぜそれが世界で日本本土だけなのか説明できず、神に助けをもとめたのである。したがって国学や「皇国史観」から、〝神話を歴史というのが怪しからん〟とこれを撤去しても、その本体、すなわち「万世一系・大和朝廷一元史観」は残るのである。津田氏の「記・紀批判」を「皇国史観批判」という考え方の誤りが、ここにあるのである。

同時に、注目すべきは、この宣長でさえもが「まことの道は、天地の間にわたりて、何れの国までも、同じくただ一すぢなり」と、国家発展史の普遍性を逆立ちさせてはいるが、主張している点は注目すべきである。したがって「皇国史観」批判の唯一の正当な立場と視点は、まさにこの国家・王朝の誕生・発展の普遍性、すなわち「何れの国までも、同じくただ一すぢ」の、日本本土以外の古代琉球をふくむ世界共通の国家・王朝の多元性、交代・滅亡という普遍性にあるのである。これを「造作神話論」ですますのは、すり替えであり善意ならば錯誤である。

戦後の大学的日本古代史学は、津田氏の「記・紀神話」造作論を「皇国史観批判」と称して、そのかげに津田氏の「建国の事情と万世一系の思想」にみるとおりの「万世一系史観」を堅持したのである。それは井上光貞氏がいわれるとおり、戦後の日本国憲法の「象徴天皇制」の条項は、「日本の古来の天皇の伝統を発展的にうけついだもの」（井上光貞氏著、『日本の歴史・1』、六頁、中公文庫、一九八五年、第二四刷）という「政治」に、戦後の日本古代史学がみごとに対応しているのである。

したがって津田左右吉氏の「記・紀批判」によって、「皇国史観」は徹底的に批判されたという、戦後の日本古代史学者等の主張は正しくないばかりか、そこに戦後の天皇制の護持・存続に照応した「歴史学」の性格が示されているのである。「日本古代史学界」での評価の基準は、「学」としての真実性が問題でなく、所詮は政治の都合である。これは明治維新と尊皇日本論との関係にとどまらず、戦後の象徴天皇制と津田氏的「皇国史観批判」史学との関係をも貫くものなのである。

例えば、その間の事情にかんする坂本太郎氏や、井上光貞氏の指摘をあげよう。坂本氏は津田説への戦前・戦後の評価の変転を次のように述べておられる。「博士（津田）の研究は、……中略……記紀の成立事情や資料について考究したうえ、本文について徹底的な批判を加え、記紀の記事は従来信じられていたような歴史の記録ではなく、六世紀頃朝廷の官人が皇室の日本統治を正当化する政治目的をもって造作したものであるという結論に達したのである。

これまでも若干の部分に作為や潤色のあることは認められていたが、このように全面的な作為を主張したのは、ここに始まる。発表の当時は時代の通念とあまりにかけはなれていたために、学界のうけいれる所とはならなかった。戦後に天皇制に対する批判の自由となった勢いに乗じて、この説は俄に学界を風靡し、いまは細部に異論はあっても大局においては定説となった感がある。そして戦後の書紀研究は、この津田博士の説を踏まえて出発することが常識となっている」(坂本太郎氏著、『六国史』、一五五頁、傍線は引用者)。

井上光貞氏は次のように言われている。「……国家や宗教の支配層に属する公の機関が歴史をまとめるばあい、……中略……自分たちに都合のわるい事実を明らかにするものが出ると、世を惑わす者として処罰するといったことも起こってくる。そして、これらの支配体制が変革をうけると、たちまち歴史がかきかえられるのである」(『日本の歴史・1』、三頁、傍線は引用者)。ここには「日本史」という日本人にとって極めて重大な意味をもつものが明治以降、支配階級とその政府の都合に左右されてきた姿が指摘されているのである。つまりこれらの指摘は「歴史学」が実は政治的支配の具とされ、学者もそれに積極的に迎合してきた姿を明るみに出す結果になっているのである。しかもそれは戦後も、本質的に同様であるということが、井上光貞氏の戦後憲法の象徴天皇制条項にかんする指摘に、井上氏がそこまで意識していたか否かは別にして反映されているのである。

つまり、戦前の政府が倒れ天皇の神格化を行った「皇国史観」は否定されたが、かわって戦後の新たな政治体制のもとで、象徴天皇制を擁護・正当化するものとして、津田史学という「皇国史観」〝批判〟史学が新たに登場したに過ぎないのである。

こうして古代史学の根幹が、その時々の政治的体制の都合によって左右されるという姿は、ヒットラー・ドイツや天皇主義的日本以外の、民主主義の先進国欧米をはじめ共産党一党制が云々される今日の中国にさえないのである。現代中国の歴史学については後述するが、伝統的な「黄河文明一元史観」が批判され、「古代中国文明多元史観」が公然と擁護されているという。

ここにも日本の異常性がクッキリと浮かび上がるのである。日本の古代史学の根本的課題は「政治からの自立・自由」である。これはすなわちヨーロッパ諸国が「資本主義的民主主義革命」、ないしは「市民的革命」で達成した課題である。

以上、「皇国史観」の本質は、「万世一系の天皇制論＝大和朝廷一元史観」にあるのであって、「皇国史観」へのほんとうの批判は、この「一元史観」を正面から批判的に検討する視点と立場以外にあり得ないのである。そうしてその視点とは、くどいが「まことの道は、天地の間にわたりて、何れの国までも、同じくただ一すぢなり」という、人類史の国家の形成・誕生・発展の普遍性、すなわち国家・王朝形成・誕生の多元性・王朝の交代性、またその滅亡という、世界の普遍的な国家発展史にたつ立場からである。それ以外に「皇国史観批判」の基本的見地はあり得ないのである。本書はこれを、史観としては古田武彦氏を先学と仰ぎつつも、観点や方法は氏とは異なる面をも踏まえつつ、探究しようとするものである。

三 宣長の古代中国史料への態度

「水戸史学」と国学の代表者の本居宣長の「万世一系」論の著しい特徴は、古代中国文化とその古代の正史類に記されている、対日交流記への激しい否定が基本的決定的特質をなしている点である。それはその対日交流記が「万世一系論」と両立しない記録だからである。この古代中国・朝鮮史料と近世・近代尊皇史学の日本史観の根本的な対立と矛盾こそは、戦前・戦後の日本古代史学を貫く根本的な問題なのである。たとえば『旧唐書』東夷伝の「日本本土の二国併記」にかんして、先に概略を指摘したが『中国正史日本伝（2）』の編訳者の石原道博氏は、その著の「解説」で『旧唐書』をさして、「倭国と日本を併記するような不体裁……」（『旧唐書倭国日本伝・宋史日本伝、元史日本伝』、一六頁。岩波文庫、一九九〇年、第三三刷）と、「不体裁」の一語ですましているばかりか、さらには表題を「倭国伝。日本国伝」とすべきを「倭国日本伝」と変えて、「倭国＝日本国（大和朝廷）」と「原文」改竄をさえ行っている。

『旧唐書』の日本本土の二国併記という重大な記録を、国民にたいしていっさい明らかにせず、その内容をも語らないままで石原道博氏のような原文改竄が、公然と大学的日本古代史学の世界で当然視され容認されるという姿は、文字通り「神武紀元を国民の前で誤りという必要はない」という、戦前の大学的日本古代史学の姿そのままであろう。

この『旧唐書』はあとで述べる（三四四頁参照）が、しかし本来、学問であれば唐の正史の日本本土の二国併記や、そこに記録されている大和朝廷の遣唐使の「日本史」論を無視するという態度は、歴史学の姿、あり方としてはやはり異常そのものである。しかし、この史料を国民の前に全面的に明らかにして、その記録を肯定すれば近世～近代尊皇日本論を自己正当化の理念とする、明治以降の政府の立場と論拠が根底から崩壊する。ここに明治以降の日本古代史学が問答無用とばかりに一致して、この史料の存在、内容に沈黙する由縁があるのである。

この姿は、国民に責任をおう民主主義的な近代的歴史学とは相いれないものであるばかりではなく、「事実の記載」を命にかえても守ろうとした、孔子・司馬遷以来の古代中国の史官の姿にも遠く及ばないものである。しかも、こうした真の学問とは相いれない大学的日本古代史学の一角に、マルクス主義を云々する日本古代史学の諸教授が連座しているというのが事実なのである。真のマルクス主義はこうした姿、態度を断じて容認するものではあり得ないことはいうまでもなかろう。

　しかも七世紀末以前の中国正史類には、実は「倭国・俀《たい》国伝」しか東夷伝には存在せず、例外なくこの「倭国・俀国」を卑弥呼の王朝を継承するものと明確に述べているのである。つまり唐までの古代中国正史類の古代中国と日本本土交流の記載が示す「日本史」と、『古事記』『日本書紀』が記す「日本史」とが根本的に食い違うのである。ここに国学等の以下に示すような古代中国史料とそれを生みだす文化への、敵対的態度が生れる由縁があるのである。

　同時にこの中国史料の記載は古代国家誕生・成立の根拠を都城・京師の確立におく、世界と古代沖縄の歴史学に照らすと正当な記載であることが判明し、大和朝廷の都城の成立を七世紀末～九世紀とする、『日本書紀』『続日本紀』等の記事が明るみにだすものは、『古事記』『日本書紀』が実は王朝・国家ではないものを、王朝と作為した虚構の記録であると共に、古代王朝・国家の成立を都城・京師で確認しない大学的日本古代史学が、実にこの虚構を擁護することを使命とすることをも照らしだすのである。

　この日本史的意味は、大和朝廷の成立は粟田真人らが唐で明言しているとおり七世紀後半であり、唐代までの歴代の古代中国正史類が語る「倭国」は、「大和朝廷」とは異なるものだということである。と言えばあるいは例の巨大「前方後円墳」という、「実証主義」を高々と掲げて、本書の見地に疑問または否定を示される方もおられよう。がしかし「前方後円墳」を「大和朝廷」が造営したという説ははたして真実か、という根本的な問題を、実はこの都城問題が、それと表裏一体のこととして新たに浮かびあがらせるのである。

　世界の歴史学、すなわち人類史の国家誕生の普遍性にそむくと、「一難さってまた一難」というよりは、「一難去らずに、また一難」の連続で、最後は行き止まりになったとしても、いささかの不思議もないのである。何故ならば、「まことの道は、天地の間にわたりて、何れの国までも、同じくただ一すぢなり」だからである。

　さて本居宣長の古代中国論を見ていこう。傍線は引用者。

①「第一に漢意儒意を、清く濯《すす》ぎ去って、やまと魂をかたくする事を、要とすべし」（「うひ山ぶみ」）

②「初学の輩、まづ此漢意を清く除き去って、やまとたましいを堅固《かた》くすべきことは、たとへばもののふの、職場（ママ）におもむくに、まづ具足をよくし、身をかためて立出るがごとし。もし此身の固めをよくせずして、神の御典《みふみ》（古事記・日本書紀）をよむときは、甲冑をも着ず、素膚《すはだ》にて戦ひて、たちまち敵のために、手を負ふごとく、かならずからごころに陥るべし」（前掲書）。

③「がくもんして道をしらむとならば、まず漢意《からごころ》をきよくのぞきさるべし。から意の清くのぞこらぬほどは、

いかに古書（『古事記』、『日本書紀』）をよみても考へても、古のこころをしらでは、道はしりがたきわざなむ有ける」「玉勝間」）

④「漢意とは、漢国のふりを好み、かの国をたふとぶのみをいふに非ず。大かた世の人の、万《よろず》（＝すべて）の事の善悪是非を論《あげつら》ひ、物の理《ことわり》をいふたぐひ、すべてみな漢籍の趣なるをいふ也」（「玉勝間」）

⑤「天皇尊《すめらみこと》の大御心を心とせずして、己々《おのおの》がさかしらごころを心とするは、漢意のうつれるなり」（『古事記伝』、直毘霊）

ここに「やまとたましい」が強調されている。学問の是非の基準を事実におくのではなく、国籍に分けて最初から予断をもってのぞみ、その誤った態度を「ヤマトタマシイ」、同じことであるが「愛国心」で合理化するのは、あの戦前の「欧米文化・敵国性文化論」という、天皇主義的日本軍国主義の考え方と同じであって、宣長はその祖である。

さて、ここにその「漢意」によって〝討ち果たされた姿〟の見本をあげれば、次のようなものであろう。これは新井白石（一六五七〜一七二五）の日本史観とそれの探究の観点・方法である。なお傍線と括弧内は引用者。

「水戸にて出来候本朝史（大日本史）などは、定めて国史の誤りを御正し候事とこそ頼もしく存候に、水戸史館衆と往来し候て見候へば、むかしの事は日本紀（日本書紀）、続日本紀等に打任せられ候体《てい》に候。それにては中々本朝の事実はふっと（まったく）すまぬ（片が付かない）事と、僻見にや候やらむ（水戸史館衆の偏見ではないかと）老朽（老生）などは（そのように）存じ候。

本朝にこそ書も少なく候へども、後漢書以来、異朝（古代中国）の書に本朝の事しるし候事共、いかにもいかにも事実多く候。それをば、こなた（日本側）不吟味にて、かく異朝の書の懸聞之訛《あやまり》と申しやぶり、又は、三韓は四百余年本朝の外藩にて、それに見へ候事にも、よき見合わせ候とも（参考として研究すべきものがあっても）右の如くにやぶりすて候。本朝国史々々とのみ申すことに候。まずは本朝の始末、大かた夢中に夢を説き候ようの事に候」（岩崎允胤氏著、『日本近世思想史序説・上』、二五九頁、新日本出版社、一九九七年、初版）というものである。

〝水戸藩で編纂された本朝史（大日本史）は、さだめし日本書紀をはじめ従来の日本史の誤りを正したものと、頼もしくおもい期待をしておりましたが、水戸史館の人々と交際してその史書を拝見したところ、古代史は日本書紀と続日本紀を写したような有様です。これでは日本古代史の事実はまったく探究できず、偏見にたった編集ではないか、と私は考えるものです。

日本には自身の古代を記した書物も大変少ないけれども、後漢書以降の中国の史書の日本の事を記載した内容は（日本書紀などの日本の史書と比べれば）、いかにもいかにも事実が多く記録されています。にもかかわらず日本側は、これらを正しく吟味もせずに、中国側の見聞の誤りに過ぎないと道理もなく云い張り、古代朝鮮の『三国史記』なども、四百年余も日本に服属した国であり、そこにある記事には日本史の事実の解明で参考にすべき重要な記載があるにもかかわらず、右のような態度で破り捨て同然のあつかいです。そして「本朝国史々々」、すなわち『古事記』『日本書紀』だけが正しいという態度であって、この「本朝」＝水戸藩史学（戦前・戦後の大学的日本古代史学の基本的姿に通じる）の姿の有様は、夢中に夢を説くようなもので、事実の探究などと到底いえるものではありません〃

これは白石が最晩年に執筆しながら未完に終わった『史疑』にかんして、享保九年（一七二四）の正月二日づけで仙台藩の佐久間洞巌におくった手紙のなかの一節である。なおこの年の五月一一日づけの洞巌あての手紙には、「魏志は実録に候。此の如きの所が古学に益ある事にて、第一の要に候。日本紀（日本書紀）などは、はるかに後にこしらへて候事故に、大かた一事も尤もらしき事はなき事に候」（佐伯有清氏著、『魏志倭人伝を読む・下』、一四頁、吉川弘文館、二〇〇〇年、第一刷）と書き送っている。

これはまことに眼光鋭い指摘であって『三国志』魏志・倭人伝を事実の記載、『日本書紀』を造作の書と見事に見抜いているのである。しかし、これは江戸時代には必ずしも例外的ないしは少数派的見解ではなく、むしろ宣長等の方が、「漢意を清く拭う」ことを声を大にせざるを得ない立場であったのである。

さらに、ここに新井白石の神道的尊皇思想への痛烈な批判を引用しておこう。「……神武以来前天皇の事を申し消し候やうの事になり候故、天神副天神など名をつけ候て、なにやらむしれぬ（何やも知れぬ）ものにこしらへなし候て、神代幾億万歳など申しなしたるに候、これらの委曲をよくよく心得もし候はで、当時なにやら神書神道など申す人々も候て、自らを欺くに候やらむ、人を欺くに候やらむ。笑止千万なる妄言を申ふらす事に候」（『新井白石』、五四三頁、「一七二四年の佐久間洞巌あて書簡」、岩波日本思想史体系　一九七五年、第一刷）。

すなわち「天皇が神だ、神代何万億年だ、神道だ」といった、多分に日本中世神道の系列かとおもわれる近世尊皇思想の「先学」を、「笑止千万なる妄言」と云っているのである。白石は鎖国時代の武家の第一級の知識人である。『西洋紀聞』、『南島志』など、今日からみてもあの鎖国時代にここまで世界の姿を調べていたのかと、驚くほどの視野の広さと、実証主義的合理主義の精神が特徴の人であるが、近世尊皇思想の先達を「笑止千万なる妄言」と言い切ったところなど、日本人が真に誇るべき知性と考える。

この本居宣長と新井白石の、古代中国正史類の対日交流記事への態度の違いこそは、近世・近代・現代の尊皇史学、すなわち大学的日本古代史学と、真に科学的な日本古代史学の決定的な違いを照らし出すものである。すなわち日本古代史の探究で最大の問題点は、古代中国正史類および古代朝鮮史料の日本列島の複数王朝・その交代と滅亡の記載をどう見るか、これなのである。したがってこれらの記録の全容を、あるがままにかつ全面的に国民に明らかにして、さらには文献への検証を実証主義にたって行い、『古事記』『日本書紀』の記載と対照する態度が是非必要なのである。非常に重要な点は、江戸時代まで大方の良識ある日本の知性は、新井白石の先の引用に見られるような正常性・健全性が支配的で、国学等は少数派であったらしいということである。

ところが「尊皇攘夷」による明治政府の樹立をもって、この健全性は反国民的として否定され、大学的日本古代史学の態度にみるように、『旧唐書』東夷伝の日本本土二国併記問題にはほとんど完全に沈黙し、古代中国側の「倭人、倭国、俀国（大俀国《たいいこく》・の意味）」伝を全面的・系統的には明らかにせず、各史料を個別分断的に、しかも『隋書』俀国伝を国民に示すに、俀国とあるものを説明ぬきで「倭国伝」と原文の改ざんを一致しておこない、さらにはこのかなり長い記録を、国民には「万世一系」論に都合よく改ざん的に説明できる部分だけを列挙し、これを否定する部分には『旧唐書』同様に完全に沈黙するか、または説明にならない説明（たとえば七世紀以前の天皇に、「タリシホコ」などという者はいない）で学界あげて一致して押し切るという態度である。

文字通り「異朝の書之懸聞《けんぶん》の訛《あやまり》と申しやぶり、……右の如くにやぶりすて候。本朝国史々々とのみ申すことに候。まずは本朝の始末、大かた夢中に夢を説き候ようの事に候」という評がピッタリの姿となるのである。

以上から日本古代史の真実の探究では、古代中国、朝鮮史料への態度は根本問題であり、これの道理のない無視・否定という態度は、近世以降の尊皇日本論が必然的に内包する、もっとも本質的かつ重大な問題点なのである。現に、新井白石の時代と重なる人で近世尊皇古代史学の最初を告げると思われる、松下見林（一六三七～一七〇三）の有名な『異称日本伝』を例にあげよう。そもそもこの表題の「異称」とは、「本朝国史」の『古事記』『日本書紀』とは異なる日本伝・日本史の記録という意味である。したがってこの『異称日本伝』という命名には、『古事記』『日本書紀』こそが正しいという視点から、古代中国史料類を「批判」するという考え方、立場がしめされたものである。

その「批判」の一例として『三国志』魏志・倭人伝への評をあげよう。「国名官名人名多くあきらかにすること可ならず。女王男王はあわず……」とか、「宗女壱与の事、無稽（＝でたらめ）の言也。神功皇后に皇女無し、崩御の後、太子即位す。応神天皇是なり。……大抵の伝聞誤り多し」（『異称日本伝』、一七頁、近藤瓶城氏編輯、近藤活版所、一九〇一（明治三四）年）とある。すなわち「異朝の書之懸聞の訛」論なのである。

さらに本居宣長には『馭戎概言』がある。この「馭戎」の「馭」は今日では日本では見られなくなったが、馬車や「文明開花」以前には日本にはないが、人が乗る馬車をあやつる人を「馭者」と呼んだのである。ここの「馭戎」はそれになぞらえながら「戎＝ケモノ」という語で中国史料と文化を指し、これを「ヤマトタマシイ」で馭す＝御すことを意味したものである。つまり古代中国正史類の日本列島交流記を、「ケモノ」とみなし、これを『古事記』『日本書紀』の精神で統御せよ、ということである。すなわち「第一に漢意儒意を、清く濯ぎ去って、やまと魂をかたくする事を、要とすべし」ということである。

戦後、この点を独自に具体的・徹底的に明らかにされたのが、古田武彦氏の『「邪馬台国」はなかった』（朝日新聞社、一九七一年）や『失われた九州王朝』、また『盗まれた神話』（朝日新聞社、一九七五年）、『古代は輝いていた』三部作（朝日新聞社、一九八四年）等の多数の著書である。大学的日本古代史学は古田氏を無視している。後世はこの大学的日本古代史学の姿を評価しないこと、あたかも「皇国史観的皇国史観」は歴史の彼方に消えたが如し、という姿への二の舞への道であろう。

四　宣長の中国文化論

ここでは宣長の「漢意」否認の主張を見よう。括弧内、傍線は引用者。

1　「漢国（中国）には、おほよそ人の禍福、国の治乱など、すべて世中のよろづの事は、みな天よりなすわざとして、天道天命天理などいひて、これをうえなく尊く畏るべき物とぞする。さるはすべて漢国には、まことの道伝はらずして、万《よろづ》の事は、神の御心御しわざなることをえしらざる（よく知らない）が故に、みだれに造りまうけていへるものなり。そもそも天は、ただ天つ神（「記・紀神話の神」）たちのまします御国（日本）にこそあれ、心ある物にあらざれば、天命などいふことあるべくもあらず。

神を尊み畏れずして、天をたふとみ畏るるは、……其君を尊み畏るることをしらざるがごとし。……皇国には、まことの道の正しき伝へ（古事記、日本書紀をいう）の有りながら、それを尋ね思はずして、ただ外国のみだれなる説をのみ信じて、天といふこと、いみしき（立派な）事に心得居て、万の事に、その理をのみいふは、いかにぞや。又太極無極陰陽乾坤八卦五行など、ことごとしくこちたく（言痛く＝小うるさく）いふなる事共も、ただ漢国人のわたくしの造語にて、まことには其理とてあることなし」（玉勝間）

2　「漢意とは、漢国のふりを好み、かの国をとふとぶのみをいふにあらず、世の人の、万の事の善悪是非を論《あげつら》ひ物の理をさだめいふたぐひ、すべてみな漢籍《からぶみ》の趣なるをいふ也」（『玉勝間』）

3　「すべての儒者は、世中にあやしき事（不可解なこと）はなきことわりぞと、かたおちに思ひとれる……」（『玉勝間』）

4「世の識者《ものしりびと》、月日は天地の初発《はじめ》より自然《おのづから》ある物とし、天照大御神・月読命《つきよみのみこと》をば、別なりとして、説《こと》を立てるは、何《いづれ》の書に見へたるぞ。ただ漢籍《からぶみ》の理に溺れたる己が私《わたくし》ごとにして、甚《いたく》古伝に背けり」（『古事記伝』）。

5「すべて物の理は、次第に本をおしきはむるときは、いかなるゆゑいかなる理と知るべきにあらねば、陰陽太極無極も不生不滅も、畢竟は無益の弁にして、そのことわりあることなし。ただ天地世間は、人の智にていかなる理とも、いかなる故にしかるともはかりしるべきにあらず。ただ古の伝にしたがふべきこと也」（講後談」）。

6「世の中のよろづの事はみなあやしきを（解き難い謎であるのに、引用者）、これ奇しく妙なる神の御しわざなることをえしらずして、己がおしはかりの理を以ていふはいとをこ（おろか、引用者）なり。いかにともしられぬ事を理をもてとかくいふは、から人（漢人）のくせなり。そのいふところの理は、いかさまにもいへばいへる物ぞ。かれ（故に）いにしへのから人のいひおける理、後世にいたりてひがごとなることのあらはれたる事おほし。また、ついに理のはかりがたき事にあへば、これを天といひてのがるる。みな神ある事をしらざるゆゑなり」（『玉勝間』）。

以上をあげたが、宣長の膨大な書き物には、ところ構わず「漢意」攻撃に満ちあふれているが、その趣旨は、この宇宙と自然ならびに人間の身体、また社会にかんして、「太極無極陰陽乾坤、八卦五行」をもとに考察し、〃「万の事の善悪是非を論ひ物の理をさだめ」る考え方は、宣長の考える神と真理、すなわち『万世一系の天皇制』の否定につながる、不届千万の単なる私見を無上のものと見なすものだ〃ということである。

　ここには人間が宇宙・自然・人間界を理解するうえでの、根本的な意見・見解の相違が示されている。この対立は古代以来、人類の世界観を二分してきた、唯物論と観念論という二大党派の対立が、アジアと日本思想においても全く同様であることを鮮明に示すものである。宣長の「漢意」攻撃を見れば、宣長が攻撃する「漢意」は、明らかに宇宙・自然・人間界を「神」から説明するのではなく、「太極無極陰陽乾坤、八卦五行」という自然の原理を想定して、ここから説明・理解しようとする思想と態度を指していることは明らかであろう。

　太極無極陰陽乾坤、八卦五行や自然の原理をいうからといって、その主張がすべて唯物論とは断定できないが、しかし、宇宙や自然、または人間社会には、一定の原理や秩序が自ずからあって、その諸原理の組み合わせや運動によって、それぞれに存在と特質・個性があたえられ、世界がなりたっているという考え方は、今日の自然科学や社会科学に通じるものであって、そうした考え方そのものは当然なものである。

　ここでの問題は、古代以来の中国の「太極無極陰陽乾坤、八卦五行」が、古代ギリシャ以降、特にイタリア・ルネッサンス以来のヨーロッパの自然科学にたいして、より優位にあるか否かが問題ではない。問題は、ガリレオの「地動説」を有罪にした中世キリスト教が、神と『聖書』を絶対としたのに対して、自然・宇宙にはそれぞれに神や『聖書』とは無関係に、原理やそれから生れる運動と秩序があるという考え方が正しいか否かということである。

その意味では古代以来の中国思想と文化は人類文化の正統派である。これに対して「世の中のよろづの事はみな……妙なる神の御しわざ」とか、「すべて物の理は、次第に根本をきわめやうとしても、〝いかなるゆゑいかなる理と知るべきにあらねば〟すなはち知るすべがないことだから、……ただ古の伝（古事記）にしたがふべきこと也」、さらには「皇国には、まことの道の正しき伝へ（古事記・日本書紀）の有りながら、それを尋ね思はずして、ただ外国のみだれなる説をのみ信じて……」などという主張は、まさにガリレオに対するに『聖書』を振りかざす中世的キリスト教の神学者の、今日では世界で誰一人からも支持されない姿に通じるものである。

現に、日本人は文字、数字、数学、天文・暦等、すべからく古代中国文化を受け入れ、その結果、ヨーロッパ文明と遭遇した時に、素早くこれを身につけられたことはいまさらいうも愚かであろう。また、紙、火薬、羅針盤は中国人の発明である。これのどれを欠いても現在の「欧米崇拝」主義者がいう「近代的科学的文明」は存在の余地がないであろう。また、コロンブスの大航海に先駆けること約一〇〇年前の、鄭和の数次におよぶ羅針盤を使っての中国からアフリカまでの、一回の航海の参加者が二万数千人という大航海がある。くわえて火薬で物が飛び出す武器の発明等、今日の「近代文明」の基礎をも提供したものであろう。

古代文明の特質に天文学がある。まことに残念ながらわが日本民族は古代文明を持つ民族でありながら、自前の天文学の姿が伝えられていない。私は「倭人」は海の民であるから、自前の天体観測はあったのではないかと考えるが、これらの「倭国」の文化は、後述するとおり八世紀に成立した大和朝廷の「万世一系史」造作の都合により、徹底的に破毀されたか歪曲されている。

古代人が天体観測をして暦を創造し、農業の種蒔き等の時期を単なる経験主義から理性的な文化へと変えたが、この過程で規則的な天体の動きから、自然と人間界には人間の都合からは独立した原則・道理、また正義があると考えたとしても、不思議も不都合もない、当り前のことと思える次第である。

一方ではこの古代文化を受容して「旧暦」を知り、これにしたがって農業を発展させながら、他方で、この古代的な科学的思考を生みだす宇宙観・自然観・人間観を罵る姿は、日本人として肯定しえないものと思う。それにしても本居宣長は町医者である。医者でありながら「すべて物の理は、次第に本をおしきはむるときは、いかなるゆゑいかなる理と知るべきにあらねば……」などと書物に書いて、世間に流布し疑問をもたない人物である。こんな医者にかかった人々の運命があらためて気になるところである。宣長の「学名」は盛んであるが医者としての功績は、あまり聞こえて来ないのは私の寡聞の故であろうか。

五　人間性と国学・宣長

以上の考察から国学と宣長の考え方が、観念論のなかでも主観主義的観念論という、くらべればヒットラーの「ドイツ民族は世界に冠たり」と瓜二つの思想にたっていることがわかる。ドイツ民族が世界で一番優れているという考え方に、客観的根拠は全くないのと同様に、「殊に皇国《みくに》（日本）は、万《よろ》ズの国の本《もと》、よろづの国の宗《おや》とある御国なれば、万ノ国々にわたりて、正しきまことの道（万世一系の天皇制をいう）は、皇国にこそ伝はりたれ。他国には、伝はれることなければ、此道をしることあたはず……」（『玉勝間』）。

「天地の間にわたりて、殊にすぐれたる、まことの道（古事記・日本書紀）の伝はれる、御国（日本）に生れ来つるは、幸にも幸なれば、いかにも此のとふとき皇国の道を学ぶべきは、勿論のこと也」（『うひ山ぶみ』）という、主張にも全く客観的な根拠がない。しかし、この宣長の主張は「大東亜共栄圏」という、「日本は世界に冠たる神国であってアジアの盟主となり、米英と雌雄を決し、世界の盟主たらん」という、天皇主義的日本軍国主義が第二次世界大戦にさいして掲げたスローガンの、基礎的思想であったという点で、ヒットラーの主張と同質である。問題は、どうしてこうした反理性的な思想が生れたのか、これが先ず問われなければならない。

①　宣長の認識論

国学はそもそもは「和歌学」を端緒として誕生したものである。本書は国学研究書ではないのでその経過の一々には立ち入らないが、「日本は万世一系の天皇をいただく神国」論が誕生する由縁は、じつに国学の和歌研究の姿勢に根ざすのである。何故、和歌学が『古事記』『日本書紀』の絶対的礼賛論になるのか、これがまず問題である。

それは、「言《ことば》と事と心と、そのさま大抵相かなひて、似たる物にて、たとへば心かしこき人は、いふ言のさまも、なす事のさまもそれに応じてかしこく、心つたなき人は、いふ言のさまも、なすわざもそれに応じてつたなきもの也。……上代の人は、上代のさま、中古（中世）の人は、中古のさま、後世の人は、後世のさま有て、おのおのそのいへる言となせる事と、思へる心、相かなひて似たる物なるを、今の世に在て、その上代の人の、言をも事をも心をも、考へしらんとするに、そのいへりし言は、歌に伝はり、なせりし事は史（古事記・日本書紀）に伝はれるを、その史も、言を以て記したれば、言の外ならず。

心のさまも、又歌にて知ルべし。言と事と心とは其さま相かなへるものならば、後世にして、古の人の、思へる心、なせる事《わざ》をしりて、その世の有さまを、まさしくしるべきこと、古言古歌にある也。さて古の道は、二典（古事記、日本書紀）の神代上代の事跡のうへに備はりたれば、古言古歌をよく心得て、これを見るとき其道の意、おのづから明らかなり」（『うひ山ぶみ』）という宣長の言葉につきている。

この和歌重視のおもむきは、「物語ぶみなどをもつねにみるべし。此事の子細は、源氏物語の玉の小櫛に、くわしくいへれば、ここにはもらしつ。いにしへ人の風雅《ミヤビ》のおもむきをしるは云々」。

すべて人は、雅《ミヤビ》の趣をしらでは有ルべからず。これをしらざるは、物のあはれをしらず、心なき人なり。かくてそのみやびの趣をしることは、歌をよみ、物語書などをよく見るにあり。然して古へ人のみやびたる情をしり、すべて古への雅たる世の有りさまを、よくしるは、これ古の道をしるべき階梯也」（『うひ山ぶみ』）という点に置かれているのである。この傍線部分こそは、国学と宣長の哲学的認識論が凝縮されていると考えるものである。

宣長では、「言《ことば》と事と心」は相つうじ、いわば認識上での一体のものとされている。その「心」の一番重要なものとして「物のあはれ」が強調され、これを知らない人間は「心なき人」といわれている。この「物のあはれ」は雅に通じ、この「みやびたる情」こそは、「古道」すなわち「万世一系の天皇制」を記す『古事記』『日本書紀』理解の、梯子であるとされているのである。

②「物のあ・はれ」

「物のあはれをしるといふ事、まづすべてあはれといふはもと、みるものきく物ふるゝ事に、心の感じて出る、嘆声《なげき》の声にて、今の俗言《よのことば》にも、あゝといひ、はれといふ是也。たとへば月花を見て感じて、あゝ見ごとな花ぢや、はれよい月かななどといふ。あはれとは、このあゝと、はれ、とのかさなりたる物……」（『玉の小櫛』、傍線は引用者）である。

また「心の感じて出る、嘆声《なげき》の声」の「嘆声」は、「なげき悲しむ」の「なげき」ではなく、もともとは「あゝ」とか「あれー」とかいう、「長い息づかい」の声の意がつづまったものという。

したがって「あはれ」とは正確には「あー、はれー」の意である。このように見てくれば「物のあわれ」ではなく、「物のあ・はれを知る心」を指すことになる。それは、「さてその物のあはれをしるといひ、しらぬといふけじめは、たとへばめでたき花（美しい花、引用者、以下同様）を見、さやかな月（夜空に冴える月）にむかひて、あー、はれー（美しいと感嘆する意）と情の感《うご》く、すなはち是《これ》、物のあはれを知るなり。これその月花のあはれなるおもむきを心にわきまへる故に感ずる也。

其あはれなる趣《おもむき》をわきまへしらぬ情《こころ》は、いかにめでたき花見ても、さやかなる月にむかひても感《うご》くことなし。是即《これすなはち》物のあはれをしらぬ也。月花のみにあらず、すべて世中にありとある事にふれて、其おもむき心ばへをわきまへしりて、うれしかるべき事はうれしく、おかしかるべき事はおかしく、かなしかるべき事はかなしく、それぞれに、情の感《うご》くが、物のあはれをしるなり」（『石上私淑言《いそのかみささめごと》』）というのである。

しかも、宣長においてはこの「物のあ・はれをしる」ことは、次の意味をもつというのである。「物のあはれをしるといふことを、おしひろめれば、身をおさめ、家をも国をも治むべき道にも、わたりぬべき也」（「紫文要領」）。反儒教をさけぶこの人物は、なにやら儒教の「修身斉家治国平天下」（身を修める道は、家をととのえ、国を修め、さらには天下を安んじる道）の修身の身代わりに「物のあ・はれ」をおきたいらしいのである。かれは「万世一系の天皇制論」をさかんに「道」と称している。これは注目すべきである。

がさて、宣長をはじめ国学の認識論は、ここまでしかないのである。「余が……目に見へたるままにてといへるは、月日火水などは、目に見ゆるものなる故に、その一端につきていへるなり。此外にも、目には見えね共、声あるものは耳に聞え、香ある物は鼻に嗅がれ、また、目にも耳にも鼻にも触され共、風などは身にふれてこれをしる。其外何にてもみな、触るところ有て知る事なり。又心などと云物は、他へは触さ（ザ）れ共、思念《おもふ》といふ事有てこれをしる。諸の神も同じことにて、神代の神は、今こそ目に見え玉はね、その代には目に見えたる物なり。其中に天照大御神などは、今も諸人の目に見え玉ふ（太陽と同列視。引用者）。又神代も目に見えぬ神もあれ共、それもおのおのその所為《しわざ》ありて、人に触る故に、それと知ル事なり」（「くずばな」）というのである。

ここに述べられていることは、ことごとく人間の感覚的認識にかんしてだけである。つまり国学と宣長の認識論には、「物のあ・はれを知る心」という、「あー　綺麗」とか「はれー　素晴らしい富士山よ」という、いわば「感激」と、人間の五感でしる感覚的認識しか語られず、あとは一挙に神に飛んでいくのである。

人間は世界を知るに、先ずは「石は固いが鉄はその石を割るほどに固い」。「水は冷たいが、氷はさらに冷たく固い」とか、「湯は温かい」などなど、物の性質をまずはその五感によって識別する。しかし、人間の認識はこの五感の段階に止まらず、石は木より固く、火に水をかけると火は消えるなど、五感を通じて知ったいろいろの物の性質を比較して、事物の固有の性質や特徴を知る段階へとすすむ。これは人間の認識が、単にそれぞれの物の五感での識別に止まらず、さらに識別された諸物を比較し、その物の特質やその間の関係を認識する方向に進む。これは感覚的認識にたいして理性的認識と呼ばれる。正常な人間の認識は個人においても、人間一般にしてもこの二つの段階で構成され、認識自体は感性的認識から理性的認識へと進むのである。

宣長が攻撃する古代中国の「天」や「道」も、天体の観測とその理性的認識や、古代中国社会への理性的認識を理論的に体系化したものであって、その個々の要素はとにもかくにも、オリエントや古代ギリシャの世界観もまた同様に人間の理性的認識として形成されたものである。

人は、たとえば石で木をたたけば、木に傷をつけ、または石の一側面を刃のようにすれば、木が切れるとか、水に濡れた土は粘土となり、柔らかく人間が指で自由に形を作り変えられるが、これが火で焼かれると石のように固くなり水に溶けず、逆に水を蓄え、またそれを火の側に置けば、水は湯に変わるなど、五感で知り得た物の諸性質やその関連を知り、さらにこれを人間は生存のための労働に役立ててきた。

人間の自然への認識のそもそもは、学者さんがじっと考え込んで発見したものでは断じてなく、生存のために棒を使って、木の実を取り、動物を狩り、身を守るなどの道具とし、さらには石を使い、これで棒の先を尖らせ、また投げるなど、こうして労働用具を作り、発展させて自然に働きかけて、じょじょに自分が使う石、木、火、さらにはそれで働きかける様々な対象物の性格、特質を知り、石器、土器から金属の使用へと知識をのばしたのであって、知識は人間の生産・労働とその発展を軸にし、感覚的認識から理性的認識への発展を土台として発展・展開してきたのである。

「人間性」とは、まさにこの感覚的認識から理性的認識への発展の、人間が労働する限り終わることのない認識のラセン階段的発展のすべてをいうのである。

猿（類人猿）の段階では、この理性的認識力が人間に遠く及ばないと指摘されている。たとえば猿に、火に水をかけると消えるということを教えると覚えるという。さてこの猿を筏にのせて、筏の上で火を燃やしても、筏を浮かべている水を汲んで火にかけて消すことは出来ないという。これは、つまり火と水の普遍的な性格にかんする認識ができないことを示す例といわれる。

同時に、感覚的認識は基本的には、動物にすでにそなわっているものであって、鳥でさえ木の実の色、形等を見分けるのは、この感覚器官のはたらきであろう。

国学と宣長の認識論は、この感覚器官による認識の「物のあ・はれを知る心」だけを絶対化して、さらにその「あ・はれ」を人におこさせる、物の性格や特質を知ろうとする正当な人間の理性を、「漢意・さかしら」と否定・憎悪するのである。これはまさに動物の段階から生産労働をつうじて発展させてきた人間の理性的認識、すなわち人間に固有の大脳の活動、つまりは人間性の否定以外のなにものでもないのである。実に、ここに国学・宣長の「万世一系論」の真骨頂があるのである。宣長の認識論は「感じる心」で沢山だ。「考える心」は反日本的さかしらだ、ということである。

「宣長の不可知論は、物のあはれを知るという感性的認識論の形成と並行して形成されたもので、理性による認識をさかしらとして排撃することを旨とする。物のあはれを知る、物の本質を素直に認識（感性的認識をいう、引用者）するうえで、最大の妨げになったのは、理屈をふりかざすさかしらな智恵である。宣長が明瞭な姿で見定めた敵対者は、物のあはれを知る心が日本固有の思考であるのに対応して、中国的ないし儒教的な思考であったから……儒教批判が『石上私淑言』においては強い調子で展開される……」(「日本思想体系・『本居宣長』」、「解説」、日野龍夫氏著、五八一頁、岩波書店、一九七八年、第一刷。傍線は引用者)と指摘されている。

この批評は宣長への讃美が主眼の結果、不徹底であるがそれでも宣長が、「理性による認識をさかしらとしては排撃することを旨としている……」と、認めざるを得ないのである。宣長では、この事物の理性的な認識が次のように否定的にとらえられるのである。「異朝(中国)の書籍とここの物語(源氏物語)などと、そのおもむき雲泥にして、さらにおなじからざる也。まづ異朝の書は、何の書も人の善悪をきびしく弁論して、物の道理をさかしくいひ、人ごとにわれがしこにいひなし、風雅の詩文に至りても、とかく我国の歌とはちがひて、人情をばあらはさず、何となくさかしくかしこげに見ゆる也」(『紫文要領』、傍線は引用者)というのである。

「人ごとにわれがしこにいひな」すのは、言論の自由のある社会の世の姿である。なおここで一言しておきたいことは、先に引用した「すべて物の理は、次第に本をおしきわむるときは、いかなるゆゑいかなる理と知るべきにあらねば、陰陽太極無極も不生不滅も、畢竟は無益の弁にして、そのことわりあることなし。ただ天地世間は、人の智にていかなる理とも、いかなる故にしかるともはかりしるべきにあらず。ただ古の伝にしたがふべきこと也」という、人間の理性無能力論を、わが国の研究者は「不可知論」とよぶ点である。

しかし、ヨーロッパ哲学での「不可知論」という語の意味は、神や特定の観念を宇宙の根元という観念論と、この宇宙は誰によっても作られたものではなく、永遠の昔から永遠の未来にむかって、自立的内在性によって運動する物質の世界という唯物論の対決の狭間で、人間の意識の外に客観的に存在する世界を一応は承認するが、しかし、「その客観的なるものを人間は最終的には知り得ない」(カント等)、つまり「神や特定の観念が存在しないとは断定しえない」という、かなり高等な思惟を指すことばである。

宣長の反理性主義は「不可知論」などという高等なものではなく、世界は人間の感覚・意識から独立した客観的存在であり、それは独自の性質と運動があるということに通じる、古代中国思想と文化を否定する見地である。本居宣長の哲学は、その根底に人間の自然と人間への理性的認識を否定する、最終的にはきわめて「反人間的思考」と考える。

六　宣長の「人の道」論

宣長の思想が著しく権力追従的で、和歌やかれが愛好したという『源氏物語』から主観的に理想化された古代王朝、彼の言葉に従えば「みやび」なるものへの礼賛を絶対とする思考は、人間を「上なる者」と「下なる者」の二種類に分け、「上なる者」には驚くなかれどうやら「漢意」である大脳活動の自由を認め、「下なる者」には五感的認識以外は禁じるのである。そもそも国学と宣長の「漢意・さかしら」排斥を第一におく世界観にしたがえば、人の世のあるべき姿はまず、

1　「古事記書紀の二典に記されたる、神代上代の、もろもろの事跡にそなわる、天照大御神の道にして、天皇の天下しろしめす道」という、国学的な「神道」的世界観こそが絶対的なものである。

2　「そもそも道といふ物、上に行ひ給ひて、下へは、上より敷キ施し給ふもの」（『うひ山ぶみ』）であって、したがって

3　「抑世中の万の事はことごとく神の御心より出て、その御しわざなれば、よくもあしくも、人力にてたやすく止むべきにあらず。故に、あしきをば皆必ず止めよと教へるは強事也」（『呵刈葭』）

2　「今のおこなひ（政治の事）道にかなはざらむからに、下なる者の、改め行はむは、わたくし事にして、中々道のこころにあらず。下なるものはただ、よくもあしくもあれ、上（政府等）のおもむけにしたがひをるものにこそあれ」（『玉勝間』）

3　「すべて下なる者は、よくてもあしくても、その時々の上の掟のままに、従ひ行ふぞ。即チ古の道の意には有ける」（『うひ山ぶみ』）

といった具合であって、ここには明治憲法第三条の「天皇ハ神聖ニシテ侵スヘカラス」が、厳然として「人の道」としてすでに述べられているのである。要するに「上」「みやび」なる存在は、「神」そのものであり、絶対的であるとされるのである。この「神・天皇」に、人間のシルシである「大脳をはたらかせる」、すなわち理性的理論的認識を発揮することは、「漢意、さかしら」であって断じて許されない、「天下の道」の上に「私」をおく言語道断の所業だ、というのである。ところで、では「上」の意志、行為を決定・規制するものは何か、これに関しては国学・宣長は、何も語らないのである。つまり「神・天皇・上・みやび」は絶対的存在であって、絶対とは規制がないので「得手勝手次第」、表現を変えれば自身の神性が否定されない限り、「何でもあり」なのである。

　つまりは「下なる者」には、人間の本質である「大脳の理性的な活動」それ自身が、悪とされ、「上のお慈悲」を乞い願うだけの奴隷か牛馬の水準が「道」だと宣言されるのである。こうした愚論こそが「万世一系の天皇制論」の、思想的政治的な正体なのである。したがって江戸時代宣長や平田篤胤の門弟に、百姓一揆等の場合、打ち壊しの対象にされる豪農、豪商が多かったというのは興味深いことである。

　なぜならば国学は「易性革命」＝「天命論」すなわち『孟可』（孟子）の『革命』思想をまったくみとめていない」（岩波日本思想史大系・『国学運動の思想』、六六八頁、一九

七一年、第一版」のであって、国学の国体論が真の敵と見さだもたは、実に中国思想・文化、そのなかでも「人民の革命権」擁護論としての「天命論」だったのである。現に、本居宣長は孟子をさして「孟可が大悪さとるべし。……この書、人の臣たらん者の見るべき書にあらず。臣たる人に不忠不義を教へるものなり。……おそるべし、おそるべし」(「たまかつま」)と述べている。

国学はこの時点で一揆の敵対者として登場するのである。だからこそ「寛政二(一七九〇)年の満願寺庄屋リコール運動や、文政一一(一八二八)年の一揆の鎮圧につとめた(越後新津の大庄屋の)桂誉正、誉重親子は、……その体験にもとづいた『世継草摘分』で、『……先以朝廷ニ於テ人民ノ神習ノ事ヲ深ク厚ク大御心ニ掛ケサセ玉ヘバ、此大御心ヲ心トシテ、諸有司ヨリ国守、郡司、保長、村主ト伝ヘ伝ヘテ、大御宝ニ教戒シ……神習ハセシモノト見ユ』と言っている」(前掲『国学運動の思想』、六六九頁)とあるのは、近代日本の考察では本来はきわめて興味深い問題なのである。

この意味は次の点にある。エンゲルスが、イギリスとフランスの資本主義的変革の違いを、その封建制の姿の歴史的違いにもふれながら解明し、イギリスのブルジョアジーの保守的性格を指摘している。そこではフランス大革命が、封建的君主制とその支柱であったキリスト教(カトリック)を徹底的に粉砕して、そのブルジョア民主主義を押しすすめたと指摘されている。

これにたいしてイギリスでは、ブルジョアジーの階級的対立物である貴族階級がフランスと違い、「バラ戦争」(一四五五〜一四八五年、ヨーク家とランカスター家の王位争いに端を発した)で相互に殺しあって本家筋の貴族は絶え、その後継者らは、もはや名だけは名門大貴族ながら実際はそのはるかなる傍流に過ぎず、したがって早くから自分の小作農の家に放火などいて、これを暴力的に追い出して、そこで羊を飼ってその羊毛を売って金儲けにいそしむ、ブルジョア的家業に手を染めるなど本来の封建貴族とは異質なものになっていた等の結果、イギリスのブルジョアジーは、この名のみの末流貴族を教養ある目上の指導者と仰ぎ、妥協する条件があったことを指摘している。

この指摘のなかで産業革命の途上、あの有名なチャーチスト運動等で苦労したイギリスのブルジョアジーは、フランスの同輩とは違って、王朝崇拝とキリスト教の重要性を自覚したと、次のように指摘している。「このブルジョアジーは、国民中の主要勤労大衆を服従させておくことに共通の利害をもっていた。……中略……まもなくこの同じ宗教(王朝崇拝とともに——引用者)が、彼らがつかっている生れながらの目下どもの心にはたらきかけて、神がかれに定めたもうた主人たちの命令に従順なものとさせるのに好都合である、ということがわかった。……」(エンゲルス著、『空想から科学へ』、寺沢恒信・山本二三丸氏訳、三六頁、国民文庫本(大月書店一九六二年、第三刷)。

これを読むと、国学がわが国の「ブルジョアジー」の心底に、ひびく理念であったことが腑におちる感じがする。しかし、イギリスでは有名な「ピューリタン革命」とよばれるブルジョア民主主義革命が、フランスよりは不徹底ではあったにせよ遂行されているのに対して、日本ではそれは遂行されなかったのであるから、国学的思考が国家の思想とされた近代日本の姿は、異常な後進性を特質とすることになり、それは今日も克服されているとは云い難いのではないだろうか。民主主義と理性の欠如である。

にもかかわらず、戦後といえどもマルクス主義云々を口にする思想史家や文学者、芸術家をふくめて、驚くなかれ「物のあ・はれ」を論じて、あげ句の果てに『石上私淑言』の先述の「うれしかるべき事はうれしく、おかしかるべき事はおかしく、かなしかるべき事はかなしく、それぞれに、情の感《うご》くが、物のあはれをしるなり」等を引用しつつ、「人間の心情の自由な発露を重視し」云々などと、まるでヨーロッパの近世町人の反封建的自由への接近の、一段階を画したものとでもいう例があるのである。

例えば、「一七世紀の契沖にはじまり、一八世紀なかばの賀茂真淵によって発展した国学は、一八世紀末、本居宣長の『古事記伝』(一七九八年)によって大成した。宣長も、朱子学を批判し、喜び・悲しみ・なげきなど、ありのままの人間の心情こそ、人間の真実であるといった。徂来(荻生徂来、当時の著名な儒学者)が中国の古典にもとづいて朱子学を批判したのにたいし、宣長は、日本の古典(『古事記』『日本書紀』)について、『唐心』(中国の思想)・「仏心」(仏教思想)によってゆがめられない以前の日本人を研究したのであった」(『日本歴史・中』、一二一頁、新日本新書、新日本出版社、一九六七年、第一刷。傍線は引用者)という国学評がある。

驚きである。この日本的マルクス主義にたつと思われる歴史学者は、国学の「万世一系の天皇制は日本の伝統」論の真の意味がわかっておらず、さらには、これを採用した明治政府以降の日本的保守思想の意味も理解しているとは思えない。「万世一系の天皇制」論の眼目は、一方では明治政府の徳川幕府打倒の「日本史」的大義名分論をなし、他方では国民に政府への絶対服従を強要する日本史論をよそおった理念にすぎないのである。

したがって真に歴史の進歩を願う立場は、江戸時代の国学等が目の仇にした「王朝交代論」=「人民の革命権擁護・天命論」への、日本史の事実にそくした探究からの回答なのである。にもかかわらず専門の歴史学者においてさえも、そうした理解はおろか、そうした問題意識さえないのは引用のとおりである。

国学的近代的尊皇思想は、まさにエンゲルスが『空想から科学へ』で指摘した、イギリスのブルジョアジーの理念の極東日本版であって、その仏教の否定は、国学的天皇主義的神道論からであるが、中国文化の否定は、その古代正史類の対日交流の記録の反万世一系論的性格とともに、「易姓革命」

つまり王朝交代とそれの正当性を理論化した『孟子』の「人民の革命権」擁護論への全身的否定なのである。

国学はそもそもその始祖・契沖以降、一貫して「排仏・排儒」（仏教排除、儒教否定）であって、例えば本居宣長の直接の師である賀茂真淵はその著『国意考』で、儒教排斥を次のように語っている。「おのれ（私）いふ。そこ（貴方）のいふは、から国（中国）の儒とやらむことか。そは天地《あめつち》のこころを、しひてちひさく、人のつくれるわざにこそあれ、といふ」（岩崎允胤氏著、『日本近世思想史序説・下』、七七頁、一九九七年、六月、初版）。

これは儒学者が国学を批判して「歌などという小さいことに熱中してなんの役にたつ。もっと天下国家の役にたつ儒学の勉強をすべきだ」というような指摘に、「儒学などは、人間が考えた小さいものに過ぎない」と反論したものであって、儒教などより『古事記』『日本書紀』『万葉集』が上だという主張なのである。これが『国意考』という表題の著に記されている点がミソである。したがって真淵が、「大いなる政は、おのづから民の靡かんことをたふとぶ」（『国歌考』、前掲書、六九頁）というのも当然である。これは『孟子』の〝人民の革命権擁護論〟と対比されるものである。「靡く」というのは風という力に草木が吹き動かされる姿である。断じて自主的なものではない。

したがって史的唯物論をかかげながら、「『唐心』・『仏心』によってゆがめられない以前の日本人を研究したのであった」などと、国学の『古事記』『日本書紀』絶対論、「万世一系の天皇制論」、すなわち国民はただ政府にたいして土下座せよという理念を、さも一見識でもあるかに評価する「日本的史的唯物論」は、「万世一系の天皇制論」とは何か、ということがまったくわかっていないものであって、この日本的マルクス主義の歴史学、思想史学の姿に驚きを禁じ得ないのは当然であろう。しかし、ここに近代日本の「文明開花」気分と思想が、近代日本の進歩的傾向に残した深い傷跡が生々しく示されているのである。これはあとで立ち返る（六七頁）。しかし、深刻というべきアジア、引いては日本の歴史と文化への著しい軽視であると考える。

しかも、この近世尊皇思想は、江戸時代においてはまだ少数派であり、健全な江戸時代人からの痛烈な批判がおこなわれ、また批判の自由が存在したのである。したがって右の『古事記伝』等への讃美をおしまない日本のマルクス主義の古代史学、その母胎である明治以降の大学的日本古代史学とは対照的に、宣長の愚論に真っ正面から堂々たる批判を返している。

一例をあげれば次のようである。宣長の『古事記伝』、直毘霊の、「……大御神（天照大御神）の大命にも、天皇悪く坐《ま》さば、莫《な》まつろひそとは詔たまはずあれば、善く座《さ》むも悪く座むも、側《かたはら》よりうかがひはかり奉ることあたはず……」――天照大御神の命令にも天皇が悪ければ、その命に従わなくてもよいとは言っていない。であるから善かろうが悪かろうが、側から神たる天皇の考えをうかがい忖度をするような行為は、あってはならない――という、「天皇ハ神聖ニシテ侵スヘカラス」そのものの主張にたいして、「善悪の論《あげつらひ》を舎《すて》て、畏敬奉るは、ただ妾婦の道なり」――善悪を問わず従えとは、妾《めかけ》の姿を「道」と称するものだ――市川鶴鳴著、「まがのひれ」（田原嗣郎氏著、『本居宣長』、一四三頁、講談社現代新書、一九六八年、第一刷）という、痛烈な批判である。

　こうした批判が真正面から返せる「論争の自由」が、江戸時代にはあったのである。本来、「天皇ハ神聖ニシテ侵スヘカラス」という思想と制度への批判においても、ヨーロッパの民主主義思想の立場とともに、江戸時代のこうした日本人自身のわかりやすい批判が非常に重視されるべきであった、と考えるものである。ここには近世~近代尊皇思想への批判として「天命論」への日本史を踏まえた正しい理解や、新井白石等に代表される江戸時代の儒教の健全な側面の重視と、その継承等の問題があったとおもうのであるが、これらはほとんど重視されたとは思われない。

　つまり、マルクス主義の真理性は、単にマルクス等の著書や、これを生み出したヨーロッパの進歩的な歴史と文明にあるのみならず、日本と東アジアの歴史と文明にも普遍性として内在する、と考えるものである。日本においてマルクス主義を学ぶとは、その著書の意味を理解するに止まらず、日本と東アジアの歴史と文化・思想のなかに、それと普遍性において共通のものを正しく見ること、祖先の奮闘から謙虚に学ぶという態度が、やはり重要と考えるものである。古い東アジアを見下すことは、所詮、自分を誤ることと思える。こうした態度が支配的になると国学と本居宣長を讃美したり、津田左右吉氏を「科学的歴史観の持ち主」と絶賛したりという、大きな誤りを犯すことになると考えるものである。

　これとかかわると考えるが明治以降の開明的な日本の意識には、日本史を貫き日本の進歩を推進した日本とアジアの世界にも通用する進歩の思想と伝統は何か、ということに明瞭な見解はないのではなかろうか。政権側が「万世一系の天皇制こそが日本の伝統」というのに対してである。

七　国籍による学問の色わけ

　宣長が学問を国籍で色わけする一例をあげよう。「まづその勝劣は姑《しばら》くさしおきて、これは漢国の意、これは皇国の意と、二つに分けて見よ。漢国の意より見れば、皇国の意は非なり。皇国の意より見れば、漢国の意は非也。然るに難者（宣長を批判する者）、漢国の意をのみ立て、その意を以て、皇国の古へをも、ひらおしにおさんとするは、偏れる私心にあらずや」（「くずばな」）というのである。ここに後に「皇国史観」のみならず、今日でも継承されているかに見える「日本的議論」の姿の源流が、示されていると思われる。

　この国籍、国別で色分けする議論の基礎が、「まづその勝劣は姑くさしおきて、これは漢国の意、これは皇国の意と、二つに分けて見よ」というところにおかれるのであるから、学問上での見解の比較は、その説が客観的事実を正確に認識・反映しているか否か、が判断基準と思うが、「まず」それを「さしおく」というのであるから、肝心要の比較の基準がない、否むしろその客観的事実という基準を否定する点に立論していることが判明するのである。

したがって〝漢意と皇国の意〟をまずは、「二つにわけよ」という、国籍による違いだけが問題とされていることがわかる。まさに音楽、文学、芸術、文化を「皇国＝天皇主義的日本軍国主義の侵略戦争讃美」と欧米に分け、欧米のものを愛好する者は、「敵国性文化愛好者」として特高警察が監視の対象にした天皇制政府の姿そのままである。

しかも、宣長は、当時の日本の学問的状況をさして、「世ノ中に学問といふは、からぶみ（漢文）まなびの事にて、皇国の古《いにし》へをまなぶをば、神学倭学国学などといふなるは、例のから国をむね（宗・基本）とし、御国をかたはらになせるいひざまにて、いといとあるまじきことなれ」（玉勝間）といっているのである。したがって「皇国の意」とは、当時、日本を代表する「学」ではなく、宣長等の国学の説を指したものに過ぎないことが判明する。

さらには宣長自身がいうようにはるかに昔から、「漢文」が日本人に尊ばれてきたのは、なにも古代以来の日本人が「漢国」に「かぶれた」からではなく、そこに学ぶべきものがあったからである。したがって「日本の意より見れば……」中国の学が「非」とみなされる、というような関係が日中の学問関係で基本であった、という事実は存在しないことになるのである。

ところが宣長は、一方では、「世ノ中に学問といふは、からぶみまなびの事にて……いといとあるまじきことなれ」と、当時までの日中の学問の「非敵対的」関係を「あるまじき」姿と攻撃し、他方で「漢国の意より見れば、皇国の意は非なり」と、「皇国の意」という宣長ら国学の意図的な「漢文」否定を、あたかも日本を代表する「学」でもあるかに描き、〝漢と国学・日本の学問的対立〟こそが、真実の日中の学問的関係だ、と主張するのである。こうした意図にたって本来は単なる宣長らの「皇国の意」を〝日本の意〟と称して、客観的には日本となんら対立関係にない漢文を、絶対的な敵対者にしたてるのである。

ここで重要なことは、以上のようないわば理屈にならない理屈にたつ、「漢心・唐意」排撃論を通じて本来は、日本民族の歴史の真実の探究で不可欠の、古代中国正史類の日本列島交流記載と、『古事記』『日本書紀』との科学的な比較・対照という、学問の国際的普遍的性格からの当然の研究を、徹底的に敵視、排除したのである。そうしてついに宣長の尊皇日本論の直系というべき平田篤胤をへて、水戸史学等とともにそれらが明治維新以降の政府・文部省等の教学政策の中軸を占め、これを通じて戦前・戦後の日本古代史学が形成されたのである。

しかし、それにしてもこの国学の度はずれの態度に、宣長同然の「万世一系論」にたつ内藤湖南氏が、「本国中心主義の……多数の低能な国学者」(「日本上古の状態」、大正八「一九一九」年、『歴史と地理』収録、『日本文化史研究・上』、三三頁、講談社学術文庫、一九八九年、第一四刷。)と、述べているのは、興味深いことである。

これは国学者の『古事記』『日本書紀』絶対主義を指すものであって、ここに立てばたとえ青銅鏡等の考古学考察でさえも、かならず中国が顔をださざるを得ないのであるが、国学的見地にたてば他国との比較そのものが罵倒の対象にされることは必定である。それが大正末期から昭和初期・戦前にかけて異常な段階に達していたにせよ、その本源は『古事記』『日本書紀』絶対論、すなわち「万世一系・日本国家例外論」に根拠をもつものであって、その正体は「本国中心主義」、すなわち人類文化が国際的交流を通じて発展するという人間的本質への、『古事記』『日本書紀』絶対論からの凶暴な攻撃、これから必然的に生れる「国粋主義」こそが国学の正体、すなわち「万世一系の天皇制・大和朝廷一元史観」の正体である。

Chapter 4
第４章
津田左右吉氏の「皇国史観批判」

一　津田氏の日本的マルクス主義批判

国学・本居宣長の天皇主義的神道的日本論の真髄は、「万世一系」論であって「皇国史観」の本質はここにある。水戸史学も本質的に同様である。したがってこの史観が克服されない限り、系統的にかつ徹底的に批判すべきものである。さて、戦後の日本では津田左右吉氏の「記・紀批判」によって、「皇国史観」は批判されたことになっている。しかし、「万世一系の天皇制は日本の伝統論」という点では、津田氏は本居宣長の直系というべき人物である。

それは例えば、先述の宣長の「(万世一系の天皇制は)現に違はせ給はざるを以て、神代の古伝説の、虚偽ならざることを知る……」は、津田氏では、「(日本の儒教も仏教も)皇室の永久であるべきことについては何の疑ひも容れなかった。……そうしてそれは皇室の一系であることが厳然たる古来の事実であるからである……」(「建国の事情と万世一系の思想」、『世界』、四月号、四八頁、一九四六年。傍線は引用者)という表現で示されている。

なおここで、国学・宣長等のもう一つの際立つ特徴を述べておきたい。それは権力者への絶対盲従、権力崇拝の思想である。それが以下のように彼の根本的主張と真正面から矛盾しても、意に介さないほどの度外れのものであるという点である。すでに引用した通りに宣長は、日本以外の国家・王朝の正当性を認めない最大の理由を、王朝交代、すなわち「人の国を盗む」(易姓革命)から、と力説している。

にもかかわらず戦国日本を統一した、すなわち人の国を奪った徳川家康への評価は次のようである。「抑々、今の世の斯まで治りぬる事は、もはら東照神御祖命(家康)の天照大御神の大御心を御心として、御孫尊天皇の大朝廷《おほみかど》の中ごろ(日本中世)の御衰へをもたて直しまつり弥栄えに御栄え座《マ》さしめ、弥尊みに尊み敬ひ奉り給ひて、天下を鎮め給へる御功績の実の道に叶ひ給ひて、天地の神相うづなひ(天地の神がお互いにうなずいて、了承して)座ますが故也」(『臣道』)というのである。

家康こそは、その善悪は別にして「人の国を奪ひ取ラむ」

ことにうきみをやつした人物の一人であろう。日本以外の国は王朝交代、すなわち人の国を奪う者が聖者などといわれるのは怪しからん、と声を大にしておきながら、その舌の根も乾かぬうちに、これを右のように褒めたたえるのであるから、典型的な「ゴマスリ」「お追従」の見本である。

しかも注目すべきは、津田左右吉氏がこれを絶賛していることである。「真淵、宣長、篤胤などのいわゆる国学者が、日本の政治形態の特色（万世一系の天皇制こそ真の日本政治の姿論）を説くに力を用ゐたと共に、それに調和するものとして或いはその一つの現れとして、どこまでも当時の幕府政治の存在を是認し、徳川氏に対して最大の讃美の辞を呈してゐることを、注意すべきである。

これは彼等の時代に於いて徳川氏の権力に動揺の生ずるやうなことが予想せられなかったからであるが、ここにいふのはそのことではなく、かういふ態度のとり得られたところに、実に日本の政治形態の根本と儒教の革命論（中国の歴史と社会および「天命論」をさす。引用者）との本質的の違ひが示されてゐるといふことである」（津田左右吉氏著、『シナ思想と日本』、九二頁、岩波新書、一九七五年　第二〇刷、初版は一九三八年）としているのである。

ここの儒教とは『孟子』などの「天命論」をさすのである。「天命論」とは、人間生活の基礎は食糧生産など人民の生産労働であり、政治はこの生産の発展、生産者の生活向上、社会の平和をたもつのが仕事で、権力者がこれを無視し破壊するときには、これを諌め、なお聞き入れなければ人民は武器を手に、この反人民的権力を一掃して新しい政府を樹立する権利がある、という人民の革命権擁護論である。

日本では北条鎌倉幕府から室町幕府成立までの武家階級が、古代天皇制とその尊皇思想打破をめざして掲げた思想である。これによって日本民族は世界でただ一つ、自力で古代社会を変革して中世社会を創設した。その結果、アジアでただ一つ、資本主義社会を生み出す土台を形成した。ヨーロッパの古代ギリシャ、ローマは自力では中世社会をつくれず、ローマはゲルマン人に亡ぼされ、アジアは中国・インドなど資本主義社会を懐胎する、ヨーロッパ・日本型の中世社会を創設できなかった。しかし、今日まで日本では、この「天命論」を日本の進歩思想と評価する考え方はない。

津田氏は「皇国史観」の立役者の本居宣長と、「万世一系の天皇制は日本の伝統」という点のみならず、驚くほどの一致点をもつ人物であるが、これはだんだんに述べるつもりである。ここでは津田氏の「万世一系の天皇制」論が、氏によってどんな意味をもたされていたのか、という点を述べておきたい。さきに指摘した「建国の事情と万世一系の思想」なる小論で、津田左右吉氏は、近代天皇制の廃止を主張した「自由民権運動」以来、日本のマルクス主義の政党の「自由と民主主義」の主張を次のように評している。

「ところが、最近に至って、いわゆる天皇制に関する論議が起こったので、それは皇室のこの永久性――氏のこの小論はこれの擁護を目的にしている。その実は革命反対論なのであるから日本資本主義永久論でもある――に対する疑惑が国民の一部に生じたことを示すもののように見える。これは、軍部及びそれに付随した官僚が、国民の皇室に対する敬愛の情と憲法上の規定を利用し、また国史の曲解によってそれをうらづけ、さうすることによって、政治は天皇の親政であるべきことを主張し、もしくは現にさうであることを宣伝するのみならず、天皇は専制君主としての権威をもたねばならぬとし、或は現にもってゐられる如くいひなし、それによって軍部の恣《ほしいまま》なしわざを天皇の命によったもののようにみせかけようとしたところに、主な由来がある。……中略……

かういふ情勢の下に於いて、特殊の思想傾向をもってゐる一部の人々は、その思想の一つの展開として、いわゆる天皇制を論じて、その廃止を主張するものがその間に生じるようになったのであるが、これには、神秘的な国体論に対する知性の反抗もてつだってゐたようである。……このような天皇制廃止論の主張には、その根拠にも、その立論のみちすぢにも、幾多の肯ひがたきところがあるが、それに反対して天皇制の維持を主張するものの言議にも、また何故に皇室の永久性の観念が生じ、また発展したかの真の理由を理解せず、なほその根拠として説かれてゐることが歴史の事実に背いてゐる点もある上に、天皇制維持の名の下に民主主義の政治の実現を阻止しようとする思想的傾向の隠されているがごとき感じを人に与えることさえも無いでない。もしそうならば、その根拠にはやはり民主主義と天皇の存在とは一致しないといふ考え方が存在する。これは実に民主主義をも天皇の本質をも理解せざるものである」（同書、五一頁。傍線は引用者）

氏は、日本のマルクス主義政党等の天皇制批判とその廃止論が、「神秘的な国体論に対する知性の反抗もてつだってゐたようである」とのべて、いわゆる「皇国史観」の神話の歴史化を「神秘的な国体論」とのべ、これを氏は「批判している」かに装うのである。しかし、津田氏の言葉を借りていえば、「神秘」の中心は「世界で日本本土だけ」の「大和朝廷一元史と史観」である。

がさて氏は肝心の次の点、すなわち日本のマルクス主義政党等が、戦前の天皇制政府を絶対主義的権力――封建体制から資本主義体制への過渡期に現れる中央集権的な封建的な権力、フランスのブルボン、イギリスのシュチュアート、ロシアのツアリーなど――の一種と把握し、その民主主義的克服をめざした事実を引用したように歪めて描きだしている。

そればかりではなく戦前の「絶対主義的天皇制」を、「軍部および付随の官僚が……憲法を利用し、国史を歪曲し、天皇親政と専制君主としての権威」を追求した結果生れたかに歪曲している。しかし、これを生み出したものは明治維新という、下級武士の徳川幕府の打倒であることは常識の類であろう。したがってこの政府と体制が、どんな性格のものであるかを科学的に明らかにして、それの発展的克服をめざすのは真の政治と政党としては当然の姿である。

戦前の日本共産党の天皇制批判と民主化の政策は、戦後、天皇制の残存という大きな課題はのこしたものの、二〇歳以上の男女の普通選挙制度によって選出された代議士によって政府を構成するなど、民主主義がある程度は確立したとか、財閥が解体され、小作制度が廃止されたなどの画期的成果を上げた。体制派はこれを米占領軍の民主化政策の成果と言うが、しかし、近代日本史の事実は、これらの民主主義的政策が戦前の日本共産党の「天皇制批判」の方向と内容であったこと、日本共産党以外の如何なる戦後政党の前身も、この民主主義的政策を掲げず戦前の天皇制政府に迎合したことは「体制翼賛会」が実証し、津田氏の「天皇制擁護論者批判」にも、それの反民主的体質が指摘されているほどである。

とは言え津田氏は、天皇主義的日本軍国主義を「軍部」と意図的に矮小化している。その矛盾が露呈しているのが、「憲法を利用し」という言葉に集約されている。憲法の当否はもちろん大きな問題であるが、しかし、この憲法は軍部がつくったものではない。その憲法の施行者がそれを実施するのは当り前のことであって、その憲法に従ったものを「利用した」などということは不実であろう。氏は戦後の天皇制擁護者が、天皇の戦争責任を回避するために利用した「軍部独走論」(アメリカ占領軍も加担)の提唱者の一人であろう。

こうして明治維新以降の天皇制批判とその当然の帰結である天皇制の廃止論を、一方では、行き過ぎた軍部の独走と「神秘的な国体論」=「皇室の永久性の観念が生じた真の理由を理解せず……歴史の事実に背いている言議に起因したもの……」とし、他方では、日本のマルクス主義政党の当然の主張を、「その論拠にも、その立論のみちすぢにも、幾多の肯ひがたきところがある」として、軍部といわば喧嘩両成敗的に処理して、結論は〝日本の民主主義は天皇を永久に戴くべきもの〟とするのである。これは戦後の「日本国憲法」の、第一条の象徴天皇制の規定と一致しているといえるであろうが、氏は「日本の政治形態の根本」をここに置き、これに反する「天皇制批判」を否定しているのである。

つまり「国体の護持」(天皇制を国家の頂点に安置すること)を否認するものは、「天命論」だろうが自由民権だろうがマルクス主義だろうが、日本民族の国家的伝統とは合致しないと言っているのである。すなわちわれわれ昭和一桁生れの者が、「国民学校」で嫌というほど聞かされた「足利尊氏国賊論」、「天皇に弓引く者は必ず滅びる」論である。津田氏の強心臓は、天皇に「弓を引いた」連合軍が勝利し、天皇が背の高いマッカサーの横に並んだ写真が新聞にのっても、平然とこの破綻した「尊氏国賊論」の二番煎じを強調する点である。

しかし、中国、朝鮮(北朝鮮・韓国)をはじめアジアと世界で空前の殺戮と破壊をほしいままにし、広島・長崎の原爆被爆、沖縄本島での悲惨な焦土戦、東京大空襲等の日本民族始まって以来の巨大な被害をもたらし、他民族による国土の蹂躪を招くという大過を犯したものを目前に、津田氏的「二番煎じ」がまかり通る要因は、戦前のわが国の天皇制批判が、「自由民権運動」では「専制的天皇政府」、日本のマルクス主義政党では「絶対主義的天皇制」批判、すなわち政治制度と体制への批判であって、「万世一系の天皇制・大和朝廷一元史観」批判という歴史論的批判は、「自由民権運動」や日本のマルクス主義はもちろん、明治以降の日本の知的世界に公認されたものとしては存在していない、という近代日本社会の大きな問題を浮かび上がらせるものであって、津田氏の「天皇制は日本の伝統」論は、まさにこのいわば近代日本の意識の大きな弱点を、自己の立脚点とした議論というべきものであろうと考える。

　つまり津田氏はこの小論で「天皇制批判者や廃止論者」に的をしぼって、これらに「特殊の思想傾向をもってゐる一部の人々」という公安情報じみた用語を使いながら、明治以降の近代日本の「負の遺産」とでもいうべき、「万世一系の天皇制」の歴史的真偽を問うべきという、本来、是非あるべき問題意識がない点を利用したのである。わかりやすくいえば〝日本の共産党などが天皇制の廃止などを口にしているが、天皇制は日本民族の固有の伝統である。これに背をむければ国民の理解と支持は得られない〟と、終戦の翌年に『世界』という日本の知識人に評判が高い雑誌で、公言しているのである。

　つまり「天皇制批判と廃止」という政治論に、日本史論を対置しているわけである。これはすなわち「万世一系の天皇制は日本の伝統」論は、実に二重の、つまり明治時代と戦後の政治論であるということを自ら示すものである。こうした氏であれば国学と本居宣長の姿は、「日本の政治形態の特色の理解者」として尊敬し継承すべきということになろう。

　つまり氏の「記・紀批判」の眼目は、日本のマルクス主義等の「天皇制批判とその廃止論」を、「日本史」論をかざして否定するものである。にもかかわらず津田氏を、「ただ一人、日本の古典の『神代』の物語以下がそのまま客観的な史実ではなくて、宮廷の官人の政治的目的による造作であると断言した早稲田大学教授津田左右吉博士の業績が、赫奕《かくえき》（＝輝く）たる光を放って今日までゆるぎない科学的日本古代史観の基礎を築いたのである」（家永三郎氏著、「日本古代史研究に投じた一石——古田武彦、『「邪馬台国」はなかった』、『新・古代史学』、第七集に収録、一二〇頁、新泉社、二〇〇四年、第一刷）と、「科学的日本古代史観」と強調される光景は、「黒は白である」というに似た、まことに理解し難い光景である。

二　真の「皇国史観」批判はなかった

①　津田左右吉氏の「功績」

　以上に述べた通り「皇国史観」の本体は、「万世一系・大和朝廷一元史観」である。そうして実際、津田氏自身が強固な「万世一系」論者に過ぎず、その一点では熱烈な本居宣長礼讃者なのである。津田左右吉氏の「功績」は、戦前の国学的神道主義の「皇国史観」が敗戦によって危機に瀕したときに、本来、『古事記』『日本書紀』によって「倭国」史料から盗作された、その意味でなんの罪もない「倭国」神話に「皇国史観」の罪を押しつけ、国学的神道主義の真髄である「万世一系・大和朝廷一元史観」を、助け出した点にあるのである。

坂本太郎氏や井上光貞氏の津田左右吉氏への評論と、戦後史学への転換の経緯にかんする言及については先にふれた。ここに戦後、津田氏が登り竜の勢いで評価され、優れた日本古代史家で秀でた思想家などといわれる由縁がある。しかし、この勢いの真の背景には、次に述べるアメリカ占領軍の対日政策としての、天皇制への対処があったと思われる。

② アメリカ占領軍の「万世一系論」の利用

それは戦後憲法の第一条の象徴天皇制にむすびつく、アメリカ占領軍の対日政策である。第二次世界大戦に勝利したアメリカ国民や中国をはじめ世界の声は、まことに当然ながら日本の民主化の関門として天皇制の廃止を要求した。ところがこの世界的世論のまえに一人は腰をおり、他は仁王立ちとなって立ちふさがった者がいる。腰をおってへりくだりながらも、天皇制の護持・存続を求めたのは日本の支配層である。ところがこれの強力な後援者として、仁王立で頑張り通した一人が戦前のアメリカの駐日大使のジョセフ・グルーといわれる。

グルーに天皇制護持存続の必要性を認識させるうえで、大きな役割を果たしたのが吉田茂元首相や三井・三菱等の財閥系ならびに日本帝国海軍の幹部とされる。こうして形成されたグルーの日本観は、「天皇制にかんしていえば、——現在の天皇個人と明白に区別されるべきものだが——それは保持されるべきであると、私の心中ははっきりしている。なぜなら象徴として、天皇制はかつて軍国主義崇拝に役立ったと同様に、健全かつ平和的な内部的成長にとっての礎石として役立つからである」(中村正則氏著、『象徴天皇制への道』、三四頁、岩波書店、一九八九年、初版)とか、「将来、天皇(昭和天皇個人、引用者)になにが起ころうとも、天皇制は残すべきだというのが私の堅い信念です。日本に民主主義を接ぎ木しようとしても、混乱に終わるだけでしょう。天皇制が日本人の生活の礎石であり、最後の頼みであるかぎり、それは、われわれが日本から軍国主義を追放した暁には、健全な(政治)構造を打ち樹てるときの土台として利用できるものです」(同書、四六頁。傍線は引用者、以下同様)といい、さらには「……日本の天皇は神であるという神話を維持せよと主張しているわけでは決してない。日本における軍人階級の権力と影響力を永久に除去したならば、日本人の再教育を通じて、そのような偶像崇拝は破壊されなければならない」(『象徴天皇制への道』、五三頁)等とも主張している。「再教育」、なんという屈辱的な言葉でなかろうか。こうした「泥を日本人に塗りつけたのは、近代天皇制と「皇国史観」である。

以上からはグルーは、「天皇の神格化」、そのための「記・紀」の神話の神聖化には反対であるが、天皇制はアメリカの対日政策上、必要という考え方にたっていたことがわかる。したがって戦前の大日本帝国憲法、第一条の「大日本帝国ハ万世一系ノ天皇之ヲ統治ス」が、戦後の日本国憲法の第一条では、「天皇は、日本国の象徴であり、日本国民統合の象徴……」と変化したのは、井上氏が指摘されていたように「アメリカ占領軍」と、多くの「自由主義者——吉田茂元首相や三井・三菱等の財閥系ならびに日本帝国海軍の幹部——（引用者）の声に答えた」（『日本の歴史』、「1神話から歴史へ」）ものである、ということになろう。すなわち「日本の古来の天皇の伝統を発展的にうけついだもの」（井上光貞氏、前掲書）になっているのである。こうして「日本神話造作論」者の津田氏の、「日本神話否定・天皇制擁護論」と、グルー等米国占領者および「吉田元首相や旧日本海軍幹部等の穏健派・自由主義者」の戦後天皇制論とが、見事に一致していることが鮮やかに示されているといえよう。

つまりここに戦前から戦後への、天皇制の変化にピッタリより添うものとして、津田氏の「記・紀批判」への為政者の評価があり、その結果、この津田氏の「記・紀批判」が、戦後の「日本古代史学」の礎石とされたのである。つまり「皇国史観」の否定も津田氏の評価も政治の都合であって、学者がヨーロッパのように自主的研究で到達した、というようなものではないのである。ここにこそ近代日本の姿があろう。

さらに言えば、このグルーの日本論が、マッカサー等によって支持・承認された経緯が指摘されている。「一九四五年九月一八日、米上院では、『日本国天皇ヒロヒトを戦争犯罪人として裁判に付すること』が決議された」と中村氏は指摘され、「これを受けて国務・陸軍・海軍三省調整委員会極東小委員会（ＳＦＥ）は、九月二五日、『日本国天皇の処遇』（ＳＦＥ一二六文書）を作成して、ＧＨＱが天皇問題にかんして取るべき態度をマッカーサーに指示した。この国務・陸軍・海軍三省調整委員会の指令を受けて、ＧＨＱ内では、さっそく天皇に責任ありとして、訴追すべきかどうかの検討がはじまった」（『象徴天皇制への道』、一六五頁）。

ここに「最高司令官（マッカーサー）付軍事秘書官、ボナー・フェラーズ准将」という人物がおり、「マッカーサーの軍事秘書官兼対日心理作戦部長」であったという。いわゆる「知日派」である。この人物が一九四五年一〇月二日に文書を提出したが、これが戦後の天皇制問題を左右する重要な意味をもったという（同書、一六六頁）。これを読むと本居宣長や津田氏の「万世一系論」と本質において瓜二つである。それの一部を引用すると次のようである。

「天皇にたいする日本国民の態度は概して理解されていない。キリスト教徒と異なり、日本国民は魂を通わせる神を持たない。彼らの天皇は、祖先の美徳を伝える民族の生ける象徴である。天皇には、過ちも不正も侵すはずのない国家精神の化身である。天皇に対する忠誠は絶対である。一九四一年の『開戦の詔書』は、当時の君主国家の元首として、これを発する法的権利をもっていた天皇のまぬがれ得ない責任を示すものであったが、最上層の、そうして最も信頼し得る筋によれば、戦争は天皇その人が起こしたものでないことが立証できる」(『象徴天皇制への道』、一六六頁)というのである。

これに関連して「最上層の、そうして最も信頼し得る筋によれば」という部分は、もちろん情報戦等によって日本軍部の真珠湾攻撃等にいたる経緯なども把握されていたであろうが、しかし、単純にそれを指す、とは言い難いと考える。それは当時の「知日派」なる者には、中村氏の著書によればグルーのみならずヘレン・ミアーズ(著書として『亥年』や『アメリカの反省――アメリカ人の鏡としての日本人』があるという)等も、「象徴天皇制」を論じており、そこには「現今、アメリカにおいて、侵略的政治指導者として天皇をヒットラーと結びつけようとする傾向があるのは、天皇が重要であるだけに、きわめて不幸なことである。

ひとたび日本の軍部を打ち負かしたならば、連合軍は皇居に進撃し、天皇を逮捕しなければならない、という提言がしばしば主張されるが、それは危険である」。「日本国民の目に軍部の威信失墜を映しだす方法は、天皇を退位させることではなく、天皇を利用することである」(一六四頁)、とあるなど日本の支配には天皇を利用した方が安上りだという、アメリカ人風の計算があるからである。

こうした流れのなかで、国際的に当然ながらもオーストラリアが、ロンドンの戦争犯罪委員会で、「天皇ヒロヒトほか六一名の戦争指導者を主要戦争犯罪人として告発する準備にはいった」とか、また引用が時間的には前後したが一九四五一二月二七日に、連合国で極東委員会の設置が合意され、その構成国は米・英・ソ連・中国の四大国の他に仏・オランダ・カナダ・オーストラリア・ニュージーランド・インド・フィリッピンの総計一一カ国とされ、この委員会が日本の戦後憲法問題に介入する可能性が高まったという。この背後には対日政策を一国で処理しようとするアメリカへの、イギリス・フランス等の批判的傾向があったという。

また、一九四六年一月一六日には、当事国日本では、戦前から「天皇制の廃止」と、「天皇の戦争責任」を公然と追及していた日本共産党の、野坂参三(後に除名)の中国からの帰国歓迎集会が東京・日比谷公園で開かれたことも、米占領軍の神経をいらだたせていた。戦後のアメリカ占領者による天皇制問題処理を考える時に、日本共産党が当時、大きく躍進する情勢にあり、後にマッカーサー自身が、「非合法」的な「レッド・パージ」という強権発動をした事実を忘れることは正しくない。この意味は当時の日本国民が、「天皇は絶対」などと考えていなかった、ということである。

こうしてアメリカの対日政策上での天皇制問題の処理という一つの力点をめぐって、一方では天皇を戦争犯罪人とし、さらには天皇制廃止論さえあるという国際的世論とアメリカ本国の国民的世論があり、他方では述べたように当然ながらこれと呼応する形となる、日本国内の「国民的」世論（マスコミではない）が、日本共産党のいう「天皇の戦犯性の追及」と結びつくという懸念がたかまる等、アメリカの対日政策と野心（一国支配）にとって状況は切迫しつつあった。

日本問題で指導権をにぎりたいマッカーサーは、時の米参謀総長アイゼンハワーあてに有名な「機密電報」（一九四六年一月二五日付け）を打電した。その注目すべきところは中村氏によれば、「もしも天皇を裁判に付そうというのであれば、占領計画に大きな変更をくわえなければならない。したがって実際に裁判を開始するに先立って、しかるべき準備を完了しておくべきである。

天皇を告発するならば、日本国民のあいだに必ずや大騒乱を引き起し、その影響はどれほど過大視しても、しすぎることはないだろう。天皇は日本国民統合の象徴であり、天皇を廃絶するならば日本は瓦解するであろう。……中略……天皇を廃絶すれば占領軍の大幅増強は絶対不可欠となり、最小限にみつもっても百万の軍隊が必要となり、無期限にこれを維持しなければならないだろう。……」（一六九頁）とあったという。まるで日本軍国主義の軍隊は大したことはないが、天皇一人は原爆をも吹き飛ばすといわんがばかりの口振りである。当時を生きた私からみて、これは当時の日本国民の気分と動向への不正確な認識と思う。しかし、こうした文言で本国のアメリカ政府を説得したのが現実であろう。

ここに戦後の日本国憲法第一条誕生の秘密がある。結局は当時のアメリカ政府は日本の単独占領と支配、利用の打算のために、天皇制の利用を思いたち、それの日本史的合理化論として津田左右吉氏の「皇国史観批判」が最適であった、ということと思われるのである。つまり明治維新と同様に天皇制擁護論として「日本史」が、政治的都合によって利用されたものである。それにしても外国人に日本史にかかわる問題を牛耳られることを許す結果になった。近代日本の歴史学の実に大きな問題であった。

三　津田氏の「皇国史観批判」の論理的破綻

すでに指摘したとおりに本居宣長は、「万世一系の天皇制」という「一元史観」にたちつつ、「まことの道は、天地の間にわたりて、何れの国までも、同じくただ一すぢなり」と、国家の姿の普遍性を逆立ちさせつつも強調していたのである。この意味は非常に重要なものである。すなわちここにたって「一元史と史観」を人類国家の本来の普遍的姿といっているのである。これを受けて「皇国史観」も「万世一系の天皇制」を、「万邦無比の国体」と称していたのである。つまり実際には世界に類例がない「万世一系の天皇制」という「一元史」を、「あるべき国家の真の普遍的姿」と強弁し、どうして日本だけが「一元史」であるのかの説明に「神」をもち出していたのである。

「一元史と史観」を国家のあるべき真の姿と言うことは、世界で〝日本本土だけ〟がなぜそうなるのかという、もっとも重要な問に、最終的には神をもちだす以外に説明不能な性格の主張なのである。しかし、重要な点は、宣長等はそれでも世界の国家発展史と比較対照して、その特異性を「説明」したのである。ところが津田左右吉氏は「万世一系の天皇制」は、日本史の「厳然たる事実である」と傲然と構えながらも、なぜ日本だけが世界で「大和朝廷一元史」という異例の姿なのかという、肝心要の問題に、後述のような「日本民族単一・大和朝廷の平和統一論」(二四九頁参照)という、戦後の大学的日本古代史学の「倭の五王・大和朝廷論」に照らしても簡単に破産する、荒唐無稽の説を臆面もなく掲げるだけである。つまり口先だけの「神の否定」という体裁の「神の保持」なのである。この点で津田氏は本居宣長に論理的に劣るのである。

津田氏——これに追従する戦後の大学的日本古代史学もそうであるが——は、一方では「万世一系は不動の事実」と断言し、他方では神・神話を否定した手前、その説明に神をもちだせず「考古学」をもち出すのである。しかし、神をもち出す以外に論証できないものを「実証」するということ自身が、「神の実在を実証する」という類のものであって、科学的な学問からはまともに相手にされない性格の主張なのである。つまり、「万世一系の天皇制」を不動のものとする「実証」や「考古学」など、そもそもあり得ないものである。本書はこれを十二分に「実証」するつもりである。

問題は、「大和朝廷一元史」とは、そもそも人類の国家の誕生・発展史にてらして、宣長がいうように世界に類例のない「日本本土ダケの姿」であって、これを「真実の歴史」というためには、「なぜ日本本土だけがそうなのか」という問に、責任をもって答えることが学問的義務なのである。このゆえに「一元史観」を「真実」というには神は絶対的に必要なのである。

にもかかわらず津田氏のように「一元史と史観」を絶対としつつも神を否定してみせ、「実証主義」を持ちだして肝心要の「日本本土だけがなぜ」という問に、「見ざる、言わざる、聞かざる」という「三猿主義」の態度をとるのは、宣長よりも論理的には不誠実な態度なのである。

それればかりではなく神を持ちだす以外に説明不能のものを「最新式の科学」、「実証主義」という看板で売り込む傾向は、レーニンが『唯物論と経験批判論』で厳しく批判したように、二〇世紀の堕落したブルジョア哲学の常套手段であって、津田氏の「皇国史観批判」の姿は、それの日本版という性格なのである。

Chapter 5
第5章
日本古代史解明の鍵、古代中国正史類と「負の遺産」

もし明治維新以降に、「皇国史観」とは「大和朝廷一元史観」という人類史にはあり得ない歴史論であって、その学問的ささえである国学等は、実際は「学」ではなくて本居宣長自身が云うように天皇主義的な神道という、単なる宗教的観念に過ぎないという学説が多少とも、公式的なものとしてあったならば、いくらアメリカの支配層が日本の単独支配を考え、その知日派が「皇国史観」を云々しても、簡単に天皇制はヨーロッパ人におけるキリスト教に通じる式の「知日論」は、罷り通らなかったのではなかろうか。

何故、こうした「万世一系・大和朝廷一元史観」への批判が起きなかったのか、これはやはり近代日本の政治のみならず、文化的問題として問われるところと考える。すでに指摘したとおり近代天皇制とは、倒幕を掲げた下級武士がその倒幕運動の正当化を目的に採用した、水戸史学、国学の神道的「万世一系の天皇制」論に根ざすものである。ここに日本の近代化思想・文化の根本的な弱点、問題点がある。

この近世・近代尊皇思想は、まれにみる主観主義的観念論にたったものであり、またその合理化のために、日本文化の形成に大きく貢献した古代中国文化を、嘲笑的に全面否定するという点でも、極めて異常な排他的な国粋主義を特質とするものである。こうした思想にたって一国を導けば、必ず破局にいたることは本来、多く云々することもないことに思える。

これにたいして近代天皇制を批判した人々は、そこに日本の民主主義を発展させる貴重な貢献があったと言えるがしかし、それは先述したとおりに近代天皇制の政治体制への批判が中心であり、またその批判の視点もフランス大革命の「自由と民主主義」、これを継承・発展させたマルクス主義等の、ヨーロッパの民主主義的思想、文化からの視点であった。その問題点は、近代天皇制を生み出した近世尊皇思想への批判で決定的な意義をもつ、古代中国各王朝の正史類や古代中国儒教の日本史的意義、すなわち東アジアの歴史と文化、その思想、これと不可分に結びつく日本の文化とその思想史、一言でいえば日本がヨーロッパとその文明に遭遇する以前の日本と東アジアの歴史・文化と思想は、近代天皇制批判に際してほとんどかえりみられなかった、といっても過言ではない、と思われる点である。

すなわち体制派が、主観主義の排他的「自国中心史観」という日本思想を国家の中軸にすえているのに、批判者は日本の文明と思想と不可分のアジアの文化をふまえるという姿勢は見られなかった、と思うのである。現に、戦前・戦後の日本国憲法は、それぞれ「万世一系の天皇制」を上段に構えている。にもかかわらず近代天皇制批判にあたっては、「万世一系」論の真偽という歴史的批判を含まなかった。ここには「政治的批判」と「歴史的批判」の分裂がみられる。すなわち絶対主義的天皇制の階級的政治的批判にたずさわった人々は、天皇制の日本史的・歴史的批判は歴史家の仕事と考えていたと推測されるのである。

こうした批判の状況は、いわば批判者と批判される側の〝すれ違い〟という問題を生じさせるとおもわれる。したがって批判者には、批判をされる側からの「日本史論」的反論とともに、つけいる隙もまた当然生じるものであった。第一、こうした歴史論を真正面に掲げる体制派にたいして、肝心の歴史的批判なしの批判では、明治以降の政府の側が日本文化と伝統の擁護者となり、批判者は欧米の思想や文化からいろいろ言っているということになろう。こうした「批判」は残念ながら国民からみて馴染みにくいものと思われる、ないしはそうした隙をもったものとなろう。

この結果は、「万世一系」派はついに民主主義的変革をなし遂げた欧米をさえも、怪しげな「キリスト教とは異なる東洋・日本の精神」云々とか、「天皇家は世界でもっとも古い王家であって、日本国民の精神的支柱である」と思わせ、説得することに成功した、というべきであろう。その意味では「天皇主義」的「文明開化」気分と思想は成功したのである。しかもこの近代尊皇思想の急所は古代中国文化の否定である。しかも本来、欧米は、「五千年」の中国文化に「万世一系」論的日本思想以上に、敬意をもっていたのではなかろうか。

「江戸の仇を長崎で討つ」という言葉がある。いってしまえば日本・東アジア固有の歴史と文化の問題を、地理的にも遠く離れて日本史、とくに天皇制の歴史的由来の真偽という問題には直接的にはなんの関係もない、ヨーロッパの歴史と文化から誕生した思想と理論でのみ批判するという問題である。たとえ日本のマルクス主義政党のマルクス主義（日本の古代・中世史にかかわるマルクス主義とは別の意）の見地が、近代天皇制をヨーロッパ近代の「絶対主義」と同質とする見解が正しくても、またその思想と文化に人類史的普遍性があったとしても、しかし、天皇制には他国に例がない「万世一系」を憲法で規定していたという現実がある。マルクスもエンゲルスも、またはフランス大革命の理論を打ち立てた啓蒙主義の偉人たちも、この問題では、両手を広げて首をかしげる以外に手のほどこしようもないであろう。

「われわれは氏族社会の最後、国家発生の時代から、『万世一系の唯一王家』が今日の時代まで存続・君臨した社会・国家云々などという問題は、かつて一度も考えたことがない。われわれにはそんな現実がないからだ。したがってその問題は、あなた方日本人の独自の問題だ」と、いうであろう。いわば「純日本的問題」であろう。この肝心の「万世一系」云々への真っ正面からの批判が全くない、これはやはり「天皇制批判」としては実に大きな問題であろう。血の犠牲をへた「天皇制批判」に何故、こんな不思議がつきまとったのか。放置すべからざる問題ではなかろうか。

一　近代日本のアジア文明軽視と「負の遺産」

こうした自由民権運動や日本のマルクス主義の問題点を生み出したものは、自由民権運動や日本のマルクス主義に固有の責任や原因があるのではない、と考える。しかし、近代日本において天皇制の批判と廃止を掲げたものは、これらの人々・政治勢力しかないのであるから、この人々の英雄的な行動と主張に、近代日本の意識の弱点、問題点が集約して投影されたとしても、それはあり得ることであろう。

じつはここに近代日本の意識・思想の大きな問題点が浮き彫りにされているのではないか、と考えるものである。すなわち「負の遺産」と私がよぶものである。それを一言でいえば文字通りの「黒船ショック」に端をはっする、一言でいえば「入欧・脱亜」の思想と気分であると考える。

同時に、もう一つの側面は、歴史認識が国家・民族の進路を左右するという、旧大陸の国民の間では古くから確立されている認識が、日本においては近代史程度からやっと一部の先進的な人々に認められている水準で、古代史や中世史もまた近代史以上に大きな意味をもつという意識、考え方は、今日の日本には現在もきわめて希薄らしい、ということである。

この背後には、旧大陸では極めて古くから民族間の抗争が激しく、それの動向やそれへの対処如何がそれぞれの民族にとって、きわめて大きな意義があって、歴史問題はいささかも軽視し難い位置づけをあたえられていたが、日本は国内的抗争こそ激烈であったが、他民族との抗争は海に守られて、旧大陸の諸国民に比較すればないに等しく、「歴史」つまり近代史以前の世界は、物語やロマンの世界のごとくであって、民族的自覚が生れたのちも、明治維新以降の中国・朝鮮侵略、第二次世界大戦の敗北とその悲惨な結果と犠牲とには直接結びつかない、温和な世界の感じをもち続けている、という事情があるのかもしれない。

しかし、近代天皇制とそのイデオロギーは、単に国内的なもであるに止まらず、日本民族をその歴史はじまって以来、かつてないほどに国際的抗争のルツボに投げ入れてきたという性格がある。これを単に資本主義的日本論でお仕舞いにするのは、あたかもナチス・ドイツを資本主義論だけで片づけられないようなものである。そこには独自の問題が横たわるとおもわれる。それが世界に「日本本土」以外に類例のない、

「万世一系の天皇制は日本民族の伝統」なる歴史論と考えるものである。

ドイツは第二次世界大戦以後に、この「ナチズム」への国民的な批判的検討をおこなったというが、日本では日本軍国主義のイデオロギーの中核である、近世尊皇思想と「万世一系の天皇制は日本の伝統論」はまったく批判されず、この身代わりに一つは「記・紀」の神話が人身御供にされ、もう一つはいわゆる「日本軍部批判」で「お茶を濁し」、肝心要の「天皇主義的日本論」＝「大和朝廷一元史観」は、逆に擁護される始末であった。

さてしかし、この天皇主義的日本史論には、ヨーロッパ諸国はまったく直接の関係はない。すなわち「万世一系の天皇制は日本の伝統」という、近代日本のもっとも重大な問題の一つにかんして、ヨーロッパ文化も歴史も直接にはなんの関係もないことはいうまでもない。この問題に直接にかかわる資格があるのは、東アジアの文明と、その産物である。しかも古代中国・朝鮮史料こそが天皇主義的日本史論の真偽を決するという認識は、実際にも新井白石のころには実に健全な姿で存在したことは、すでに引用した次第である。

にもかかわらず、この健全な認識が跡形もなく消えうせた由縁は、一つには明治政府が国学的見地を自己の正当化論として採用したという面があるのは、すでに指摘したところである。しかし、この近代天皇制を批判する側が新井白石等の健全性を保持し得なかったのは、実に「文明開化」を機とした「アジア文明ダメ論」、すなわち「入欧・脱亜」（福沢諭吉）式の思想と理論があったことと関係すると考える。この福沢氏の古代中国文化観は、近代日本のアジア文化観を考えるうえで意味があると思うのである。福沢諭吉氏の自伝に「漢家を敵視す」という回想がある。

「大阪の医師の塾なので開国・鎖国論等の政治論はあまり流行せず、ただ当の敵は漢方医で、医者が憎ければ儒学者までも憎くなって、なんでもかでも支那（中国）流はいっさい打ち払いということは、どことなくきまっていたようだ。……中略……二千年来あかじみた傷寒論（古代中国の医学書、後漢の張仲景著）をみやげに、国に帰って人を殺すとは恐ろしいじゃないか。いまに見ろ。あいつらを根絶やしにして息の音を止めてやる……」（『福翁自伝』、八一頁、富田正文氏校注、慶応通信刊、一九八四年、第一二版）というものである。これは安政四（一八五七）年ごろのことと思うが、すでに約一五〇年も前の時代の「開明的」日本人に、「中国流はいっさい打ち払う」という考え方が芽生えていたことを示している例であろう。

しかもこれは別に福沢諭吉氏の特異な個性ではなく、「文明開化」期の〝先進的〟な知識人の、一般的傾向であったとおもわれるのである。それは「文明開化期の明治日本では、外国人（欧米の白人・引用者）の言説は、そのことの真偽を確かめる前に、すでに正しいとする傾向が強かった。明治ばかりでなく、この傾向はいまなおわたしたちの中に尾を引いている」(『日本人はどこから来たか』、斎藤忠氏著、四三頁、講談社学術文庫、一九七九年、初版)という指摘にもみられる。

こうした「文明開化」気分と思想は、明治以降の日本の知識人に広くみられる傾向であった。そのほんの一例をあげれば、日本思想の研究に着手したのが五四〜五五歳ごろと思われる岩崎允胤氏は、その著『日本思想史序説』(新日本出版社、一九九一年、初版)の「はじめに」の冒頭で、「哲学の研究としては、古代ギリシャから始めて、ローマ、中世ヨーロッパ、イタリア・ルネッサンスを経て、カント、ヘーゲルからマルクスに到達したわたくしであったが、中国、インドの、古代からの思想史への関心も次第に膨らんだ。このような視野を背景にして、日本の思想にたちかえろうとして、多少自覚的に『古事記』を精読しはじめた……」(同書、一頁)とある。

戦前の日本人の学問の仕方は、ここにあるとおりヨーロッパ優先、ないしはヨーロッパ中心主義であったことは、仏教と東洋関係の研究などの場合を除いては一般的な傾向であったと思われる。こうした一般的な傾向、すなわち「文明開化」気分と思想の場合、岩崎氏のようにいわば東洋回帰の例は少ないのではないかと思われる。また氏のみならずであるが大学的日本思想史には、北条鎌倉幕府等の古代大和朝廷と対決してこれを克服した、東国武士階級をはじめ武士階級の反尊皇思想と「天命論」は扱われておらず位置づけられてもいない、という、大学的日本古代史学に準ずる体質もある。こうした欧米優先的な「文明開化」気分と思想の結果、結局は、アジア文化や思想は一部の漢文学者や仏教研究家等を除けば付け足し的にあつかわれて、今日的な世界と日本の諸問題の解決には、役立たないかの気風が一般的であったように思える。

こうした空気は古代中国文明とそれが生み出した史書を、遅れた文明の産物、程度の低い記録と思い込む気風を明治以降に、わが国の知識人の間に育んだと考えるものである。これを「負の遺産」と呼ぶ。この「入欧・脱亜」的気分と思想こそは、国学や水戸史学以来の近世尊皇思想の、古代中国史料罵倒と否定論に絶好の温床を提供する結果となったと考える。その意味でこれは大きな誤りであった。明治以降はいうに及ばず、戦後といえども大学的日本古代史学は、一方では国学以来の「万世一系論」と中国・朝鮮史料への根拠のない否定の心情にしがみつき、これを「文明開化」気分と思想による古代中国文化・遅れた文化論で合理化してきたのである。

例えば津田氏などは、「……シナ思想そのものが深い思索から出たものではなく、シナ語シナ文が思索に適しないものであるといふことが、注意せられねばならぬ。シナ語シナ文によって表現せられてゐるシナ思想そのものが、人の思索を導きえないその力を養ひ得ない性質のものである」(『シナ思想と日本』、三九頁、岩波新書、一九七五年、第二〇刷、初版は一九三八年。傍線は引用者)と暴言をはいている。

さらには、「或る人が来て、『君は支那が嫌ひだといふのに支那のことをやってゐる、可笑しいじゃないか』といふ。そこで僕が説明してやった。糞や小便をうまそうだともよい香だとも思ってゐるものは無いが、それでも毎日それを試験管のなかに入れたり、顕微鏡でのぞいてゐる学者がある」（『津田左右吉の思想史的研究』、家永三郎氏著、二一六頁、岩波書店、一九七二年、第一刷。傍線は引用者）と、本居宣長同様の中国文化否定を、しかしより悪くした中国人劣等民族論にたって公言している。

はては「支那の赤化とか共産主義とかをまじめに受け取るのは、仁義の政治をまじめに考へるのと同じである。労働党や社会主義者の支那観は、かびの生えた漢学者の支那観と同程度のものである」（同書、二一五頁）とまで言う始末である。ここには文明論や民族論での東西の差別がハッキリと示されている。宣長的議論の姿である。

これはまた中国民族、劣等論であり。戦前の「チャンコロ」論でしかない。こうしたことを言う人物が戦後日本古代史学の開祖であり、家永三郎氏等の進歩的な知識人からも、「科学的日本古代史観をもつ」といわれるのであるから、近代日本とは何か、唖然としつつも考えざるを得ない。ここに「文明開化」の「入欧、脱亜」的な欧米文化礼賛論、その裏返しとしての東アジア文化否定という特質がもつ問題点が示されていると考えるものである。

こうして東アジア文明の貴重な成果としての、古代中国正史類の日本列島の政治勢力との交流記載の日本史的意義、また儒教の「天命論」と日本社会の進歩の闘いへの正しい評価は失われ、その結果、江戸時代までの古代中国文献を踏まえて、国学や水戸史学を批判した健全性は文化として否定され失われた。ここに先に引用したマルクス主義系の日本史の学者の、「儒教・古代中国文化否定・国学礼賛」という、本末転倒が罷り通る背景があると考える。

この新たな条件を奇貨として、「万世一系の天皇制は日本の伝統」と、古代中国文化罵倒論を生命線とする国学以来の、「万世一系の天皇制は日本の伝統」という神道主義の伝統にたつ大学的日本古代史学が、戦前はいうにおよばず戦後においても「前方後円墳」・大和朝廷造営論等をかかげて、あたかも科学的合理的学問であるかの装いのもとに、結局は、「君が代」吹奏・合唱、「日の丸」掲揚の押しつけに結実する結果になったと考えるものである。

二　文明開化──「燈台もと暗し」

「万世一系の天皇制」なる近世尊皇思想が、明治政府の確立によっていわば「国教」になり、また『孟子』は家康後の江戸幕府では危険思想とされた。しかし、興味深いのは米船（ペリー）による「下田渡航失敗」（一八五四＝安政元年三月二七日）で下田奉行所に自首・捕縛された吉田松陰が、萩の野山獄で投獄中の囚人相手に『孟子』の「講義と輪読」を行い、今日『講孟劄記』（上下）がのこされていることである。

吉田松陰と云えば、下田奉行所から江戸に護送される途中、「赤穂浪士」で有名な泉岳寺の前で四七士に、「かくすればかくなることと知りながら、やむにやまれぬ大和魂」の一首をたむけたことは有名である。

吉田松陰と私とは思想も日本観も違うが、しかし、松陰の生涯を見る時、そこに考え方の違いを超えて、国際的な難関のなかで身命を賭して国を守ろうとした、烈々の魂を感じ心から頭を下げるのは当り前のことである。当時の日本は侵略の側ではなく侵略される危険に直面していたのである。この伝統はその後、自由民権運動から日本のマルクス主義者の生きざまに継承された。断じて日本を侵略戦争と破局に導いた者たちの継承しえない「日本人の心」である。

この松陰が捕らわれの身で、しかも生涯放免の可能性のない囚人とともに、『孟子』を「輪読・講義」している事実は、やはり注目される。その内容云々よりもいわば暗澹たる生涯の局面に直面して、なお『孟子』を選んでいる事実である。同時に、この松陰が開いた「松下村塾」の熟生で、後に維新遂行をした明治の元勲等の政府とその文教政策は、『孟子』の「天命論」を掲げた北条幕府等、とくに足利尊氏を「国賊」と断じた事実である。

しかし、明治政府を批判する側も、その批判の権威を欧米の民主主義の学問、文化に求めたのはいいとしても、古代以来の東アジアの文化・思想に、近代日本の諸問題を解明・打開するうえで、欧米文化でははたし得ない意義があるとは決して考えず、唐以前の古代中国文化が創設した歴史の記録・各古代中国王朝の正史類の対日交流記や、古代天皇制打破の理念を提起した『孟子』ならびに「天命論」、それを誕生させた古代中国文明にかんしては、かえりみる値打ちもないものでもあるかに扱われてきたと思える。

こうした傾向は漢文無用論、漢籍価値なし論に端的に示されている。がしかし、この結果、近世尊皇思想が純粋の、しかも長年の鎖国が生みだした日本思想であって、稀にみる反理性的な純粋の主観主義的観念論でありながらも、そこにいろいろと意図はあれ、結局、アメリカ占領軍を「説得」するという皮肉な結果になり、これに反して近代日本の進歩的な人々は、アメリカの独立宣言やフランス大革命の「人権宣言」等の民主主義論を評価、讃美したのは優れたことであるが、にもかかわらず今日といえども、「日の丸」「君が代」問題にみるように、必ずしも日本国民を説得することに成功しているとは言えない、と感じるのである。

これは何故か、もちろん理由は単純ではない。しかし、いわば「江戸の仇を長崎で討つ」式に、長期の鎖国という条件のもとでの「日本思想」にたいして、欧米の権威ある思想をのみ金科玉条としてきた姿勢・考え方自身に、大きな問題があるのではないかと思われるのである。

つまりは本来、欧米の権威ある、すなわち表現をかえれば人類史とその発展方向にそった普遍性のある思想・文化は、アジアと日本史においても欧米とは独自に、すなわと形を変えて、しかし普遍性をもってそれは存在し続けてきたにもかかわらず、これは省みられなかったのではないか、という視点である。その結果、日本の勤労国民は日本の進歩派からは、自分達が慣れ親しんできたアジアと日本の歴史と文化・思想から、欧米の普遍性ある進歩思想をくみ取り会得する道が極めて希薄となり、進歩的な傾向と近代日本の知識人は、とかく口を開けばギリシャ・ローマ、口を開けばイタリア・ルネッサンス、ドイツ哲学、口を開けばアメリカ民主主義、マルクス・エンゲルスといった具合で、これでは一般の勤労国民には、取っつきにくい姿のままであったと思う次第である。

これに反して近代尊皇主義者は、まさにこの分野で真実をねじ曲げながらも、熱心に「日本思想」を語ってきたのではなかろうか。つまり、近代の日本の進歩的傾向というよりは、明治以降の日本の比較的に開明的な知識人の傾向として、日本古代史、日本文化という分野を、こういうとお叱りをうけるかも知れないが、尊皇派の自由の広場として明け渡して、もっぱら欧米の思想・文化をいわば直訳的に語る傾向が強かったのではなかろうか、と思えるのである。

がさて、こうした海外文化礼賛第一主義というと叱られるが、しかし、こうした姿は国外に目を転じると、これはこれで「万邦無比」の姿とおもえる次第である。例えば毛沢東と中国共産党の姿である。日本の進歩派には「文化大革命」の失政等で、毛沢東の評価は低い。しかし、本家の中国では今日も新中国建国を記念する天安門広場に、その肖像がかかげられている。ここにあの「文化大革命」で多大の犠牲者をだした当の中国人自身の、毛沢東に対する評価があろう。革命家の仕事は革命を実際になし遂げることであろう。この点で毛沢東の功績への評価はその欠陥や問題点の指摘を中国人自身は当然行うにせよ、今後、下がることはないとおもわれる。

この毛沢東を先頭にして中国独立を導き実現した中国共産党の、自国の文化と欧米文化への態度は、近代日本とは非常に対照的と思われる。例えば一九四一年に延安で開かれた中国共産党の幹部学校での講演の冒頭で、毛沢東は自国の歴史認識と中国社会の変革とのかかわりにかんして、以下のように中国史とその文化の重視の重要性を強調している。

「つぎに、歴史の研究について言おう。……中略……近代百年間（昨日）の中国史にせよ、古代（一昨日）の中国史にせよ、多くの党員の心中では、まだ、まったく、暗闇につつまれている。多くのマルクス＝レーニン主義の学者たちも、口をひらけばギリシャを語り、マルクス、エンゲルス、レーニン、スターリンの言葉を暗唱しうるだけで、自分の祖先のことについては、罰当たりにも、全く忘れている。……中略……彼らは欧米や日本からかえってきたが、ただ、外国をうのみにもちこむことしか知らなかった。彼等は蓄音機の役割ははたしたが、新しい物をつくりだすという自分たちの責任はわすれてしまったのであり、こうした病気が共産党にも伝染したのである」（毛沢東・劉少奇著、『整風文献』、九頁、毛沢東撰集刊行会訳、九頁、大月書店、一九六四年、改定第七刷。傍線は引用者)。

問題は、こうした考え方は、日本以外では当り前の姿らしいという点にある。岩崎允胤氏の『日本思想史序説』の「まえがき」に非常に興味ふかい氏の体験談が記されている。多少長いのであるが引用しよう。「わたくしが、一九八一年八月二四~二八日の五日間、ポーランド・ワルシャワ郊外ヤブウォンナの由緒深いパレスで『生の意味、歴史の意味』をテーマとして開かれた小規模な国際的哲学会議に……三人の友人を誘って出席したときのことである。

ある夜、イタリアの参加者からワインを飲んで話そうと誘われ、われわれはかれらの室を訪ねて、楽しい友好の時間をもった。そのさい、大学での自分の講義のテーマについてたずねられた。私は一橋大で、その年度、ギリシャ哲学史をとりあげていた。他の友人もそれぞれ、ドイツ古典哲学など、ヨーロッパの哲学にかかわっていた。

それをきいて、イタリアの学者たちは、ややいぶかりながら『自分たちはイタリアの哲学を大切にしていて、やはりそれを抜きにしては哲学は考えられない』といったので、わたくしたちはとりあえず、自分の前年度の講義に触れて、大学でも講義題目は『社会科学』であって、そのテーマの範囲内で何を内容としても自由であり、前年度は、日本に於ける科学的社会主義(マルクス主義のこと、引用者)の哲学の歴史を講義した、とのべた。同席した日本のどの友人も、むろん日本の思想を軽視しているわけではなく、ともかくわたくしたちは上述のように答えた」(二頁)というものである。

どうやら察するにこの「楽しい友好の時間」のワインは、日本人学者にとって苦いワインだったらしい。ズバッと外国人に本質的な弱点をさされ、なかばうろたえながら弁明する日本人学者の姿に、「文明開化」という近代日本人の「文化」のはかなさが滲むように思える。岩崎氏はこのほんの数行先で、「(このイタリア人学者の指摘は)、やはりきわめて重大なことである。わが国で西洋哲学の研究にたずさわる学者は、大づかみにいって、日本のことはもちろん、中国やインドなど東洋で展開してきた哲学思想について関心がかなり乏しいようにみえる」と述懐しておられる。

しかし、この姿こそが「文明開化」気分と思想と本書がいう、近代日本の「燈台もと暗し」の姿であって、一流大学のものものしさという外見にくらべて、その中身は結構とばかりはいえない水準の、真の意味で国民的民族的自主性がとぼしいものではなかろうか。哲学をいうのであれば近代尊皇思想の哲学的性格等が、日本の大学の哲学研究で問題にされ、その哲学的性格が欧米の民主主義的・科学的思想、哲学と対比され、また東アジアと日本社会の発展に貢献した思想・理念との比較研究が問われるのでなければ、哲学研究といっても「口を開けばドイツ・ヨーロッパ」式の、そこに意義はあっても日本の広範な勤労国民の肌にピッタリしにくい、日本社会からは浮き世離れした学者のお話のように受け止められて、終わるのではなかろうか。

いかなる民族も、独自性とともに普遍性をもつとおもわれ、一民族の社会・歴史の変革は、その独自の民族性とそれを育む文化を尊重・重視することが大切なのではなかろうか。主観主義的観念論の極めつけの「万世一系」論は、第二次世界大戦にいたる経過と敗戦を導く上で、大きな影響を与えたと私は思う。にもかかわらず戦後といえども、それへの歴史と思想・文化の分野からの批判的検討が皆無に近い結果、日本に限っていえば、再び、戦前の愚を繰り返す危険があるかに見えるのは、私の視野の狭さの故であろうか。

三　古代中国文化と大学的日本古代史学

歴史学では史料のよしあしを、その史料を生みだした文明の一般論的評価だけでかたづけることはもちろんできない。その史料の一つひとつについて、その都度、十二分の科学的検討が求められることはいうまでもない。しかし、すでに指摘したように、それが欧米文化に属する場合には、「真偽を確かめる前に、すでに、正しいとする傾向が強」いと言われ、反対に古代中国・朝鮮の場合には、「シナ語シナ文によって表現せられてゐるシナ思想そのものが、人の思索を導きえない、その力を養ひ得ない性質のものである」などという、文明の差別が誰によっても批判されず罷り通る姿を、無視することは誤った態度であると考える。

したがって古代中国、朝鮮史料と、戦前・戦後の大学的日本古代史学の主張を比較・検討するに当っては、是が非とも古代中国史料と文化の一般的な性格を、動かし得ない事実にたって考え、津田氏等の説に根拠がないことを明らかにすることが求められると考える。しかし、考えてみればこれは、本来は無駄な手続きであるが仕方がないであろう。

さて第一に、古代中国文化の評価をめぐって近代尊皇史家、すなわち「大和朝廷一元史観」論者の主張と態度が、同一人物の場合でさえも日本古代史の重要な基本問題で、あれを論じる時と、これを云う場合と、評価が矛盾する例があることである。すなわちアチラを立てればコチラが立たない、という根本的な矛盾である。

例えば津田氏は「記・紀」編纂をおこなった当時の日本人の文化水準と、その時代までの古代中国文化の比較については、「……シナ思想は当時の日本人よりは遥《はるか》に程度の高い文化の所産である……」（『シナ思想と日本』、三二頁）と言うのである。日本古代史の検討にあたって、『古事記』『日本書紀』の記述の真偽・是非の検討は、言うまでもなく決定的な意義をもつものであるが、これの検討の重要な参考史料として唐以前の古代中国史料があるのは言うまでもない。この史料類が「記・紀」編纂時の「日本人よりは遥に程度の高い文化の所産である」のであれば、これを重視、尊重することは当り前のこととなるのではなかろうか。

さらには「大化の改新」の論議になると、古代中国文化・劣等民族論は突如として豹変して、「中国専制国家の経験を学ぶことなしには、大化改新という形での企画も成功もなかったであろう」（岩波講座・『日本歴史1』、「古代史概説」、四〇頁。傍線は引用者）と、津田氏同様に「万世一系」論にたつ、しかもマルクス主義の歴史学者を自称される石母田正氏は言われ、また井上光貞氏も、「律令は、中国古代の高次の文明の所産として、秦漢時代以降、長い歴史の経過において、次第に精緻な、従ってたぶんに普遍的な性質をもった成文法として発達した……」（『律令』、「解説」・井上光貞氏、七四五頁、日本思想史大系新版、岩波書店、二〇〇一年、第二版）ともいわれている。

この意味は、「万世一系」論の真偽の解明にかかわる古代中国の史料は、実に基本的には唐までの律令を育てた時期の文化的産物だ、という点にあるのである。したがって本来は、「高次の文明の所産」であると言う他はないものを、一方では「劣等民族論」で否定し、同時に、他方で「高次の文化」という態度は、明白な自己矛盾であろう。ここに石母田正氏の学問論をかかげることは、大いに興味深いことと考える。

それによると、「学問的な仮説は、いつでも理論的に首尾一貫していることが要請される。一人の学者によって、ある問題についての仮説と、他の問題についての仮説が、異なった立場から立てられるというようなことは、学問の世界ではありえないからである」（『古代末期政治史序説』、三頁、未来社、一九八〇年、第一三刷）というのである。これ自身は当然のことである。　がしかし、私がここで述べている問題は、仮説の問題ではない。学問的断定論の問題であり、かつ、日本古代史学の中心的問題にかかわる断定である。

それをめぐって同一の権威が、一方では古代中国文化は「人間の思索を導き得ない。糞・小便」と断定し、それに戦前・戦後の大学的日本古代史学という一国の「学問」が、石母田正氏をふくめて異議をとなえず、他方で、『古事記』『日本書紀』編纂時、また律令採用当時の日本文化にくらべて、古代中国文化は「はるかに高次の文明の所産」というのは、古代中国文明へのあまりに矛盾した評価であろう。しかし、この姿こそが近世尊皇日本史論に端を発して、戦後も継承される日本古代史学の基調である。

こうした自己矛盾が必然となる由縁は、結局は、「万世一系・大和朝廷一元史観」という人類の国家誕生・発展史には断じてありえない、「夢中に夢を説き候」ような国学的神道（日本民族の神道とは区別すべき）＝主観主義的観念論を絶対として、そもそも基本的には事実を記録した古代中国・朝鮮史料を拒否・否定する結果である。

ここにこそ「これは漢国の意《こころ》、これは皇国の意と、二つに分けて見よ。漢国の意より見れば、皇国の意は非なり。皇国の意より見れば、漢国の意は非也」という、主張が生れる由縁があるのである。ただし、日本民族は人類の一翼である以上、日本民族と中国民族、朝鮮民族の間はもちろん、全世界の国家発展史の基本的性格、すなわちその王朝の多元性、交替性、滅亡性を普遍的なものとして共有しているのが本来の姿であって、そこに本質的な食い違いなどはあり得ないのである。

あるのはこの人類の国家誕生・発展の普遍性と、それを否定する以外に存立の余地のない「万世一系・大和朝廷一元史観」との対立である。「万世一系の天皇制は日本の伝統＝大和朝廷一元史観」の本質的問題点は、ここにあるのである。世界と共にならび立たないのである。

東アジア文明とその遺産の無視と軽視は、結局は、自分自身すなわち日本史の真実の、無視と否定に行き着く以外に道はないものなのである。こうした近代日本の「文明開化」気分と思想を基調とする日本の保守が、国学的「儒教」をも悪用して国民を強制して、ついに第二次世界大戦での敗北という国の進路を誤ったのには不思議はない。また、それを批判した側もまた、「文明開化」気分と思想の一環として、アジアの思想と文化を重視しなかった。これは近代日本の「負の遺産」であると考える。

ここに「万世一系・大和朝廷一元史観」をかかげ「天命論」を「国賊の思想」としてきた、明治政府以降の「日本史論」等にたいして、古代中国正史類の記録は日本民族の歴史の真実の記載であり、「天命論」は、北条〜室町幕府までの武家がかかげた、古代天皇制と尊皇思想打破の旗印であって、日本史にかかげられた「人民が主体」論であり、世界に誇れる進歩の遺産だ、われわれはこれを受け継ぎ発展させる、と真っ向から反撃しえなかった理由があると考える。きわめて大きな「負の遺産」である。

明治以降の日本古代史家や日本思想史家はもちろんであるが、そのなかでも特にマルクス主義の歴史学すなわち史的唯物論にたつと自称した諸氏の罪は、氏らがこの問題で固有の責務をおう立場であるがゆえに非常におもく、これらの諸氏はその責めを負わなければならない、と考えるものである。

これと関連して指摘すべきは、すでに明治二五年には京都で刊行された広池千九郎編『日本史学新説』に、「大和朝廷一元史観」批判が次のように行われていたのである。「今泉定介著、『昔九州は独立国にして年号あり』、次に飯田武郷著、『倭と日本は二国たり、卑弥呼は神功皇后に非ず』」（国立国会図書館所蔵、近代デジタルライブラリー。『古田史学会報』・No.六五、「九州年号・九州王朝説」、冨川ケイ子氏）という、今日の「多元史観」の基本見地が提出されていたのである。しかし、これは今日同様、無視された。日本の民主主義確立のうえで大きな逸機であったと考える。

Chapter 6

第６章

古代国家の誕生と都城問題——「墓より都」

一　「天皇」一代ごとの遷都・遷宮の異常性

『古事記』『日本書紀』によれば「神武天皇」いらい七世紀末まで、「大和朝廷」は「天皇」の代替りごとに、最低でも一回は「遷宮」している。それも奈良県の各地、奈良県から大阪、その逆を何回も行き来し、また「仲哀天皇」にいたれば筑紫に遷都・「遷宮」である。大学的日本古代史学では、藤原京（六九四年新設・遷都、持統、文武、元明三代、一五年間の京師）以降を「京」とよび、それ以前をすべて「宮」とよぶ。すなわち藤原京以前には大和朝廷には、「京」すなわち都城または京師とよばれる首都がないのである。

つまり神武以降七世紀末まで都城・京師がないという、世界の古代国家に類例のない「大和朝廷」の姿こそが、実に、明治以降の大学的日本古代史学がいう「万世一系の天皇制」なる「日本古代史」の実在的な姿なのである。世界の古代国家で「都城なき古代国家」など存在しない。これは単に、日本以外という意味ではなく同じ日本人でも、古代琉球の尚氏による統一琉球王朝以前の三つの小国家でさえもが、立派な都城を確立しているのである。にもかかわらず何故日本本土だけが、数百年間にわたって都城がないのか。この問題は、明治以来の大学的日本古代史学のいう、「万世一系の天皇制」なる説の、真偽がかかわる急所の問題であろうと考える。

ここに参考までに、古代琉球統一王朝以前の、三つの小王朝の一つ、沖縄本島北部の「本部《もとぶ》半島の、国頭郡《くにがみぐん》今帰仁村《なきじんむら》に現存する、世界遺産にも登録されている「北山王国」の「今帰仁グスク」の一角の写真（「写真1」「写真2」）をかかげておこう。

この沖縄の名護市等以北の領域にある「北山王国」と、大学的日本古代史学がいう四～五世紀の「大和朝廷」と、どちらが大きいのか、いうまでもないことであろう。にもかかわらず「藤原京」以前、「神武」天皇にいたる「宮」で、沖縄の「北山王国」の「今帰仁グスク」を凌駕するものは、いったいどこにあるのか。しかも、その歴代の「宮」は、そもそも何処にあるのか、どれほどの規模か、ほとんどわからない

写真１　今帰仁グスク正面・平郎門

写真２　今帰仁グスク平郎門左側

のである。いや、そんな昔に遡らなくても「推古天皇」以降の例でも、しかも大学的日本古代史学の専門家でさえもが、次のようにいう姿でしかない。

「推古天皇が五九三年に豊浦宮に即位して以来平安京にいたるまで、『日本書紀』『続日本紀』には歴代天皇の宮室・都城の名を記録しているが、その宮号・所在地が判明しているのは藤原京、平城京、奈良朝難波宮・小治田宮、恭仁宮、長岡京、平安京ぐらいで、あとは可能性の高いものを含めてすべて推定地に留まっている」（『古代日本と朝鮮の都城』、中尾芳治、佐藤興治、小笠原好編著、六頁、ミネルヴァ書房、二〇〇七年、第一刷）という始末であって、これは推古以降に限っても、ということである。然るを況んや神武以降〜推古以前となればおして知るべし、という状況である。

にもかかわらず大学的日本古代史学には、これを不審とし、また日本古代史にかかわる根本問題として検討をする見地もない。同時に、この問題は、『古事記』『日本書紀』の史書としての性格を問う根本問題をふくむものである。しかし、当然というか、そうした視点、見解もない。ここにも明治維新以降の大学的日本古代史学の異様性が示されている、と考えるものである。

この問題を考えるにあたって世界の歴史学をふりかえれば、すでに約一〇〇年もまえに欧米では、人類の王朝・国家は氏族社会という、国家も階級もない社会から誕生したという見地が確立され、これは今日すでに世界的に定説化しているのであるが、その氏族社会から国家が誕生するにあたって、何がその核となるのか、という問題にかんしても、それは「原始」都市（本源的都市）である、という明確な指摘が、これも定説化しているところである。

例えばエンゲルスは、『家族・私有財産・国家の起源』（土屋保男氏訳、新日本文庫、一九九四年、第二版）の「第三章」でモーガンの『古代社会』にそって、「イロクォイ種族の氏族社会」への考察をおこなっているが、その締めくくりで「国家は、そのときどきの構成員達の総体から切り離された、特別な公権力を前提とするものである。だからマウラー……は、マルク、村落、農圃、都市という本源的な諸制度から、またそれとならんで、公的権力が徐々に成立してくることを、その全著書のなかで研究しているのである……」（同書、一五四頁。傍線は引用者）とのべている。

この他に有名な指摘として、「古代が都市およびその小領域から出発したとすれば、中世は農村から出発した」（マルクス・エンゲルス著、『ドイツ・イデオロギー』、古在由重氏訳、二九頁、岩波文庫、一九六一年、第九刷）という指摘がある。これは読んで字のごとく「古代」とは古代国家を意味し、古代国家のもともとは「都市とその小領域から出発した」、すなわち生れ発展したという意味である。つまり古代国家とはそれ以前に存在する、原始的な都市・「本源的都市」から生れたという指摘である。これを日本にそくしていえば、国家は奈良の都から生れた、という意味では断じてないのである。

大学的日本古代史学はもちろん、わが国のマルクス主義をいう古代史学も、たしかに国家は氏族社会から生れるとはいうが、「……村落、都市という本源的な諸制度」を口にしているだろうか。国家誕生以前の、いわば国家の母体としての都市を問題にしているだろうか。断じて否であろう。この氏族社会で生れる村落＝いわば原始「都市」、すなわち国家の母体の都市は、「天皇一代ごとに」あっちにつくり、こっちに移動しうるものでは断じてないであろう。それらは数百年、数千年の歩みのなかから形成され誕生し、やがて国家の母体となるのである。しかも、これらの姿は日本以外では約一〇〇〇年も前に臨場感をもって解明されているのである。したがって世界の最古の国家はみな「都市国家」なのである。あたかも人間はすべて「赤ん坊」として生れて来るが如しなのである。

これに照らせば「天皇の代替りごとの遷都・遷宮」などは、王朝としてあり得ないものなのである。にもかかわらず、また「文明開花」気分と思想、すなわちヨーロッパ文明礼賛に立ちながらも、約一〇〇年前に欧米の科学的な古代史学で解明されている、古代国家発祥問題と原始「都市」のかかわりにかんする見解を、不思議なことに問題にする声すらないというのが、大学的日本古代史学と日本のマルクス主義の古代史学の姿である。つまるところ古代中国史料も最新式の欧米の科学的古代史学の到達点も、共に無視するのである。

この意味は、皮肉にも欧米の最新式の科学的な古代国家形成論と、古代中国正史類の「倭国」の都城記載が、後述するとおりに両者、たがいに相知るように一致している点への無視となるのである。近代日本の「文明開化」気分と思想が、欧米文化と学問を第一におき、ここにたって近世尊皇史学の古代中国史料への無視と攻撃を当然視してきたのであるが、「事実は小説よりも奇なり」とばかり、欧米の学問と古代中国の歴史の記録が一致するのである。これの教訓は「洋の東西で事実に違いがあるわけでない」という平凡なもののようであるが、この平凡さは大学的日本古代史学では「ありうべからざる」非常事態なのである。

こうして大学的日本古代史学はいうまでもないが、その一角をしめる日本のマルクス主義にたつ古代史家は一致して、マルクスの『資本論』と『資本主義生産に先行する諸形態』、『経済学批判』、またエンゲルスの『家族・私有財産・国家の起源』や、モーガンの『古代社会』等の、古代国家形成にかかわる本質的部分を系統的に無視するはめになるのである。これは本来、奇々怪々のことではあるが、しかし、世界に例がない「万世一系の天皇制」を金科玉条とするならば、どんなに言葉のうえで〇〇主義とか欧米の民主主義に固有の科学的思考の礼賛をしても、日本史においては落ゆく先は一つ、大学の諸教授には失礼ながら日本語として意味が明瞭なので、それにしたがえば国学と「おなじ穴のむじな」となるのである。

本書は、氏族社会から初期国家がいかに誕生するか、その誕生の場は原始的「都市」であるという、一九世紀のアメリカの学者モーガンと、その研究をも踏まえたマルクス・エンゲルスの主張、またその後のゴールドン・チャイルドの「都市革命」論を踏まえ、「天皇の代替りごとの遷都・遷宮」は国家としてはあり得ないことを探究する。

なおその冒頭に、日本人の学者でも日本古代史学以外の、欧米の科学的歴史学にたずさわる場合には、国家の確立の姿と「王の代替りごとの遷都・遷宮」などは両立しえないことを、客観的には次のように明快に述べていることをここに記しておきたい。

「都市は定義にもよるが、メソポタミアとメソアメリカでは比較的に早く出現するが、エジプト、中国、アンデスの場合はかなり遅くなって形成された。ただし、国家の中枢である王の宮殿や神殿が、とびぬけて巨大化しており、行政と祭祀の大センターはできていた」(『世界の歴史』、「オリエント」、一四一頁、大貫良夫氏、前川和也氏、渡辺和子氏、尾形禎亮氏著、中央公論社、一九九八年、傍線は引用者)。

日本本土以外の古代国家の成立史では、「都市」ならびにそれに準じる巨大王宮や行政のセンターについて、文献的考古学的に明らかにされているのが当り前の姿なのである。王朝・国家とは一般的には何百年〜一〇〇〇年間、動かない都城を構えるものである。王一代ごとにあちこちに最低でも一回、移動できるような性格のものではないであろう。したがってこれに照らせば、都城問題を最初から国家・王朝存立の基本条件として、文献的・考古学的実証主義にたって探究しない大学的日本古代史学の、「古代大和朝廷大王論」の成否はもちろん、そもそも都城なき「王朝」を王朝といえるか否か、問うのは当然なことであろう。

なお、右に引用した規定にかんしてメソポタミアや中南米では都市だが、古代エジプトや中国、インカは王宮だ、という見方であるが、しかし、王宮は巨大な規模であって王とその一族や家臣団、さらにはその家族と使用人、奴隷等の存在を考慮すれば、その生活をささえるにたる労働生産物の供給が必要となるが、これは都市的機能をそなえたモノでなければ、供給できないのではないか、という疑問はのこる。したがって大貫氏らの「都市論」はその形成過程の特徴をさしたもので、国家とは都城を中心とした都市であることにかわりはないであろう。

いずれにせよ「天皇一代ごとの遷都・遷宮」問題は、『古事記』『日本書紀』のつづる「日本古代史」、ひいてはこれを神聖化した近世尊皇思想と、これにもとづく戦前・戦後の大学的日本古代史学の「日本古代史」の、真偽をはかる基本問題となると考える。この「遷宮」は以下の表のとおりである。ただし、これは「一天皇」につき一つをあげただけで、複数の場合は他をあげていない。以下の表は『日本書紀』を中心とした。

天皇名	「都」名	所在地名（現在地名）
神武	橿 原 宮	奈良県橿原市畝傍町付近という　「記」畝火の白檮原宮（かしはらみや）
綏靖	葛城の高丘宮	奈良県御所市森脇という　「記」葛城の高岡宮
安寧	片塩の浮孔宮	奈良県大和高田市三倉堂？　地名辞典では河内国大県郡（堅上・堅下郡）は旧「片塩」という
懿徳	軽の曲峡宮	奈良県橿原市大軽町付近という　「記」＝軽の境崗宮という
孝昭	腋上の池心宮	奈良県御所市池之内付近という　「記」＝葛城の掖上宮
孝安	室の秋津嶋宮	奈良県御所市室という　葛城の「記」室の秋津島宮
孝霊	黒田の盧戸宮	奈良県磯城郡田原本町黒田という　「記」同上
孝元	軽の境原宮	奈良県橿原市大軽町付近という　「記」軽の堺原宮
開化	春日の率川宮	「いざかわみや」奈良県奈良市付近という　「記」春日の伊耶河宮（いざかわみや）
崇神	磯城の瑞籬宮	奈良県桜井市金屋付近かという　「記」師木の水垣宮
垂仁	纒向の珠城宮	奈良県磯城郡？　ただしその中心は桜井市北部か？　という　「記」師木の玉垣宮
景行	纒向の日代宮	奈良県桜井市穴師という「記」同上
成務	記載ナシ・紀	「記」＝近淡海の志賀の高穴穂宮滋賀県大津市坂本穴太町という
仲哀	角鹿の笥飯宮	「紀」はこの他に、紀伊の徳勒津宮、穴門の豊浦宮、筑紫の橿日宮　「記」も穴門の豊浦宮など
神功	磐余の若桜宮	奈良県桜井市池之内付近？　ただし不明（紀）筑紫の橿日　穴門の豊浦宮を経過地と記入
応神	軽島の明宮	奈良県橿原市大軽町付近という　ただし「紀」では死亡した宮　他に難波の大隅宮も見える
仁徳	難波の高津宮	今の大坂城址付近というが不明　「記」同上
履中	余の稚桜宮	磐奈良県桜井市池之内付近〜磐余池付近かという　「記」伊波礼の若桜宮
反正	丹比の柴籬宮	「河内の丹比」大阪府羽曳野市郡戸か？　不明という　「記」多治比の柴垣宮
允恭		（記）遠つ飛鳥宮　奈良県高市郡明日香村？　が不明という

天皇名	「都」名	所在地名（現在地名）
安康	石上の穴穂宮	奈良県天理市田　（記）同上　奈良県天理市田町という
雄略	泊瀬の朝倉宮	奈良県桜井市大字泊瀬……諸説あって不明という　「記」長谷の朝倉宮
清寧	磐余の甕栗宮	「みかくりのみや」奈良県桜井市から橿原市にかけての地　不明　「記」伊波礼の甕栗宮
顕宗	近飛鳥八釣宮	奈良県高市郡明日香村大字八釣と河内安宿郡飛鳥説あり　「記」近つ飛鳥宮
仁賢	石上の広高宮	奈良県天理市石ノ上付近かという「記」同上
武烈	泊瀬列城宮	「はつせのなみきみや」奈良県桜井市初瀬の付近かという　「記」長谷の列木宮
継体	磐余の玉穂宮	奈良県桜井市池之内あたりという　他に移動——山背の筒城、弟国　「記」伊波礼の玉穂宮
安閑	勾の金橋宮	奈良県橿原市曲川町という　「記」勾の金箸宮
宣化	檜隈廬入野宮	奈良県高市郡明日香村檜前（ひのくま）という　「記」檜坰（ひのくま）廬入野宮
欽明	磯城嶋金刺宮	奈良県桜井市金屋付近かという　「記」「師木島の大宮」　桜井市金屋付近という
敏達	百済大井宮	大阪府河内長野市太井説と奈良県北葛城郡百済説があるという　「記」他田宮（をさだみや）
用明	池辺雙槻宮	奈良県桜井市阿倍という「記」池辺宮
崇峻	倉梯宮	「くらはしみや」奈良県桜井市倉橋という　（記）「倉椅の柴垣宮」
推古	豊浦宮	「とゆらのみや」奈良県高市郡明日香村豊浦という　「記」＝小治田宮という
舒明	飛鳥の岡本宮	奈良県高市郡明日香村の「岡」という説と「明日香村の雷・奥山」説あり
皇極	飛鳥の板蓋宮	「いたふきみや」　奈良県高市郡明日香村大字岡という
孝徳	難波長柄豊崎	大阪市東区法円坂町か　斉明元年（六五五）火災
斉明	岡本宮	舒明朝に同じ。「飛鳥岡本宮」という
天智	近江大津宮	場所・実態不明
天武	飛鳥浄御原宮	明日香村岡　一九五五年以来、発掘調査

二　都城問題の意味　古代国家誕生の根本問題

先述のとおり都城とは国家の中心でありいわば心臓部である。国家とはうたかたの泡ではなく、厳然たる歴史的社会的な一大勢力の誕生・存在である。したがって国家がそこにあるのならば、かならずその都城の遺跡がある、これが当り前の姿である。ところが日本古代史学では、七世紀の最終期の藤原京以前にはそもそも「京」がなく「宮」しかない。

大学的日本古代史学の都城研究では、持統天皇の二つ目の宮、「藤原京」（正確には藤原宮・京）以後には「京」（平安京までの間、若干の「宮」はあるが）をつけ、それ以前の天皇の都を「宮」と呼ぶのである。この区別の指標は、藤原京以前には中国的な条坊制という京域がなく、また天皇の政治の場である「大極殿」が明確でないなどとされている。

要するに七世紀末の藤原京以前には、古代琉球の三小王国をふくめ世界のすべての古代国家がそなえている、王の支配の政治組織の諸機構を一点に集めた都城・京師がないのである。この国家成立・存在の根本にかかわる問題を、右のように「宮」と「京」にわけ、たんなる構造上の説明ですませ、あとは「大和朝廷一元史観」という、いわば袋のなかに「宮」と「京」を一緒に入れてそれで終わらせるのである。

きわめて興味深いのは、大学的日本古代史学が一致してピラミッドに匹敵するという「仁徳天皇陵」なる大仙古墳を造営したという「仁徳天皇」の「都」の姿である。『日本書紀』では、「元年の春正月の丁丑《ひのとのうし》の朔《ついたち》己卯《つちのとのうのひ》に……即天皇位《あまつひつぎしろしめ》す。……難波に都つくる。是を高津宮と謂《まお》す。即ち『宮垣室屋《みやかきおほとの》、堊色《うはぬり》せず。桷梁柱楹《はへきうつはりはしらうだち》（＝たるき、はり、はしら、おおはしら）、藻飾《ゑがきかざ》らず、茅茨《かや》蓋《ふ》くとき、割斉《かやしりきりととの》へず』、此《これ》、私曲（私）の故を以て、耕《なりはひ》し績《をう》む時を留めじとなればなり」（『日本書紀・上』、三八八頁、傍線・括弧内は引用者）とあるのがそれである。

この一節の問題点はまず、「私曲（私）の故を以て、耕し績む時を留めじとなればなり」部分である。意味は「宮殿」を造営することは「私事」であるから、「人民の耕作や機を紡ぐ時間を奪うのは良くない」という意味である。しかも、『日本書紀』の「天皇の詔」等の多くがそうであるように、この一節の「宮垣室屋」から「茅茨蓋くとき、割斉へず」までは、中国古典の『六韜』の一節を切りとり写したものである。

仁藤敦史氏はその著書の『古代王権と都城』（吉川弘文館、一九九九年、第一刷）で、『日本書紀』のこの一節を漢文引用されて、「これによればまだ『宮室』は公的なものではなく、大王の私的な邸宅としてしか位置づけられていなかったことになる」（同書、四頁）とされている。そうして「律令制下になると、『宮室』は単なる天皇の私的な居宅から、はるかに公的な性質を強めた『帝王之邑』、『京師』となり、都城の中心部分をしめるようになる。すなわち、大王の私宅的な居宅から、天皇を中心とする国家支配機構の中枢へと発展したことが確認されている」(同書、五頁)といわれている。しかし、これは「仁徳天皇、大王論」という大学的日本古代史学の見地にたてば、不思議な光景ではなかろうか。

何故、七世紀末以前において歴代「天皇」の宮は「私事・私宅」の水準であって、どうして律令(八世紀)以降には「帝王之邑」「京師」になるのか、仁藤氏をはじめ日本古代史学にかかわる都城研究者には合理的な説明はない。これ自身が古代国家としての「大和朝廷」の成立にかかわる学問としては失格なのである。都城の研究とは古代国家成立史の研究それ自身だからである。したがって「大王論」と「都=私宅論」は真っ正面から矛盾する。この矛盾について肝心の説明がないのでは、「都城の研究」にはならないであろう。

歴代遷宮の理由にかんしては、「建物の耐用年数説」「父子別居説」「死の穢れを避けるため即位に際して、新しく適地をトして宮とするのが慣例であった説」(『古代王権と都城』、七三頁)など、これまでの諸説を「見出し」風に一言あげているだけである。七世紀末以前の「天皇」の代替りごとの「遷都・遷宮」の説明に関しては、どの研究者の著書をみても仁藤氏と大同小異である。

したがって仁藤氏が「……律令制下の都城とそれ以前の宮との関係をより深く考察することは重要な意味があり、律令制下の都城が、縄文・弥生時代以来どのような経過をたどって形成されてきたのかを歴史的に再構成するという課題が存在する。七世紀後半における中国都城制の継受を容易ならしめた、あるいはそれを必要とした日本側の条件として一定程度の宮を想定すべきである」(前掲書、三頁)とされるところ、とくに傍線部分に大学的日本古代史学の「万世一系」論の、都城論における破綻が露呈しているのである。

第一に、世界的には氏族社会からどのように国家(都市国家)が生れ、その国家を生みおとした氏族社会はどんな制度をもち、その制度の何を土台に都市国家は誕生したのか、いわば発展的に継承されたのか、すでに一九世紀には基本的に臨場感をもって解明されている。したがって日本本土以外のすべての古代国家が例外なく、巨大神殿や巨大王宮と京師をともなった都市国家として生れているのは、先に『世界の歴史』(「オリエント」)の一節を引用した通りである。

また、「七世紀後半における中国都城制の継受を容易ならしめた、あるいは日本側の条件として一定程度の宮を〝想定すべき〟という記述も奇妙であろう。そうして推古朝の「宮」を「倭京」と称していろいろいっているが、それが空しいものであることを示しているのが、〝想定すべき〟論である。真に「倭京」なる日本本土以外の、古代琉球統一王朝以前の三王朝をふくむ世界の古代国家の都城と、普遍性を共有する遺蹟が京師の前身として存在しているのならば、〝想定〟の必要はないことは自明のことであろう。ないから「突然、平城京のような古代中国式都城がうまれるのはおかしい」から、

〝なにかあったとすべきだ〟という、完全に観念論的空論の議論なのである。

三　前方後円墳と都城問題

さて本書のこの視点に「この紋所が目にはいらぬか……」が売りもののテレビ番組そっくりに、巨大「前方後円墳」を持ちだして、それを「前方後円墳体制」といい「大王の世紀である」と、約三・五〜六世紀の「大和朝廷」の威容を強調する京都大学教授の小林行雄氏を筆頭にした、「実証主義的考古学」を正しいと信じている人々からの批判が予想される。しかし、この「実証主義」なる、一見、威風堂々とした大学的日本古代史学の、三・五〜六世紀の「大和朝廷大王論」は、しかし実のところ、都城問題というい わば針の穴にラクダをとおすような難問があって、その前で実は動けないでいることが判明するのである。こうなるのは必然性があるのである。つまり都城あっての国家であること、資本があっての資本家の如しであって、墓があってもそれだけでは、すなわち都城が確認されなければ、だれの墓か、わからないのである。

今日の巨大「前方後円墳・大和朝廷造営論」は、近世以降の尊皇史学の主張を旗印に明治以降の政府と学者が一致して、「大和朝廷一元史観」を絶対として「近畿は大和朝廷のお膝元」と〝言ってきただけのこと〟である。実際には「大和朝廷」がどこでどのように形成・発展したのかは不明のままなのである。

現に石母田正氏は、「……初期ヤマト王権の形成過程は、記紀の説話的記事以外に史料がなく、朝鮮出兵の最初限の前提である吉備、北九州にたいする支配権を獲得するにいたった過程、またその段階の国家の性格等は、不分明の霧に覆われている……」（石母田正氏著、岩波講座・『日本の歴史』、「原始および古代1」「古代史概説」、一八頁）と述べている。そのあとは小林行雄氏の「三角縁神獣鏡・卑弥呼被贈与論」や、「前方後円墳・大和朝廷造営論」等の「考古学」を、「実証主義的研究」と解して「科学的・実証主義的な大和朝廷一元史観」に、安心して唯物論の名を張りつけたのである。

ただその際、マルクス・エンゲルス、モーガンならびにゴールドン・チャイルド等が指摘している、古代国家誕生と「本源的」都市・都城論は目に入らないらしく、戦前・戦後の大学的日本古代史学とともに、都市国家問題を一〇〇%無視するのである。したがって「大和朝廷」が自分自身の正史に「応神天皇」には都城はなく私宅であって、それも屋根さえキチンと葺かれていない粗末なものと書いても、「墓」だけを、しかもそれが「仁徳天皇」の造営という文献的・考古学的な実証、さらには近畿地方の巨大「前方後円墳」が、「大和朝廷」の造営という実証など後述するとおりどこにもないどころか、実のところそれを否定する根拠はいくつもあげられるのであるが、「万世一系・一元史観」の「国学的神道」観念を絶対として、小林行雄氏の説を高々と掲げて「仁徳天皇は大王である」という、大学的日本古代史学に唱和するのである。しかし、それは大和朝廷の「正史」の『日本書紀』の「仁徳天皇のミヤコ・私曲」記載をさえ無視した、「汝、忠勇なる臣民」的進軍におもえるのである。

こうなる理由は、「日本本土」以外の世界の古代史学では、古代国家の巨大工事、例えばピラミッドにせよ、「万里の長城」にせよ、これらの造営には巨大な資本が前提であって古代国家の場合、その資本の集積所は巨大神殿や巨大王宮だと指摘されているのであるが、しかし、この世界の古代史学の到達点に照らすと、小林行雄氏式の「前方後円墳体制」という、「実証主義」は成立しなくなるのである。それは七世紀末以前の「天皇」が「代替りごとに遷都・遷宮する」という、巨大な古代的公共事業を実施する肝心の資本、すなわち都城・京師がないからである。つまり大学的日本古代史学の「実証主義」と、世界の古代国家形成にかんする実証主義が「白と黒」ほど異質なのである。

これは「タマゴが先かニワトリが先か」ではないが、国家にとって都城・京師が先であること、あかたも資本家とは資本のある人であるが如しなのである。この動かすことのできない厳然たる問題を無視・回避して、大学的日本古代史学の諸教授等が一致して、大仙古墳は仁徳陵であり、ピラッミドに匹敵する、とか、巨大「前方後円墳」は「大和朝廷」の造営だ、といわば多数決制的に全員で叫んでおられるのである。

しかし、いったいいつから「事実」の身代わりに「多数決制」がなる、ということになったのであろうか。多数決に正当性があるのは、事実の裏付けがある場合である。「事実は事実」である以上、巨大「前方後円墳」を「大和朝廷」が造営したという「事実」を提出しなければ、学者諸氏が叫んでいるだけでは、中世キリスト教の坊さんが全員一致で、「地球は不動であってお日様が地球のまわりを回っている」とか、戦前の学校の先生が子供に「天皇陛下は神であらせられる」といっていたようなもので、それに「科学的根拠」は一かけらもないのと同様である。

さらに例えば「学者がいうのはそれなりの根拠があるはずだ」というのであれば、是非その根拠を見たいものである。その根拠とは察するに、「万世一系の天皇制・大和朝廷一元史観」以外にないであろう。がしかし一度、それが検証の対象になれば、この「一元史観」は被告席にいることになり、それを証人にはできないであろう。

古代国家形成の実証は、都城の文献的・考古学的確認が前提なのである。しかし、なぜそうなるのか、という問題が重要なのである。それは階級支配がまだ生れていない氏族社会でも、共通の方言の血縁集団が、部族あるいは種族として結集して連合体を形成し、共通の神殿・会議場を確立するからである。つまり最古の古代国家がいわゆる都市国家である由縁は、各部族（種族）が領域ごとに、神殿（日本の場合「やしろ」か）や会議場をそなえた原始的「都市」を形成するのであるが、最初の国家はここを土台に生れるからである。

したがって古代中国では都市国家とよばれる原国家が二百数十といわれ、朝鮮半島でも大小多くの「国」が知られている。古代メソポタミア、エジプト、インド、古代ギリシャ、さらにはアメリカ大陸のいわゆるアメリカ・インディアンでも、後述するとおりにそこには例外はないのである。しかもこの会議場や宗教施設をもつ氏族社会の原始「都市」は、後述するように社会の生産力が発展するのに応じて、古代的商品生産と交換の一中心地となり、しかも、いくつもあるその「原始」都市は、相互に戦争で淘汰されるなどして、初期国家への歩みを加速するのである。

したがってこれらの原始「都市」は、数百年から数千年の歴史のなかから誕生・発展するものであって、王一人が数百年にわたって、代替りごとに奈良県内の各所、また奈良から大阪、またその逆というように幾度も移動・「遷都・遷宮」するなどは、現実の古代国家の姿としては断じてあり得ないものである。すなわち『古事記』『日本書紀』の「天皇の代替りごとの遷都・遷宮」記載が意味するものは、大和朝廷は実は、日本における古代国家形成・誕生の現場をまったく知らない者だ、という告白に通じるのである。

これは生まれたての人間の子供は、みな赤ん坊で最初からは歩けないが如しなのである。つまり『古事記』『日本書紀』が真実の断片でも集めて記されたものならば、この「都市国家」群の記述があるべきなのである。しかし、これは『漢書』地理志の「倭人、百余国」記載、また『三国志』魏志の「倭人伝」や『後漢書』倭伝には「三〇余国」などとはあるが、『古事記』『日本書紀』には一切ない。おまけに「神武天皇」は最初から「日本国の天皇」という、地域国家＝統一王朝の始祖として描かれているのである。これは母親の胎内から生れた時には〝女房・子供がおりました〟とでもいうようなものである。論外のことであり、まさに「夢中に夢を説き候よう」のことなのである。

つまり、氏族社会から誕生した国家は、その神殿や巨大王宮に、国家の国家たる由縁の人民からの搾取と収奪による富を集めるのである。すなわち古代的資本の蓄積である。したがってこうした都城がない段階、つまり「天皇の代替りごとの遷都・遷宮」段階のものが、「ピラミッドに匹敵する前方後円墳」をつくろうにも、「ない袖はふれない」のである。すなわち近畿地方の巨大「前方後円墳」の造営者は、世界の古代国家のどことくらべても恥ずかしくない、立派な都城を構えていた勢力ということになるのである。しかし、この対象からは、七世紀末以前に都城がない「大和朝廷」は、先ずはずれるのである。

この見地の正しさは以下の諸点にかんする、著名な大学的日本古代史家の研究によっても傍証される。八世紀になると大和朝廷の都城の形成が認められ、また『古事記』『日本書紀』が編纂され、さらには律令制度が確立される。しかし七世紀末以前においては、「天皇」の代替り毎の「宮」がそれもどこにあったのか、未だに確認もされない水準で「あった」

といわれるに止まらず、その他の国家制度も不明とされているのである。

例えば、国家創設の中心的な牽引力である軍事組織も通説は戦後、この問題に取りくみ靫負《ゆげい》軍や舎人軍が天皇国家の軍事力である云々といい、靫負軍の元締めは大伴氏であり、舎人軍は関東の国造の子弟による親衛軍であるとかいうのである。

しかし実際には、仁徳天皇をはじめとする「倭の五王」、つまり「四世紀末から、五世紀初めにかけての軍事機構を、だれ一人口にしないのである。……中略……現在の研究者の成果をもってすると、全国的な基盤の軍事機構をもたない全国統一の存在ということになる。五世紀前半の時代では、（全国統一説は、引用者）一個の空中楼閣と私には思われる」（藤間生大氏著、『倭の五王』、七九頁、岩波書店、一九六三年。傍線は引用者）と、専門家でさえもが「軍事組織は不明、いやないらしい」といわれる始末である。

そもそも古代国家の誕生問題の中心をになうのは部族・種族間の戦争である。しかも氏族社会は成年男子全員が武装した武力である。さらには一九世紀にはこの氏族の軍事力の組織の姿と、それから最初の王朝の軍事力がどう生れたかも、基本的には解明されているのである。にもかかわらず五世紀になっても軍事組織がわからないとか、やれ「靫負軍」だの「舎人軍」だのとしか言えない姿は、まさに「天皇の代替りごとの遷都。遷宮」にピッタリの、「古代大和朝廷は国家に非ず」と告白するにひとしいものである。

さらには国家組織についても、井上光貞氏は、『日本書紀』推古紀の冠位一二階位問題を論じて、その冒頭で「大化前代の国制について、確実にその制度の存在を確認できるものは少ない。まして、その制度の制定された時期のわかっているものはごく稀である」（『日本古代国家の研究』、二八三頁、岩波書店、一九六五年、第一刷）とされ、そのうえで「日本古代国家の国制は、七世紀末に完成した律令国家に関しては、これを細かく知ることができるが、これに反して、……律令以前の古代国家については甚だ不分明である。……じっさいに推古朝の国家、大化の改新期の国家がどのようなものであったかという問題の解明は、全く将来の問題に委ねられているといってよい」（同書、一一頁）とさえいわれるのである。

すなわち八世紀以降は実に、都城、軍事組織、国家制度もよくわかっているのであるが、七世紀末以前になると突如として都城も軍事組織も国家組織・制度もわからなくなり、「全く将来の問題に委ねられている」と言わざるを得ないのが実際のところなのである。これこそが日本古代史の真の問題の所在なのである。何故八世紀なのか。これを照らしだすものが実に『旧唐書』東夷伝の日本列島二国併記なのである。これについてはあとでふれる（三四四頁参照）。さて、これを「前方後円墳」や、三角縁神獣鏡問題等の考古学の面からも検証しておこう。

四　「前方後円墳・大和朝廷」造営論に根拠なし

たしかに巨大墳墓の存在は国家の存在を示すものである。しかし、その国家ははたして「大和朝廷」か、これが真の問題なのである。「大和朝廷一元史観」は、「日本には大和朝廷以外の王朝などない」という史観であるから、近畿大和地方の巨大古墳は「大和朝廷」の造営に、「学問以前」から決まりきっているわけである。しかし、ひとたびその「大和朝廷一元史観」は真実か、これを疑問視する視点にたつと、次々と巨大「前方後円墳・大和朝廷造営論」を否定、疑問視する例証が続出するのである。

特に、都城のないものに巨大な建造物を造営する資本的・人的根拠がないという、世界の科学的歴史学の到達点からみて、左に掲げる事実が判明することは、むしろ自然なことである。

①　三角縁神獣鏡は中国製でない──中国側の見解

その第一は、中国社会科学院考古研究所前所長の王仲殊氏の、一九八一年以降の〝三角縁神獣鏡は中国鏡ではなく、呉国の職人が日本列島に渡来して、「日本人」の要請で製造したもの〟という研究発表である。これらは西嶋定生氏監修、尾形勇・杉本憲司氏編訳、『三角縁神獣鏡』（学生社、一九九八年）にまとめられている。

そこには、「三角縁神獣鏡は中国、朝鮮半島から一面の発見例もない。三角縁という形式、神象、獣象などの文様は、黄河流域の華北の銅鏡には例がない。したがって〝魏鏡〟ではありえず、魏朝が卑弥呼に贈った鏡ではありえない。中国で発見されている各種の銅鏡の文様には、三角縁神獣鏡にいつもある『笠松形』がまったくない」など全体で九項目にわたって、小林行雄氏の巨大「前方後円墳・大和朝廷造営説」の中核部分である、「邪馬台国・近畿説・卑弥呼・大和朝廷の始祖論」を支える、「三角縁神獣鏡・魏鏡、卑弥呼被贈与説」が、根底から文字通り否定されている。

古代中国正史類の対日交流記の否定にこそ、自説の存立の基盤を求める大学的日本古代史学、なかでも「実証主義」の旗を高くかかげる考古学者の説が、古代中国人の子孫によって実証主義的に否定されているのである。これは断じて偶然ではない。がさて小林説の登場で「邪馬台国・北九州説」などは、もはや実証主義的に問題にならないかに云ってきた、日本古代史にかかわる考古学者らは、王仲殊の事実にもとづく研究にたいして沈黙・無視という、「文明開花」気分と思想がそれを絶賛した、欧米の民主主義をめざす闘いの歴史がうみだした科学的学問からは、到底認められない反学問的態度をとっている。

大学的日本古代史学の病巣は、自説に都合の悪いものは、それが古代中国文献のみならず『古事記』『日本書紀』であれ、または事実であれ、さらには学説であれ「無視」するという、学問の否定でしかない態度をとることである。これはもはや学問の世界の姿ではなく党派間闘争や、官僚が理不尽な政策をもって国民に臨む姿と同質のものだということである。

ただし日本の知的世界は、この大学的日本古代史学の態度に非常に寛容に見える。しかし、誤った歴史観こそは「皇国史観」史学にみるように、日本を第二次世界大戦とその敗北に導いた日本的特質をなすのではなかろうか。また、その結果、「日の丸」「君が代」の復活をゆるすことに通じたと思われるのである。歴史は単なるロマンではない。国の進路にかかわるものと考える。

② 巨大「前方後円墳」の埋葬者がわからない

さて、王氏の小林説批判は孤立したものではない。真実とは隠そうとしても顕れるものらしい。次は井上光貞氏の以下の指摘である。「古墳の研究でいちばん困るのは、その古墳に葬られている人がだれかわからないことである。もし、古墳のなかに、だれの墓であるかを書いた金石文でも発見されたら、それをもとにしていろいろのことが明らかになるだろう。古墳がいつ発生したかという問題でも、まわりくどい議論などしないで、もっと簡単にきまってくるかもしれない」（『日本の歴史・1』、三〇三頁、中公文庫。傍線は引用者）とされ、上田正昭氏も、巨大「前方後円墳」に属する「崇神陵」「景行陵」等も、「崇神天皇、景行天皇を葬ったものかどうかはなお決定できない」（上田正昭氏著、『日本の歴史・2』、八四頁、小学館）とされているのもその一例である。

あのピラミッドでさえも、そこに埋葬されている王名は明確である。そのピラミッドに匹敵云々される巨大古墳に埋葬されている者がだれか、これがまったく分からないのである。これは少なくとも「巨大前方後円墳」は、「大和朝廷」の造営という視点を立証するものではないことは明白であろう。もちろん「だが大和朝廷ではない」という立証でもない。

③ 「前方後円墳」の本来の名がわからない

だが、これに止まらないのである。それは「前方後円墳」の古墳名である。「前方後円墳」という名は古代からの伝承や記録ではなく、近世尊皇思想家・蒲生君平（一七六八～一八一三年）が、平安時代の牛車にこの古墳をみたてて命名（『山陵志』）したものという周知の事実から、それはいえることである。さらには松下見林はその壮年時代、「山稜の荒廃をなげき、自ら山稜を訪ねる」など、「勤皇思想の発展するにともない、皇室の祖先の陵墓が、その存在がわからないままに荒廃していることに対する措置」（斎藤忠氏著、『日本考古学史』、一二一頁、吉川弘文館、一九九五年、新装第一版）、すなわち探究が開始されたとある。これは近世尊皇思想の勃興とともに、その見地からの古墳研究も開始されたことを示すものであろう。

しかし、この古墳、忘却・荒廃論は奇怪至極であろう。大学的日本古代史学では「大和朝廷」は「万世一系」、今日まで現存している「唯一王家」である。ならば何故、ピラミッドに匹敵する巨大古墳を造営した祖先の名、ましてその墳墓の形式名も伝わらず知らず、然るを況んや所在不明で荒廃にまかされていた、という姿は説明がつかないであろう。御当家は今日も実在しているのである。

ならばこの墓の形式名ぐらい残っているべきではなかろうか。造ったとされる本人は存在しているからである。しかし現実は、その埋葬者はおろか、その画期的な古墳の呼び方一つ、後代に伝わっていないどころか、所在不明になり山野に埋もれ荒廃していたのである。これをみればこの古墳を天皇国家が造営したという説に、深刻な疑義がもたれよう。ここから浮かびあがってくるものは、実に「前方後円墳」は近世尊皇思想が台頭するまでは、日本社会からは大和朝廷・天皇家をふくめて、〝忘れられた古墳〟であったということであろう。

④『日本書紀』――「巨大『前方後円墳』の造営者は『愚か者』」

だが、これで終わりではないのである。『日本書紀』孝徳紀の大化二年三月二二日の条に、通説が「薄葬制の詔」と称するまことに奇妙な「詔」が記されている。「朕聞く、西土《もろこし》(＝中国)の君、其の民を戒めて曰へらく。『古の葬《はぶり》(＝埋葬)は、高き(段丘)に因《よ》りて墓となす。封《つちつ》かず――墳岳を築かない――樹《き》ゑず」からはじまって、墓は質素がよいという文句を長々と並べ、最後に墓に贅沢な経費を注ぐ行為を、「諸《もろもろ》の愚俗《おろかひと》のする所なり(『三国志』、魏志、武帝紀)」というところまで引用しているのである。

これにつづけて「廼者《このごろ》、我が民の貧しく絶《とも》しきこと、専《たくめ》(＝もっぱら)墓を営《つく》るに由れり」(『日本書紀・下』、二九二頁)といい、この後は身分ごとの規制が記されているのである。この「詔」の奇妙さは、通説がいうとおり約三・五～六世紀の天皇が、巨大前方後円墳を営んだとすれば、そのことに一言もふれずに巨大な墓の造営は「諸の愚者の行為」という、中国の皇帝の言を大上段に振りかざしている点である。

少なくとも「昔は大きなものを営んだが、それは立派な理由があったが、今は時勢があわなくなった」とか何とか、理屈がなければ大きな墓を造った「天皇」は、「諸の愚者」とされないだろうか。実は、この「詔」は、通説に有名な「大化の改新」の「詔」と連動して、これまで通説が考えもしなかった、日本史の重大な真実とかかわるものである。これは後述(三七三頁参照)する。いずれにせよ通説の「前方後円墳・大和朝廷造営論」は、決定的な矛盾や問題点をふくみ、仮説の性格さえも本来はもちえない水準のものである。この事実を直視する時に、この巨大古墳を造営した国家は、「大和朝廷・天皇国家」であるか、これがあらためて問われるべきことが明らかになるのである。

すなわち日本古代史の解明にかかわる巨大古墳の真相説明は、これまでの大学的日本古代史学の「大和朝廷一元史観」では失格なのである。こうしてあらためてこの巨大古墳の造営者を探究することが求められるという、ここに真実の日本史の学問的課題があることが明らかになるのである。この課題の達成の道は、古代中国正史類の対日交流記載の科学的な検証とともに、その実証的根拠としての巨大都城の発見である。本来の学問的日本古代史学は、これを明らかにすべきだったのである。都城問題とその解明を根底におきその探究にあたって、明治維新で採用された近世尊皇思想に惑わされずに、古代中国・朝鮮史料と『古事記』『日本書紀』を比較すれば、もつれた糸がスルスルと解けるように、真の日本古代史が現れるのである。

すなわち「漢意を清くすすぐ」態度は誤りで、「まことの道は、天地の間にわたりて、何れの国までも、同じくただ一すぢなり」という見地、日本史を世界史の普遍性のなかで考察する態度が、唯一正しいのである。

五　世界と古代琉球の初期国家と「都城」

さて世界史に登場する初期国家群は基本的には都市国家である。まずは古代ヨーロッパから見よう。これは簡明だからである。古代ギリシャの有名な国家はアテネやスパルタなどである。この国家の名はその都市に由来していて、王であれ、議会であれ、その交代ごとに動こうにも動けないのである。これはローマについても同様である。この古代ヨーロッパ的都市国家のそもそもは、古代オリエントに端を発しているのは、あたかもヨーロッパ文明がそうであるようなものであろう。

①　古代メソポタミア地域

人類の国家の発生で一番古いのは現在のところ、イラクのティグリス・ユーフラテス河の形成した、広範な氾濫地域を中心とする南部メソポタミア地方といわれる。ここではまず紀元前約六〇〇〇年、いまから約八〇〇〇年前に原始的農業が開始され、その後、約三〇〇〇年という長い時間をかけて農業等を発展させて、シュメール人の都市国家群が形成されたという。その初期王朝時代は、ウルク期からジェムデト・ナスル期（前二八〇〇～一四〇〇年）にかけて現れ、これらの初期王朝時代の特徴は、都市国家であってエリドウ、ウル、ウルク、ラルサ、イシン、ラガシュ、ウンマ、ニープル、キシュ、マリなどが有名という。「大和朝廷をおいては他に国家なし」という日本古代史学とは全くべつである。

古代オリエント史の「人類史的意義」が、ヨーロッパで指摘されている。それによれば、「お手本なしで、独力で人類最初の文明を築き上げた点」にあるとされ、その基礎は農耕・牧畜の開始と定住生活の確立、安定した食料の供給と文

Chapter 6

化の創設であり、それが都市国家に結実したと指摘され、今日、人類文明とよばれるほとんどすべての基礎が現れたといわれる。

同時に指摘すべきは、古代メソポタミアやエジプト史の研究では、古代エジプト文字や楔形文字の解読が、決定的意義をもったことは周知のことであるが、この研究にたずさわったヨーロッパの学者・研究者は、素人たちであるという特徴がある。それは未知の文字の解読に、そもそも専門の学者がいるはずがないという事情もあろう。

しかし、もっとも重要なことはそこに、素人の研究者たちの活躍を許容した民主主義という、日本や戦前（第二次世界大戦）のドイツとは異なる社会的意識・知性の支配的な社会があった、という特質が重視される必要があるとおもう。同時にこれらの人々とその社会は、彼らがとりくんだ古代文字の解読、それを生んだ文明を「遅れた文明」とか、「停滞した文明で人間の思索を導き得ない」、「糞、小便」などという態度は全くとられていない。

反対に人類文明の曙を開いた文明として敬意をもって研究されている。これに対して今日のところ、メソポタミア文明とは独自に東アジアの古代文明を創設したといわれる古代中国文明だけが、しかも日本の古代史家等によって、罵られ卑しめられなければならない理由は、どこにあるのだろうか。

なお民主主義に関連していえば、今日、わが国の支配的意識やマスコミ等がいう「自由世界」「民主陣営」とは、「一元史観には疑問をもたない民主主義」であって、しかも、それは「資本主義万歳論」という、かなり擦る切れた現実を依然として美化する朦朧意識に過ぎず、真の意味の民主主義とは、次元を異にするものに過ぎない。

日本人は優秀であり優れた能力をもつ民族であることは言うまでもない。しかし、その潜在的力は十分に発揮されているとは思えない。もしヨーロッパなみの民主主義と、その知性があれば十二分に各分野で世界的な役割を果たすに違いない。

さて、重要な点は人類最初の都市国家を形成したメソポタミア文明は、古代ヨーロッパ文明がそうであるように、原始的農村集落以来、神殿（本来は祖先神を祭る神廟か？　著者）をともなうのであって都市国家時代には、それはますます大がかりになるのである。

たとえばシュメール人の都市国家の一つウルクでは、「偉大な女神イナンナにささげられた神殿（エアンナ神殿）が、地層の第五層から発掘されているが、それは縦・横八〇m×三〇mといわれる」。問題はその「層」が新しくなるほど巨大化し、「『第四層a』では、二つの神殿に拡大されていた」（ピエール・アミエ著、鵜飼温子氏訳、『古代オリエント文明』、四八頁、白水社、一九九二年、第五版）とあり、ここからみて王の代替わりごとに「都」を浮動させるなどは、シュメールの初期国家でさえ論外ということであろう。いわんやサルゴン王以降においておや、であろう。ここに参考までに紀元前約三〇〇〇前半（いまから約五〇〇〇年前）の、シュメールの初期王制都市国家アファジェ遺跡の復元図（図１）をあげておく。とても王一代ごとに浮動するようなものではないのである。

② エジプト

次に古代エジプトである。今日、われわれが一般的にいう古代エジプトとは、ティニス（もと一都市国家）出身の上エジプト国王メネスが、下エジプトを征服した統一王朝をいうことは周知のことである。「メネスは統一王朝を実現すると、上下エジプトの境界線付近に新都メンフィスを建設したと伝えられている。（屋形禎亮氏編、『古代オリエント』、二六頁、有斐閣新書）。この新都は古王国時代の継続した首都である。メンフィスは別名〝白い壁〟（前掲書、一二一頁）とも呼ばれた。このメンフィスは王の交代ごとに浮動するようなものではなく、初期王朝時代の第一王朝の紀元前約三一〇〇年から、中王国時代の第一一王朝の紀元前二〇五五年まで約一〇五〇年間、首都として存在し、このあとテーベに首都は移っている（『古代エジプトを発掘する』、高宮いずみ氏著、岩波新書、一九九九年、第一刷）。

すなわち最初の統一王朝の都城は、王の「代替りごとに浮動する宮（ミヤコ）」などではないのである。「大和朝廷」は日本古代史学では最初から「地域国家・統一王朝」とされているのであるから、それに相応しい都城がなければならないのに、現実には「大和朝廷」の正史である『日本書紀』自身が、「仁徳紀」においてさえも「私宅」と述べているのである。これでは「前方後円墳」ひきたて役にピラミッドをもちだしても、統一王朝エジプトの都城の姿と比較して、あまりにも違和感が大きいであろう。

さらにはかの有名なギザのピラミッドに埋葬されている王名も、日本の「前方後円墳」とは全く異なり、クフ、カフラー、メンカフラーと明快である。同時に、この時代のエジプトの国家の姿も、「応神朝」などくらべものにならないほど明快である。「第四王朝時代、貴族の大部分は国王と親戚関係にあった。国家におけるもっとも重要な職務―

図１　シュメールの円形神殿と都市・アファジェ遺跡の復元図。約5000年前

—最高役人、軍司令官、宝庫長官、事業長官、著名な神殿の最高神官——は、しばしば王族の一員によってしめられていた」（ソビエト科学アカデミー版、『世界史』・古代1、二三四頁、監修者・江口朴郎氏、東京図書株式会社、一九六四年）という、アジア的絶対主義の古代王朝の生き生きとした構造である。

エジプト史は、今日、このメネスによる統一以前のエジプトの姿を明らかにしつつある。その特徴はあの長大なナイルにそって幾多の都市国家が存在し、それらの長期にわたる抗争を通じてメネスによる統一にいたったという点で、メソポタミアのサルゴン王の出現と共通の姿が認められている。紀元前約四〇〇〇年のなかばごろ、上エジプトのナカダ文化、下エジプトのマーディ・ブト文化、下ヌビアのAグループ文化の三大文化があったといわれ、その文化を構成する遺蹟群の名を見ると、北はナイルのデルタ地帯から、南はナイルの第一急湍《たん》までの間に、おおよそ四〇ぐらいの名（都市国家的勢力）があげられている（『文明の起源、古代エジプト社会の形成』、高宮いづみ氏著、三〇頁、京都大学出版会、二〇〇六年、第一刷）。そうして国家統一に先立ってナカダ文化が優勢を占め、上エジプトのなかでこのナカダ文化の内部に村落の範囲を越えた地域共同体が発達したという。

それは「上エジプトの南部でヒエラコンポリス、ナカダ、アビュドスを中心とする『王国』と呼称されるような大型地域共同体が登場したらしい。これらの大型地域共同体はそれぞれの首長に率いられて周辺の小部落に影響を及ぼし、工芸品製作や交易に積極的にのりだしていた」（『文明の起源、古代エジプト社会の形成』、三五頁）

ここには次に述べる中国の国家の誕生・発展と同様に、最初の多くの氏族的な原都市国家勢力から発展し、一部が戦争等によって周辺の中小勢力を併合。服属させつつ一地方を代表する勢力を形成する。この勢力はまだ全国統一には至らないが、それぞれがその民族・国家の統一勢力の版図の中規模の領域に勢力を確立し、相互に全国統一の覇権を争うという時代を経過するのが、一般的普遍的な国家発展史の姿であることを示している。簡単に言えば、多くの弱小勢力のせめぎ合いから、中規模の複数の国家的勢力にまとまり、最終的に統一王朝が生れ、この統一王朝さえもが、滅亡と交代の運命を免れないということである。この姿は日本本土に比較してはるかに狭小な、古代琉球社会の国家発展史をも鮮やかに貫いているのである。

③ 古代中国

中国の「原始社会遺蹟図」を、『簡明中国歴史図集』（譚其驤主編、中国社会科学院、中国地図出版社、一九九六年、重版）で示したものが「図2」である。中国は「文化大革命」の克服・終了後、経済発展のみならず、考古学を中心とする歴史学も飛躍的に発展しているという。人類発展史などはアフリカ発祥「一元史観」という、〝アメリカ・ヨーロッパ型〟

に変更をせまる内容の発見もあるようである。

さて、この「図2」は旧石器時代以降の遺跡をふくむ、「春秋時代」の「都城」遺跡図である。（平勢隆郎氏著、『中国の歴史・2・都市国家から中華へ』、一二頁、講談社、二〇〇五年、第一刷）。

この図をみれば極めて多くの「国と都城」が、春秋期にあったことがわかると思う。さてここでとりあげるのは古代中国最初の国家といわれる夏王朝である。しかし、今日でも例えば平勢隆郎氏などは「まぼろしの夏王朝」といわれるなど、夏の巨大な「宮城」跡が実際に発掘されたのちも、その存在を疑う傾向が主に西側の歴史家にあるという。

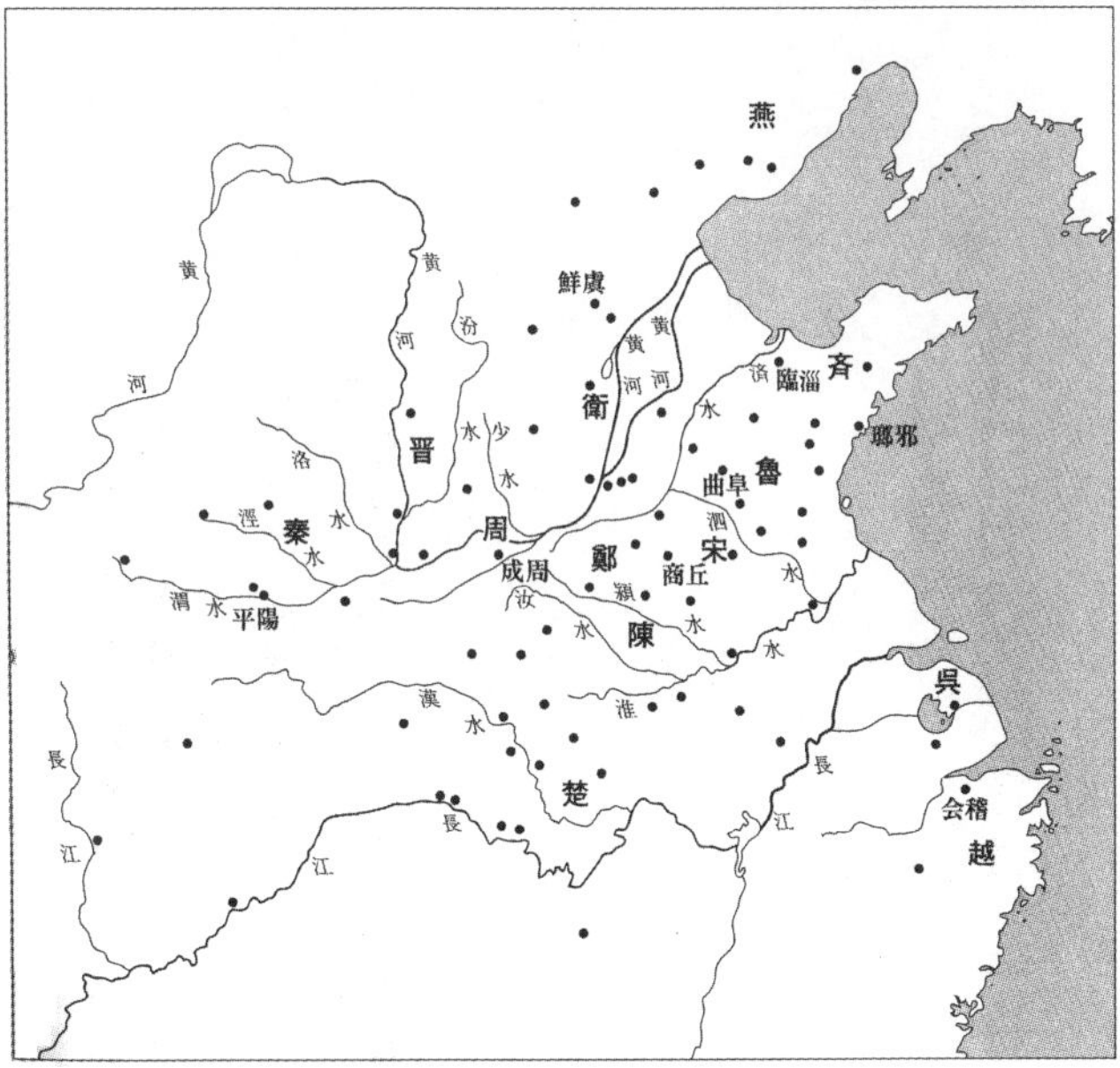

図2　「春秋列国図」•印は「春秋時代の国の都城」

さてここで夏王朝の都城の規模にふれる前に、今日の中国考古学・歴史学の到達点と思われる夏・殷・周国家の性格について、平勢隆郎氏と貝塚茂樹氏の指摘をまず述べておこう。これは日本古代国家誕生の考察での一つの道標となると考えるからである。

1　「まぼろしの夏王朝、そして殷王朝、周王朝の時代を経て、戦国時代の領域国家は、その新石器いらいの文化領域を母体として成立している」（平勢隆郎氏、『中国の歴史02・都市国家から中華へ』、一七頁。傍線は引用者）。

2　「殷ではその後期の首都である小屯が、神廟を中心に西アジアの都市国家に似たものを形成していたと見なしてさしつかえないだろう」（貝塚茂樹氏責任編集、『世界の歴史・1』、八三頁、一九八六年、第一七版、初版、一九七四年）。

この両者の間には単に、約三〇年間の時差があるばかりではなく、中国の歴史学の急速な発展があるとおもわれる。がしかし、同時に殷王朝が都市国家であるという点では共通点もある。しかし平勢氏は、一層明確に夏・殷・周が都市国家であって、周の時代に大中小の都市国家が、或いは争い、或いは連合し徐々に長い年月をかけながら、戦国時代を彩るあの『史記』に有名な燕、趙、斉、魯、宋、魏、韓、秦、蜀、楚、越等の抗争が、「地域（領域）国家」を形成する過程として把握されている点が重要と思われるのである。すなわち古代メソポタミア、エジプト等の古代国家誕生・発展の姿との共通性が鮮やかに浮かびあがってくるのである。

さらにはこの間の中国古代史学は、「これまでの黄河流域を中心に、一元的に文化、文明が発展していくという見方に対して、中国の多様な地域観に基づいた多元的地域社会を重視する歴史解釈の転換が、この二〇年間に見られる」（宮本一夫氏著、『中国の歴史・01、神話から歴史へ』、一六頁、講談社、二〇〇五年）という、大きな変化が指摘されている。国家・文明観の「一元史観から多元史観」への転換が、「一党支配」を云々される中国共産党政府下の中国史で公然と行われ、「自由主義陣営」を自称する日本では、古色蒼然とした「万世一系・大和朝廷一元史観」が絶対とされ、「多元史観」は無視されるだけである。いったいどちらが多元的価値観を受容するという点で民主的であろうか。さて本題に移ろう。

夏王朝の実在性にかんしては一九五〇年代以降、文献記録が夏の中心領域の一つとする偃師県二里頭遺跡の発掘調査を契機として、その後、約三〇年間にわたる調査・研究の結果、夏王朝の支配領域が河南省西部から山西省南部までで、偃師県二里頭遺跡はその代表であることが明らかにされた。「二里頭文化は出土品と文化層の層位関係によって四期に分けられている。第一期は河南省西部の龍山時代（中国最古の階級分化遺跡）末期文化と類似するところが多く、最も新しい第四期の土器などは、殷時代の二里崗期初期の文化様相に似ているところがみられる。第一期から第四期に至る^{14}C測定年代は紀元前二〇〇〇年から一五〇〇年までである。……^{14}C年代測定では、文献に記録されている夏時代とほぼ一致し、分布範囲も夏王朝の範囲にぴったり合う。この二里頭文化は夏時代の夏族の文化である可能性が非常に強いということが、中国の学界では、ほぼ定説化している」（王巍氏著、『中国からみた邪馬台国と倭政権』、一〇頁、雄山閣、一九九三年。傍線は引用者）とされている。王氏によると「二里頭文化の最も重要な発見は二つの宮殿遺跡の発見である」という。

この宮殿遺跡は、「いずれも二里頭遺跡の中心部の宮殿区に位置する三期の遺構で、大型版築（土を人力で固く打ち固める工法）の基壇を有している。一号宮殿の基壇（長さ一〇八m、幅一〇〇m、高さ〇・八m）は、土が非常に堅くしまっている。基壇の中部北寄りに、さらに高い長方形の宮殿の基壇が検出され、柱穴が整然と配列されている。それによって、この殿堂は（東西三〇・四m、南北一一・四mで桁行き八間、梁行き三間）、周囲に軒の差し出た大型木造建築であった。基壇の辺縁の近くに、スサ入りの土壁とその内外両側に柱穴が発見され、回廊式の建築の基壇であることがわかる。基壇の南壁の真中に、門の跡と思われる桁行き八間の鳥居形の建造物の跡が発見されている。

二号宮殿は一号宮殿址の東北一五〇ｍのところにあり、基壇（南北の長さ七三ｍ、東西幅五八ｍ）の上は土塀で囲まれ、塀の内側に、回廊が、南に門があり、その中は庭苑となり、その中央北寄りに殿堂（東西長さ二六・五ｍ、南北幅七・一ｍ）が発見されている。また東の回廊の下には、土製の排水管が検出されている。なお、宮殿基壇の近くで、石敷きの通路の一部が発見されている。二里頭文化三期に建てられたこの二つの宮殿址は最も古い大型宮殿であり、その形、宮殿の構成、建築方法など、初期の宮殿の特徴を表している。これが中国古代宮殿の造営の源流となり、後代の宮殿にさまざまな面で踏襲されている。

ところで面積が一万㎡に達する版建の宮殿を築くためには、それを建てるに足る権力、大勢の人を調達する組織力を必要とする。また、それなりの生産や建築技術の発展もいる。二里頭文化の発見によって、少なくとも、二里頭文化三期の社会には、そのような強力な権力と厳密な組織力をもつ権力機構がすでに現れていたことを示しているのであろう。

宮殿の規模は現在まで発見されている龍山時代の建物をはるかに凌駕し、建物の構成が中央部北側の殿堂を中心にしたことなどあきらかに、龍山文化時代の首長と性格が違う強力な王権が形成されたことを示唆している。最も大きな一号宮殿は政治活動を行う場だと思われよう。また二里頭遺跡の宮殿区域はほぼ七五〇〇㎡で、いままで数十基の版築の建物の跡が調査されている。

これらはすべては王宮とは考えられず、王族、貴族の屋敷も含まれていただろう。……中略……要するに、二里頭文化の三期はすでに階級社会にはいっており、そして階級社会の権力機構＝国家が成立されていたに違いなかろう。……中略……ところで、二里頭文化三期が階級社会および国家の成立の始まりであろうか。必ずしもそうではない。二里頭三期の要素は三期に突如、現れたのではなく、二期にその端緒が見られる。例えば、二号宮殿の下で、二期の版築の基壇が発見されており、それとともに道路の一部も発見された。二里頭二期にすでに、版築の宮殿が築かれていたことは間違いない」（同書、一一三頁、傍線は引用者）とある。

さらに官僚機構についても「六卿」ならびに「正」「三正」「御正」「太史」などがおかれ、『史記』の「夏本紀」に「夏の虞の時より、貢賦を備う」とある（同書、九頁）と指摘されている。以上であるが重要とおもわれるのは次の諸点である。

1　こうした宮殿は王の代替わりごとに、移動できる性格のものでは断じてない、という点である。

2　引用傍線部分のように、王宮＝都城というものは王が独りでいるところではなく、王族はもちろん重臣等が屋敷を構え、支配の中心部を形成して、王朝・国家の必要と要請にこたえて、重臣らはいかなる事態でも朝廷の呼び出しに応じられるように整備されているはずであり、王の代替わりごとに浮動するなどは考えられないことである。

④　古代朝鮮三国

さて、次が古代日本と関係の深い古代朝鮮三国の「都城」問題である。

新羅は、『三国史記』にしたがえばその建国の神話時代（前五七年）以来、約一千年間にわたって、その「王都」と「宮殿」は慶州にあり、当初は金城、西暦四七九年に「月城」に王宮を移動という。なお『三国史記』はこの王都を「三五里」としているというが、疑問があるとして藤田元春・藤島亥治郎氏の研究をあげ、東西四・三km、南北三・九kmの京域と一坊一六分割の条坊制を復原」（『古代日本と朝鮮の都城』、一五八頁）という。

すなわち新羅の都城は建国から滅亡までの約一千年間、慶州であって、王の代替りごとに浮動するような姿は一切ないわけである。なお、日本の国家形成問題の探究で、この新羅とともに百済等の都城問題は、日本本土の国家の誕生、形成問題の解明に大きなかかわりをもっており、この面からも「大和朝廷一元史観」は成立し得ないことが証明されるのである。

百済は、神話的建国が前一八年。「国都」が「慰礼城」で以後一三代の王まではここを「王都」とし、一三代の「近肖古王」（三七一年）は「漢城」に遷都（ただし南北漢山の異説あり）、二二代の「文周王」は（四七五年）に「熊津」に遷都、二六代の「聖王」（五三八年）に泗沘城に遷都。六六〇年滅亡。

高句麗は、神話的建国が前三七年。「国都」は「卒本城」（ただし一代四〇年間）。第二代琉璃王の二二年（西暦三）に平地城である「国内城」に移動し、二〇代の「長寿王」の四二七年に「平壌」遷都するまでの四二五年間の都城、六六八年滅亡。

これら三国とも王の代替わりごとに「都」を浮動させるようなことはない。古代朝鮮三国の「都城」問題は、後述のとおり『古事記』、とくに『日本書紀』の「新羅、百済、高句麗、貢奉る」式の記載が、七世紀末以前の「大和朝廷」のこととしては全く虚構であるという〝新事実〟を、浮かび上がらせる決定的要因となると考える。後述する。

以上であるが、こうした世界の古代国家の最初は都市国家であり、それさえもが都城を構え、また中規模国家の朝鮮半島を代表する三国家も、「王一代ごとの遷都・遷宮」など論外の姿である、ということが示されているといえる。

⑤　古代沖縄の三つの中規模国家の「都」

本土に比較すれば余りにも狭小な沖縄本島の三つの中規模な国家、すなわち北から「北山」「中山」「南山」という国家群の「都」の姿はどうであったか、この点を見ることは、一代限りの「都」の意味を考えるうえで重要な参考となるであろう。また、日本古代史は「日本」と銘うつのであるが、ほとんどの場合、琉球・沖縄の古代国家発展史を含まない。これは異常な姿であろう。沖縄が「日本」であるならば「日本史」に、琉球・沖縄の社会・国家発展史を必須のものとして加えるのが当然である。

琉球・沖縄の社会・国家発展史は、「日本古代史」とは全く異なって国家の発展の姿では、多元的初期国家群から中規模国家群をへて統一王朝に発展するという点でも、また国家の水準・内容の探究では「墓」が中心ではなく、「都」の姿・内容が中心であるという点でも、世界の歴史学と違和感はない。

琉球・沖縄史では、本土の縄文時代にあたる時代を「貝塚時代」とよび、その後に「グスク（城）時代」が設定されている。つまり「無階級社会」（この評価は単純ではないが）たる「貝塚時代」から、「グスク」の出現を階級社会の成立とするのである。この「グスク」時代が本土の「古代史」にあたると考えられる。とはいえ本土の姿を「モデル」にして、「沖縄史」を眺めるのは今のところ逆で、「古代史」においては「沖縄」を「モデル」にした方が、はるかに日本民族の原始から古代社会成立の過程の解明で、科学的な考察の助けとなると考える。

「日本古代史」は『古事記』『日本書紀』によって、本土の歴史が徹底的にゆがめられ、世界の諸民族・諸国家の国家発展史とは全く共通性のない「一元史観」が絶対とされ、日本民族の歴史をそれに無理に当てはめている。これにたいして「沖縄古代史」と「おもろさうし」等の記録は、そこに日本民族の一枝である古代沖縄人の赤裸々な姿が、歪められることなく示されているので、本土の歪められた古代史の真実を復元するにあたって、もっとも信頼に足る参考資料とかんがえるものである。

a　グスクの姿

「城塞的グスクがいつから発生したのかはっきりしないが、貝塚時代後期のグスク的遺跡から徐々に発展してきたと考えられている。そして一三世紀にはいると、大型化・複郭化・定式化を達成した大型グスクが出現するという大きな画期を迎える。大型グスクの出現は、その城主を中心とした政治的社会が成立したことを意味する。……さて、大型化・複郭化・定式化をとげた大型グスクとは、具体的には面積が二〇〇〇㎡以上で複数の郭から構成され、その中核的施設として正殿と御庭《うなー》という大型建物とこれに対応する広場があり、その他に聖域や倉庫などを備えた、内部構造的に定式化した城塞的グスクである」（豊見山和行編、『日本の時代史・18』、「琉球・沖縄史の世界」、一〇五頁、吉川弘文館、二〇〇三年。傍線は引用者）。

b　中山王国

ここで初期中山王国の「浦添グスク」の調査報告の一部を同書から引用しておこう。この「初期中山国」は後の一五世紀に、他の二つの中規模国家である「北山」「南山」国を併合して「琉球王国」を創設するのであるが、ここで述べるのは三山時代（三つの中規模国家群が併存）とよばれる「初期」の中山国家のグスクである。したがってこの中山国を例に考えれば天皇国家の場合、「仁徳陵」なる巨大前方後円墳を構築する時代には、この中山王国のグスクの少なくとも数十倍程度の巨大都城を、形成していなければならない理屈であろう。

一四世紀後半には「堀で囲まれた浦添グスクの面積は四〇〇〇〇㎡を越える。三山統一後に整備された一五世紀の首里城でも二万六〇〇〇㎡にすぎないから、浦添グスクが抜群の大型グスクだったことがわかる。浦添グスクのもう一つの調査成果は、浦添が王都首里（琉球統一王朝）の原型と考えられることだ。三山統一を達成した第一尚氏が整備した一五世紀の首里には、王宮の周辺に王族の屋敷、王陵、寺社、大きな池などがあったが、これらの施設が浦添グスクの周辺にも認めれている。

中山王陵浦添ようどれ（墓地）、極楽寺跡、魚小堀、一四～一七世紀の豪族の屋敷跡（当山東原《とうやまあがりばる》）、グスク時代の集落跡ないしは屋敷跡（仲間後原《なかまくしばる》遺跡や浦添原《うらそいばる》遺跡）がある。……浦添が最大の大型グスクの所在地というだけではなく、『王都』としての性格をもつ……」（前掲書、一一〇頁）とある。古代沖縄において浦添グスクが如何に大きいといっても、あくまで沖縄本島の中規模国家の一つという性格が根底にあろう。こうした国家でも明確な「王都」を形成しているのである。この浦添グスクは王の代替わりごとに浮動する「都」ではない。

c　北山王国――今帰仁グスク

次に、この中山国と対決して最終的には亡ぼされた北山国の「王都」の概略もみておこう。今日もその全容をとどめる「今帰仁《なきじん》＝グスク」（世界遺産）である。沖縄最古の巨大グスクといわれ、現在、七万八八六九㎡が史跡指定されている（『城＝グスク』、沖縄県立博物館友の会、四六頁、一九九四年）。北山城とも呼ばれているこのグスクは何時、だれが建設したかは不明でいろいろと伝説がのこっているとされる。歴史的に明瞭になるのは、中国の『明実録』や沖縄の『中山世鑑』『中山世譜』の記録からで、一三八三年（明の洪武一六）怕尼芝《はにし》という人が、それ以前の「今帰仁世の主」（城主・怕尼芝の従兄弟）を追い出して北山王にすわり、その王朝の三代目（四代説もあるという）の攀安知《はんあんち》の一四一六年に、中山王の尚巴志に亡ぼされたという。この後は尚巴志によって護佐丸という人物がこのグスク、すなわち旧北山国の監守になり、その後も支配の拠点となり、一六六五年に廃城となっているという。すなわちこの「今帰仁グスク」というのは、北山国時代でも王朝が二つ程度は代わったが、その間も「王都」として使われ、第一尚氏時代にも機能はひきつがれたわけである。

この「今帰仁グスク」は、

1 「八つの城郭から成る『多郭式』（連郭式）の城で、沖縄に現存する城跡中、一番に城郭の多い、そして複雑な縄張りをもってきずかれた城である」（新垣徳祐氏著、『沖縄の城跡』、三三頁、緑と生活社、一九七九年、以下傍線は引用者）。

2 「今帰仁城」は、「世界遺産」に登録されているが、遺蹟面積約七・九ha、家臣団の家や下町をいれて三三・二ha。

3 「この城跡は東がわが後背になっていて、そこは凡そ七、八〇mの高さの断崖が続き、この断崖をたくみに取り入れて築かれた城で……城内の最も高い位置を占めているのは、本丸のあったところで……中略……本丸跡につづく北がわは、御内原というところで、ここには、城のすべての祭りをとりおこなう女神官たちが住んでいたとつたえられ、礎石や基壇が残っている。……この御内原は男子禁制の神聖な場所として、畏敬されたという。本丸の前方、一段と下がったところを「大庭＝ウフミヤー」という……その北がわに北殿、南がわに南殿の跡がのこっており」（『同書』、三一〜三五頁）とされている。特筆すべきは、このグスクが武家屋敷や「城下町」をともなっている点である。

古琉球の中規模国家成立史は小規模国家群から初期王朝成立の過程を、本土に比較してより現実的に考察しうる特徴があり貴重に思える。中国・明はこれを他の世界の国家と平等に遇している点でも興味深いものがある。なお重要な点は沖縄の古代国家はこの巨大グスクを拠点として、第一に外国との、特に鉄の輸入をめざした交易に従事し、第二に水田開発の拠点となるなど、王朝の経済的発展に意を注ぎ、その点では収奪の面と「国民」と利害関係を一致させる側面とが、溶け合っているという性格をもっていたらしい。沖縄の万葉集といわれる「おもろそうし」に、数多くの「王讃歌」が残っているのも根拠のあることのようである。

d 南山王国

次が南山王国でその支配地は島尻地方（今日、糸満市が中心）であって、そのグスクは「高嶺城跡」とか「高嶺大里城跡」といわれ、糸満市（もと高嶺村）にあり、中国の『明史』や朝鮮の『李朝実録』にも記載されている（『沖縄の城跡』、八六頁）とある。『沖縄の城跡』には引用頁に「南山城跡」という石碑の写真が掲載されている。

以上、古代沖縄の「王都」を概略的にみてきたが、そのいずれも王の代替わりごとに浮動するような性格をもっておらず、王朝交代があっても「王都」、ないしは支配の拠点として機能しているのである。国家とはどこでも最古は王朝であり、これらの王朝は王の世代交代ごとに「都」が浮動するものではない。それが普遍的な姿であって王の代替わりごとに

「都」が浮動する姿は、この「王朝」がはたして国家というべき段階に達していたかを、根本的に疑わせる〝客観的な要素〟である。

Chapter 7
第7章
氏族社会の集落・原始「都市」とその姿

一　モーガンの『古代社会』と「四血縁集団・四地区制」

国家は人類の一定の生産力の発展段階で、必然的に生れる人間の社会関係・その組織の姿である。これは欧米では、一九世紀にはすでに基本的に解明されていたことである。国家の誕生と都城の内的な必然性のある関連にかんして、本書はモーガンの『古代社会』『アメリカ先住民のすまい』、エンゲルスの『家族・私有財産および国家の起源』等、さらにはゴールドン・チャイルドの『文明の起源』を参照して、これを基本として考える。

同時に非常に重要なことは、「本源的」都市を国家誕生の土台とする見地、すなわちエンゲルスやモーガン等のこの研究の到達点が、古代中国正史類の八世紀以前の日本列島の政治勢力との交流記事と、見事に一致するという恐るべき事実である。社会の発展、国家の誕生・形成問題など人類社会発展の普遍的な姿は、その記録や研究者がはるかに洋の東西に分かれて、そこに相互の直接的交流がない約二千年のへだたりがあっても、記録が事実を記載し、またその学問が真に科学的なものである場合には、時空をこえ言語と文化の違いをこえて、両者の認識が基本的に合致するのである。ここに真実の探究、真の学問の偉大さが燦然と輝く姿がある。

実にここに、古代中国正史類の対日交流記載の意義があるのである。したがって本来は、マルクス・エンゲルス、モーガン、ヨーロッパの民主主義思想の根幹である科学的思考云々以前に、日本の歴史学が古代中国正史類と朝鮮史料の、対日交流記載の意義を正しく評価していれば、基本的に問題はなかったのである。ところが近代尊皇史学は先述のとおり、その歴史観からこれを拒否したのである。

それにしても日本のマルクス主義の古代史学は、なぜモーガンの研究等をふまえた、マルクス・エンゲルスの氏族社会の原始「都市」すなわち「本源的都市」論、またゴードン・チャイルドの古代オリエント史を中心とした「都市革命」論を一考だにしなかったのか、不思議といえば不思議ではある。やはり「ヤマトタマシイを固くした」、大学的日本古代史学の環境下で育てられた人々ということであろうか。

ここにエンゲルスの有名な著書『反デューリング論』から、近代資本主義社会の一特徴、機械制大工業が労働者を機械の一付属物にかえるのみならず、支配階級とその一員をも分業制の狭い枠に従属させるという指摘をあげるのも、意味あることに思える。

「労働者を直接、または間接に搾取する階級もまた、分業をつうじて、自分の活動の道具に従属させられる。頭の空っぽなブルジョアは、自分自身の資本と自分自身の利潤欲の奴隷となる。……一般に『教養ある身分』は……また、一つの専門に適合させられた教育を受けて、その専門そのもの……に一生涯しばりつけられる結果、不具化して、自分のこの不具化の奴隷となる」(村田陽一氏訳、『反デューリング論・2』、五一八頁、国民文庫、大月書店、一九七四年、一八刷)。

これは資本主義的機械制大工業こそは、労働者階級の社会主義・共産主義をめざす社会の変革をつうじて、人間の全面的解放と発展をもたらす経済的土台をなすということを論じた部分である。しかもここでエンゲルスが知っている資本主義は、イギリス、フランス、アメリカ等の、それぞれ資本主義的民主主義的変革をうけた社会である。そうした社会であっても、資本主義は、人間を全面的に解放・発展させる条件を現実に成熟させても、資本主義社会であるかぎり人間を、機械と社会的機構に縛られた部分的付属物にしかなし得ない、という本質を指摘しているのである。

しかるに日本の近代化は民主主義どころか、その反対物の「天皇ハ神聖ニシテ侵スヘカラス」という、国学の天皇支配の絶対性の教義を、近代国家のいわば国教とした社会である。しかも、これは戦後も述べたとおり基本的に保持されているのである。日本古代史学はこの「国教」という根幹にかかわる「学問」である。こうして資本主義一般の「部分人間」という社会体制的制約の他に、「近代日本の国教」とその教授等の育成体制という、日本固有の網がかぶせられているのである。

ここに大学的日本古代史学の教授の「マルクス主義」の特色があって、現状の日本ではこの「ヤマトタマシイを固くした」史観を突破して、真にマルクス主義にたった、つまり「事実と道理以外のなにものをも権威としない」日本古代史学を打ちたてることは、日本社会の後進性とその枠内の大学的日本古代史学の特性に照らせば、それを今日の大学の学部に求めることは、ないものねだりである、というのが現実であると考える。

これにたいして日本の大学の「マルクス主義経済学」をあげて、本書の見地を批判される方がおられるかも知れない。しかし、マルクス主義経済学は、それを好むと好まざるとにかかわらず、世界的権威とされたものであり――これはおそかれはやかれ復権すると考えるが――これが大学で公認されたのは戦後の日本の民主主義の一定の前進の時期ということの他に、そうした国際的権威という面が土台であると考える。

これに反して歴史学は「史的唯物論」という一般論は別としても、特に国際的に「マルクス主義・日本史論」なる権威があるわけではなく、個々の国家・社会の歴史学は当然、個々の国家・社会の学者の問題である。したがってその発展の国ごとの差は、その社会の民主主義の水準とその見識に依存するように思われる。今後、このマルクス主義的歴史学はそれぞれの国で、「事実と道理以外のなにものをも権威としない」という精神と、それをめぐるその社会の諸制約との矛盾の克服をつうじて、多様に発展すると思われる。ただ日本の場合、その後進性はきわめて深刻であって、世界に例をみないほどのものである。

さて、発展とは一連の因果関係で相互に規制しあう連鎖である。したがって日本のマルクス主義の古代史家のように、「鉄器の出現」とか「分業の発展」「階級分化」などなどの、大学的日本古代史学でさえもが痛痒を感じない、史的唯物論の一般的な単語の単なる羅列ではなく、その用語を必然ならしめる実態の変化に即した考察がなければ、変化と発展の科学的考察とは呼べないであろう。したがってあらためてここで、氏族社会の姿から出発しようとするものである。

氏族社会の実態をはじめてつぶさに明らかにしたのは、一九世紀のアメリカの人類学者で学士院会員、また弁護士であって、ニューヨーク州の州会議員をへて、アメリカ合衆国の上院議員を勤めたルイス・ヘンリー・モーガン（「モルガン」、一八一八〜一八八一年）である。それは、アメリカ・インディアンの生活と社会組織の具体的な研究にもとづいて執筆された、『古代社会』（上下二分冊、荒畑寒村氏訳、角川書店、一九五四年、初版）、ならびに『アメリカ先住民のすまい』（上田篤氏監修、古代社会研究会訳、岩波書店、一九九〇年、第一刷）に代表されている。

かれは少年時代からインディアンへの教育と奉仕をおこなう、欧米風の「秘密結社」に属し、後年、弁護士としてインディアンの権利擁護に熱心にたずさわり、これによってイロクォイ種族と呼ばれる、現在のニューヨーク州を中心に展開したインディアン種族の養子に迎えられたという。

モーガンのこの著書の特徴は、第一にマルクス・エンゲルスとは独立に史的唯物論の見地の基本を確立し、また、同様に独立して資本主義社会の終焉の展望を述べた点にあろう。このモーガンの著書とその見地は、マルクス・エンゲルスによって高く評価された。エンゲルスの世界的に著名な科学的社会主義研究の基礎的な著書の一つである、『家族・私有財産および国家の起源』（一八八四年初版。本書では土屋保男氏訳にしたがう結果『家族・私有財産・国家の起源』と表記する）で、モーガンの『古代社会』を独自にとりあげているのは有名である。

しかし、このモーガンの非常に優れた研究は、西側諸国ではその評価は低く否定的にあつかわれているという。例えば『アメリカ先住民のすまい』の訳出を監修された上田篤氏は、モーガンの研究を評して、「『古代社会』はコミュニストたちの聖典となった……かれの著書が社会主義者や共産主義者のバイブルとなったために、逆にアメリカをはじめとする自由主義国（資本主義諸国というべきもの、引用者）では、彼の著書は危険なものとみなされるようになった」とか、「いっぽう、ダーウィンの進化論を始めとする一九世紀の学問を彩った進化史観も、二〇世紀にはいると、ひとり共産主義者をのぞいて、だんだん省みられなくなっていく。人間社会の進化論とまでいわれたモーガンの学説も、そういう意味ではどうようの運命をたどっている」（『アメリカ先住民のすまい』、「解説」、四一三頁）などと評している点に、それは見られる。

第二は、アステカ、マヤ、インカ文明等の研究で、モーガンが、これらの文明を〝国家の段階と評価する見地を誤り〟としたことも影響していると推測される。例えば上田氏は、「……アステカやマヤの『パレンケの宮殿』や『ウシュマル総督の館』などといわれる大規模建築物（支配者の存在を証明すると西側の学者はいう）も、共同住宅（氏族社会特有の原始的長屋形式の巨大集団住宅とモーガンはいう）とみる。この最後のものについては、今日、学界において否定的見解がつよく、モーガンの勇み足とみられる。イロクォイ諸部族の共同住宅やその生活の報告などは、いまなお高い評価があたえれている」（『アメリカ先住民のすまい』、「解説」、四一六頁）とあるところにも、それを見ることができる。要するに北アメリカの草原・森林インディアンの住宅やその生活の研究は結構だが、それを土台にした史的唯物論的見解や、インカ、マヤ、アステカ等の非国家論は評価できないという党派的な傾向をふくむ見地である。

こうしたモーガン評の背景には、「ベルリンの壁の崩壊」（一九八九年）から「ソ連の崩壊」（一九九一年）への動向がかかわるのかもしれない。しかし「ソ連の崩壊」等を社会主義ダメ論と見るのは短見浅慮に過ぎない。現在は、「資本主義の限界」という当り前のことが再び俎上にのぼっている。今日の世界の「社会主義をめざす運動と諸国」と旧ソ連時代との違いは、どこかの「社会主義国」が号令をかけるのではなく、それぞれの国家・社会の革新的変革をめざす人々が、自由に自身の変革の路線を探求・確立し、南米大陸にみるように「社会主義をめざす勢力」が選挙によって勝利し、かつさらなる前進の是非が、国民投票等によって決定されるなど、資本主義的民主主義を継承発展させた新しい人民の民主主義の力が、アメリカとそれに従属した支配層の政策と支配をのり越える源泉となっている。こうした動きはいずれ資本主義の発展した諸国をもとらえるであろう。そういう意味で「社会主義ダメ論」は、政治的経済的にも思想的にも、その短い命を終わりつつある。

しかし、ここで重要な点は次の点にある。それは、モーガンの研究やこれを評価したマルクス・エンゲルスの唯物史観の正しさを実証する新たな発見が、最近の中国における先史時代の考古学的研究によって明らかにされたことである。本書が中心的に考察する「四血縁集団・四区画集落制」（以後、四血縁集団・四地区制という）という、氏族社会の婚姻形態から必然的に生れる、氏族社会（うち農耕にうつった定住社会）の住居・集落の普遍的な姿、すなわちマルクス・エンゲルスがいう「本源的都市」の、そのはるかなる母体となる遺蹟が、あらためて発見されたことである。モーガンは南北アメリカ大陸の先住インディアンの氏族社会とその生活、その社会組織と制度こそは、旧大陸の古代都市国家誕生・形成の前提をなす、その意味で国家誕生以前の人類の普遍性ある社会の姿と、指摘したのは周知のことである。

① 原始的なロングハウスと「ウシュマルの『提督の館』」

さて、中国の考古学的研究である。それは紀元前約四五〇〇年、いまから約六五〇〇年前の新石器時代に属する、仰《ぎょう》韶《しょう》文化期の環濠集落である姜塞《きょうさい》遺跡で、まさにモーガン、マルクス・エンゲルスが指摘していた「四血縁集団・四地区制」が、あらためて存在したことが明らかにされた。氏族社会の婚姻制度に内在する普遍的性格の定住集落、その大集落が確認されたわけである。

さて先ず上田篤氏が「モーガンの勇みあし」という「ウシュマル『総督の館』」と、仰韶文化期の大規模な環濠集落である姜塞遺跡で発掘された、いまから約六五〇〇年前の原始長屋、ならびに姜塞遺跡と年代の近いヨーロッパの原始長屋の三図の比較からはじめよう。「図3」は、マヤ等を国家という学者が「ウシュマルの『提督の館』」とよんでいる、建物とその平面図である。モーガンはこれを『アメリカ先住民のすまい』（三七三頁）で、ニューメキシコ地方の「ブエプロ（定住集落）・インディアン」の、多くの巨大な三階建て以上の石や日干しレンガの「ロングハウス」（「図7、図8」参照、一六四頁）と比較して、氏族社会に普遍的な「ロングハウス」の一種であって、「総督の館」などではあり得ないことを指摘した。その当のものである。

「図4」は、前約四五〇〇年頃の環濠をともなう「中国、仰韶文化後半期の長屋式住宅の復原図」（宮本一夫氏著、『中国の歴史・01、神話から歴史へ』、一二五頁、講談社、二〇〇五年、第一刷）である。この長屋の壁の仕切りを示す図を「ウシュマルの『提督の館』」の平面図と、比較しやすいように逆さまにしたのが「図5、別図」である。これと「ウシュマルの『提督の館』」の平面図とは瓜二つであろう。

最後が「図6」である。これはイタリアのパゾ・ディ・コルヴァで発見された、前約五〇〇〇年ごろの環濠集落内の、一〇〇軒ほどのロングハウスの一つの「復原想像図と、その原型の掘っ建て柱の穴」（大貫良夫、前川和也、渡辺和子、屋形禎亮氏共著、『人類の起源と古代オリエント』、六〇頁、中央公論社、一九九八年初版）である。こうして「ウシュマルの『提督の館』」と、約前五〇〇〇～四五〇〇年の旧大陸の人類の住宅の内部構造が、まるでそっくりであることが判明するのである。

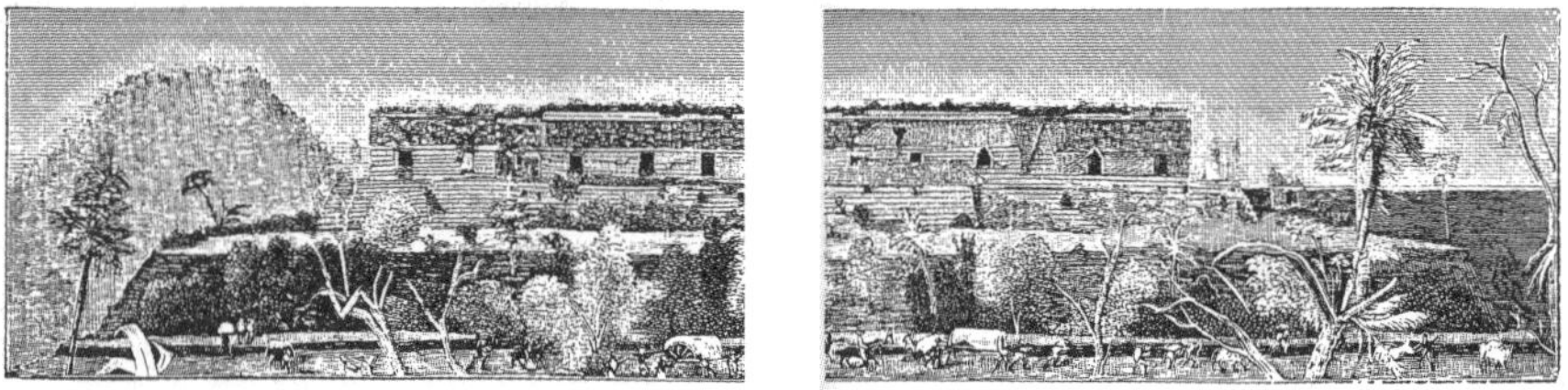

上図　ウシュマルの「総督の館」
左下平面図　ウシュマルの総督の館の１階平面図

図３　『ウシュマルの総監の館』と平面図」（『アメリカ先住民のすまい』373頁）

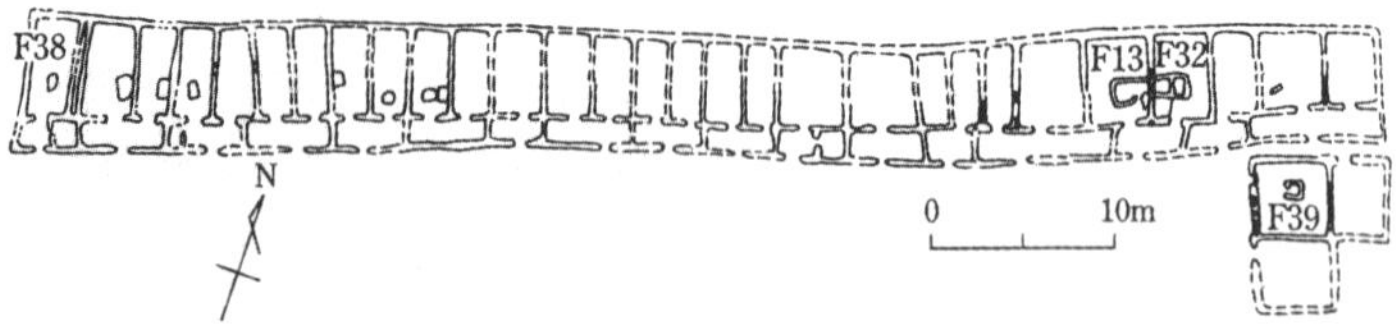

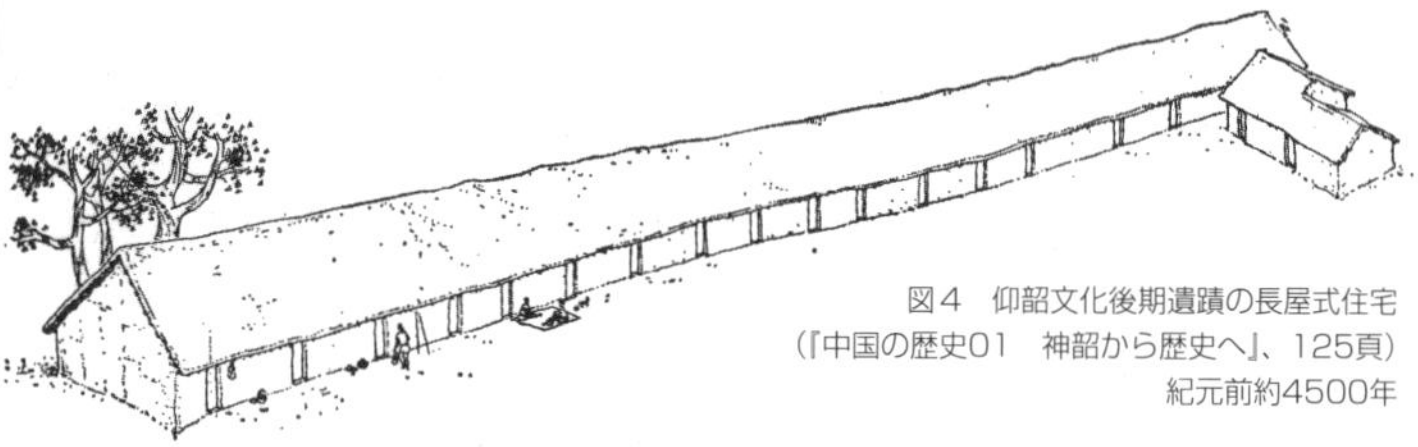

図４　仰韶文化後期遺蹟の長屋式住宅
（『中国の歴史01　神韶から歴史へ』、125頁）
紀元前約4500年

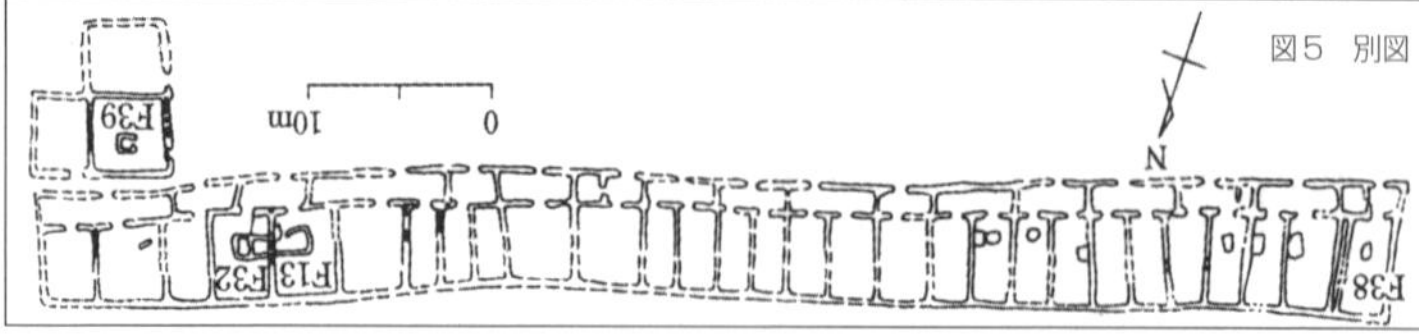

図５　別図

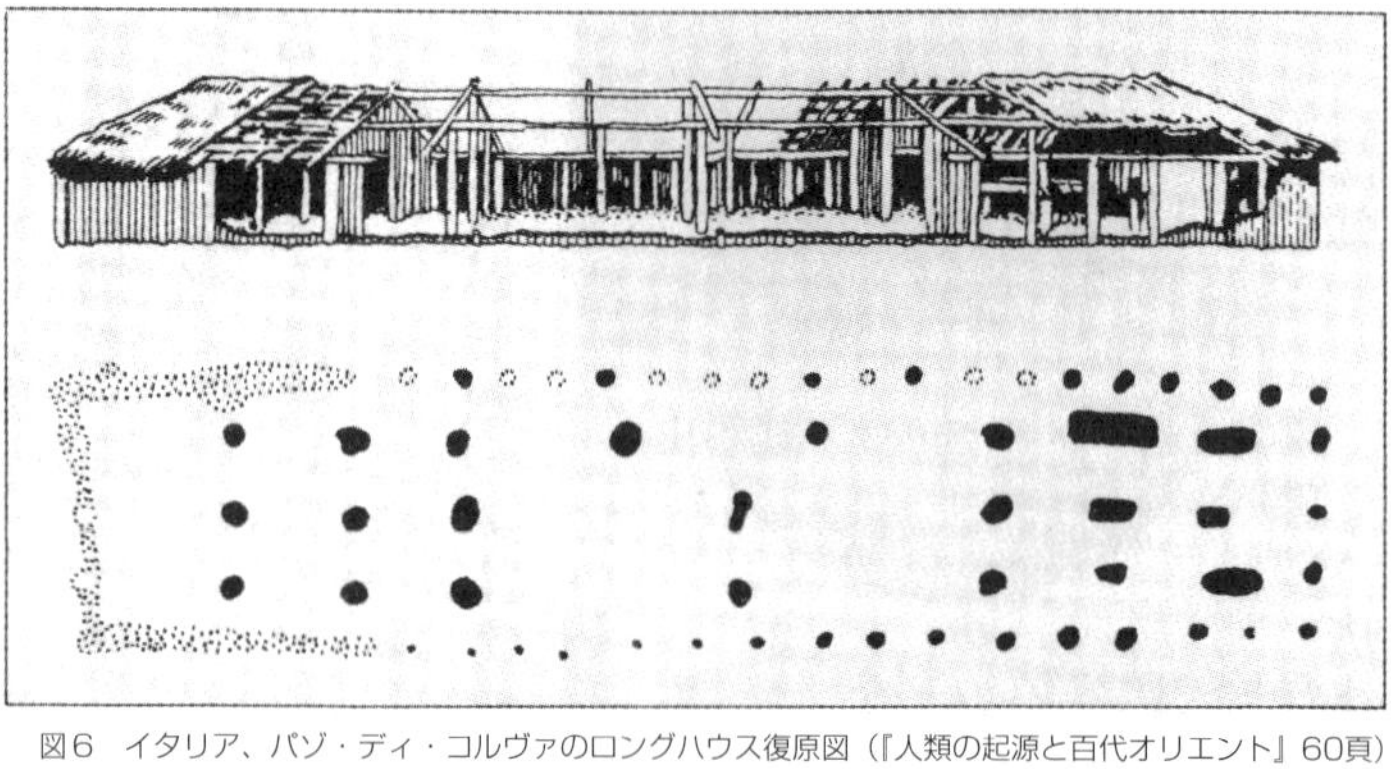

図６　イタリア、パゾ・ディ・コルヴァのロングハウス復原図（『人類の起源と百代オリエント』60頁）

② 環濠原始長屋集落と「四血縁集団―四地区制」の再発見

それはかりではない。モーガンは、村落インディアンの規模の大きい集落ないし原始的「都市」は、「四血縁集団・四地区制」という氏族社会の婚姻規制を要因とする居住・集落形式（後述）としているが、これが旧大陸においても、さらにはインカのクスコ等でも新たに指摘されはじめたのである。

先の姜塞遺跡では、調査の結果、この集落形成の「前期には環濠は存在せず……二つの単位集団から集落が構成されていたのでないかと想定したい。これは、先の裴李崗《はいりこう》文化段階における単位集団の増大による二分化現象がそのまま継続した形のように見てとれるのである。すなわち人類学で半族と呼ばれる、社会内で何らかの機能をもつ二つの集団に分かれた状態ではないだろうか。同集団内での婚姻が禁止される外婚規制のようなものが働き、二集団間での婚姻関係により社会が維持されているように復原できるのである。……

姜塞遺跡中期になると、一集団がさらに半族として分かれていくことにより、結局四つの集団が出現していくことになる。……民族例では四集団によって外婚規制による安定した双分制が存在することが示されているところをみれば、この四集団が基礎単位となり、安定した双分制による平等的な部族社会が構成されたと考えるべきだろう」（宮本一夫氏著、『中国の歴史・01、神話から歴史へ』、一二〇頁。傍線は引用者）という指摘がそれである。すでにモーガンによって指摘されていた「四血縁集団・四地区制」が、あらためて仰韶文化期の環濠をともなう姜塞遺跡で、発見され、指摘されたことの意義は、きわめて大きいといえるであろう。

この意味は南北アメリカ大陸のインディアンに見られる氏族制度こそは、人類が国家を形成する以前の人間社会の普遍的な姿であるというモーガンの指摘、ならびにこれを正しいとしたマルクス・エンゲルスの見地が、旧大陸のアジア部分においても「四血縁集団・四地区制」の確認という最新の考古学的発見によって、まさに絵に描いたように確かめられたということである。

③ 南北アメリカ・インディアンの「四血縁集団・四地区制度」

モーガンは北アメリカの草原インディアンとともに、「プエプロ（スペイン語＝村落）・インディアン」の「四地区制」を指摘している。

1 「いくつかの部族では、その組織上、胞族がとくに目立っている。例えばチョクタ氏族群は二つの胞族に結合されている。氏族と氏族の関係を示すために、まずこれに触れておこう。第一の胞族は『分かれた人々』とよばれ、四つの氏族からなる。第二の胞族は『愛された人々』とよばれ、やはり四つの氏族からなる」（『アメリカ先住民の住宅』、三九頁）。

2 メキシコのテノチティトラン（現メキシコ市）のアステカについて、「四つの地区は、四つの親族集団が集団ごとにそれぞれ特定の地域に住みつくことで形づくられてきた。

また各親族集団は、『それぞれの地区内におもいおもいに建物をたてていたようだ』と証言している。この親族関係をあらわすナワトル語はカルプリである。その言語をはなすすべての部族で使われていた。それはまた、大きなホールとか住居をあらわすのに使われる言葉である。したがって、少なくとももともと同一の血族関係にあるものは、みな〝一つ屋根の下に住んでいた〟と推測できよう」（『アメリカ先住民の住宅』、一五六頁）。

3

「アズテック種族（2に同じ）は、その占拠した渓谷のうち最良の地位を見出した。そうして数回の位置変更後、ついに火山岩質の原野と天然の池とに囲繞《いぎょう》（＝かこむ）された一沼沢の中央、狭い範囲の乾いた土地に定住した。ここに彼らはクラビヴィジェロに従えば一三二五年、すなわちスペインの征服に先立つこと約一九六年、有名なメキシコ（テノチティトラン）部落を建設した。……中略……メキシコ部落は、地理的に四区に分かれ、そうして各区は他区の住民とよりももっと密接に、相ともに結ばれている一団の人々、すなわち一苗裔《びょうえい》（＝血族＝氏族）に占められていた。おもうに、各苗裔は部族であったろう」（『古代社会・上』、一三二頁）などである。

4

「トラスカラのプエプロの四地区に住んでいるトラスカラ部族の四つの『血統』は、たぶん非常におおくの胞族からなっていたとおもわれる。かれらは四部族としては十分な人数であったが、同一のプエプロに住み、同一の方言を用いていたので、胞族が必要であったのは明らかである。各血統、すなわち、いわば各胞族は、独自の軍事組織をもっていた。つまり特有の服装や旗、軍総司令官の役割をはたす将軍をもっていた。

5

「胞族や部族による軍事組織は、ホメロス時代のギリシャ人に知られていた。たとえばネストルはアガメムノンに、『軍隊を胞族や、氏族に分けよ。そうすれば胞族は胞族を、氏族は氏族を掩護できる』（イリアス）と忠告している。もっとも発展した型の氏族制度のもとで、血族の原理が、かなりのていどに軍事組織の基礎になっている」（同書、三八頁。傍線は引用者）。以上がモーガンの「四集団・四地区制」への言及である。

6

だがはそれに止まらず最近、「四血族集団・四地区制」にかんして新たな主張があらわれた。それはモーガンが約一〇〇年前に指摘していた氏族社会の集落形成の普遍的な構造を、マリア・ロストウォロフスキ女史があらためて再発見をしたのである。女史の『インカ国家の形成と崩壊』（増田義郎氏訳、東洋書林、二〇〇三年）と訳されている原著書の表題は、「Historia del Tahuantinsuyu」（ヒストリア・デ・タワンティンスーユ＝四地区制の歴史）である。その著書の「おことわり」に次のように述べられている。

「本書では、インカのことを指すのに〝帝国〟という言葉を使っていないのに読者は気づかれるであろう。これはたまたま用いなかったのではなく、帝国という言葉があまりにも旧世界の意味合いをふくんでいるから、あえて使用をさけたのである」とされ、さらには、タワンティンスーユというインカの言葉（ケチュア語）を、「これは〝ひとつに統合された四つの地方〟を意味しており、統合への意図ないし衝動をおそらくは無意識裡に表している」（同書、ＸⅤ）とされている。

ロストウォロフスキ女史は、この著書でご自身がそれに立脚されている、一六世紀のスペイン人の記録を次のように批判もしている。「記録者（スペイン人）の不正確さの別の例は……スペイン人たちは、軍隊、クラカ（氏族社会の世襲酋長等をインカ国家論者はこう呼ぶ）社会、そうして究極的にはタワンティンスーユ（四地区制の集落構造）の政府の支配に双分制（氏族社会の婚姻形態）があったことを理解しなかった。双分制がつねに要素として存在すること、たとえば土着社会の模式図（集落の区画）に見られるように、それは四分制に転換する」（同書、同頁）、とのベクスコという集落の構成が「四地区制」であることを指摘している。

ただしマリア・ロストウォロフスキ女史は、インカ国家論者であってこの「四血縁集団・四地区制」を、インカが「統合への意図ないし衝動を、おそらくは無意識裡に表し」たものと解釈されている。が他方では、「空間を四つの部分に分ける明らかにアンデス的必然性」（同書、二四五頁）と、南アメリカのインディアンの集落空間が、「四地区制」という普遍的性格をもっていることをも指摘しているのである。したがってマリヤ・ロストウォロフスキ女史が「フランク・サロモン（一九八五年）は、最近の労作で、エクワドルの双分制模式を調査し、それがインカからはじまった命令系統であることを発見した。……」（『インカ国家の形成と崩壊』、二〇六頁）というのも、「インカの命令系統……」ではないと思われるのである。つまりこの「四地区制」は、氏族社会という血族の結びつきが土台となる社会が、定住生活という姿を取る場合には必然的に生れる集落の姿である。

こうした「四地区制」を普遍的な性格とする社会が、旧大陸でいまから約六五〇〇年も前の時代にあるという事実は、くりかえしながら、まさにモーガンならびにマルクス・エンゲルスが、氏族社会を国家発生以前の人類社会の普遍的な姿とした見識と、その唯物史観の正しさを争う余地なく証明したものであろう。「マルクス主義は古臭い」という論者への、これは事実が示した回答であろう。

④ マルクス・エンゲルスと「四血縁集団・四地区制」

エンゲルスは『家族・私有財産・国家の起源』（一八八四年、初版）で、モーガンの指摘を積極的に評価し、またマルクスは『資本主義的生産に先行する諸形態』（一八五七年執筆）のなかで、モーガンの指摘した「四血縁集団・四地区制」という表現はないものの、先駆的にそれと本質的に一致する、氏族社会における「都市」を看破している。

同時にモーガンの『古代社会』が一八七七年に発表される

と、エンゲルスと共同して綿密な研究を行っている。エンゲルスの『家族・私有財産・国家の起源』は、マルクス亡きあとに、マルクスとのいわば共同的研究での「マルクスの遺志を見事に結実させた」(『資本主義的生産に先行する諸形態』、手島正毅氏訳、「訳者ノート」、一三五頁、大月書店、一九七一年、第一〇版)ものとある。すなわち『家族・私有財産。国家の起源』のなかの、モーガンの「四血縁集団・四地区制」の指摘への、エンゲルスの積極的な評価は、マルクスの評価を反映したものでもあるとともに、モーガンとは独立にマルクスが氏族社会を考察して到達していた見地を反映したものでもある、と考えるものである。その意味でも注目すべきものである。

　同時にこれは、われわれ日本人にとってきわめて重要な特別の意義をもつのである。それは実に、このモーガンとマルクスの氏族社会の「都市」論は、「天皇の代替りごとの遷都・遷宮」など、王朝・国家としては断じてありえないということを明らかにしたもので、「遷宮」記事は、まさに日本民族の歴史を歪めたものということを明らかにする根拠となるという点である。さてまずエンゲルスの指摘からはじめよう(以下の傍線は引用者)。

1　「……氏族内部の通婚が禁止されていたので、どの部族も、自立的に存在していけるためには、どうしても二つの氏族をふくんでいなければならなかったからである。部族の人員がふえるにつれて、各氏族はさらに二つまたはそれ以上の氏族に分裂し、そのおのおのがいまや別個の氏族として現れた……」(『家族・私有財産・国家の起源』、土屋保男氏訳、一四四頁、新日本出版社、一九九四年、第二版)

2　「征服当時トラスカラ(一六世紀初頭のスペイン人のトラスカラ——チノチティトラン——メキシコ市征服)の四地区に住んでいた四つのライニッジ(血縁団体)が、四つの胞族であったとすれば——このことはほとんど確実なことだが——これでもって、胞族がギリシャ人の胞族やドイツ人の類似の血縁団体と同じく、軍事的な単位ともみなされていたことが証明されることになる。この四つの血縁体は、各自それぞれ別個の部隊として、独自の制服と軍旗とをもって。各自の指揮官にひきいられて戦闘におもむいた」(同書、一四六頁)。

3　「アッティカ(古代ギリシャ)には四つの部族があり、それぞれに三胞族があり、それぞれの胞族は三〇氏族であった」(『同書、一六八頁)。

4　「アイルランドの農民達は、……中略……受け継がれた氏族本能の存続をそれなりに証拠だてている。ちなみに、多くの地方では同氏族員がまだ昔の領域にかなり集まっている。たとえば、(一八)三〇年代になってもまだ、モナハン県の住民の大多数は、四つの家族名しかもっていなかった。すなわち四つの氏族または部族の出自である」(同書、二一八頁)。

5　次がマルクスである。「(土地の支配権をめぐって)共同団体（ここでは氏族的共同体、引用者）が出会う困難は、他の共同団体からのみおこるのである。すなわち、他の共同団体が土地をすでに占拠しているか、でなければ占拠している共同団体をおびやかすのである。だから、戦争は、それが生存の客観的諸条件（土地・領域、水利等、引用者）を占取するためであろうと、その占取を維持し、永久化するためであろうと、必要にして重大な全体的任務であり、重大な共同作業である。だから家族からなっている共同体は、さしあたり軍事的に編成されている――軍制および兵制として。

　そうしてこれが共同体が所有者として生存する条件の一つなのである。住所が都市に集合するのが、この軍事組織の基礎である」（マルクス著、『資本主義的生産に先行する諸形態』、手島正毅氏訳、一三頁、大月書店、一九七一年、第一〇刷）。

以上、唯物史観の創設者らは、共通に氏族社会に「四血縁集団制・四地区制」が存在したことを指摘している。さらにはそれが氏族の社会での領域の防衛やときには侵略という、氏族社会の「常時戦時」という状況に即応した軍事組織の単位となり、かつそれが集落ないしは原始「都市」として存在している事実を指摘している。

　まさに氏族社会から国家へと発展する飛躍台として、その原始「都市」、集落が機能することを示唆している。これにてらせば『古事記』『日本書紀』の「大和朝廷」成立記が、都市もなかれば「天皇」をとりまく世襲酋長、将軍の影も無く、然るを況んや軍事組織も不明で、ただ「神武が即位」という文言が羅列されているだけの「建国」記事が、いかに必然性のない、その意味で寒々とした記事であるか明らかであろう。

　この造作性を示すもう一点を指摘すれば、マルクス、エンゲルス、モーガンの氏族社会における戦争と軍事組織にかんする指摘である。氏族社会は「大和朝廷」に先行するものである。国家の誕生は一定の生産力の発展を背景にした戦争が、直接の生みの親なのである。したがって先述のとおりに軍事組織は国家形成の考察では基本問題である。マルクスの氏族社会と戦争・軍事組織への言及や、モーガンのホメロスの『イリアス』の例証のように、初期国家の軍事力も氏族社会的痕跡をのこし、それが氏族的な服装・軍旗等で識別されるように組織されているのである。この事実は、国家形成期においても氏族社会の伝統を、直ちになくすことは難しいことを示すものであって、一つの国家はこうした伝統の継承とともに、さらには後述するとおり氏族制度にかわって地域別に、新たに軍事組織を形成するのである。

　こうした点でも先述の〝靫負軍の元締めは大伴氏……。舎人軍は関東の国造の子弟〟云々等は、まともな古代国家形成上の軍事問題が不明な結果の、「万世一系」史観からの観念的な説であることが判明するのである。氏族社会の軍事力と国家の軍事力とは根本から性格が異なりはするが、氏族時代の軍事組織がやはり土台となり得る点は、これこそタキトゥスの『ゲルマーニア』等も参考になろう。

二　「四血縁集団・四地区制」の日本史的意味

①　氏族社会論も「万邦無比」

「氏族社会から国家が誕生する」という史的唯物論は、一般論としては大学的日本古代史学でも承認されている。これは世界の歴史学が一致してそれを承認しているからである。その結果、日本でも「旧石器時代」「縄文時代」など、階級のない氏族的社会の姿を研究する学問が存在している。しかし日本の場合、国家を形成する段階の氏族社会が、灌漑農業やアーリア人等の遊牧と農業の段階、すなわち定住生活をする段階にはいった氏族社会であって、氏族社会の定住生活の姿は「四血縁集団・四地区制」という姿を不可避的なものとする、という明確な指摘がないのが特徴であると考える。

もちろん日本でも後述するように氏族社会は血縁社会であり、国家とはこの血縁で組織された人間集団を基礎にした社会から、人間を単に地域別に区分・組織する、つまり今日の姿でいえば県・市・町・村といったように区分する社会に変化する、というようなことは指摘されている。がしかし、では氏族社会という血縁社会では、例えば人間は定住生活をする場合、その婚姻制度を反映した集落形態はどんな特質なのか、それが国家の発生・誕生とどうかかわるのか、という肝心要の問題は事実上、空白のままに放置されて現在にいたっている、と言えると考える。

この「四血縁集団・四地区制度」は、南北アメリカ大陸、中国、ヨーロッパ大陸で、共通にその存在が確認されている氏族社会の定住集落の普遍的な姿である。しかも、これが最古の古代国家の姿を規定する普遍的な要因である。ところがこの古代史の探究で決定的な氏族社会の普遍的な性格が、日本古代史学では完全に「存在せず」なのである。「万邦無比の一貫性」である。

例えば「社会科学辞典編集員会・編」という『新編・社会科学辞典』(新日本出版社、一九八九年、新編第一刷)の「氏族制度」の項をみると、以下のようにあるだけである。「無階級社会、野蛮終末期――モーガンの人類発展史の区分で、弓矢はあるが土器はない時代という。ただし、こうした区分けが日本列島で適正かは、議論の余地があるようにみえる。しかし反面、人間社会の発展段階をその生産用具の具体的姿と特徴で把握しようという点で、優れた発展区分法と考える(引用者)――に成立した共同体的な社会制度。はじめは母系によるおなじ血縁者のあつまりからなっていた。この集団は生産と消費を共同にし、家畜、農耕用の土地その他は氏族によって共有された。氏族の成員はすべて平等で、首長の任免権その他の権利などをもち、宗教上の儀礼や和戦などの重要問題を氏族会議できめた。青銅器・鉄器の使用もない。

奴隷その他の私有財産の蓄積がはじまると、財産の相続上の必要から氏族のなかに家父長制がうまれ、しだいに父系氏族へとうつった。父系氏族制度は氏族社会の解体過程である」（同書、一七六頁）とあるだけである。

ここでは財産権・所有形態と権利に記述が限られて、氏族社会が氏族とよばれる集団を一単位とし、それが胞族〜部族〜種族を形成し、一単位氏族から種族までの全員が古くは一女性を祖先母（後に男系に変化）を共通の祖先といて「血縁」で結ばれたれ人間集団であって、かつ一の氏族内での結婚の禁止を基礎にした社会である、という極めて重要な指摘がないのである。

そうしてこの辞典では「母系制」（四二一頁）の項に、その婚姻制度として「群婚制」が指摘され、「ある氏族の男性たちが、他の氏族の女性たちのところに婚姻にでかけ、婚姻をむすんだのちも、もとの氏族にとどまるという形態である。ここでうまれた子どもたちは母の氏族に属し、氏族の系統は母親の系統でたぐられた。これを母系制という……」いう説明だけで終わっている。

何が問題かといえば、この「ある氏族の男たちが、他の氏族の女性たちのところに……」という、男性と女性の氏族の性格になんの規定もない説明になっている点である。こういう表現からは、男女は自分の氏族以外なら、どこの氏族とでも婚姻関係に入れるかの理解をうむ。ないしは書いた本人もそう考えているとも想像できる。このような説明は第一に氏族社会の正しい説明になっていないのである。

現実の氏族社会では、男女の結婚は同一氏族集団〜部族のなかに限られているのである。つまり「一つの氏族内での結婚は禁止」されているのであるが、結婚の相手は男女ともに「同一部族集団〜種族」、つまり婚姻関係を結ぶ相手はすべて共通の祖先母（後に父に変化）の血を継承するもに限られているのである。この意味は単に婚姻問題に限定されたものではなく、国家が発生したあとの人間界ではもう見られない、独特の人間の住まい方・街づくりを規定し、これがここに誕生する国家の性格をいわば絶対的に規制するのである。したがって氏族社会の考察と理解にあたって、これを無視し、見落としては氏族社会の理解にも説明にもならないほどのものである。マルクス・エンゲルス、モーガンが、「四血縁集団・四地区制」を重視したのは当然なのである。

ではその氏族社会に普遍的な婚姻形態が、どのように国家の形成・誕生にさいして特定の傾向を刻印し、特徴づけるのかということである。それは国家の形成・誕生は、まずこの氏族社会が農業等の生産を開始して形成される定住集落を基礎としてはじまるという、平凡な事実に根ざすのである。が、その集落の姿は、氏族社会的血縁団体に固有の婚姻形態に根ざして、不可避的に「四血族集団・四地区制」という、決定的な特質を普遍的な性格とするのである。

国家の誕生は「血縁的組織」から、「地域別に人間を区分・組織する」ように変化するという意味は、この「四血族集団・四地区制」にもとづいて形成された、氏族社会的・原始的集落が発展して、原始的「都市」を形成し、ここを母体として最初の国家が誕生するためである。それはまさにここの「四血族集団・四地区制」の住民自治組織的統治が、国家の成長・発展によってマヒして、最終的には、この原始「都市」内の「四血族集団・四地区制」を解体して、居住区別の統治形態が必然的にうまれることをいうのである。断じて日本本土全体が「よーいドン」で、ある日突然、国家になるのではない。

したがって、最初の国家は必ず、この氏族社会的定住集落から発展した原始的「都市」を母体として生れるのは、日本本土以外では、古代沖縄をふくめて、とっくに明らかにされている目前の不動の事実である。大学的日本古代史学の氏族社会論で目につくのが、こうした氏族社会の定住集落が血縁的婚姻制度に内在する特性によって、国家形成以降の集落とは全く異質の性格を必然とするという肝心要のことに沈黙し、したがって日本本土における最初の国家の形成・誕生は、不可避的に都市国家である、というあまりにも当然のことが無視される点にあるのである。

氏族社会を母体として誕生してくる国家は、氏族社会の血縁的婚姻制度によって必然づけられる、「四血縁集団・四地区制」という原始「都市」を「ヘソの緒」としているのである。これは丁度、母親から生れてくるものは、「ヘソの緒」で結ばれた「赤ん坊」であり、そこに例外はないのと同様なのである。とはいえ「赤ん坊」に例えたからといっても都市国家はすべて、「赤ん坊」的というのではない。「ローマが滅びる日は世界が滅びる日」とまでいわれたローマも、都市国家なのである。

ところが大学的日本古代史学がいう「大和朝廷」は「都市国家」ではなく、世界史では「領域国家」と規定される勢力に該当する「国家」なのである。この勢力は、日本本土以外では例外なく初期都市国家群の後に誕生してくる「統一王朝」、すなわち一都市を限りとする、ないしは基本とする国家・王朝（古代ローマもまた然り）ではなく、多くの都市国家を征服支配する「中国」「メソポタミア」「エジプト」といった「領域」支配を特質とする国家なのである。

大学的日本古代史学の奇々怪々は、「一元史観」や「王の世代交代ごとの遷宮」に止まらず、都市国家論もない点である。「大和朝廷」とは日本本土に君臨する王家であって、その意味では「統一王朝・地域国家」なのである。この都市国家と地域国家の違いを中国の例でいえば、「夏・殷・周と秦の違い」に当たるのである。「夏・殷・周」は都市国家とされ、さらには夏は「姒姓族」の国、殷は「子姓族」、周も「姫姓族」の国家というように、その都市国家の担い手が氏族的集団であることが示唆されてもいる。これにたいして秦は「統一国家・地域国家」であるからこそ、「始皇帝」とか「中国最初の統一王朝」といわれるのである。

なお、古代ローマもまた、その担い手はラテン種族（構成は複雑らしいが）という、氏族社会の刻印を濃厚に身に帯びた者たちであることは、『世界の歴史』をひもとけば明らかである。この都市国家群から地域国家へという姿は、日本本土以外では〃人類国家発展史の、万国不易の鉄則〃なのであること、人はすべて赤ん坊としてのみ生れてくるが如しなのである。

この都市国家はあとの「領域国家」ないしは「統一王朝」に先行したものでもある。すでにふれたメソポタミアでは、シュメールの都市国家群を統一して最初の「統一王朝・地域国家」を形成したのが、アカッドを約二〇〇年間の都城としたサルゴン王と「アカッド帝国」（紀元前約二三五〇年～）である。

エジプトは先述のとおり「ナカダ文化期」（紀元前約四〇〇〇年）で、「ナカダⅡ文化」期に、各地に首長を頂く部族国家（都市国家）をうみだし、それらが淘汰されていく過程のなかで、ナカダ、ヒエラコンポリス、ティニス、ブトなどの「原国家」（中規模国家群）が出現、紀元前約三一〇〇年に、上エジプト王のメネスが下エジプトを統一し、『王都』メンフィスを下エジプト国境付近に建設、以後約一〇〇〇年間の首都である。

古代沖縄国家発展史の基本も中国、メソポタミア、エジプト史と同じの、「弱小国家群から北から『北山』『中山』『南山』をへて、尚氏による統一王朝の確立」である。

世界で日本本土だけが都市国家群も「中規模国家群」もなく、最初から「大和朝廷」以外にないとされているわけである。しかも七世紀末まで、「天皇の代替りごとの最低でも一回の遷都・遷宮」である。こうした「日本史」に疑問を抱くなというのは、「汝、考えることを止めよ。ただ信ぜよ」という宗教の「教え」同然の、本居宣長の「漢意を清く濯ぎさって、ヤマトタマシイを固くすべし」という他ではあり得ない、と考える次第である。

戦後、大学的日本古代史学は考古学重視など一見、実証主義的で世界の歴史科学の到達点を当然、受け入れているかに見えながら、氏族社会から国家が誕生という科学的見地の肝心要の急所、原始「都市」としての「四血縁集団・四地区制」は無視・沈黙するのである。これは事実上、古代国家の母体としての氏族社会論、その母体の「ヘソの緒」にあたる「四血縁集団、四地区制」の否認である。その意味は、実にこれを通じて実態的には氏族社会論の否定、すなわち「大和朝廷は限りなく由来深い」という、神秘主義的「皇国史観」の「大和朝廷論」の保持を示すものなのである。

現に、考古学重視、マルクス等の史的唯物論という科学的な歴史観も一般論（?）としては、受け入れていながら、しかし、世界で唯一つ、「大和朝廷」が日本列島のどこで、如何に発生・発展したのか、その氏族はどんな氏族かなどは、「不分明の霧に覆われている」（石母田正氏）始末である。にもかかわらずマルクス主義者の石母田正氏御自身が、「大和朝廷国家」の発展論を、マルクス主義の古代国家形成・誕生

Chapter 7

論から解説・説明されるのである。はたしてその解説をもしマルクス・エンゲルス、モーガンが読んだら微笑みを浮かべるか、興味深いことである。

したがって氏族社会を国家の形成問題との関連で語るとき、「四血族集団・四地区制」にふれず、どんなにその「所有形態」や「平等の権利」「無階級姓」、「女性の地位の高さ」等を強調しても、それは「一を言って二を言わない」態度に過ぎないのである。すなわちいくら欧米の歴史学の姿を一見真似ても、日本本土における「四血縁集団・四地区制」、その必然的帰結である都市国家群をこそ、日本古代史の根底に位置づけないような「歴史学」では、「学」ではあり得ないということなのである。この問題はあとで十二分に考察（二八七頁参照）する。しかし、以上に述べてきた経緯から日本では氏族社会の真の姿が必ずしも、日本古代史の解明を念頭に詳しく明らかにされてはいないと考えるので、氏族社会から国家への発展過程を研究している、モーガンとエンゲルスの考察を詳細にここにのべることとする。

② 都市国家の人口規模

重要なのは、都市国家の人口規模という問題である。エンゲルスは、古代ギリシャをスパルタとともに代表する都市国家、アテネの最盛期の市民の数を約九万人（この他に奴隷・三六万五千人、居留民・四万五千人、合計五〇万人）と述べている。ヨーロッパにおいてアテネは、ヨーロッパ古代史で輝く花形国家であり、今日のヨーロッパ文明の基礎を形成・構築した、その意味で、いわば「古代ギリシャ文明なかりせば、今日のヨーロッパ文明はない」といわれる古代ヨーロッパ文明を代表する都市国家である。

そのアテネの市民の人口が最盛期でさえもわずかに九万人という事実の意味である。この市民の人口はもちろん成人男女と子供をふくむものであるから、成年男子の数は推測して約二万人弱とおもわれる。ということはこの世界史に輝く名をとどめる都市国家を形成した、アテネの氏族集団の当初の規模がかなり小さかったことを示すものであろう。

この他には、『聖書』にも登場する古代メソポタミアの都市国家、ウルク（『聖書』名、エルク）が完全発掘され、その可住面積が二三〇haとされ、一ha当たの人口を一〇〇人～二〇〇人として、全人口が二三〇〇〇人～四六〇〇〇人（『人類の起源とオリエント』、一四七頁）とされている例がある。ここではかりに全人口四六〇〇〇人を例に考えるとしても、『聖書』に登場する「大国」でさえもが、その全人口、したがって奴隷等もふくまれている数がこの程度であれば、その市民の数はアテネの最盛期の市民・約九万人の比率で推定することが正しいか、疑問であるので敢えてここに掲げなかったが、それにしてもこのウルク都市国家を形成した氏族の規模は五〇〇〇～六〇〇〇人で、その成人男子は二〇〇〇人程度と思われ、これも意外に小さいことが判明する。

またモーガンは北アメリカでの一つの部族連合（種族）の

最大限の人口を二万人程度と推定している。したがって氏族社会から直接に誕生する都市国家は、今日の国家はもちろんであるが、大学的日本古代史学が強調してきた「大和朝廷は巨大なり。強力なり」という観念とは、遠くへだたるというのが実際であることも、直視される必要があると考える。これは当然のことであって氏族社会の「四血族集団・四地区制」から誕生した国家が、いきなり日本の統一王朝とか、最初は「小君主だった。これをまわりの諸君子は尊敬した」（津田左右吉氏、「万世一系の思想と建国の事情」）などというのは、お釈迦さまは生れた時に「天上天下を指さして、唯我独尊といった」式の、宗教的心情でしかない。

実は、この都市国家の規模という問題を指摘しておくことは、日本本土の都市国家群を探究するときに、大学的日本古代史学がこれにとる態度とその意味を知るうえで大きな意義があるのである。

三　インカ、マヤ、アステカの国家論への疑念

さて、氏族社会における「四血縁集団・四地区制」の集落、ないしは原始「都市」の姿と構造、その組織と行政、その維持・管理の経費の負担の仕方などを正しく知ってこそ氏族社会がわかり、ここから最初の都市国家が誕生する経緯も明らかにでき、世界とどうように日本本土でも、初期の古代国家は都市国家として誕生し、また王の世代交代ごとの「遷都、遷宮」などは、断じてあり得ないことも自ずから明瞭になると考えるものである。したがってただちにこれに進みたいのであるが、そこに一つの問題があるのである。それはインカ、マヤ、アステカ等を国家という説があることである。

日本古代史学では氏族社会の真の姿と、そこから如何に国家が生れるかという問題は、ほとんどとりあげられていないので、ここにモーガン等の指摘を述べることは重要な意味があると考える。しかし、モーガンにしたがいながらインカ、マヤ、アステカ等を国家という、今日のアメリカを中心とした学者等の説に、まったくふれないままで氏族社会論ばかりをいうのは、やはりすがすがしくないのである。したがって最小限の点にかんしてモーガンの、インカ、マヤ、アステカの非国家論の基本をも述べておくこととする。これは本書の課題からは一見、横道という感がある。しかし、モーガンに頼る以上は、ある程度は仕方がないと考える次第である。

国家論への疑義の根拠は四つある。一つは、今日のインカ、マヤ等の研究の文献資料は、一六世紀のスペイン人による記録が基礎であるが、これには根本的な欠陥があるという大きな問題が指摘されている点である。二つは、南北アメリカ大陸での農業生産が、旧大陸のそれとは根本的に異なり農機具に金属用具がなく、また農耕用の牛や馬という大型の家畜がいないこと、およびその結果であろうが馬車や人力車、すなわち実用的な「車」（おもちゃはある）が存在しない文明で

Chapter 7

あること。三つは、旧大陸では国家の形成が問題になる時代にはかならず顔を出す貨幣ないしは貨幣的な商品、すなわち発展した古代的な商品生産がない社会なのである。したがって偶然たまたまの持ち物の交換以外には、恒常的な商品交換制度はなく、交換を目的にした物の生産ということがない社会、ほとんど完全な自給自足社会という問題である。これはマルクスによっても指摘されている。後述する。

現に「インカには貨幣がなかったから、その富は計量できるいくつかの資源を所有することに基礎をおかざるを得なかった……」（『インカ国家の形成と崩壊』、二五〇頁）とマリア・ロストウォロフスキ女史は述べ、女史の見解では計量できるインカの富は「土地・労働力、リュマ等のラクダ科の家畜」とされている。

ただし交換を目的とした生産がない社会では土地も、労働力もリュマも交換価値、つまり貨幣価値・価格をもたないので、女史の「富の計量」単位がなにかは不明である。また、このリュマ等のラクダ科の家畜は高山性の動物で、しかも牛馬に比較して農作業には耐えられないほど華奢である。先スペイン期の南北アメリカ大陸にある生産物の交換は、たまたまの偶発的な物々交換であろう。

四つめに、インカ、マヤ等の中南米の先スペイン期を研究する古代史学の性格、という問題が指摘されていることである。それは「二〇世紀の半ばまでマヤ考古学は、主に上流階級に属した欧米マヤ学者だけの特権・趣味であった」（青木和夫氏著、『古代マヤ石器の都市文明』、二一頁。京都大学学術出版会、二〇〇五年、第一刷。傍線は引用者）という姿である。その結果、「彼らがみずからの価値観を投影して考古学的資料を、主観的に解釈する傾向があったことは、特質に価する。……古代マヤ文明を復原するうえで大きな偏りが存在したのである」（同書、同頁、傍線は引用者）と指摘がある。実に「マヤ研究」はつい最近まで「欧米の上流階級の特権意識と趣味」であったというのである。しかもその「考古学」が特権階層の主観主義の投影に過ぎないというのである。

では、こうしたいわば批判が提出される、マヤ学の二〇世紀後半以降の変化と進歩はなにかと言えば、一つは考古学に、放射性炭素14C年代測定法や花粉分析法等の最新式の自然科学的年代測定法等が導入されたことと、アメリカの大学での人類学部の急増によって、教授のポストが大幅に増加し、「上流階級以外のマヤ研究者が大幅に増加し、マヤ文明の研究に多様な社会経験や幅広い視点がもたらされるようになった……」（『古代マヤ石器の都市文明』、二二三頁。傍線は引用者）ということという。つまりアメリカ中心の研究体制の強化が、新しい体制といわれるものである。したがってアメリカのモーガンの扱いが注目されるが、青木氏の著書を読むかぎりモーガンは完全に無視されている。

なお青木氏が指摘される「マヤ学」は、「上流階級の特権と趣味」「主観主義的考古学」さらには、「大学の教授のポスト」等と、日本古代史学の性格を彷彿とさせるものに思える。

だがしかし、これは一人マヤ研究のみならんや、なのである。「インカ国家の研究が本格的になったのは第二次世界大戦後」（『インカ国家の形成と崩壊』、「訳者あとがき」、三一一頁）に過ぎず、しかもその研究は、一六〜一七世紀の「スペインのクロニスタ（記録者）……の作品は、どうしてもクスコのインカの記述が中心になるので、汎アンデス的な民族誌資料を提供するとはいえない。そこで、各地域に関する文章にもっと注目することをムラ（ジョン・V・ムラ、『インカ国家の経済組織』、一九八七年）は唱えた」（前掲書、三一二頁）という方法なのである。ここにもモーガンはあげられず、スペイン人等のクスコ以外の「汎アンデス的」記録の重視という、いわばモーガン無視という本質的な誤りの維持のうえで、一六〜一七世紀等のスペイン人の文献主義のクスコ中心主義的研究の克服に過ぎないのである。

つまりインカ、マヤ、アステカ等の研究は、アメリカ主導で「本格化」しているのであるが、モーガンは無視されており、しかも、その新研究はコロンブスの新大陸発見から約五〇〇年後にして、わずか約五〇〜六〇年前からに過ぎず、しかも、スペイン人の記録と「金持ちの趣味・主観」をあくまで土台とするものである。したがってモーガンのアステカ、マヤ、インカ非国家論に対する、上田篤氏のモーガン評である「今日、学界において否定的見解がつよく……」という見解も、ただちにこれを「その後の学問の発展の成果」と評価できるかは、非常に疑わしいものになるのである。

以下、まずスペイン人の「記録」の問題点を「その一」として、次に「その二」としてインディアンの農業にかんして、主にモーガンの主張を正当と考えるのでそれを掲げ、最後にマルクスの『資本論』に何ヶ所か述べられている見地をも、引用していこうと考えるものである。

① 新大陸発見とスペイン人の「誤解」

モーガンの『古代社会』、『アメリカ先住民のすまい』にもとづいて、氏族社会とその「四血縁集団・四地区制」を正しく知るには、一五世紀末のスペイン人の新大陸発見が、この新大陸の住民の社会・生活への誤解を不可避的に生み出した、ないしは生みださざるを得なかった点を正しく見ることが重要とおもわれる。それは、一言でいえば、スペイン人・ヨーロッパ人のアメリカ大陸発見は、人類史の面からみれば近世の人類が、実に、旧大陸の数千年も前の国家形成以前（ただし民族の大移動期のゲルマン人をはじめ人類の国家形成以降にもその遺制は広く残存）、すなわち自分達のはるかなる祖先の社会に、時間を逆転させてある日突然、飛び込んだにも等しいもの、という点から必然的にひきおこされたものである。

コロンブスの新大陸発見は一四九二年。いまから約五〇〇年前である。この新大陸に上陸したスペイン人等は別に人類学者でもないし、また、たとえ学者がいても一五世紀末〜一六世紀の旧大陸の人間には、人類史には国家のない社会や時代がある、などという考え方はまだ確立されていない。この認識に人類の先進的な人々が到達するのは一九世紀だからである。

したがってこのスペイン人たちが目前の南北アメリカ大陸のインディアンの世界を、自分達の当時のヨーロッパ世界に君臨していたスペインの絶対主義的封建国家になぞらえてしか理解できず、またしなかったとしても、そこに不思議も不可解もないと思われる。誤解の基礎はインカ、マヤ等の社会を、一五〜一六世紀ごろのスペインなどのヨーロッパ社会を基準に、またその時点でヨーロッパ人が知っていた、ヨーロッパ古代史に準拠して理解した点にある。

たとえばモーガンは、「メキシコの部落（今日のメキシコ市の基のアステカのテノチティトランのこと）を占領したスペインの冒険家は、アズテック連合体（アステカ種族連合体）がその本質上、現在のヨーロッパの君主制に類似した、一つの君主制であるという誤った説を採用した。この意見は初期のスペイン著述家によって、アズテック社会制度の構造と原則とを、子細に研究せずに一般に採用されたところである。この誤解とともにかれら（アズッテク）の制度と一致しない用語が生じて……ほとんど完全にその歴史的記述をそこねてしまった。

アズテック種族が有した唯一の要塞（メキシコ市）の占領とともに、彼らの政府組織は亡ぼされてスペインの統治が代わって起り、そうして彼ら（アズテック連合）の内部組織と政治制度……は、実質的に壊滅に帰したのである」（『古代社会・上』、二二八頁。傍線は引用者）と指摘している。こうしてスペイン人とその宣教師等によって、アステカ、マヤ、インカ等にかんする多量の文章が溢れ出すことになった。この結果、全く事実とはかけ離れた一六世紀ごろの、ヨーロッパの君主制に擬した用語で綴られた「記録」がうまれ、これらがインカ、アステカ、マヤ文明等の研究の基礎史料とされたという経緯がある。インカやアステカ等には古代メソポタミアやエジプトに匹敵する、いわば完全な文字文明は当然ながらないのである。

文字とは国家形成の産物であることは後述する。南北アメリカ・インディアンには、モーガンが指摘する氏族社会独特の「歴史の記録者」がいたが、そんなこととは夢にも知らないスペイン人のインカやマヤ等の征服によって、その文字ではない「歴史の記録」と、それの管理氏族も失われたと思われる。こうしてインカやアステカ等にかんする記録はスペイン人によって残され、旧大陸の古代史研究が文字の記録を土台に行われたという、当然の習性にしたがってインディアンの古代史の研究も、このスペイン人の記録を基礎に開始されたのであれば誤解が出発点となりこれが根深い影響力をもつのは、ある程度は避けられないと思われる。

さらにはエンゲルスのスペイン人の記録にたいする評価がある。「ギリシャのパシレウス（軍事酋長、引用者）も、アステカ族の軍事指揮官も、近代的な君侯にすりかえられている。モーガンは、初めは誤解と誇張にもとづいていたが、のちにまったくでたらめなものになったスペイン人の報告に、はじめて歴史的批判をくわえた。すなわちメキシコ人（アステカ人、引用者）は未開時代の中段階にあったが、それでもニュー・メキシコのプエブロ・インディアン（草原等のインディアンに対して定住・農耕インディアンへの全体的な呼称。国家誕生にかんする氏族社会の考察はこの定住インディアンへの考察が土台）よりは高い水準にあったこと。また歪曲（スペイン人に）された報告書から知りうるかぎりでは、かれらの制度は三部族からなる一連の連合体会議と一人の連合体将師（軍事酋長、引用者）――この後者をスペイン人が『皇帝』に仕立て上げたのだ……」（『家族・私有財産・国家の起源』、一七四頁）。この指摘はインカにもそのまま当てはまるものである。

こうしたスペイン人の「記録」の内容と特質の結果、「その制度と生活様式とに関してこれくらい正確に知られることの少ない民族はいない。その示した顕著な状態は、伝奇（ロマンス）が断界を風靡して今日まで（モーガンの生存した約一〇〇年前、引用者）維持しているほど、想像の焔をあほり立てた」（『古代社会・上』、二二九頁）という性格のものであった。

この姿は一〇〇年前に止まらず、「テレビ番組や一般書・雑誌のなかには、いまだに神秘・謎・不思議（ロマンス、引用者）のイメージを強調したものが少なくない。一部の非良心的なジャーナリズムは、『マヤ・宇宙人起源説』や、それに類似した興味本位の言説まで流布している始末である」（『古代マヤ石器の都市文明』、「はじめに」、ix）というように現在もつづく姿であろう。

どこか日本古代史学の「邪馬台国論争」等の「古代史のロマン」に通じる一面を感じる。がしかし、これは「一部のジャーナリズム」の報道姿勢を「いい」とは言わないが、しかし、一層おおきな責任を負っているのは何よりも、当の歴史学者ではなかろうか。学者が平明で明らかな真実を述べているのに、「一部のジャーナリズム」がそれを無視して奇想天外なことを報道しているのならば、その責任を云々もできる。しかし、実際には、「火のないところに煙はたたない」の例えどおり、学者の説が次に述べるような「火元」を形成しているのである。

その例としてここに、インカ史をスペイン人の古記録の詳細な研究にたって「国家の歴史」という、マリア・ロストウォロスキ女史のスペイン文献批判を掲げよう。また、それをモーガン・エンゲルスの指摘と比較するのも意義あることと思われる。

「インカ史の主な情報源であるスペイン人記録者（クロニスタ）たちが原住民から得た、ないしは調べた情報を正確に解釈することは期待できない。さらに、西欧人にはその世紀特有の思考様式があり、イベリア半島のものと違う状況に目を開くことができなかった。それだからこそ、かれらの記述

Chapter 7

にはたくさんの矛盾がある。一般に彼らはヨーロッパの習慣と似たものをあげるかと思うと、後になってそれとは矛盾したちがう状況について述べるのである」（『インカ国家の形成と崩壊』、一四四頁。傍線は引用者）。引用部分に限れば基本的にモーガンの指摘、ならびに内容的にはエンゲルスの評価とかさなる面があろう。

なおスペイン人の記録の性格とモーガンの偉業にふれておきたい。コロンブスのアメリカ大陸発見が一四九二年である。コルテスのアステカ征服が一五一九年である。ピサロのインカ（クスコ）侵略と征服が一五三二年、モーガンは一九世紀の人である。その間、実に約四〇〇年にわたって、スペイン人の見識で古代中南米文化は語られ、これらの人々は自分が破壊した世界の住人が、メソポタミア、エジプト、古代中国ならば数千年前、ゲルマン人ならば約一千数百年前以前に暮らしていた社会と同じ性格の社会の人々だなどとは、夢にも思わなかったのである。然るを況んや、北米を征服したアメリカ人一般は、その征服の対象が中南米のような巨大石造建築群を欠く草原・森林インディアンであったこともあって、単なる野蛮人としてあつかったに過ぎないというのが真の姿と思われる。

モーガンの偉大さは、コロンブスの発見以来、すでに約四〇〇年という短いとは言えない時間の経過のなかで、本来のインディアンの姿が白人の征服とその文化で、ゆがめられた面がすでに多かったとも思われるが、それを乗り越えて、北米および中南米のインディアン社会の氏族制度を発見したこと、そうしてこれこそは旧大陸の人類の、数千年前の社会であることを看破したことであろう。だからこそエンゲルスが、それまで無批判に流布されてきたスペイン人の記録に、「はじめて歴史的批判をくわえた」と評価しているのである。

② 先スペイン期のアメリカ大陸の農業

モーガンの研究にもとづいて氏族社会を学ぶにあたって一考すべきは、新大陸の人類が旧大陸の人類と非常に異なる環境のもとで、農耕社会と文化を形成したという点である。その大きな違いは武器はもちろん農機具としても金属器を知らなかったことと、もう一つは、旧大陸の農耕の発展で決定的な役割を果たした牛馬という、大型の家畜がアメリカ大陸には存在していなかった、という自然の壁である。

はるか昔には馬はいたというが絶滅したといわれている。白人の渡来以後、白人から馬を手に入れた経緯はあるという。この大形家畜がいないという意味は絶大である。これをもっとも鋭く問うているのは、やはりモーガン自身である。モーガンは、インカやアステカ、マヤを帝国とよび、さらには中南米のインディアンを「文化水準の高い種族」、北米の草原インデアンは程度が低い野蛮人で、両者は異人種である、というインカ・マヤ等の国家論者の見解を批判して、次のように興味深い質問を提起している。

「村落インディアン（ブエプロ・インディアン）が、アメリカの主要な穀物であるトウモロコシと、耕作技術を最初に手に入れたにもかかわらず、北米大陸を制覇しなかったのは奇異なことにみえる。人口の増加と安定した食糧をもってすれば、彼らが勢力を広げて、いちばん肥沃な地域（北米大陸、引用者）に集団的に移住し、しだいに彼らより未開の部族（北米大陸の草原・森林インディアン）に取ってかわったはずである」（『アメリカ先住民のすまい』、八六頁。傍線は引用者）と。

正当な指摘であろう。この問にたいして自答して以下のように述べている。第一に、インカもマヤも「武器や戦術の点では、後進（草原・森林インディアン）の部族をおさえることはできなかった」、第二に、より一層本質的な問題として、「氏族制社会より進んだ国家的社会をつくりあげることはできなかった。つまり、彼らの制度のもとでは、人民に労働を強いて、自分達の宮殿を建てさせるほどの特権階級や君主が存在し得なかったのである、はじめからそのような社会構造は存在し得なかったのである」（『アメリカ先住民のすまい』、八七頁、傍線は引用者）としている。

たしかにこれはインカを国家と呼ぶ学者等も、インカやアステカは「人民に労働を強いることはできなかった」ことを認めている。「ユバンキ（インカの王といわれる。実際は部族「種族」を代表する軍事酋長）は、大きな軍事的令名を得、多くの同盟者を得たに違いないが、他の首長たちに対して絶対的ないし直接の支配力をもったわけではない。……自分自身で労働力を自由にすることができなかった……」（『インカ国家の形成と崩壊』、五〇頁）というのがそれである。これは単にマリア・ロストウォロフスキ女史個人の見解ではなく、『ラテンアメリカ文明の興亡』（『世界の歴史・18』、中央公論社、一九九七年、初版）を執筆されている、高橋均・網野徹哉氏らの日本人学者も力説されるところである。この説に関しては後述したい。

モーガンがいう通りにインカが「帝国」であるのならば、何故、「天空都市」なるマチュピチュの苦労ばかりが多いと思われる断崖絶壁に段々畑をつくるのか。旧大陸では段々畑は生産力の低い地域の風景である。そんな辺鄙な場所の開発にとどまって、どうして「帝国」というのであれば、また数千㎞とか言われる「インカ道」を作ったというのであれば、堂々の進軍で北米大陸の広大な草原を制圧して、壮大な国家を建設しなかったのか、ということである。

答えはきわめて簡単で、金属製農機具と農業用の家畜がいなかったからである。荷車もない文化なのである。現に、先スペイン時代のマヤ文明についても、「古代アンデス文明（インカをさす）と同様に、鉄はいっさい使用されていなかった。……世界の他の古代文明（旧大陸の古代メソポタミア、エジプト、インド、古代中国文明）と同様に、農耕を生業の基礎としながらも、利器としての金属器、荷車、人や重い荷物を運ぶ大型の家畜を必要としなかった」（『古代マヤ石器の都市文明』、一〇頁、括弧内と傍線は引用者）というのであ

Chapter 7

る。

　ただ青木氏は「なかった。～いなかった」というのが普通のところ、「必要としなかった」とされている。その視線は『新石器段階』の技術と人力エネルギーによって、都市文明（巨大神殿等の石造建築物をさす。引用者）を築きあげた」（同書、一一頁）という〝驚嘆と讃美〟に注がれ、スペイン人によっていとも簡単に破壊と滅亡に追い込まれた要因もまた、鉄と牛・馬という旧大陸の農耕用具がなかったところにある点は、後景におしやられるのである。

　すなわち旧大陸での金属製の犂を牛馬にひかせるという農業が、先スペイン時代のインディアンには不可能だったのである。犂と牛、馬に相当する家畜を農業に使役しなければ、大草原はもちろん森林を伐採して開墾するという、古代国家を形成させるにたる規模の農業をおこなうことは不可能なのである。この点にかんしてモーガンは次のように指摘している。「西半球（アメリカ新大陸）にあっては、土人は一般に未開時代の下層状態に進歩し、またその一部は、ペルウ（インカ）におけるラクダ（リュマ、アルパカは家畜。ビクーニヤ、グアナコは野生種）の他は家畜（牛、馬を指す）を有せず……。（旧大陸では）動物力をもって人間の筋肉を補った家畜は、最高価値の一新要素を寄与した。……鉄の産出は鉄の頭をもった犂や、よい鋤や、斧を作り出した。これにより、また従来の園芸（旧大陸の犂を牛・馬にひかせる農業以前の古代のささやかな農業、引用者。わが国の縄文時代にもあったと思われる）の中から田野農業（草原や森林の大規模開拓による農業、引用者）が現れた。そうしてそれとともに、無制限な生活資料がはじめて現れた。

　動物力にひかせた犂は、一新技術を創始したものと見ることが出来る。今やはじめて森林を開墾し、広い原野を耕作しようとする考えが起こった。それにまた、限定された地域における人口の稠密も、今では可能となるに至った。田野農業の以前には、地上のいかなる部分にあっても五〇万の人民が一政府の下に発達し、結束されるということは出来るものではない。もし例外が起こったとすれば、それは平野における遊牧生活、または特殊な例外的な状況の下に、灌漑によって改善された園芸の結果（古代メソポタミア、エジプトを指す、引用者）であったに違いない」（『古代社会・上』、三八頁、傍線は引用者）。

　南北アメリカ・インディアンの基本的な農耕具は単なる棒である。これはインカにおいても変りはない。こうして氏族的な土地所有地で、焼き畑や段々畑、または浮遊菜園（水上の浮島状の菜園）という、モーガンが正しくいう「菜園栽培」と呼んでいるささやかな農業が基本であって、広大な領域を家畜と犂で耕して・奴隷を使う農業は不可能だったのである。したがって「ユバンキ」が、他人の労働を自由にできないのも道理なのである。

a　戦争捕虜と奴隷制

「アズテック種族（アステカ）は北部（北アメリカ）のインディアンのように、（戦争）捕虜を交換することも釈放することもしなかった。北部インディアンの間では、養子縁組によって救われない限り、捕虜は焚殺されるに定っていたが、しかし、アズテック種族にあっては、不幸な捕虜は僧侶の説教の下に……犠牲としてささげられた」（『古代社会・上』、二三六頁）のであって、奴隷とする習慣がないのである。

　つまりインディアンの戦争は、その戦士一人ひとりにとって、文字通り「自由かしからずんば死か」なのである。つまり奴隷制がないのである。現に南北アメリカの奴隷は黒人であって、インディアンは奴隷になっていないのである。すなわち「他人の労働力を自由にすることができない」のが特徴の、またはその発展段階の社会なのである。したがってエンゲルスが『反デューリング論』だったと思うが、氏族社会にたいして奴隷制社会は、戦争捕虜にとっては一個の進歩であった。少なくとも皆殺しの憂き目からは解放されたからだ、といっているのも道理があろう。人類は客観的にはその生産力が低かった時代には、その限度をこえる人口増加を戦争という方法で、いわば自動調整していたことになる、と思われるのである。

　プエブロ・インディアンというかなり高度の文化の持ち主さえもが、奴隷制を確立しえなかった根本の原因は、農業用の牛・馬と金属農機具を欠いて、焼き畑農業、狭隘な段々畑水準でのトウモロコシ栽培を「棒」を中心とする農機具で行う水準と、水園園芸であった結果、一人当たりの生産量を引き上げることに限界があって、奴隷制による剰余生産をおこなうこと自身が、不可能な水準にあったためである。

　またモーガンは、南北アメリカン・インディアンの生産力の水準と、その社会組織の関連を明らかにしている。それはアステカ「国家」論者がかかげる、メキシコ市の元である「アステカの人口二五万人説」への批判である。「これでは一平方マイル当たり約六〇人となり、ニューヨーク州の現在（モーガン生存時代）の平均人口にほとんど二倍する」と述べ、「家禽も家畜も有せず、また田野耕作を知らない未開人が、今日これらの利益を有する文明人が維持しうるよりも、さらに多数の住民を同じ地域内でどうして維持し得たかを（国家論者らは、引用者）示す義務がある」（『古代社会・上』、二三八頁。傍線は引用者）。

　もう一つ例をあげよう。一四九二年、コロンブスは、アメリカ大陸を発見したあとスペイン国王の承認のもとで、まず、今日のキューバに乗り込み、インカ、アステカ、マヤ国家論者が「首長国人」に分類する「タイノ人」との交易で一儲けする計画であったが、実際は次のような結果であったという。「タイノ人が掘り出して持っていた黄金はたちまち種切れになり、そしてタイノ人の農業活動が生み出すわずかな余剰からは、新規の黄金発掘のための大勢の労働者を養うことはおろか、一五〇〇人のスペイン人を養う食糧を買いつけることさえできなかった。……」（高橋均、網野鉄哉氏著、『世界の歴史・18』、「ラテンアメリカの文明の興亡」、二一頁、中央公論社、一九九七年、初版。傍線は引用者）という姿である。

この著者等は「首長国から征服王国」という視点で、「ラテンアメリカ古代文明」をみる立場である。この「ラテンアメリカの文明の興亡」には一三頁に、コロンブスの新大陸発見時のインディアンの社会発展水準の地域別区分が図示されている。それによると最高水準は「国家」でメソアメリカ（アステカ・マヤ）と中央アンデス（インカ）がそれに分類され、その前段が「首長国」とされ「タイノ人」はその段階に属するとされている。アマゾン地帯はともかく広大な北アメリカ大陸は「草原・森林インディアン」になっている。この図をみるとその分類の基準に石造神殿群の有無があるように見える。

これらの精巧で巨大な石造神殿群等は、エジプト式の国家的・奴隷制的建造物（最近は非奴隷制という研究もある）ではなく、氏族社会の成員の共同労働の生産物とみなす他はないようである。マヤ・インカ等を国家とみるのか氏族社会とみるかの対立点は、あの石造神殿群等を考えるのにその社会の生産力やそれに照応する社会組織という、いわばその社会の実態から考えるのか、それとも旧大陸の巨大石造神殿群等を基準にして、こんなにすばらしい建築物を造営する以上は、それは国家、それも巨大な帝国であったに違いないと、「実証的」（タダ物論的）に考えるのかという、見方・考え方の違いがあると考える。

この「実証的」思考の反実証主義にかんしてモーガンがすでに指摘しているとおり、この種の「実証的」見識の持ち主は、インディアンの社会制度やその組織、運営、生活の実際には関心を示さないという、いわば人間の実生活に無関心という特質がある、と指摘されている。こうした性癖や傾向は金持ちや特権階級に属する者に強くあらわれる特質である。生活に困らない、つまり人間の日々の営みに関心がないか極めて希薄で、これらの人々の関心と興味は「ロマンス」であって、人間の日々の営みなどはあまりにも平凡・退屈なものと感じるのである。こうしてその関心と興味は巨大神殿や、その埋蔵物、特に金銀製品や工芸品等に集中する傾向が強いのである。ここからあらゆるありそうにもないことが、まことしやかに語られ、これを真に受ける人間によって奇怪至極の「ロマンス」が、学問の名で流布されるのである。

なお奴隷制問題に関連して、氏族社会から国家への発展の道筋で必ず古代エジプト、メソポタミア、古代ギリシャ、ローマ型の奴隷制を必然的とするという考え方への批判がある。しかし、モーガンの指摘にみるとおり異方言、異言語の戦争捕虜を、村落インディアンは皆殺しにし、草原インディアンでも一般的には焼殺すという姿は、ひとりインディアンのみの残酷さではなく、氏族社会の人間の「血の紐帯」のなかでのみ生きられるという、社会的条件からうまれる普遍的な特性であって、ここにたてば一般的には生産力の一定の発展段階では、殺さないで使うという「進歩」的対応に「発展」するのが自然である、という点でマルクス・エンゲルス等の指摘は正当である、と考える。

ただし奴隷制をいつでも古代オリエント・古代ギリシャ、ローマ型と見なすかは、これはまた別のこととおもわれるが、倭人（倭国）の「生口」はあきらかに奴隷と考える。これにかんしてはあとで考える。同時に重要な点は、モーガンが強調しているとおり、先スペイン期の南北アメリカ古代人を考えるときに重視すべきは、金属制の農機具も牛馬という大型の家畜も車も存在しないという、旧大陸とは本質的に異なる生産力の問題である。したがってここから旧大陸の国家形成段階にかかわる氏族社会的共同体の姿と、アメリカ大陸の先スペイン期の共同体とを同列に論じたり、旧大陸の姿から類推する仕方には疑問がのこる。国家の誕生を論じるような比較では、旧大陸の農耕と新大陸の先スペイン期のそれは同列ではない、というのが正しいと思われる。

たとえば「首長制度」の名のもとに、旧大陸の氏族社会から国家への過程で世襲酋長等がおびたかもしれない姿を、そのまま中南米の、先スペイン期の古代史に適応できるかは疑問である。その意味では、南北アメリカ大陸では氏族社会が純粋培養、ないしは旧大陸とはことなった特性をもっている、という視点がありうると思われる。巨大石造神殿等への考察も、こうした視野がありうるのではなかろうか。したがって南北アメリカ大陸にヨーロッパ人が到来した時期の、先住民の現実の生活の水準すなわちその生産力を直視すれば、やはりモーガンが指摘するとおりに、奴隷制の存在の余地がない社会というのが実情であろう。

首長国に分類された「タイノ人」のあまりにも貧弱な生産力が、それを如実に示しているであろう。南北アメリカ・インディアンが奴隷にならなかったと先述したが、コロンブスは強権をむき出しにして次のように失敗するのである。彼はタイノ人との商取引ではダメと考え、植民者の素顔をむき出してタイノ人にたいして、スペイン国王の権威である「総督の職権」をもって、黄金の拠出や労役を命じた。「しかし、その結果は反抗と逃散、そうしてタイノ人社会自身の崩壊と大量死の始まりだった」（『ラテンアメリカ文明の興亡』、二一頁）と指摘されている。

ただヨーロッパ人の到来がインディアンにもたらした不幸は、鉄砲と軍馬への驚愕以上に数万年前にベーリング海峡が海没して以来、旧大陸の人間との接触のなかったインディアンが、旧大陸人のハシカ、ジフテリアに感染すると全く抵抗力がなく大量死に追いやられたことであった。したがって例えばコルテスのテノチティトラン（メキシコ市）侵略に、弱腰をしめしたアステカの軍事酋長モクテスマがコルテスの奸計によって捕縛されると、アステカ人はモクテスマの弟クイトラワクをあらためて軍事酋長に選出して決起し、「スペイン・トラスカラ軍に撤退を強い、追い討ちをかけて壊滅的打撃を与えた」にもかかわらず、「この時天然痘の流行がアステカ人を見舞い、クイトラワクもそれで命を落した」（「ラテンアメリカ文明の興亡」、二七頁）とされている。それにしてもアステカ人はスペイン人の馬と鉄砲に、黒曜石という石器の弓矢で戦いを挑み、これを壊滅に追い込む戦術と勇気はあったのである。

b　氏族社会と征服戦争

同時に指摘すべきは、南北のアメリカ・インディアンは、白人到来のはるか以前から征服戦争を行ってきたことは、モーガンによっても確認されている。例えばアズテック連合体（アステカ）には、その構成種族で「一定の割合で戦利品を分割し、かつ隷属種族の納貢を分配する規定をともなう攻守同盟」があり、「被征服村落の織布や園芸作物からなる納貢は、搾取の制度をもって苛酷に誅求されていたらしい」（『古代社会・上』、二三四頁）と指摘されている。これはまた、北アメリカの草原インディアン種族連合体の酋長会議にも、隷属種族らの納貢係がおかれていたとモーガンが述べている点からみて、南北アメリカのインディアンに普遍的なものらしい。南北インディアンは他種族の征服活動によって、強制的な「貢納」までは行えたが、その「貢納」の内容は、例のタイノ人にみるとおりに旧大陸の水準と比較すれば、極めて貧弱な内容に止まっていたと考えられる。

村落インディアンは、一方では高度の文化を築きつつあったが、それらが国家という一層発展した社会に到達しなかったのは、結局は、農耕に牛・馬がなく、また武器・農耕器具としても金属器具がなかった結果、奴隷制や他種族の征服した人間を生産労働に使役する条件をもたなかったのである。インカ・マヤ等の国家論を否定したモーガンは、炯眼であったことになろう。

③　「政治的統一がない」インカ、マヤ等

さらにこれにつけ加えるならば、中南米の「帝国・国家」と呼ばれるものには、旧大陸の古代国家にある「政治的統一」がまったくないことが、帝国・国家論者自身によって指摘されているという問題がある。現に青木和夫氏は先の著書で、「政治的に統一されなかったマヤ文明」（二七頁）と見出しをされ、このなかで「旧大陸の古代文明でしばしばみられるように、カラクルム王朝がティカル王朝を征服して、乗っ取ることはなかった」（同書二八頁）とされ、また、マヤ文明の地である今日の中南米ユカタン半島という、さして広くない地域に、多くの異言語「民族」集団が存在し、「近隣語を除くと、会話がほとんど、ないしはまったく通じない。したがって『マヤ民族』という単一民族は存在しないし、過去にも存在しなかった。民族学者によれば、現代マヤ人の個々の帰属意識は、言語集団よりもむしろ生れ育った村落にある場合が多い」（同書、一八頁）とある。

これはインカにおいても全く同様なのである。「スペイン人は、インカの言葉であるルチ・シミを、〝一般言語〟と呼

んだが、これを（インカが）強制的に普及させようとしたことに、彼ら（インカ）の統一の願望があると言っていい。これは無意識のものであって、言語の普及のほんとうの目的は、国家の行政の便宜のためだろう。しかし、地方地方の人々の、自分のワカ（神殿）や土地や、身近な首長への思い入れが牢固として残り、アンデス世界の統合はついに実現しなかった」（『インカ国家の形成と崩壊』、九九頁、括弧内は引用者）。

「文章（スペイン人記録者、引用者）を参照するにインカ国家の成立にかかわらず、地方社会すなわちクラカの領域は、内部の組織体制を維持し、クスコ人が内部に介入することなく、その地域の習慣を守ったことが推定される。タワンティンスーユが短期間しか続かなかったため、民族集団の長たちを首都と統合することが完全におこなわれなかったのである」（同書、一二二頁。傍線は引用者）。

この引用文の「地方……自分のワカ（神殿）や土地や、身近な首長への思い入れ」の意味は、インカとは種族を異にした異言語の氏族集団の存在の指摘であって、かつ〝ワカ、土地、首長〟という言葉が端的に示すように、これらの「地方」はべつにインカの支配地、つまりインカ国家の地方組織、日本でいえば「県・市・町・村」などではなく、自立した新石器時代的な氏族集団とその土地なのである。この「クラカ」と国家論者がいうものは、非インカ氏族の世襲酋長等である。つまりインカもその他のインディアンも、みな同様に氏族社会的民族集団に過ぎないのである。だからこそマヤにおいても引用したとおりに、共通の言語集団の場合でさえも「帰属意識は言語集団」すなわち民族意識よりも、「生れ育った村落」すなわち氏族にあるのは当り前のことである。

ここに「カラクルム王朝がティカル王朝を征服して、乗っ取ることはなかった」由来があるのであって、したがって貢献を強制される異言語氏族の場合、たとえばインカの指揮に「民族的なまとまり」を示さないのは、当然なことなのである。まだ国家を形成して民族の古代的統一などが、その社会の現実の歴史的な日程にのぼっていないのである。したがって「広大なアンデス地方の住民たちは、自分の小さい世界に固執して、全体の統一というような意識をもたなかった」（『インカ国家の形成と崩壊』、九九頁）のは当り前で、自分達の氏族社会で生きることに執着すること、ちょうどハイハイしかできない赤ん坊は、まだ歩けないのと同様である。

なお、本来は国家ではないインカやマヤをあつかう歴史家が、「自分自身で労働力を自由にすることができない」「皇帝」がいかに帝国を形成するか、これをどう説明するか、という興味深い問題がある。これは氏族社会の説明のなかで見ていこう。日本古代史学にせよ、国家ではあり得ないものを国家・帝国という「歴史学」には共通性があるのである。それは事実の無視とすり替えという手法である。ただ、中南米の現地の歴史家は日本古代史学よりは、はるかに良心的な側面も見えるようである。

Chapter 7

④　巨大石造神殿群について

国家論者の最終的な論拠は、大学的日本古代史学の「実証主義」と酷似している面がある。両者の類似点は、大学的日本古代史学では「大和朝廷」巨大論の具として巨大「前方後円墳」を利用し、中南米ではインカ・マヤ、アステカ国家論の具として、巨大石造神殿がもちだされる点である。日本の場合には実際には巨大「前方後円墳」を、「大和朝廷」が造営したという実証はまったくなく、ただそれを「大和朝廷一元史観」を絶対として「実証」の具にしているに過ぎない。この姿は怪しげな宗教理論ににて神がいると説教して、「ここにある摩訶不思議な巨石はその証拠だ」という理屈に似ているのである。

インカ等の国家論者が巨大石造神殿群をもちだすのは、それを造営したインディアンの社会には、国家の基本的特徴を帯びていないという現実は、モーガンが指摘したとおりに覆せないのであるが、それを巨大石造神殿群を掲げることによって否定して、国家論を合理化しようとするのである。これを実証主義というのであるが……。

しかし、これらは人間がつくるのである。そうである以上は巨大石造神殿群の造営は、ヨーロッパ人が侵攻する以前のインディアンによってではあるが、それはその社会の実態の探究こそが基礎であり、巨大「前方後円墳」は、それを造営するにたる国家的勢力確立の「証拠」としての都城の確認が先であって、それを探究する唯一の道はその国家的勢力の都城の探究を当然、文献の科学的研究とともに実証主義にたって、おこなわなければならないのである。これを〝まずはじめに巨大石造神殿群、巨大『前方後円墳』ありき〟に代えるのは、真の学問ではなく単なる「すり替え」に過ぎないのである。

こうした石造建造物にだけ視点を集中させる仕方の誤りは、インディアンの場合にはモーガンによって示されている。というのもモーガンは、ニューメキシコ等の村落インディアンの四～五階建ての高層建築物が、石の他に日干しレンガでも作られている多くの例を示しており、あの石造神殿群形成の技術的発展には、それなりの歴史があること、ならびにその研究もまた重視されないと、新石器文化の巨大石造建築物の技術的な謎は解けない可能性がある。

⑤　マルクス・エンゲルスとインカ等

『資本論』とインカ

非常に興味深いのはマルクスが『資本論』で、何ヶ所か、「インカ」「ペルー」にふれているのである。マルクス・エンゲルス全集からいくつか引用をしておこう。なお引用文の傍線は引用者。

a　全集「24」、『資本論』Ⅱ、一四二頁。「完全に閉鎖された現物経済（自給自足的社会、引用者）、たとえばペルーのインカ国は、これらの範疇（貨幣経済・信用経済）のどれにもはいらないことになるだろう」

これは『資本論』第二部の「資本の流通」の「第一編、資本の諸変態とその循環」、「第四章、循環過程の三つの図式」のなかの一節である。この膨大な著書を解説する力など私にはない。ただ私はこの一節を次のように理解している。

現物経済とは別名「自然経済」ともいわれ、生産の目的が「売り買い」つまり商品生産ではなく、いわば自家消費を目的に社会が生産活動をおこなう段階の経済体制であり、それに対して貨幣経済とは、「売り買い」を目的に生産をする段階の社会の経済の姿である。信用経済はこの貨幣での売買を信用制度を利用しておこなう、貨幣経済の発展した段階をいうに過ぎない。

人間の生産物が「売り、買い」によって交換される、しかも、それが貨幣ないしは貨幣に準じる一商品を仲立ちとして交換される社会は永遠の昔からあったのではなく、実際にはその社会が国家を形成する段階に達して初めて、そこにいたるのである。然るを況んや信用制度が確立する段階は、この「売り、買い」すなわち商品生産が、社会に根をはるほどに発展した段階であることは周知のことである。

したがってもし人間の生産・経済活動を販売のための生産・貨幣経済一色で塗りつぶす理解をすれば、「現物経済」の否定になるという意味であると。

つまりマルクスは「インカ国」を国家の形成云々など問題外の段階の、経済体制の水準にあると見なしていた、という意味である。

なおこの「現物経済」問題にかんしてエンゲルスは次のように指摘している。「商品生産はけっして、社会的生産の唯一無二の形態ではない。古代インドの共同体も、南スラブの家族共同体でも、生産物は商品に転化しない。共同体の成員たちは、生産のために直接に社会的に結合しており、労働は習慣と欲望におうじて分配され、生産物も、消費にあてられる分については、同じように分配される。直接の社会的生産と直接の分配とが行われているので、商品生産、したがって生産物の商品への転化（少なくとも共同体内部での）、それとともに生産物の価値への転化は、いっさいおこり得ない。

社会が生産手段を掌握し、生産のために直接に社会的に結合して、その生産手段を使用するようになった、その時から、各自の労働は、その特殊な有用性がどんなにさまざまであっても、はじめから直接に社会的労働になる。そうなれば、ある生産物にふくまれている社会的労働の量を、まず回り道して確かめる（貨幣の流通をいう）には及ばない」（『反デューリング論・2』、村田陽一氏訳、五四四頁、大月書店、一九七四年、一八刷）。

今日、「ソ連の崩壊」を奇貨として「国有企業ダメ論」を表看板に、生産手段の社会的所有などはまるで無意味であるかの宣伝が、つねに支配者と政府におもねる日本のマスコミによって大宣伝されている。しかし、戦前は天皇主義的軍国主義を絶賛し、その中国侵略等の讃美の報道に熱中し、第二次大戦中は「鬼畜米英、撃ちてしやまむ」などの報道に明け暮れ、戦後は、アメリカのベトナム侵略に迎合し、といた具合にその姿勢を歴史的にふり返れば、わが国の支配者とそのマスコミ報道は、常に世界史の進行によって断罪される側にたっていた。いまは「今度は西側」という世界の体制の側にあり、もう安心だというのである。

しかし、こうした体制側とそのマスコミの、真実の世界を見通せない強度の弱視をよそに、実際の人類の歴史では「生産手段の社会的所有」問題は、不可避的に社会発展の決定的問題として人類の宿題となり、その正しい解決にとり組むことが、「直接的な課題」となる日が訪れてくることは避けられないと思われる。「現物経済論」はこうした意味あいを、マルクス・エンゲルスによって与えられてもいる問題とおもう。

b　全集「24」、『資本論』II、一八三頁。「他方、たとえばインカ国では、社会的生産物が商品として流通していたのでもなければ、物々交換によって分配されていたのでもないのに、運輸業が大きな役割を演じていたのである」（傍線、引用者）。

この「a」と「b」は読んで字のごとく、インカでは労働生産物が「商品」として流通しておらず「物々交換によって分配されていたのでもない」そういう社会なのである。すでにマリア・ロストウォロフスキ女史の「貨幣がない」という指摘をひいたが、これと一致している。ただし「運送業云々」は、マルクスがどんな資料によったか知るよしもないが、このマルクスの認識はその資料の不十分さに原因があろう。ペルーには先述のとおりに、家畜としては高山性の小さいラクダ科の動物しかおらず、車（馬車や人力車等、引用者）もない社会である。とても旧大陸の馬や牛の運送力とはくらべるべくもないものである。ただしインカ国家論者は熱心にインカの征服的運送力について語ってはいる。この運送力を旧大陸の運送業と同質といえるかは疑問である。

さて、このマルクスのインカ国には「生産物が商品として流通していない」という指摘は、『資本論』やエンゲルスの『家族・私有財産・国家の起源』に照らせば、インカ国家論を根本から否定するものと考える。

「氏族社会は貨幣経済とは絶対に両立するものではない」。これはエンゲルスの『家族・私有財産・国家の起源』（一七九頁）での断言である。国家の誕生とは、分業の発展と商品交換が貨幣や貨幣に準じる一つの新商品をうみだす段階でのことである。この何とでも交換できる一商品、西洋では最初は羊などの動物がこれにあてられ、後には金銀によって代表されたことは周知のことである。

この貨幣の出現は、人間を欲望の従属物にかえ、ついに人間に君臨して、今日、貧乏な老人は病院からさえ放り出される悲哀、人間より金が尊いという社会、それ以前の何万年もの氏族社会の人間が夢想もしなかった世の中、「最大限利潤の追求」が社会の真の支配者になる資本主義社会を生みだす扉を開くものである。こんなことはマルクスが解明したものである。そのマルクスがしかも『資本論』の真っ只中で、古代的商品生産と流通のないインカ社会を自ら論じて、これを「国家・階級社会」というはずはない、と私は理解するものである。

なぜこんなことをここで力んでいうかと言えば、「a」の「インカ国」には「注解・八」（同書、「注解」、二頁）がつけられており、そこには「インカ国――原始社会の遺物を多分にそなえた奴隷保有者国家。社会的・経済的組織の基礎は、土地や家畜を共有した氏族共同体または農民共同体であった」（傍線は引用者）とあるからである。この「注解」はマルクス自身によるものではあるまい。マルクスは『資本論』の貨幣の発展――商品交換の発展～一般的等価形態の発展――を論じて、金属貨幣に先んじて家畜が貨幣の役割をはたした時代を述べている。またこれまで世界の史的唯物論は、国家の発生・誕生の条件に古代的商品生産の発展をあげている。それればかりではない。肝心の日本の古代国家の姿に関する古代中国文献の記述もまた、このマルクスとエンゲルスの国家発生論と見事に一致している。後述する。

したがってこの「注解」は、インカ国家論にたったドイツ語版の『マルクス・エンゲルス全集』の注解者のものであろう。インカ国家論者がマックス・ウエバーの「権力論」を掲げていることは知られている。この理論はマルクスの国家発生論の根幹である、人間の社会は、その一定の生産力の発展段階に照応した生産関係を確立する、という史的唯物論の否定へと道を開くものと考えるが、この注解はそれとマルクス等の違いを消しかねないとも思われる。

さらには、目前の事実、すなわちモーガンの指摘を引いて述べたとおり、ブエブロ・インディアンは捕虜を皆殺しにする。奴隷制は存在していない。南北アメリカ大陸の奴隷は黒人であって、インディアンではない。これは動かない目前の事実である。

C　全集「25b」、『資本論』Ⅲb、一一二二頁である。

「すなわち、なんらかの種類の社会的生産（たとえば自然発生的なインドの共同体のそれ、またペルー人のより人工的に発展した共産体のそれ）を前提とすれば、労働はつねに二つの部分に区分できるのであって、その一方は生産者やその家族が直接に個人的に消費する生産物を生産する部分であり、他方は――生産的消費に入る部分を別にすれば――つねに剰余労働であり、その生産物はつねに一般的な社会的欲望の充足に役立つものであって、このことは、この剰余生産物がどのように分配されようと、またどれがこの社会的欲望の代表者として現れようと、それにかかわらないことである」（傍線は引用者）

というくだりである。

人間の労働生産物は、生産者とその家族の消費にまわされるものの他は、例えば来年の種籾など生産的消費に回されたり、他の生産の原料になるものの他は、広く社会的な要求の充足に当てられるということであろう。問題は「ペルー人のより人工的に発展した共産体のそれ」という文の、「より人工的」という意味が何をさすか、である。私には直ちにはわからないのであるが、あとに引用する『資本主義的生産に先行する諸形態』にある、「ペルー」にかんする記載をみると、この「人工的」の意味は、征服による強制を指すとおもわれる。となれば「征服によって発展した共産体」という意味となり、氏族社会に征服があるという先述のモーガンの指摘と合致するのである。しかも「共産体」という語（訳語ながら）は注目すべきものと理解する。

⑥『資本主義的生産に先行する諸形態』とインカ等

最後に、有名な「アジア的専制体制」論ともかかわる著書で、マルクスはメキシコ、ペルーにふれている。そこで

「東洋的専制主義とこの専制主義のばあいに法制上存在するように見える無所有とのただなかで、実際にはこの種族所有または共同体所有が基礎として存在しているのであって、この所有は多くのばあい、小さな共同体内部の工業（マニュファクチャー）と農業との結合によってつくりだされ、こうしてこの共同体はまったく自給自足的なものであり、また再生産と剰余生産のいっさいの諸条件をそれ自身のなかにもっている。

その剰余労働の一部は、けっきょくは人格として存在する上位の共同社会のものとなり、また剰余労働は貢納等の形でおこなわれることもあれば、またなかば現実の専制君主、なかば観念上の種族本体たる神という統一体への讃仰のためにする共同労働のかたちでも行われる。ところでこの種の共同体所有は、現実には労働においてはじめて実現される以上、次のいずれかの形であらわれよう。

すなわち、小さな共同体は相互に独立併存して生き、そうしてその共同体自身のなかでは、個人は、かれに割当てられた分有地で家族とともに独立してはたらくこともある。（一方では、共同の備蓄、いわば保険のための一定の労働、および共同団体そのものの経費に充当するための、つまり戦争、祭祀のための一定の労働。ここにはじめて、もっとも本源的な意味での首長的財産管理がたとえばスラブ人の共同体、ルーマニア人の共同体に現れる。このなかに賦役等への移行の基礎がある）。

でなければ統一体は労働自体の共同化にまでひろがり、これがメキシコ、とくにペルーにおいて古代ケルト人や、若干のインド種族のばあいのように、正式の一制度となることもある」（『資本主義的生産に先行する諸形態』（手島正毅氏訳、一一頁。大月書店、一九七一年、第一〇刷。傍線は引用者）。

注目されるのがメキシコとペルー、すなわちアステカとインカが、スラブ人、ルーマニア人の共同体とは異なると明言されていることとである。ではその「労働自体の共同化にまでひろがり」という意味は何か、である。それは「古代ケルト人や、若干のインド種族」と同じだということである。では古代ケルトをマルクスやエンゲルスはどうみなしていたのか、これが問題になる。それは『家族・私有財産・国家の起源』から引用した、さきのケルト人に関する記述のあとに、エンゲルスはアイルランドのケルト人の、あまりにも濃厚な氏族社会的な遺制がおどろくなかれ、一九世紀のヨーロッパ世界に残存している姿を報告していることと関連すると思われる。

それはイロクォイ種族や南北アメリカ・インディアン社会に普遍的に見られた、「歓待のしきたり」（一六五頁参照）に通じる「持てる者」が、「持たざる者」を無条件に助ける社会の習性に関連すると思われる。アイルランドのケルト系農民には、富者が貧者を無条件に助ける習慣があって、エンゲルスによれば、「アイルランドの農民に、ブルジョア的所有の概念を分からせるのは不可能だと（イギリスの）経済学者や法律家がなげく」（『家族・私有財産・国家の起源』、二一八頁）ほど、いわば時代錯誤的な習性が染みついている、としていることと関連すると推測するのである。

マルクスの『資本主義的生産に先行する諸形態』は、人類の生産活動とそのうえに立つ社会を、「アジア的・古代的・封建的・近代的ブルジョア的の諸生産様式」（マルクス著、『経済学批判』、「序言」、マルクス・レーニン主義研究所訳、一〇頁、大月書店、一九六二年、五刷）と、特徴づけられる段階をへて発展したと把握したものである。それを氏族社会を出発点にして考察したものと考える。

したがってこうした視点にたてば、つまり社会発展論の視点にたって氏族社会というういわば本源的な姿――ここでは土地は氏族とよばれる共同体が所有し、個々の成員はその共同体から家族数等で平均に与えられる占有地（売り買いはできない。一八〇頁参照）があるだけであって、私有制がない段階――から、土地の私有制が生れる段階への移行を研究することになる。

しかもマルクスは、この発展の過程を「アジア的」「古代ギリシャ・ローマ的」「ゲルマン的」と特徴づけている。「アジア的」な土地所有の発展は、古代エジプト、オリエント等の砂漠地帯とそこを流れる大河をめぐる地域では、個々の小さな氏族社会の農業は、灌漑施設の構築・整備という小さな氏族社会の力だけではなし得ない、巨大な統率力・国家等に依存する結果、巨大な「上位の共同体」への隷属が不可欠である。すなわち「アジア的専制体制」と呼ばれる社会構造の仕組みである。

こうした地域では灌漑施設がなければ農業は不可能であって、そのために第一に、息子や娘たちは親元を自由にはなれて新しい世界に進軍するという、古代ギリシャ・ローマ、ゲルマン的な自由（後述するアメリカ・インディアンの「戦争の私的自由」の習性と同じ）はあり得ず、第二に、したがって親から子へとあまりかわり映えのしない、ないしはきわめてゆっくりと変転する氏族社会的村落と秩序を継承し、その枠内で自給自足の経済を基礎に「上位の共同体（国家）」や「観念上の種族本体たる神」、すなわち社にまつられた祖先に貢納等をおこない、個人が力を発揮して土地の個人的私有権を自由に確立・発展させるチャンスも制約され、したがって個性の自由な発展も制約される等、古代ギリシャ・ローマの氏族が歩いた道とは対照的に、いわゆる「アジア的停滞性」を不可避とした、という。

この分析はオリエント等の砂漠地帯では正しいものの、中国等の場合にも当てはまるものかは疑問もある。しかし、マルクスの主張の正当性は、モンゴル等の騎馬遊牧民族は別に、中国・朝鮮諸国は農業はヨーロッパほどの遊牧農業ではなく、また大土地所有制が支配的に思える点と関連するのかも知れない。この結果、土地の個人的所有制があったとしても、圧倒的な中小農民・土地所有者が古代ギリシャや共和制ローマのように、「民会」等の形式で国家主権とその意思形成に参与し、また市民のなかには盛んな国際貿易に従事するものが大きな力をもつようになるなど、一言でいえば「個々人のエネルギーがますます発展する」ほど、共同体（氏族社会）の規制・集団性が「消極的になる統一体」、すなわち「いよいよ個々人が土地――個別の分割地――の私的所有者となり、……共同体は――国家として――一方では、この自由平等な私的所有者相互の関係、外部にたいしては彼等の結合（国防上の団結）であり、また同様に彼らの保障でもある」（同書一四頁。引用文中の括弧は引用者）という。古代ヨーロッパの民主主義的な発展を導いた特性は見られないという点では、頷けるのである。

しかし、中国、朝鮮、特に中国はマルクス等の指摘にもかかわらず、氏族社会の民主主義の伝統はヨーロッパ風にはたしかに存在しなかったが、しかし「天命論」等のヨーロッパ人がフランス大革命からマルクス主義の「史的唯物論」の確立で到達する、「人民の革命権の擁護」と、それの根拠を人間社会の存立が生産労働に依拠していること、この社会的労働とそれの社会的統制の根底に、個々の生産に従事する人間の権利が「天命」すなわち、天賦の特質として第一義的におかれるなどの命題が、氏族社会の理念から導かれていると考える。マルクス等は、インドまではイギリス経由で知っていたが、中国も儒教も天命論も知らなかった。日本からみて残念なことである、という点で、若干疑問ものこる。

「ゲルマン的」の説明を読むと、ローマという古代奴隷制の世界史的終焉の世界に、かつて古代ギリシャ人やローマ人同様の「氏族社会」の秩序をもった、その意味で若々しい後進性のままに乗り込んだゲルマン人が、その若々しい氏族社会のいわば「血」によって、死滅に瀕した帝政ローマ社会、その病巣の要は長期の奴隷制社会の結果、市民、それも貧しい市民までもが労働を卑しむという、いわば完全に行き止まりの社会を終わらせ、他方では侵攻先の「ローマ市民」と長大な時間をかけて混血をかさね、氏族的血縁社会の習性は地縁社会に姿をかえ、中世から近世〜現代のヨーロッパの諸国民を新たに形成し、しかもこの社会とそれを構成する人間のなかに氏族社会の民主主義という新たな血を注ぎ込んだという。

エンゲルスの言葉を引用すれば、死滅しつつあった帝政ローマ末期の窒息状況の、「ヨーロッパを若返らせたのは、ドイツ人（ゲルマン人＝今日の西ヨーロッパ人等）の民族的特性ではなく、単に——彼らの未開状態、彼らの氏族制度だったのである。彼らの個人的な有能さと勇敢さ、彼らの自由な精神と、すべての公事事項を自分自身の事項と考える民主的本能、要するに、ローマ人に失われてしまった、しかもそれだけがローマ世界の泥沼から新しい諸国家を形成し、新しい諸民族体を成長させることができたすべての特徴——これらの特性は、上段階の未開人の特徴、彼らの氏族制度の果実でなくてなんであったであろうか」（『家族・私有財産・国家の起源』、二五六頁）。

本書はこの項につづいてモーガンによるアメリカ・インディアンの氏族制度の実際をつぶさに述べるが、この〝自由なる精神と公事事項を自分自身の事項と考える精神〟を十二分に見聞できると考える。この〝自由なる精神と公事事項を自分自身の事項と考える精神〟は、古代帝政ローマの支配者が謳歌した、戦争、収奪、重税、腐敗、抑圧、不正の「自由」と対立する「自由」に通じる性格のものであった。

こうして帝政ローマのいわば廃墟に進軍したゲルマン人は、ヨーロッパ封建制を打ち立てた（北フランス、ドイツ、イギリス、スカンディナヴィアの名をエンゲルスはあげている）が、その被支配階級のなかに支配者の「自由」に対して闘い、人民の「自由と民主主義」を新たに発展させるという、素晴らしい贈り物をしたわけである。ただしエンゲルスがあげた名のなかに、ゲルマン部族の一種（ランゴバルト族）が打ち立てた北イタリアの名がないのはいささか疑問である。なぜならばこの地こそは北欧とともに、ルネッサンスという民主主義的近世の夜明けを告げた地だからである。

がさて考えてみればヨーロッパの歴史の進歩は、古代ヨーロッパの民主主義をイタリア・ルネッサンスに端を発する近世以降の資本主義をめざす勢力が、反封建制の理念として復権している。日本では真の古代史は破毀され、中世の武士階級は「天命論」を掲げて「古代大和朝廷」の「尊皇思想」とその支配体制を否定しこれを打破した。近世はこの武家的中世を否定するに、「古代大和朝廷」とその「尊皇」思想を復権し理念とした。発展とは「否定の否定」といえばそれまでである。しかし、こうであれば日本の古代の真の姿を知る意味は大きいと考える。

さて、マルクスのこの著書の視点は、人類の社会・経済体制が氏族社会を出発点として如何に発展したか、それの東西での特質と差異を研究して、資本主義の必然性とその終末を

Chapter 7

掘り下げているのであるから、「本源的な氏族社会の共同体的所有」を讃美したり、それが必然的にもたらす「歓待の習慣」的な残滓を評価する等は研究の性質上、後景におかれることとなると思われる。

したがって『資本主義的生産に先行する諸形態』での、メキシコ、ペルーの古代社会にかんする記述が意味するものは、これらの社会を国家段階はおろか、氏族社会的共同体の「歓待の習慣」のような「本源的な規制」がつよい社会と、解しているると理解するものである。

四　インカ、マヤ文明と日本古代史学

さて、これまで日本古代史学とはなんの関係もないとおもわれてきた、インカ、マヤ、アステカ文明等の中南米インディアンの古代史は、しかし、単にモーガン云々だけではなく大学的日本古代史学の根幹を左右する性格をもつものと言えると考える。

それは述べてきたとおりに、武器と農具としての金属器具がなく、牛馬のような農耕家畜もいない社会でありながら、巨大な石造神殿等を中心にした原始「都市」を形成している点である。これにたいして金属農機具も牛馬もある日本でありながら、「大和朝廷」には、なぜ七世紀末以前には都城・京師がないのか、という問題である。

五　氏族社会の仕組み

①　氏族社会から国家へ――「何がヘソの緒」か

氏族社会こそは、そこから人類の古代国家が生れる母体であって、その政治の姿と土地所有制度を基礎とした生産と生活の実態を知ることは、日本古代史の真実を知るうえでも大きな意味があると考える。日本古代史学では先述のとおりに氏族社会のもっとも重要な性格が、無視されていると考える。

氏族社会の基礎は氏族であり、これを基礎に胞族をへて部族〜種族までを包含する、最大規模でも北アメリカ大陸では約二〇〇〇〇人程度の集団といわれる。この基礎単位である一氏族から最大規模の種族までを貫く特質は、述べたとおりの血族性であり、同時に、一の氏族内での結婚の禁止を基礎にした社会である。すなわち「四血縁集団・四地区制」の問題である。この血族性は一方では現実の共同体の生活・伝承と、共通の言語・方言によって自覚されるという。

日本での氏族社会論は、ともすると「無階級社会論」はいいとしても、男女の結合の形、「一夫多妻制、一婦多夫制」「妻問婚」「通い婚」というような議論や、「女権」に視点が集中されるきらいが強く、「四血縁集団・四地区制」は無視される。当然ながら欧米ではこの考察が正当に位置づけられている。

したがって欧米の場合には氏族社会から国家が生れるとい

う場合、なにが「ヘソの緒」か、これが氏族社会の婚姻形態から必然的に生れる氏族社会独特の住居・集落の形、すなわち「四血縁集団・四地区制」＝原始「都市」と明快なのであるが、「文明開花」気分と思想が支配的な日本であるにもかかわらず、この点の指摘も議論も皆無であろう。もしこの点への正しい議論があれば、「神武」から七世紀末まで都城がない「大和朝廷」を、「大王の世紀」などといっても、さすがに疑問や批判の声がまったくないという状況は生れないであろう。

特にマルクス主義の歴史学を云々する者が「大王の世紀」に付和雷同すれば、厳しい批判が必然的に生れたはずだと思うのである。なぜならば氏族社会から国家が誕生したという、いまでは世界の歴史学の常識になっている考え方を、最初に明らかにしたマルクスやエンゲルス、モーガンという科学的な歴史学の創設者たちは、氏族社会のどんな特質を「ヘソの緒」として、国家が誕生するかというういわば急所を、キチッとおさえているからである。

それが氏族社会的原始「都市」である。こうして私は日本古代史学の「史的唯物論」が、真の史的唯物論のもっとも重要な命題の一つを、ごっそり抜きとって捨てている現場を発見した思いがするのである。したがって氏族社会から国家が誕生する姿を理解するうえで、氏族社会の仕組みと運営、その基本を知ることが是非必要と思われるのである。

②「万世一系」史観は氏族社会の世界観

こうして最初の一人の女性を全員の共通の始祖として、それからの血脈の系統性・一貫性を最大に重視する人間集団の意識、考え方は、すくなくとも日本、中国、朝鮮では、数千年も前の氏族社会の世界観であることが判明するのである。ところがこの世界観が支配する人間集団の社会は、徹底した民主社会なのである。「万世一系の天皇制」の「万世一系」とは異質なのである。

しかも、これらの氏族社会は長大な時間をかけて分離して、やがては言語（日本列島では方言？）を異にして、もとの氏族とは異なる種族や民族、日本列島では部族（？）を形成し、その相互の戦いを通じて国家の形成にむかうのである。

したがって元の氏族からの分離以降の星霜を反映して、最初の女性の祖先名も、分化した諸氏族ではあるいは変化し、また分化の後の氏族の歴史も当然異なる道を歩き、そこに独自の神話が加えられ、国家形成をめぐる戦いでは、そうした氏族史を反映した「神話」が、それぞれの氏族の御旗、こんにちのイデオロギーにあたる自己正当論を形成して、いわば相争うことになったと思われるのである。そうして幾つかの段階を経つつも、こうした抗争で勝利した種族・部族の始祖の女性や、男系にかかわる説話・神話が国家の誕生段階では、いわばピラミッドの頂点を形づくると思われる。

したがって勝利した氏族の神話の崇拝とか、「万世一系」への礼賛・憧憬の観念は、人類史的には数千年前の現実、日本においても少なくとも、四〇〇〇～三〇〇〇年前の氏族社会から古代国家へと、いわば離脱しつつある時代の観念と思われる。こうした時代の観念を文字化したものが後述するように、そもそもの本来の日本神話の姿と思われる。こうしたものを天皇神聖化という反民主主義体制の美化・合理化につかい、天皇家があたかも民族の中心ででもあるかにいうこと、ましてやこうした空想的な観念を学校教育や教育勅語で行政的に強要するなどは、時代錯誤であって論外中の論外のことと考える。

なお、氏族社会にかんしてモーガンの考察を学ぶにあたって、留意する必要があると思われるところは、氏族社会・血縁社会が戦争を回避する最大要因に、同一の言語という問題をあげていることである。モーガンの考察の対象は、旧大陸にも匹敵する南北アメリカ大陸の氏族社会であって、言語の差異もこれを背景として生れるもので、したがって日本本土での氏族間の言語の差異問題を、モーガンの指摘に無条件に準じて考えられるかは、なお疑問がのこるという点である。

③　氏族社会の姿と制度

先ずは氏族・部族・種族の具体的な姿をしること、これが出発点である。重要なことはこの氏族社会という、日本列島をふくむ中国、朝鮮半島では、数千年も前（ヨーロッパではゲルマン人等が約一五〇〇～一六〇〇年以前。世界にも二〇世紀なかごろまでは濃淡はあれ、氏族社会の残滓のある人々は広くいたという）に消滅した社会が南北アメリカ大陸に残存し、それが白人の政治・経済・文化の影響を受けたとはいえ、モーガンによってはじめてその実態が明らかにされたのである。その意味は、この地上でモーガンの研究を凌駕できるような臨場感のある氏族社会の研究はない、ということである。したがってこれを「モーガンの観念」等々と軽々しくあつかうことは、いましめられなければならないと考える。

この氏族社会の姿はモーガンの『古代社会』によって、イロクォイ種族の例でみれば以下のとおりである。なお訳者によって種族とされたり、部族とされているのか、それともモーガン自身が『古代社会』では種族とし、『アメリカ先住民のすまい』では部族としたのかは私には不明であるが、引用本の訳者によって同じものが異なる言葉で呼ばれている、という問題がある。ここではそれぞれの引用本の訳者に従うので、『古代社会』では種族、『アメリカ先住民のすまい』では部族としておく。

1　セネカ部族――一が狼。二が熊。三が海亀。四が海狸。五が鹿。六が鷸（しぎ～かわせみ？）。七が鷺。八が鷹。

2　カウガ部族――一が狼。二が熊。三が海亀。四が海狸。五が鹿。六が鷸。七が鷺。八が鷹。

3　オノンダガ部族――一が狼。二が熊。三が海亀。四が海狸。五が鹿。六が鷸。七が鰻。八が鞠（つぐみ）。

4　オネイダ部族――一が狼。二が熊。三が海亀。

5　モホーク部族――一が狼。二が熊。三が海亀。
6　タスカロラ部族――一が灰色狼。二が熊。三が大海亀。四が海狸。五が黄色狼。六が鷸。七が鰻。八が小海亀。

以上の1～6までの全体がイロクォイ種族を構成し、算用数字の1～6のそれぞれが部族であり、氏族は狼、熊、海亀等々である。「これらの変化は、若干種族中のある氏族が星霜の推移につれて絶滅し、また過大に膨張した氏族の分裂によって、他の氏族が新たに作られたことを示す……」（『古代社会・上』、八四頁）ものと指摘されている。さて、この種族・部族の基礎をなすのが氏族組織であり、そこでの氏族員の権利と義務の姿こそが、氏族社会の姿を照らしだす基本である。

「主要なインディアン氏族の各氏族員の数は一〇〇人から一〇〇〇人を上下している。……セネカ族は八氏族で約三〇〇〇人。一氏族平均三七五人……。二三種族（部族）の間に平等に分属した一五〇〇〇人のオジブア族は、一氏族の平均が六五〇人。……チェロキー種族は一氏族につき、平均一〇〇〇人以上に達する」（『古代社会・上』、一〇五頁）。

氏族員の権利と義務は次の通りである。

1　氏族の世襲酋長と普通酋長を選挙する権利
2　その世襲酋長と普通酋長を罷免する権利
3　氏族内で結婚をしてはならない義務
4　死亡した氏族員の財産を相続する相互の権利
5　援助、防禦、および傷害賠償の相互的義務
6　氏族員命名の権利
7　族外人を氏族の養子とする権利
8　共通の宗教的儀式、裁判に参加する権利
9　共有地埋葬
10　氏族会議に出席する権利

この世襲酋長とは、この氏族がすべて一人のはるかなる女性を共通の祖先として、母親から姉妹、その娘と姉妹、さらには孫娘とその姉妹へと継承される血筋の代表格である。「世襲酋長の職責は平和の仕事にかぎられた」（『古代社会・上』、八六頁）という。したがって母系制氏族では、女性の息子とその兄弟、またその女性の娘・姉妹の息子とその兄弟……のなかから、氏族会議で二人が推薦され、そこで選挙で選ばれたという。しかし、一級上の部族の酋長会議でもし承認を拒否されれば、その氏族はまたあらためて選挙をやり直すことになるという。

「普通酋長」は、その人物の武勇、実務上の能力、また会議での雄弁のために選ばれた（『古代社会・上』、八六頁）という。さらには世襲酋長は元来、その氏族の頭目的側面を代表し、普通酋長はその性格からして部族・種族会議での活躍であって、この二種類の酋長は選出のあと、一級上の部族酋長会議やさらに高級な、部族連合体（種族）の酋長会議が存

在する場合には、そこで承認されれば、その会議を構成する。普通酋長の人数は、その氏族員の数に比例しており、セネカ・イロクォイ種族の場合、氏族員五〇人ごとに一人の割合で、世襲酋長が八人と普通酋長は約六〇人であったという。世襲酋長はイロクォイ部族の場合、「人民の相談役」とよばれ、何らかの才能によって選出される普通酋長は、「高められた名」（日本的には「出世頭」？）と呼ばれたという。モーガンは、古代ギリシャの氏族制度で世襲酋長が「人民の顧問」と呼ばれていたことを指摘し、両者の類似性を強調している（『古代社会・上』、一七五頁）。

④ 氏族社会の民主主義

これは二つの権利によって強固に保障されていた。その第一は、世襲酋長であれ普通酋長であれ遠慮なく罷免する権利が、氏族員に完全に保障されていた点である。どこかのお国の代議士のように、選挙の時だけ「お願いしまーす」といい、なかには土下座しても当選すれば、まず政治のおもむきは一般の国民にはわかりにくく退屈で、国民も先生方が素知らぬ顔をしていても気にしないという、「民主主義」とは全く異なるのである。

同じロングハウス・原始長屋がいくつも集まっている集落で寝起きを共にしている、血を分けた親兄弟姉妹ならびに共通の血族である。その立ち居振る舞い言動はだれにでも分かる状態である。氏族に損害をもたらし、名誉を傷つけたり、失策があれば罷免することを「角をとる」といい、選出することを「角をかぶせる」という。その際、女性は遠慮がなかったという。

モーガンの指摘によれば「……女性は氏族のあいだで絶大な力をもっていたのである。必要とあれば、彼女たちは族長の頭から文字通り角を払い落し、彼をもとの戦士（今日の日本社会では単なる平社員と同じ。引用者）に格下げすることになんのためらいもなかった。族長（世襲酋長）を最初に指名するのも、彼女たちである」（『アメリカ先住民のすまい』、一二五頁）という有様であったという。

またもう一つの民主的権利の保障制度は、氏族会議はいうまでもなく部族酋長会議も部族連合体（種族）酋長会議も、議決の成立は「全会一致制」であって、一氏族が他の氏族の提案、それが例えその会議で多数派であっても、拒否できるという制度が貫徹されたという。これはある氏族が、自身の希望で選出した世襲酋長にせよ普通酋長にせよ、これを拒否できるという、いわゆる拒否権である。氏族員全員、全部族・種族の意志の一致が、この社会の唯一の議決、意思決定のあり方であった。

この他に「3」から「10」までの権利と義務が、今日の「法律」的感覚ではなく自然に定まったものとしたあった。ここでは特に一々はふれない。同一氏族内での結婚禁止の習慣が国家形成の「ヘソの緒」という点は述べた。結婚禁止のその他の意義は、これが人類発展の生物的保障を、社会的におこなったものとして評価されている。ここで若干見ておきたいものは「氏族会議」である。

「氏族会議は、野蛮時代の氏族制度から文明時代まで、アジア、ヨーロッパおよびアメリカ古代社会の大特徴であった。これは氏族、部族、種族、および連合体の最高権力でもあれば統治の機関であった。普通の事件は酋長が処理した。しかし、一般的利害の問題は、一議会の決定にゆだねられた。氏族会議は氏族社会から生じたものゆえ、この二制度（氏族会議と部族、種族会議を構成する酋長会議）は、数世代を経て後世に継承されたのである。酋長会議は人知を進歩させ、またそれを人事に応用した古代の方法を現している。その氏族、部族とその連合体会議の歴史は、引き続いて起こった政治的社会（氏族社会の対語で国家を指す）に、この会議が元老院（ローマ）に変じて伝わるまで、その全発展過程における、政府の観念の成長を現している」（『古代社会・上』、一〇三頁）。今日の衆議院は、ヨーロッパにおいてはこの氏族会議・民会を源流とし、参議院も同様にヨーロッパにおいては、部族・部族連合の酋長会議を源流とするという。日本は欧米の形のうえでの受容である。

したがって氏族会議こそは、氏族社会の規範の根源的な力の源泉である。この会議には「すべての成年男女の氏族員が、提出された一切の問題に対して発言権をもっていたから、民主的な一会議であった。それは世襲酋長と（普通）酋長とを選出罷免し、信仰の番人を選出し、同族の殺害者を赦免または復讐（を決定）し、そうして（氏族外の）人々を養子とした。

それは高級な種族会議および連合体会議の萌芽であり、そうして後の二会議（部族酋長会議と部族連合体〈種族〉の酋長会議）はおのおの、氏族の代表者たる酋長のみで構成された」（同書、一〇三頁括弧と傍線は引用者）。

「こうした自然に生れた氏族社会のしきたりで暮らしたインディアン、イロクォイ種族（そしてこの制度下のアジア、ヨーロッパの人間）の全員は、個人的に自由であって、相互の自由を防禦すべき義務を有していた。**かれらは特権と個人的権利とにおいて平等であり、世襲酋長や酋長といえども優越権を主張することなく、**そうして血の紐帯によってともに結ばれた同胞であった。自由・平等および友愛は、かつて公式（成文法をさすか）とはされなかったが氏族の根本的原則であった。これらの諸事実は、氏族が社会的および統治的制度の単位であり、インディアンの社会が組織されている基礎であるから、重要なものである。

かかる単位からなった構造は、……必然的に彼等の気質の特徴を帯びている。それは　独立心と人格的尊厳との意識が、普遍的にインディアンの性格の一属性たることを説明する上に資するのである」（同書・一〇四頁、括弧と傍線は引用者）。

このモーガンの指摘は、われわれ日本人には味わうべきものに思える。というのはわれわれ日本人は文明時代・国家形成時代になれば水田稲作という、南方系の植物の栽培農耕の東北の限界という、地理的要因と灌漑施設の必要性から「上意下達」の「敬語社会」という傾向をつよめた。一般に欧米人の「対等語」社会、中国人の一応敬語も使いはするが、自己主張もなかなかという姿に比較して、個人の自立性と個人相互の対等平等性、すなわち連帯性でもあるが、この観念が徳川時代、とくに明治以降は否定的に扱われる傾向がつよいように思える。日本の〝民主主義〟の後進性であろうか。

ところがわれわれ日本人と同様の黄色人種であるインディアンの人間性が、民主主義下で育ったヨーロッパ人がみても驚くほどの自立性、独立性をもっていたというのであるから、ここに人間の氏族社会時代の姿があるのであろう。また欧米の民主主義は、この氏族社会の特質が保持された側面があることは、マルクス等の指摘のとおりであろう。例えば氏族会議、のちの民会は裁判をもおこなう機関であったという。イギリス、アメリカの裁判の陪審員制度のそもそもは、氏族会議で成人男女全員が有罪・無罪を票決した制度の名残であろう。真の民主主義のない社会でその後進性の克服を念頭におかずに、これを単に真似してもどれほどの意味があるのかは疑問である。

エンゲルスは『家族・私有財産・国家の起源』で、古代ゲルマン人の裁判にふれ、同一氏族内での死刑は「卑怯と裏切り、反自然的な肉欲」に課せられたと述べている（同書、二三七頁）。この「卑怯、同胞への裏切り」に死刑をもってのぞむ態度は、ヨーロッパ人の根深い体質を形成しているらしく、第二次世界大戦中のフランスやイタリアでの、対独レジスタンスでのスパイ行為や労働運動で「第二組合」を作ったり迎合した場合、それにたいしてきわめて厳しい態度が自然ととられるらしい。

氏族社会のしきたりとは、そもそもこの社会組織こそが、今日の人間性を形成する直接の根源である結果、現在もよくしられている「古い習慣」を、もっともよく説明する面もあるようである。たとえば「仇討ち」である。氏族の誰かが殺された場合、無条件に「血の復讐」を行うことが氏族社会の義務であったという。しかし、もし加害者側が謝罪と賠償をする態度にでた場合には、氏族会議で対応が議論・決定されたという。一旦、「血の復讐」が決定されれば、獲物を追うように相手を追い詰めて殺し、その後は、加害者側の氏族は、それで事件が終わったものとして処理したという。日本の「仇討ち」の遙かなる源流であろうか。

また、古代ならびに中世（武家）の元服、現在の成人式がある。元服では幼名をすてて、成人の名が与えられたのであるが、これはイロクォイ種族、そうしてインディアンの氏族社会に共通であろうが、幼名も氏族会議での披露を必要とし、成人式（一六〜一八歳）では、酋長がその幼名を取り去って成人の名をあたえ、これが次期の氏族会議で披露されて承認されれば名となったという。

⑤ 部族会議と部族連合体（種族）会議

モーガンの『古代社会』では種族とある（ないしは訳されている）言葉は、『アメリカ原住民のすまい』では部族とある（ないしは訳されている）ことは先に述べた。さて、氏族は当然ながら永年のうちには人口を増大させ、分裂・拡散を行う。新旧の大陸という広大な地域では、万単位という長い年月でみれば絶えず拡大・拡散する。その結果はすでに言語の違いが、方言の段階をこえる諸部族・種族のせめぎ合いという状況になる。

モーガンはこれを「種族（部族）と（異）方言との増大は、土人相互のたえまない戦争の主因であった」（『古代社会』、一三三頁。括弧は引用者）、「覚束ない生活資料と不断の戦争とは、村落インディアン（アステカ、マヤ、インカ）はもとより、あらゆる土人種族の人口を減退させた」（『古代社会』、一五〇頁。括弧内は引用者）と指摘している。これはより長い歴史のなかでは必ずしもそうではないにせよ、その戦争は大きな問題であったに違いない。こうした現実を反映してインディアンは、部族会議のみならず、部族連合体（種族）を発展させ、それぞれの「領土の防衛」を共同でおこなった。

⑥ 部族会議

氏族社会で氏族の独立を擁護する基本はこの部族会議である。これの特質が次のように指摘されている。

一　領土とその名称の所有
二　方言の専用（共通の言語）
三　氏族の選出した世襲酋長、普通酋長の部族会議への就任の授与権
四　氏族の選出した世襲酋長、普通酋長の罷免権
五　宗教と信仰、崇拝、その施設の所有権（傍線は引用者）
六　酋長によって構成される最高決議機関としての会議
　　若干の場合に設置される部族の大酋長の指名

a　領土の意味は、その氏族を基礎にした部族が狩猟と漁撈（この場合、かなり広い空間が必要）、または村落インディアンの場合には園芸農業を営む区域を基本として、他の部族の侵入を防ぐにたる周辺の地域からなっていた（『古代社会』、一三五頁）。そうしてその周囲には中立地帯が設けられた。ただしお互いが同じ方言をもちいる場合は、その中立地帯はそれほど広くもなく、またその境界も明白ではなかったという。

b　共通の言語の意味は重大である。これらの集団は共通の一人の女性（あとでは一人の男性）から生れたという、血の紐帯で結ばれていることを自覚させるものだからである。これは同一氏族～部族に共通の伝承と原始長屋（草原インディアンの場合はテント、国家の形成の考察の対象は集落に住む氏族社会）で、歴史的に営々と続けられてきた実際の生活ともども、氏族員の自覚と結束の

Chapter 7

源泉をなしている。この意味は先述のとおりに氏族社会、特にプエブロ・インディアンの場合、その内部に異言語を話す人間を奴隷等としても受け入れることはない、という特質と結びつくのである。

実に、この壁を突破するのは後述するとおり、その社会の生産力の高まりを背景に、社会的分業の確立・発展と、そこから生れる古代的商品生産の発展、交易の普及であって、これを基礎にかつての氏族社会内部に奴隷や異言語系の商人、手工業者等を、少なからず受け入れるようになるのであるが、これこそは国家形成の直接の土台となるのである。したがって先述のように政治的統一がなく、異言語を話す集団がインカ、マヤ等のように並立してお互いに「小さい世界に閉じこもる」、すなわち氏族的血縁の共同体でのみ存在している姿は、国家が存在しないことを示すものなのである。

c　酋長の就任問題であるが、イロクォイ種族（部族）の場合、「氏族によって選出された酋長は、部族酋長会議で就任させられるまでは、酋長とはなれなかった」（『古代社会・上』、一三七頁）。この酋長会議の権限は、部族連合体が形成されて連合体の酋長会議が確立したところではそこに移ったという。この部族酋長会議の規模は、その部族を構成する氏族数に比例して、あるいは大きく、あるいはより小さくなることは言うまでもない。

例えば「デラウェヤー部族の間では、氏族内でその職を世襲する一人の世襲酋長のほか、二人の普通酋長、および二人の軍事酋長――三氏族で一五人（三氏族で世襲酋長三人と他の酋長一二人）――が各氏族にあって、部族会議を構成していた。……各氏族には一人の世襲酋長と数人の普通酋長があった。……酋長の数には規定の制限は存在しなかった」（『古代社会・上』、一三八頁）

d　部族酋長会議には、世襲酋長および普通酋長の罷免権があった。

この時代の人類は、まだ議員の任期性を知らなかったとモーガンは指摘し、その任期は「生涯もしくは失策のない間……この権利は氏族と部族の主権の不断の擁護であった」（『古代社会・上』、一三八頁）と述べている。

e　宗教と信仰、その施設の所有権

氏族社会から国家の形成時に、これは大きな意義と役割があったが、ここでは省略する。ただし、部族連合体（種族）が共通の宗教施設の所有権をもっていることこそは、のちに都城と神殿問題を解明するに際して、重要な意味をもつのである。それはつまり「王一代ごとの遷都・遷宮」などは、人類の王朝にはあり得ないことを示すものなのである。

f　酋長によって構成される最高決議機関

部族（酋長）会議は共通の言語を話す氏族が共同して日常的に自分らの領域を防衛・保持し、またここから生じる日常的な課題の処理にあたるものとして発展した。「氏族がその酋長によって代表されていたように、部族もまた氏族の酋長が構成した会議によって代表され……部族にたいする究極の権力を保っていた。（部族を構成する氏族員、引用者）全員の熟知した事情の下に（この会議は、引用者）招集され、民衆の環視のもとに開催された。そうして彼等（氏族員、引用者）の雄弁家に公開された酋長会議は、必ずや民衆の影響下に行動したに違いない。形態こそ寡頭政治的であったが、この政府は民主主義的代議制であった。

部族の共通利害を保護防衛すべきことが、酋長会議の上に発展した。部族の繁栄と存在は一に民衆の聡明と勇気とに、また会議の智恵と先見とにかかっていた。他部族との絶えざる戦争のために起こる問題や緊急事件は、これに対応処理する上に、これら一切の能力の行使を必要とした。それゆえ民衆が支配的影響をもつことはやむをえなかった。

通則としては、会議は公共の問題について述べようとする、いかなる私人にも公開されており、女さえも彼ら自身が選出した演説者を通じて、その意見と見解を述べることが許された。しかし、決定は酋長会議がおこなった。イロクォイ種族の間では満場一致がその行動の根本的法則であったが、しかし、この傾向が（他種族のあいだで）一般的であったかどうか、私にはいうことができない。しかし、氏族社会の基礎が氏族におかれ、その議決が氏族員の成年男女の会議で最終決定されるという原則に照らせば、一般的に部族酋長会議の議決の有効性も満場一致制であったと考えられる」（『古代社会・上』、一四一頁。傍線、括弧は引用者）。

g　戦争行動（戦争の私的自由）について

戦争行動はおおむね志願兵制にゆだねられた。インディアンの世界では、友好関係を確認していない他部族とは、「理論上」は「戦っている」状態という。「だれでも自由に戦闘部隊を組織して、好きなところへ遠征におもむくことができた。その際、同調者は戦踊に参加した」（傍線は引用者）とされ、もしこの部族に「選出された軍事酋長がいる場合には、かれが自然と指揮官になった」（『古代社会・上』、一四二頁）という。

インディアンの戦争にたいするこの態度について、エンゲルスは民族大移動期のゲルマン人の例をあげて、その普遍的な性格を強調している。

「われわれはすでにアメリカ銅色人（インディアン）について述べたところで、氏族制度とならんで自力で戦争をするための、私的な団体がどのようにして形成されるかを見てきた。これらの私的団体がドイツのもとではすでに恒常的な団体になっていた。

名声をかちえた軍事指導者は、略奪欲に燃える一群の若者を自分のまわりに集め、若者たちは彼に、また彼は若者たちに、個人的誠実の義務を負った。指揮者は若者たちを給養し、賜り物をあたえ、階位制にしたがって彼らを編制した。

それは小規模な出征の際の親衛隊、兼、戦闘力ある部隊であり、大規模な遠征のさいの練達した将校団であった」(『家族・私有財産・国家の起源』、一三八頁)。さらには、ゲルマン人のこの戦闘部隊と組織こそが、ローマ滅亡後のいわゆる中世ヨーロッパの王と貴族階級を形成する源流である、とも指摘している。

わが日本においてもこれは後述するとおり存在したと考えられる。重要な点はこうした「自由な」戦闘行動が、武力植民の一形態と考えられる点である。特定の氏族や部族からの分離の最初は色々の形があれ、その一つに、あらたな土地を目指す「遠征」があったことである。これにには女性も同道したと思われる。インディアンの遠征は、きわめて手軽でその食糧は、「戦士の腰に付着した袋に入れた焙りトウモロコシの粉と、途中で捕獲した魚や鳥獣からなりたっていた」(『古代社会・上』、一四二頁)という姿である。

こうした「自由に開始される戦争」の場合、部族会議に遠征の許可願いなどは、「請求もされなければ必要でもなかった」(同書、同頁)という。同時に「部族会議(種族)は宣戦の布告、講和の締結、使者の派遣と応接、および同盟の締結などの機能を有していた。独立した部族間の交渉は、魔法使と酋長との代表委員によっておこなわれ、いずれかの部族にかかわる代表委員の来訪が期待されていた時は、その応接と事務遂行とのために部族酋長会議が招集された」(同書、同頁)。

h 若干の場合における部族の大酋長

「あるインディアンの部族にあっては、世襲酋長の一人はその大酋長と認められ、そして彼の同僚に比べて、上位にあるものと認められた。会議の開かれていない時、これを代表する頭目に対する必要は、ある程度まで存在していたのであるが、しかし、この役目と職責とは軽微であった。会議は権力において最高であったとはいえ、その開催はまれであった。しかも部族を代表する権能をあたえられ、その行為が会議の批准にゆだねられる人物の、臨機応変の処置を要する諸問題も起こったのである。……・それは多くの部族に存していたが、しかし、行政官の概念には当てはまらぬほど、薄弱な権威の形態で存したに過ぎない」(『古代社会・上』、一四三頁)という。

ところが「古代(アステカ・マヤ・インカをさす)のある著者の用語には、彼らが国王と呼ばれていたが、こんなことは単なる戯画に他ならない」（同書、同頁）とモーガンは、言葉鋭く「ある古代史家」を論難している。アステカ・マヤ・インカを「国家・帝国」という人のインディアン社会、その氏族制度への理解の水準は、このモーガンの指摘に合致するとは後述する。

インディアンの氏族社会の制度自身は、「それ自身ではさして重要ではないが、しかし、近世の議会、国会および立法院の萌芽として、それは人類史の上に重要な関係を有する」（『古代社会・上』、一四三頁）、すなわちこの氏族社会とその会議の性格と仕組みから国家、およびとくに民主主義の政体が生れてきたという点に、モーガンの場合、研究と主張の眼目である。

モーガンによれば、国家の政治的な形態が氏族社会の氏族会議と酋長会議の変遷によって、段階的に準備されているというのである。「第一の段階は氏族が選挙した酋長会議による部族の政府であって、これは一権と称するべきもの」（『古代社会・上』、一四四頁）で、これは国家形成以前の人類にあまねく存在する性格の政府であるという。「第二段階は、酋長会議と軍事総指揮官との同格的な政府」（同書、同頁）であって、「未開時代の下層にあらわれはじめ未開の中層（南北アメリカ大陸のインディアンの水準で、金属器を欠き農耕用の家畜がない状況）において固定化される性格で、一方は民生上の、他方は軍事上の機能を代表し部族連合体の確立をもって完成する、二権政府という。次の段階は、もはや南北アメリカ大陸のインディアンは到達し得なかったもので、旧大陸の国家の形成時の酋長会議＝元老院、人民会議＝民会、および軍事総指揮官の三権政府という民族体（氏族的血縁ではなく共通言語と領域）を基礎にした政府という。

まさに、「将軍（部族連合体の軍事酋長）すなわち軍事総指揮官の役目は、行政長官、国王、皇帝、および大統領の萌芽であった」（同書、同頁）と指摘している。ここからみて新大陸を発見した一五～一六世紀のスペイン人が、一軍事大酋長であったインカを皇帝と見なし、酋長会議の世襲酋長を貴族と見なし、後述するように一般の氏族員をスペインの当時の農民とみなし、それでこの社会を認識したと錯覚して、その社会の仕組みと特質を研究せず、とくに当時のスペイン、ヨーロッパの社会とは隔絶した氏族社会と、特にその民主主義を全く理解できなかったとしても、あるいは仕方がないのかも知れない。

モーガンは欧米の反封建制・資本主義的民主主義の発展期（?）の時代の人であって、その点でもマルクス・エンゲルスらの、ヨーロッパの民主主義的思想・文明を継承し発展させる見地を共有する人である。一六世紀のスペイン人は封建的ヨーロッパを代表する理念の世界に属する。かれらがインディアンの実生活に注目せず、その民主主義の意義を理解し得なかったとしても、あるいは不思議ではないのかも知れない。

i　部族連合体（種族）の酋長会議と都城の芽

われわれはやっと、本書の探究の眼目の一つである都城問題の入り口にさしかかった。モーガンは部族連合体（種族）を、イロクォイ部族とアステカ部族で研究をしている。この部族連合体（種族）とは、「常住不断の戦争状態」（『古代社会・上』、一四六頁）にあったインディアンのうち、「知識の上でも生活技術の上でもその利益を認めるにたるほど進歩した部族の間に、この自然的傾向の実現を促進した……」（同書、同頁）という。

イロクォイ部族の例では、「彼らの伝説によれば彼らがニューヨーク州に定住してから、連合体が作られるまでには長い年月を要し、その間、共同して敵に当たり、こうした攻防をもとに連合主義の利益を経験した、と言っている。彼らは村落に住んでいたが、この村落はおおむね防衛柵をもって囲まれ、そうして魚類と鳥獣、および小規模な園芸上の産物で生活していた。彼らの人口はいかなる時も、二万に達したことがあっても、かつてそれを超えたことはなかった。覚束ない生活資料と不断の戦争とは、村落インディアンはもとより、あらゆる土人種族の人口を減らした」（『古代社会・上』、一四九頁）。

重要な点は、この部族連合体（種族）こそは、氏族社会の達し得る最後の、そうして最高の組織であって、国家はこの組織を継承、発展、ないしは変質させて生れてくるのである。すなわち国家誕生と都城の根源はまさに、この部族連合体に発するのであって、こうした基礎をなす部族の根拠地、その村落が防衛柵をそなえ、さらには周囲を水をたたえた濠等で防衛（アステカ）していることは、都城の考察で決定的な意味があると思われる。

したがって現実に普遍性をもって存在したインディアンの村落、すなわち「四地区制」を確立する仕組みと構造を眺め、次ぎにその段階のインディアンの土地所有の姿、それの氏族社会的運用の実際と、この連合体運営の関係を考察しよう。こうしてわれわれは人類最古の国家が、どのように生れ、その都城がどんなものか、これが明らかになってはじめて、古代的都市国家の誕生の姿を理解でき、「王の世代交代ごとの都城の移動」とか、「遷都・遷宮」などは断じてあり得ないということを、客観的な根拠にたって理解できると考える。

連合体の酋長会議はイロクォイ部族の場合、次のような特質をもつ組織という。

（1）連合体は平等の基礎における一政府の下に、共通氏族より成った五部族の結合であって、各部族は地方自治（各々の部族の自治、引用者）に関して、その独立性を維持していた。

（2）連合体は世襲酋長の総会議を設けたが、世襲酋長の数には制限があり、その地位および権限は平等で、連合体に関する全問題について、最高の判断を下す権能を付与された。

（3）五〇人の世襲酋長職が、諸部族の一定氏族の中で永久的につくられ、指名された。空位（死亡、罷免）の生じた場合、その都度、それぞれ彼らの氏族員のなかから選挙によってこれを補欠し、そしてさらに相当の理由によっては、その職務を罷免すべき権能は、これらの氏族に属していたが、しかし、これらの世襲酋長に役目を授与する権利は、総会議に保留されていた。

（4）連合体の世襲酋長はまた、その各部族の世襲酋長であって、これらの部族の諸酋長とともに、各部族会議を構成し、この部族会議は、もっぱら部族に関する全問題に対して、最高の権利を有していた。

（5）連合体会議における満場一致は、あらゆる公の行為に必要な条件とされた。

（6）総会議において世襲酋長は、部族別に投票し、各部族はまた、他の部族にたいして否定の投票権（拒否権）をも有していた。

（7）各部族会議は総会議を招集すべき権能を有していたが、しかし総会議はみずから招集すべき権能を有しなかった。

（8）総会議は公の諸問題を討議するのに、同族中の雄弁家に公開されたが、しかし、決定権は総会議だけが有した。

（9）連合体は行政長官、または正式の頭目を有しなかった。

（10）軍事総指揮官の必要を経験した結果、彼らはたがいに中立的な、二重（二人、引用者）の形式でこの官職を設けた。新設の両軍事酋長は、その権能を平等とされた（『古代社会・上』、一五三頁）。

興味深いのは連合体総会議の世襲酋長職は、襲名制がとられ、いったん総会議の世襲酋長職につくことが容認されると、その個人の名は「とりさられ、前任者の名を踏襲した」という。連合体の結束上の原則は、相互の防衛の利益ばかりではなく、血縁の紐帯にもっとも深い基礎をもっていたという。

j　連合体総会議の世襲酋長の担当職

「長屋の番人」――総会議の各世襲酋長職には、すべて補助の世襲酋長を有し、これはその氏族によって、その同族のなかから選出され、総会議で世襲酋長同様の手続きで受任されたという。その職責は、「助力者」と称されて、あらゆる儀式の場合には上司の背後にたって、主任の代理として行動し、また一般に彼の指揮命令に服従すべきことを職責とし、また現在の上司の世襲酋長の跡継ぎとされたという。この助力者は通称「長屋の番人」と呼ばれたという。「長屋」は、「連合体の象徴とされていて、彼ら自ら『長屋の民』と称していた」（『古代社

Chapter 7

会・上』、一六三頁）。
この他に部族連合体酋長会議のいくつかの職責が、特定の部族に世襲されたという。例えば、オノンダガ部族には「貝殻珠帯の保管人」（後述）と、「会議の炬火の番人」。モホーク部族は隷属部族からの「貢物の受領者」、セネカ部族は「長屋の門番」といった具合であったという（『古代社会』上、一六一頁）。さらに二人の軍事酋長がおかれたが、イロクォイ部族の場合、この部署は、連合体防衛でもっとも手薄なセネカ部族に割り当てられていたという（『古代社会』上、一七八頁。傍線は引用者）。

k　氏族の伝承――「貝殻珠帯の保管人」――神話の史実性

日本では「日本神話」造作論が、「皇国史観批判」と銘うたれて正当視されている。がしかし、モーガンのインディアン文化への貴重な考察にたてば、「神話造作」論は氏族社会時代の人類を無知蒙昧で、ありもしない空想的で荒唐無稽な話を、有り難く祖先から連綿と伝える水準の知能の者と見なすことであり、結局は、自分たちの祖先を侮り嘲笑するものなのである。

こうしたことを「皇国史観批判」の名のもとに行い、その陰で真に批判的に検討すべき「万世一系の天皇制・大和朝廷一元史観」を擁護するのは、二重三重に自分らの祖先とその真実をないがしろにするものと考える。こうした「皇国史観批判」を絶賛して結局は、「日の丸」「君が代」の強要となるのはいわば自業自得の面があろう。

そこで「貝殻珠帯の保管人」という職責とその内容に関する、モーガンの研究を述べておこう。この「帯」は古い世襲酋長の死亡と新しい世襲酋長の選出を、連合体総会議で受諾するか否かのための会議の招集状でもあるという。これは「哀悼会議」と名づけられたという。この会議は単にそこに職責をもつ世襲酋長のみならず、部族連合体を構成する氏族員にとっても非常に関心がもたれ、「彼らはもっとも遠隔の地からも集まり来たり、熱心と情熱をもって参列した」（『古代社会』上、一七二頁）という。この式典は氏族社会の血縁関係にたって厳かに盛大に行われて、おおよそ四日間を費やしたという。

「なかでも彼らの表現をかりれば、連合体の構造と原則とが『話されていた』古代の貝殻珠の帯は、新任世襲酋長の訓示として提出され、判読され、あるいは解釈された。必ずしも世襲酋長の一人ではない魔法使は、これらの帯を一つ一つとりあげ、二組の世襲酋長の間を前後にあるきながら、それに記録されている事実を判読する。インディアンの思想に従えば、これらの帯は解釈者をまって、当時それに〝話された〟正確な規則、規定、または処理を語ることができる。そうしてこの帯は唯一の記録であった。

紫と白との貝殻珠の紐ワムパム（貝殻の数珠）の結び

目、またはいろいろな色の珠でつくった彩織りの帯は、一定の紐や文様と一定の事実とを連結させる原則に基づいて操作され、かくして記憶にたいする忠実とひとしく、事実にたいする連続的な排列を生じた。

これらのワムパムの連続と帯は、イロクォイ部族の唯一の目にみえる記録であったが、しかも、かれらはその紐と文様の中から彼等の記憶中に封じ込められている記録を引き出し得べき、熟練した保管者を必要とした。オノンダガ部族の一世襲酋長は、「ワムパムの保管者」に任ぜられ、そうして彼とともに登用された二人の助力者は、世襲酋長と同じようにその解釈に通暁するを要した。

これらの数条の帯や紐の判読は、魔法使の演説の中で、連合体構成当時における出来事の連絡した説明を作り出した。**この伝説は完全にくり返された**。その本質的な部分は、これらの帯に含まれる記録に照らして確証された。こうして世襲酋長の登用会議はイロクォイ部族の心中に、連合体の構造と原則、ならびに**その歴史を、永久に鮮明に維持した教育的会議であった**。(『古代社会』上、一七三頁。傍線は引用者)とモーガンは述べている。

インカにもヨーロッパ人がキープとよぶ紐はあることは知られている。もっともインカが「キープ」などと呼ぶはずもなく、それらには現地語があったはずである。この意味は、イロクォイ部族の例で知られるように、この判読には連綿として続けられる、氏族制度の構造に組み込まれた「保管者」がいると指摘されている点である。したがってスペイン人から亡ぼされたインカ等の種族は、一六世紀初頭のヨーロッパ人が、その「保管者」の意味を知らず、単なる野蛮人として抹殺すれば、体系的に保持された判読法も永遠に失われ、あとは当時のインカ人一般の切れ切れの記憶に、割られた皿の破片のようなものが、散乱することになるという点である。

モーガンがインディアン社会の最高の組織、すなわち国家誕生の前の段階としての、連合体の性格に注目しているのは当然である。しかし、氏族、部族段階の伝承のしきたりについては語っていない。過去の事件等を伝承する習性は、氏族・部族のそれぞれの段階にも当然あったと考えられる。また同様の記録方法もあったと推測される。そうして氏族、部族の新世襲酋長の任命か、成人式等でこの伝承はくりかえされ、正確に伝承されたというのが人間の真実の姿ではなかろうか。

大学的日本古代史学では「語り部」などというが、もしこの言葉が真に古代的なものであれば、それはインディアン同様に連合体など、氏族社会段階の職責としての「部」であって、この「部」の考察も「大和朝廷一元史観」から解放されて、根源的に問い直すことが必要と思われる。なぜならば氏族社会時代に「天皇」などいるはずもないからである。

六　氏族社会の生活と住宅

さて、以上のような社会の仕組みを特徴とする氏族社会では、その生活の実際の姿、また土地、主に農地と領土であるが、これが実際にはどんな姿であったかを知ることは、国家＝都市国家の誕生、また国家と都城問題の関連を明らかにするうえで、きわめて重要な意味をもつものであると考える。これらを知るうえで決定的なものの一つは、その居住の姿なのである。

国家の誕生以降、ただちに支配層の住宅は、いわゆる今日の家族単位――すなわちその財産は男系の父、子供、孫、曾孫へと継承される個人的な家族――が中心となり、土地の個人所有（土地の私有）が一層発展すると、この個人住宅が社会の基本的な姿となることは周知のことである。

ところがすでに指摘したとおり北米の草原インディアンのみならず、アステカ、マヤ、インカ等は「長屋の民」を自称するのである。これになぞらえれば今日のわれわれは「個別住宅の民」なのである。これに反して全インディアンは「長屋」、すなわち共同生活こそが、これらの人々の日々の生活の姿なのである。これは日本ではすでに文献等でも直接的には残っていない、歴史の忘却の闇の彼方のことであろう。

しかし、先述のとおりほとんど同じ構造の原始長屋が、アメリカ大陸のみならず中国、ヨーロッパで発見され、しかも中国とヨーロッパの場合には紀元前四〇〇〇～四五〇〇年と時代的にも近く、また、ともに原始長屋が数十から一〇〇という規模で、環濠や防衛柵に囲まれて存在し、そこに「四血縁集団・四地区制」という、南北アメリカの先住民の場合と共通性のある集落が形成されていたのである。この長屋の姿とそこでの生活の実態を知ることは、その土地所有の姿と原始的長屋生活とが、一定の内的な関係にあることを説明するものと思われる。

一九世紀～二〇世紀にも東南アジア等で、いわゆるロングハウスとその住民は知られている。しかし、これらはすでに国家が形成された後の、いわば辺境の地に閉じ込められた民族の姿であって、大陸に国家が存在しない原始長屋とは、歴史的に質的な差異があると考える。その意味でアメリカの先住民の原始長屋と「四血縁集団・四地区制」は、モーガンがいう通り人類史的意義のあるものである。

この研究を通じて氏族社会の「都市」、すなわち「四血縁集団・四地区制」下の村落における、部族連合体（種族）酋長会議等の公職等とそれが遂行される場所、その管理・運営の費用の捻出の仕組み、また従属氏族への搾取の姿が、国家制度との違いと関連において、はじめて明らかにしうると考える。ここを明らかにしてこそ古代都市国家の誕生と都城の必然的な関連が、曖昧さなく解明される。つまりモーガンの研究を基礎にマルクス・エンゲルスが、その研究をおこなっているわけである。

したがってこれをつうじて「天皇の代替りごとの遷都・遷宮」の真の意味、すなわち大学的日本古代史学が一致して、「天皇の代替りごとの遷宮」時代の「大和朝廷」を、「大王の世紀」とさけぶのであるが、その成否を客観的に明らかにできると考える。

① 生活共同体――原始長屋

「氏族社会が普及しているところではどこでも、血縁関係にある数家族がおおむね共同の所帯をつくり、漁や狩猟、トウモロコシなどの作物の栽培によって得られた食糧を共同で蓄えていた。彼らは、大きな共同体住宅を建て数家族を収容した。その結果、先住民時代には、一つの家族が一つの家をもつのでなく、一般に大所帯が（南北、引用者）アメリカ全土に存在していた、といってよい。このばあい、食糧の共有は所帯内にかぎられていた。しかし、「歓待のしきたり」があったために、生活の糧を所帯以外の人々にまで分け与えることが、ある程度は行われている」（『アメリカ先住民のすまい』、一二三頁、傍線は引用者）。

この「歓待のしきたり」こそは、氏族社会とその人間性をしめすおどろくべき体制的習性であるとともに、インカ、マヤ等の国家論にたつ学者が、「人を自由に使えない」インカ等の「王」が、他者を支配の網の目に組み入れる唯一の道と、強調しているものでもある。後述（一九五頁参照）したい。

モーガンは長屋生活の実例を多く集めており、またここでは食糧の貯蔵と料理、ならびに公平な分配の総責任者が女性の「家母」であって、女性が原始長屋を治め、長屋の運営、すなわち食糧の貯蔵と料理、その分配に男が口出しする余地はなかったという（同書、一二五頁）。この時代、この体制での女性の権威は絶大であったという。また女性は単に「ケチ」などではなく、資源の節約や住環境の改善に熱心であったともいう。

こうした大住宅の原始長屋は、「それぞれ住宅には、いくつかの炉が、たいてい四室に一つの割合で、通路（住宅内部中央、引用者）の真中に煙突もなく置かれていた。各所帯は家計をとりしきる家母がまとめていた。一日一度の食事が炉で調理されると、家母が呼びだされる。鍋から各家族に、必要に応じて食べ物を分配するのは、彼女の役割であった。残り物は、家母が次に命じるまで他の人が保管する」（『アメリカ先住民のすまい』、一二三頁、以後『すまい』と省略。傍線は引用者）。この他に円形の家で、中に六人から二〇人が炉を囲んで寝られる規模のものが、二戸から五〇戸集まったもの等も報告されている。

しかし、国家の形成を視野におけば草原インディアンよりは、やはりプエブロ・インディアンの原始長屋群の姿が重要である。そうじて村落インディアンは男系の場合が目につく（インカは女系）。

モーガンは定住（プエブロ）インディアンの住宅について、「彼らの建築がより高度に発展したのは、一つは耐久材料

（石や日干しレンガ、引用者）を用いたからであり、もう一つは防衛という要素を生活共同体に適した形で加えたからである。ブエプロ居住は、ニューメキシコのサン・フアン川流域、また後にはメキシコ（アステカ）と中央アメリカ（マヤ）に見られる。……・先のブエプロ全体において、生活様式が本質的に同じだったように、住居建築の形態もお互いに関連していた」（『すまい』、一二七頁）。

また、「一五四一年から四二年にかけて、コロナドがニューメキシコへ遠征をした当時、人々が住んでいた同じ家に、いまも子孫の一部が住んでいる。それは、アコマ、ヘメス、タオスの各住民についてもいえる。現在のブエプロ・インディアンの生活設計や生活様式は、ある部分では変わってきているものの、一六世紀に存在したズニからクスコ（インカ、引用者）にいたる村落インディアンの生活を今日にまでかなりよく残しているといえよう」（同書、一二八頁。傍線は引用者）。

このブエプロ住宅と生活の特徴は、「ニューメキシコの南部のインディアンは、こぎれいな服を着るなど、より良い生活状態にあり、すでに未開時代前期（土器生産まで）より未開時代中期（南北アメリカ大陸では、灌漑施設によるトウモロコシ栽培農業と日干しレンガ〜石材による原始長屋の建造される文明の水準。いずれもモーガンの時代区分）へと進んでいた。住居は、日干しレンガや石づくりの二、三階、または四階建、時には五または六階建で、五〇から五〇〇の部屋があった。灌漑用水を使ってトウモロコシなどの作物を栽培していた」（『すまい』、一二七頁、傍線、括弧内はは引用者）

モーガンはこれらの巨大な原始長屋住宅を「宮殿」とか貴族の館という、インカ、マヤ等を国家・帝国という学者等の見解をしりぞけている。

なおこの巨大建物を「支配階級のものとみるか、氏族社会的共同住宅などとみなすか」という問題は、日本古代史学の考古学では、巨大「前方後円墳」を「大和朝廷」の造営と信じこむ傾向への批判と似ている。日本では「考古学の見解」というと、すべて〝実証的なもの〟と信じこむ傾向がつよいが、それは「お医者さんの診断」といえば、すべて間違いないと信じこむ姿ににているのである。

さて、これらの原始長屋の特質は、ニューメキシコにおいてはいずれも、一階からは部屋にはいる出入り口がなく、複数階の最上階まで移動式の梯子で上がり、それぞれ最上階の天上のはね上げ戸を開閉して出入する仕組みになっているとある。これは防衛のためである。この構造は、これらの巨大原始長屋が、共同住宅であることを示すものであろう。しかも住宅の構造は、一階の横幅が一番大きく二階にたいして一階の屋上がテラス式になっており、二階は三階に対して同様にテラス式になっているのである。

モーガンは、マヤ文明で有名なユカタン半島のマヤ人の実際の生活にかんする、一九世紀のアメリカの外交官ジョン・L・スティーヴンズ（一八〇五〜一八五二）著の、『ユカタン半島の旅の出来事』の一節を引用している。かれはスペイン人が財宝探しで侵入し、石造りの古代原始長屋を次々と攻撃し、「スペイン人の迫害により略奪され、その住居は今は廃墟となった。現在のユカタンのマヤ・インディアンは彼らの子孫である。一八四〇年になっても、まだみられたマヤ・インディアンの生活共同体というものをはっきりと知ることができる。（ある）共同体は一〇〇人がラプラドーレス、つまり働く人々からなる。

土地は共同所有、耕すのも共同で、生産物は全員に分配される。食べ物は一つの小屋で用意され、どの家族も自分の分け前をとりにいく。……さしせまった事柄がほかに多くあったため、このような家政の詳細を知ることができなかった。それでも、それは、ときどき耳にする一段進歩した社会（社会主義をさす、引用者）に似ているように思える。この社会は、うかがいしれないほどの長期間にわたって存在しており、決して一時的に生じたものであり得ない。オーエンやフーリエ（二人とも著名な「空想的社会主義」の活動家、マルクス・エンゲルスの科学的社会主義の先行的系譜）なら、おそらく、この社会からおおいに学びえたであろう」というものである。

そうしてその住宅の規模にかんして、モーガンは、「一〇〇人の働く人がいるということは、女子子供をあわせて五〇〇人の人がいることをしめしている。彼らは一つ炉に日々の糧をたより、共同の貯蔵庫から食糧を供給してもらい、大鍋から分けてもらっていた。ウシュマルの『尼僧院』と『総督の館』（これは国家論者が、王や支配者の宮殿などとして有名のなった建物）には、スペイン人に征服されていた当時の父祖の生活様式（氏族社会の原始共産主義的生活様式、引用者）が、まぎれもなく描きだされている。

スペイン人の冒険家（新大陸侵攻、引用者）たちが、次から次へとこういうブエプロを攻め落とし、個人的な目的のためにインディアンをむりやり働かせたこと、また、インディアンが奴隷になるのを逃れるために、自分たちのブエプロを捨てて森の奥にひきこもり、その後、彼らの石造りの住宅は崩壊したこと、さらには彼らの廃墟や、かつて彼らのものとしてあったすべてが、いまだこの地の全土に残っているということは、よく知られている」（『すまい』、一四〇頁）。

今日も、ユカタン半島のジャングルの中に、これらの巨大な石造りの原始長屋とピラミッドと称される石造神殿群が無人のまま発見され、まるで観光用ででもあるかに整備されている姿は日本でもよく知られている。そのなかには突如として放棄された痕跡が認められるものもあるが、この現象の最大の要因は、スペイン人の黄金など一攫千金の夢にうかされた攻撃と略奪であろう。

モーガンは、この巨大な石造原始長屋をニューメキシコ、やメキシコ（アステカ）で多数、検証している。ここにはそのほんの一例をげて、牛馬という農耕家畜を欠き、また鉄器を知らなかったにもかかわらず、石造建築物では新石器時代

図7　フンゴ・パヴィ、復原図

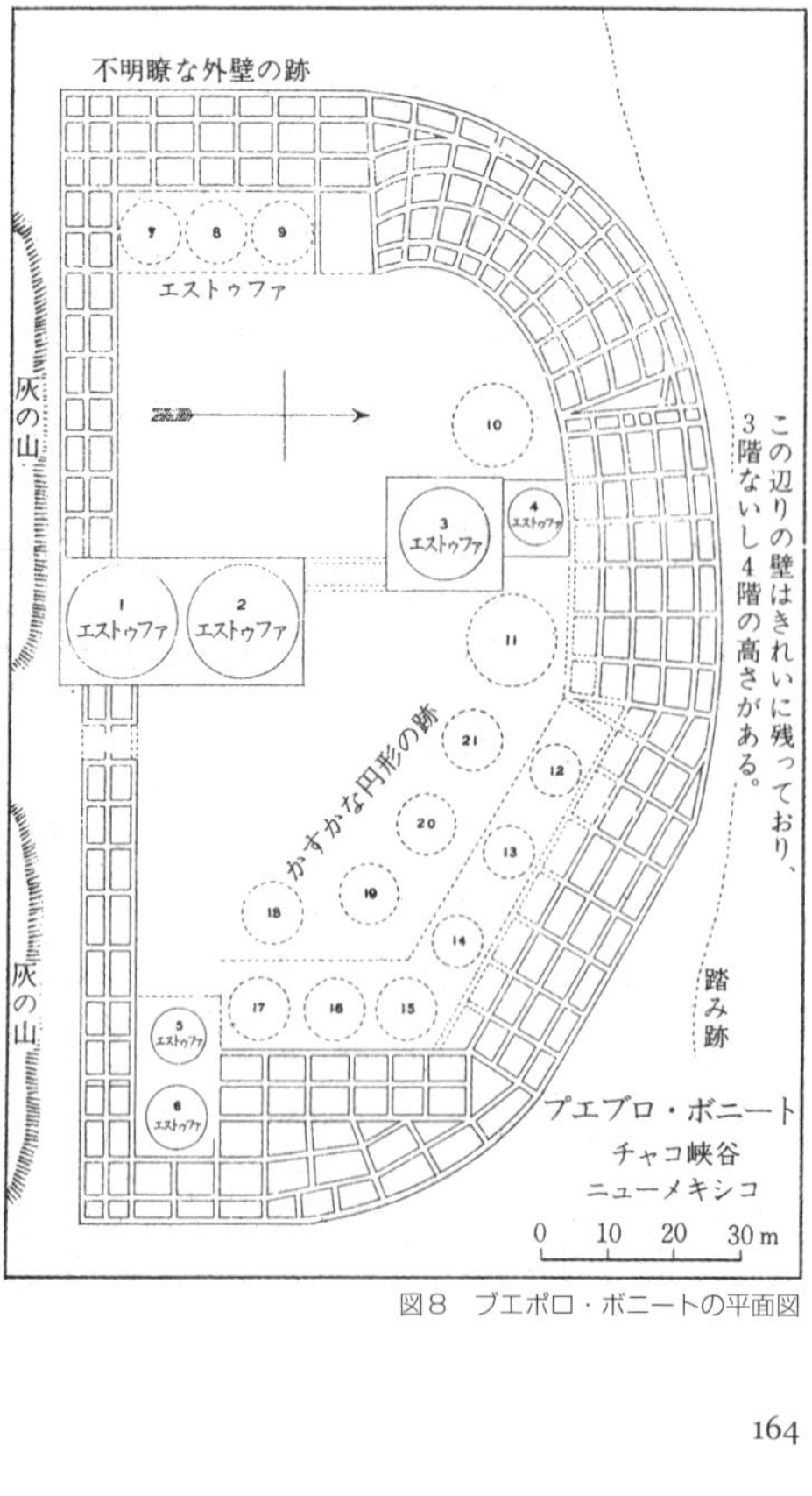

図8　ブエポロ・ボニートの平面図

の旧大陸の氏族社会にはなかった、文化を築いた中南米の先住民の巨大石造原始長屋の実態を記しておきたい。それはリオ・グランテ川沿いのサント・ドミンゴから、北西約一七七kmのところを起点とするチャコ渓谷に沿った、一一ヶ所の巨大石造原始長屋遺跡の例である（『すまい』、二八〇頁）。

a　ブエプロ・ピンタド、中央棟の長さ七二m。袖の棟の長さ五二m。二階建と推測、その他に直径七・五mの円形建物（エストゥファ、集会所？）が二つ。この円形建物はこの界隈の石造ブエプロに普遍的に見られるという。

b　次に規模が一一遺跡のうち最大規模（三遺跡）に比較

して約半分程度と思われる、フンゴ・パヴィ（曲がり鼻）遺蹟をあげよう。理由は復元図がそえてあり、これを転載（図7）してプエプロ・インディアンの原始長屋の実際を、読者に御了解いただくためである。この長屋のコの字の縦部分にあたる長さは九〇・五m、コの字の上下の横に突き出した部分、すなわち袖の長さは四四m。図に見るとおりに三階建である。一階の部屋は七三、一部屋の規模は三・九m×五・四m。二階は五三部屋、三階は二九、部屋は合計一五五である。モーガンはここに八〇〇人から一〇〇〇人が生活していたと述べている。

またモーガンはフンゴ・パヴィについて、これをインディアンの有力者だけの住宅とした見解を、「誤り」と断定してこれらの建物には、草原インディアンの素朴な原始長屋同様に、各部屋にインディアンがひしめく氏族社会的な共同住宅に過ぎないと強調している（『すまい』、二九二頁）。

c　この項の最後にチャコ渓谷でも最大規模のプエプロ・ボニート遺蹟の平面図（図8）と、この遺蹟の住人の数をモーガンは「約三〇〇〇人」（『すまい』、三〇一頁）としていることを記しておきたい。これらは後で生きてくるであろう。

以上から南北インディアンの住宅からは、男系の男女一対の家族が社会の基礎をなす国家形成以降の社会とは全く異質な家族、すなわち血縁にもとづく共同生活型の大家族群が、社会の基礎を成しており、川にそって個々のプエプロは平均でも一〇〇〇人前後、規模がおおきければ一ヶ所で約三〇〇〇人規模で生活していたことが判明する。これらのプエプロには円形建物（エストゥファ）が複数そなえられており、集会所や宗教施設等の機能を果たしていたと推測されている。

②「歓待のしきたり」と貧富の差

a「歓待のしきたり」

この「歓待のしきたり」がインディアン、ひいては氏族社会の人間の普遍的な性格、習性であったという事実を知ることは、今日の「自由世界」の貧富の差が暗い陰をおとす社会を考えるうえでも、また、日本史上での真に進歩的な思想をしるうえでも、重要な意義があると思われるのである。

モーガンの指摘は次のようである。「インディアンの村や野営地が、全体として豊かであるのに、その同じ村の片隅や野営地の一画に、飢えたり貧困にあえいでいる者がいる、ということはあり得なかった」（『すまい』、八九頁）。さらにイロクォイ諸部族のあいだでは、「客がくれば誰でも歓待するということが、大昔から変わることのない風習となっていた」とされ、その歓待をうける対象は「どこのインディアンの村でも、村人であれ、部族民であれ、よそものであれ、……中略……ヨーロッパ人種が渡来した時は、その人たちにもその適応範囲がひろげられた」のであって、「食べ物が生活の主な関心事であった未開の社会において、この特質は注目に値する事実である。アメリカ・インディアンが実践していた歓待のしきたりは、最終的には食料の平等化につながった」(同書、八九頁。傍線は引用者)と述べている。

さらにその客人歓待の習慣は、今日の「文明人」の立場、要するに私有財産制が人間の「自然な姿」と、生まれながらに身にしみている我々からは、とうてい考えられ得ない特徴をもっている事実をつぎのように伝えている。

「マンダン部族には規則的、もしくは決められた食事時間はなく、ふつうは一日に二回くらい食事をとる。深鍋がいつも炉の上にかけられており、所帯員であれ、村の別の所に住む者であれ、お腹の空いたものは誰でもその鍋を火から下ろしてもらい、勝手に食べ始める権利があり、また好きなだけ食べることができる。いま述べたことは、北米インディアンの変わることのない習慣のひとつである。本当の意味で、これ以上に人道的で寛容だといえるしくみを、文明社会がその制度の中にもっているかというと、私はたいへん疑問におもう。

インディアンの共同体的な社会では、男性、女性、子供を問わず誰でも、災難にあったり生活に困って、食べるものにも事欠いたばあい、誰のテント小屋(家の意味・引用者)でもはいって、食べてよいことになっている。かりに部族連合の長(人類が階級国家を形成する時代の「王族」等を生みだすと考えられる階層に該当・引用者)の小屋であってもかまわない。この社会でいちばん貧しく役立たずののらくら者が、狩りもせず、食べていけないほど怠けても、そのようにできる。いいかえると、かれはどのテント小屋にでも出入りでき、誰でも手元に食べ物があるかぎり、彼と分かち合うことになる。もっとも、狩りができるのに、こんな物乞いをする者は、自分が食べる肉とひきかえに高い代償を支払う。というのは、彼は腰抜けで乞食だ、という不名誉な烙印を押されるからだ」(『アメリカ先住民の住まい』、九九頁)とものべている。

さらにこの著書によれば、多くの白人がお世話になったことが記されている。しかし、この親切なインディアン達は、今日、正当に報われているかを問えば、私有財産制の人間の本性からではあるが、これらのインディアンはアメリカ合衆国では根絶やしにされたといえるほどの、民族絶滅が行われたのではなかろうか。にもかかわらず「人権」を外交の武器にするのである。

さて、モーガンはつづけてケチな人間にたいするインディアンの態度を、次のように紹介しつつ、「歓待の習慣」が「財産の私有制がない原始共産主義社会」に根ざしたものであることを、以下のようにのべている。「……一方、困窮状態にある人や身内の者にたいするケチな了見は、大きな罪とみなされる。その罪の恥辱たるや、部族内の他の成員にまではね返り、とんでもない欲張りだ、という悪評がたつことになる。……中略……しかしながら、ケチな性分の人間にお目にかかることはめったにない。それは全員共同の貯えはなくとも、かれらが誰でも自分の家族や部族をもっていることが、結果として共同の貯えをもつことと同じだからだ。……中略……彼らが自分の領土を旅する時は、そこに自分と同部族、または同氏族のものの住まいがあるかどうかをしらべて、もしあればそこへいく。それまで一度も会ったこともない人々が、親切に迎えてくれる。……食べたり飲んだり、わが家のテーブルにつくときと同じようにきわめて自由にふるまう……」（同書、一〇六頁）という具合である。こうした「インディアンの社会では、満腹した大人の横に、飢えた子供はいなかった」というモーガンの指摘も頷けるところである。

つまり原始共産主義社会といわれる氏族社会の特質は、その低い生産力による生産を皆でおこない、その成果を皆で分け合うことが原則となっている社会なのである。人類はどれだけ続いたからわからないほど長い、この社会の中で人間性を形成した。同時に生産力を発展させて国家という不平等社会を必然的に生みだし、この体制が不可避的に生みだす一方の極に富んだ人間の階級、他方に貧しい人間の階級に分かれて、有史以来、相闘いながら生産力を発展させつづけて今日にいたった。

今日の人類の生産力は、弓矢と黒曜石しかもたなかったアメリカ大陸のインディアンにくらべれば、くらべる方が馬鹿馬鹿しいほどの開きがあろう。

しかし貧富の差は激しく、貧しい境遇に蹴落とされた者には結婚して家庭をもつという、当り前の人間の営みさえも絶望的にされ、年をとった者は後期高齢者医療制度のように、「早く死ね」という非情の世界に国家権力によって追い込まれ、貧しい老人は文字通り、国家の制度によって死に追いやられるという、恐らく人類の歴史にも、また今日の世界の各国の制度にも前例がない、反人間的暗愚が横行するまでに「生産性向上」の名のもとに、その理性と人間性の頽廃の極致が出現するまでになっている。

こうした姿をみれば、モーガンという炯眼の一九世紀のアメリカの知識人が、マルクスやエンゲルスとは別に、資本主義制度の終焉の不可避性を指摘して何が不思議であろうか。

「文明時代（古代国家、引用者）の出現以来、財産の増長は人民にとって、統制するを得ざる力となったくらいに、おびただしくその形態は多種多様を極め、その使用は増大し、そしてその管理はその所有者のために巧慧（巧妙）となっている。人心はみずから創造したもの（富・資本）の前に、呆然自失している。されどなお、人類の理知が財産（資本）を支配するまでに高められ、そして国家とその保護する財産との関係、ならびにその所有者の義務とひとしく権利の限界（大資本への規制）をも、決定する時代がくるだろう。社会の利益は個人（大資本）の利益に超越し、そしてこの二者は、正当にして調和ある関係におかれなければならない。もし進歩が過去の法則であったように、将来の法則でもあるならば、単に財産（資本の利益）を追求することは人類の最後の運命

Chapter 7

ではない。文明時代がはじまってから過ぎ去った星霜は過去の人類の存在期間の一断片にすぎず、**社会の分解**（貧富の差と階級的対立）**は**、財産を究極の目的（資本の利益第一主義）とする境涯を終熄させるだろう。

なぜなら、かかる境涯は自滅の要素（社会の共倒れと読む）をふくんでいるからである。政府にあっては民主主義、社会にあっては友愛、権利と特権にあっては平等、そして普通教育、これぞ経験と、理知とが、著々とおもむきつつある次代の、さらに高い段階の社会をしめすものである。**これは古代氏族の自由、平等、および友愛を、もっと高い形態で復活させるものである**」（『古代社会』・下、三三八頁、傍線、太字と括弧内は引用者）というものである。

ここにはわが国のマスコミ等の「自由主義＝資本主義」という理念を、真っ正面から否定する「民主主義論」が掲げられている点も注目に値する。モーガンのいう「民主主義」は、人類の理知が大資本の「財産」たる資本を「支配」し、この大資本の「所有者の義務と等しく権利の限界を決定」、つまり大資本には勤労国民の権利をおかす権利がないことを、社会が決定するような思想と、政治的・行政的・財政的処置をさし、それは「社会の利益は個人（大資本）の利益に超越する」すなわち、勤労国民共通の利益が、「個人」すなわち一民間である大資本の「利益第一主義」より上位とされる思想と政治をいうのである。

エンゲルスは、『家族・私有財産・国家の起源』の「第九章　未開時代と文明時代」のしめくくりで、このモーガンの見解を「文明時代にたいするモーガンの判決」（同書、二九〇頁）とのべて全文引用している。

今日の日本をはじめ「自由主義社会」は、人類の生存上で決定的意義ある生産が、資本主義的に、すなわち一民間たる大企業の利潤追求を唯一の原動力としておこなわれ、この取得に制限を加える労働者の賃上げをいうことは、あたかもこの生産の否定と破壊であるかに主張する。それは生産が、したがって分配が資本主義的におこなわれるからであって、生産を国民が共同して行うという仕組みに変えれば、資本主義的生産につきものの、搾取と収奪、重税、資本主義に固有の侵略戦争といった社会的不公正は根本から除去できるのである。これに反対するのは、そもそも論からいえばいわば「大名がいなくなったら、この世はお仕舞いだ」というようなもので、資本家がいなくなったら人類の生産はお仕舞いだ、という「資本主義を限りとした」考え方、つまり経団連等の「大資本家」と体制派の考え方に過ぎない。

現に、中国でもベトナムでも、もともとたいした資本家がいなかったが、わずかに三〇年そこそこで生産力を飛躍的に発展させているのは事実である。中国は「市場経済体制」だから社会主義ではない！　しかし、レーニンが一九二一年、当時の西ヨーロッパでの「社会主義革命」の気運の後退以降、「一国社会主義革命」を好むと好まざるとにかかわらず探究する立場にたたされ、政治的・経済的におくれているロシア等の旧ソ連圏で、しかもロシア社会主義革命への日本軍国主義のシベリヤ出兵をはじめ、国際帝国主義陣営の軍事介入への死に物狂いの反撃という、多大な人命・生産力の犠牲をともなった「戦時共産主義」のあと、いわゆるネップ、「新経済政策」への移行など「旧ソ連圏」の生産力の発展を模索している。

これらは中国等の「市場経済を通じて社会主義をめざす」という考え方に継承・発展されたという。本来の社会主義は資本主義が高度に発展した諸国民が初めてなしうる課題だからである。レーニンは早く世を去った。このあとに続いたスターリンは、社会主義建設の道を誤り、命令主義・官僚主義、レーニンが「死に物狂いで克服しなければ、社会主義を危うくする」と警告した、「ロシア人の大国主義」(ロシア人の民族主義)を自らの道とするなど、マルクス主義の基本からははるかに逸脱して、レーニンの警告どおりその崩壊を招いた。

わが国ではこのスターリン的な社会主義からの逸脱や、北朝鮮の「社会主義」とは根本的に異なる姿を、体制派の反社会主義の宣伝の意図から、故意に、あたかも社会主義であるかの宣伝が執拗に繰り広げられている。その意図的性格は、ソ連時代にこのソ連共産党を正面から批判して論争を展開し、また、「自由と民主主義の宣伝」を党大会で採択している日本の共産党の姿や、それの北朝鮮への公然たる論評と態度は、一言半句も報道しないというところに示されている。それにしても「旧ソ連」や北朝鮮の姿は、人類の進歩のための努力に水をかけ、体制派を喜ばせる極めておおきな誤りである。

しかし、この失敗と逸脱から世界のマルクス主義の諸政党が、よく学ばないと決めつけるのは短見浅慮であろう。資本主義的帝国主義の植民地、経済的後進国にあって、その境遇を打開するこころみでは、マルクス主義の諸勢力が先頭を切っている。それは今日では中国、ベトナムに止まらず、「アメリカの裏庭」といわれた南米大陸にも、キューバが長期にわたるアメリカ政府の無法な経済封鎖に耐え、ついに南米諸国のアメリカ離れに貢献している例がある。

今日、コロンビア等を除いて圧倒的な中南米諸国では、選挙によって、アメリカ式の新自由主義を拒否するという政権が確立され、相互に交流・連帯を強化している。またベネズエラでは選挙によって、社会主義をめざす政権を樹立するばかりではなく、社会主義への一層の道を選挙や国民投票での国民的選択ですすめようという、「社会主義的民主主義」の姿が示されている。

しかも、「資本主義永遠派」にとって不吉なことに、旧東ドイツの政権政党である社会主義統一党を一つの土台として、旧西ドイツの左派が共同している「左翼党」が各種の選挙で躍進を続けている。「社会主義ダメ論」などは、「夢中に夢を説き候ようのことに候」であろう。モーガンの「判決」はくつがえらない性格のものである。

これらの諸国、例えば中国などが、その軽視しがたい経済的・政治的・社会的な後進的諸要因を急速に克服して、社会

Chapter 7

主義への主体的な移行の諸条件を整えうるかは、人跡未踏の、したがって案内人のいない、お手本のない、未知の世界への十数億人の行進である。同時に、これは真に人類史的意義ある模索、探究と、希望ある、しかし、苦難の道である。

しかも、その周辺を囲むのは社会主義への前進を否定する、アメリカを先頭にした日本等の「西側」陣営であって、中国等の「市場経済体制」の過程から必ず生れると思われる、西側への同調論をも利用する可能性など、その前進の困難は国内に止まらないと思われる。

こうして人類史という巨大な視野にたてば、二〇世紀から二一世紀、その寿命が終わりに近づきつつある資本主義「永遠派」が支配する旧世界と、資本主義を乗り越える勢力・新しい陣営・体制とが、あたかも氏族的世界と都市国家勢力、古代的勢力と中世的・封建的勢力、この封建勢力と資本主義の勢力が対決・交代してきたドラマ、これが新たなに今日、われわれの眼前で進行中であると考える。

もちろん、これはわが日本を先頭に西側、高度に発展した資本主義国においても、中国等とはある意味では次元を異にする、しかし、資本主義の限界をのりこえる人跡未踏の、お手本のない道の開拓と模索が科学的社会主義の理論を武器に、これまたわれわれの眼前でおこなわれている。この探究は中国等の旧植民地等と、資本主義体制からの脱却という点で一体的なものでもあるが、個々の道はそれぞれ個性ある模索の分野であって、この道の探究と一歩一歩の前進は、真に世界史の新たな頁を意識的に開くという点で、過去の資本主義が封建制を克服した過程にたいして、はるかに人間的理性によって、いわば自由なる人間の知性によって推進されるという点で新しいのであって、「歴史はくりかえす」という格言に「新しいものをつけくわえながら」、という点をおぎなう必要があるとおもわれる。この過程の苦労は大きい。しかし、資本主義「永遠派」の苦労よりは、稔りが多いと思われる。

モーガンは、資本の利益追求、すなわち「企業の競争力」一点張りの社会は、激しい社会的対立と抗争を生み出し社会を分解する。しかし、こうした事態は必ず企業の利益追求を最優先する社会と、それを讃美する考え方を終わらせ、あらたな社会、つまり「古代氏族社会の自由、平等、および友愛をもっと高い形態で復活させる」社会、すなわちマルクス・エンゲルスの社会主義・共産主義社会論と共通性のある社会を必然とする、と言っている。まさにこの思想はマルクス・エンゲルスとは独立に、一九世紀のアメリカの知性が生みだした「共産主義の思想」であろう。

そうしてこれを実現するものが「民主主義」といっているのである。つまり『孟子』と同じく直接生産者の意志とその闘いを「民主主義」の原動力とし、もちろんその選挙体制もまた、今日のアメリカ・イギリス式の支配層に都合よく按配された、「二大政党制」という民主主義のニセモノではなく、国民・有権者の意志が正しく無駄なく反映される、比例代表制の選挙でなければならない。

こうしたモーガンの見識を、ソ連の崩壊をもちだして「古臭い」とか、「コミュニストの独断」、「モーガン、マルクスの『進歩主義的歴史観は古臭い』」と言ってみても、日本の体制派がそこに「永遠に沈まない資本主義の力」を見るらしいアメリカ、いわば「ローマが滅びる日は世界の終わり」式のアメリカ観は、しかし、ベトナム戦争の敗北、イラク侵略戦争の失敗、そうして体制派が自慢する強大なるアメリカ経済と、その新しい資本主義なる「新自由主義」もまた、サブプライムローン問題が象徴するように、その威信とそれへのいわば信仰は、根本的にゆらいでいるのが現実であろう。こうした姿にならざるを得ないところに、マルクス・モーガン等の指摘の世界史的優越性が示される、と考える。

わが国のマスコミなどは、生れてから数百年もたつ資本主義世界のこのボロボロの姿と、新たに成長を開始して三〇年程度の中国等の、「社会主義をめざす」勢力の「格差の拡大」等の問題点を、「同じもの」であるかのように比較している。この比較の仕方の是非の結論がでるまで、そう長い時間はいらないとおもわれる。興味深いことである。

いずれにせよ、この宇宙には永遠なるものなどは、一つもないのが鉄則である。永遠の運動、永遠の変化である。われわれ日本人はこのことをとっくの昔に知っている。『方丈記』もさることながら、ここでは『平家物語』の有名な一節をかかげよう。多少は仏教的な弁証法ではあるが、それは歴史と人間の認識は発展するという意味で、民族の知的遺産と考えるからである。「祇園精舎の鐘の声、諸行無常の響きあり。娑羅双樹の花の色、盛者必衰のことわりをあらわす。奢れる人も久しからず。唯春の夜の夢のごとし。たけき者も遂にはほろびぬ。偏《ひとえ》に風の前の塵に同じ」。

なおこの項の終わりに、エンゲルスの氏族社会評を述べておこう。「……この氏族制度なるものは、いかにも子供じみていて単純であるにもかかわらず、じつに驚くべき制度なのだ！　兵士も憲兵も警察官もなく、貴族も王も総督も知事や裁判官もなく、刑務所もなく、訴訟もなく、それでいて万事がきちんとはこぶ。不和と争いはすべての関係者の全体、つまり氏族か部族、ないしは個々の氏族相互がこれを解決する。……中略……たいていの場合、何百年来の習慣がすでに万事を決めていた。貧乏人と困窮者はありえない。——共産主義的世帯と氏族は、老人、病人、戦争不具者にたいするみずからの義務をわきまえている。万人が平等で自由だ——女子もである。……中略……こういう社会がどういう男女を生み出すかは、……インディアンに接したすべての白人が、この未開人の人格的威厳、率直さ、性格の強さ、勇敢さに驚嘆していることが、これを証明している……」（同書、一五五頁）。

これがいまから二〇〇〇年よりはるかに以前のわれわれ、今日の日本人の祖先の姿であろう。そうしてすべての文明人の祖先の姿であろう。また、約一五〇〇年前の今日の西ヨーロッパ人、すなわちゲルマン人の姿といわれる。

氏族社会が階級社会になれば、この制度とその人格的姿はアジアと日本、また帝政ローマのように失われる。その点では帝政ローマ世界に侵入し、これを征服したゲルマン人が、氏族社会的民主主義とそれを体現した人間像のもちぬしだったことと、これらの人種が資本主義世界を誕生させたことは、人類にとっておおいに進歩的な面があった。

それは文明の発展が民主主義を担い手として遂行されたからである。同時に、しかし、注意してみれば、アジアにおいても進歩思想の源流は、たしかに外観はアジア的風貌をしていても、やはりヨーロッパ人同様に、その氏族社会的民主主義から生れていると私は考えるのである。これを若干、次に述べよう。

b　アジアと日本の進歩思想との関連

このインディアンなど氏族社会の人間像は、単に、昔のことではなく次のようにアジアと日本の進歩思想の不動の大地でもあると考える。「食」とは「人間にとっての天」であるという古代中国人の世界観と、モーガンが記す「歓待のしきたり」とは深い関係があると考える。それは本居宣長や津田左右吉氏が日本では通用しないとした、古代中国の儒教思想の一つの柱である「天命論」である。この「天命論」は、わが国では、古代尊皇思想とその天皇制の打破をめざして決起した、北条鎌倉幕府から足利氏の室町幕府創設までの、武家階級が掲げた進歩の思想と考えるからである。

天とは食である、というのが古代中国人の考え方である。「かれらは食は人の天なりともいっている」と、宇野哲人氏はその著書、『中国思想』（三〇頁、講談社学術文庫、一九九〇年、第一三刷）でのべておられる。つづいて舜が推されて王位についた際に、統治にかんする意見を人民から聴取したら、人民が「食なるかな、これ時」と答えたともいわれている。

これは統治にとって基本的なことは、人民の食を保証、安定させることであって、そのためには天文・暦が大切だ、ということだと、宇野氏は云われている。古代中国の正史にはそれぞれ天文観測記録（律暦志）がある。ここに記される天文観測は、現代の高度の天文観測等の検証にたえるものといわれ（藪内清氏著、『中国の数学』、岩波新書）、また、「旧暦」は農業ではこんにちも立派に通用することが指摘されている。

こうみれば「食なるかな、これ時」というのは、中国人的美辞麗句とか形容詞といった類のものではないであろう。宇野氏は、また、『詩経』（大雅蒸民篇）に、「天、蒸民を生ず。物有れば則《のり》あり。民の彝《つね》を乗《と》る。斯《こ》の懿徳を好む」（天が、人間を創造した。この世界では物があれば特質が与えられる。人間は農作物をつくって、これを食べる＝祖先の御霊廟に捧げる＝という特質が与えられた。天は、この特質が立派に行われることをのぞんでいる）をもあげておられる。

すなわち「天命論」とは、人間が耕しその食糧を生産することは、天が人間の特質としたものである、生産労働こそが人間の本質という考え方である。そうして汗水たらして働く農民・人民こそが社会の基本であって、政治とは、この人間の本性を本性たらしめるべきものであり、生産を発展させ農民・人民の生活の安定と向上をはかるべきものである。

にもかかわらず為政者が、これに背き人民を搾取・酷使し、重税を課し、戦争にかり出して殺すような政治を強行するのであれば、その為政者は人間の本性に反した人間の敵だ、こうした者は諭しても聞かなければ、社会の主体である人民は手に武器をとってこの人民の敵を一掃し、天命にそった政治をおこなう権利がある、という、フランス大革命の啓蒙主義よりも、人間を労働と生産を基礎にかんがえるという点では、マルクス主義に近い真に優れた思想であると考える。『孟子』は観念論どころか、優れた唯物論的な見方にたっている、と考える。

しかも、これは孟子個人の世界観に止まらず、中国の氏族社会から継承された思想で国家の誕生と発展のなかで、国家の本質である支配階級の搾取と収奪への批判と抵抗の思想として維持された、という性格もあると思われる。この孟子的な考え方は古代中国では孤立したものではなく、『大学』にも見ることができる。『大学』とは古代儒教に名高い「四書五経」の一つである『礼記』という大部の書の一部であって、戦前までは日本の小学校にはほとんど例外なく、校庭に背中に薪を背負って本を読みながら歩く二宮尊徳の像があったが、『大学』とはその手に開かれている本である、という。

ここに「楽しき天子は、民の父母と。民の好むところはこれを好み、民の憎むところは、これを憎む。これをこれ民の父母というなり。……衆を得れば則ち国を得、衆を失えば則ち国を失うを道《い》う」という一節がある。戦前まで天皇を国民の「父母」と称し、実際には「民の好む」平和や生活の安定と向上を否定して、「天皇陛下のご恩」にこたえて、戦地で死ぬことを忠君愛国と称した。しかし、『大学』の一節の「楽しき天子」は、世襲酋長を「人民の相談役」とした氏族社会的な性格が感じられ、皆に信頼されていれば世襲酋長として活躍し、その信頼を失えば罷免されるという関係が、古代中国の夏や殷という都市国家のなかで、徐々に国家的イデオロギーに変えられながらも、なお根深く氏族社会の理念が継承されている、という側面も反映されているように思われる。モーガンの『アメリカ先住民のすまい』を読めば、人間にとって食こそが決定的な意義をもつ、という思想は原始時代に確立された思想であることがわかると思う。

c　鎌倉幕府と「天命論」

次に、インディアンの「歓待の習慣」にみる氏族社会の人間像こそが、『孟子』などの「天命論」の根底にある思想であって、かつ、これが鎌倉時代から室町時代の武家の思想であるばかりか、その時代の主流の思想であった、と述べたので、ここで「皇国史観」時代、大いに重視された『神皇正統記』の一節を記して論証としよう。この書物の著者は北畠親房であるが、「皇国史観」の先達として有名であるばかりか、当時の天皇方（大覚寺統・南朝、この時代を「南北朝時代」などの呼称があるが、実態は台頭する武家と没落する古代大和朝廷の対立であることは、大学的中世史学でも指摘）にたって、足利尊氏方と剣をとって戦った古代的貴族の武将であることは知られている。この天皇方武将の政治論が「天命論」の深刻な影響下にある点に、当時の古代天皇制とたたかう武家階級の思想が時代の理念となっていたことがしめされている、と考えるものである。

「……白河・鳥羽ノ御代ノ比《ころ》ヨリ政道ノフルキスガタヤウヤウオトロへ、御白河ノ御時兵革オコリテ奸臣（平家）世ヲミダル。天下ノ民ホトンド塗炭ニオチニキ。頼朝一臂《いちぴ》（=腕）ヲフルヰテ其乱ヲタイラゲタリ。

王室ハフルキニカヘルマデナカリシカド、九重（都）の塵モオサマリ、万民ノ肩モヤスマリヌ。上下堵《と》ヲヤスクシ、東ヨリ西ヨリ其徳ニ伏シシカバ、実朝ナクナリテソムク者アリトハキコエズ。是ニマサル程ノ徳政（天下万民が納得する政治。善政）ナクシテイカデカタヤスククツガエルベキ。縦《たとひ》又、ウシナワレヌベクトモ、民ヤスカルマジクバ（安心できないようならば）上天（天）ヨモクミシ給ハジ（決してくみしないであろう）。

次ニ王者ノ軍《いくさ》ト云ハ、トガアルヲ討ジテ、キズナキヲバホロボサズ。頼朝高官ニノボリ、守護ノ職ヲ給《たまはる》。コレミナ法皇の勅裁也。ワタクシニヌスメリトハサダメガタシ。後室（政子）ソノ跡ヲハカラヒ、義時久ク彼ガ権ヲトリテ、人望ニソムカザリシカバ、下《しも》ニハイマダキズ有トイフベカラズ。一往ノイワレバカリニテ追討セラレシハ、上（御鳥羽上皇・朝廷）ノ御トガ（誤り）トヤ申ベキ。謀叛オコシタル朝敵ノ利ヲ得タルニハ比量《ひりょう》（=くらべる）セラレガタシ。カ、レバ時ノイタラズ、天ノユルサヌコトハウタガイナシ」（日本古典文学体系、『神皇正統記　増鏡』、一五九頁、岩波書店、一九六五年、第一刷）。

「神ハ人ヲヤスク（人民の生活を安心）スルヲ本誓《ほんぜい》（=根本的な誓約、本質）トス。天下ノ万民ハ皆神物ナリ。君（天皇）ハ尊クマシマセド、一人（天皇一人）ヲタノシマシメ万民ヲクルシムル事ハ、天モユルサズ神モサイハイセヌイハレナレバ、政《まつりごと》ノ可否《よしあし》ニシタガイテ御運ノ通塞《とうそく》アルベシトゾオボエ侍ル」（同書、一六三頁）。

こうした考え方が時代の趨勢であったことは、『太平記』にもみることができる。

「後鳥羽院は隠岐国へ遷《うつ》されさせたまひて、義時いよいよ八荒（日本国）を掌《たなごころ》に握る。それより後、武蔵守泰時……相模守貞時相続いて七代、政《まつりごと》（=政府）武家よりい出て、徳、窮民を撫するに足れり。威、万人の上にこうむるといへども、位《くらい》四品のあいだを超えず、謙に居て仁恩を施し、己を責めて礼儀を正す。これを以て、高しといふとも危ふからず。盈《み》てりといふとも溢れず」（新潮日本古典集成・『太平記・1』、一七頁、一九七七年）とあって、北条氏七代の治世が「善政」時代であったとしている。『太平記』は天皇方の者の手になるといわれ、足利尊氏を正義、後醍醐天皇を否定的にみる『梅松論』に、史料としても劣るといわれているが、それでもこうした表現で武家政治を語っているのである。

この点、北条義時を朝敵として追討の詔を発した後鳥羽上皇についても、『承久記』慈光寺本は、義時を正義・道理・善として描き後鳥羽上皇を、「……朝夕武芸ヲ事トシテ、昼夜ニ兵具ヲ整ヘテ、兵乱ヲ巧マシマシケリ。御腹悪《おんはらあしゅうし》テ、少モ御気色ニ違者ヲバ、親《まのあたり》ニ乱罪ニ行ハル。大臣、公卿ノ宿所、山荘ヲ御覧ジテハ、御目留ル所ハ召シテ、御所ト号セラル。……中略……御遊ノ余ニハ、四方ノ白拍子ヲ召集、結番《けちばん》（＝順番をきめて勤める）、寵愛の族《やから》ハ、十二殿の上、錦の茵《しとね》に召上テ、蹈汚《ふみけが》サセラレンコソ、王法・王威モ傾キマシマス覧ト覚テ浅増《あさまし》ケレ。月卿雲客相伝ノ所領ヲバ、優（優遇）ゼラレテ、神田・講田十所ヲ五所ニ倒シ合テ（横領して）、白拍子にコソ下シタベ。古老、神官、寺僧等、神田、講田ヲ倒サレテ、嘆ク思ヤ積ケン。十善の君 忽《たちまち》ニ兵乱を起給ヒ、終ニ流罪セラレ玉ヒケルコソ浅増ケレ」（『承久記』、益田宗・久保田淳校注、『保元物語、平治物語、承久記』収録、新古典文学大系、岩波書店、一九九二年、第一刷、三〇五頁）とある。ここには後鳥羽上皇への一片の同情もないであろう。

武器をもてあそび武力を好み、気分にまかせて怒りっぽく、少しでも気にいらないと、道理もないのにやたらと人を罰して、男女の別なく寵愛するものを優遇するなど、天下の法、世の良俗をも自らみだし、大貴族の領地は優遇するが、神田などの土地は横領してはばからず、臣下の土地を気まま勝手に取り上げ、ついには兵乱をおこして流罪になるのも、道理であるというのである。

これを読むとブッシュ大統領とアメリカの姿が浮かび、これに追従する日本の政府の行く末もほの見えてくる思いもする。これにたいして義時は、後鳥羽上皇の愛妾のための土地とりあげの要求にかんして、「『地頭職ノ事ハ上古ハ無カリシヲ、故右大将平家ヲ追討ノケンジヤウニ、日本国ノ惣地頭ニ被補《ほされ》、平家追討六箇年ガ間、国々ノ地頭人等、或ハ子ヲウタセ、或ハ親ヲ被打《うたれ》、或ハ郎従ヲ損ズ。加様ノ勲功ニ随《したが》ヒテ分チタビタラン者ヲ、サセル罪ダニナクシテハ、義時ガ計《はから》ヒトシテ可改易《かいえきすべき》様ナシ』トテ、是モ不奉用《もちいたてまつらず》」（『承久記』古活字本、岩波・新古典文学大系本、三七四頁）とある。

地頭職は古来、天皇が定めたものではなく、平家追討のために武家が奮闘して、頼朝が創設したものであって、地頭職にある人はその功績によって定められているのだから、義時個人の独断でとくに罪もないのに変えることはできない、という、まことに武家の指導者として当然で正当な考え方、態度が記されている。

こうした古代天皇制と武家の対立は武家創設以来であって、すでに『将門記』にある。ここでは引用を一々はさけるが、興味深いのは、武家の姿、その正当性を将門が語っている点をみると、天皇の地位を尊皇思想からみるのではなく、「世界」の国家の興亡から語っている点である。これは実際には、

『将門記』の著者（不明、僧侶と推定されている）の作為とはおもわれるが、それにしても「日本の特性」に「国際性」を対置している点、興味深いものがある。

こうした歴史的な階級対立こそが、古代天皇制と尊皇思想と武家の対立の根底をなすものである以上、思想・理論闘争なしの階級闘争などは、この世界に存在しないことは、マルクス・エンゲルスの指摘するとおりである。この古代天皇制と武家階級の階級闘争で、武家方の理念をなしたものが「天命論」、日本では「善政主義」「徳政」である、と考えるが、前述のとおりに中世史家の一部にこうした指摘もあるが、それは日本思想史等で正当に位置づけられているかをと問えば、疑問である。

戦前までこの北条氏とともに足利氏は国賊とされ、学校教育で天皇崇拝と対比して悪逆非道のものとされた。これにたいして北条・足利を積極的に評価した例は、明治四二（一九〇九）年に世にでた山路愛山氏の『足利尊氏』（岩波文庫、一九四九年、第一刷）であろう。ただし、山路愛山氏は歴史上の人物がままそうであるように、進歩的な側面とともに天皇制を擁護する等の問題点もあって、折角の北条・足利氏進歩論という偉業も、当時の天皇制批判をした人々からは評価されなかったようである。

戦後、足利氏への評価で山路氏の見解が、若干は採用された面があったようであるが、戦後の天皇制美化論でふたたびお蔵入りとなったやに見える。こうした背景のせいか、この武家の「天命論」を正しく評価して、東アジアと日本の、とくに日本で歴史の変革の理念として、数百年間にわたって日本の進歩的発展に貢献したものという評価は、ない。

こうしたことではアメリカの古代史も中世史もない社会の文化、しかも、その文化のうち輝かしい民主主義と科学的思考ではなく、粗悪で商業主義的な薄っぺらなものがわが日本の支配者と、マスコミによってもて囃されるなかで、これにたいする日本人の正しい文化、誇るべき伝統がありながら、それが無視されていることは実に大きな損失と思うものである。

この問題の最後に、後鳥羽上皇の仇討ちとばかりに、世に「建武の中興」などと尊皇論によって称賛された、鎌倉幕府・武家政治打倒という「反革命」に決起した後醍醐天皇にたいする、武家方の態度を『太平記』の一節から引用しておこう。「当今御謀叛（後醍醐天皇の倒幕を「謀叛」としている）の企て、近日事すでに急なり。武家（幕府）すみやかに糾明の沙汰なくば、天下の乱れ近くにあるべし」という事態になり、至急の幕府による対策会議がもたれて、議論百出の態であったが、最後は、「……事すでに急に当りたり。武を以つて治むべきなり。異朝（古代中国）には、文王（周王朝の太祖）・武王（文王の子）、臣として無道の君（殷の紂王）を討ちし例あり。

わが朝には、義時・泰時、下として不善の主（後鳥羽上皇）を流す例あり。世みなこれを以て当れりとす。されば古典

（『孟子』）にも、『君臣を見ること土芥《どかい》（＝ゴミ）のごとくするときは、すなわち臣君を見ること寇讐《こうしゅう》（＝仇）のごとし』といへり。事停滞して、武家追討の宣旨を下されれば、後悔するとも益有るべからず。ただすみやかに君を遠国に遷し……」という議論になり、ついに「評定一途に定まって……」という結論になっている。

ここにあるのは古代天皇制と武家階級との階級闘争の決定的な場面の一つである。反革命と革命の激突である。この議論の真中に『孟子』が引用されているのも大きな意味があろう。日本史をつらぬく階級闘争で、権力にたいして人民側が勝利の階級闘争を闘いぬき、日本史を変革する姿がもっとも鮮明なものは、平将門以来の古代天皇制とその尊皇思想にたいする、初期武家階級の闘いであり、かつ資本主義を懐胎する中世に社会を変革した例としては、日本は文字どおり世界に比類ないものであろう。

こうした日本民族の壮挙、その思想と理論、それを育んだ東アジアの文明が正当に評価されなかったのは、第一に、明治維新により近世尊皇論が、大学において金科玉条とされて、古代史学同様に真実の探究は投げ捨てられ、権力迎合が第一とされたこと。これは戦後に若干の変化はあったが、後述の状況に止まったと考える。

第二に、「文明開花」気分と思想による欧米崇拝、とりわけ欧米の資本主義的民主主義革命と、それを発展させたマルクス主義の社会主義・共産主義への科学的な展望論を受容するのは当然としても、東アジアと日本の歴史と文化が、欧米のそれとは異なるという、当り前の事実を丁寧に探究・研究する暇・余裕が、近代天皇制批判に決起した人々になかったこと、と考える。

そうしてこのことは、古代史学同様に日本的資本主義擁護派にとって、少なからぬ利益をもたらしていると考えるものである。日本古代史学と日本中世史学の間には、その研究対象の故か、中世史はそれ自身が、古代天皇制と武家の闘いが中心問題であることからくる結果か、個々の学者の説を吟味すれば武家の思想・理念に目配りした部分はあると理解している。

しかし、これが日本思想史になれば、あに岩崎允胤氏のみならんや、であるが、発展期の武家階級の理念としての「天命論」とその日本史的意義そのものが項目にない。いわんや東アジアの進歩思想と世界の進歩思想という、大きな問題を研究課題にしようという、日本の学者ならではの羽ばたきの意欲などは、どこにもない。ここに日本古代史学と同一の体質につうじるものがある。その意味で、当面、日本の大学と教授諸氏に、何かを期待することはなかなか困難、と断じざるを得ないのが、近代日本の姿である。新草莽の歴史学がのぞまれる由縁である。

優れた研究者・芸術家をそだてるのは、その国民の見識であって、優れた部分をもつ研究者や芸術家を発見・育成するのは、最終的にその時代々々の国民の先進的な見識である。

Chapter 7

しかし、新しい研究や芸術の評価は既成概念では無理である。とはいえこの既成概念とは何かが問題である。この既成概念論には二つの側面がある。一つは戦後の日本の支配的なブルジョア的既成概念の打破論である。

「ブルジョアジーは、生産用具を、したがって生産関係を、したがって全社会関係を、たえず革命することなしには存在しえない。これに反して古い生産方法を変化させずに維持することが、すべての過去の工業階級の生存の第一条件であった。

生産の絶えざる変革、社会状態の不断の動揺、永遠の不安定と運動は、ブルジョア時代を以前のあらゆる時代と区別する特徴である」（マルクス・エンゲルス、『共産党宣言』）と、約一〇〇年以上も前に、マルクス等が看破したところのものである。

この「既成概念の打破論」が、あれこれの体制派の理論家や評論家によって、しかも日本の場合、ヨーロッパのいささかでがらしの二番煎じで騒がれてきた。その行き着く先がまずは、サブプライムローンを頂点とする新自由主義的資本主義の崩壊的現象であり、所詮は人類史とその文化の新たな前進・創造とは正反対の、いわば「死にいたる病」的な既成概念の打破論である。

ことのついでにマルクス・エンゲルスが如何に、現実を見通していたか、そのほんの一節を『共産党宣言』から引用しよう。

「ブルジョアジーは歴史上において、最高度に革命的な役割を果たした。ブルジョアジーは支配権を握ると、いっさいの封建的・家父長的・牧歌的諸関係を破壊してしまった。人をその生まれながらの目上に結びつけていた、色とりどりの封建的なきずなを容赦なく引きちぎって、人と人とのあいだには、ただむき出しの利害関係、冷酷な『現金勘定』以外になんらのきずなをも残さなかった。

宗教的な情熱や、騎士的な感激や　町人的な人情などという神聖な感情を、氷のように冷たい利己的な打算のなかに溺らせてしまった。人格の尊厳を交換価値のなかに解消し、さまざまな既得（封建的、引用者）の特権的自由を、ただ一つの無責任な商業の自由におきかえた」（傍線は引用者）。これは今日の日本の現実の姿であろう。かれらの「自由」とは大資本の国民を物扱いにする「自由」、搾取と収奪の「自由」、低俗・無内容な「商業主義的文化の自由」であって、これがかれらの、つまり戦後に日本の通俗的な「既成概念の打破」である。

問題はこれに立ち向かうものの「既成概念の打破」とは何か。また、こうした研究をだれが如何に評価するか、という問題でもある。マルクスの言葉を口に出せば、それで立派なものが自動的にうまれるものではないことは、石母田正氏の「学」をみれば明瞭である。

こうして日本の現実を、その歴史性を踏まえてどう見るか、これは従来のあれこれを権威として、これを物差しとする態度ではなく、日本史にかんしていえば、これまでの東アジア文明の軽視や、漢籍の戦前の日本的儒教的理解や解釈をも突破して、人類史の普遍性にたちつつあらためて探究するという、世の権威の限界をこえて新たな世界に歩をすすめることが必要と考える。

それはもはやあれこれの権威の物差しに叶うか否かではなく、虚心坦懐に「事実と道理」、それをめぐる「自由で民主主義的討論」が基本となるとおもう。これはいわゆる「反権威主義」ではない。なぜならば真の権威は重要だからである。しかし、その権威とはあくまで「事実と道理」にたち、これの解明で大きな役割をはたした従来の研究等である。重要な点は、それは新たな探究のいわば出撃基地をなすからである。

d　貧富の差

次が貧富の差の問題である。インディアンの氏族社会には以上に述べたような「食の平等化」ということが、いわばその社会の本性からの根本的特質としてあった。しかしにもかかわらず、「貧富の差」があったことがモーガンによって指摘されている。

それは「私たち同様に彼らのなかにも、富める者も貧しい者もいるので富者は貧しい者に気持よく、それもそれぞれに見合った量をあたえる」(『すまい』、一四三頁)とか、「ほかでもそうだが、ズニでも富んだ者や地位の高い者は重きをおかれ、富裕クラスのものは、ブエプロの下の階に住み、中間クラスの者はその上に住む。一方、貧しい所帯は最上階に住むことを余儀なくされる。……とはいっても、文明(国家)にいたっていない段階では、社会的差別はまったくないか、あってもごくわずかで、町(ブエプロ)の住民全体がほとんど一つのファミリーとして生活していた」(同書、二五一頁)という水準の「貧富の差」である。

ここでいうブエプロとは、数百人以上が共同生活をする大型の三階以上の石造高層原始長屋をさし、先述のとおりこの中層の建物は一階には明かりとり程度の小さい窓以外に出入り口がなく、出入りは三階建てならば三階の天上か、またはそれぞれの最上階の天上のテラスからである。これらの建物は、一階の部屋が一番大きく、二階は一階の天上の上がテラス式になっており、そこに建てられる結果として、一階より狭くなる。といった具合に、上にいくほど部屋は狭くなる仕組みなのである。

しかし、一階の者は二階~三階を通らなければ自分の部屋には出入りできず、またこの大きな高層原始長屋の住民は、すべて血族であって、しかも正餐は一日に一回が決まりで、おおむね昼食時に、先述のとおり全員がとるのであるが、それは男は男だけ、女は男の食事の世話のあとに、子供と一緒に女だけでとる習わしという(同書、一八一頁)。ここには貧富の差があっても、皆共通の食事をとるのであってみれば、国家が誕生した後の「貧富の差」とは、質が違うことは明らかである。

なお、この皆でとる食事の他には、この食事の余ったものをそれぞれに家族の食事担当の「家母」が、いつでもだれでもが食べられるように保存し、また、この他に、各家族でもトウモロコシを引き割ったもので粥をつくるなどして、朝夕の軽食としていたという。基本的にインディアンの食事の原則は、正餐をのぞけば「各自、お腹が空いたら、家にある食べ物をなんでも食べた。彼らは（文明人のように）大食漢ではなかった」（『すまい』、一八〇頁）とモーガンは指摘している。

したがって氏族社会にも若干の「貧富の差」はあるが、これが国家形成以降の深刻な階級対立を必然とするような、搾取と収奪につながるものではなく、いわば「社会問題化」するような性格をそもそももたなかった、そうした水準のものであったということになる。

七　土地所有と「都城」の原型

モーガンはイロクォイ部族の土地所有制度を、南北アメリカ・インディアンの土地所有の普遍的なものとしている。それはアステカであれインカであれ、本質的に共通のものという。「イロクォイ部族は、それぞれの部族がその領地を、共同体的（氏族社会的）に所有した。彼らは無条件に誰にでも売ったり譲ったりできる私有財産制度を基礎とする所有権というものを、まったく知らなかった。……中略……インディアンの社会では土地の絶対的所有権を誰も得ることはできなかった」（『すまい』、一四七頁、傍線は引用者）。

「しかし、誰も利用していない土地を耕作することによって、そこを占有することはできた。またその土地を利用しているかぎり、利用している人は占有権をもちその土地からの恩恵を享受できた。その場合、その権利は所属する部族によって承認され、尊重された」（同書、同頁、傍線は引用者）。以上によってインディアンの社会には、土地を相手が誰であれ、売買・譲渡する私的所有権そのものがないこと、しかし、一定の条件での占有使用権はあり、しかもそれはその個人が属する部族の承認によって、保障されたことが明らかにされている。この私的所有権なし、占有使用権の存在という姿こそは、国家誕生の直接的母体となる時期の、氏族社会の土地所有問題の要であるという。

この点を草原インディアンよりは若干発展した段階という、アステカ部族連合（種族）にかんするモーガンの考察を中心に述べる。この土地の所有制度が明らかになってはじめて、この社会の公的経費、国家が形成された後では、税金とよばれるものが、氏族社会ではどのように生み出されたか、その特質がどんなものか、がわかるのである。ここを通じて公共の会議場やその維持・管理費、一般に公共的経費、国家が成立した後には政府・王朝にかかわる経費が、どう生み出されたかが曖昧さなく解明でき、こうして国家誕生にかかわる段階に達した氏族社会の「都城」の姿と特質が、クッキリと判明するものであるものである。

ちなみに言えば、この占有使用権のそもそもは、原始長屋のそれぞれの小家族の部屋の自然的な権利に発し、土地の占有使用は個人的な菜園、あとでは果樹園等にも認められたという。この他にはインディアンの世界では、ごくささやかな個人的な所有物、弓矢とか服、また犬、猫、小鳥など主に子供がその番人として、餌をやることになっているものも、その家族と原始長屋の住人から占有物として認められていた（『すまい』、一四八頁）という。

重要な点は、この占有物は自由に売り買いできたことである。とはいっても草原インディアンはいうまでもなく、アステカ、インカでさえもが貨幣がない、農業生産からは独立の諸産業がない社会という点を正しくみることが重要である。これは農機具として鉄器がなく、また牛・馬という大型の家畜がいない社会と関連しているが、一人当たりの生産力が極めて低い結果、社会的分業が旧大陸では国家の誕生の重要な条件となるのであるが、これが大きく未発展であったことを示すものである。したがって売買・譲渡という言葉だけをとりあげて、その社会の実態を見ないならば、一六世紀のスペイン人の二の舞となるのである。

興味深い例として、青木和夫氏の『古代マヤ、石器の都市文明』には、「黒曜石の定形の石刃は、王に関連した建造物や支配層書記の住居からもっとも多く出土している」（二一九頁）として、王と支配層書記を〝黒曜石加工職人〟と述べていることである。これは断じて青木氏の個人的見解ではなく、インカ、マヤ国家論者に共通の「考古学」である。

たとえば「また近年、ワカ・デル・ソルとルナの間に広がる空間で、土器工房が発掘されている。この空間はエリートのみが利用できると考えられていたために、……エリート自身が生産に参加していた可能性が高い」（前川和也、岡村秀典氏編、『国家形成の比較研究』、二七頁、関雄二氏著、「中央アンデス初期国家の権力基盤」、学生社、二〇〇五年、初版）。これは大きな建物、本来はこれから述べる氏族社会の議会場等を、王宮・支配者の住宅と考える考古学からの「実証主義」である。とはいえこれは国家論者が、王自らが黒曜石加工職人という他はないほどに、マヤ社会の分業が未発展な社会であることを認めざるをえない、という面を反映したものとも云えると考える。

さて、この占有物に土地が入るのである。占有使用権のある土地は、「公に認められた相続人が受け継ぎ、誰でも自分が占有している土地を他人に譲渡したり、貸与することはできる。白人に貸すこともできる」のであるが、「しかし、決して売ることはできない」（『すまい』、一四九頁）のである。

この占有使用権と私的所有権の区別が、インディアンにはできなかったとモーガンは指摘している。当然であろう。氏族社会という血縁社会なしには生きていけないインディアンにとって、氏族社会の解体によって確立する私的所有権を理解せよということは、まだ字が読めない年齢の子供に、字を読ませるようなものである。がしかし、これがアメリカの白人によって利用され、モーガンの指摘によれば白人の迫害とそれを後押しする当時のアメリカ政府によって、インディアンからの土地取りあげに、巧妙に利用されたという。

現在カンザス州となっている地域にインディアンの一種族のショーニー族が、アメリカ政府によって本来の彼等の土地を追い出されて移されたという。ここでショーニー族は頑張って、農業を成功的に始めていたという。ところが白人が西にドンドン流れこみ、ショーニー族の土地を見て「これは最高の土地だと気付いた」という。そこで政府に働きかけて、米政府が自身できめたカンザス州のインディアンの居留地の一部を、買い戻すように働きかけた。次に政府はインディアンにたいして、残りの土地を全部農地に分割して、個別に処分権つきで各家長に譲渡するように働きかけたという。その後、わずか一〇年で、カンザス州からショーニー族は完全に姿を消しさり、「白人アメリカ人の農民が、その土地をすっかり手にいれていた」（『すまい』、一五一頁）という悲惨な結果となったと、モーガンは批判の声を上げている。インディアンが理解できなかった売る権利つきの土地の私的所有権が、インディアンを丸裸にする「迅速かつ巧妙に成果をあげる」（モーガン、同書、同頁）武器となったと指摘している。

① プエプロ・インディアンの土地所有

ニューメキシコのプエプロ・インディアンの土地所有の姿は、アステカやマヤ、インカという巨大神殿と「都市」の真の姿を明らかにする要である。それはこれらの遺蹟をのこした者を国家という学者の説への批判となる。

モーガンはプエプロ・インディアンの土地所有の例として、一九世紀のサンタフェの公有地監督官事務所のデイヴィト・J・ミラーの報告を例にあげている。それによればタオスのプエプロ・インディアンは、その土地を部族が共同体保有し、土地の「売買」は、その共同体員内部でしか行われず、もし共同体以外のものに譲渡しても、その売買は認められなかった、という。しかも、その「売買」に際して一切の証書類は存在しないと指摘されている。

この事実は、このプエプロ・インディアンが貨幣をもたず、その「売買」が、今日の日本はもちろん、後述する旧大陸の国家発生時の分業の発展による商品交換の水準に、はるかに及ばなかった状況のもとでの「売買」で、いわば原始長屋で子供が管理している七面鳥をもらう場合、なにがしかの見返りのものを差し出す程度の交換でも、言葉としては「売買」ともいえる水準の売買であろう。つまり個別的偶発的交換とマルクス等が命名した水準の交換であろう。

しかも「売買」に際して証書類はないのは、プエプロ・インディアンに普遍的なものである（『すまい』、一五三頁）とある。モーガンはこのタオスのプエプロ・インディアンの、生産と所有の特徴にかんするミラーの報告をも記載している。「各プエプロには一ヶ所のトウモロコシ畑があり、全員が協力して耕す。収穫物は蓄えておいて、不作のときに。貧しい者にわけあたえる。それは首長であるカシーケの管理下にあり、彼に処分がまかされている。

土地は外部の者には売却されないが、他のブエプロの出身のインディアンでも、そこに住みついた者は、生計を立てるための土地を取得することができる。どのブエプロでも白人がその土地を手にいれることは許されない」。さらにミラーの報告を踏まえてモーガンは、「他のブエプロ出身のインディアンや白人への譲渡の制限は、次のことをはっきり示している。すなわち、最終的な土地の所有権にかんする彼らの考え方は、現代の土地所有権の概念とはかけ離れたものだった、ということである。私的所有権のかんじんな目的は、（インディアンの場合には、引用者）占有権によって達せられ、最終的な土地の所有権は、全体の利益を守るために部族に残された」（『すまい』、一五四頁。傍線は引用者）。なおここで傍線した所の「カシーケ」とは、世襲酋長であることを書き添えておきたい。

また「他のブエプロ」の意味は、異種族のブエプロ・インディアンをいささかも意味しない点を正しく理解することは、インカやマヤ国家論者の弁を検討する時に、大きな意味を持つのである。理由は、アメリカ・インディアンにとって、異なる言語は、異種族を意味し、その意味では白人もそれに入り、この異種族のものは、断じて同じブエプロに生活などできない者なのである。「異なるブエプロ出身」でも、共同して生活することが許容される者は、同一種族、すなわち共通の方言を使う者であることが前提なのである。ここの「異なるブエプロ出身」とは、同一種族ではあるが「四血縁集団・四地区制」のことなる「地区」という意味である。モーガンが力をこめて『古代社会』で強調した、インディアンが到達した最高の段階としての「政府」を、「種族連合」と呼んだ理由もここにある。これに対して国家の形成とは、異種族も、あるいは奴隷として、あるいは交易の相手として、あるいは卓越した手工業者として、自分達の氏族時代のブエプロに受け入れる段階なのである。これは氏族社会的ブエプロと、古代国家誕生の地である古代都市との顕著な差なのである。

② アステカ連合体の「四地区制」と土地所有

さてインカ同様の「四血縁集団・四地区制」のブエプロ、今日のメキシコ市すなわちアステカの、「テノチティトラン」の土地所有の姿である。「メキシコのテノチティトランのブエプロについて、彼は次のように述べている。『四つの地区は、四つの親族集団ごとにそれぞれ特定の地域にすみつくことで形づくられてきた』。また、各親戚集団は『それぞれの地区内におもいおもいに建物を建てたようだ』という証言がある」（『すまい』、一五六頁。傍線は引用者）。

モーガンは、「この親戚関係をあらわすナワトル語はカルプリであり、その言語をはなすすべての部族で使われている言葉である」と述べ、さらに次のように指摘している。「それはまた、大きなホールとか住居をあらわすのに使われる言葉である。したがって、少なくとも、もともと同一の血族関係にあるものは、みな（一つの屋根の下に住んでいた）と推論できよう。このようにカルプリが占めている土地は、上から割り当てられたものでなかった。

その部族連合体（『古代社会』では種族連合体」、引用者）は、無償であれ、一定の年貢を条件とするのであれ、等価交換であれ、その下部組織（氏族たるカルプリ、引用者）に、あるいは個人に分配できるような（土地）は一切もっていなかった。……部族の土地は、それを領有した時点で暗黙の合意によって（血縁集団＝氏族）に分けられ、所有権はそちらの方に移った。……

地区（氏族、引用者）が部族に貢物や年貢の支払いを課された証拠はない。カルプリがその境界内では主権をもつ、という習慣は常に守られた」（『すまい』、一五六頁。傍線は引用者）。

「それぞれの血縁団体は、その居住地のまわりに、その構成員が必要とするだけの菜園をつくり、次第にそこを囲っていった。その集落は住居をふくめてカルプラリ（血族の土地）、つまりカルプリの土地を形成し、カルプリが共同で所有した。しかし、一つひとつの小菜園は各家族が耕し、自家用（占有権あり、引用者）につかった。したがって、その時代（スペイン人到来以前）のメキシコ人（アステカ人）の間にみられた土地保有形態は、大変単純なものだった。

部族連合体（種族）は、その主権のおよぶ領域を、（アルテペトラリ）すなわち、どこまでも拡張できる限りない広がり、と呼ぶ。しかし、どのカルプリもその領域内に肥えた土地を何カ所か確保し、所有していた。それぞれのカルプリはその境界のなかで主権を持ち、個々の構成員が利用できるように、耕作の仕方にあわせて区画割した小さな土地をそれぞれに割り当てた。したがってアルテペトラリとカルプリの語が、時に同一視されることがあるがアルテペトラリが土地の領有をさし、カルプラリは土地の分配をさすのである。以上のことから、どんな土地であれ、土地をカルプリ、すなわち血縁集団単位（氏族）で所有していたことがわかる」（同書、一六〇頁）と指摘されている。このカルプラリは、「譲渡したり売ったりはできなかった。事実、スペイン人による征服以前に、土地を交換したり、売買した形跡はない。……」（『すまい』、一六九頁）とモーガンが指摘しているのも、氏族社会としてのアステカ連合体としては当然の姿と思われる。

時が経過し、人口がふえるにしたがい、最初の四つの（地区）の内部で分化がおこり、新しいカルプリが生れた。行政上、この分化により、あらたな局面が生じた。そうして最初の四つの集団は、とくに軍事の面で『大地区』として残しておかれた。しかし、もとのカルプリは、分化すると同時に、もはや土地を所有する単位ではなくなり、それが当初もっていた地域は、それ以後、例えばエレーラの言葉を借りれば（小地区）が所有することになった。

小地区は、もとのカルプリがそれまで地区全体にたいして持っていた同じ権利を、その行政区内で行使しはじめた（同書、一六一頁。傍線は引用者）。氏族社会下の「四血縁集団・四地区制」のもとでは、このカルプリまたは、人口の増加による分割的な拡大の結果うまれる小地区が、単位氏族社会をなしているのである。

そして古代都市国家組織の形成とは、このカルプリ・小地区に第一に、同一部族ないしは種族のものであっても、他のカルプリ・氏族に属するものが混入すること、さらには解放奴隷や、他氏族出身者すなわち他国者が交易、手工業等々のために混在する状態が生じ、従来、このカルプリが氏族制的自治制度、すなわち大昔からの氏族・部族会議によって、カルプリに生起する内部的諸問題を処理してきた氏族社会の伝統・習慣が、維持不可能になるという状況のなかから始まるのである。実に、古代国家発生という視点からの氏族社会研究の一急所がここにあるのである。この「四血族集団・四地区制」の原始「都市」から、如何に古代都市国家が誕生するかの経緯は、エンゲルスの『家族・私有財産・国家の起源』に見事に分析・解明されている。次章でのべることとする。

さて、もとにもどって氏族社会下でも述べられているとおりに、カルプラリが新たに分裂拡大をするのであるが、「**さらにこの分化の結果、部族会議（連合体を指すと思われる、引用者）がもとの四つのカルプリと離れてしまったために、部族（種族連合体）全体のために使える公務用の建物が必要になった**」（同書、一六一頁。傍線、太字は引用者）。

③ 公務用の建物とその費用、維持・管理費

アステカの公務用の「建物は、テクパンと呼ばれた。族長会議（部族連合体の世襲酋長・普通酋長会議、引用者）は、政治機構として最高の権限があったため、それは文字どおり（会議所）であった。ブエプロのほぼ中央部に建てられ、公の儀式を行うために定められた広場に面していた。……しかし、族長会議は、はじめのうちはときどき開けば十分だったが、次第に定期的に行われるようになり、さらにテクパンに日参しなければならないほどになった。

そのためにそこに首長（部族連連合体の酋長会議の代表世襲酋長、引用者）が恒常的に住むようになり、それが会議所の役割の一つとなった。青木氏が支配階級の住宅としたものと同一の性格のものであろう。したがって、この代表世襲酋長やその家族、それに彼に必要な、たとえば飛脚のようなアシスタントが、その（公館）に住んだ。しかし、こうして住んでいても、その人たちは、そこに住みつづける権利はなかった。

その家族は、その職にあるものが死んで公職を退くや、そこを立ち退いた。将軍（連合体の軍事大酋長、引用者）はその職務をはたす間にかぎってテクパンに住んだ」（『すまい』、一六四頁）という。まるでわが国の現在の首相官邸に似ていよう。

さらに「ブエプロや部族（連合体、引用者）には、行政上必要とする作物だけを生産する土地があった。それは……二種類の土地に分けることができる。

第一のものがテクパントラリ、すなわち氏族社会の「共同体の家の土地で、そこでとれる作物は、公館の建築、装飾、修繕に従事した者の食糧にあてられていた。この土地は、部族の領域内に数カ所あった。公館に住む特定の家族が共同で耕し、公館でおこなう仕事の報酬にあてられた。

第二の種類は、トラトカトラリと呼ばれ、議長職の土地であった。これは各部族に一カ所しかなく『四辺は、それぞれ彼の尺度で四〇〇単位の長さがあった。その一単位は二・五mである』。そこで栽培された作物は、もっぱら首長（種族の酋長会議の代表者であろう。引用者）と、そのアシスタントからなるテクパンの所帯が必要とするものをまかなった。その土地は、部族の他の構成員が順番に耕し、常に公共の土地として、同じ目的のためにとっておかれた」（『すまい』、一六四頁）。

なおこのトラトカトラリと本質的に共通の「税制」が『孟子』の「井地」（九分の一税、中央を公地として八世帯で耕作する。小林勝人氏訳注、『孟子・上』、二〇一頁、岩波文庫、一九八四年、第一八刷）と推測する。

④ カルプリと個人の占有使用地ならびに特殊な労働力

この項の意味は、氏族社会から国家組織が生れ出る芽が準備される過程の探究である、がしかし、それは同時にアステカやインカ、マヤの社会組織が、一〇〇%氏族社会であることを明らかにすることにもなるのである。またあわせて一六世紀のスペイン人が、インカ等を封建国家と誤解した根拠の解明につうじ、今日の「インカ帝国論」や「インカ国家論」に、根拠がないことを示す結果ともなるのである。

「カルプリというのは民主的な組織であった。カルプリの運営は選挙で選ばれた族長（世襲酋長ら、引用者）がとりしきった。族長たちは、血族（単位氏族、引用者）あるいは地区部族会議の構成員であったが、その権威は絶対的なものではなかった。なぜならば、重要な要件があるばあいは、血族集団の総会議が招集されたからである。会議では、順にカルプレックあるいはチナンカレックという専任の者を選んだ。……彼の義務の一つは、カルプリの土地、すなわちカルプラリの台帳に記録することであった。その構成員や、各家族にわりあてられた地所の記録はもとより、分配のうえで生じた変更をすべて記録した。そのような変更は子細なものであれば、彼ひとりで決めてよかったが、非常に重要なことがらや論争になった場合は、血族会議にかけなければならなかった。その会議はまた、しばしば区内全域に招集をかけた。

カルプラリは小区画、あるいは耕作用の苗床、すなわちトラルミリに分割された。これらは同族の既婚の男性に割り当てられ、各自が自家用に耕作した。二年間続けて耕作されないままになっている区画があると、その地区（カルプリ、引用者）にもどされて再分配された。その区画を占有している家族が、そのカルプリから出ていくばあいも、同じことがおこった。

しかし、土地を持っている当人が、必ずそこを耕作しなければいけない、ということではなかったようだ。一定の占有者の（名前）で耕作したものは、この占有者の権利を保障することが必要だったにすぎない。

そういうわけで、族長とその家族は、職務がら自分達の土地を耕作できなかった（テクパンへの移住のため）が、それでもカルプリの構成員としてトラルミルパの割り当てを受ける権利をそのまま残すことができた。そのような土地は、ほかの者が彼のために耕作した。それらはピラリ（族長またはその子供たちの土地という意味で、ピルトントリ、男の子、あるいはピルツィントリ、子供に由来する）という決まった名称でよばれた。そこを耕すものは、トラルマイトル、土地の手という名で呼ばれた。

トラルマイトルはトラル（土地）とマイトル（手）よりなる語で、スペイン人はこれを「農民または小作人」と記した。これはマセワリ、つまり一般の農民と区別してつけられた名前である。トラルマイテス、つまりマイエケス（トラルマイテスと同じ）は他人の土地を耕す人を意味する。彼らは地主に、合意によって定められた出来高にしたがって、協定によって地代を払った。また、土地の持ち主以外には貢物を納めることはなかった。このことはメキシコ（アステカ）には、あらかじめ債務が定められた農奴制は存在せず、自発的な契約であり、トラルマイテスは農奴ではなく、単なる借地人だったことを示している」（『すまい』、一七二頁。傍線は引用者）。これは当然であって、氏族社会の共同労働、共同生活、一日一回の共同の食事が普通の社会に、中世社会のような債務小作人の類が存在するはずはないのである。

しかし、同時に、この制度は土地の私有制が開始されるならば、その所有者が奴隷の使役をするのはもちろん、奴隷制が開始された社会で必然的にひき起こされる貧富の差によって、貧困に投げ込まれた旧氏族社会の同胞を古代国家的な小作人として、苛斂誅求の軛の地獄に投げ込む道、その芽であることもまた否定できないことであろう。

また、一六世紀のスペイン人とその記録者は、インカ等でのこのトラルマイトル、すなわちケチュア語での「ヤナ」を小作人とか使用人と呼び、この制度をミンカというのである。こうした誤解によって、インカ国家論者が、先のアステカ種族のトラトカトラリ、すなわち公務の労働の順番制をミタとよんで、まるで封建制下の強制労働でもあるかにいい、ついには「召使としてのヤナを使うことのできる特権をもっていたのは、だれだっただろうか。まず第一にインカの王族とパナカであった。末期のインカたちは、広大な自分の土地をもち、そうした形で私有財産を確保した」（『インカ国家の形成と崩壊』、二四一頁）と拡大解釈がおこなわれ、インカはまるで封建王朝なみの大土地所有者であり、氏族員は小作農民とされる曲解が生れて、これがインカ国家論者によって引き継がれている。

⑤ 中国でも部族等の大形会議施設が出土

甘粛省安直県の今から約五〇〇〇年前の太地湾遺蹟で、総面積約四二〇㎡の大形建築物の遺構が確認された。

それは主室・左右の側室、後室、門前の付属建物の四つの部分からなり、その主室は一三〇㎡という。これは住宅ではなく「氏族ないしは部族が連盟して、公的活動をおこなう場所と考えられている」（費孝通氏編、『中華民族の多元的一体構造』、一九二頁、西沢治彦・塚田誠之曽士才・菊地秀明、吉開将人訳、風響社、二〇〇八年）とある。中国ではこの種の発見が相次ぐようである。ここにもモーガンの原始都市の構造への指摘と合致する遺蹟があることが示されている。

⑥ 原始「都市」と都城、日本古代史学

以上、日本古代史の真実を探究するために、南北アメリカ大陸のわれわれ日本人と同じ黄色人種とはいえ、何万年もまえにアジアと分かれたインディアンの、旧大陸では民族大移動期のゲルマン人は別にして、その他に多面的にのこる例を除けば、とくに中国、朝鮮、日本では数千年も前の氏族社会の実際の姿を、詳しく正確に記しているモーガンの著書にそって述べてきた。

そして、その「四血縁集団・四区画制」のもとにある原始「都市」とその公務用の建物、人類の国家＝都市国家と都城形成の直接的前身、公務用の建物の造営費用と、その維持管理費の問題に、やっとたどり着いた。後述するゴードン・チャイルドは、『文明の起源』（ねず・まさし氏訳、岩波書店、一九五七年、第八刷、改訂版）で文明の誕生、すなわち古代都市国家の誕生を「都市革命」（二二一頁参照）と呼んでいる。エンゲルスもまた国家誕生の場を、『家族・私有財産・国家の起源』のなかで「都市」と明記（二〇二頁参照）している。こうした古代国家の母体である「都市」の前身が、氏族社会の公務用建物を中心にした「四血縁集団制・四地区制」という、いわば原始「都市」であろう。

この意味は、次の点にあるのである。古代都市国家は「一日」で出現するわけがないこと、あたかも「ローマは一日にしてならず」というが如しである。ましてや九州から裸一貫同然に船を連ねて近畿大和に植民した「神武」が、「登美毘古（『古事記』、『日本書紀』は長脛彦）らを征服して、「かく荒ぶる神等（人間のこと、引用者）を言向《ことむ》け平和《やは》し、伏《まつろ》はぬ人等を退《そ》け撥《はら》ひて、畝火の白檮原《かしはら》宮に座《ま》しまして、天の下治《し》らしめき」（『古事記』）とか、『日本書紀』にいたれば、「辛酉年の春正月の庚辰《かのえたつ》の朔《ついたちのひ》に、天皇、橿原宮に即位《あまつひつぎしろしめ》す。是歳を天皇の元年とす」という記事だけで、「日本国」が誕生したなどという戦前の文部省を先頭に、これに阿諛追従した第一級の大学の著名な日本史家が一体となって言ってきた、ないしは「教科書」に書いてきた日本国家誕生史は、あさま

しいという他はないほどに、真の人間の歴史からは外れたものであった、という一点である。

しかし、この姿を「神武の実在性などは神話だから戦後、『皇国史観批判』で否定された」というのはダメなのである。それは一つには、今日も日本の「建国」を「紀元節」とし、神武の即位を念頭にしたものという問題もあるが、しかし、これを「神武は実在しない」から、「神武の東征」の完結日を建国記念日にするのは「おかしい、ダメだ」、というのが戦後の「皇国史観批判」の姿であるがしかし、これも歴史学としては、そもそもダメなのである。

なぜならばもっとも大切な点は、例え「神武が実在」していても、九州から船で近畿に遠征して勝利して「即位」したとか、これを「建国」ということ自身が、古代国家の誕生・成立としては現実にはあり得ないことなのである。現に、「記・紀」の「建国記事」には、氏族社会から発展してきた「四血縁集団・四地区制」の氏族社会的都市と、その都城の記載など一字もない。

そればかりではない。現に神武以降七世紀末まで「天皇」一代ごとに「遷都・遷宮」している。この意味は、これらの勢力にはそもそも、「四血縁集団・四地区制」の氏族社会的都市そのものがない、すなわち国家誕生の母体それ自身が「不存在」であることを、正史で公認しているに等しいのである。

ここに戦前・戦後の文部省（文部・科学省）と大学的日本古代史学の、「万世一系の天皇制・大和朝廷一元史観」的国家誕生論の素顔、すなわち、日本民族の歴史に本来、ありもせずまたあり得ないことを「あった」という、世界に類例のない「歴史学」、その実際は「ないもの」を「ある」という、キリスト教的神学等や「天皇崇拝は欧米人のキリスト教のようなもの」（米対日占領軍指令部）とさえいわれる、科学とは両立の余地のない、単なる主観主義的な宗教的観念であることが示されているのである。

また、ここに日本の政府と歴史学と学者の不思議な関係がある。学者が一応、「神武」の実在を否定しても、体制派の国会議員の多数派は歴史学者の「研究」を無視するのである。がしかし実は、ここに日本古代史学の素顔があって、「万世一系の天皇制・大和朝廷一元史観」＝『古事記』『日本書紀』の史観の正当化は、明治以降の日本資本主義推進の政府の権威の「日本史」的根拠とされているのである。そして体制的政治家と、大学的日本古代史学とは、この日本史観の肯定では一致しているのである。

さて二つ目である。「神武」を否定して「応神天皇」が最初の天皇であるとか、いや崇神天皇が初代だ、それは「初国知らしし天皇」と『古事記』にあるからだ、などというのは、「皇国史観」が記・紀の「天下り神話」を「大和朝廷」にかかわる「天壌無窮の神詔」と称して、文部省（戦前）を先頭に、それに追従する東京大学等の教授等が神聖化した仕方と、あまり変りがないのである。

「応神が最初の天皇」というのならば、なによりもまずその「都」が「私宅」と、『日本書紀』という「大和朝廷の正史」が記す事実を、氏族社会の「四血縁集団・四地区制」の「都市」から、最初の都市国家が誕生するという人類発展の普遍性に照らして、如何に説明するのか、これが問われるのである。いわばこの関門こそは、戦後の大学的日本古代史学の著名な諸先生の権威に輝く説が、是非くぐらなければならない針の穴なのである。これを「初国知らしし」で回避しようとしても、これも無理である。なぜならば崇神天皇の「ミヤコ」もまた、一代限りという点で「私宅」水準の応神と同質だからである。

国家の誕生とは、「まず初めに天皇ありき」では、断じてないのである。国家の誕生を必然ならしめる氏族社会以来の人間集団の営々たる営みが前提なのである。これは少なくとも数千年〜数百年の営みの蓄積・継承の上に築かれるものである。それが「四血縁集団・四地区制」にたつ「公務用の建物」、すなわち古代都市国家形成の都城の母体である。

したがって国家の誕生や形成を云々するには、最低でも都市国家とその都城の確認は不可欠なのである。これに照らして「大和朝廷」は七世紀末以前において、「日本の王家」と見なすことは不可能なのである。ここに後述するとおり『古事記』『日本書紀』の真の性格（四〇三頁参照）があるのである。

⑦ 氏族社会と国家の征服の違い

本書はべつに中南米の先住民の歴史の探究が眼目ではないので、必要以上にふれたくない。しかし、ただ氏族社会の実態としてモーガンによって指摘されている征服と、それが国家段階の征服とは異なる点について言及しておきたい。

その一つは、「戦争の私的自由」でふれたとおり、それが「軍事的植民の性質を帯びる」場合があるという点である。しかも、これは「神武の東征」とかかわる、北九州・九州から近畿地方などへの軍事的植民の真の姿を解明する、指針・手掛かりを与えるものなのである。「神武」が実在したか否かは別にして、後述するとおり太規模な水田稲作農民の北九州・九州から近畿地方等への、軍事的植民が行われたことは明白な根拠があり、これの真の姿を解明（二六五頁参照）するうえで、この「私的集団の戦争の自由」というモーガンの指摘は、真の日本古代史の探究でも大きな意味をもつものと考える。

エンゲルスがタキトゥスの『ゲルマーニア』をひいてモーガンの指摘を肯定している。その農業が灌漑施設の整備を必要とせずないしは依存度が低く、ヨーロッパのように農業が牧畜を柱とするような氏族では、この「移動」の頻度は高くなるようである。

同時にモーガンは、この他にもう一つの形の征服戦争があると指摘している。他部族から一定の貢物をとる目的の戦争、ないしは戦争の結果、貢物の納入で講和が成立する場合である。北アメリカ・インディアンは、従来の土地が手狭になっても、「どの部族も、自分の組織が必要とするものを手に入れるだけの広大な領地をもっていた……」（『すまい』、一六六頁）。

しかし、中・南米のプエブロ・インディアン、たとえばアステカ部族は最初、湿地に囲まれた狭い土地に根を下ろし、また外敵からの防衛上、湿地を湖に変えて外と彼らの「プエブロ」とは、細い堤防でつないだ結果ひろげる土地がない、という姿になった。こうして「それらの土地だけでは、必要を満たせなくなってきて、その分を他の土地からの収穫で補わなければならなかった」という。

しかし、「部族の性格からすれば、植民によってまわりの土地に広がっていくことはありえなかった。そこでは土地は他の部族のものであり、メキシコ人（アステカ人）は他部族を制圧し、貢物を課することはあっても、自分の部族に他部族を組み入れることはありえなかった。それらの部族を構成する血族が、かれらのものと混じり合うことは論外だったからである。前哨基地が、湖岸の土手道の出入り口（四ヶ所）に築かれたが、それはあくまで駐屯地であって、それ以上メキシコ人の領土自体を拡大することはなかった」。それゆえ「（アステカ）政府が必要とする食糧を調達するには、貢物によらねばならず、属領は細部にいたるまでメキシコ本国の体制（四地区制度を基礎とした地区割）とおなじように、分割される必要があった。このため、テクパネカ部族を征服した後、土地は将軍、つまり地区（アステカの四地区制を基礎に区分された一地区）の軍事司令官（軍事酋長）に割り当てられたことははっきりしており、『そこから彼らや子供たちの生計をたてる定期収入を得た』。

これらの土地は公共の土地（モーガン）に他ならず……その土地からとれたものは名目上は将軍に与えられていたが、実際は、メキシコ人全体に対する貢物であった」（『すまい』、一六六頁、傍線、括弧内は注釈がない場合は引用者）。

この記述は非常に重要と思われる。その第一は、他部族への戦争目的が領土拡張でない場合は、古代国家形成期のような略奪と奴隷狩りではなく、一定の貢物の強要に止まり、また土地の占領や被貢物部族への直接的支配がないことである。

第二は、インカ社会もまたこのアステカ人と同様と、次のように指摘されている。「したがってメキシコではペルー（インカ）における土地保有と全く同じ形態があったことがわかる。ポロ・デ・オンドガルドは、ペルーの次のような土地保有の形態に着目し、スペイン国王に報告している……。『これらの土地の穀物やその他の農産物は、貢物として納められたが、土地自体はその住民のものである。……』」（同書、一六八頁）。

モーガンは、「メキシコ古代史（先スペイン時代）にかんする記述には矛盾がみられるが、その記述や、わずかに残っている古代メキシコの先住民の生活の特徴をしめす遺構をもとに、メキシコ人の土地の分配の仕方や、土地保有について

Chapter 7

の考え方を再現しようとこころみた」（『すまい』、一七七頁）として、七点にわたってその特徴を整理している。そのなかに「占領地」への態度がどんなものであったかの考察も含まれている。

（1）「メキシコ人は、他部族を征服したが、被征服部族の領域を併合することも、征服者間で（その）土地を分配することもなかった。貢物はきびしく取りたてられた。また、一部では貢物を増やすために、特別な土地が区分された。そこからとれた作物はメキシコの貯蔵庫にあつめられた」。

（2）「わたくしたちは、古代メキシコ人の軍事制度と慣習にかんする先の調査で、一般に信じられているような、軍事的な専制制度が彼らのあいだに普及していた、とする見方は誤っていることを示してきた。同じく、土地の保有形態と分配について再検討した結果、『封建主義や封建制度はメキシコ先住民の中に存在しなかった』、ということがはっきりした」（『すまい』、一七七頁。傍線は引用者）。

（3）ではこのアステカ、インカ等の貢物が、被征服氏族をどんな状況におとしめたかであるが、次の指摘がある。「記録者（一六世紀のスペイン人の、引用者）たちは、飢えたり栄養不良の住民を見なかった。その理由は、当時にあっては、農業が全労働人口の協力と努力にささえられていたからである。だからこそ現在アンデス的技術の再評価がおこなわれ、現在および未来の世代はそこから多くのことを学ぼうとしている」（『インカ国家の形成と崩壊』、二六七頁。傍線は引用者）とインカ国家論のマリア・ロストウォロフスキ女史がいわれるのである。

この（3）の注目点は、第一に、貢献氏族でさえもが「飢えたり栄養不良ではない」という点と、もうひとつは「アンデス的技術の再評価」という、つまりは「歓待の習慣」をふくむ氏族社会の共同労働とその社会の姿を、これもモーガンにおくれること約一〇〇年後において、あらためて「再評価すべし」というところであろう。

この点でモーガンの正しさを示す例として、（1）の他部族を征服してもその土地を併合するなどの例はなかったという指摘が、先述のマヤに関連して、「カラクルム王朝がティカル王朝を征服して、乗っ取ることはなかった」（『古代マヤ石器の都市文明』、一八頁）という、青山和夫氏の指摘にも見られたところであろう。

さてインカ国家論への吟味はあとにして、モーガンの次の指摘こそがインカ等の社会への、正しい理解であることを述べておきたい。「ペルー人の土地制度は、古代メキシコ人のものと、だいたい同じようなものであった。しかし、ガルシラソ・デ・ラ・ベーガーによると、彼らの土地制度は（古代メキシコ人より、引用者）いくらか進んでいたようだ。彼は述べている。彼の土地は『三つの部分に分けられ、別々の用途にあてられた。一つのものは太陽神、神官、祭司のため、第二のものは王や、長官や官吏の生計費とするためであった。……さらに第三のものは、その地方の先住民や滞在客（歓待の習慣用か。引用者）のためのものであり、各家族の必要量によって平等に分けられた』（『ペルー皇統記』。なおここの「王や長官」等はガルシラソの、スペイン人風の表現。引用者注）。

以上いくつか述べてきたことは、ペルーやメキシコ、あるいは北米インディアン諸部族（諸種族）のことをすべて正確に伝えられていないかも知れない。しかし、大所帯の証拠となる耕地制度とともに、程度の差こそあれ人々が土地を共同体所有していたという事実を示すのに十分である。ペルー人（インカ）も、アステカ部族（種族）も、他のどのインディアン部族（種族）も、それぞれが発見された時期に、個人が自由に土地を譲渡できる所有権というものを認識するに至っていなかった。この認識は文明時代（古代国家形成をさす）に属するものである」（『すまい』、一七七頁）。

すなわち南北アメリカ大陸のすべてのインディアンは、スペイン人が到来するまで相互に若干の発展の差異はあっても、みな共通に土地を共有して、そこには氏族社会の土地の占有者の代わりとして、いわば「小作」農耕に似た姿はあったが、いわゆる「封建的土地所有と小作制度」はなかったのである。

八　インカ国家論について

①　インカ社会の基礎はパナカ

ここではインカ国家論は成立しないと考える点をのべる。それは一六世紀のスペイン人の誤解を根拠にした面がつよく、「二〇世紀半ばまでいわゆる学問的歴史学が確立されず」、その後もモーガンの氏族社会論という科学的な見地も無視されている。しかし、巨大で精巧な石造神殿等の建築物からだけ出発するのではなく、それを造営したインカの社会の仕組みを直視すれば、それはやはりまぎれもなくアステカ同様に氏族社会である。

それはまず、「クスコの王たちの継承を分析してみると、首都の政治生活についてパナカが重要な役割を果たしたことが明らかである。このことに王の系統の外婚的、母系的構造を考えれば、権力ある地位への候補者たちが、母方のアイユを通じて権利を主張していたことがわかる」（『インカ国家の形成と崩壊』、一五六頁。傍線は引用者）という一文を読んだだけでも明らかであろう。この文章は、氏族社会の仕組みを国家と解釈する、一六世紀のスペイン人の記録者以降の国家論者独特のわかりにくさ、不透明感がつきまとう。ここでまずパナカ、アイユとは何か、これを解明すると風通し、すなわちモーガンの氏族社会論がなんの障害もなく、いわば吹き抜けることをたしかめ得るのである。

さて、「パナカは、監督者たちのアイユとともに、クスコ（インカの〝首都〟といわれる。実際は原始都市。引用者）のエリート層および貴族階級を構成した。……パナカの意味は……血族・家庭、アイユだが、また同時に植物、人間、動物の種子でもありうる。土地共有の意味もあるかもしれない」（同書、二一〇頁。傍線は引用者）とあり、また「パナカは系統および拡大家族の観念をふくんでいる。記録者（スペインの）たちは、パナカの父系的性質について述べているが、ソイデマは、この語が別の意味をもっていて、ある人の兄弟の集団をさし、そのような場合には内婚（その集団内の結婚）ないしは父系的関係には適応されず、外婚、母系的集団に対して用いられる、と主張している。

こう考えれば、男がその姉妹の集団に属し、息子たちは彼（息子の父親をさす）とは違う（母方の）集団に分類されることが説明できる。ソイデマはまた、パナカがずっと昔からあり、そこからインカの統治者が選ばれた可能性をほのめかせている。たぶんこれは確かだろう。そこで、仮説として、アヤル・マンコの集団もアタル・アウカの集団も、パナカということばを、クスコ到着のずっと以前から、アイユの同義語として使ったであろうことを提案したい。アイユとパナカの違いの一つは、前者が父系的であるのにたいして後者が母系的である、という点であろう」（同書、一九頁、括弧内と傍線は引用者）とロストウォロフスキ女史はいうのである。つまりパナカとはインカの母系制の氏族なのである。

がさて、これをアイユは父系でパナカは母系というのは、間違いではなかろうか。理由はインカという種族（部族連合体）の、特定の氏族が母系で、同時に他の特定の氏族が父系というような姿はないであろうからである。あったのはインカに貢納する非インカ氏族のなかには、アステカ同様に父系制の氏族がいた可能性はあるかもしれない。したがって「パナカは、監督者たちのアイユとともに、クスコのエリート層および貴族階層を構成した。……パナカの全員が、インカの宮廷を構成した」（同書、一九頁）というのは、インカの部族連合体の世襲酋長と普通酋長ならびにその軍事酋長を、「支配層」とか「貴族」と勘違いした一六世紀のスペイン人と、その記録者の誤解を継承したものと思われる。

この誤解の基礎に氏族社会の仕組み、その民主主義的運営等へのモーガンが指摘した当時のスペイン人の無関心というよりは、むしろヨーロッパの封建王朝やローマ帝国の姿以外に、氏族社会という社会があるなどとは夢にも考えつかなかった、当時のスペイン人——ヨーロッパ人入植者の歴史的に制限された視野という問題があるのではないだろうか。

欧米の学者等は、モーガンの指摘が北アメリカの草原・森林インディアンの社会組織をさすうちは、さして異議をとなえないのであるが、石造神殿を造営するプエブロ・インディアンにも該当するというと、眉をつり上げるのである。がしかし、その国家論者の不透明なパナカ・アイユの説明を整理すれば、真っ直ぐにモーガンの研究にいたると思える次第である。

② インカ等の国家形成論としての互恵説について

先述のとおりインカ国家論者自身がインカは、「自分自身で労働力を自由にすることができない……」(『インカ国家の形成と崩壊』、五〇頁)といいながら、やがて「インカは無制限の権力を持っていた……」(同書、二一〇頁)と、いわば評価が豹変するのであるが、この変化を何によって説明するのか、という大きな問題があるのである。

インカが強大になった「……モチーフは何だったのか。はっきりとした解答が与えられているわけではないが、これまでいくつかの理論が提示されてきた。その一つは『互酬制』である。『互酬制』という考え方は、インカ以前、すでにアンデス社会に普《ひろ》くゆきわたっていった。アンデス人にとって核となる生活の単位は、理念的にはアイユと呼ばれる共同体であった。これは祖先を共有する者たちより成る血縁的集団であり、『クラカ＝首長』によって統御されていた。これらの共同体が一つの民族集団を形づくり、それがさらに大きな『首長国』となっていくこともある。

アイユに属するということは、ひとえにこの『互酬』の関係のなかに身をおくことと同義である。畑の耕作、家の建築、屋根の葺き替えなどの日常の労働において、人びとは互いに助けあい同等の労働を交換しあう。共同体内の老人や寡婦を協力して世話することを含め、この『アイユ＝相互扶助』が生活の重点となった。水平方向に展開するこのような関係にたいして、アイユの成員とクラカとのあいだには、垂直的な互酬が結ばれる。アンデスにおいて『裕福な者』とは、蓄財した人間の謂《いい》ではなく、互酬の関係を多様に展開し、ある行為を実現するためにひろく『散財』し、多くの人間を動かす力のある者であった。

そのような存在としてクラカがあった。首長は成員からの奉仕に、同じだけの労力を返すのではなく、むしろ反対給付として饗応したり……いわば非対称的な互酬の関係である。クラカ層の権威は、アイユ民にどれだけの貴重な財を『大盤振る舞い』できるか、ということにかかっていた。インカ王は、まさにこのような互酬関係の頂点へと向かっていったのである」(『世界の歴史・18』、「ラテンアメリカ文明の興亡」、七六頁。傍線は引用者)というのが一つの例である。

さてインカが強大な帝国になった由縁は、実際のところ「はっきりした解答が与えられているわけではない……」というのが、正直なところであろう。あたかも〝万世一系の「大和朝廷」がいかに成立したか、「不分明の霧に覆われている」(石母田正氏)〟というようなものである。が、それではインカ国家論者も大学的日本古代史学者も、ともに学者としては困るわけである。にもかかわらず中南米古代史学はモーガンは忌避しつつ、ジョン・V・ムラの『インカ国家の経済組織』(一九七八年)なる博士論文に依拠しつつ、ムラの次の論を「学んだ」のが、『世界の歴史・18』の引用の文であ

Chapter 7

ろう。

これをマリア・ロストウォロフスキ女史の著書で言えば、次のようである。「互恵（互酬のこと、引用者）は、社会経済的な組織体系であって、異なった次元での労働奉仕を調整し、財の生産と分配を関連づける役割をもった。それは、通貨をしらぬ経済をもつ社会の成員たちの間の関係の調整を果たした。そうして全アンデス世界の範囲内に存在し、広い領域内にある異なった形態の組織の間をつなぐ働きをした。……中略……。

ムラの研究によれば、二つの次元の互恵が区別できる。ひとつは、農村共同体（アイユ）は親族の絆で結ばれ互恵の原理に律される。またひとつは、インカ国家は軍事、行政の装置をめぐらし、臣下たちの奉仕労働の受益者であり、その余剰は分配された。

ワシュテルは、インカ国家の台頭とともに、最初の段階の互恵の構造が変化し、別の脈絡で用いられて、国家の機関が発展し、他方かつての互恵と称されたものは、新しい社会関係を隠してそれを正当化する、ひたすらイデオロギー的な機能を果たした、という」（『インカ国家の形成と崩壊』、四九頁。傍線は引用者）とされている。

これらの吟味の前に、もう少し、女史のいわれるところを聞いてみよう。「インカの征服の意欲は、強力な隣人たちによってさえぎられていた。またその領土を保持する組織もなかった。さらに初期のインカ王たちの期間中、同じ敵たちにたいして繰り返しておこなわれた戦争が、掠奪品目的であり、領土獲得のためでなかった可能性もある。大量の掠奪品を手に入れることが、クラカたちの望みであり、つまり、戦利品を得てこそ、同盟者たちに惜しみなくものを分け与えて、互恵と親族の絆を補強することができる」（同書、三八頁。傍線は引用者）。

さらには、「初期のクスコにおける互恵の発展と機能を知るためには、もう一度ベタンソス（一五一〇～一五七〇年、スペインの記録者、ワイナ・カパック・インカの娘と結婚し、ケチュア語〈インカ語〉をよくしたとされる）の記録に戻ってみよう。というのはそれが、アンデス的な観点に絞ってものを見せてくれるだけでなく、クスコの首長制を、もっとも強力で中央集権化した政府に変えるために、最初におこなわれた手続きを明らかにしてくれるからである。

インカがチャンカ（インカ以前の大国とされる、引用者）に勝利したのち……たしかにユバンキ（インカ、引用者）は、大きな軍事的令名を得、多くの同盟者をえたに違いないが、他の首長たちにたいして、絶対的ないしは直接の支配力を得たわけではけっしてなかった。他のクラカたちの好意と支持なしには、事業実行のための命令を下すことはできなかった。自分自身では労働力を自由にできなかったから、隣人の力を必要としたのであった。

インカの拡大がはじまると、インカの権威は直接にではなく、互恵とミンカを通じておよぼされた。〝ミンカとは『だれかにあるものを約束して助けを求める』ということ〟という。女史は……ベタンソスの記録は何を教えてくれるだろうか。なによりもまず、インカと周辺のクラカたちの既存の関係が明らかにされている。ユパンキが実行したいと思ったすべての仕事は、首長たちに依頼し、〝懇請〟しなければならなかった。まずインカは、彼らをクスコに呼び集め、品物や食物を贈って、何日も饗宴した。それをやったのちにはじめて、インカは〝懇請〟を口に出して、これこれのことを実行するための労働力を提供してもらいたい、とクラカたちに協力を求めることができるのである。

もしインカが隣人たちを喜ばせ、好意を得たいと思ったら、どうしても彼らにたいして、〝気前よく〟ならねばならず、女、衣料、奢侈品とくにコカなどを与える必要があった。……インカがチャンカを撃滅してのち手にいれた掠奪品が重要だった。大量の戦利品は、互恵の絆を強めて、インカが〝気前がよく〟なる重要なきっかけとなったといえよう」（同書、五〇頁）というのである。さて、この国家創設「互恵」論とでもいうべき、そもそもはジョン・V・ムラの発案らしい「理論」は、はたして成立するものか、これが問われると考える。ここには現実にたいする多くの「すり替え」と「解釈」がくわえられて、あたかも子ネコが人食い大トラとして描きだされているかの印象を受ける。

インカにスペイン人等が記録した、こうした饗宴があったかもしれない。しかし、それがインカ帝国主義への普遍性のある手法であった、という主張は以下の理由で成立は不可能と考えるのである。まず、これらの論者は「互酬・互恵」を二種類に分けるのが特徴である。その第一は、「アンデス人にとって核となる生活の単位」としての「アイユとよばれる血族集団」、すなわち氏族集団の共同労働・共同生活を「互恵」と称するのである。これがムラでは、「農村共同体（アイユ）は親族の絆で結ばれ互恵の原理に律される」と表現されている。つまり「アンデス的」な、太古からのインディアンの氏族社会――ひいては日本人をふくむ全人類の何万年も続いた原始時代――の生活を指すのである。

これを「同等の労働を交換しあう」と、『ラテンアメリカ文明の興亡』の著者は奇妙な言葉でいわば飾るのである。例えば一農家の家族の共同労働を「同等の労働を交換しあう」というであろうか、労働価値学説からは一個の家族労働や、いな一資本家の経営する同一工場内の分業製品を、「同等の労働を交換しあう」というであろか。そこには商品交換、すなわち労働力の「交換」の売り買いは存在しない。そもそも貨幣もまた労働生産物を交換する市場もないインカとその世界で、「同等の労働を交換しあう」という奇妙な言葉の意味はなんであろうか。

インディアン社会、すなわち人類の氏族社会の労働はいうにおよばず、猿から人間へと進化し、国家を形成するまでのほとんどを占める人間の労働は商品交換をともなわない共同労働であろう。こうした労働を「同等の労働を交換しあう」

Chapter 7

という意図、動機はなにか、である。それは氏族社会の共同労働と、老人、寡婦等の保護を含めた生活を「水平方向に展開するこのような関係」とよび、これに対比して「アイユの成員とクラカとのあいだには垂直的な互酬が結ばれる」という、文字通りの「見てきたような嘘」である。

つまり「互恵論」の核心的問題点は、このクラカ＝首長制論にあるのである。クラカ——実際は世襲酋長や複数の普通酋長であるが——スペイン人はこれが理解できず勝手に一人を代表と解したと言われている。しかし、氏族社会の特質は一人の人間に命令権・権力を与えるという制度自身がないことである。しかも、旧大陸とちがってその農業に鉄器等の金属器がなく、また大形家畜もいないのが特徴の、南北アメリカ大陸の先住民の氏族社会と、旧大陸の氏族社会の構造、その世襲酋長等が国家の形成時におかれた地位等との違いを明らかにしないどころか、故意に混同するかの「クラカ論」は学問として如何であろうか。

こうしてモーガンのインディアン社会の研究の正当性が浮かびあがってくるのである。これに照らせばインカ国家論者がいうクラカは、そもそも彼を世襲酋長に選出した人々とは血縁関係にあり、しかも選出・罷免される存在である。この世襲酋長の権威の由縁は、氏族社会をほとんど理解できなかったスペイン人でさえも、「クラカは老人、寡婦、孤児を世話する」と認めるほどに、「人民の相談役」として存在したのである。実にここにクラカ・世襲酋長等が、国家誕生以降のどんな王も役人も監督官も得たことのない信頼と親愛の情を、その選挙民から得た由縁があるのである。

ではその世襲酋長等をクラカと称して「垂直の関係」云々が、スペイン人の記録者によって語られる由縁は何かである。これはすでに述べたアステカの場合の、テクパントラリ（一八五頁参照）や、トラトカトラリなどの氏族社会の公的業務とその施設を維持するための共同労働等を、スペイン人が封建的小作制度と曲解した結果である。したがって氏族社会内部の共同労働と、その世襲酋長を対立させる視点と考え方は明らかに誤りであって、「互恵制度」から国家形成の基礎的要因を説明しようとするのは、直接的にはインカ国家論を理屈づけるための議論に過ぎないが、本質的には国家の誕生を一定の生産力の発展に起因させる史的唯物論への否定である。いかにも戦後のアメリカを先頭とする「自由世界」的思考である。

さらには「インカ国家は軍事、行政の装置をめぐらし、臣下たちの奉仕労働の受益者であり、その余剰は分配された」というムラの弁、これをマリア・ロストウォロフスキ女史は、「互恵（互酬のこと、引用者）は、社会経済的な組織体系であって、異なった次元での労働奉仕を調整し、財の生産と分配を関連づける役割をもった。それは、通貨をしらぬ経済をもつ社会の成員たちの間の関係の調整を果たした。そうして全アンデス世界の範囲内に存在し、広い領域内にある異なった形態の組織の間をつなぐ働きをした」と、いわば一大経済組織と体制の構築ででもあるかにいうのである。そうして本来、アイユ内で機能していた「互恵制度」は、インカによって国家形成の手法に転化された、となるのである。

これも、氏族社会の実態とつけ合わせると、〝はかなく色あせる〟のである。この経済体制論の核心部分は、「インカ国家は軍事、行政の装置をめぐらし……」にあるのである。

いっていることはインカは軍事力と軍事行動のための道路や砦の構築・造営に、地方(異言語の種族、引用者)のクラカを互恵によって組織しその支配下の人民を労働させた、ということである。そうしてこの互恵に使われ略奪品＝余剰品は、それを通じて分配された、というに過ぎないものである。これをインカの国家形成によって氏族内の互恵の仕組みが、全アンデス的なネットワークの形成という新たな仕組みに発展させられたと、女史が補足説明をしているのである。

これも成立し得ないのは、このインカの戦争目的が略奪にあるという説も、先述の今日のキューバのタイノ人の例や、鉄器も牛馬もいない農耕のもとでの、一般的な商品流通機能としての市場さえない、いわばほぼ完全な自給自足経済下での略奪品の主なものは何か、これが第一の問題である。第二に〝クラカに大盤振る舞い〟というのであるが、それは何をどれだけか、という問題があるのである。例えば『世界の歴史・18』の、先に引用した文では、「アンデス世界で高い宗教的価値を帯びた『織物』などの財を贈与することになる」というのである。

しかし、この「互恵とミンカ」の義理によって、「インカの軍事、行政の装置をめぐら」す仕事に出かけるのは、クラカ一人ではないはずである。つまりインカの「大盤振る舞い」は、一民族としての一種族、つまりモーガンの『古代社会』に照らせば、一氏族集団でさえもが数百から一〇〇〇人以上、一種族であれば数千人から一万人と考えられる人民への十二分の贈与でなければ、氏族社会の本質に照らせば効能はないと断じるべきであろう。

この社会では一氏族の生活にかかわることは氏族会議で審議され、しかもその会議には氏族の成年男女全員が出席し、思うところを自由に発言し、採決は全員一致制なのである。世襲酋長はこれに率先服従して、その議決の実行の先頭にたつべき任務が、その数千年以上も続く自然的な第一の責務である。例えクラカが一枚の「宗教的に価値の高い織物」を得、マリア女史がいわれるとおりに「女」を一人クラカが与えられたとしても、それで他種族のために貴重な労働をすることを数百から一千人～一万人が、満場一致採択するであろうか。

しかもインカ帝国論にたてば、そうした他氏族、すなわちクラカが多数いるはずであるから、その贈り物の数量は凄まじい数にならなければならないはずである。しかし、たとえチャンカ種族が強大であったという、インカの末裔の話を信じたとしても、その生産力からはそんな膨大な品物は到底あり得ないものであろう。これは例えば、先述の神殿にいくつかの金細工の工芸品等をもってはいても、生産力からいえば

Chapter 7

「貧しいタイノ人」の姿を思い浮かべれば、自ずから明らかとおもわれる。したがってこの「互恵」論は、しょせんはクラカを同意させれば、その氏族員などはどうにでもなるという、「クラカ封建領主論」とでもいうべき、すなわち「アイユの成員とクラカとのあいだには、垂直的な互酬が結ばれる」という空論が前提とされているのである。

さらにはこの「垂直理論」が実際にはあり得ないことは、先述の「クラカ層の権威は、アイユ民にどれだけの貴重な財を『大盤振る舞い』できるか、ということにかかっていた」とあるところに既に露呈しているのである。「タマゴが先かニワトリが先か」ではないが、「垂直の権威」は「大盤振る舞い」から生じるとすれば、このクラカ達はその品物をその氏族を離れて、どこからもってくるのか。

これを問えば、最後には本居宣長とともに神様や、魔法使いでも呼び出さなければ答えられないであろう。

結局、これらの説の動機は石造神殿群を見て、これは巨大帝国の仕事だ、と信じ込む、心境からの説であろう。これらの論者がモーガンを無視する由縁である。モーガンの正当なインディアン社会への考察こそは、科学的な人類社発展史の基礎を提出するものであって、マルクス・エンゲルスの史的唯物論の正しさを示し、一六世紀のスペイン人の南北アメリカ・インディアン社会の「記録」の誤解を明らかにし、あわせて日本古代史学の、「大和朝廷、大王論」の無根拠性を照らし出すのである。

なお、スペイン人が特記する「クラカは老人、孤児、寡婦などを養う」という姿は、氏族社会共通の姿である。これは古代オリエントにも古代インドにもあると思うが、ここではこの古代社会の姿を反映したものとして、『孟子』の次の一節をあげておきたい。「老いて妻なきを鰥《かん》と曰い、老いて夫なきを寡と曰い、老いて子なきを独と曰い、幼にして父なきを孤と曰う。此の四者は天下の窮民にして告ぐるなき者なり。文王の政《まつりごと》を発《おこ》し仁を施すや、必ず斯の四者を先にせり」（『孟子・上』、「梁恵王章句下」、八二頁）である。

ここにも政治の最初にすべきは、この「老人、孤児、寡婦」というように、いわば社会的弱者への社会があたえる保護とされているのである。これは約二四〇〇年前の言論である。ここにはやはり氏族社会の影があると考える次第である。

これに照らせば「後期高齢者医療制度」にみるように、現代日本の「自由世界論」の実際の姿が、如何に反人間性に染めあげられたものか、ハッキリするのではないだろうか。いずれにせよ、今日の日本の生産力に比較すればとる足りない、黒曜石がもっとも有効な生産力であるインカ時代の氏族社会でさえもが、老人をはじめ社会的な弱者の保護を社会全体でしていたのである。

Chapter 8

第8章

都市国家の誕生と都城——エンゲルスの『家族・私有財産・国家の起源』から

一　国家への道——「都市」問題

『家族・私有財産・国家の起源』にそくして考えるにあたって、二つの点を述べておきたい。その第一はエンゲルスの時代、まだ古代ギリシャのミケーネを国家の段階と把握する認識は確立されていなかったこと。また、人類の最初の古代国家・文明の発祥の地であるメソポタミアをはじめエジプトの古代史学は、マルクス（一八一八〜一八八三）、エンゲルス（一八二〇〜一八九五）の幼年時代にようやくロゼッタの三言語石の解読が、フランス人のシャンポリオンによって行われ、一八二二年に学士院で最初の研究成果が公表され、やっとその第一歩を踏み出したという状態であった。

メソポタミアの楔形文字の最初の解読が、一八〇二年にドイツの二七歳の高等中学の教師、グローテフェントによっておこなわれたが、民主主義のおくれたドイツでは高等中学の教師が、偉い学士院の博士等のまえで研究報告をすることは認められず、その研究報告は代読され、しかも学士院はグローテフェントの解読は、範囲（文例の）が狭くかつササン朝の碑文からの類推に過ぎぬとして、論文の趣旨だけ刊行し、グローテフェント提出論文自身は一八九一年まで、つまりエンゲルスの死亡の五年前まで、実に九〇年間、学士院の書庫に放り込まれたままだったという。

同じくドイツ人で、ホメロスの詩文『イリアス』『オデッセイア』をのみ信じてトロイ（一八七一年）、ミケーネ（一八七六年）を発掘し、二〇世紀のヨーロッパ、オリエントの古代史学発展の扉をひらいた素人考古学研究者、フリードリッヒ・シュリーマンの業績を、最後まで評価しなかったのもドイツの学界であったという。その国に民主主義の精神がないところは、こうした姿を生み結局は学問の発展を妨害し、かつその国の恥となるのである。ここには惨めな権威主義の無能さと恥知らずの醜態、マルクスとエンゲルスが徹底的に批判した、「ドイツの俗物根性」が絵に描いたように見える。しかし、日本はドイツより民主主義の精神があるのかどうか。

楔形文字のひきつづく解読はグローテフェントに次いで、イギリス人の軍人出身であとにバグダードの駐在総領事をつとめた、ヘンリー・ローリンソンで、解読上の幸運にもめぐまれて成功したという。その後、世の常として楔形文字の解読を疑う者たちがいて、ロンドンの王立アジア学会は一八五七年に、ローリンソンの他にアイルランドのヒンクス、フランスのオッペール、それにイギリスの物理学者で楔形文字の研究家のタルボットの四人に、お互いに相談をすることなしに、新発見の八〇〇行からなるアッシリア王チグラト・ピレセルの円筒粘土版の楔形文字文を翻訳するという「競演」を課し、王立アジア学界は四人の翻訳を細かに比較して、全員、本質的に一致していると発表したという。こうしてマルクス・エンゲルスの生存時代に、古代オリエントと古代ギリシャの歴史学は新たな発展を準備しつつあった。その成果はマルクス等の後の時代に結実するという経緯がある。

　とはいえマルクスやエンゲルスは、古代ギリシャの氏族社会の姿の探究に、シュリーマンのトロイ発掘等の以前からホメロスの詩文を重視していたと考えられる。それは先に引用した氏族世界は戦争の世界であって、氏族員がその部族・同族ごとに軍事組織を形づくり都市を形成していたという、『資本主義生産様式に先行する諸形態』が一八五八年のはじめに書かれている、という点からうかがえるのである。さて、国家への道であるが、まず、エンゲルスはその時代にはまだ国家の段階ではないとされていた、ホメロスの詩がかたる時代のギリシャの姿を次のように述べている。

a　「ホメロスの詩では、ギリシャの諸部族がたいていすでに小さい統合部族集団に結合していたが、だがその内部では氏族・胞族・部族がそれぞれの自立性をまだ保持していたことが見られる。彼らはすでに囲壁で防衛をかためた都市に住んでおり、畜産、畑地耕作が拡大し、手工業がはじまるにつれて人口は増えた」（『家族・私有財産・国家の起源』、一六八頁、傍線は引用者）。

b　「英雄時代には、アッティカにいたアテナイ人四部族は……ケクロプスの一二の都市に、まだ別々の住地をもっていたらしい」（同書、一七六頁）と、国家成立以前とされた社会の特徴をいうに最初から「都市」が登場する点が、きわめて注目すべき重要な指摘であろう。したがって国家誕生の考察は、一言で言えば「なぜ都市なのか」ということなのである。国家を誕生させるところは田舎ではなく都市なのである。

マルクスとエンゲルスは『ドイツ・イデオロギー』という、わが国でも有名な、とくにわが国のマルクス主義者やその研究者に重視されてきた著書で、「古代が都市およびその小領域から出発したとすれば、中世は農村から出発した」という簡素な、しかし重要な史的唯物論の科学的な命題を述べている。ところが日本では、その真の意味を、今日もまったく理解もされず、したがってまた、まったく重視もされていない、と断言してさしつかえないと考える。

　多分、わが国の論者等はこの重要な一節を「古代ギリシャ・ローマのこと」と理解して、史的唯物論は古代ギリシヤ・ローマと西洋だけに通じるものではない、という、わが国の論者が強調するその普遍性を、しかし、この一節に限れば、失念するらしいのである。「これはヨーロッパ史のことだ。日本は『万世一系の天皇が一貫して君臨した社会である。都市も農村もない』」と、たしかに、どこかに論文として明記したわけではないけれども……。

しかし、この一節を読めば「神武から七世紀末まで都城がなく、王の代替りごとの遷宮をする王朝」などというものは、史的唯物論からは断じてあり得ないばかりではなく、エンゲルスの『家族・私有財産・国家の起源』、モーガンの先述の著書を併読すれば、こうした「歴史」を不問にする学問は学問といえるか、あらたに問いなおすべきだ、という声ぐらいあってもおかしくないと思うが、現実にはいわば「寂として声なし」である。

自国の歴史という一般論にとどまらず、明治以降、自由民権運動から日本共産党にいたるまで、「天皇制反対」を社会の進歩の根本問題という当然の立場にたちながら、しかし、マルクス・エンゲルスの史的唯物論の、古代国家成立・誕生にかかわる基本的な規定的見解が、またく無視されるというこの姿はなぜだろうか。どうでもいい問題とは断じて思えない次第である。

この都市論は、さきの「四血縁集団・四地区制」という、氏族社会の大きな部族集団の集落ないしは原始「都市」をみれば当然のことである。それればかりではなく先の「a」のホメロスの詩への、エンゲルスの理解を見れば、実態的に「四集団・四地区制」が一体的な都市を形成している、として把握されていることは明瞭であろう。

これとの関連でホメロス時代のミケーネの「政体」が、「西アジア的」という説が「線状B文字」の出土と解読によって提出されて、西洋史家の議論になっている、という問題にふれておきたい。「西アジア的」というのは、ミケーネというアテネ時代から約七〇〇年ぐらいは古い（紀元前約一五〇〇年）ギリシャ人の一都市国家の政治体制が、あとのアテネ的な、いわゆるヨーロッパ古代史の「古典古代」といわれる、古代ギリシャ的民主主義とは正反対に、古代メソポタミア・エジプト的な「専制的」性格であったという主張である。

これに対して周藤芳幸氏の『古代ギリシャ地中海への展開』（京都大学学術出版会、二〇〇六年、第一刷）などの、異議の提出もあり、ただちに「西アジア・モデル」が客観的真実に立脚した不動の真理として、マルクス・エンゲルス的ミケーネ論は古臭くなった式の見地が科学的なものである、とは言い難い面もあるようである。とくに重視すべきはホメロスの詩文が、事実を反映しているということが、一般的傾向として確証されている点である。となれば「氏族・胞族」等の氏族社会的民主主義の力、また、後のアテネがこの氏族的民主主義の力を復権している事実からみて、「西アジア・モデル」論は、なお検討の余地があると思われる。

① 私有財産への道

氏族社会から国家の誕生への道の最初は、売買、すなわちその氏族社会の必要をこえる生産物を、最初は多分、世襲酋長や普通酋長を代表者として他部族との間でおこなった交易、そうして次第に個人が他部族の個人とおこなう、自分の生産物、使用価値の交換をくりかえすという姿が出発点である。日本でも、これはよほど後の時代であるが、「四日市」「五日市」などの名が残っている。

なお直接的には国家の形成を導く商品生産とは性格が異なるものではあるが、日本本土では縄文時代のかなり古い時期から「塩の道」、「塩の原始的な交易」があったことが指摘されている点は、一応ふれておきたい。

この「塩」は、黒曜石や、狩猟の獣肉や毛皮、その地の特産品（縄文時代の山地の）と交換されたと考えられている。この交換は、古代的分業の発展に起因する古代的商品生産の交換とは、歴史的段階を異にする。塩は草食の哺乳動物にとって不可欠のものであって、これに連座する人間もまた同様である。したがってこの交易をもってやがて氏族社会を解体する、古代的商品生産・分業というのは、似て非なる面がある。ただし、この「塩の交換」は、古代縄文人達がかなり広い範囲で、「日本地理」を心得ていたことを示すものらしい。

古代国家形成にかかわる交換は別の使用価値、すなわち「文明への道」をひらいた商品の考察であって、その祖先をエンゲルスもモーガン（の場合、旧大陸を論じたところの見解）も、人類の家畜の飼育におく点では一致している。モーガンの『古代社会』の出版は一八七七年、エンゲルスの『家族・私有財産・国家の起源』の発刊は一八八四年である。したがってこの両者の家畜論には後先関係が推測される。モーガンは「セムおよびアリアン人種が未開人の集団から分岐したのは、動物の飼育をもってはじまったとも見られる。アリアン人種によった穀物の発見と栽培が、動物の飼育に次いだことは、アリアン語の若干方言中にこれらの動物にたいする共通語があり、そうして穀物または栽培草木にたいしては、共通語がないという事実によって示されている」（『古代社会・下』、三四頁）と述べている。

さらにエンゲルスは次のように述べている。「アジアでは、人間は飼い馴らすことができる、そうして飼い馴らしたあとでさらに飼育できる動物をみいだした」（『家族・私有財産・国家の起源』、一六〇頁）。そうしてその動物を水牛とのべている。がさてつづいて「多くのもっとも進歩した部族――アーリア人、セム人、おそらくはすでにトゥラン人も――がまず、家畜の飼い馴らしを、のちにはその飼育と見張りだけを、彼れらの主要な労働部門とした。遊牧諸部族が爾余《じょ》（＝その他）の未開人の群から分離した。

最初の社会的大分業。遊牧部族は、爾余の未開部族よりも多量の生活手段を生産したばかりではなく、爾余の未開人のものとは違う生活手段をも生産した。彼らは、ミルク、乳製品、肉をより多量にもっていたばかりでなく、獣皮、羊毛、山羊毛、また原料の分量がふえるにつれて増加する、紡糸と織物をももっていた点で爾余の未開人に勝っていた。そのことによって、定期的な交換が可能になった。……そもそものはじめには、部族と部族とが、相互の氏族長（酋長。引用者）たちを通じて交換した。

だが畜産が特有財産（私有財産、原注）に移っていきはじめると、個別的交換が次第に優位をしめついに唯一の形態になった。だが、遊牧部族がその近隣部族と交換して引き渡した主要な物品は、家畜であった。

家畜は、他のすべての物品がそれでもって評価された。またどこにおいても他の商品と引き換えに、好んで受け取られる商品になった。――要するに、家畜は、すでにこの段階で貨幣の機能を獲得し、貨幣の役をつとめた」（同書、二六〇頁）。

こうして遊牧種族、すなわちセム人やとくに、古代ギリシャ・ローマ人につながるという意味でアーリア人種の家畜は、私有財産制という氏族社会の墓穴掘りの先達であって、今日の資本主義社会形成の根本的な力である貨幣を生み出す、そもそもとなったというのである。

日本では遊牧民とは「モンゴルの大草原」とか、「騎馬民族」という一種のロマン程度の位置づけと思うが、これがいわば文明社会創設の原動力というのであるから驚きである。『資本論』には、貨幣の祖先として家畜があげられているのも道理ということになる。つまりは『資本論』を読まないでは、すなわち日本での氏族社会解体を必然とする、一般的等価形態（貨幣）の役をになう生産物の特定とその発展を、日本古代国家形成探究の主軸に据えないようでは、真の日本古代史はわからない、ということらしい。同時に、『資本論』等を読んでも氏族社会の原始的「都市」論や、また日本本土における古代都市国家形成にかかわる弥生時代の研究を、はじめから「最終的に『ヤマト政権』に収斂してゆく過程……」という史観を絶対とするようでは、「論語よみの論語知らず」ともなりかねない、ということであるらしい。

いずれにせよ真の正しい日本古代史の探究の視点は、「ヤマトタマシイを固くする」立場ではなく、「まことの道は、天地の間にわたりて、何れの国までも、同じくただ一すぢなり」という、人類国家成立・発展の普遍性を基礎とするという、本来は当り前のことであるが、大学的日本古代史学の世界では、まったく新たな立脚点がもとめられるということである。

② 分業の発展から男権出現、奴隷制への道

エンゲルスの考察は偉大ではあるが若干は、ヨーロッパ人的側面があるようにおもえる。「下段階（未開時代）のアジアの未開人にはおそらく知られていなかった（?、引用者）であろう園圃栽培（モーガンの規定では、牛馬をつかった犂による田畑農業以前の一種のささやかな菜園農業。引用者）

は、おそらく中段階（未開の中段階、モーガンの有史以前の時代区分。旧大陸での動物の飼育。新大陸では灌漑によるトウモロコシ等の栽培と、日干しレンガや石による高層建築開始の時代）には、畑地農耕（牛馬、犂鍬による日本の田畑農業と同じ）の先駆として、彼らのあいだに発生した。

トゥラン高原の気候のもとでは、ながい厳冬にそなえる飼料の貯蔵なしには遊牧生活はいとなめない。ここでは牧草栽培と穀物栽培とが条件であった。黒海以北の草原地帯（ステップ）にも同じことが言える。だが、穀物はまず家畜用として取り入れがなされたとしても、まもなく人間の食物にもなった。耕地はまだ依然として部族所有であり、当初は氏族の利用に、のちには氏族によって所帯諸共同体の利用に、最後に、個々人の利用にゆだねられた。これらの利用者は、耕地にたいするある種の占有権はもっていたかもしれないが、それ以上のものはもっていなかった。

この中段階の産業的成果のうちで、（遊牧の他に、引用者）二つのものがとくに重要である。第一は織機であり、第二は金属鉱石の熔解と金属加工である。……中略……すべての部門――牧畜、農耕、家内手工業――で生産がたかまったことは、人間の労働力に、その生計に必要なものよりも多くの生産物をつくりだせるようにした。それと同時に、この高まりは、氏族、世帯共同体、また個別家族の各成員の肩にかかってくる日々の労働量を増大させた。新手の労働力の投入が望ましくなった。戦争がそれを供給した。すなわち捕虜が奴隷に転化された。

最初の社会的大分業は、それが労働の生産性をたかめ、したがって富を増大させ、また生産分野を拡大させるにつれて、あたえられた歴史的全条件のもとでは、必然的に奴隷制を招来した。最初の社会的大分業から、二つの階級への社会の最初の大分裂が生じた。――主人と奴隷、搾取者と被搾取者への大分裂が」（『家族・私有財産・国家の起源』、二六二頁。傍線は引用者）。

さらには、「畜群がどのようにして、またいつ部族や氏族の共有物から個々の家長の所有に移ったかについては、いままでのところわれわれはなにも知らない。だが、この移行はこの中段階で生じたに違いない。いまや畜群その他の新しい富の出現とともに、家族に一つの革命がおこった。

生計獲得はいつも男子の仕事であったし、生計獲得の手段は男子によって生産され、男子の財産だった。……当初、畜群を飼い馴らし、のちにはそれの見張りが彼の仕事だった。だから畜群はかれのものであり、家畜と交換して得た商品と奴隷は彼のものであった。生計稼ぎがもたらす余剰はすべて男子の手に帰した。……（氏族社会時代には）『粗暴な』戦士でかつ猟人（男一般をいう）は、家庭では女子につぐ第二の地位に甘んじていた。『より柔和な』な牧人は、その富をたのんで第一位にのしあがり、女子を第二の地位におしさげた」（同書、二六三頁。括弧内は引用者）。同時に、また、「未開時代の上段階、……すなわち鉄の時代、……また鋤頭《すきさき》と斧との時代に入る」(同書、二六五頁)。

これを読んでいると、これはあくまでセム人、アーリア人の話ではないか?、とおもうのである。ではこうした変化を日本列島でひき起こしたものは何か。日本では牧畜は未発展であり石器時代の末期ごろから、日本列島で貨幣経済と男社会への転換をひき起こした、セム人・アーリア人の畜群に該当する生産物は何か。これを念頭におかなければ日本列島での国家形成への道を、正しく知ることができないことになるのではないか、と思われるのである。この探究の位置づけが明確にされずに、一般的に、しかもいつでも日本本土全域が、あたかも均一に生産力が発展したかの視点にたって、あれこれの日本本土の遺跡を同時代的なものとして羅列して、「金属器具の出現」とか、「生産力の発展」「支配者と被支配者の分裂」云々をならべても、それはヨーロッパ人の言葉の物真似ではないか、日本に於ける国家の形成の科学的な探究にはならないのではないか、こう思うのである。

③　手工業の発展と商人の誕生

エンゲルスがこの著書で述べている古代国家形成の考察は、アテネが一つの典型例とされている。しかし、その主張が基本的に正しいことは古代オリエントの国家の誕生、すなわちアテネ等よりも数千年も古い年代の、しかもいわゆる「アジア的専制体制」の典型とされるオリエントについても、やはり氏族社会からの生産力の発展が、「四血縁集団集団・四地区制」という定住氏族社会の機能をマヒさせ、国家機構を必然的に生み出す過程と基本的に合致しているのである。ここに科学的研究の偉大さが示されている。

こうして、「機織り、金属加工、その他、ますます分化していく手工業が、生産の多様性と技巧とをますます発展させた。農耕は、穀物、豆類、果実のほか、いまではオリーブ油とブドウ酒をも——これらの製法がすでに修得されていた——もたらした。こんなにも多様な活動を、もはや同じ一人の者がいとなむわけにはいかなかった。第二の大分業がおこった。すなわち手工業が農耕から分離した。生産の不断のたかまりと、それと同時に労働の生産性の不断の高まりとは、人間労働力の価値を高めた」(同書、二六六頁)。

こうして第二の大分業の確立と発展は、不可避的に商人を生み出す。エンゲルスは、古代国家形成の一つの結節点として貨幣をあげ、これをいわば担うものとして商業と商人をあげている。これを「文明時代に特有な、決定的に重要な分業」(同書、二七〇頁)と述べて、「文明時代は、もはや生産には従事せず、生産物の交換にだけ従事する一階級——商人を生みだす。……中略……商人とともに金属貨幣すなわち鋳貨が生れ、また金属貨幣とともに、非生産者が生産者と彼の生産とを支配する新しい一手段が生れる。……中略……。こうして商品と奴隷での富と並んで、貨幣での富と並んで、いまでは土地所有での富も現れた」と述べている。

つまり氏族社会以来、土地は部族の所有であり、個人はささやかな占有使用権をもっていたに過ぎなかったのが、家畜の個人的な家父長的な所有権・私的所有権が生れるや、それは売買され、やがては貨幣を生みだす。この貨幣が土地の私的所有権をうみだすと、次の深刻な問題がおきると指摘されている。「……新しい土地占有者が氏族と部族との上級所有権という桎梏を最終的にふりきったとき、この土地占有者は、それまで自分を切りはなしがたく土地に結びつけてきた紐帯をも引きちぎったのだ。

それがなにを意味するものであったかは、私的土地所有と同時に発明された貨幣が彼に思いしらせた。いまでは土地は、売ったり質入れしたりされる商品になることができた。土地所有が導入されるかされないかのうちに、抵当権もまたすぐに発明された。……・こうして、商業の拡大、貨幣と貨幣の高利貸付、土地所有と抵当権にともなって、少数の一階級の手中への富の集積と集中が急速にすすみ、それとならんで、大衆の貧困化の増進と貧民大衆の増加が生じた」(二七一頁)とされている。

ただしエンゲルスがここで論じているのはアテネのことであって、人類の商人が生れるのは、このアテネよりも数千年も前の古代オリエントであり、その役割もここでエンゲルスが述べている段階に一挙に達するのではないとおもわれる。しかし、同時に、一度生れた貨幣は、エンゲルスの指摘する本質を具えていることは、言うまでもない。

④ 古代国家誕生と都市

本書の問題意識は、この国家の誕生へと飛躍する生産力の発展は、氏族社会のなにを支えとして展開されたのか、という点に収斂する。この問題は、マルクス・エンゲルス、モーガン、チャイルドによって、人類の古代国家形成の基本問題としてとっくに解明されている問題である。

オリエント等の古代文明発祥の地で、牧畜の成果とともに農業以外の産業がめざましく発展したという。「分業の発展」とは、農業以外の産業・職業が生れ発展することであることはいうまでもない。農業以外の職業、産業にたずさわるということは、たとえその初期には、いわば「半農・半別業」であったとしても、発展の方向としては非農業の職業・産業への道である。この非農業の職種や産業の発展は自己の製品を他の生産物・貨幣等にかえ、それで食糧を購入することが何の心配もなくおこなえる、という社会・経済体制の発展・確立を前提とするであろう。

この条件を満たすのは都市である。馬なりラクダで一昼夜も自己の製品をはこんで、やっと一人の買い手にめぐり会えるというのでは、「分業の発展」は不可能であろう。なにはともあれ人間は食わねばならないのである。こうして「産業の発展」とか「生産力の発展」は、その生産物の需要があること、さらにはその需要がさらに生産の発展を一層支えるにたることが前提となる。

それはつまり現実には都市の存在、その発展が前提であることを示すものであろう。ここに氏族社会の「四血縁集団・四地区制」（原始「都市」）を淵源とし、そこでの生産力の発展をバネに、さらに都市を発展させるという古代都市の姿がある。このあまりにも明白な「古代国家形成の直接的な支え・基盤」が、しかし、日本古代史学には登場しないのである。これが日本的マルクス主義の古代史学をふくむ、大学的日本古代史学の姿である。

次にこの幾つもうまれる原始「都市」は、氏族社会以来の絶え間ない戦争という災難をいわば背負っているのであるが、これが「生産力発展の時代」には、またそれを反映して新たな理由と欲望によって荒波を呼びさますのである。エンゲルスによると「石づくりの家や煉瓦づくりの家を石壁と櫓と凹凸胸壁で囲んだ都市が、部族や部族連合体の中心地になった。こういう都市は建築術の巨大な進歩を示すものであったが、しかしまた危険と防衛との増大のしるしでもあった」（同書、二六六頁、傍線は引用者）と指摘されている。

さらに「人口の稠密化にともない、対内的にも対外的にも、ますます緊密な結束が必要になってくる。どこでも親族的な諸部隊の連合体が必要になる。まもなく親族的諸部隊の融合、それとともに別々の部族領域の、部族団全体の一領域への融合もすでに必要になる。部族団の軍隊指導者――レクス、バシレウス、テューダンス――が不可欠の常設の公職者となる。民会がまだなかったところは、それが生れる。軍隊指導者、（首長）会議、民会が、軍事的民主主義へと発展した氏族社会の諸機関を構成する。軍事的（民主制）――なぜならば戦争と戦争をやるための組織とが、いまや部族団の生活の正規の機能となったからである。

隣人の富は、富の獲得をすでに生活の第一目的の一つとみなしている諸部族団の貪欲をかきたてる。彼らは未開人である。つまり彼らには略奪が、稼ぐ労働よりも手軽なものに、また名誉あるものにさえ思われる。

以前には侵略に対する復讐のためか、ないしは不十分になった領域の拡大のためのみに行われた戦争は、いまや単なる略奪のために行われ、恒常的な生計稼ぎの部門となる。新たに築城工事を施した都市のまわりの威嚇的な囲壁は、いわれなく屹立しているわけでない。囲壁の壕には氏族制度の墓穴が口をあけ、囲壁のやぐらはすでに文明時代（国家形成期・引用者）にはいって、そのなかにそびえているのである」（同書、二六七頁。傍線は引用者）。これに何かをつけ加える必要があるだろうか。

国家形成の舞台となる都市は、奪略の攻防という文明時代に出現し、国家成立の現場として存在するのである。都市国家成立の由縁である。

⑤「四血縁集団・四地区制」の原始「都市」の終焉

以上の国家形成期の都市は、原始「都市」をじょじょに、しかし大きく変質させたという。エンゲルスは『家族・私有財産・国家の起源』の第五章「アテナイ国家の成立」でこの問題をあつかっている。古代ギリシャ史は、今日では、アテネやスパルタ時代が最初の国家というわけではない。先述のとおりミケーネ時代はすでに国家時代であるとされ、この国家の性格をめぐって「西アジア的」、すなわちアテネ・スパルタ時代の古代的民主主義ではなく、オリエント的アジア的な専制的性格であったという研究結果が発表されているが、しかし、先述のとおりこれへの反論もだされている。

ホメロスを読む限り、やはりギリシャ的な香りがし、そのギリシャ人がオリエント文明の洗礼をうけつつ、その氏族社会を国家へと変え、しかも、氏族社会的な民主主義の傾向は、その氏族集団内で保持されたのではないかとも感じられる。「線状B文字」の解読が明らかにしたことは、当時のミケーネがたとえ「西アジア・モデル」であれ、または古代ギリシャのいわゆる「古典古代型」(可能性)であれ、国家の段階に達していた社会であった、ということである。

「そこには古代ギリシャ語で『王』とか、『軍の統帥者』とかさまざまの神職、またいろいろな手の技をする工人、牧人、奴隷といった身分や職種の名が読まれる。王の御料地のほかに、個人の『私有地』と村落あるいは共同体の総有に属する『共有地』の別のあったことは明らかである」(村川堅太郎氏責任編集、『世界の歴史』、「2ギリシャとローマ」、二三頁、中央公論社、一九八六年、第一六刷)という姿である。

こうしたアテネ時代よりははるかに古い、ギリシャの最古の国家形成の時代の城壁と軍事指導者、農業と土地所有、各種の手工業者の姿、奴隷の存在等、そうして多分、外国貿易など、アテネを例にしたエンゲルスの氏族社会から国家への姿の解明を、遡及させても本質的な問題はない、と思われる。事実から出発した科学的な理論は、現象的な面でのいささかの変容があっても、普遍的な本質を維持・貫徹するという性質をもつと考える。マルクス・エンゲルスの国家誕生論が、マルクスらの時代、まだあまり解明されていなかった、しかもミケーネ時代よりはるかに古い古代オリエントの国家形成の過程に、基本的に合致するのはそのためと思われる。

さて以上にたって「アテナイ国家の成立」の初期にかんして見ていこう。エンゲルスはこの冒頭で、「一方では、氏族制度の諸機関が、一部は改変され、一部は新しい諸機関の割り込みによって排除され、そうしてしまいに真の国家官庁によって完全に置き代えられることにより、他方では自分の氏族、胞族、部族内で自己防衛する真の『武装人民』に代わって、この国家官庁の役に立ちうる、したがって人民弾圧にも行使できる。一つの武装した『公的権力』が現れたことによって、国家が発展してきた過程……」について、「アテナイほどみごとにたどれるところはどこにもない」(同書、一七六頁)とのべている。

この指摘で重要な点は「真の国家官庁」の確立、つまり国家確立の指標が「自己防衛する真の『武装人民』に代わって……人民弾圧にも行使できる。一つの武装した『公的権力』が現れる」点におかれているところである。

⑥「四集団・四地区制」・氏族会議の機能マヒ

さて。もとにもどってすでにミケーネ時代に「アテナイの四部族で一二の都市を住所としていた」とある。この時代すでに土地の私有制度は確立していた。それは「未開時代の上段階の末ころにすでに比較的発展していた商品生産と、商品生産に照応する商品取引に符合するものである。穀物の他にブドウ酒とオリーブ油がつくられた。エーゲ海の海上貿易はしだいにフェニキア人から奪いとられ、大部分アッティカ人の手に帰していった。**所有地の販売と購入とにより、農業と手工業、商業、航海との分業の進展により**、氏族、胞族、部族の所属者たちは、たちまちいりみだれ、胞族、部族の居住地域は、同国人であってもよそ者となっている住民たちを受けいれねばならなかった」(『家族・私有財産・国家の起源』、一七七頁)とのべている。すなわち四地区の住民が本来の地区＝氏族をはなれて、別の地区・氏族の生活領域にいり乱れて居住するように変化したのである。

これが重要なのは「四血縁集団・四地区制」のもとに、それぞれの氏族・部族にわかれてくらし、それぞれの氏族等の問題は、それぞれの氏族会議等で独自に解決・対処してきた長年の習慣が、同じ胞族や部族であっても四地区制が乱れれば、氏族会議等は機能をマヒさせざるをえないことになる、という点に現れるのである。そうして最後には氏族社会の基礎をなした氏族会議そのものが破綻するということである。

アテナイの場合、このマヒに対処してテセウスの制度改革がおこなわれたという。それは「アテナイに一つの中央行政府が設けられたこと、すなわちこれまで諸部族が自主的に処理してきた事項の一部が共同事項であると宣言され、アテナイにおかれている共同会議（首長会議）に移管された……」(同書、一一七頁。括弧内は引用者)とのべ、エンゲルスはこの時点でギリシャ人は、アメリカ・インディアンの部族連合体（種族）会議の水準を超えたと指摘している。つまり部族（種族）という限界をはじめてこえて、「アテナイ市民」＝国家への道をここに開いたからである、と指摘している。

しかし、土地の私的所有制度が誕生するほどに古代的な商品生産が発展し、貨幣制度が確立・普及するにしたがって、大土地所有者が生れ、かつての同一氏族の平均的な土地所有者はそれとの競争で負け、または自分も一儲けを企んで借金をして失敗する等々によって、土地を無くし借金のかたに自ら奴隷に転落し、アテナイじゅうの土地に抵当権の設定をしめす立て札が乱立し、一部の大土地所有者が土地を独占し、かつての氏族社会では考えられない状況が生れたという。

こうしたなかで有名な「ソロンの改革」が断行され、それまでの土地の抵当権は無効とされ、債務返済のために奴隷にされた者は解放され、「自由なアネナイ人の奴隷化の再来の防止」とか、「土地保有の上限が設定された」等の方策が確立されたという。

この「ソロンの改革」とは、アテナイの古代民主主義制度への道をひらいたものであるが、この改革者を生み出し、その改革を断行することを保障した力は、氏族社会の民主主義の力であろう。この点が大型の灌漑用水の建設がその社会の食糧生産・農業の前提となる社会での、いわば氏族的民主主義の衰退の姿とは大きく異なる、いわば古代ギリシャ・ローマ、また、いまから約一千数百年前まで氏族社会の仕組みのもとで生活していた、ゲルマン人（ヨーロッパ人）と日本人の違いなのだろう。

がさて、問題はここから先である。古代ギリシャ・ローマ型の民主主義と、日本的な「アジア的専制体制」的政治制度の違いの意味は大きいが、しかし、共に国家であるという本質においては差異はない。したがってアテナイの国家制度の確立の姿は、日本の古代国家形成にかんする考察の、立派な道案内人となりうえ、また大学的日本古代史学の「学説」の立派な検証者となり得ると考える。

ソロンはその改革において、「市民をその所有地とそれによる収穫に応じて四階級に分けた……。所有地がそれ（第三階級）以下ないしは全然ない者は第四階級に属した。すべての公職は上位の第三階級の出身者だけが、最高の公職は、第一階級の出身者だけが就任することができた。第四階級は、民会で演説し投票する権利をもつだけだったが、すべての公職者はこの民会で選挙されたし、それに第四階級はここで多数をしめていた。貴族階級の特権は、富の特権という形態で部分的に更新されたが、民衆が決定的な力をもった」（同書、一八六頁）という。

アジア的専制国家を形成した日本では考えられない政治改革であるが、重視すべきは次の点である。私有財産権の発展と貧富の差、流入してくる大量の奴隷という新たな状況に、「四血縁集団・四地区制」を基礎とする氏族社会という血縁社会の社会組織は全く対応できない、する力がないということである。こうしてアテナイでは紀元前五〇九年に、その経過の説明はここではぶくとして貴族勢力にたいして、新興の裕福な商工業者が台頭・勝利して、かつての氏族社会の世襲酋長等に出自をもつ（と自己宣伝した者もあろう）古代的貴族の勢力は、打破されついに有名な「クレイステネスの革命」によって、氏族制度の残滓は一掃されたという。

「クレイステネスは、その新制度において、氏族と胞族による四つの部族を無視した。それに代わってすでにナウクラリアで試みられたところの、単なる定住地による市民の区分をもとにした、まったく新しい一組織が現れた。もはや血縁団体への所属ではなくて居住地だけが決定的であった。民衆が区分されるのではなく領地が区分された。アッティカ全土は、一〇〇の地区すなわちデモスに分けられ、各市区が自治行政を行った。各デモスに定住する市民（デモテス）は、彼らの首長（デマルコス）と出納官、ならびに比較的小さな訴訟事項について裁判権をもつ三〇人の裁判官を選出した。

彼らは同じくまた一つの自分たちの神殿および守護神つま

り英雄をあたえられた。それに仕える神官を選出した。デモスの最高権力はデモテス（市民）会議にあった。モーガンが正しく指摘しているように、これはアメリカの自治権をもつ町が原型である。生れつつあるアテナイの国家は、近代国家が最高の完成をとげて到達するのと同じ単位から出発したのである」（傍線は引用者）――わが国の「共産主義は一党独裁、自由がない論者」は――このエンゲルスの言い分を考えてみるべきであろう。

この単位つまりデモスが一〇集まって一部族を形成したが、古い血縁部族と区別するために、いまや地方部族と呼ばれる。地方部族は、単に自治権をもつ政治団体であるばかりではなく、それは軍事的な団体でもあった。それは、騎士を指揮するフュラルコスつまり部隊長、歩兵を指揮するタクシアルコス、部族の領域内で徴募される兵卒全員を指揮する将軍を選出した。さらにそれは五隻の軍船と、乗組員および指揮官をだし、アッティカの英雄の一人を守護聖者としてあたえられ、その名をとって自分の部族名とした。最後にそれは、アテナイ評議会に五〇人の評議員を選出した。

その帰結をなすのがアテナイ国家であった。それは、一〇部族から選出された五〇〇人で構成される評議会によって、また究極的には、すべてのアテナイ市民が出席権と投票権をもっている民会によって、統治された。それとならんでアルコンやその他の官吏がさまざまな行政部門と裁判権とをつかさどった。執行権をもつ最高官吏は、アテナイには存在しなかった。

この新しい制度により、また一部は移住民、一部は解放奴隷からなるおびただしい数の居留民の受け入れ承認により、血縁制度の諸機関は公的事項からおしのけられ、それらは私的団体と宗教団体になりさがった」（同書、一八九頁）。

二　国家の誕生とその本質

こうして氏族社会の、「四血縁集団・四地区制」の原始「都市」は、古代的分業の発展と商品交換、土地等の私的所有と貧富の差、それに奴隷の拡大等々の血縁社会にはまったく存在しなかった、新しい社会の変化に対応する力がなく滅びさり、かわって国家が誕生するのである。

古代国家とその形成過程は戦争の結果うまれる捕虜を、生贄から奴隷にする方向ですすんだ。アテナイではその全盛期には、「全自由市民は女・子供をふくめて約九万人であり、それと並んで、三六万五〇〇〇人の男女奴隷と、四万五〇〇〇人の居留民――他国人と解放奴隷――がいた。したがって、大人の男子市民一人当たりに、少なくとも一八人の奴隷と二人以上の居留民がいた。奴隷の数がこんなに多かったのは、その多数のものが、工房で、広い室内で、監督者のもとで集まって働いていたことになる。だが商工業の発展に伴って、少数者の手中への富の蓄積と集中、自由市民大衆の貧困化が生じた」（同書、一九二頁）。

奴隷制の導入と発展は、……奴隷対奴隷所有者の対立をもたらした。このために海運に従事していたアテナイ人が、商船と自己防衛のために行っていた武装をば、一個の行政的方法でつくりだしたという。それは「ソロン」以前のいつとも知れぬ時期にナウクリアという小地区が各部族に一二ずつ設けられた。各ナウクリアは一隻の軍船を出し、艤装《ぎそう》（＝出航準備完了の状態）し乗組員を配置しなければならなかった。そのほかに騎兵二人を出した。

この制度は氏族制度に二重の攻撃をくわえた。第一に、それが、武装人民の総体ともはや一致しない公権力をつくりだしたことによって、また第二に、それがはじめて人民を、公目的のために、血族集団をもとにせずに地縁的な聚住《しゅうじゅう》をもとに区分したことによって」（同書、一八四頁）、という変化をアテナイの場合には惹起したが、根本的な変化は次のようなものである。

「……国家の本質的な一特徴は、人民大衆から区別される公的権力であることである。アテナイは当時、ようやく人民軍と人民が直接提供する艦隊をもつだけであった。これらは、外敵をふせぎ、当時すでに住民の大多数をしめていた奴隷をおさえつけた。

市民にたいしては、公権力はさしあたり警察として存在するだけであった。この警察は国家と同時にうまれており、それだから一八世紀の素朴なフランス人は、文明諸国民といわずに警察諸国民（ナシオン・ポリセー）と言いもしたのである。こうしてアテナイ人は、国家を設けるのと同時に警察を設けた。この警察は、徒歩弓手と騎馬弓手とからなる真正真銘の憲兵……であった。……中略……いまやその主要な輪郭のできあがった国家が、アテナイ人の新しい社会状態にどんなにぴったりしたものであったかは、富と商工業の急速な開花のなかにしめされる。社会的政治的諸制度の基礎にある階級対立は、もはや貴族と平民の対立ではなく、奴隷と自由民、居留民と市民の対立であった。……中略……

アテナイ人のもとにおける国家の成立は、国家形成一般のとくに典型的な見本である。なぜなら、この成立は、一方では、まったく純粋に、外部の、ないしは内部の暴力の介入なしに、行われている……からであり、他方では、それは、民主共和国というきわめて高度の形態の発展を遂げた一国家を、氏族社会から直接に生じさせているからであり、そうして最後に、それの本質的な詳細のすべてがわれわれに十分にわかっているからである」（一九一頁。傍線は引用者）。すなわち国家の誕生とは、氏族社会の全成年男子が武装して自衛した姿を廃止して、以下のような全く新しい組織を生み出すことである。

a 「古い氏族組織にくらべて国家は、第一に、領域による国民の区分が特徴である」。

b 「第二に、自分自身を武装力として組織する（氏族社会の）住民とはもはや直接に一致しない、一個の公的権力の樹立である。こうした特殊な公的権力が必要になるのは、住民が諸階級に分裂して以降、住人の自動的な武装組織（氏族社会の全成年男子の武装）が不可能になった」。

c「この公的権力を維持するためには、市民の拠出金が必要である、——租税がそれだ」。

d「公的権力と徴税権をにぎって、官吏たちはいまや社会の上にたって、外見上は階級対立を緩和しようとする」。

e「国家は、階級対立をおさえつける必要から生じるものである。だが同時にこれらの階級の衝突のまっただなかに生じたものであるから、国家は、通例、もっとも勢力のある、経済的に支配する階級の国家であって、この階級がこの国家を媒介として政治的にも支配する階級となり、こうして被抑圧階級を制圧し搾取するための新しい手段……となる」。

g「（人類にとって）国家は永遠の昔からあるものではない」。

h「したがって国家は永久に存在を続けるものでもない」（同書、二七八頁）。

三　都市国家——初期国家の多元性

人類史上の最初の都市国家は多元的なものである。同時に、この多元性の背後には、特定の地域での農業等の発展の条件が、その他の地域・地方にくらべて有利である、好都合であるなどの、生産・産業発展の条件の不均一という客観的な要因による差異が考えられる。したがってより有利な地方では氏族社会の段階で、「四血縁集団・四地区制」の部族、種族の集落が比較的に密集して、相互に競い合うという状況が生れると考えられる。

さてこの問題の日本史的意味を考えると、日本本土における初期国家の多元性を明確に記録しているものは、古代中国正史類しかないという事実である。『古事記』『日本書紀』には皆無である。これは日本古代史を考える場合、古代中国正史類の史料的優位性を示す単純ではあるが不動の根拠をなす。現に「皇国史観批判」は、「日本神話」の「国のはじめ」を批判・否定して、『漢書』地理志の「倭人……百余国」を「信じられる日本古代の姿」と言わざるを得なかったのである。もちろん津田氏等はこの『漢書』地理志の「倭人……百余国」記載そのものを解釈という道をとおって、根本的に歪曲している（二八三頁参照）。

そうしてこれに続いて、『後漢書』倭伝、『三国志』魏志・倭人伝という、古代中国正史類の「多元的都市国家」の記載に、後述するとおり第二次世界大戦の敗北後でさえも、本居宣長を切りこみ隊長に津田左右吉、石母田正氏らが突撃隊の真っ先を駆け、これら古代中国正史類の多元的都市国家の記載に、『古事記』『日本書紀』精神の旗をなびかせて襲いかかっているのである（二九三頁参照）。

こうして「万世一系の天皇制は日本の伝統論」を終焉させ

る性格の古代中国正史類の史料的優位性を、自分らが「初期国家の多元性」の一応の史料にしつつも否定するのである。しかし、人類史の初期国家が多元的な都市国家群であるという、動かし得ない不動の事実を目前にすれば、そうして日本古代史の探究に理性をもってのぞむならば、古代中国正史類の日本本土との交流の記録の史料的優位性は不動である。

四　石母田正氏は、如何にマルクス主義の古代国家形成論を歪曲するか

さて、エンゲルスの『家族・私有財産・国家の起源』の研究と引用を終えるにあたって、是非指摘しておかなければならないと思われることは、これがもつ日本古代史探究上の科学的な意味である。それは日本における古代国家形成の前提に、日本的な「四血縁集団・四地区制」、すなわち氏族社会的「都市」が先行していなければならない、という点にあるのである。にもかかわらず日本古代史学では、そのマルクス主義の学者をふくめて、ただの一度も日本における「四血縁集団・四地区制」とそれに根ざす都市国家の誕生・形成を、日本古代史の基本問題としたことも、すべしという指摘もないのが現実である。それは弥生時代を、「最終的に『ヤマト政権』に収斂する歴史過程」として把握する視点、すなわち「大和朝廷一元史観」の結果である。この内実は第九章で探究するが、ここで次の点を指摘しておきたい。それは石母田正氏のエンゲルスの「古代国家形成論」への理解と性格という問題である。

「『国家』という以上は、それは、(一)階級支配の一定の段階において(?、引用者、以下同様)、支配階級が、その共同の利益のために人民を統治する一個の組織でなければならない。またそれは、(二)その社会と一致せず、その上に位する公権力であって、往々(?)神的権威さえ付与されるほど、社会にたいして外観上の超越性をしめす。国家は、(三)被支配階級に対する強制の機構であり、そのために直接間接に必要な、分化した独自の装置・機構・行政幹部および統治のための物的手段をもち、(四)かかる公権力の体制を維持するために租税を徴収し、またそれ以外の公的目的をふくめて、(四)人民を、族制によってではなく、地域・領土(領土?)にしたがって区分し、編成するのを特徴とする。

以上の国家の諸特徴は――国家は以上の諸特徴の一つでも欠いてはならないという意味ではなく(?)、また歴史的に存在した前近代の国家が、以上のすべての諸特徴をつねに同時にそなえていたわけでない――一挙にではなく、未開の末期から文明の段階の初期、西暦七世紀初頭の推古朝におよぶいくつかの段階を経て一歩一歩実現される(?)」(岩波講座、『日本歴史・1』、「古代史概説」、一〇頁。傍線、括弧は引用者)とされている。

「一つでも欠いてはならないという意味ではない(?)」、ではどれが揃えばいいのだろうか、とおもわず言いたくなる

奇妙な理解である。なぜこんな奇妙な、マルクス・エンゲルスの古代国家形成論からはありえない理解が、「岩波講座・『日本歴史・1』というわが国を代表する出版社の、「古代史概説」というわば巻頭論文に登場するのだろうか。

そもそもエンゲルスは、氏族社会からの国家の形成の典型としてアテネという都市国家を考察しているのである。したがって国家誕生にかんして警察の誕生を、「この警察は国家と同時にうまれた」と述べ、さらには「この公的権力を維持するためには、市民の拠出金が必要である、――租税がそれだ」とも述べている。これが国家誕生の中心部分であって、これらは不可分のものであろう。

では何故、石母田正氏はあからさまにマルクス・エンゲルスの国家形成論とは異質な内容を口にするのかといえば、それはたとえば「族制」なる曖昧な概念はおくとしても、それを「領土に……区分」という、トンチンカンの一語にしめされている通り、モーガンやエンゲルスの「氏族社会から国家へ」という、人類の古代国家形成論を実は、まったく理解していないというよりは、否定したいという「一元史観」からの衝動が要因と考える。

それを示すものが、日本古代国家の誕生・形成を、「未開の末期から文明の段階の初期、西暦七世紀初頭の推古朝におよぶいくつかの段階を経て一歩一歩……」というところに、いわば露呈していると考える。つまり氏は、氏族社会から生れる都市国家を、「大和朝廷」という「地域国家」すなわち都市国家群の攻防から発展する、日本本土の場合は「本土統一勢力なる大和朝廷」を念頭に論じているのである。例えて云えば人はだれでも赤ん坊として生れてくるのである。マルクス・エンゲルス等は氏族社会という母体から、「四血縁集団・四地区制」という原始「都市」を「ヘソの緒」として、都市国家という国家が如何に生れるかを語っているのである。ところが石母田氏は、都市国家といういわば国家の「赤ん坊」を語るべきところで、地域国家という女房・子供がいる大人を語るに等しい態度をとるのである。

なぜこんなすりかえが必要なのか。実にここに世界と古代琉球の古代国家形成史とは異質の、日本本土の「『大和朝廷』に収斂する弥生史」なる、大学的日本古代史学の「古代国家形成・誕生論」の深淵がよこたわるのである。日本本土においても弥生時代は「都市国家」の時代なのである。これはあとで具体的にのべる古代中国・朝鮮の文献史料と、「大和朝廷一元史観」にたつ考古学者の、遺蹟にかんする調査報告の客観的な姿なのである。

しかし次章でのべるとおりその客観的な姿、すなわちエンゲルスの古代国家形成論およびこれと基本的に一致する古代中国。朝鮮文献が記録する、北九州を中心とした「一〇〇余国」「三〇余国」などの、都市国家の姿を率直に日本本土の古代国家形成の姿と認めると、大学的日本古代史学がめざす「収斂すべき大和朝廷」実在の、客観的根拠が消滅するのである。

これを示すものが「天皇の代替りごとの遷都・遷宮」なる、「記・紀」の記事なのである。現に氏族社会の「四血縁集団・四地区制」の集落から生れる最初の国家は、その集落を基礎にした都市国家であって、アテネの場合、その最盛期でも自由市民男女子供をいれて約九万人、奴隷が約三六〇〇〇〇人、解放奴隷・居留民四五〇〇〇人である。ギリシャの他の都市国家は、このアテネより小さい場合が圧倒的なのである。この都市国家は多元的複数的に特定の地域に誕生するのである。もし大和朝廷がこれらの都市国家の一つであったとすれば、都市国家はその都市が都城であるから、「王の代替りごとの遷都や遷宮」などはあり得ないのである。

さて、石母田氏がいう推古朝はもはや都市国家ではなく、「日本統一王朝」なる地域国家・領域国家段階に該当するのである。日本本土以外の地域国家は、そもそもいくつもあった都市国家群が競争し、そのなかから成長した国家である。したがってその都城も最初はその国家の都市であり、成長の過程で二〇〇〜三〇〇年に一度程度の遷都はありうる。しかし、「王の世代交代ごとの遷都・遷宮」などは、断じてあり得ないものである。

石母田氏の「エンゲルスの古代国家誕生論」理解は、実にマルクス・エンゲルス、モーガンの氏族社会からの古代国家形成・誕生論を、「推古朝」をもちだして「大和朝廷一元史と史観」にあうように裁断・歪曲したものなのである。きわめて不当不純な動機と姿勢を根底にしたものである。「プロクルステスのベッド」という古代ギリシャの挿話がある。古代民主主義をはぐくんだ社会にふさわしく、主観主義の誤りをみごとに表現していると思うが、石母田正氏はさすがは本居宣長、津田左右吉氏の弟子であって、「プロクルステスのベッド」を地でいく仕方で、マルクス・エンゲルスの人類国家形成・誕生論を切りきざんでいる。

プロクルステスという怪物は、旅人を誰かれなく自分のベットに寝かせて、足がはみでる者はその足を切り、背がベッドに届かない者は無理に背丈を引きのばすのである。

これは事実から物ごとを考えるのではなく、自分の観念を絶対として世界に対する態度であるが、まさに石母田正という「マルクス主義者」は、マルクス主義の唯物論を足蹴にしつつ、「大和朝廷一元史観」という「ベッド」を絶対として、臆面もなくマルクス主義を裁断するのである。これはマルクスの国家形成・誕生論の否定であり、文字通りの蹂躙である。

また次に、「国家は長い歴史をかけて誕生する」という場合の「長い歴史」の意味は、氏族社会の「四血縁集団・四地区制」の原始「都市」が、国家に変わるまでの時間をいうのであって、「都市国家」から地域国家の出現までの「長い時間」とは別の歴史的過程なのである。石母田氏はこの違いを多分、意図的に混同していると考える。そうでなければ氏はまさに「論語よみの論語しらず」の例えのとおり、「マルクス主義・史的唯物論」の核心部分を、まったく理解する能力がなかったことになろう。しかし、氏ほどの頭脳が字を読んでもわからないとは思えないのである。

こうして世界の古代国家誕生・発展史の科学的に解明された正当な見地にたてば、「天皇の代替りごとの遷都・遷宮」を自己の正史に明記する「大和朝廷」は、まず実在的「王朝」としての自己を、その正史で自ずから否定していることになるのである。すなわち「万世一系の王家」はもちろん、〝遷宮時代〟は実は「王家でない」、と告白しているに等しいのである。

つまり弥生時代の北九州、西日本に集中する都市国家の遺蹟、すなわち階級分化の遺蹟を、日本本土の最初の都市国家と正しく位置づけ、これを日本古代史の第一章とするとすれば、ここから「大和朝廷」は退場しなければならないのである。これにたいして、「古墳時代」なる時代区分を弥生時代のあとに設定して、石母田氏らとともに「未開の末期から文明の段階の初期、西暦七世紀初頭の推古朝におよぶいくつかの段階を経て一歩一歩……」と、「大和朝廷」を強調しても後述（二九三頁参照）するとおりに、近畿大和地方には「古墳時代」に先立って、「階級分化」の遺跡が皆無なのである。石母田氏式に「古代国家形成論」に「古墳時代論」をもちだしても、マルクス主義の科学的歴史学からは、合格証書はいただけないのである。

こうして国学、水戸史学以来、古代中国正史類の対日交流記載の無視と歪曲をこそ、その生命線とする大学的日本古代史学は、その後は、高揚する「文明開化」気分と思想を追い風として、マルクス主義まで掲げて「氏族社会から国家へ」を論じてみせるのであるが、その実、古代国家誕生論としての都市国家論を無視・否定するに止まらず、歪曲するという一点で、古代中国史料への態度と同一の態度をとるのである。

これは実は、マルクス・エンゲルスならびにモーガンの古代国家形成論と、古代中国正史類、朝鮮史料の日本列島の政治勢力との交流記載とが、実に両者一致し相通じるからなのである。あらためて後述する。つまり石母田氏は、一見、言葉の上でマルクス主義の古代国家形成論に同調しているように見せながら、氏族社会から誕生する国家は都市国家であるという、基本問題を換骨奪胎して「大和朝廷一元史観」に合うように、露骨にマルクス主義の改竄をおこなっているのである。

以上からは、石母田正氏ならびに大学的日本古代史学の姿は、しょせんは「まずはじめに大和朝廷ありき」である。これにたいして、マルクス等の氏族社会から国家へ、すなわち「四血縁集団・四地区制」から都市国家へという見地は、日本史にそくしていえば、「まずはじめに日本国民・日本民族ありき」という立場である。この二つの歴史観の是非こそは、日本古代史をめぐる二つの見解、真実と虚偽の鋭い対決を示しているのである。

Chapter 9
第9章
G・チャイルドの「都市革命論」とピラミッド等

人類の古代国家誕生の舞台は古代的都市であるというマルクス・エンゲルスの研究は、ゴールドン・チャイルドの『文明の起源』（「改訂版」、ねず・まさし氏訳、岩波書店、一九五一年、第一刷）に継承され、人類社会の国家の発生を「都市革命」とよぶ新たな研究成果を生んでいる。

本書がこの著書をとりあげる理由は、もちろん本源的都市論を継承している点は当然であるが、特にピラミッドなどの古代国家の壮大な建造物は、巨大な神殿または巨大王宮の存在が前提であって、こうした都城がない者に巨大建造物の建設などはできないことを明らかにしているからである。これは七世紀末以前に京師・都城のない「大和朝廷」は、はたして国家・王朝であるか、さらには「前方後円墳」の造営などそもそもあり得ないというに止まらず、大学的日本古代史学の説の真偽を根本的に問うことに通じるものである。

一　生産力の発展と古代都市形成の必然性

①　大河と四大文明

旧大陸の最初の文明はナイル、チグリス・ユーフラテス、ガンジスおよび黄河（最近は揚子江もある）という大河の辺に発生した。これに反してアメリカ大陸のインカやアステカ文明が、先述のように焼き畑農業に立脚した結果、一定の作付けのあとに地力が落ちて、最終的には、その巨大な神殿等も放棄された可能性が指摘されている点をみると、大河の辺の農業が人類文明創設を支えるものとなったことは頷けることと思う。同時に、日本の古代国家形成・誕生をになう農業が、水田稲作であるという意味をも理解できるものとおもう。

旧大陸ではすでに述べたとおり、動物の家畜化が進んでいた。ナイルやチグリス・ユーフラテス河は砂漠を流れている。砂漠に水はないがこれらの大河はいわば無尽蔵の水を運んでくる。同時に洪水とともに肥沃な土が大量に運ばれてくる。ここを家畜に挽かせた犂で開墾し、洪水対策を施し、水を制御することに成功するならば、この土地で半永久的に農耕は可能である。

こうして最初の定住が開始されたという。最初の定住はチグリス・ユーフラテスの辺では、水害から逃れるために若干高くなっている丘（テル）に人間、すなわち氏族集団が住みつき、営々たる営みによって徐々に丘を高くし、灌漑施設を増やして耕作面積を増やしたという。この最初の営みから国家形成の時代までメソポタミアでは、おおむね三〇〇〇年が経過したという。大学的日本古代史学がいう日本国家の歴史を大幅にうわまわる時間である。実はこのメソポタミアでの原始農耕から、最初の都市国家が誕生するまでのこの「歴史の時間の長さ」は、大学的日本古代史学の「ヤマトタマシイを固くした」鎖国主義を打破して、真実の「日本史」を探究、すなわち日本本土における水田農業の開始から、最初の都市国家の形成・誕生までの「時間」を考える際の、一つの参考になるものである。日本民族は、当然ながら世界から孤立はしていないのである。

さて、メソポタミアでのこうした努力の結果、農業の発展によってその生産にたずさわる人々の、生存に必要な量をこえて生産物が収穫される水準にたっする。またメソポタミアでは小麦等の他にナツメヤシ、ブドウ、オリーブも豊かに生産されたという。これらは最初の収穫までは時間がかかるが、一度、その段階を過ぎれば年度ごとの栽培の必要な小麦等と違って、百年単位で収穫できるという。

ところでメソポタミア地方では農業以外の生産に必要な素材は泥以外には、単なる石さえもが手にはいりにくいという。したがって泥レンガ以外の多くの生産素材は交易による輸入に頼らざるをえなかったという。ただし、建築材として材木・石材が手に入りにくいメソポタミア地方では、輸入材の他に泥で日干し煉瓦をつくったが、これはやがて幾何学や巨大な神殿建設等に必要な建築力学を発展させる力となったという。

それにしても農産物以外の生活必需品の夥しい不足は、メソポタミアの文明に最初から交易の必要性をもたらした。また、とりわけメソポタミアには、大河の辺の農耕民の周辺に遊牧民をはじめ様々な発展段階の民族が多様に生活し、遊牧民も狩猟民もともに農産物への要求があり、当初の散発的な交易は、農業生産の発展とともに恒常的なものになったと言われる。しかもメソポタミアでは動物の皮を剥いだり、ものを切ったりする黒曜石さえ地元にはなく、遠くインドや現在のアルメニア地方との交易によって手に入れたという。こうした交易はラクダによる遠距離交易の他に、風力を利用した航海技術の発展をも促進した、という。

古代エジプトでは、一部の物が大量の輸入に頼ったという。例えば、エジプトの古代の壁画や彫刻をみると、目のまわりが特別にくまどられているが、これはクジャク石からつくられた顔料で、古代エジプト人の必需品であったが輸入に頼ったという。この緑色の顔料は当時のエジプト人には、必要な魔術と理解されていたらしいが、実際の効能は砂漠の強い太陽光線を中和し、またハイが運ぶ眼病にたいする消毒剤の役割があった（『文明の起源・下』、一五頁）と指摘されている。エジプトでは石材が多かったこともあって、巨大な石造建築が発展したのはピラミッドや多くに神殿に示されている。

交易は、同時に宝石類への嗜好を一層発展させたという。これらの宝石類は当時、単なる贅沢品ではなく、古代人に特有の魔術信仰と結びついて、クジャク石のように健康保持、病気や災害からの保身、商売繁盛、宝貝は女性の性器に似ていることから、子孫繁栄の魔術があるものとされたに止まらず、さらには通貨にさえなったという。世界の原始宗教の聖職者が現代人からは奇異に感じる、様々な装飾品で身を飾っているのは立派な理由があることらしい。

「こうした魔力をもった物体を非常に尊重したことは、ひいては、これを積極的にさがしだすことにむかったという。……中略……これは、文明の伝播において、おもな原因であったろう。……このような物質をほしがることが、こんなことでもなければ、とうてい人目につかない地方にたいして、ある種の地質探検を助長したかもしれない。そこで、次の事実がはっきりしてくる。すなわちクジャク石はタンサン銅であり、トルコ玉も銅をふくんだリンサン・アルミニュウムであるが、二つとも銅鉱のなかで結合している。これらの鉱石の多くは、それ自体あかるい色彩をもっていて、おそらく魔力がある、と考えられたであろう。

人々はしばしば金属産地へおもむき、銅の鉱石を手に入れた。このかぎりでは、第二革命において固有の原因である冶金術の出現は、上述の魔術思想から間接におこった結果であろう」（同書、一九頁）。

こうして古代的魔術思想と文化は、冶金術の誕生で一役を果たしたといわれる。この仕事はもちろん専門職として発展したという。陶器も専門化するにしたがって女性の手をはなれ、食糧生産の片手間の作業から専門職になったと考えられる。また、土器は柔らかい粘土を焼くと石のように固くなり、水に溶けないどころか水をいれておけるように変化するが、これは土器を創造した時代の人々にとって、魔術であり神秘であったという。

まして冶金や鍛冶屋の仕事はいっそう神秘的であり、またそれを一歩々々完成させるには、世代から世代への経験の伝承と工夫の蓄積があったに違いない。こうしてこの過程のすべては神秘にみちた魔術の習得と感じられ、また工夫は秘伝の伝承という形をとったと言われている。したがってこの分野は徹底した専門化がすすみ、仕事には独特の儀式やそれと深く結びつく秘伝の伝承儀式などに満たされた世界であったかもしれない。

さて金属製品は高価であったと思われる。金属器が広く普及するのは武器の分野であって、農耕等では石器と金属器との差は、金属器使用の初期の時代には、それほどではないことが指摘されている。たとえば石斧と鉄斧で木を切り倒す速さの差は、それほどではないと言われる。古代においても、また農耕社会（中世）でも時間は豊かであった。現在のように資本の回転速度を速めて儲けようという、資本主義的競争が社会生活のいわば原理ではなく、農耕社会は稲や小麦の成熟も家畜の生育も自然の支配する世界であるから、農業社会は全体として時間は自然のままにゆったりと流れるものなのである。また古代的商品生産が若干の競争をともなったとしても、機械制大工業すなわち近代的資本主義の生産力が誕生し世界を支配する以前は、動力は人力か家畜、ないしはせいぜい水車程度であって知れていたのである。

こうした「豊かな時間」の支配する世界では、石器の鍬や斧がこわれても、石はメソポタミアを除けばいくらでも周辺にあり、こわれた石器を補修することは、さほどの苦労ではなかったといわれる。しかし、戦場で石剣がおれ石製の槍の穂先が欠けることは、その者の生命にかかわることである。金属器は石器に比較してその点ではるかに有効であった。農機具より武器の分野で金属器使用の普及が先行した意味はここにある。したがって日本においても銅剣・銅矛が普及した西日本こそは、日本文化創設・普及の先進地域であったことになる。日本古代国家の形成史上、きわめて重要な問題である。

この金属手工業の発展は、冶金や鍛冶屋ばかりではなく鉱山の開発や、この産地から消費地への運搬、すなわち広域交通を発展させる。これとともに商業も発展したと言われている。こうして農業生産の発展を土台に幾多の分業が発展し、より多くの業種によって多大の労力をかけて生産される製品には、販売先が是非必要であることは論をまたない。逆にいえば消費者・消費地の要求の増大にしたがって、各種の分業が発展したというのが真実であろう。

いったいそうした消費地とは何か、といえば都市であることはメソポタミア等の発掘で解決ずみである。ここでは最初のささやかな原始農村から数千年をかけて、その原始農村の上に何層もの住居遺蹟が重なり、村がさらには町に拡大・発展し、最後には『聖書』に登場するエレク（ウルク）等の巨大都城にまで発展しているのである。こうした都市がチグリス・ユーフラテスやナイルに沿っていくつもあったのである。

「オリエントにおいて、熟練労働は、おどろくほど移動的であり、また非常に秘伝的なものであった。職人は、自分の技術を有利につかうことのできる中心地にひきつけられる。また、これこそ古代の真相に違いない。第二革命がうみだした熟練職人という新しい階級は、食糧生産という基礎的任務や土地との結合から解放されていた。たぶんかれらは同時に種族の束縛からも解放されていて、しかもうまれ故郷の国々に定着していなかった。そこでかれらは、儲かる仕事がありさえすれば、どこへでも移動できたのである。あるいは、かれらがドレイの場合には、その熟練技術がその肉体に最高の値段をもたらすところに、商品として、おくられたであろう」（同書、七四頁）という指摘も、都市への集中をさしている。

② 戦争

古代都市の誕生は、すでにエンゲルスの『家族・私有財産・国家の起源』から引用したとおり、文明時代の戦争、今日の世界の戦争へとつづく戦争が、新たなる要因によって頻発する時代でもある。この歴史的な事実を戦争反対等の「ヒューマニズム」から無視・否定することは、科学的でも真の意味で博愛的でもない。

人間が富の生産を開始するや富の争奪戦が開始されるのである。その前提が、氏族社会を基盤にして発展してきた原始「都市」である。これらは一方では生産力を高めて分業を発展させるが、ナイルやチグリス・ユーフラテス河等の大河の辺で、生産力の発展が必然的にもたらす人口増加はその町を狭いものにし、一層、大河の辺の野獣の潜む広大な葦等のいわばジャングルの開墾、灌漑施設の建設の必要性を産むに違いない。しかし、これは実に困難な仕事である。しかも、周辺を砂漠に囲まれた大河の辺では、若い男女が親達の国を捨てて、ギリシャ人やゲルマン人のように新たな土地に、若干の家畜を連れて分かれていくという発展は、大きく制約されている。

灌漑施設が整備されていなければ農業は不可能なのである。こうしてこれらの地方では自由な親離れは不可能となる。特定の地域での人口増加の解決が大きな社会の課題となる。したがって新たな土地の開拓と灌漑施設の整備にとって、もっとも有利な条件は奴隷を多くつかうことであろう。この人間の獲得でもっともてっとりばやいのは、戦争での奴隷狩りである。そうして都市の発展の一定の段階で戦争が新たな業務になった。この点では、牧畜・天水農業のヨーロッパ人であれ大河の辺の文明であれ、生産力の一定の発展段階で他の町やその富自身を収奪するとともに、人間自身が奴隷として貴重な財産になるという時代が訪れるのである。

チャイルドはいう。「最後に、第二革命の完成に必要な共同体の資本の集積には、征服が重要な前提条件といわれる」（前掲書、四五頁）。チャイルドは戦争を二種類に分けている。その一つは隣の都市との戦争であり、他は異民族の侵略による戦争と征服である。このいずれもが勝利者は敗北者を収奪し、搾取できる。

「……戦争は、動物とおなじく、人間を飼いならすという大発見に役立った。敗残の敵は殺さないで、奴隷にされたかもしれない。すなわち生命を助けるかわりに、はたらかせることができた。この発見の重要性は、動物馴養の重要性に匹敵した。歴史時代の初期までに、奴隷制度は古代工業の基礎であり、資本の蓄積における有力な道具であった。もっとも一度奴隷制が誕生すれば、同一氏族内の貧富の差によって貧しい者が富んだものから、住宅、食糧等を与えられ、かわりに奴隷身分に落される事実は、都市国家形成期の古代ギリシャの例が十二分に報告されている。オリエントで有名な例は、難を逃れて古代エジプトの保護下に入り奴隷状態だった『イスラエルの民』かもしれない」（前掲書、五〇頁）。

もう一つは、例えば遊牧氏族が定住の農民を征服し、今後は自分が外敵からお前らを保護すると称して、法外な代償を要求するような例である。この農民は自分たちがやっと口にする少々のものを残して、あとはことごとく奪われる場合である。

こうした戦争の常態化は、すでにエンゲルスが指摘したとおり、その社会を戦争体制に即応するように変えるのである。そこには後述する神官集団の他に、軍事指導者や灌漑用水等の工事で指導的な層等の上級層を生み出し、古代的商品生産と交換が貨幣という新たな富の形態を生みだし、戦争の勝利に際してはその分け前を一層おおく手に入れる機会に恵まれ、次第に氏族社会の内部で富んだ層を形成するのである。支配階級の形成・誕生への道であろう。

初期王朝時代（前二八〇〇～二四〇〇年）は、ウルク期からジェムデト・ナスル期にかけて現れたという。これらの初期王朝時代の特徴は、都市国家であってエリドウ、ウル、ウルク、ラルサ、イシン、ラガシュ、ウンマ、ニープル、キシュ、マリなどが有名とされる。「大和朝廷をおいては他の国家なし」という日本古代史学とは全くべつである。

メソポタミア地方では、都市国家群が成立したあとも、新しい原因で戦争は続くのである。この戦争がどんなに猛威をふるったかの一端をのべれば次のとおりである。この「メソポタミアにおけるシュメール型の（都市）国家間の絶えざる戦争は、それらの国々を疲弊させ一時的企てがなされたものの、彼等が永続的な覇権を維持できないことを示した。前二三四〇年頃、キシュから出たセム人征服者サルゴン一世は、古い都市の自治権を縮小し、新しい基礎の上に中央集権の最初の帝国を創始した。……セム人の行政官吏は地方（シュメール人）の独自主義を覆し……た」（ピエール・アミエ著、『古代オリエント文明』、鵜飼温子氏訳、七七頁、白水社、一九九二年）。

この「シュメール」こそはメソポタミア地方で、人類最初の国家群を形成した種族（どんな人々かは不明という）であって、その政治体制は、「戦争などの重要な国事は、都市の長老たちや市民の代表からなる会議にはかって決定していたようである。このような政治形態にたいして、最近『原始的民主制』という言葉をあたえる学者もいる」（貝塚茂樹氏責任編集、『世界の歴史・1』、三三四頁、中央公論社、一九八五年）という。

この点を、チャイルドは次のように述べている。「下メソポタミアは、生存上では、その両河の水にたより、文明生活上では、共通の供給地からくるおなじ外国物資の輸入にたよっている地理的統一体である。おおくの独立都市（国家）は、まさに同一の両河の水にたよっていたから、土地と水利権についての紛争が、これらの都市の間でおこりやすかった。すべての都市（国家）が、まさに自分のところに同一の工業必需品をもたらす同一の外国貿易にたよっていたから、独立国家の間では、商業競争をさけることができなかった。

すなわち、統一体であるはずの経済制度と政治的分離主義との間における矛盾がたえまない王国間の戦争となって現れた。神殿計算書以後の最古の文章は、実に、となり同士の都市の間における戦争と、戦争を一時的に終わらせた条約とを記録している。どの都市王国の野心も、となりの国々にたいする覇権の獲得であった。……西暦二五〇〇年（またはそれ以後）……サルゴン王というアガデ王国、すなわちアカッド王国のセム族系の支配者がバビロニヤにわたって一帝国を建設した。……バビロニヤは、バビロン王ハムラビによって、政治的実体、すなわち共通の首都、共通の成文法、共通のコヨミをもった統一国家と常設の政治機関とがつくられた。それから最後に、この（シュメール）都市国家は、全体として経済的要求の実体に一致した領土国家のなかに吸収された」（同書、八一頁。傍線は引用者）。

③　原始宗教と神官集団

チャイルドは、国家の形成上での原始宗教と神官団の意義を強調している。重要な指摘と考える。日本古代史学では生産力の発展の内容である分業・交易の発達、これが必然的に生み出す古代都市とその間の戦争とともに、原始宗教の国家形成上での意義にかんしても触れられないのが常であろう。あるのは「大和朝廷」と「前方後円墳」「三角縁神獣鏡」ぐらいである。

したがって日本古代史学では、原始宗教も「呪術的」とか、「シャーマン」とかいう言葉が見られ、なにか古代人が無知蒙昧なものでもあるかの印象のみが残り、原始宗教の意義にかんしては、ほとんど語られないのではなかろうか。

人間は「ホモ・サピエンス」とよばれる。理性の人という意味だという。その「理性」も猿の段階から一歩一歩発展するのであるから、人間が労働用具を生産し労働をすること、すなわち自然に働きかけるやいなや、徐々に自然や人間についておおくの疑問をいだき、またそれをめぐる「理解と解釈」をはじめたに違いない。それが猿から発展する、どの段階からはじまるのかは、いまのところあまりはっきりしていないらしい。しかし、研究によっては現代の人類にはつながっていないという、ネアンデルタール人にはすでに死者を葬るという行為があったともいう。

いずれにせよ「火の使用」は人の祖先が人間に進化するうえで決定的な役割を果たしたが、この「火」は人間に神秘的な畏敬の念をおこさせたと思われる。人間は自分たちがどうしてこの世に存在するのか、大いに頭を悩まし女性が出産する事実や、かれらが暮らしていた社会が、母系制の氏族社会であったこともあって、ある特定の女性から産みだされて連綿として自分たちに至ると考え、この特定の女性を神と崇めた。これが女神のそもそもであろう。

狩猟時代の人間は、狩りの成功・不成功、病気や怪我、たまさかあったかもしれない戦争の勝敗など、じつに色々の心配事に囲まれ、この世についても多くの疑問や悩みを抱いていたと思われる。獲物をもたらしてくれる山・自然への感謝と祈りは必然的なものであろう。同時に、突如として予想外の不幸をもたらすこともある自然に、恐怖心と畏敬の念を抱いていたであろう。そうして一方では恵みを、他方では不幸をもたらす外界に関して、この世には善神と悪神がおり、つねに善神にいのり、悪神を払うことが是非、必要であると考えていたかもしれない。さらには病気や怪我等についても、祈りとともに今日、薬草とよばれる知識をも蓄積してきたのだろう。そうしてこれらの祈りと多分、薬草と治療にたずさわった人が原始的祈禱師・魔法使い達であろう。彼等は親から子へと祈りの言葉や所作と、薬草・治療方法等を伝えたのかも知れない。

これが農耕社会になれば心配の種は狩猟時代より増えると思われる。まずは天候である。寒暖や旱魃、長雨、洪水等々の心配、虫や鳥また獣がせっかく苦労した作物を荒らさないか、農作物の出来のぐあい、さらにはいつふりかかるか分からない戦争の危機等、狩猟時代からの心配事にさらに右のようなものが、新たに加わったと思われる。そのうえにすでに述べた人間の労働にまつわるものが加わってくる。冶金術と魔術、交易のための長い旅、とくに大海をわたる旅の安全など、善神と悪神はいたるところに存在し、悪神はいたるところで人間の隙をねらっているかもしれない、といった具合である。こうして神々、すなわち自然と人間の関係は原始人の頭をしめる大きな問題となり、ここから一方では、階級社会の宗教が今日みられる姿の原型として生れ、他方では人間と自然にかんする自然科学的知識と、科学的世界観もまた、この原始宗教の胎内から生れ育ったのであろう。

したがって今日、科学的世界観がうまれ、これが宗教にとってかわるという発展は、至極当然な道なのである。今日では自然にかんして神や悪魔を持ちだして理解する傾向は終わりを迎えているといえよう。ただ、今日、宗教がまだ影響力をもっているのは自然の謎が原因ではなく、資本主義が原因である。『資本論』等を勉強した人ならばともかく、資本主義的生産関係がうみだす、搾取と収奪、資本主義的競争と不況や戦争は、個々の人にとって耐え難い人生の不幸、謎、悩みでありうる。ここに意図的に立脚して勢力拡大に狂奔し、信者をますます無知蒙昧な教義のなかに取り込み、資本主義体制の防衛と延命に奉仕している特殊な新興宗教がある。

原始的宗教は、のちにこの支配階級の支配を美化・合理化する反科学的な方向に進む側面と、他方で科学的な世界観にすすむ性格とを、同時につつみこんでいたのである。丁度、乳幼児は寝て排泄をする。これは正常、健康であるが、大人になってのこの行為は非難される。これに似て原始宗教には健全性があると思われる。しかし、この原始宗教は、国家の誕生時代には徐々に支配階級に奉仕する方向性を強めるというよりは、自ら国王を生み出した可能性が指摘されている。

「魔術師は最初に独立した職人であり、また団体の食糧獲得に肉体の活動をささげもしないで、その余剰分を要求する権利のある共同体中の最初の人であったかもしれない。しかし、魔術師の杖は、初期のシャク（笏——王権の印）であり、歴史時代の王たちは、まだその魔術の儀式から、おおくの装飾物をもちつづけた」（前掲書、五二頁）。この原始宗教とその神官達は、戦争でも大きな役割を果たしたのではないかと私は考える。それは軍事的にではなく兵士に祖先の加護があり、神々への祈禱によって敵をくじき、兵士に必ず勝利すると呼びかけることによってである。

第二次世界大戦で天皇主義的軍国主義が、天皇は現人神であり日本は神国であって、鬼畜米英は必ず負け日本の苦境には神風が吹く、と大声で叫んだではないか。メソポタミア等の場合は、いまから五〇〇〇年位前のことである。これをみれば日本が文明的で科学的な国だといえるのだろうか。日本人が科学と呼ぶのはおおくの場合、自然科学と科学的技術であって、民主主義の根本である科学的思考は現在のところ、念頭にはない場合が多いと思われる。この分裂の要因は「文明開化」にあると思われる。

もちろん戦争の以前から古代的市民は、日々、大きな不幸もなく生活できることに感謝して、自分たちの祖先神が祭られている神殿に感謝の意を表明するために、捧げ物をしたであろう。しかし、戦争に勝利すれば祖先神の大いなる加護に感謝し、一層の捧げ物をしたであろう。こうしてその神殿は、その共同体の精神的中心というのみならず、大きな富を集積する現実的な巨大な資本に転化していく。しかもそこには、神につかえる神官集団がいるのである。

メソポタミアの場合、「最古の出土文献の記録では、シュメール王国とアカッド王国には一五個～二〇個の都市国家が、それぞれ政治的に独立しているが、すべて共通の物質文化、共通の宗教および共同体の言語をもち、また、経済的に互いに頼りあっていた。各都市の中心は、神聖なテメノス、すなわち都市の神、およびその他の神々の神殿をそなえている城であった。

われわれは、この都市の神が魔力の化身であることを……推論できる。すなわち、植物の枯死と再生、ならびに播種と収穫などという劇的表現は、かつて作物の発芽を促進することを意味する呪術儀式としておこなわれたかもしれない……人間が促進しようと努力した魔力は、神の姿をかりてあらわれ、歴史時代がはじまる以前に、社会は自分の集団的意志と団体の希望と恐怖などを、自分の領土の天帝として崇拝する想像的人物に反映させた。とにかくそれぞれの神は、地上の住居である都市神殿、物質的財産、および人間の召使いである神官団体をもった。事実メソポタミア出土の最古の解読できる文章は、神官が保管した神殿の収入計算書である——古代ミケーネ王国の最初の文章が、「徴税の記録や王家の財産目録」というのと、なんと似ていることだろうか（この部分は引用者）——。

これらの文章は、神殿を都市の宗教生活の中心としたばかりではなく、資本蓄積の中核でもあったことを物語っている。

神殿は大銀行の役割をする。すなわち、神はこの地方のおもな銀行家である。初期の神殿の文章は、耕作人にたいして神がかしつけた種子とか役畜や、小作人にかした畠、造酒人、船大工、紡績職人、そのほかの使用人にはらった賃金や、行商人にたいする穀物または金銀塊の前貸しなどを記録している。神は共同体きっての大金持である。その富は事実、信心のあつい共同体に由来しており、また共同体に役立つことができるが、このおなじあつい信心は、かり手が元金をかえすばかりではなく、すこしばかりの感謝のささげ物までつけくわえなければならないことまで要求した。……この感謝のささげ物は、今日、利子とよばれる。また神殿の税は、不信心なものからは、高利とよばれるかもしれない。……」（同書、七七頁。傍線は引用者）。

④　文字・数学の誕生の必然性

以上のとおり余剰価値の古代的な集積は、メソポタミアにおいては神殿に集中・管理され、これを記録する必要から、多分、古代的商業での契約・支払い等の必要から生れた、文字と数学の祖先が記録の主役に発展し、また計算も発展したのである。つまり古代社会と国家の誕生は、文字と数学をも生み出す必然性をもっているという指摘である。

⑤　エジプトの場合

これにたいしてエジプトの場合、神殿より王の宮殿の権威が高かったという。その理由をチャイルドは、「エジプトは、メソポタミアにくらべて、外国からの輸入にたよることが、まったくない。……したがって整然とした外国貿易の組織と製造工業の専門化とを必要としなかった。ただ――クジャク石、宝石、黄金、香料――これらの物資にたいする大規模な需要はあった。この需要は、呪術的目的のために外国原料に法外な値段をつけ、それと同時に自分の欲望をみたすのに必要な余剰な富を自由にした階級の出現によって、はじめて目立ってきた。

そこで、この経済制度の変質（氏族社会から階級社会への、引用者）に必要な剰余物の蓄蔵品は、共同体の神殿に蓄積されないで、……社会を支配していた一人の王の手に集積された」（同書、八三頁）という。

さらにエジプトでも氏族社会の共同体時代、すでに呪術師達が大きな役割をはたしていた可能性が指摘（八四頁）されるとともに、特殊な信仰、すなわち首長は常に強壮な肉体を保持していなければ、かれは死なねばならなかったという。この信仰から首長達は、セッド祭という死と復活にかかわる儀式を定期的に行い、「みせかけの死と蘇生によって、青春の復活をたもつように、くわだてられたものらしい」（八五頁）という。さらにはあの有名なピラミッドという死後の生命の存続という信仰である。

エジプト王の経済的基盤は、もちろん戦争によって競争国家や弱小国家の征服、その最後は下エジプトとナイルのデルタ地方の併合をもって、確立されたという。

下エジプトを征服したエジプト最初の王メネスは、メンフィスに遷都した。この〝白い壁〟とよばれた王都はその後約一千年間（エジプト最初の第一王朝の紀元前約三一〇〇年から、中王国時代の第一一王朝の紀元前二〇五〇年まで）の首都であった。「神武から八世紀半ばまで「天皇」の代替りごとに変わる「都」とは、本質的に異なるものである。

エジプトの先王朝時代の様子は、かならずしもはっきりしていないという。前四〇〇〇年ごろ、ナカダ文化とよばれる文化が上エジプトにうまれたという。ナカダはあとでエジプトの首都になるテーベの、ナイルに沿って北にあたるところである。このナカダ文化はⅠ期からⅢ期までであるが、「Ⅱ期はⅠ期とほぼ同じ地域に発生して、ゆっくりとこれと交代するが、いくつかの重要な転換点を示す。おそらく灌漑農耕が始まり、農業生産は安定し、墓地の大型化が示すように大型の集落（町邑）――都市化か、引用者――が各地に出現する。墓の規模や副葬品は、貧富の差、階級分化がすでに存在していたことを示している。――（この時代）交易はさらに大規模化し……メソポタミア文明の影響がみられる。――」（『世界の歴史』「人類の起源と古代オリエント」、屋形禎亮氏著、三八五頁、中央公論社）と指摘されている。

これに続いてナカダⅡ文化と同質ではあるが、これが下エジプトに広がりナカダⅢ文化とよばれている。それ以前の下エジプト文化は上エジプト文化とは異質であったと言われている。しかし、下エジプトは標高の低いデルタ地帯のために、ナイルの水路がいくどもかわるなどのために、先王朝遺蹟の発掘の困難さが指摘されている。ナカダⅢ文化はやがて先行した下エジプト文化にとって代わったという。

「ナカダⅡ文化にはじまる地域統合の進行は、各地に首長を頂く部族国家をうみだし、それが淘汰されていく過程のなかで、ナカダ、ヒエラコンポリス、ティニス、ブトなどの有力な『原国家』（エジプト全体を統一するには至らない、しかし、かなりの規模の国家的勢力で、本書では中規模国家という、引用者）が出現したと考えられる。後の伝承によると、この中からティニスの首長がもっとも有力となり、上エジプト全体を統合する『上エジプト国家』を形成、下エジプトを征服して統一国家を形成したとされる」（前掲書、三八七頁。傍線は引用者）。

「先王朝時代末の上エジプト王は、セレクとよばれる王宮を表す枠の中に王名を記した。セレクの上には、ティニス地方と王権の守護神である天の神ホルスをあらわすはやぶさの姿で描かれる。このセレクに記された王名は『ホルス名』とよばれた」（同書、三九〇頁。傍線は引用者）とある。これは後にエジプト統一王朝に発展する国家が、まだティニスという一中規模国家時代には、すでに王宮を確立していた事実を伝えるものであろう。同時に、ティニスと争っていた先述のおおくの中規模国家群でも、同様にその王達は王宮にいたであろうことをも示している。

古代エジプト史でもっとも興味深いのは、メソポタミアが搾取と収奪の賜物である剰余価値を、神殿に集中させたのに対して、エジプトは王宮に集中させたことである。古代エジプト王国の経済組織は、都市が中心ではなく中世の荘園のような一大農場を単位としたものと言われている。この農園では一般農民が監督とか代官の管理のもとに働かされている。ここの労働は畠の作業、家畜飼育、狩りや漁業を含んでいる。そうして農民は地代や借地料を物品で納入し、それを書記が一々記録し、ムチをもった監督が貢納者に印をつける。しかし、その荘園は、農園だけではなく製陶所、カジ屋、大工、宝石細工人の仕事場等を含んでいる。それに職人のために材料を管理する監督や、支給した分量を記録する書記も配置されている。

「荘園共同体は、専門労働をもち、諸種の階級をふくんだ自給自足の統一体に非常に似ている。もちろん実際において、これはエジプト国家のような大経済組織からはなれて存在するとは考えられない。この経済組織は、荘園の職人にその原料を供給し、余剰産物を吸収する。そうして本式の都市（その一つがこの時代の層位から発掘されなくても）が存在したことを、われわれは知るのである。

エジプトの政治的統一とともに、ナイル流域に一つの経済制度があらわれた。この制度においては、手工業と商業が、農業と狩り、および漁業による食糧生産とならんで、営まれる。エジプトにおけるこの革命は、メソポタミアの都市と同じ効果を人口におよぼした。またメソポタミアのように、この革命は文字と数学の初期の発展と一致した。それにもかかわらず……この二つの地方の制度は、いちじるしく、ちがっているらしい。

この対照的なちがいは、もはやそれぞれの商業の個々の品物にかぎらず、富の蓄積の中心地は、一方の地域では、神官団体として、他の地域では王個人としてあらわれる。シュメールにおける経済単位は、とおいところにある畠と、ひとりで活動し、また活動できた小村などをともなった都会である。これに反してエジプトでは、この単位は王領地としての王国である」（『文明の起原・下』、九六頁）。

結論

一　科学的欧米史学と「魏志」倭人伝の一致点

①　卑弥呼の都城

モーガンをふまえエンゲルスとチャイルドを中心に、古代ギリシャ（アテネ）とメソポタミア、ならびにエジプトの古代国家誕生の姿を見てきた。いずれの場合も氏族社会の「本源的な都市」を土台にして、分業とそれにもとづく古代的な商品生産の発展にたって、その段階が戦争を必然とし、都城、すなわち囲壁でかこまれた都市と神殿、または巨大な王宮の出現を必然的なものとした。ここに古代の都市国家が誕生する姿が明らかにされている。そしてその国家は神殿ないしは巨大王宮に余剰価値を大規模に集積し、この搾取と収奪の成果こそが古代的建造物、たとえば巨大ピラッミド造営の資本であることが明らかにされている。以上が科学的な欧米の古代国家形成論である。したがって「神武」から七世紀末まで都城・京師がない「大和朝廷」では、〃ピラミッドに匹敵する〃という、大仙古墳（伝仁徳陵）の造営はもちろん、その他の巨大「前方後円墳」造営などは、論外のことなのである。

ところが例の「邪馬台国論争」の史料で、不正確で十分には信頼がおけないかに言われてきた、『三国志』魏志・倭人伝に記される日本本土の最も古い都城にかんする記述をみると、まるでこの編者である陳寿は、エンゲルスの『家族・私有財産・国家の起源』や、チャイルドの『文明の起源』を読んでいたかのようである。

（1）「女王国より以北には、特に一大率を置き、諸国を検察せしむ。諸国これを畏憚す。常に伊都国に治す」

（2）「宮室・楼観・城柵、厳かに設け、常に人あり、兵（武器）を持して守衛す」

（3）「（卑弥呼）王となりしより以来、見るある者少なく、婢千人を以て自ら侍らしむ」

（4）「租賦あり、邸閣あり、国国市あり。有無を交易し、使大倭これを監す」

（5）「国中において刺史の如きあり。王、使を遣わして京都（洛陽）・帯方郡・諸韓国に詣り、および郡の倭国に使するや、皆津に臨みて捜露し、文章、賜遣の物を伝送して女王に詣らしめ、差錯するを得ず」

以上のように記されている。『日本書紀』の天皇の代替わりごとに名だけが記される「宮」なる「都」とは、全く異質な、しかも世界の都市国家の基本的な要素は全部そなえた姿である。第一に国家の基本的要素である軍事力が、「一大率」として特記されている。第二に、王の居城が「宮室・楼観・城柵」があたりを圧して厳然たる姿であり、常に守衛が武装して防衛しているとある。文字どおりの都城である。また、王宮には卑弥呼の他に女性（これは中国側の記録で「婢」とあるが、本当は沖縄のグスク内の女性神官群と似たものではないかと考える）が一〇〇〇人規模で生活し、第三に、「国々市あり」とあって、「使大倭」という役人が監視しているほどの盛況ぶりである。すなわち世界の都市国家同様に古代的商品生産が盛んであって、それの交換・流通が公の監視のもとに盛大に行われている。第三に、租税・賦役をあつかう役所があり、邸閣――武器庫という説があるが――が並び、第四に、刺史に似た役人がおり、今日の外務省のように中国（魏）や韓国の諸国との外交・貿易の際の管理をして、文章等が間違いなく卑弥呼に届くようにされている、という。両者がこうまで一致しているのは、エンゲルスやチャイルドの、古代国家誕生論の正しさを示すにとどまらず、陳寿の「倭国記載が事実にもとづくことをも示すものであろう。

問題は、人類国家の誕生は「四血縁集団・四地区制」という、氏族社会の「氏族内の結婚の禁止」、ならびに氏族社会が「血の紐帯」社会であるという原則に内在する、人間の住まい方から自然に生れる居住形態に基礎をおく社会から出発するのである。これはきわめて自然でその意味で単純明快なことである。大学的日本古代史学の〝日本古代国家形成論〟の根本的誤り、ないしは必然的な誤りは「（弥生時代の姿を）最終的に『ヤマト政権』に収斂する」という観念を「絶対」とする点、すなわち「大和朝廷一元史観」絶対主義から不可避的に生れるのである。

考えても見よう。そもそも氏族社会の人間の交通手段は基本的には人間の足である。自動車や電車などはない社会である。馬がいたといっても農耕時代を形成しつつある時代、全住民の交通手段であったわけでない。ところで農耕へと移行しつつあり、したがって定住する氏族は、その婚姻関係を日常的に結ぶ結婚可能な「血族」を必要とするが、それは足でいくばくもなく行ける範囲であろう。集落は、そうした原則にしたがって構成されるであろう。こうした性格の集落は恒常的な社会であって、ここを基礎に生産力の発展と、隣り合う同様の集落との戦争等がおこなわれ、最初の国家へと発展するのである。

したがって最初の国家群は都市国家以外にはあり得ないのである。しかも、もし農耕、交易、分業の発展で日本本土の水準が均一であれば、こうした初期国家は日本本土全域にみられるべきであるが、実際には水田稲作、青銅器、鉄器の製造・使用等、古代都市国家を形成する要素としての文化の最初は、北九州地方を中心に九州に集中しているのである。そうしてこんなことは大学的日本古代史学の考古学者等の研究で、〝客観的には〟明らかにされているのである。しかし、それでは「最終的に『ヤマト政権』に収斂」しないのである。ここに実は大学的日本古代史学の姿・性格があるのである。次章で探究する。

② 卑弥呼の原始的宗教性

「魏志」倭人伝が明らかにしていることは、以上に止まらないのである。事実とはおそるべきものである。

（1）「名づけて卑弥呼という。鬼道に事え、能く衆を惑わす」

（2）「その俗挙事行来に云為《うんい》する所あれば、輒《すなわ》ち骨を灼きて卜し、以て吉凶を占い、先ず卜する所を告ぐ。その辞は令亀の法の如く、火坼《かたく》（＝焼いてできたひび）を視て兆を占う」（魏志・倭人伝。以下倭人伝という）とある。

つまりこの二つの文が示すものは、卑弥呼の宗教的性格である。ここに世界の古代王朝の宗教的性格という普遍性が、鮮やかにしめされているという点が重要と思うのである。ここでいう「鬼道」とは、古代ギリシャのパンテノンの巫女や、古代琉球の一種の宗教的女王「きこえおおきみ」の「託宣」

であろう。古代中国人は、これは優れたものであって日本文化においても、武士に受けつがれた「怪神、乱力を語らず」という儒教の無神論的知性にたって、「託宣」を「鬼道」といったとおもわれるのである。しかし、中国でも漢字創設時代のころ、すなわち孔子の時代からみても「古代」にあたる時代には、女性の巫女が氏族的共同体に存在したという指摘もあって、このころには「鬼道」は同様にあったとおもわれる。

さて、岩波文庫本の「中国正史日本伝（1）」の編訳者・石原道博氏の注釈によれば、「唐の段公路の『北戸録』巻二・鶏卵卜の条に、「倭国、大事は輒ち骨を灼いて以て卜す。先ず中州の令亀の如からしめ、坼《たく》を視て吉凶を占うなり」とあると指摘されている。重要な点は「倭国、大事は……占う」とし、「国の大事」と明記しているところである。したがってこれを民俗的習俗に解消する理解は正しくないことになり、国家的行為であって結局は、殷の卜と本質的に共通のものと思われる。しかも殷の卜人は王族という指摘がある。つまり、国家の方策を神に問うているのである。従来この条は、通説の「邪馬台国」論争ではほとんど注目されなかったと考えるが、古代国家「倭国」の考察では、先述のとおり重要な意味をもっていると考える。

二　「倭国」・都城の規模

次に、卑弥呼の都城の大きさという問題である。『三国志』魏志・倭人伝は基本的に正確な記録であることは、以上の諸点からも指摘しうると考える。したがって、この記述をもとに考えるならば相当大きな都市である。まず、「宮室・楼観・城柵、厳かに設け、常に人あり、兵（武器）を持して守衛す」という王宮には、「（卑弥呼）王となりしより以来、見るある者少なく、婢千人を以て自ら侍らしむ」が含まれていることは確かであろう。問題は、「婢千人」が暮す面積はどれほどの大きさか、という点である。興味深い資料が二つある。

一つはメソポタミアの『聖書』に名高いエルク（ウルク）が、発掘されていてその全容が明らかにされている。この都市は紀元前三一〇〇年、いまから約五〇〇〇年前の都市である。発掘が終わってこの都市の面積が約二五〇haと推定され、うち居住空間を二三〇haであって、今日の中東都市の人口密度がha当たり一〇〇〜二〇〇人という基準で、ウルクの人口が推算されている。それによれば二万三〇〇〇人〜四万六〇〇〇人（『人類の起源と古代オリエント』、一四七頁）という。

二つは、現代日本の多摩ニュータウンをはじめとするニュータウン政策である。これの根拠法は「新住宅市街地開発法」であるが、これによると「一ヘクタール当たりの人口密度を一〇〇人」としている。これはウルクの人口密度と似ている。この「新住宅市街地開発法」の一ha当たりの人口密度は、いわゆる中層の団地、すなわち四階～五階程度の積み上げ住宅による計算であろう。また中東の現在の住宅もほぼ中層住宅と似ているとおもわれる。

したがって二階建てはなかったと考えられる「倭国」時代、単純計算では一〇〇〇人の人間が暮す面積は一〇〇人あたり、一haよりははるかに大きな四～五haであったとも言える。一〇〇〇人では四〇～五〇haとなる。たとえこの通りではなくても、予想外におおきな面積となり、これに王宮を加えるならば巨大というべき規模である。今日の「吉野ケ里遺跡」の櫓のイメージから類推する程度ではないであろう。

この記事とそれへの推定に根拠があると考えられるものとして、「土器編年」——非科学的年代測定法で考古学の国際会議で、この方法で測定した三内丸山遺跡にかんする日本の学者の報告は、検討を拒否されたという（二四一頁参照）——の弥生時代の「周溝集落面積」にかんして、大学的日本古代史学による数値がある。極めて興味深い数字であり、同時に、大学的日本古代史学の体質をまざまざと示す数値でもある。下表は「土器編年」弥生時代の、「周溝集落面積」の比較表（『古代を考える・稲・金属・戦争』、佐原真氏編、一五三頁、吉川弘文館、二〇〇二年、第一刷）から、近畿地方はすべて、北九州は小さいものはぶいて、北九州と近畿地方を比較したものである。

弥生時代の週溝集落面積
北九州、近畿地方の比較表

（単位：m²）

福岡	板付遺跡	6,000
	三雲遺跡	600,000
	須玖遺跡	1,000,000
	横隈山遺跡	4,500
佐賀	千塔山遺跡	4,100
	中郭遺跡	5,000
	吉野ケ里遺跡	400,000
計		2,019,600
大阪	池上遺跡	110,000
	東山遺跡	5,000
	安満遺跡	8,000
奈良	唐古・鍵	250,000
計		373,000

この表の問題点は、「弥生時代」が「土器編年」という非科学的な年代測定法で測定されていることである。後述の放射炭素14C年代測定法という国際的に共通の自然科学的年代測定法では、北九州と近畿地方では同じ「弥生時代」が、約六〇〇年～一一〇〇年、北九州が古いのである。「弥生時代」とは水田稲作が開始されている時代をさす時代区分名であることは周知のことである。国立歴史民俗博物館という国の日本史研究所が行った、放射性炭素14C年代測定法による北九州の水田稲作のはじめは、実に紀元前約九〇〇年、「土器編年」の近畿地方にたいして約六〇〇年は古いのである。

したがって福岡・佐賀の遺跡は、単に面積が近畿地方にたいして約五・四倍は大きいというに止まらず、はるかに古い時代の遺跡の可能性があるのである。しかし、大学的日本古代史学では、須玖遺跡の四分の一程度の唐古・鍵遺跡を、つねに「大和朝廷発祥の遺跡」等と称して、日本古代国家発祥の地とする見解が支配的である。自身が作成した「周溝集落面積」の比較表でさえも、その面積の大小という目前の事実から出発するという姿勢が見られないのである。実にじつに驚くべき姿である。ここに「弥生時代を最終的に『ヤマト政権』に収斂する」という、日本史観の真の姿が露呈しているのである。

以上から日本列島の古代の都市国家の誕生・発生という問題にかんして、北九州こそが中心であることが鮮明に浮かびあがってくるのである。

「周溝集落」、一見なにげない退屈な漢字の羅列である。しかし、考察してきた氏族社会の「四血縁集団・四地区制」という「本源的」都市~集落から、最初の都市国家の成立は、まさにこの集落を基礎に展開されるのである。この集落が日本においては水田稲作の開始と発展を背景に、さらには青銅器・鉄器の製造・使用をはじめ、この過程と結合して日本本土最初の階級分化の遺跡がともなう地方こそが、日本本土における最初の国家が、都市国家として形成されたところである。そうしてそれは北九州であることを、争う余地なく示す数字が右の「周溝集落面積」である。

だがそれを認めたのでは、大学的日本古代史学は「最終的に『ヤマト政権』に収斂する」日本古代史を描けなくなるのである。ここに石母田正氏がエンゲルスの古代国家形成論を歪曲して、七世紀の推古朝云々などと云いはじめる、つまり三角縁神獣鏡や「前方後円墳」を口にする由縁があるのである。そうしてこれこそが北九州の日本本土最初の都市国家群を、近畿中心・「大和朝廷」にすり替える、大学的日本古代史学の作業の現場なのである。

この手口に歴史学として事実も道理もないことを明らかにすることこそが、真の「日本古代史」への扉を開く唯一の道なのである。しかも、北九州・九州の都市国家群から日本本土の領土国家への発展という正常な歴史を覆い隠す、大学的日本古代史学の〝考古学的決定打〟であった三角縁神獣鏡・魏鏡論は、銅鏡の故郷であり本場である中国の考古学界によって、正当にも真っ正面から否定されているのである。真実の日本古代史解明の文献史料は、古代中国正史と古代朝鮮諸国の正史類と古記録である。

これらの史料の記載・記録と、大学的日本古代史学の考古学者の、いわば「発見され報告されている事実」と、日本における水田稲作の始原年代とその最初の発祥がどこであり、それが日本本土にどのように伝播したかという問題の、自然科学的な研究、および、こうした自然科学的研究の到達点と照応する、大学的日本古代史関連の研究諸分野の到達点とが、総合的にみごとに一致する点にこそ、真実の日本古代史が示されるという見地に、本書はたつものである。

率直に云えば、弥生時代は「最終的に『ヤマト政権』に収斂」しないことは、この時代を研究している個々の考古学者や日本古代史家の探究で、客観的には明らかにされているのである。だがしかし、日本古代史学を専門とする大学教授が、それをそれとして口にすれば、戦前、真実の一端を口にして迫害された学者達の苦悩を、その学者は味あうことになるのが日本なのである。これが日本だと私は思うものである。真の民主主義などは、日本ではは遥かなることと思われる。

Chapter 10
第10章
日本古代の都市国家の形成と水田稲作

さて次の問題はオリエントとヨーロッパで、私有財産と国家形成の原動力となった家畜に匹敵するものは日本では何か、これが日本本土の国家形成の考察、すなわち日本古代史の探究の前提となる。それを米とするとしても「縄文農業」すなわち焼き畑農業の一環として栽培されたイネ、またイネの畑作ではなく、それは水田稲作の始原と展開が基礎であろう。つまり日本の古代都市国家の形成で、決定的な役割をはたしたものは水田稲作である、と考える。

ただ、ここでことわっておきたいことは、本書は、ここでいわゆる「イネ栽培の歴史」――すなわち焼き畑、畑作、水田以前の原始的な水耕栽培などが、本土の各地ではたしてどうであったか――をとり上げるのではなく、日本の都市国家ひいては日本古代国家形成の基礎となった〝完成された技術的体系の水田稲作〟、つまり大学的日本古代史学が「渡来人説」をかかげて論じてきた水田稲作をとりあげることにしている。したがって以後、水田稲作という場合とくに注釈がなければ、その意味であることを述べておきたい。

もう一つは、メソポタミアでは牛・馬に犂を引かせる農業の開始の時期から、最初の都市国家群が確立するまでおおむね三〇〇〇年の歳月が流れたといわれる。大学的日本古代史学がいう「日本史」よりも長い年月である。この点、日本はどうか、これがもう一つの柱である。それは水田稲作の開始と展開が日本本土でどのようにおこなわれ、それを土台に最初の都市国家群の形成が本土のどの地点で達成され、それらの都市国家群のなかからどのように、地域国家への発展がおこなわれたのか、これこそが日本古代史の探究の真の課題であって、「最終的に『ヤマト政権』に収斂してゆく過程」という視点が、断じて最初にくるべきものではない、というのが本書の立場である。

この水田稲作の最初からどれほどの時間で都市国家群が誕生するか、という問題では、大学的日本古代史学には、「万邦無比」の姿ながら「都市国家論」がなく、いきなり「大和朝廷」なる領域国家が「統一王朝」として誕生するのである。「大和朝廷一元史観」の必然的な結果である。

しかもこの誕生が、最初の水田稲作の開始から超特急の猛スピードである。大学的日本古代史学の歴史の物差しは、これまた「万邦無比」の「土器編年」であるが、それによると佐賀県の菜畑遺蹟で、紀元前約四五〇年ごろ最初の水田稲作が開始されて、ほとんどが「邪馬台国・近畿説」にたつ考古学者の見解では、「大和朝廷」はおそくとも二世紀には確立していたことになるのであるから、その間、実に約五～六〇〇年程度という速さである。

無階級社会から階級社会という人類史上の一大画期の質的変化が、日本本土ではその変化を生み出す力の最初のささやかな誕生から、わずか約五〇〇～六〇〇年程度で達成されるのである。まさに手品か『西遊記』の「觔斗雲《きんとうん》」なみの猛スピードであるが、この大学的な日本古代史学の「年代を測る」という、歴史学のもっとも重要な物差しが「世界に冠たる土器編年」なのである。

ところが二〇〇五年以降、この「土器編年」法にたいして、同じ大学的日本古代史学内部から厳しい批判が展開され、従来の「定説」はゆらぎはじめたのである。とはいえ「土器編年」批判派の観点・方法も、また「最終的に『ヤマト政権』に収斂してゆく過程」という歴史観は同じであり、その測定値にも多々問題が指摘されている。ある意味では極めて興味深い過程が、あらためて進行を開始したともいえる状況が生じているのである。

同時に指摘しなければならないことは、大学的日本古代史学の大勢をしめる「土器編年」派は、いまでも放射性炭素14C年代測定法という、世界が一致して採用している自然科学的な年代測定法を拒否しているが、花粉分析法というこれも日本以外の歴史学で広く採用されている測定法は、日本では全員一致して無視するという異例の態度をとっているのである。花粉分析法での水田稲作の始原と展開の研究では、一定面積での稲花粉比率の指数を確立すれば、その信頼度はたかくなると思われる。

この自然科学的方法の無視を見る時に昭和一桁生れの私は、「一億、総火の玉、鬼畜米英、討ちて止む」の大看板が、百貨店の屋上等にかかげられ、「日本は神国」「大和魂は不敗」の絶叫のもと、自然科学で武装した米軍に、「竹ヤリ、防空頭巾、バケツリレー消火、食うや食わずの国防服、鉢巻きモンペの婦人たち」、をどうしても思いだすのである。そもそもこうしたあまりにも惨めな姿をさらした要因は、戦前の天皇主義的日本軍国主義の大和魂論、すなわち民主主義と科学的思考への気違いじみた憎悪と否定、もっとも凶悪な主観主義的観念論、狂信・妄信の姿、これこそが元凶だという実感である。

この元凶の御本尊こそは「万世一系の天皇制論」である、と考える私には、「土器編年」などの自然科学への徹底否認の姿は、「大和朝廷一元史観」の必然的な帰結であると写るのである。

私は、日本本土における水田稲作の始原と展開を、高知大学名誉教授の中村純氏（花粉分析学、故人）の、全国二回の調査・研究にたって考えるものである。

一　水田稲作の始原と展開、「土器編年」派と「実年代」派の対立

さて大学的日本古代史学の内部で従来の日本的な「土器編年法」か、それとも「放射性炭素14C年代測定法」かという、世界が共通して採用している理化学的な年代測定法を採用すべきか否かかという、「文明開花」的な対立が進行しつつある。

これは二〇〇三年五月の国立歴史民俗博物館（以下、歴博という）による、北九州等の「土器編年」の「弥生早期」等の土器に付着した「煮焦げ」などの炭化物への、放射性炭素14C年代測定法による測定値の発表を契機に勃発した、大学的日本古代史学内部の対立である。一方には従来の「土器編年」派、例えて云えば保守派・鎖国派であり、これにたいして批判者はいわば開明的開国派、「放射性炭素14C年代測定法――AMS法＝加速器質量分析法値を較正曲線＝「INTCAL98」によって暦年代に変換――という、最新式の国際的に採用されている、自然科学的年代測定法をかかげる歴博の諸教授である。

歴博の諸教授は「土器編年」派を、「他分野（理化学的年代測定法を指す）の学問に向けられた考古学研究者のこうした心性（14C年代測定法の否定を指す）は、いつごろから形成されてきたのだろうか。それ自体が興味深いテーマである……」としつつ、この「心性」のもつ否定面について、「そうした傾向は考古学の孤立化への危険の高まりと平行している……」（広瀬和雄氏編、『「歴博フォーラム」弥生時代はどう変わるか』、七頁、学生社、二〇〇七年、初版）というのである。

「土器編年」派は断じて国内的には孤立はしていない。したがって「考古学の孤立化への危険の高まり」の意味は、「土器編年」考古学、すなわち「最終的に『ヤマト政権』に収斂する」ために考案された、日本的年代「推定」法が、国際的に「孤立を高める危険」がある、と述べていると解するほかはないのである。

これは断じて偶然のことではない。仄聞するに国立歴史民族博物館の館長をしていた佐原真氏（故人）が、ある考古学の国際会議で三内丸山遺跡の報告をしたが、その年代値が「土器編年」値であったことから、検討を拒否されるという状況に直面したという。これにあわてて北九州等の「土器編年」の弥生早期、前期等の土器に付着した「煮焦げ」、「炭化米」等を試料として、放射性炭素14C年代測定法による測定をおこない、それもアメリカの測定企業にも依頼した結果が、二〇〇三年五月に発表された板付遺蹟等の測定値であった、という経緯も指摘されているほどである。その結果が、従来の「土器編年」値より、北九州の水田稲作の開始の時期が〝約五〇〇年も早かった〟という衝撃的なものであったわけであ

る。これが今日の歴博の「実年代派」確立の契機であるという声もある。つまり「土器編年法」という年代測定法の国際的孤立へのおそれである。

しかし、これは早くから指摘され予想されたものである。例えば理工系の学者の間から、「研究者が学者生命をかけて作りあげた年代観（土器編年、引用者）を、かんたんに撤回するのは難しいことはわかる。しかし、いつまでも理化学的な年代測定に拒否反応を続けていては、世界に通用しない学問になってしまいます」（北村泰一九州大学理学部名誉教授の談話。内倉武久氏著、『大宰府は日本の首都だった』、二四頁、ミネルヴァ書房、二〇〇一年　第二版）という理性の声である。こうした批判が「土器編年」法におきるのは、その限りでは当然なことである。

そうして重視すべきは、これが歴博の諸教授によって「危険」という意識で把握されている意味である。つまり歴史学では、「これはいまから何年前か」ということを正しく明らかにすることは「学」の土台である。これが国際的普遍性をもたない世界から理解を得られない測定方法ということは、じつは日本古代史学の説への疑義に発展する可能性を意味するのである。これは明治以降の日本の政府・国家にとって、「万世一系の天皇制は日本の伝統」、「天皇は日本の象徴」なる国家理念の根幹への、国際的疑義につながる危険性がある問題なのである。いわば来るべきものがきているのである。

実は、ここに戦後の大学的日本古代史学の根本的な矛盾が、年代測定法問題をめぐって噴出しているのである。つまり、一方では水戸史学や国学の「万世一系の天皇制は日本の伝統」なる「万邦無比の国体」史観を継承し、他方で、この「大和朝廷一元史観」を、国際的な科学的歴史学と一致させようという、根本的な矛盾の「調整」という問題である。

知られるとおり、また指摘したとおり、水戸史学や国学を継承した「皇国史観」は、日本史を「万邦無比の国体」、すなわち日本史は世界の諸民族・諸国家の歴史の姿とは全く異なるものである、と、主張してきたわけである。ここにたってこの「万邦無比の国体」の日本こそが、世界史の本源的普遍性を保持している、世界で唯一の国家の本来あるべき姿であるとしてきたのである。それを継承しているのが、戦後の「日本国憲法」の第一条の「象徴天皇制」条項である。

したがって問題の核心は、「土器編年」か「14C年代測定法」の対決も重要であるが、しかしいっそう本質的・根源的には、「大和朝廷一元史観か、国際的な多元史観か」にあるのである。しかし、日本は異例の社会であるから、大和朝廷一元史観は共有したままで、しかし「一元史観」の問題点が目立たないように、表面的に「国際化」に順応すべし、これが歴博の主張の真の意味と察するものである。

この国際的孤立化克服派が「国立」の歴史研究所という国の機関であって、その研究設備費等はすべて国の予算である。これは国立大学の「土器編年」考古学にも、国の予算が配分されている、ということとは次元を異にした問題なのである。

この14C年代測定法への反対の巨頭は小林行雄氏等の系列である。

小林行雄氏は「土器編年」の考案に功績があるばかりか、「三角縁神獣鏡・魏鏡説、卑弥呼被贈与説」をとなえ、「卑弥呼・大和朝廷の始祖・邪馬台国近畿説」、さらには「大和朝廷の前方後円墳造営説・前方後円墳体制構築論」を展開して、「皇国史観」史学の破綻の廃墟から「大和朝廷一元史観」を、考古学重視・実証主義という科学的装いによって再構築したリーダーであり、また今日、日本の水田稲作の始原と展開探究の考古学的方法として、今日もひろく確認・支持され本書もそれにしたがう、「遠賀川式土器の東進」を指摘されたのも氏である。いわば戦後の尊皇史学の祖として津田左右吉と並び立つ、戦後の日本古代史学界きっての〝大物〟なのである。氏の功績は戦後の尊皇史学からみて、また部分的には遠賀川式土器の特定など学問的にも極めて大きいのである。

にもかかわらず、しかもついこの前まで、この権威を自分も掲げてきた国立・歴博の学者が、14C年代測定法に前述の動機によって取り組むにあたって、それに予算が配分されているわけである。なかなか奥が深いものが感じられる次第である。

つまり明治以来国家によって護持された、弥生時代の考察をも「最終的に『ヤマト政権』に収斂する」日本史観を、人類の歴史の普遍性、言葉を変えていえば「国際化」という新しい環境のもとで、ある程度、装いを新たにしなければならない、という事情にせまられているのであろう。しかし、真の「国際化」と根本的に矛盾するのは、単に年代測定法だけではなく、本質的には、その「一元史観」にあるのである。

したがってこの史観と世界の科学的歴史学の矛盾は、年代測定法問題のみならず、「三角縁神獣鏡が中国鏡ではない」という、現代中国のしかも社会科学院考古研究所の責任者をされていた人物からの、詳細な批判が大学的日本古代史学の考古学の決定的分野にもあらわれているのである。これは大学的日本古代史学の極端な主観主義的歴史観にてらして、まことに当然のことながら、しかし事態は深刻なものなのである。

にもかかわらず大学的日本古代史学はこの深刻な問題を、年代測定法等の欧米からも目につきやすい部分には「国際化」の対応をはかり、戦後の「一元史観」の、考古学的「実証主義」の不動の物証とされた「三角縁神獣鏡・中国・魏鏡論」への、〝非中国鏡論〟という公然たる国際的な否定という根本的批判と、それがもたらす戦後日本古代史学とその考古学の根底からの崩壊という重大問題にかんしては、国民には沈黙しその批判的意義を無視し軽視する態度をとっているのである。

国立の機関が「土器編年」派を批判するのは、以上の背景と要因が横たわっていると考えるものである。つまり「一元史観」の矛盾が根本にあって、それが吹き出す当面の矛盾・焦点が年代測定法問題であって、これが大学的日本古代史学内部で騒動となっているのである。サブプライムローン問題と米国産金融危機が資本主義の秋風をおもわせるのに似て、破綻した「三角縁神獣鏡魏鏡説」に固執する大学的日本古代史学と考古学者内部の、「土器編年」対「放射性炭素14C年代測定」の対立は、さしもの「大和朝廷一元史観」にも身にしむ落ち葉の季節が凋落の時を、いまだ秋の日に輝く陰にひっそりと、しのばせつつあることを告げるものに見える。

同時に、その動機がなんであれ世界が共通に採用している、自然科学的年代測定法を選択することは進歩である。がしかし、歴博が「最終的に『ヤマト政権』に収斂してゆく」史観に固執する限り、小林行雄氏のたどった「光栄と挫折」をあらためてくり返す可能性が高いと考える。

①「土器編年」

そもそも「土器編年」とは、ここでは弥生時代を念頭にしているが、土器の出土地層の後先を基準に、土器をその形式等によって詳細に工夫された時系列の分類体系にくみ上げて、同時に全国的に横並びに連携させ、それに漢鏡や、とくに中国鏡とは無関係な三角縁神獣鏡を中国鏡と称して、膨大というべき時系列的分類体系をくみ上げ、それを年代判定の基準とする「歴史年代推定法」なのである。

そうして年代推定の概略的な基準つまり目安としては、紀元前三〇〇年から紀元三〇〇年までの六〇〇年間を「弥生時代」として、その六〇〇年間をおおむね二〇〇年間に区分して、前期、中期、後期とし、それをさらに細分化するのである。その後の古墳時代を紀元三〇〇年以降とするのである。この編年法の作成に小林行雄氏の果たした役割が指摘されている。

地層別の出土土器を分類系列化して、時間的後先を積み上げ、組み立てる根気と緻密さもいる作業ではあるが、それが厳密な「暦年代の真に客観性ある基準となりうるか」は、以前から専門家の内部では疑義もあるものなのである。とくに重視すべきは中国鏡でない「三角縁神獣鏡」を中国鏡と称して、この鏡を微に入り細をうがって「分析・系列化」して、古墳年代等の推定の基礎にし、王仲殊氏の明快な批判の前に反論はできず、しかし、それを認めて国民の前に明らかにすれば、すでに既定の史実と化されている古墳年代等に、根本的な変更もありうるなど、「進むに進めず、退くに退けない」というのが本当のところであろう。

こうした「土器編年」であれば、若手の考古学者や考古学関係者のなかには、疑問を感じる人が生れても不思議ではない。したがって「土器編年」値と放射炭素14C年代測定値とのかなり詳細な比較表（『考古学と実年代』、一九九六年、埋蔵文化財研究会全国集会、大阪府・高槻市）を作成して、その誤差の大きさを示すなど言わば一種の叛乱が、部分的におきても不思議はないのである。

こうした状況であるから例の二〇〇三年の「弥生時代、五〇〇年早まる」と新聞で報道された発表に際して、歴博が自ら開いた「弥生時代の開始年代」という「歴博特別講演会」（二〇〇三年七月二五日・津田ホール）で、「学説上の年代設定と自然科学的年代測定法による測定値が、数百年もくい違うのは、世界で日本だけ」という話が、「ヨーロッパや古代中国の文献に記載された遺跡の年代と、それへの自然科学的年代測定法による誤差は、最大の場合でも数十年」という、表向きの書物では知り得ない『真実の報告』つきで披露されたとしても、さして驚くべきことではない。がしかし、こうした真実が国民にはなかなか伝わりにくいのが日本社会なのである。

②「土器編年」による水田展開論

歴博の元の館長で14C年代測定法の実施に大きな役割を果たしたと思われる佐原真氏編の、『古代を考える　稲・金属・戦争』（傍線は引用者）では、水田稲作の北九州から近畿地方等への普及にかんして、「土器編年」にたって次のように述べている。

「日本でも縄文時代からイネの栽培がおこなわれていたにせよ、汎列島規模での地理的拡大が達成され始めるのが弥生時代早期以降であることに異論は無かろう。その拡大の波は紀元前一千年紀半ばの西北九州に発し、早くも弥生時代前期中頃には山形・秋田青森といった、東北地方の奥地にまで、遠賀川系土器をともなって波及していく。その年代を前三世紀から前二世紀にかかるころと考えると、わずか一五〇年ほどで一五〇〇km近い距離を移動したことになる。およそ毎年一〇kmという速度である。

中国の稲作拡大の速度が〇・一五～〇・二kmほどとされる……。それに比較すると五〇倍以上のスピードということになる。遊牧をともなっていたために加速されたであろうと考えた西アジアからヨーロッパへの農耕文化の移入にしても、その速度は毎年一km程度と推算されている。牛牧と雑穀栽培を生業とするアフリカのバンツー諸族が赤道直下のビクトリア湖周辺から大陸南端まで南下した際のスピードは毎年約四kmといわれるが、サバンナ地帯では可耕地が限られるため、一回の移動距離が長くなることに起因していよう。

弥生稲作民の移動スピードはそれよりも速い。異常な現象といわざるをえない。先史時代において、これに匹敵する速さで移住をなし遂げたのは、いくつかの騎馬遊牧民族の例を除けば、おそらくオーストロネシア人の太平洋への拡散以外にない……」（同書九五頁、中村慎一氏著、「弥生文化と中国の初期稲作文化」、傍線は引用者）とあった。これがわずか六年前までの日本古代史学の水田稲作の始原と展開論なのである。

この展開論が「最終的に『ヤマト政権』に収斂してゆく」日本史観にとって大変好都合な点は、北九州と近畿地方の差がわずかに五〇年～一〇〇年という僅差として描きだされる点である。他方でその速度は中国での伝播速度の五〇倍、西アジアからヨーロッパまでの一〇倍という、文字どおりご自身がいわれるとおり「異常な姿」なのである。したがって西アジアからヨーロッパへの農業普及速度を採用すれば、北九州から近畿までは約一〇〇〇年程度の開きとなるのである。

③ 伝播一五〇年論の問題点

北九州から秋田・青森まで、水田稲作がわずか一五〇年で到達したという根拠は、当然「土器編年」値である。中村慎一氏は、この水田稲作伝播を人の移動によって説明されている。「遠賀川式」土器の場合にはそれに該当するが、しかし、「遠賀川系」土器は「文化的伝播」とも云われる。とすれば中村氏の「スピード論」にはいささか不正確な部分もあるやに見受けられる。

がさて、その移動の姿を日本本土の場合に、「オーストロネシア人の太平洋への拡散」で説明されている点が、これははたして妥当性があるのかという問題を含んでもいると思う。

中村氏が、このオーストロネシア人の太平洋への拡散の速度を、何によって確かめられているのかは分からないが、氏のいわれるところは、「東インドネシアのハルマヘラあたりから、フィジーまでが直線距離にして約六〇〇〇km、それを五〇〇年で通過したとすれば毎年一二kmという速度が得られる。サモワまで約七〇〇〇kmを一〇〇〇年かかって移動したとして計算しても毎年七kmになる。毎年一〇kmという弥生人の移動にまさに匹敵する」（前掲書、九六頁）とのべ、この移動の速さを次のように説明し、これに弥生人の移動を準じたものというのである。

「彼らはカヌーで移動したが、珊瑚礁の島では可耕面積が少なく、火山島は危険であるからゆっくりできない。かれらが本当に気を休め得たのはポリネシアに到達してからであって、メラネシアにはニューギニアをはじめ魅力的な大きな島々があったが、そこにはすでに非オーストロネシア系の先住民が住んでいたので、かれらと無駄ないさかいをおこすことはない。ラピタ人はほとんどそこを素通りするようにして東へ、東へと向かった」と述べたうえで、弥生人の移動の姿を次のようにいわれている。

「弥生時代前期の移住者たちもこれと似た境遇に置かれていたのではあるまいか。すぐにでも水田を開くことのできる適地は限られていた。たとえそれがあっても先住の縄文人と競合することはなるべく避けねばならない。彼らにとって、安住の地は飛び飛びの島状にしか存在しなかったのである。面を埋めつくすことなく点的に拡散する。それゆえの驚異的なスピード——。これが東北地方にまで進出した前期弥生人の移住パターンであった」（同、九七頁）と。

しかし、第一に「ラピタ人」とよばれるモンゴロイド系の人々の、太平洋の島々への移住の経緯もその動機も知らないが、船によって島から島へと移住する「拡散」と、日本本土という地続きの土地で北九州の水田稲作民という氏族社会か、または初期国家を形成しつつある時代かの、いわば氏族的残滓が濃厚な人間が、彼らと同じような氏族的集団である縄文人の世界に進出することとは、全く異質のことであって同列に比較する視点は、その根本的な差異を無視したものであろう。

またもし、中村氏の主張に客観的な普遍性があるのならば、旧大陸においても「ラピタ人」的移動と、その「異常な現象といわざるをえない」「驚異的スピード」があるべきであろう。しかし実際には、中国にも西アジアからヨーロッパへの農業の伝播にもないのである。

なのに何故、日本だけに「ラピタ人」的超スピードがありうるのか。答は「土器編年」によって秋田・青森の最古の水田の始原年代を設定して、この人為的観念的に描きだされた北九州から青森までの、水田の伝播速度の理屈づけをあれこれ考えて、思いついたのが「ラピタ人」の航海であろう。それの味噌は中村氏が強調する「無駄ないさかいを避ける」という説である。

しかし、いったい「水田の適地は縄文人の無用・無関心の土地だった」という断定を何によって行うのだろうか。自分たちの領域内を異種族の者たちが、どこであれ占拠する事態を放置するなどは、氏族社会的人類にあり得ないのである。そもそも鳥類も哺乳動物もテリトリーを防衛する。これは生物の普遍的で基本的な性格である。それを縄文人はしないというのは、何を根拠にいうのであろうか。

現に、すでに述べたとおりマルクスは古代人（のみならずであるが）の生存にとって、自己の領域の防衛と、逆に過密になった氏族社会的人類の「拡散」行為は、共にその社会の最大・最重要の公的な行事と述べている。さらにモーガンも、次のように中村氏がいう「移動・拡散」にかんして述べている。「移住団体は最初は、そうしてできるだけ永く母種族と連絡を保ちながら一新地域を獲得して占有しようとする。（こうした移動は）もし強いていうならば軍事的植民の性質を帯びている。

これらの連続的運動によって、彼ら（同一の種族）はその共同所領地を拡大し、そうしてその後、異民族（異なる種族、異言語集団）の自領内侵入を阻止しようとする」（『古代社会・上』、一三〇頁）。これは新天地を求める氏族の姿を述べたものであるが、同時に、侵入者を撃退しようとする姿にも通じるものであることは、言うまでもないであろう。したがって人の移動による農耕技術の異種族地域への拡散は、人の攻防を避けえず船で海路を行く場合とは根本的に異なるのである。

同時に牧畜・農耕技術や文化の拡散・伝播は、中国、ヨーロッパ等の旧大陸の場合、もっぱら単に人の異種族地域への拡散によっただけではなく、文化的伝播という場合も当然あったであろう。日本においても先述のとおり「遠賀川式」土器は人の拡散、「遠賀川系」土器は文化的伝播という考え方である。

この意味は、水田稲作の伝播が北九州から青森まで、「一五〇年間」という考え方が空論、正しくは「土器編年法」という非科学的な断定に過ぎないということなのである。また、この「土器編年」的水田稲作展開論では、古気象問題やさらには大阪平野の形成などという、水田稲作の伝播・拡散を絶対的に左右する、いわば「地球的問題」も無視されるのが特徴である。

　これらの恣意的要素こそが、「中国の約五〇倍」とか「西アジアからヨーロッパの一〇倍」などという、「異常なはやさ」の要因である。現に、後述するとおり北九州から秋田・青森までの水田稲作の伝播には、約一四〇〇年以上を要しているのである（二六一頁参照）。

④　渡来人「仲良し・混血論」

　さらに水田稲作の東進をめぐって次のような大きな問題があるのである。それは「四血縁集団・四地区制」等の氏族社会の実体と、その人間像がまったく取りあげられない日本古代史学では、水田稲作の東進をめぐってその氏族社会に固有の社会像・人間像はもちろん、動物の「テリトリー防衛」という普遍性さえ、次のように無視されるのである。

「北部九州に最初の農耕集落（水田稲作、引用者）を形成した人々が南部朝鮮からの渡来集団であり、その一部または二・三世が近畿地方にまで進出し、列島社会の生産経済への転機の契機を作ったことはもはや疑いない。……原始社会の性的分業のあり方から見て、男性中心の渡来集団が在地の女性と結婚することによって、完結的な社会集団を作ったという説は、この間の状況を彷彿とさせるものがある」（岩波講座・『日本考古学・3』、一六頁、一九八六年、第一刷。傍線は引用者）。

　ここには氏族社会論とその人間像にかんする認識は一〇〇％ないのである。しかも氏族社会の移動・拡散の過程を、「原始社会の性的分業」になぞらえるなどは、大学的日本古代史学の新発見であろう。タキトゥスの『ゲルマーニア』およびエンゲルスの『家族・私有財産・国家の起源』やモーガンの著書をみれば、「ゲルマン民族の大移動」など、女・子供を含むものであって、戦争は男性がおこなっても、そこにはその氏族が一体的に移動に参加すること、あたかもヨーロッパからのアメリカ大陸への入植が、女・子供をともなったが如しであろう。

　現に、「東ゴート族は、四九三年、オドアケルを殺害したあと、イタリアでかれらの王国（部族国家、引用者）を建設した。この王国は、二万人ほどのゴート人と多数派のローマ人からなる混合国家である。それればかりではなくテオドリックは王としてゴート人を統率し、皇帝の代理人としてローマ人を統合した。ローマ人はゴート人とはべつのローマ的な統治組織のもとにあり、……両者は異なる民族として融合することなく、通婚は禁じられた」（『西洋中世史・上』、佐藤彰一・早川良弥氏編著、五頁、一九九五年、第一刷、ミネルヴァ書房。傍線は引用者）とある。

　ここでは「通婚は禁じられた」とあるが、氏族社会的特質を濃厚に帯びたゲルマン人の一派たるゴート族が、非支配階級たるローマ人との通婚を拒否したというのが真相であろう。これらが混血するには長い時間が必要だったばかりか、フランス等のゲルマン人貴族は、同様のゲルマン人とのみ結婚したという指摘もある。フランス貴族の反人民性の一要因であったかもしれない。

ここにモーガンの氏族社会的人間像の指摘の正しさが見られるとともに、日本古代史学の氏族社会論が、世界の氏族社会の普遍的性格を真面目に眼中においていないということもまた、否定しがたいことであろう。

大学的日本古代史学で氏族社会というべきを「原始時代」と呼んで、ドングリ等の「採集経済社会」などと呼ぶのはいいとしても、氏族社会を「石器時代」「旧石器時代」等の生産用具で特徴づける、史的唯物論のあれこれの単語だけにいわば形骸化して、氏族社会とそれが必然的にうみだす氏族社会的人間像が語られない結果、古代史に大きな歪曲がもたらされるのである。それが氏族社会ではあり得ない「朝鮮半島からの性的分業で男ばかりが渡来。北九州縄文人の女性とたちまち混血、近畿地方の女性縄文人、渡来人の男たちとたちまち混血、仲良し論」である。これが「大和朝廷一元史観」の構築では、是非必要なのである。

⑤ 津田左右吉氏の「日本単一民族・平和統一論」

この氏族社会の諸原則無視の国家形成論が、都城論の他にどんな特質を日本古代史学にもたらすのかの一例をあげれば、津田左右吉氏の「大和朝廷形成論」と考える。津田氏は、さきにのべた『世界』・四月号の「建国の事情と万世一系の思想」において、「日本古代国家の誕生」を「大和朝廷の形成」として、以下のように論じている。これは「万世一系の王朝」がいかに形成され、どうして「万世一系」という日本史観が誕生したかを論じているという点で、戦後の大学的日本古代史学のもっとも重要な問題に一応は、正面からとりくんだものといえるものと考える。

それによると「二世紀のころにはヤマトの国家の存在したことがほぼ推測せらるるとすれば、それからキュウシュウの北半の服属した四世紀のはじめまでに約二百年であり、日本本土の統一せられた時期と考へられる五世紀のはじめまでは約三百年である。これだけの歳月と、その間における断へざる勢力の伸張とは、皇室の地位をかためるには十分であったので、五世紀の日本においては、それはもはや動かすべからざるものとなってゐたようである」(同書、三八頁)。

「大和朝廷」の三〇〇年間には、「ほぼ推測せらるる」という憶測が加算されているのであるが、こうした条件で「大和朝廷」には反抗するものがおらず、ほぼ三〇〇年間の徳川幕府にはそれがある、という差異の原因は何か、疑問ものこる。

がさて、では「皇室・王朝に反抗するものがない」という特性は、なぜ世界で日本だけにうまれたのか、という肝心要の疑問に津田氏が用意した答えこそは傑作である。とはいえ正面から答えを用意したことは、その後の諸権威よりは立派というべきかもしれない。

第一に曰く。「(日本民族は)遠い昔から一つの民族として生活してきたので、多くの民族の混和によって日本民族が形づくられたのでない」(同、三二頁)。第二に「……・皇室が日本民族の外からきてこの民族を征服しそれによって君主の地位と権力とを得られたのではなく、民族の内から起こって次第に周囲諸小国を帰服(征服ではなく帰服‼ 引用者)せられたこと」(同、三八頁)。その結果、第三に「多くの民族(日本以外、引用者)の事例について見ると、一般に文化の程度の低い上代の君主のしごとは戦争であって、それに伴っていろいろのしごとが生じるのであるが、国内に於いてその戦争の無かった我が国では、政治らしい政治は殆ど無かったといってよい」(同、四〇頁。傍線は引用者)というのであある。つまり、日本民族の「万世一系の天皇制」なる「万邦無比の国体」の由縁は、戦前までは「神国」の故であったが、敗戦後約一年で「単一民族・平和統一」なる「新国体論」に豹変したのである。

しかし、源氏以降の武家政権もまた、「同一民族」のなかから生れた政権ながら戦争によって誕生している。したがって「大和朝廷」だけが平和的に成立したというのならば、それは如何なる由縁か、説明がなければいわゆる日本史の事実にてらしても説明不足もはなはだしいものであろう。

しかも津田氏は、本居宣長と「皇国史観」が〝日本以外の国を「万世一系に背く偽りの国」〟としたのを、新たに〝創造的に発展〟させて、「日本以外は文化水準の低い君主国」というのである。しかも、津田氏が敬愛する「大和朝廷」は、この「文化水準の低い」古代中国・朝鮮諸国から「文化を学」んだことは周知のことであろう。そればかりか近代天皇制の日本では、「文化水準の低い君主国」を祖先にもつヨーロッパからも、あらためて文化を学ぶために「鎖国か開国か」の流血の戦いをしたわけである。

それればかりではない。『宋書』倭国伝の「倭の五王」を津田氏をふくめて戦後の大学的日本古代史学は、一致して「大和朝廷」としていることは云うまでもない。その「倭王・武」は、「昔より祖禰《そでい》躬《みずか》ら甲冑を擐《つらぬ》き、山川を跋渉し、寧処に遑《いとま》あらず、東は毛人を征すること五十五国、西は衆夷を服すること六十六国、渡りて海北を平ぐること九十五国」と自国史をのべている。国家開闢以来東西南北、戦争に明け暮れてきたといっているのである。

この王朝を「大和朝廷」という以上、津田氏の「平和的帰属論」は成立しないことは。明白であろう。にもかかわらず平然とこの違いを無視する態度に学問的な真面目さを感じない。かかる人物が戦後日本古代史学の開祖と仰がれ、しかも自由民権運動や日本共産党の正当な天皇制批判にたいして、「万世一系の天皇制は日本の国体」なる「日本論」を対置して「批判」をくわえ、これに断固たる真っ正面からの反批判もないままで、戦後約六〇年が過ぎ去ったのが日本である。

真の知性はどこにあるのか、とおもわずもらすのは私が異常だからであろうか。

結局、「神話」を否定する津田氏の、いわば「新万世一系史」必然論の御本尊は、「日本単一民族論、国民の大和朝廷への自主的帰属説・平和統一論」である。これは「倭王・武」の上表をふくむ世界の古代国家形成・誕生に戦争が介在している事実を、「文化が低い君主国」とよんで、日本史において否定・無視する驚くべき態度である。まさに宣長と甲乙つけがたい「万邦無比」の新国体論である。すなわち日本古代史学の中枢の思想は、戦前・戦後を問わず「万邦無比の国体論」なのである。この境界線をはみでるものは日本古代史の学界では、「学問にあらず」として相手にされないのである。これを放置しておいても問題はないのだろうか。

津田氏のこの「単一民族論」の落とし穴は、いわば明治以降の日本人の日本人論を絶対的なものとして、日本古代国家形成期の「日本人」すなわち、氏族社会的意識の日本本土の住民が、相互に「単一民族」とおもっていたか、という点こそが古代史において決定的だという、肝心要の問題を「単一民族論」でごまかす点にあるのである。

そもそも今日すたれてしまったが、「方言の差異」とは、本来は「外国語なみ」なのである。私の経験でも東京に九州からでてきて、美術大学で秋田弁や青森弁を直に聞いても、何がなにやらさっぱりわからなかった。沖縄弁（といっても地方でさらに変化があると思うが）を初めてきいて、本土人が「わかる」とは到底思えない。しかもこれは戦後の日本でのことである。然るを況んや約三〇〇〇年前の日本本土においてや、であろう。

現に、大分には「豊後浄瑠璃」というものがある。大江山の鬼退治を純粋の豊後弁でかたったものである。これを津田氏がいうところの「単一民族」たるわが同胞のまえで昭和・平成時代に語っての反応は、例外なく「日本語か」「朝鮮語じゃないか」等である。この「豊後浄瑠璃」をいちいち説明すると、「あーなるほどね」となる。つまり、方言は丁寧に説明すれば「日本語」であるという納得を得る部分もあるのである。しかし、耳で、しかも初耳では日本語文法にそっていても理解できない、ないしはできにくいものであろう。

つまり、モーガンがいうことばが通じるか否か、これが氏族社会で決定的という意味をここで考えれば、「単一民族」「同一民族」云々は、明治以降の学校教育、ラジオ・テレビ文化がつくりだした側面がつよく、古代史の世界にこれで漕ぎだすのは、手漕ぎボートで太平洋横断にのぞむようなものではなかろうか。

これをわれわれに明示するものが「神武の東征」説話である。「戦争がなかった」とか「単一民族論」とこの説話を比較してみれば、「単一民族論」の破綻は明らかである。逆にいえば津田氏が「神武の東征」説話を偽造と称したのも、うなずけようというものである。九州出身者を先頭とした広島・岡山勢によって構成されたという「神武の東征」は、近畿地方の先住民にたいして情け容赦のない武力制覇であったことは次のようである。

「忍坂《おさか》の大室に到りたまひし時、**尾《お》生《あ》る土雲《つちぐも》八十《やそ》健《たける》**（＝近畿大和地方の先住者の軍事酋長か世襲酋長。太字は引用者）、その室にありて待ちいなる（待ちかまえている）。故ここに天つ神の御子（神武）の命もちて、饗《あえ》（＝饗宴）を八十健に賜ひき。ここに八十健に宛てて、八十膳夫《かしはで》（＝給仕）を設けて、人毎に刀《たち》佩《は》けて、その膳夫等《かしはでども》に誨《おし》へて曰ひしく。『歌を聞かば一時《もろとも》に斬れ』」（『古事記』、八五頁）。このあとは歌を合図に「一時に討ち殺しき」となっている。

つまり和睦と称して先住氏族の指導者を招聘して宴をはり、歌を合図に皆殺しにした、という話である。きわめて卑怯であるが多分人数において優勢な先住氏族をだまし討ちにしたという、意外と真実の話とおもわれる。少なくとも「単一民族」「平和的に近畿大和地方の人間が帰服した」論とは正反対であることは間違いあるまい。しかも合図の歌の文句は『古事記』によれば公然とした殺しの歌であるから、「神武」らと招待された近畿の先住氏族との間の言葉は、かつての方言以上に違っていたとも考えられる。「土雲、土蜘蛛」「尾ある人」という表現は、あきらかに異種族をさす言葉とおもわれる。古代ギリシャ人は自分らとことなる種族を、「バルバロイ」（野蛮人）と言っていたという。似たようなものであろう。

こうみてくると「神武記（記）」の真の姿は、実に、モーガンの「戦争の自由」形式、同じことであるがエンゲルスの「ゲルマン民族の大移動」式の、一種の民族移動すなわち新天地への軍事的植民の姿と酷似しているのである。

がさて今日、津田氏にしたがって「神武の東征」を否定する、「渡来人と九州・本土縄文人仲良し・混血論」＝「大和朝廷形成勢力論」は、世界の科学的氏族社会研究上からも、これと合致する「神武の東征」なる説話の合理的側面にてらしても成立せず、その真骨頂は津田氏式の「大和朝廷平和統一論」と本質的に同等のものであろう。ただし、「渡来人・日本の縄文人と仲良し・混血論」は、津田氏の「単一民族論」を否定して、「異民族・平和統一論」なのである。この矛盾を「渡来人、性的分業論（男だけが来た論）・少数論」などで糊塗しようとするのである。いずれにせよ真の氏族社会論の無視にたつものである、という点で共通である。

⑥ 氏族社会論からみた水田稲作の東進の姿

つまり真の氏族社会論にたてば、北九州を出発した東進勢力の近畿地方への侵攻と制覇には、一種の民族移動形式を不可避として長大な時間が必要だった、ということになり、「一五〇〇年で秋田・青森に到達」などは、孫悟空の「觔斗雲」思考とさえ思えるほどである。実際には秋田・青森までは約一四〇〇年以上の隔たりがあり、しかも、この伝播は人の移動ではなく文化的な伝播という指摘もある。近畿地方を中心に愛知県あたりまでは、人の移動が主で、ここに至るまで北九州での紀元前約一四〇〇年時点での水田稲作の開始からは、約一〇〇〇年の年月が要されているというのが正しい姿であろう。

その短いとは言えない時間にわたって、北九州は近畿方面への侵攻者をだし、また後背地としての役割を果たしたと考えられるのである。この細目はあとでまた考察するがこれの日本史的意味合いは、東進農民が近畿に一応の定着を見るまでのあいだ、九州は近畿地方にたいして先進地域の役割を果たしたということである。

すなわち北九州で水田稲作が開始されてから、そこから故郷をすてて新天地をめざして進軍を志す者が、東征勢力を形成するほど北九州・九州内部で水田稲作が発展し、当時の技術的制約のなかで飽和情況に達するまでの所要時間、さらには本州へと侵攻を開始して一歩々々、強弱の抵抗を克服しつつ徐々に漸進的すすむ長大な時間の間、その間約一〇〇〇年、北九州・西国は近畿地方にたいして、圧倒的に生産力と青銅器・鉄器の製造・使用等で、したがって文化的にも優位の力として存在した、ということになるのである。

つまり北九州で開始された水田稲作が、近畿大和に定着するまでの諸条件と時間は、単なる物流の所要時間などではなく、日本における国家の形成・誕生を左右する根本的な時間なのである。ここに大学的日本古代史学内部の「土器編年」派と、「実年年代」派の争いも、大きな意味をもってかかわってくるのである。

こうして津田氏式の日本国家・近畿大和誕生論者がいう、「北九州の弥生文化から絢爛豪華な大陸直輸入の優品をのぞけば、そこに何ものこらないのではないか」（『教養人の日本史（1）』、門脇禎二・田辺昭三氏著、現代教養文庫、社会思想社、一九八三年、第三七刷）、式の、本居宣長以来の九州辺境論、海外文化の通路論にたいして、古代中国、朝鮮諸国の正史類の対日交流記（戦争を含む）と、それと本質的に一致するマルクス・エンゲルス、モーガン等の氏族社会論・古代国家形成・誕生論からは、真の北九州像すなわち古代都市国家形成の姿が、水田稲作という日本古代文化形成の土台と、その展開を基礎に浮かび上がってくるのである。

⑦ 方形周溝墓・銅鐸、九州起源説の大きな意味

以上を象徴的に物語るものが、石野博信氏編の『大和・纏向遺跡』（学生社、二〇〇八年、新増補版初刷）中の石野氏著の「第一部、『都市』纏足と早期古墳」の、「方形周溝墓と銅鐸の初現は九州か」（同書、四四頁）である。これまで「方形周溝墓」は近畿起原（二九五頁参照）とされ、かつ「階級分化」の痕跡がないのが特徴である。ところがこれが最近の考古学で、北九州では「夜臼式土器」（いまから約三〇〇〇年前、歴博の〇五年発表の放射性炭素14C年代測定値の同時期の土器）が「福岡県夜臼町の東小田峯遺跡で出土し、また同市の板付川端遺跡の大きな支石墓も本来は、区画をもっていたのではないか、とあらためて注目され直しています」

(同書、四四頁)と石野氏が指摘されている。

石野氏等はいうまでもなく「『纏向遺蹟』・大和朝廷発祥都市論」にたっておられる方である。しかしながら氏の「方形周溝墓と銅鐸の初現は九州か」にかかわる記載内容は氏らの持論に反し、しかも真の日本古代史解明にとって、実に大きな日本史的意義のある指摘と考える。理由は
第一に、「夜臼式土器」の放射性炭素14C年代測定で紀元前約九五〇年、つまり約三〇〇〇年前である。石野氏の指摘では「方形周溝墓」は、この時代にすでに九州に存在したことになる。その墓制が「土器編年」の弥生時代、紀元前後の近畿地方の墓制として現れ、かつ、階級分化の痕跡がまったくないという事実こそは、まず高知大学名誉教授(花粉分析学)の二回にわたる、「水田稲作の始源と展開」の全国(沖縄を除く)調査の、北九州と近畿地方の時差が約一〇〇〇年という測定値と、結果的にみごとに一致するのである。従来の大学的日本古代史学の北九州~近畿間が五〇年~一〇〇年程度という、「土器編年」値の非科学性が明らかになるわけである。

第二には、この方形周溝墓は北九州においては、階級分化遺蹟に接続する先行墓制として現れているのに対して、近畿地方はその約一〇〇〇年も後であるにもかかわらず、いっさいの階級分化現象をともなっていないという事実の巨大な意味である。北九州は後述するとおり紀元前一世紀には日本で最初の都市国家を形成している。この北九州と近畿地方の差異の日本史的意味にこそ、真の日本古代史の姿があるのである。この「方形周溝墓」九州先行という考古学的発見は、古代中国正史類の対日記載がいう「一〇〇余国」「三〇余国」「委奴国」「倭国」の記載の正しさと、その日本史的意味を客観的に明らかにするものと考えられる。

さらには銅鐸が九州始源であるという考古学的発見の意味である。これは世界の金属器使用の普遍的性格から、当然予測された事なのである。本書が、それを単に一般的傾向として「断言する無謀」を、石野博信氏の記載がいわば助っ人の役割をはたしていただく結果になった。氏に感謝すべきであろう。「金属使用の世界的な普遍的性格だと?」と眉をつり上げる方もおられよう。その点二七八頁の「②b 銅矛・鉄器の使用とあずみ族」を参照していただきたい。

二 北九州~近畿大和、水田稲作の伝播年数の理化学的年代測定値

① 「土器編年」と歴博の北九州~近畿の時差問題

次に、北九州での最初の水田稲作の出現とそれの近畿への伝播にかんする、測定値を見ていこう。まずは、「土器編年」と理化学的年代測定値の水田稲作始原と展開にかんする対立の姿から見ていこう。

「土器編年」による、水田稲作の北九州~近畿地方の時差——五〇~一〇〇年間——の意味は、北九州での「完成され

た技術体系の水田稲作」が開始されてから、それが近畿大和地方に伝播・定着するまでの年月、すなわち古代国家形成・誕生における近畿大和地方の後進性を否定し、それによって日本本土における古代都市国家の形成・誕生と発展の真の姿の解明の道を、人為的に閉ざしてきたのである。すなわち「土器編年」とは、「弥生時代を最終的に『大和政権』に収斂する」という史観に、大変好都合な「年代測定法」なのである。したがってこの恣意的年代測定法に、同じ大学的日本古代史学内部から批判の声があがった意義は断じて小さくないのである。

さて次に、「土器編年」を批判する「歴博」の最新式の自然科学的年代測定ではどうなるか、を見ていこう。

a 「九州北部では弥生時代早期が（西暦）前九五四〜九一五年から。前期が八一〇年ごろから。近畿南部の前期（Ⅰ期）前半は前七世紀」（広瀬和雄氏編、『弥生時代はどう変わるか』、八頁、学生社、二〇〇七年）

b 「北部九州の弥生前期は前八一〇年。近畿の前期は前七世紀……北部九州は前八一〇年ごろ、近畿ではそれより一段階くだる前八世紀末ないしは前七世紀の初めごろ弥生時代が始まる……」（春成秀爾氏、今村峯雄氏編、『弥生時代の実年代』、三〇頁、学生社、二〇〇四年）

弥生時代という概念は今日では、「完成された」水田稲作の開始時期のはずである。縄文稲作ならば九州全域が先進地域であることは周知のことである。弥生時代の日本史的意味は、この時代に日本本土に最古の都市国家群が誕生する時代、すなわちそれを推進する「水田稲作」という産業が発生・発展する時代であって、日本古代史学にとって最も重要な問題が考察される時代なのである。

こうした視点にたってaとbを比べるとaは、北九州の「弥生早期」を前九四五〜九一五年とし、この間に北九州で水田稲作が開始されたと読め、近畿は不思議なことにa、b共に、北九州のような具体的な数字がしめされず「世紀」で示されている点、やはり不透明さがつきまとうのである。この数字と世紀で北九州と近畿地方の水田稲作の展開の時差は、a・bともに約三五〇年程度の差異があるとされている。「土器編年」値よりも約二五〇年程度、北九州が早いことにはなった。

つまり戦後日本古代史学がいわばその意義を割り引いて認めた、水田稲作という日本古代国家形成の根幹にかかわる文化での北九州の優位性が、「歴博」という国立の機関の自然科学的年代測定法では、一層明らかにされたといえば言えるわけである。しかし、そこには指摘したとおりに北九州の測定値は数字で、近畿地方は「世紀」で述べる奇妙な態度という問題が残るのである。

歴博の測定の資料は土器に付着した炭化物が中心的で、それに木炭等が加えられているという。重視されるべきは、その測定用の土器の歴史的年代の分類は、あくまで従来の「土器編年」体系に依拠している点である。それによると北九州

	北九州			近畿地方	
a	山の寺式土器（菜畑１）	前930〜前800年	b	東大阪市水走遺跡長原式土器	前800〜前530年
	粗製深鉢（板付2）	前900〜前790年		同上瓜生堂遺跡（河内Ⅰ式）	前760〜前400年
	夜臼式Ⅱｂ式	前900〜前750年		大阪府和泉市池上曽根遺跡	前110〜前80年
				奈良唐古・鍵遺跡	前780〜470年

（①は『弥生時代の実年代』、11頁、②、21頁）

と近畿の測定値のより詳細な比較は上表のようなものである。

以上であるが、aとbを比較すると北九州の「〇〇年から〇〇年」の数字の開きが、②の近畿に比較して相対的に小さいことである。逆に近畿地方ではその開きが約三〇〇年もあって、こうした開きについて「大和朝廷一元史観」のない中国では、自国の遺跡の14C測定値の較正年代の開きを問題にして、「暦年代での誤差は一般的には一〇〇〜二〇〇年に達し、時にはさらに大きくなることもある。当然、年代誤差がこのように大きければ歴史時代の年代研究に用いることはむずかしい」（張雪蓮氏著、上野祥史訳、「夏商周時代の炭素14時代」、『弥生時代の実年代』収録、九三頁。傍線は引用者）と指摘して、これらの誤差を科学的に克服できる「ウィグルマッチング法」の採用の必要性を述べている。

いずれにせよ14C年代測定法とそれの較正曲線での較正という手法では、測定試料の選別という問題が重要で、はたして一方で「土器編年」値を批判しつつ、他方では「世界に冠たる土器編年」（二〇〇三年、歴博特別講演会資料「弥生時代の開始年代」①頁）などと称して、その土器の歴史的年代的な後先の分類体系を世界一ともち上げる態度に問題はないのか、危惧を感じるものである。いずれにせよ近畿の測定値は一般的には、「歴史時代の年代研究に用いることはむずかしい」ことは明らかであろう。

実は、このことは北九州の「弥生時代の開始は前一〇世紀ごろ」という測定値も厳密には、問題が残るという意味合いが含意されることにもなるのである。「土器編年」派はここを攻めることになるのである。がしかし、14C年代想定法を「だからダメ」というのは正しくないのである。世界が一致して使っているのは道理があるのである。だが世界と日本で根本的に違う問題は、世界には「最終的に『ヤマト政権』に収斂する」などという、意図的歴史観はないという点なのである。

さらにここで指摘すれば、北九州と近畿地方の水田稲作展開の時差が、先述のとおり約三〇〇年程度という数字には、従来からの北九州を近畿地方への文化の単なる通路と見なす考え方、つまり文化の伝播における氏族社会の特質の無視という傾向が、なお「五〇年〜一〇〇年論」同様に横たわると考える。こうした伝播論は単なる「渡来人・東進論」同様に、氏族社会の特質から無理であろう。

実際には北九州・九州での水田稲作が先述のとおりに、当時の技術水準で飽和状態に達して、本州への東進が開始されたと考えるならば、北九州・九州内部での飽和点までに、数百年を要することは明らかであろう。しかも、紀元前約一〇〇〇年時代に方形周溝墓が北九州に存在したという事実が、その物証となっているといえるであろう。

とは云え、この近畿地方の水田稲作の展開にかんして、自然科学的な年代が国の機関で測定されたことは、実に明治以来の「大和朝廷一元史観」にたった大学的日本古代史学と考古学の定説を、根本的に否定する道を開く面があるのである。もちろん後で述べる。国際的圧力、それが無言であっても人類史的普遍性というものは、それの光に照らされると真実をおおう闇を突き破って、その底にあるものの姿を照らし出すと思われる。こうして背中をおされて渋々ながらも、世界が採用する方法を採用することは、その研究者の志に反してさえも、「真実」を探究する道を照らしだす力があるらしい。

② 花粉分析学の測定値と、その意味

さて、日本本土における水田稲作の始原にかかわる、一番古い文献史料は約二〇〇〇年前の『漢書』地理志、ならびに『漢書』と同時代の王充の書いた『論衡』である。これについては「水田稲作」渡来人説とのかかわりもありあとでとりあげる。また、歴博の測定のはるか以前に、高知大学名誉教授で花粉分析学の中村純氏の、水田稲作の始原と展開にかかわる、全国を対象にした二回にわたる調査結果がある。歴博は、この「花粉分析学」の調査を全く無視している。

ここに、この三つの資料の水田稲作の始原に関する年代値を示せば以下のとおりである。

『漢書』地理志、『論衡』……………紀元前約一〇〇〇年
（約三〇〇〇年前）

中村純氏の測定値

福岡県・板付遺蹟G—7A地点……紀元前　約九〇〇年
（約二九〇〇年前）

板付遺蹟J—二三地点、福岡県遠賀川・鞍手地区
紀元前　約一四〇〇年
（約三四〇〇年前）

佐賀県・菜畑遺蹟（第一二層）……紀元前　約二〇〇〇年
（約四〇〇〇年前）

国立歴史民俗博物館・板付遺蹟等…紀元前　約九五〇年
（約二九〇〇年前）

なお、花粉分析学からの調査では、近畿（唐古遺蹟）等は単に「弥生時代」とされているに過ぎない。一九八一年時点の弥生時代にかかわる考古学的年代推定は「土器編年」値以外になく、近畿はせいぜい紀元前三〇〇年以降となるのである。興味深いのは歴博の先述の近畿地方の14C年代測定値の遅い方が、紀元前四〇〇〜五〇〇年代であることである。本書では近畿大和の水田稲作の始原を、花粉分析学から「土器編年」の弥生時代という中村氏の測定値をとり、その年代を紀元前三〇〇年とする。理由は、不思議なことにこれまでの近畿地方の「土器編年値」は、全国でいちばん放射性炭素14

C年代測定値との誤差が、比較的に少ない（『考古学と実年代』）、という一個の調査結果もあるからである。九州、関東、東北は数百年の誤差が一般的である。

以上から北九州と近畿地方の水田稲作の時差は、最古の菜畑遺跡（前約二〇〇〇年）を除いても、「遠賀川式」土器にかかわる遠賀川・鞍手地区とでは約一一〇〇年以上、板付遺蹟とでは約六〇〇〜七〇〇年の時差があることになるのである。

これは「最終的に『大和政権』に収斂する」史観からみて、断じて採用はおろか、口にすることさえも厭わしい資料であろう。

しかし、先述のとおりに「方形周溝墓」の本籍地が北九州、板付等であれば、中村純氏の測定値は正しいものとなる。にもかかわらず中村氏のこの貴重な自然科学的な調査が、大学的日本古代史学でまったく無視されてきた由縁はここにあろう。歴博の諸教授は、自説への批判には、「他分野の学問に向けられた考古学者のこうした心性は、いつごろから形成されてきたのだろうか……」と、その閉鎖性を云々するのであるが自身は、「花粉分析学」という国際的に普遍性ある科学的研究と手法にたいしては、「土器編年」主義者同様の態度をとるのでは、その一貫性が問われても仕方がないであろう。

周知のとおり花粉は地下に長期に存在しても腐敗しにくく、これを調査することによって例えば水田稲作の始原と展開を、直接的に調べられるばかりではなく、水田稲作展開と深くかかわる古気象問題を調査できる手法でもある。「花粉分析法」は世界的にも、古気象や過去の植物相の調査方法として広く普及している自然科学的方法である。とりわけ水田稲作の始原の探究では、威力を発揮しうる手法と思われる。

九州を中心に縄文時代に焼き畑農業の一環として、陸稲が広く栽培されていたことは述べた。壺に付着した「煮こげ」や、壺に圧痕としてのこる籾跡、また炭化米などの場合、それが水田稲作のコメか、畑作、焼き畑のコメかはなかなか判別がつきがたい場合もあるはずである。国家の形成・誕生にかかわる水田稲作を探究する場合、この陸稲栽培と水田稲作の違いをどう見分けるか、これが重要な課題となるからである。例えば炭化米が14C年代測定法の試料にされているが、縄文末期と弥生早期ではこの炭化米が水田産か焼き畑産か、これは区別が困難であろう。これまで恣意的な「土器編年」体系しかないもとで、縄文末期か弥生早期かは、試料の出土状況によっては判別が難しい場合もあるであろう。

これに対して花粉分析学の長所の一つは例え、その遺構が消されている場合でも、「花粉比率」という方法で一定の推定が成立するところである。これは高知大学名誉教授の中村純氏が行われているように、今日の水田を中心に一定面積にしめる稲花粉の比率の統計的手法によって、その比が三〇％をこえる場合、そこを水田と考えるという手法である。もちろんこれは一般的な基準であって、中村氏によれば長期にごみ捨て場とされ、もみ殻等もすてられた場所でも、稲花粉比率が高い場合もあると指摘されている。その場合は同伴する出土品や他の植物の花粉等の分析によって判明するとされている。

この典型例が中村氏が調査した唐古遺蹟の例とされている。花粉はかなり古い時代（前七〇〇年）から、かなりの濃度で存在しているのであるが、その場所は他の植物の花粉等から水路であって長年のごみ捨て場とされていて、実際の水田の展開は「土器編年」の弥生時代とされ、近畿地方のいずれの調査地点もすべて「土器編年」の弥生時代か古墳時代とされている（中村純氏著、「花粉分析による稲作史の研究」、『考古学・美術史の自然科学的研究』収録、古文化財編集委員会編集、日本学術振興会出版、一九八〇年一一月発行）。

しかも花粉分析学の場合、その特定の調査地点を掘り下げることによって、花粉比率の歴史的変化をも観測できて、その精度にかなりの信頼性をおける方法であろう。以下中村純氏の「花粉から分かる稲作の苦闘」（『朝日科学』四一巻六号、一九八一年）の要点をここに述べておきたい

③　花粉分析学と古気象問題

中村氏の測定と歴博のそれとの大きな違いは、北九州の水田稲作の始源にかんする測定値が北九州では歴博よりはるかに古く、近畿地方では歴博よりははるかに遅いということと、さらには関東は近畿地方とさして差がなく、本州の東北地方は北九州に比較して、約一四〇〇年程度はおそいということである。

すでに述べたように福岡県・板付遺蹟G—7A地点の測定は、紀元前　約九〇〇年と歴博に近いが、板付遺蹟J—二三地点、福岡県遠賀川・鞍手地区では、紀元前約一四〇〇年（約三四〇〇年前）と歴博を大幅に上回っている。これに反して近畿地方は例外なく「土器編年」の「弥生時代」すなわち、北九州との差はじつに約一〇〇〇年以上である。

この大幅な差について述べる前に、日本本土への水田稲作の伝播ルートの一つとして、朝鮮半島が当然ながら重視されている。したがって朝鮮半島南部の水田稲作の上限を一瞥しておく必要がある。韓国の水田稲作の存在を示すものとして、「突帯文土器」があげられている。この土器の年代にかんして「韓国では前一五世紀まで上がる測定値も公表されているので、上限はさらにさかのぼる可能性がある」（『弥生時代の実年代』、一六頁）とある。

また、「紀元前一五〇〇年頃より……無文土器文化という新しい文化様式に変質していく。……この段階において磨製石器のまとまった石器組成が朝鮮半島においても成立する。……この磨製石器群の製作が、日本の弥生文化においても九州北部の弥生早期に認められ……る」（『弥生時代はどう変わるか』、八一頁、宮本一夫氏著、「中国・朝鮮半島の稲作文化と弥生のはじまり」）などの指摘があり、紀元前約一四〇〇年という板付遺蹟J—二三地点、福岡県遠賀川・鞍手地区の測定値にかんしては、特に矛盾はない。ただし菜畑遺蹟の前

二〇〇〇年は、北九州への水田の伝播ルートが単純に朝鮮半島だけ、というものではない可能性をしめしているのかも知れない。

歴博と中村氏の測定値の差異は、中村氏の測定が一九八一年以前であって、その放射性炭素14C年代測定法に不十分さがあったという可能性があるかを問うとき、あながちにそう言えないと考えられるのである。それは古気象問題である。

a 世界の気候は約三〇〇〇前（紀元前約一〇〇〇年）ごろに寒冷化が訪れる。「ことにRⅢ前半（花粉分析学上の時代区分、約三〇〇〇年前）を中心に約三〇〇年間は、植性破壊が特に著しい。西日本では照葉樹林の減少……冷温帯林の増加、さらに湿地堆積物に粗砂やれきの混入などが目立ち、低温多湿な不安定気候下にあったらしい。同様の傾向は程度の差こそあれ日本各地に認められる。

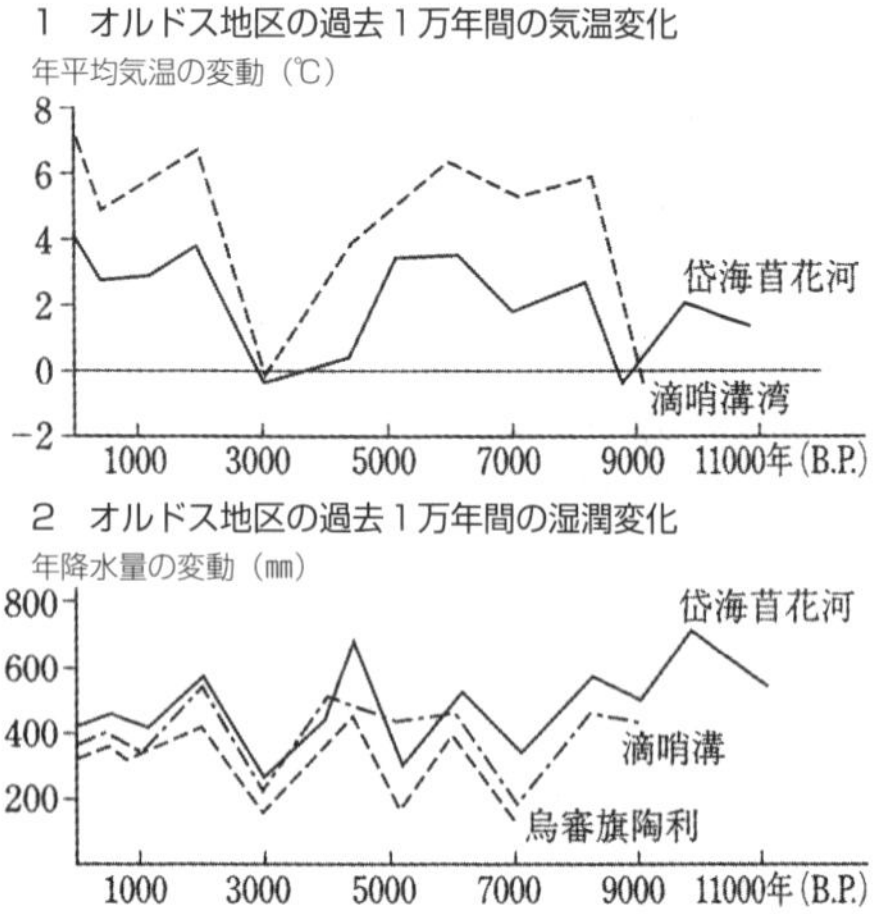

図９　オルドス地区の過去１万年間の気温変化と湿潤変化
「中国の歴史・１『神話から歴史へ』、110頁）

この時代は世界各地の山岳氷河が一時的に下降した、いわゆるネオグラシエーション（寒のもどり）の一時期に対比される。この時期を他と区別して『一時的植性破壊期』と呼ぼう」（同、四五頁）。――なお、この世界的な寒冷化をしめす図表を「図9」として、掲載しておいた。

図10　北九州〜浜名湖線

――これは世界的に確認されている地球の一時的寒冷化の現象なのである。

したがって中村氏の測定値を不正確とはいえない、としなければならない。

b　中村氏の調査によれば日本本土の水田稲作の痕跡は、「一時的植性破壊期以降であり、次の二地点に限り破壊期より前から出現する」として、以下の二地点をあげている。「それは、板付遺蹟のJ―二三地点と福岡県遠賀川沿いの鞍手地区で、放射性炭素濃度によると三四〇〇年以上も前から水田が出現し、一時的植性破壊期前から現在なみの集約度で稲作がおこなわれていたと考えられる。ただ土器などの出土品がなく、考古学的裏付けはない」（同書、四五頁。傍線は引用者。以下同様）。

「J―二三地点でしめされた一時的植生破壊期前のイネ花粉の消長は、夜臼式土器の示す時代（「土器編年」時代区分を指す）、またはそれよりも古いことは確実であろう（同書、四六頁）。

c　日本全土への展開は、「この二点を含む北九州地方を基点に、稲作は広がったと考えてよいだろう」（同書、四六頁）。

d　「すると、この基点から遠いほど、イネ花粉の現れる時期は遅れるはずである。しかし、北九州から中国瀬戸内、奈良盆地を経て浜名湖に至る線の南側の地点では、一時的植性破壊期が終わると、ほぼ時を同じくして稲作が始まっている。つまり、北九州で稲作が始まってから、一時的植性破壊期を含む数百年の間に稲作がはじまった地点は、発見されていないのである」。（同書、四七頁）。

e　北九州〜浜名湖線以北（図10）

「また北九州――浜名湖線の北側に位置する地域では、明らかに弥生時代（土器編年）以降の稲作が始まり、南側にくらべて数百年の遅れがある」（同書、同頁）とされ、その原因を二点あげている。その第一を〝東海地域で西と東の土器等に示される文化の違いか〟とされ、ついで「一方、筑波大の吉野正敏教授、足利工大の漆原和子講師（一九七七年）によると、三〇〇〇〜二〇〇〇年前は気候悪化期で、中国瀬戸内沿岸部と浜名湖を結ぶ線より北側の山陰から中央日本、東北日本、さらには北海道南部はとくに低温で湿潤であったという。……中略……、すなわち二〇〇〇年まえから稲作地帯は北方に拡大したといえよう」（同頁）と指摘されている。

以上からは、北九州地方が日本本土の稲作の発祥地であり、またその展開の推進力であったことが、花粉分析学という手法であきらかにされている。この九州から始まったという点に限れば大学的日本古代史学も、稲作の東進を「東北地方の奥地にまで遠賀川系土器をともなって波及していく」としていたように、一致していると言える。

しかし違いも二点ある。一つは大学的日本古代史学は従来、「土器編年」を偏重し、放射性炭素14C年代測定法を認めなかった。中村氏自身が、板付遺蹟のJ―一二三地点と福岡県遠賀川沿いの鞍手地区の測定値にかかわって、「ただ土器などの出土品がなく、考古学的裏付けはない」という表現で、大学的日本古代史学の「土器編年」主義を指摘している。同時に、「b」の最後に引用したとおりに、日本古代史学に表現上の遠慮を交えつつ、しかし、「夜臼式土器の示す時代、またはそれよりも古いことは確実である」と、「土器編年」の夜臼式土器の年代値より、自然科学的年代測定法への確信を表明されている。

しかもこの指摘は歴博の二〇〇三年の夜臼式土器等に付着した煮こぼれ等への、放射性炭素14C年代測定地でみごとに実証されたものでもある。なお、菜畑遺蹟の紀元前約二〇〇〇年を北九州の水田稲作の始原ともし得る。しかし、本書では、「遠賀川式」土器問題もあり一応は、「J―一二三地点、福岡県遠賀川沿いの鞍手地区」の数値を念頭におくこととしている。とはいえ中村氏論文の表現は、「三四〇〇年以上も前から水田が出現し……」(傍線・引用者)であって、菜畑遺蹟の測定値が否定・無視されているわけではない。したがって正式には北九州の水田稲作は近畿地方にたいして「一〇〇〇年以上」早いという意味である。

二つは、歴博等は依然として古気象問題を無視している点は重視すべきであろう。中村純氏のこの「花粉から分かる稲作の苦闘」は、一九八一年に『朝日科学』に掲載されたものである。それにたいして先に引用した稲作東進の速度にかかわる、佐原真氏編の『古代を考える、稲・金属・戦争』(吉川弘文館)は、二〇〇二年二月が第一刷発行である。その間、約二〇年である。これだけの歳月がありながら大学的日本古代史学の著名な諸教授は、日本における水田稲作の起源と展開を論じるにあたって、古代気象を視野におかないのである。

これはひとり佐原真氏の個性ではなく著名な学者の『日本の歴史』で、弥生時代すなわち水田稲作と日本史の関係を論じるところに、古代気象の考察は従来はなかった。最近になって宮本一夫氏(『弥生時代はどう変わるか』、「中国・朝鮮半島の稲作文化と弥生の始まり」)らが、稲作等の大陸、朝鮮半島、日本への移動という問題でふれておられる。しかし大学的日本古代史学では肝心の「北九州〜浜名湖線」への言及はない。

「図10」のように、いまから約三千数百年前から二千数百年まえまで、「北九州〜浜名湖線」と中村純氏が呼ぶ古気象現象があって、日本本土の南北で水田稲作の展開に自然の壁があり、本州はその西部の広島・岡山等の、瀬戸内海沿海部しか水田稲作が展開されず、本州最大の水田稲作のまとまった適地は、九州本島をのぞけば四国、紀伊半島、とくに近畿大和盆地であることが鮮やかに示されている。これにかんして重要な点は、四国および紀伊半島は、海岸まで山地が広がり平野が少なく、したがって近畿の大和盆地という、九州全域に比較すれば狭い平野こそが、北九州・九州農民の本州における目的地であったことは、「神武の東征」説話が語るとおりであろう。さらには四国と紀伊半島は大和平野や本州とことなり、東南九州から四国南部~紀伊半島南部、さらには伊豆半島から関東方面には黒潮の流れにそって古来、人間の海を通じての往来があったとすれば、稲作も単純に征服的過程ではなく、文化的伝播として広がった可能性も考えられよう。

④「大阪平野のおいたち」

以上の問題とともに重視されなければならない問題が、「大阪平野のおいたち」という問題なのである。これは梶山彦太郎・市原実氏共著の『大阪平野のおいたち』（青木書店、一九九〇年、第三刷）に記される地質学からの研究結果である。この問題を、日本史の問題としてとりあげられたのも古田武彦氏（『古代は輝いていた・Ⅱ』、「第一章　記紀と銅鐸」）が最初ではなかろうか。

大阪平野は、約七〇〇〇年前から広大な〝河内湾〟が、淀川水系などの土砂で、ほぼ五世紀ごろまでに埋め立てられて、今日の大阪平野が形成されたというのが『大阪平野のおいたち』の研究結果である。肝心の「三〇〇〇~二〇〇〇年前」という、日本における都市国家形成時代にあたる時代、「図11、12、13」に示される

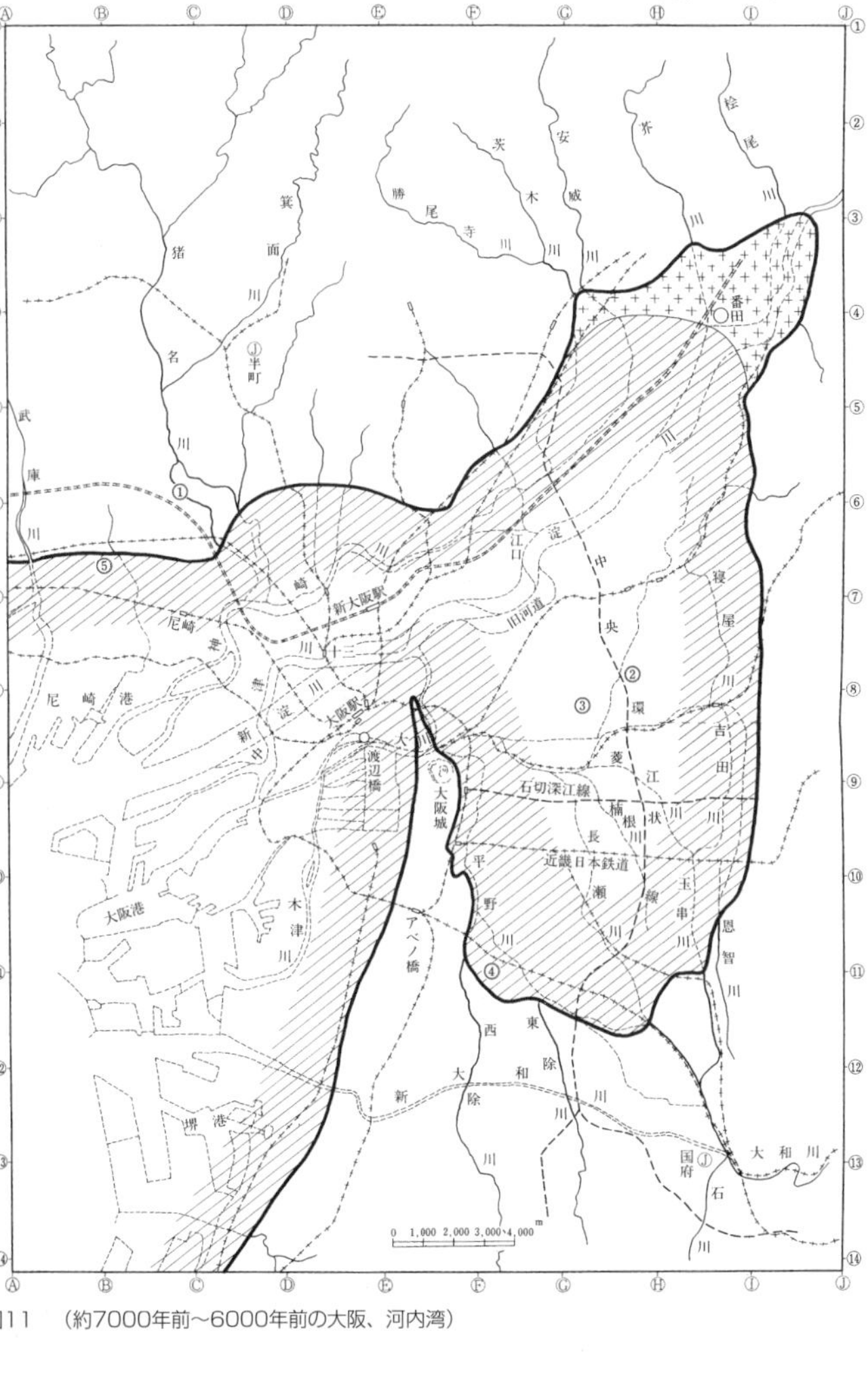

図11　（約7000年前～6000年前の大阪、河内湾）

とおりその中心は海なのである。しかも、大阪は「北九州～浜名湖線」のやや北側にあるのである。この古気象と地質学という自然科学的な研究は、近畿地方の北九州・九州にたいする優位性という国学的、戦後の大学的日本古代史学の観念を覆す、客観的ないわば「地球的日本列島的」な要素であろう。

　水田稲作の東進時代、すなわち約二〇〇〇年～三〇〇〇年前の大阪平野は、広大な「河内潟」が広がっており、それらが淀川等水系の土砂で埋め立てられる過程で、様々な段階の塩水とかかわる湿地なども存在したと考えられ、それらがすべて水田稲作に適していたか疑問がもたれる、「大和朝廷」近畿発祥説の人々がいうほどに「豊かな大阪平野」とはいえないのが当時の実情と思われる。

　したがって、今から約二〇〇〇年前以前の大阪湾と河内潟への出入り口は、『神武記』にあるとおりに「浪速の渡り」であって、その具体的な姿は「方《まさ》に難波碕《なにはのみさき》に到るときに、奔《はや》き潮《なみ》ありて、太《はなは》だ急《はや》きに会ひぬ」（神武紀）とあるとおり、潮の干満にあわせて速い海の瀬がうまれたとおもわれる。

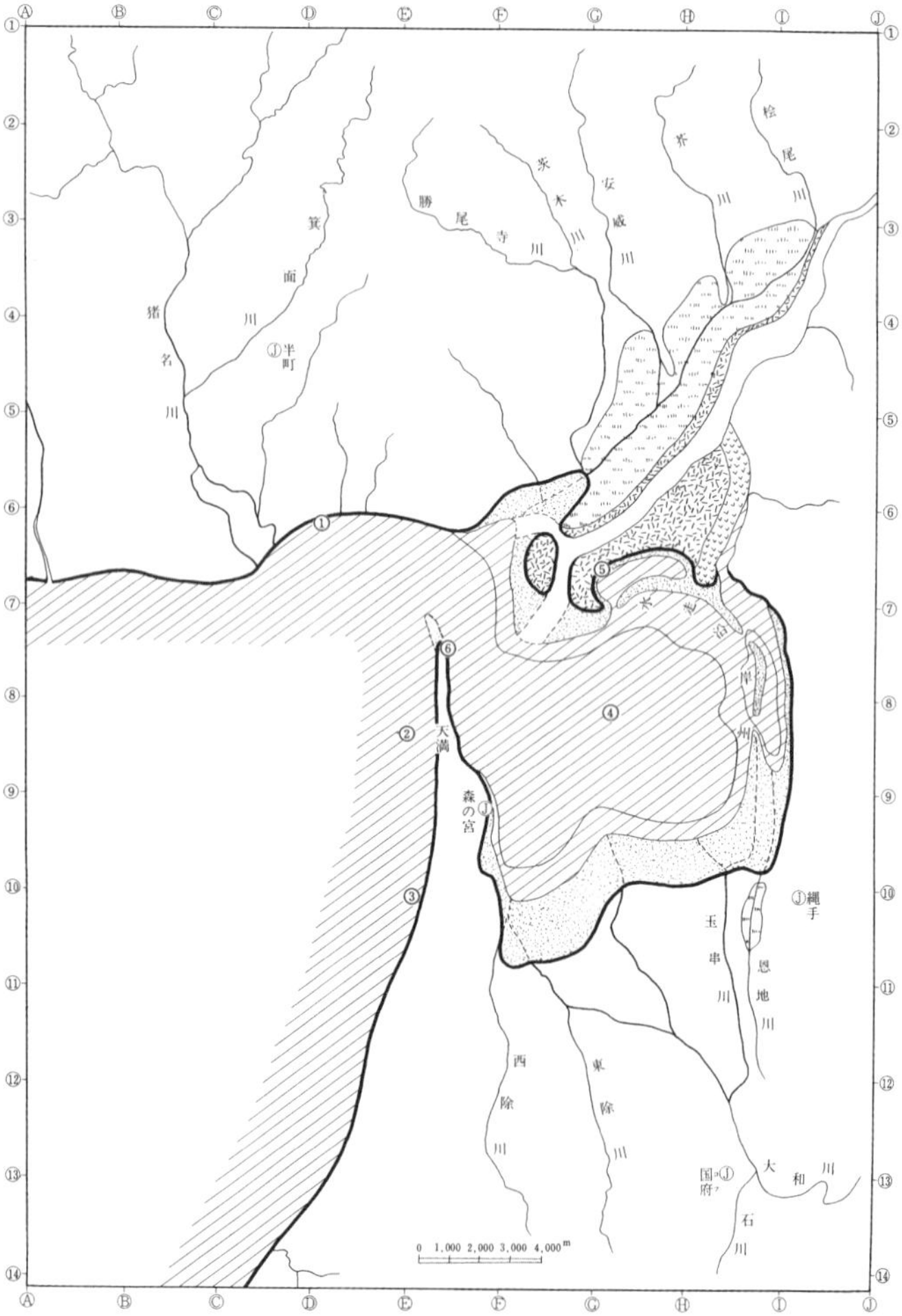

図12　（約5000年前～4000年前）

　とはいえ、もちろんこれは「神武時代」がそうであったか否かは疑問なしとはしないが、しかし、歴史的には『古事記』『日本書紀』の古代大阪湾にかんする記述は、事実を記したものであることは明らかであろう。

この姿が北九州・九州地方の農民が東進した時代の近畿地方であろう。

⑤ 水田稲作の東進と「神武記（紀）」

すでに「神武記（紀）」にふれてきたが、北九州の水田稲作農民の東進を考えるとき、「神武記（紀）」のあれこれの記事のなかには、科学的歴史学が明らかにした氏族社会論と合致する部分や、また古代大阪湾の古地理と正確に対応している記事等、軽々に「造作」と称して抹殺できない部分があるのである。その点はすでに述べた。ここでとりあげるのは、「神武の東征」にみる中継地の意味ならびに神武の存在年代、および神武に先行する北九州人の近畿定着問題である。

これらの考察は、渡来人説の是非や、「水田稲作・北九州と近畿大和での開始、さして時差なし論」、さらには「大和朝廷・二世紀成立、初期前方後円墳造営論」の真偽ともかかわるものである。

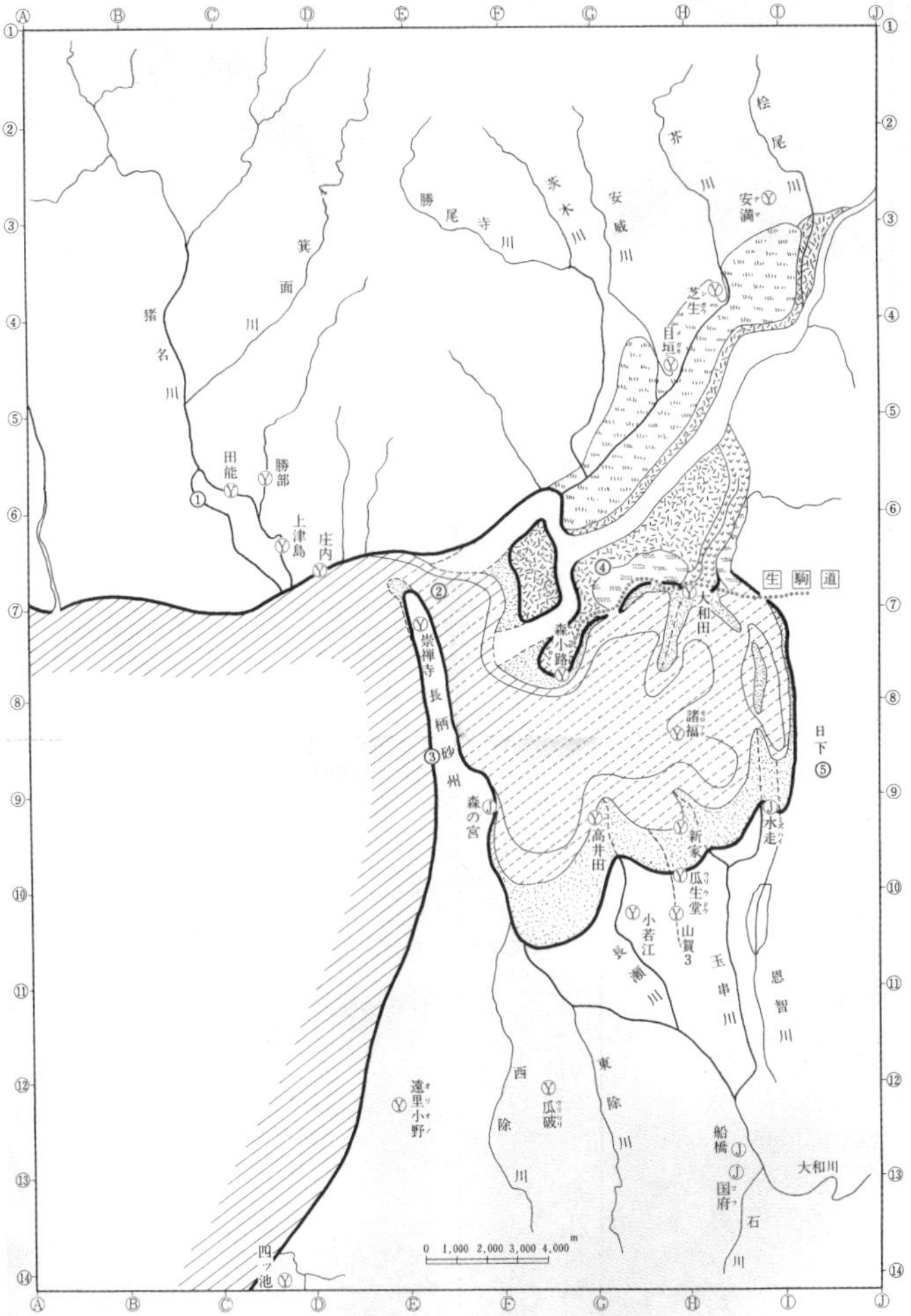

図13　（約3000年前〜2000年前）

a　東征・経過地点問題

「神武」は、宮崎出発後、筑紫の「岡田宮に一年」、次に「阿岐国（広島県）に七年」、次に「吉備国（岡山県）に八年」いて、最後に大和攻略を開始したとされている。もちろんこの記事の滞在年数や吉備が最終的な出撃地か否かは、実際は不明であろう。

しかし、いったい「神武兄弟」はここで何をしていたのか。従来、この滞在の意味は必ずしもあきらかにされてもおらず、戦後は「神武説話造作論」で検討は放棄された。まさにこれをも利用した面があるのが、先述の水田稲作「西北九州発祥、山形・秋田・青森一五〇年後到着説」である。なぜかといえば、この「神武兄弟」の「東征」と、その岡田・阿岐・吉備滞在は、水田稲作の東進の真の姿を今日に伝えている、貴重な伝承という性格をもつものだからである。

二つのことが考えられる。一つはモーガンの氏族社会での軍事的植民にかんする指摘、「ゲルマン民族の大移動」の姿と基本的に似ている進軍、すなわち戦争への参加者をその都度、集めること、その間の本国との様々な連携、次の前進地点の情報収集、進軍と退却地点、ないしは応援体制の整備といったことに時間をついやした可能性である。これは「神武」一隊の行動にかんすることである。そうであるとすれば、モーガン等の氏族社会論と「神武の東征」記事の進行状況が一致することになる。軽視しがたいことではなかろうか。

b　経過地点と「北九州〜浜名湖線」

岡山・広島はこの「北九州〜浜名湖線」に沿った地域である。「神武の東征」記事のこの部分を、「九州から近畿大和に行く航路だよ」ということもできる。しかし、なぜ長々とここに逗留しているのか、を問えば、当然ながらモーガンがインディアンの「自由な私的戦争」で指摘していたとおりの、志願者の募集という問題があるのではなかろうか。という意味はこの筑紫、広島、岡山の逗留年数が近畿大和に近づくにしたがって、長くなっていることとも関連があるであろう。

北九州では、極めて短い。これは一定の人数が参加し、また遅れて来るものへの連絡もついたというような状況で、出発したとすれば、広島ではかなりの時間を要し、岡山では一層のことであったとも考えられる。この意味は、人間、住みなれた故郷をすてて見も知らぬ他国に妻子をつれて旅立つという決意をすることとは、一般的にはその故郷での生活に展望がもてない場合であろう。

そうなるには最初の入植から、水田稲作が一定の飽和状況に達した後であろう。つまり、逗留の時間が長くなるのはより遅く入植し結果、飽和状況までの時間により余裕があれば、志願者は少ないということになる、とも考えられる。この意味はその土地への水田稲作の開始と普及が、九州に近いほど早く、遠ざかれば遅れるという傾向を中村氏の大局的な指摘にもかかわらず、現実的にはともなっていた、ということをも示す、とも考えられる。

C 近畿大和盆地

当然ながらこの地への侵攻は、「北九州～浜名湖線」の影響下での平野の規模から、山口～岡山の比ではない先住氏族の強い抵抗にあったと思われる。それが「トミノナガスネヒコ」伝承であろう。

したがって「神武記（紀）」は、北九州・九州農民の水田稲作の新天地をもとめる移動と侵攻の一端を反映したものである、というべきであろう。だがしかし、にもかかわらず「神武記（紀）」には三点で、この記載をそのまま真実とはいえない問題点があると考えるものである。

「その一」が、「神武」の存在年代と北九州農民の東進年代のはなはだしい乖離という問題である。つまり花粉分析学からは、北九州の農民の近畿大和地方への侵攻・到着は、歴博の放射炭素14C年代測定でも遅い方が、紀元前五〇〇年代～四〇〇年代である。「神武」は紀元二世紀初頭の存在と推算できるのである。その間、約七〇〇年間～三〇〇年間の開きがあることになる。

「神武」の存在年代？　もちろんそれは『古事記』『日本書紀』からの推算である。しかし、今日、「記・紀」以外の史料がない以上、またこの「伝承」中に、北九州から東進した農民の姿等に一定の合理性がある、つまりはその説話・伝承に現代の科学的歴史学や、自然科学的調査等と合致する、その意味で「事実」の反映が部分的でも認められる場合、その伝承を尊重するのが科学的な真面目な態度と考える。したがって「神武」の存在年を考える場合、「記・紀」に立脚するのは当り前のことである。

これを津田氏の権威が認められているから、その権威の前に権威の故をもって額づくという態度は、津田氏の日本史観とその方法が、「皇国史観」と本質的に共通の「大和朝廷一元史観」に過ぎず、すでに指摘したような「単一民族・平和統一論」などの、反学問的な「理屈づけ」しかない以上、学問的には真理を体現したものとしての権威ではありえず、なおそれを権威あつかいすることは、いわゆる「権威主義」にすぎない。真の学問はこうした「権威主義」を批判するものであろう。

さて、津田氏が「造作」とし、戦後の大学的日本古代史学がこれに追随してきたのであるが、科学的歴史観からは、「神武記（紀）」は日本古代史の真実の一端とともに、八世紀の大和朝廷による日本史の意図的歪曲もまた加えられているというべきと考える。「神武記（紀）」造作論は、実にこの歪曲の影響を反映した側面と、モーガン等の氏族社会への科学的探究を言葉のうえ、つまり氏族社会を「石器時代」などの単なる単語におきかえて、実質的には著しく軽視する態度が一体となって生じた面があると考える。

さて、神武の存在年の推定である。戦前・戦後の大学的な日本古代史学が、その実在をまったく疑わない推古天皇の即位年（五九二年一二月八日）の翌年の五九三年から、昭和天皇の死亡年（一九八九年一月）の前年までの年数一三九六年間と、『古事記』『日本書紀』がつたえ、これへの疑念が日本史学に存在しない、その間の天皇九七人から一人当たりの平均在位年数を求めれば、約一四・四年である。この数字は、日本古代史学の見地からは否定し得ない数値であろう。

このいわば「日本史的に磐石」な数値にたって、神武の「即位」年代を推算すれば、推古の「即位」年の一年前（「崇峻」の退位年）の五九二年を起点として、「神武」まで「天皇」は三二人（『日本史年表』、日本歴史大辞典編集委員会、河出書房新社、一九八五年、新版第四刷）、これに「神功皇后」（『日本書紀』）をいれて三三人、したがって平均在位年数から試算すれば四七五年間であって、西暦五九二年から四七五年前は西暦一一七年である。これは「当らずといえども遠からず」であると考える。この結果から　神武は二世紀初頭前後の人物と推測しうる。

つまり推古以前の天皇の数を動かし得ないものとすれば、「大和朝廷」の最古の年限は西暦一一七年程度なのであって、この数値は「大和朝廷一元史観」を根本から動揺させるものであろう。なぜならば日本国家の形成は、確実にこの年代より古く、また後述する文献上否定しえない石野博信氏も強調される、「二世紀には存在した卑弥呼」（『大和・纏向遺蹟』、「卑弥呼の治世期間と土器」、二五頁）を、「大和朝廷の始祖」に「押しこむ」ことは、二世紀初頭を「神武」実在年とする限り、不可能であり、また以下に指摘するような戦後日本古代史学の、「どの天皇が実在の最初か」論争を行えばおこなうほど、卑弥呼と「大和朝廷」は乖離する以外にないからである。

「神武」存在年の推定では『日本書紀・上』で、「朝鮮との関連記事のない崇神以前の年代は推算のかぎりではないけれど、試みに一世代三十年の率をもって推すに、神武は崇神の九世に当たるから崇神までの一〇世の年数は三〇〇年ばかりとなり、神武の創業は漢の元帝の頃（西暦一世紀前半）に当たるであろう」（『日本書紀・上』、「補注三～一八」、五八〇頁）と述べている。

本書は七世紀末以前の「大和朝廷」は後述の理由によって、朝鮮・中国とは関係がないとすべきとかんがえるから、「平均在位年数」という考え方は、『古事記』『日本書紀』が記す記事から年代をおしはかる方法としては、一つの根拠あるものという立場であるが、ただその「平均」は実証的根拠が必要と考えるので、「一代三〇年」は推古～昭和天皇の実際からは、二倍で過大であると考える。これを平均一四・四という「実証的根拠」ある数字にかえれば、「崇神」を起点としても卑弥呼より後の時代が「大和朝廷の創業」となろう。

ここにたてば後述するとおり卑弥呼はすでに二世紀に存在し、三世紀には南九州の「狗奴国」と対決している。つまり、これからみて「神武」を宮崎の出身とすれば、「狗奴国」王とは無縁の存在とみなければならず、古田武彦氏のように筑紫・北九州出身者としても、断じて「神武」は王ではない。

そもそも王ならばどこが首都だったのか、それが記述がないなどはあり得ないであろう。まさか『古事記』にしたがって「高千穂宮」が首都だったとはいえまい。

「その二」は、以上の「神武」の存在年代から導かれる「神武」の姿の実際は、ではどんなものか、という問題である。これもまた、「神武記」がその真の姿を語っているのである。

「神武兄弟」（兄は、五瀬命、戦死）は『古事記』によると、「何地《いずこ》に座《ま》さば、平けく天の下の政《まつりごと》を聞《き》こしめさむ。なお東に行かむ」、と語りあっている。この文書は奇々怪々であろう。「平けく天の下の政を聞く」というのは、君主であるという意味である。ところがこの君主は「何処にいったら安心して支配できるか」、といっているのである。

これは本来「落人」の言葉である。すでに古田武彦氏がとっくに指摘されているとおり、これは「都落ち」の話であって「神武」を君主として描くから、こんな辻褄の合わない話になるのである。この言葉の本来の姿を九州（豊後）弁で言えば、「どげすんな、ここにおったっちゃ、いちょん、うだつなあがらんばい。一かばちか、東にいってみんね（どうしようか。ここに居ても、ちっともうだつはあがらんぞ。一かばちか、東で運試しをしてみようや）」というような、いわば出稼ぎをせざるをえない立場の人間の姿であり、弁である。

まさに「遠賀川式土器」をたずさえて、親子代々すみなれた故郷をあとにして、見知らぬ土地に旅立った北九州・九州農民の悲哀と不安、しかし、それ以外に道がない人間の切実な声であろう。同時に、「神武記」が伝えるものは、北九州等では明日がないものでも、近畿大和平野ではその運命を切り開きえたという、まさに遠賀川式土器の出土が語るものであろう。

ここに「遠賀川式土器」をたずさえて北九州・九州農民が東進した時代の、九州と近畿大和盆地の力の差が、「大和朝廷の正史」に記されているわけである。「神武」なる人物が実在したか否かは別にして、この説話は、東進した九州農民の真の姿と、それに対決した近畿大和の先住民の苦しい姿を、如実に今日に伝えるものであることも否定しがたいものであろう。その意味でも「神武記（紀）造作論」は正しくないと考える。

しかし、指摘したとおりに「神武」の時代と、北九州の「完成せれた水田稲作」技術体系を保持する農民の近畿地方への侵攻の最初の年代が、大幅に開いているのである。つまり「ここに居ても希望は持てない」という境遇にあって、本来の氏族の本拠地をすてて東進を開始した最初から、山口〜広島あたりに進出しさらには岡山・近畿大和地方の侵攻・定着するまで、その間に「一時的植性破壊期」があったとはいえ、数百年間を要したと「花粉分析学」による測定値は物語るわけである。

また同時にこの長い年月の意味は、九州から侵攻・移住した年月の古い地方順に、さらに東進を必要とする人々が生れ続け、その地からあらためて東を目指した者をだしたというのが真の姿ではなかろうか。つまり神武の先に指摘した筑紫・広島・岡山滞在の真の意味である。したがってこう考えるならば、もし「神武」が実在したとすればその存在年からみて、近畿大和への侵攻ではもっとも遅れた者であって、先行者が当然いたはずだ、ということになる。

それを示すものが「神武記（紀）」の次の記事であると考える。『日本書紀』では、「神武」が長髄彦《ナガスネビコ》（『古事記』は登美ノ那賀須泥毘古）を討ったとき、ナガスネビコは「神武」に〝以前にすでに天磐船《あまのいわふね》（＝要するに船）に乗って天くだった、櫛玉饒速日命《クシタマニギハヤヒノミコト》（＝物部氏の遠祖という）が来ており妹と結婚している。自分はその人物に仕えている。なのにお前は天神の子などと言っている。天神の子が何人もいるのか。おかしいじゃないか。お前は天神の子などと称して、人の土地を奪う魂胆だろう〟と厳しく難詰している。

これに対して神武は、〝天神の子は何人でもいるんだ。お前の仕える者が本当の天神の子ならば〟、「必ず表物《しるしもの》有らむ。相《あひ》示《み》せよ」といい、これに長髄彦が饒速日命の「天羽羽矢一《あまのははやひとは》隻及歩靫《かちゆぎ》（＝歩行中に背負う矢いれ）を取りて、天皇に示《み》せ奉《たてまつ》る。天皇、覧《みそなは》して曰く、『事不虚《まこと》なりけり』……」、とある。つまり「神武」がその印＝標識を見て、「なるほど、これは本物だな」と認めたという説話（『日本書紀・上』、二〇八頁）である。これは、次の点で事実を伝えるものであろう。つまり氏族社会では同じ氏族等に属する場合、その弓矢等に同一氏族であることを識別できる目印をする習慣があったということである。

現にエンゲルスもモーガンも、アステカやホメロスの氏族世界の軍事組織には、部族ごとに軍服や軍旗等に識別標があることを指摘している。神武紀のこの記事もこうした日本の氏族的社会の真実の一端を記したものであろう。それは「お前の主人が天神の子――アマ氏族――ならば、必ず表物（標識）」があるはずだ、と神武が「必ず」を強調しているところにも示されている。

つまり、北九州から近畿等へ侵攻した氏族～部族は、第一に神武がはじめではなく、「物部氏の遠祖」なる氏族集団が、先着でいたということである。これは九州から近畿への侵入・入植が一回きりというものではない、という事実をきわめて不十分ながら「記・紀」が認めていることを示すものである。同時に、近畿地方の先住縄文人は、その勢力等が不明の稲作集団の入植を撃退する力がなかった、という事実を端的に示すものである。

つまり北九州から近畿等の本州部分への水田稲作農民の東進は、一回や二回の移動ではなく一種の水田稲作農民の「民族的大移動」として存在したのではないか、という考え方である。「神武記・紀」は、これの古伝説を「万世一系の大和朝廷説」造作に利用した可能性が強いと思われるのである。

⑥ 弥生時代

北九州の圧倒的優位性――「神武記（紀）」の意味

以上から以下の諸点を指摘しうると考える。

その一は、弥生時代の北九州は近畿地方はいうまでもなく、本州部分にたいしても圧倒的な優位性を保っていたということであろう。これが「神武の東征」の第一の意味であろう。したがって「神武」以降、急速に近畿大和地方が優勢になり、いわば日本の中心になったというのは、十二分の科学的検証が求められる、

本書はこれをこころみるものであるが、さしあたって津田氏等の「大和朝廷・近畿発祥論・二世紀確立論」や、「前方後円墳・大和朝廷造営・二世紀論」（『弥生時代の考古学』、「シンポジュウム「日本の考古学・3」」、二四頁、学生社、一九九八年、初版）等の主張は、水田稲作の東進にかかわる科学的な探究からも、世界史的都城論からも成立の余地はないのである。

つまり、「二世紀の大和朝廷出現論」は、この点からみても、国学的観念でしかない。もちろん本書は、これ以外の諸分野からも、この点を明らかにしていくが、都城がない存在を「王朝」ということは、世界の歴史学に背くのである。

第二には、北九州の「完成された技術体系」の水田稲作が、一五〇〇年間で青森まで達したなどというのは、日本の水田稲作の伝播を孫悟空の「一とび一〇万八〇〇〇里の觔斗雲」で考えるようなものと思える次第である。北九州から近畿大和までさえ、水田稲作という高度の灌漑施設の構築をともなう農業の普及は、ヨーロッパの牧畜・畑作農業の「移動」よりはるかに時間がかかると考えるが、ここではヨーロッパなみとしても、約一千年はかかるというのが真実であろう。以上からは中村純氏の花粉分析学からの報告がやはり自然であると考える。

三 「渡来人」説の真偽

① 志賀島・海神社と安曇族の東進

戦後の大学的日本古代史学は、「神武の東征」の合理的部分の否定とともに、国民むけの一般的な『日本の歴史』の「古代史編」ではほとんどふれないもう一つの問題がある。それは遠賀川式土器を運んだ氏族が、志賀島の海神社を氏神・宗祀とあおぐ海人族と考えられる点である。つまり大学的日本古代史学とその考古学は、「突帯文土器」とか「遠賀川式土器」という土器形式の名のみを強調し、これに「突然、完成された水田稲作技術を保持する集団が北九州に現れた」というような表現を重ね突出させて、「渡来人」説を持ちだしてくるのである。

こうした理論の特質は江上波夫氏の「騎馬民族説」と共通性がある。それは北九州は通過地点に過ぎず、北九州を通過した文化は、近畿地方で果実を結ぶという「大陸文化東進・近畿大和中心論」である。これをよく見ると「神武の東征」

の否定的側面、すなわち「神武・大和朝廷の始祖論・東遷説」と、きわめてよく似ていることがわかる。

端的にいえば近畿文化、大陸文化東進・東遷論なのである。したがって引用したとおり「大阪平野と大和盆地を中心としたこの地（畿内）は、大陸文化に直接ふれたのでなく、いったん北九州を経由した新文化を受容したのである。水田稲作に適した広大な平野をもつ畿内は、やがて北九州をふくめたどの地域もみられない、創造的文化（土器製造での轆轤使用や）鋳銅技術も、武器も生産用具も畿内は一頭地を抜く存在（金属使用と製造、金属製武器は北九州が断然はやい。二七八頁参照、引用者）だった。北九州の絢爛豪華な大陸直輸入の優品をのぞけば、そこにはなにものこらない……」（門脇禎二、田辺昭三氏著、『教養人の日本史』、四八頁。傍線は引用者）というのも、戦後の大学的日本古代史学の滔々たる流れなのである。

同時に、ここには奇妙な、しかし激しい北九州とその文化への敵愾心をみることができる。これは「邪馬台国・東遷説」の論者においても、北九州の古代文化こそが日本古代文化を創造・発展させたものと、正面切っていうわけではなく「大和朝廷の始祖が東進したのだ」という限りにおいてである。大学的日本古代史学ではしょせんは、近畿中心「大和朝廷一元史観」へと収斂する性格を秘めているのである。

ただし「邪馬台国・近畿説」という本居宣長・津田左右吉直系の「万世一系論」者は、後に具体的に指摘するとおり、むき出しの「北九州敵視論」である。これにたいして「東遷論」は、日本古代文化と国家形成が北九州で達成され、それが「倭王・武の上表」にあるとおり、征服戦争を通じて近畿大和をも支配下におく地域国家へと発展した、すなわち「東進」であった事実を、ある程度は反映した部分があって、いくつかの合理性が反映されている面はあるのである。いわば日本古代史の真実にたいして「近畿説」は、単なる誤りに過ぎず、「東遷説」は「大和朝廷一元史観」に跪きつつ、一定の真実をも指摘する面もあるのである。真に正しい日本古代史は「倭国東進論・日本古代国家多元論」のみである。

さて遠賀川式土器の故郷はどこか、である。例えば春成秀爾氏は、「土器形式の連続性からいうと、玄海灘周辺の筑後の筑紫野市野黒坂、小群市津古内畑、同横隅山遺蹟、玄海灘東よりの津屋崎町今川遺蹟、遠賀川流域の中間市垣生《はぶ》遺蹟などの土器が、瀬戸内・近畿の最古の遠賀川式土器ともっとも近い」（『弥生時代の始まり』、七二頁、東京大学出版会、一九九四年、第二刷）と述べている。文字どおり志賀海神社を崇拝する地域の人々であろう。

したがって本来、東進した古代近畿の人々には、北九州をなかば敵視するなどの傾向はなかったはずである。なぜならば北九州こそは自分達の本籍地であり、あたかもイギリス等からの移民が、新大陸で自分達の故郷の市、町の名をあちこちにつけたようなものであって、今日の近畿大和地方の地名等は、詳細にしらべれば本来、北九州の地名が残存することは確実であろう。現に「ヤマト」地名自身が九州の「ヤマト」であるという指摘をはじめ、紀伊半島の熊野は大分県の熊野（熊野の磨崖仏の熊野）などの指摘もある。日本の修験道の最初は大分県と福岡県の県境の英彦山だからである。

ところが近畿と北九州を対立的にとらえる最初は、「倭国」の滅亡に自己存立の根本的条件をもつ、八世紀の大和朝廷の自己正当化思考としての近畿中心主義なのである。第二に、これを記している「記・紀」を絶対視して、中国正史類の北九州等の記載に否定と嘲笑を交え、本来、日本古代文化と敵対関係にない古代中国文化を、「日本文化＝大和朝廷一元史観」にたって、あたかも絶対的な否定の対象ででもあるかにすり替えたのが、国学的等の反理性的思考である。今日の近畿中心・北九州大陸文化の通過地点史観は、そもそもは『古事記』『日本書紀』に由来をもち、これの大和朝廷一元史観を絶対とする国学等の見地の継承である。

さてもとにもどって彼らがアズミと称された由縁は、『日本書紀』履中紀に皇太子のイザホワケ皇子を排して、住吉仲皇子の擁立をはかり遂にとらわれたが、罪一等を減じて黥《メサキキザ》む刑に処せられ、それを「アズミメ」と称した云々というのである。しかし、これは日本古代史のこととしては「一字も尤もらしきことはなきことに候」という、白石の指摘に合致したものであろう。

黥は『三国志』魏志・倭人伝がつたえるとおり「黥面文身」と同じものをさし、その風習を身につけているものが「倭人」である。この「黥面文身」は三世紀に生れた習慣ではあるまい。この人々が「遠賀川式土器」をたずさえて、東進した多くの地方のなかで奈良盆地はとくに目標とされたところである。こうした風俗・習慣からみて「朝鮮人渡来説」は、水田稲作東進をささえた北九州人＝「黥面文身」・海神崇拝族という、いわば古代朝鮮人の文化とはそぐわない、固有の文化の持ち主という点で、深い矛盾の断崖にたつことになるのである。

これを混血論で克服できるかを問えば、そもそも氏族社会の人間が異言語、異方言の種族と混血することはない、という氏族社会論からみて肯定されない。混血は国家形成後の征服・支配から生れるのである。したがって朝鮮半島人が北九州に来たという以上は、征服でなければならない。一国の文化・水田稲作を根本的に変革するほどの征服であれば、かならずその征服者の風俗・習慣が征服後の日本社会の主たる特徴となるはずである。江上波夫氏の「騎馬民族論」も同様の弱点を持っていたであろう。

こうした視点にたてば「朝鮮半島人」であれ「中国大陸人」であれ、外国人が「完成された技術水準の水田稲作を保持してきた」という渡来説は、「倭人」の風俗が大陸とはいちじるしく異なるという事実の前に行き止まりとなろう。

では、あの縄文人型の頭骨といちじるしく異なる大陸型の人骨は何か、という方もおられるかもしれない。まず、北九州への水田稲作の伝播は紀元前一〇〇〇年代であって、「土井ガ浜人」などの年代は「土器編年」の弥生時代であって、時代が合わないであろう。第二に、『隋書』倭国伝に「また東（筑紫からみて、引用者）して秦王国に至る。その人、夏華（中国）に同じ、以て夷洲となすも、疑うらくは、明らかにする能《あた》わざるなり」という記載があるが、これは日本古代史ではまったく探究されていないと思われる。つまりこれは大陸からの集団的移住者の存在が、西暦六〇〇初頭時代の筑紫地方ですでに、古い時代のこととして語られていたことを示す記録であろう。

さて次である。「遠賀川式土器」の運搬者達は、別に奈良だけに進出したわけではない。ここに西田長男氏著の『古代文学の周辺』（南雲堂桜楓社、一九六四年）によって、安曇族への考察から引用しておきたい。

西田長男氏は「皇国史観」にたった古代文学研究家であって、その史観は本書とは両立しない。しかし、その研究の特定の部分にかんしては価値あるものがある。これは大学的古代史家の研究についても一般的にいえることであって、その史観は間違いであっても、その研究全体が無価値と決まったものではない。そこには価値あるものが少なからずあるという場合もある。ただ大学的日本古代史学の史観では、それらの価値あるものが日本史のなかで、真に輝くことができないのである。権力によって表彰・評価されるものは、津田左右吉氏の「記・紀批判」や、小林行雄氏の「前方後円墳体制論」のような日本史を歪める場合で、井上光貞氏の「評制の発見」等々は若干指摘されるに止まって、その日本的意義が正しく評価され、燦然と輝くことは現状ではないのである。したがって、大学的日本古代史学の学者だから、その研究は全部無価値ということはあり得ないのは当然である。さて西田長男氏にもどろう。以下傍線は引用者。

a

「……この志賀の海人・海部は夙《はや》くよりその本郷を離れて、我が本土の津々浦々に蕃衍《はんえん》（＝拡大）した。……中略……今、試みに、平安中期以前の史料に従って志賀の海部の蕃衍した主もなるところを挙ぐるに、筑前並びに対馬・壱岐はもとより、豊後、隠岐、伯耆、播磨、讃岐、淡路、摂津、河内、山城、美濃、三河、信濃の国々を指摘し得られ、彼等はただ海岸沿いのみならず、更に内陸深くまでも移住して、その所々に確固たる地盤を築くに至った有様を察することができる。また諸国の地名に散見するアツミ（渥美、厚見、温海、熱見）、アタミ（熱海、阿潭）、アクミ（飽海）なども、阿曇部の開拓地であろうといわれる」（同書三〇六頁）。この他にも「滋賀県」は「志賀」の文字変更ともされている。

b

「然らば、安曇族が以ちい（ママ）ついていた祖神は何であったろうか。また、その宗祀はどこであったろうか。それは、いうまでもなく、かの志賀の海人の本拠たる志賀島に鎮座の旧官幣小社志賀海神社並びにその祭神に他ならない。延喜式神名帳に『糟屋郡、志加海《ウミノ》神社三座、並名神大』と掲げるのがそれで、古来の名神大社であった」(同書、三一二頁。傍線は引用者)。

この神社は「而して東国通鑑、巻三十八、高麗忠烈王紀・二に、『……日本世界村大明神……』とある。『日本世界村大明神』に関して、日本書紀通証の著者は、『世《シ》界《カ》村大明神』と訓んで、これを志賀海神社のことであるとした」(同書、三一三頁)。これは東アジアの視点からは、大学的日本古代史学が鄙《ひな》の末社程度にあつかう志賀島の海神社が、実は西田氏もいわれる日本を代表する「古来の名神大社」とされていることを示すものであろう。現に。西田氏は、「……志賀海神の海の守り神としての稜威《りょうい》(=威力、引用者)の程は、かの高麗国やさては元国に迄も知られるところ……」(同書、三一三頁)といわれている。

c 「安曇磯良即ち志賀大明神は、『常陸国にては鹿嶋神社、大和国にては春日大明神、是みな一体分身、同体異名にまします』」(同書、三一四頁)をあげて、これを肯定され「『志賀嶋』と『鹿嶋』とは、その言葉の上からは同義」といわれ、また「鹿嶋大明神並びにその影祀春日大明神とも『一体分身』『同体異名』と考えるにいたった……」(同書、三一五頁)といわれている。その意味は、「凡そ上代史においては、神々の行動は同時にその氏子たるものの行動そのものを現わしたものというてよかろう。神とは氏族なる或る一の共同社会の、いわば表徴であったと考えられる……」(同書、三一五頁)、といわれ、「志賀大明神という神を斎く一団は、そうした氏族としての性格を共有すると考えてもよいのだろう」(同頁)。

d 「さらには「志賀海神社の祭神に、日本神話の豊玉彦があり、安曇族の開拓地とされる長野県南安曇郡安曇村穂高嶽(奥社)及び穂高町(里宮)に鎮座の旧国弊小社の穂高神社の祭神(豊玉彦の子の穂高見命)にましますことはいうまでもない」(同書、三一九頁)とされている。

e この他に北九州で重要な住吉神社にかんしても、東進した安曇族が「既に彼等安曇連等の守護神と仰ぐ墨江の三前の大神、その本国たる筑前国より遷祀せられていたのである。則ち、大阪市住吉区住吉町に鎮座の旧官幣大社住吉神社(今、住吉大社と称する)がそれにほかならず、山口県豊浦郡勝山村楠野に鎮座の旧官幣中社住吉神社がその荒魂を祀るのに対し、これには和魂を祀る。ともに、その本祠が、福岡県福岡市大字住吉町に鎮座の官幣小社住吉神社であることは、更めて述べるまでもなかろう」(同書、三〇八頁)とされている。

f 水田稲作が北九州から東進したことを示す例として、西田氏は「お稲荷様」を例に北九州の「丑さま祭」の農民の姿と、出雲大社の「御釜の神事」や各地に奉納されている「稲荷神様」の絵図を掲載・比較されている。西田氏の指摘によれば、「北九州一帯の農家に見られる『丑さま祭』の儀礼の如きは、この稲荷神の原型を今によく伝えたものとして甚《はなは》だ注目に価する。旧暦霜月（一一月）初丑の日の夕刻に、あらかじめ刈りのこしておいた稲一二株（閏年は一三株）を、戸主（又は男子）が刈り取って、棒（天秤）の両端に付けて肩にかつぎ、「おもたか、おもたか（重たいの博多弁）」といいながら、正面玄関から家に入り、『作神さま』に供えるものである。この『作神さま』こそ稲荷神なのである」（同書、八八頁）。

以上であるが、ここには「遠賀川式土器」をもって東進した人々の姿の一端がしめされている。この人々が遠賀川式土器をもって旅立った時代——といってもたった一回の旅立ちとは思えないが——北九州の社会の姿は実際のところどうであったか、これこそが、日本古代史の最初の重要な探究点なのである。

なお、安曇族の展開は日本本土に限らず、沖縄方面も考察されるべきではないかと考える。理由は、今日の「琉球」を形成した人々を古代琉球人は「アマミキヨ」とのべているからである。「アマミキヨ」とは、「古琉球」研究の祖である伊波普猷氏の指摘によれば、「アメの人」の意で「キヨ」は人の意、「ミ」は本土の「ノ」にあたり、確かに「アメの人」すなわち「アメ氏族」の意となるからである。

この安曇族は日本祖語の保持者と思うが、それに止まらずいわゆる「記・紀の神話」を生みだした当の人々でもある。

この人々の東進によって本来は、北九州神話であったものが関東以西にひろがって、「日本神話」へと発展したと考える。

それはこの神話が、次に述べるとおりに水田稲作の適地をめぐる争いを中心とした説話、という点に端的に示されているのである。

② 安曇族・日本神話と「渡来人」問題

a 安曇族と「日本神話」

「渡来人」説の難点はさらに「日本神話」との関係にもあるのである。戦後は、この「日本神話」も歴史学から一応は追放された。しかし真の克服すべきは「大和朝廷一元史観」であるにもかかわらず、それは温存された結果、「日本神話」への正しい視点は確立されなかった。この結果、再び不正確な「日本神話論」が台頭してこないとも限らないという危惧が生まれる。

「北九州〜浜名湖線」という古気象問題、この稲作の適否を分ける気候とその制約は、〝日本史的意味〟をもつことはすでに指摘したが、それは「日本神話」との関係でも言えることである。それは「天孫降臨の地」をめぐる「アマ氏族」と「イズモ氏族」の争いの意味である。「天孫降臨」とは、「豊葦原の……瑞穂国」、すなわと水田稲作の適地をめぐっての、争いであり、その内容が「国ゆずり」説話である。

したがってこの説話は日本で最古の水田稲作の地をめぐる争いであって、その対象の地は近畿大和地方でも、もちろん日本本土一般でも断じてなくて、北九州の一地点であるということは、中村純氏らの科学的研究から自ずから明らかであろう。この点を、「記・紀」の神話自身への正しい批判的な分析から導き出されたのが、古田武彦氏（『盗まれた神話』、朝日新聞社、一九八三年）である。

さて、古田氏は「天孫降臨」の地を福岡県の「高祖山」とされ、そこに「日向山」が存在している事実を、『怡土志摩郡地理全誌』をあげて指摘されている（『盗まれた神話』、二一〇頁、角川文庫、一九八〇年、四版）。ここには高祖山とならんで「櫛触山《くしふるやま》」と「日向山」があるのである。すなわち「筑紫の日向の高千穂のくじふる嶺に天降りましき」（古事記）、「筑紫の日向の高千穂の櫛触峯」（日本書紀、一書第一）である。

まさに遠賀川式土器の産地であり、弥生時代最大の階級分化遺蹟の一つである「三雲遺跡」のそばである。神話とは、古田氏が強調され、拙著でも氏族社会の考察で述べたとおり、氏族社会の伝承の一形式なのである。このことはヨーロッパではシュリーマン以来、確認されてきたことである。神話は原始時代から文明を創設しつつある氏族時代の人々の、自然や人間界への認識を反映したものという点で共通性が指摘されている。

したがって日本のようにその歴史論に正規に神話がおかれている場合、この神話をただあがめて歴史と称して絶対化したり、反対に単純に「造作」と称して否定する態度は、ともに正しくないものと思われる。この神話に示されている内容が生れた当時の歴史的・社会的な諸条件と、その神話をうみだした氏族群をも明らかにして、それが日本史にもつ意味を解明することが真の歴史学がとる態度であろうとおもう。こう考えると日本神話の最も突出した特質は、「豊葦原……瑞穂国」の建国を基本的特徴としている点であろうと考える。

つまり、「日本神話」の中心は、水田稲作の適地をめぐる抗争と、その地への支配圏の確立にかんする「歴史」なのである。しかも、この神話の特徴は「天照大神」を神聖視する集団が、一見、九州にたいして外来者の顔をもち、北九州の先着支配者であるイズモ族をこの地から遠ざけている点である。これが「天降り」の意味なのである。すなわち水田稲作の適地をもとめ、九州の外からきて先住者を追い出す話なのである。この限りでは「渡来人」の面影があるといってもよいであろう。

ここで二つの問題がおきる。第一は、またまた『古事記』『日本書紀』の「神話」に、大学的日本古代史学が「渡来人」をあてて考えるものに該当する存在が、すでに語られているということである。しかし、戦後史学は津田氏にしたがってこの神話を無視してきたのである。

その無視がもたらす問題が第二である。その結果としてこの「渡来人」は朝鮮人とされ、北九州の先住者、なかでもその女性たちとたちまち仲良くなったというのであるが、神話では、まず天照大神は朝鮮人には見えないし、しかも大学的日本古代史学では「渡来人」は男ばかりとされているが、神話では女性が采配をふるっている点でも異なり、また先住者を「天降り」先から「国譲り」を強要して追い出している、という点でも違う。

さらにはこの「天照大神」を崇拝する氏族はどんな氏族であろうか。これを示唆するのがこの女神の本社の所在地である。それは対馬である。しかも古田武彦氏によれば、対馬時代の天照大神は日本神話のなかでその地位は、出雲の臣下の地位であると、この社の氏子代表者が古田氏に説明されたという（『古代は輝いていた・I』、七八頁、朝日新聞社、一九八五年、第三刷）。きわめて興味深いことである。この神話の背後にあるもの、その意味についてはまた後でかんがえるが、ここで指摘しておくべきは、この氏族とその「天照大神」は「海人」、すなわち志賀島の海神社を祭る人々と同根の氏族であろうということである。

b　銅矛・鉄器の使用とあずみ族

こうして水田稲作をひろげ古代日本国家創設を担った人々は、北九州・九州の人々であって、「日本神話」を共有し、その本社を対馬におき、志賀島の海神社を祭る氏族であることが浮かびあがってくる。さて、この「神話」のもう一つの特徴は、「国うみの記」（国土の修理固成＝古事記）に登場する「天の沼矛《ぬほこ》」に典型的にしめされている。これはすでに古田武彦氏（『盗まれた神話』）が指摘されているところであるが、「国が矛から生れる」のが「記・紀」の神話の特質である。「剣」とか「銅鐸」ではないのである。矛は大学的日本古代史学の命名では、北九州を中心とした「銅矛文化圏」の代表的な青銅器である。

しかし、私はいわゆる「銅矛文化圏」と「銅鐸文化圏」の対立という、弥生文化観に疑問がある。それは古代オリエントにおいても古代ギリシャ等においても、人間の金属器使用はまず武器の分野から一般化したと指摘されているからである。戦闘中に石器製の武器が破損する可能性は高いが、それはその戦士にとって死に直結するからという。

したがって日本で最初に銅矛・銅剣を使用した北九州勢は、当時、武器の面でも新兵器を装備した軍事集団であって、近畿等の縄文文化のもとにある氏族集団にとって、脅威であったことは間違いなかろう。また、金属使用が武器からはじまるという事実に照らせば、銅鐸を近畿文化圏の特質という議論には大きな疑問が生れる。それはまず銅鐸のような優れた青銅器を製作しながら、青銅器の武器がないというのは大きな矛盾だと思うからである。また、この「銅鐸文化圏」の年代も「土器編年」であって、再検討の余地があるとも思われるのである。

つまり、いわゆる「銅鐸文化圏」の銅鐸は北九州から近畿方面への侵入者が、すでに時代が鉄器時代にはいって武器として不用になったものを、祭祀の対象としてあらためて製造したものであって、そもそも銅矛銅剣文化と対立するものではないのではないか、という視点である。

こう考えていたところ、先述のとおり石野博信氏編集の『大和・纏向遺蹟』掲載の、石野氏の論文に「方形周溝墓と銅鐸の初現は九州か」という記述があり、そこに「九州で小さな古い銅鐸の鋳型がどんどん見つかっています」(四四頁)とあったので、「やっぱりなー」とおもった次第である。近畿地方の方形周溝墓制とともに銅矛のみならず、銅鐸までもが北九州の影響ということを指摘されているのである。

つまり北九州・九州方面の青銅器使用が、近畿地方にはるかに先んじた結果、北九州方面では鉄器に席を譲ったに過ぎなかったが、近畿方面の「元九州人・倭人、遠賀川式土器の運搬者」らにとっては、青銅器は先住民との戦い等のなかで、単なる武器であるに止まらず、氏族的遺制をともなう祭祀の具と化した可能性があるのではないかという考え方である。最大の問題は、銅鐸のような優れた青銅器を製造する者に、青銅器の武器がないなどは到底あり得ないという視点である。

青銅器についで鉄器の製造・使用でも北九州が先進で、近畿地方は後進であることは周知のことである。

近畿中心説の福永伸哉氏も一応は、「……畿内地方を核とする前方後円墳秩序形成へと向かう変化の原動力とするには、かんじんの畿内地方の鉄器普及度や出土量が少ないでないか、という批判がある。また、弥生時代の鉄器は普及度だけでなく製作技術や品質も最先端の北部九州から瀬戸内、畿内地方へという地理的傾斜をもって低下することは明白であり、畿内地方に最大の前方後円墳を生みだす力を鉄のなかに見だすのは不適切だという村上恭通(二〇〇〇)らの意見も傾聴に値する」(福永伸哉氏著、「倭の国家形成過程とその理論的予察」、前川和也、岡村秀典氏編、『国家形成の比較研究』収録、四一頁、学生社、二〇〇五年、初刷。傍線は引用者)とされている。

しかし水田稲作においても、青銅器の製造・使用においても、さらには鉄器の製造と使用においてさえも、大幅におくれているばかりではなく、近畿文化そのものの担い手が遠賀川式土器の担い手であるという近畿が、九州を敵視したり征服云々などは、アメリカがイギリスを征服する話に似て非歴史的観念に過ぎないと思われる。つまり日本古代国家形成期の時代の特質が、「北九州文化の東進」であるにもかかわらず、これを後の八世紀以降の大和朝廷を絶対として、歴史を逆転させた近畿中心主義という、本居宣長等の主観主義を絶対とする史観は、現実の歴史では北九州・九州の東進を故意に無視することになるか、「傾聴に値する」と外交辞令的に処理しておわらせるか以外にないのである。

「邪馬台国・北九州・東遷説」には、「弥生文化、日本古代国家形成の力は東進する」という側面が反映されているが、「近畿説」は「北九州・九州文化の東進」という、不動の歴史の事実の全面否定、ないしは無視でしかないのである。文字通り本居宣長等の「夢中に夢を説き候ようの」「日本史」にならざるを得ないのである。

この北九州・九州勢の東進という日本史の事実と意義を、「遠賀川式土器」という一片の単語に矮小化して、あとは「神武の東征」の合理的部分を「日本神話」とともに否定〜無視する態度は、歴史「学」としては大きな問題があろうと考える次第である。

③「渡来人」の正体と『漢書』地理志

古代日本において、中村純氏が指摘される約三〇〇〇年前の「一時的植性破壊期」以前において、北九州で「完成度の高い」水田稲作が開始されたという意味は、ここに水田を展開する意思と能力のある人々がいたからである。したがってその意思と能力をもった氏族集団がいつ、どこで、どのように誕生したのか、が問題となる。

大学的日本古代史学では、簡単に「渡来、渡来」というのであるが、中国、朝鮮と日本列島との間に「大海」が横たわるのである。したがって「渡来」をいう場合、その渡来人は海をどういう手段で渡ったのか、その船はどんなものなのか、その人々は航海術を身につけていたのか、それとも当時「日本海・対馬、博多港渡船」専業の者でもいたのか、といったことが検討されないと、遠賀川式土器同様、単語だけがあって内実がない空虚なお話になり兼ねないと思われるのである。

a 船の意義

さて、こうして海を渡るということが不可避であって、そこに対馬に本社がある天照大神を始祖神とあおぎ、志賀島の海神社を信仰する氏族集団が存在するという意味は、はなはだ軽視しがたいことではなかろうか。大学的日本古代史学では、この外海を航海する人々への関心も評価も非常に低いように思われるのである。最近は「漁撈民」云々もあるようであるが、「漁撈民」と「海人」は、バイキングと漁民ぐらいの違いがあろう。皮肉であるが中国・朝鮮では、この海人への評価は大変高いのである。それの一端が西田長男氏が指摘された『世界村大明神』であろう。さらには『後漢書』倭伝の末尾の徐福が〝日本列島〟とされている「夷洲、澶洲《せんしゅう》」に亡命したことを記して次のように述べている。

その亡命先の「人民時に会稽に至りて市す。会稽東治の県人、海に入りて行き風に遭《あ》いて流移し澶洲に至る者あり。所在絶縁にして往来すべからず」。この夷洲、澶洲については不明であって、台湾とか済州島とかの議論もある。しかし、台湾や済州島を古代中国人が、「所在絶縁にして往来すべからず」というのは、やはり少々ひっかかるものがあろう。

しかし、中国から五島列島や九州は、「……所在絶縁にして往来すべからず」といっても、必ずしも不当とは思えない。夷洲、澶洲がどこにせよ『後漢書』の撰者の範疇はこれを、「倭伝」に書いているところに撰者の目があるのであろう。ここの意味は、「所在絶縁にして往来すべからざる」遠方から、「倭人」が「時に会稽に至りて市す」としている点にあろう。つまりその驚くべき航海能力を指しているのである。

ついでながら『三国志』魏志・倭人伝の、例の「倭国」への道順記事に、朝鮮半島の南端、「その北岸（倭国の）、狗邪韓国に到る七千余里」とした後に、「始めて一海を渡る千余里」とある。この「始めて」には単に、地理的に大海に漕ぎ出すというに止まらず、港にたって海の風に身をさらしその匂いをすい込みながら、いよいよ大陸を後にして一度嵐にあえば二度と本国の妻子・家族のもとには帰れない、果てしない大海に乗り出すという緊張感がみなぎっているように思える。こうした大陸の人・中国人の緊張をよそに、対馬人は「船に乗りて南北に市糴す」と対比されている。ここにも「倭人」の航海能力への驚きと畏敬の念が現されていると考える。

日本の文化の発展を考えるとき、この「倭人」の当時の東アジア人が畏敬の念をこめた航海能力は決定的であろう。これはどこかの川の渡しの船頭さんの役柄とは本質的に違うであろう。あたかもコロンブスが単なる渡しの船頭さんではなく、バイキングが単なる渡しの船頭さんの集まりではなかったようにである。また単なる沿岸航行のささやかな漁船や古代大阪湾付近の船とも根本的に異なるものである。彼らが自身でいうとおり「海人」であって、彼らは単に南北間の物や人の運搬者にとどまらず、自身もまた、文化の伝播者であったことはこの「倭人」が古くから朝鮮半島南部に展開し、古代朝鮮諸国の問題に介入してきた存在であったことによって明らかである。

大学的日本古代史学は、「倭・倭人」一般を「大和朝廷」と同一視するのである。そうしなければ「大和朝廷一元史観」は成立しない。いくら通説でも古代中国正史類の対日交流記を全面否定はできないのであって、ここからいわばフグ調理人と似て、古代中国史料の「大和朝廷一元史観」にとって否定的側面を除去して、あとは「倭・倭人は大和朝廷のことである」と宣伝して、除去部分にかんしては、新井白石が指摘したとおりに「異朝の書の見聞の誤り」と一致して主張して、「申し破る」という態度をとるのである。したがって「大和朝廷一元史観」にとって好ましくない「倭」は、処理が求められることになるのである。

例えば上田正昭氏はその著、『日本の歴史』（「2大王の世紀」、小学館、一九八七年、第九刷）で「倭さまざま」とされて先の、「その北岸、狗邪韓国に到る七千余里」にもかかわる朝鮮半島内部の「倭」にかんして、「『魏志』東夷伝韓条をみると、『韓は帯方の南、東西は海を以って限りとし、南は倭に接す』とある。このばあいは『倭』は、日本列島内の倭であるまい。帯方郡の南で、東と西とは海をもって限りとし、そして南は倭と接続するというのだから、虚心によめば、それは朝鮮半島の南部にあった『倭』ということになる」（一七二頁。傍線は引用者）とされている。

しかし、その『三国志』は同じ「東夷伝」の「倭国伝」で、上田氏がいわれる朝鮮半島南部を経過してきた「倭国訪問」使節団の道順記事に、「その北岸（倭国の）、狗邪韓国に到る七千余里」と、「その北岸」と特定している。この文章はご存じのとおり「郡より倭に至るには……」ではじまっている。これを平易な例でいえば、「山田さんのお宅をたずねる人々が、その門の前にたつと……」という文章があったとして、この場合、「その門」の意味は、山田さんのお宅の門にきまったものであろう。「倭国」とは海峡国家ないしは海峡をまたにかけた氏族的勢力なのである。

では何故、「邪馬台国・近畿大和説」にたつ氏が、こんなことを松本清張氏の論文への賛意の形式でいうのかと言えば、実は、朝鮮半島南部に「倭人」が領域をもっており、しかも北九州の「倭人」と同一氏族の系統であったということを認めることは、近畿中心主義とは相容れないのである。認めるといやでも北九州重視という問題が、日本古代史学の重要課題になるのである。東遷説は北九州をいうのであるが東遷であるから、すなわち出発地点や通過地点（江上波夫氏）に矮小化されるのである。

しかし、北九州に水田稲作をもちこんだ当の者は、そもそも朝鮮半島に展開していた「倭人」の可能性が高いのである。したがって朝鮮半島南部に展開し、たえず北九州～日本海西部の「倭人」と交流している勢力、また広く中国沿海部と交易をする能力をもつ航海者の存在こそが、日本列島の水田稲作の始原と展開のそもそもを形成するものであると、思われる。つまり船とそれを駆使した者達の本当の姿という問題である。

さらにはこの「倭人」は「黥面文身」のみならず、「男はフンドシ、女は腰巻き」が、その下着の正装である。中国人や朝鮮人に「黥面文身、フンドシ、腰巻き」という風習があるか、寡聞にして聞いたことがない。日本人は戦前まで、例えば旧制中学の水泳大会等の写真をみれば、男子は全員、フンドシ姿であろう。われわれの時代、これが当り前だった。海水パンツなどは金持のハイカラ（西洋式おしゃれのこと）が大学ではくものに過ぎない。

問題は、こうした風習の民族はいかに古来に形成されたか、という大きな問題がある。断じて大陸で形成された民族ではなく、早くから海に出ざるを得ない自然状況、例えば大陸等への海進によって、そこが水没し島状になるなかで形成（片山一道氏著、『海のモンゴロイド』、吉川弘文館、二〇〇二年、第一刷）されるなど、アジアの海洋民族の一枝の可能性があり、単に朝鮮半島のみならず、中国沿海部との交流をも行っていた可能性があるのではないだろうか。その骨格は縄文人と酷似していることは、人類学者によっても指摘されている。しかし、日本古代史学では真の意味では重視されていないと思われる。

日本語が東南アジア系の要素をもつ由縁も、この「黥面文身、フンドシ、腰巻き」という、明治以降の日本の支配者から敬遠される風俗と深く関係し、それは日本人の祖先の淵源と関係しよう。「文明開花」気分と思想には、真に学ぶべき民主主義は否定され、欧米の生産様式や生産力、その自然科学等の他には、「鹿鳴館」風の「ハイカラ」主義の物真似風俗をよしとし、日本民族の真の姿の伝承を「下品」とするのは如何であろうか。

よく日本語に北方系の要素がある云々というが、それは日本列島の東西で接する大陸の部分に違いがあることを除けば、「倭人」が朝鮮半島にも長年にわたって展開していた氏族・種族に由縁し、「倭人」とはそもそも海人族という「南方的性格」の持ち主であろう。

b 『漢書』地理志、『論衡』と大学的日本古代史学の体質

ここでとりあげるのは、約二〇〇〇年も前の中国の正史等に倭人の水田稲作受容が、紀元前約一〇〇〇年のこととして記されている事実である。しかもその年代が、中村純氏や歴博の北九州での水田稲作の「実年代」と合致していることである。

とくに興味深いのは歴博の「実年代測定」の責任者である春成秀爾氏が、その発表の記者会見で、「弥生時代(水田稲作)の始まりは、殷(商)が滅亡し西周が成立するころ(紀元前一一世紀)の時代背景を検討しなければならなくなった」(朝日新聞、二〇〇三年五月二〇日付け)と述べていることである。

しかし春成氏の弁には、『漢書』地理志に倭人の稲作関連記事が、紀元前約一〇〇〇年ごろと記載されていること、津田左右吉氏をはじめ戦後後の大学的日本古代史学は、一致してこれを無視歪曲した結果、戦後の日本古代史学がこの面でも、最初の出発点から根本的な誤りをおかしていた、という、当然あるべき科学的な自己検討の弁は一語もない。もちろん『漢書』地理志の記載から、わが国の水田稲作が北九州で、約三〇〇〇年前に開始されたとした古田武彦氏の指摘にたいしても、これを無視している大学的日本古代史学の現状を反省する言葉もない。

しかし、ここに古代中国正史類の対日交流記載が、事実を反映しているという点で日本史探究でも、『古事記』『日本書紀』とは比較にならない歴史史料としての優位性があることが、反論の余地なく示されているのである。同時にこの事実は、古代中国正史類等の記載に「大和朝廷一元史観」という恣意的立場から、絶対的否定をもってのぞんできた国学等以来の大学的日本古代史学の体質と、その破綻が示されているのである。その特質は「漢意を清くぬぐい去って、ヤマトタマシイを固くして」、事実の記載を、「異朝の書の見聞の誤りと申し破り、夢中に夢を説き候ようの」見地をこそ、唯一・絶対とするきわめて特異な宗教的体質である。

ここにある基本は理性の否定であり、事実の蹂躙の精神、権力の要請に応じてその恣意を現実・客観的存在とすり替える、もっとも粗暴な主観主義的観念論の一大体系である。しかし、大学的日本古代史学の学界的姿のせいか、近代・現代日本には、こうした恣意的体系を哲学問題として問う、本来あるべき近代的で本格的な「日本の唯物論」哲学もない。お

そるべき日本の姿である。

『漢書』地理志の倭人記事といえば、「楽浪海中、倭人あり。分かれて百余国をなす。歳時を以て来たり、献見すと云う」が有名である。大学的日本古代史学は戦後、「皇国史観史学」の崩壊をうけて急遽、この「倭人」記事の「初期国家多元史」を、「これが倭にかんするもっとも早い、確実な記録である。およそ紀元前一世紀ごろのことである」（岡村秀典氏著、『三角縁神獣鏡の時代』、八頁、吉川弘文館、一九九九年）と、津田左右吉氏の評価をいい始めた。今日では定説となっている。

しかし、この記事の真の姿はつぎの点にあるのである。

（1）〝倭人の中国交流は周初期の時代〟つまり約三〇〇〇年前と記されていること

（2）この記事は日本列島における水田稲作の始源問題とかかわっていること

したがって「およそ紀元前一世紀ごろのこと」ではないのである。さて、右の二点を『漢書』地理志の原文にそくしてあきらかにされたのが、古田武彦氏（『古代は輝いていた・I』、朝日新聞社、一九八四年、第一刷）である。同時に王充の名著とされる『論衡』の、「倭人記事」の重要性をもあわせて指摘された。

古田氏は「楽浪海中……」の一節の最後が、「……と云う」とされている点をとりあげられて、「……もし、漢代の記事に『と云う』を付するとすれば、『漢書』の大部分は、漢代の記事だから、全文『と云う』だらけになってしまう。むろん、『漢書』をめくってみれば一目瞭然のように、そんな気配はない」（同書、一八頁）とされ、この「と云う」の意味は、「と言われているということだ」と指摘され、ついで〝では誰がいつの時代に「云った」ことか〟を探究されている。その過程で先の王充の著書も登場する。王充にかんしては後述する。

さて、では何時か、これにかんしては古田氏が指摘されるとおり、『漢書』地理志「倭人記事」に明記されているのである。「楽浪海中、倭人有り。……」の直前に以下の文章があると言われる。「殷の道衰え、箕子、去りて朝鮮に之《ゆ》く。其の民を教うるに、礼義・田蚕・織作を以てす」（『古代は輝いていた・I』、一三頁。傍線は引用者）。すなわち東夷がなぜ周に通じたかといえば、殷末という古代中国の混乱の時代に、中国人の一派が朝鮮に逃れて、これが礼義・田蚕・織作を東夷に教えた結果、その文化に刺激されて積極的に中国・周に通じたと云っているのである。続いて

（1）「貴む可き哉、仁賢の化や。然して東夷の天性柔順、三方の外に異なる」。

（2）「故に孔子、道の行われざるを悼《いた》み、設《も》し海に浮ばば、九夷に居らんと欲す。以《ゆえ》有る也夫《かな》」。

（3）「楽浪海中、倭人有り……」と続くとされている（『古代は輝いていた・I』、一八頁）。

そしてこれを解説され、班固が「東夷は三方（西戎・南

蛮・北狄）とちがい、天性柔順であり、中国の天子に対して礼を守っている。だからこそ、あの孔子が、当時の中国本土内で中国（周）の天子に対する礼が失われているのを遺憾に思い、いっそ筏に乗って九夷（東夷）の世界に行こうか、と言ったのは、一体、根拠があることだろうか」と設問し、これに答えて「孔子がそういったのも、もっともだ、なぜなら、楽浪郡の海中に（昔から）倭人がいて、歳時（きまった周期）によって貢献してきている、といわれているからである」と述べ、では「その昔」とはいつか、ということに関して、「孔子以前」であり「周代の前半期」とされている（同書、一九頁）。当然である。孔子はここで周への礼儀を問題にして東夷を論じているのである。したがって、「紀元一前世紀ごろ」のことではあり得ないことは明瞭であろう。

なお王充の『論衡』についてである。この『論衡』には、「倭人」が周の時代に中国と交流していたという記事がある。

（1）「周の時、天下太平、越裳白雉《えつしょうはくち》を献じ、倭人鬯艸《わじんちょうそう》を貢す」。（儒増篇）

（2）「成王の時、越常《えつしょう》、雉を献じ、倭人暢《わじんちょう》を貢す」。（恢国篇）

日本古代史学がこれを完全に無視していることはいう必要もないであろう。大学的日本史学は「倭人」を「大和朝廷」とする結果、周の時代に中国に使者を派遣していたという記事は、もはや「大和朝廷一元史観」という額縁に納まらない問題なのである。

その水田稲作でさえもが、やっと「土器編年」で紀元前三世紀前半というのが一杯々なのである。まして大学的日本古代史学にとって肝心の、『古事記』『日本書紀』にもそれらしい記事はないのである。つまり、これら孔子以前、周との交流などは、その容量の限界をこえた感覚的にも到底うけいれられない記事なのである。ここに古代中国史料に反映された日本史の真実と、近世尊皇思想を直接の源流とする明治以降の、大学的日本古代史学の根本的な差異があるのである。

さて、ここで大学的日本古代史学にまったく相手にされない、王充の『論衡』をみていこう。貝塚茂樹氏著の『中国の歴史・中』（岩波新書、二〇〇二年、第四五版）では、五世紀から六世紀初頭の思想家・范縝をとりあげたところで、「（范縝は）革命後の中国の思想家から、漢の王充のあとを継承する優れた唯物論者として推賞されている」（四一頁）とある。つまり日本とちがって現代中国で王充は、古代中国思想界切っての唯物論哲学者として評価されているのである。

次が藪内清氏の『中国文明の形成』（岩波書店、一九七四年、第一刷）である。この著書の特質は古代中国の数学・自然科学の発展史からみた古代中国文明史である。この著書で藪内氏は王充にかんして、特別に「第八章　王充の科学思想」という一章をわざわざ設けておられるほどである。この点でも一般的に孔子や孟子、老子等が登場する古代中国思想史とは、一味も二味も違った特色があると思われる。

藪内氏は、第一節で王充の出身階層と学問的生い立ち等を略記されている。ここには王充が貧しい階層の出身であり、『漢書』の編者・班固の父親の班彪に師事していたことが述べられている。これは古田氏も指摘されていることであるが、班固の『漢書』地理志の「倭人・百余国……」の倭人と、『論衡』の倭人が同一のものを指していることを示すものなのである。

　王充が当時としては珍しいほどの徹底的な唯物論の立場にたつ学者であったことを、藪内氏は例証されている。その徹底振りをあげれば、「人物也。物亦物也。物死不為鬼、人死何故独為鬼」――人は物質であり物もまた物質である。物は死んでも鬼（死霊・霊魂）にならないのだが、なぜ人だけが死んで鬼になれるのか。――（同書、二四八頁）等である。王充はこの他に物質の運動と変化から世界を説明しようとし、天文学の説明をも唯物論から試みているといわれているが、その最大の特徴は、儒教の復権をはかる漢という国家的背景にたつ漢儒等の迷信、俗論への徹底的な批判にあるとされる。

　藪内氏の王充論のしめくくりから若干を引用すれば次のようである。「以上、特異な思想家としての王充について述べてきた。彼は当時流行した災異説や讖緯説に反対したばかりでなく、迷信を排撃し、俗論と闘ってきた。儒教の伝統的思想に反対し、後世異端の学者として非難された。……中略……彼の説が一見幼稚にみえたとしても、それは当時の科学的水準が低かったからである。一方、彼の科学思想はよほど徹底していた。気によって一切の現象を説明するかれの立場は、（古代）ギリシャの自然哲学者たちに比較されるだろう。基本物質としての気を、これほど明確にした学者は古代中国において、王充に匹敵するものはいない」（二七一頁。傍線は引用者）といわれている。

　こうして戦後の日本古代史学は、「地理志」等が紀元前約一〇〇〇年代と記すものを、紀元前約一〇〇年代に短縮した津田左右吉氏等の態度に追従して、日本古代史の真実を根本からねじ曲げる道を意図的に選択したのである。

　しかも、古田武彦氏が出典とそれの詳細な引用によって「紀元前一〇〇年論」の誤りを指摘しても、「この指摘は一個の事実ではないか。これに答えなければ日本古代史学の倭人論は、学問としては事実にたつとは言えないのではないか」という当然の声一つないのである。こうしたものが日本問題の中枢に存在しても無関心でよいのだろうか。私には恐るべきニッポンに思えてならない。それとも当面のことは事実が大切だが日本の歴史と伝統、それの理解という問題では事実云々などは、どうでもいいのであろうか。

　以上の考察からは、いわゆる「渡来人説」はでてこないのである。

Chapter 11
第11章
古代都市国家の姿 ——志賀島の金印

一 金印、日本本土最古の大国の実証

① 志賀海神社の真の姿

日本本土における古代国家にかかわる最古の遺物は「漢委奴国王印」である。この漢が大国に贈った金印が北九州（志賀島）から出土するのは、これまで述べてきたことに照らして当然なことであり、ここに日本史の本流があるのである。大学的日本古代史学からは志賀島などは、「西の鄙」の末社程度にあつかわれ、伊勢神宮というと「おおっ、大社だ」と反応するように学校教育等でしつけられている。

しかし、水田稲作の東進という、いわば「大和朝廷一元史観」的日本古代国家形成の原動力ともなった力は、まさに指摘したとおりに、この志賀海神社を本社と仰ぐ氏族たちである。その日本史的意義を氏族社会論をふまえて考えれば、まさにこの志賀海神を祭る氏族集団こそが、日本の古代都市国家群を形成する主力であると考えるのが正当であろう。

『日本書紀』景行紀に志賀海神社にかんして記事がある。ここではこの記事の主体は「景行天皇」とされている。しかし、『古事記』には「景行天皇」の九州討伐記事はなく日本武命とされている。戦後の大学的日本古代史学でさえもが、日本武命を造作としているほどである。ここから見ても「記・紀」のこの「大和朝廷の九州遠征記事」は、まったくの造作記事である。しかし、その個々の記事には地理的にも正確さがあるなど、結局は、「倭国」文献の南九州討伐記事の盗作・キリバリという、古田武彦氏の指摘（『盗まれた神話』、「景行遠征、五つの謎」、七八頁）に正当性がある、という立場に本書はたつ。

さて志賀海神社の記事とは、「『景行』（とされる人物）が柏峡《かしはを》の大野」（大分県直入郡萩町柏原付近という＝『日本書紀・上』、上段注「九」、二九〇頁）で、土蜘蛛討伐の成功を祈願しているのであるが、そこに「是の時に、禱りまつる神は、志我神、直入物部神、直入中臣神、三《みはしら》の神ます」（同書、同頁）とあるのである。これは「景行紀」の東南九州討伐記事の正体を明らかにするうえでも、非常に重要な意味がある記事であろう。理由は、「大和朝廷・景行」が「武運長

久」を祈る対象としては、この三神はどうもピッタリしないのである。

現に、『日本書紀・上』の注釈も「志我神」にかんしては、「未詳。通証・集解・通釈は筑前国糟屋郡の志加海神社とするが、地理的に不自然」（同書、同頁）としている。しかし、水田稲作推進勢力の中心、北九州の「倭国王」による東南九州討伐記事ならば、この「志我神」祈願は、きわめて当然で正当性のある神名となる。さらには「直入物部神、直入中臣神」である。『日本書紀・上』の上段注では、注釈者が「大和朝廷一元史観」の結果、「物部、中臣氏の勢力が北九州等にいた云々」を持ちだして、この神の解釈としている。

しかし、「大和朝廷一元史観」にたてば、物部、中臣氏は「大和朝廷の臣下」であろう。臣下の祖先神をなぜ「天皇」が拝むのであるか。また国学等では「大和朝廷は宮崎県出身」である。なのに北九州の臣下の祖先神に頭をさげ、自己の故郷・東南九州は討伐の対象であって、かつ肝心の「大和朝廷」の祖先神はまったく登場しないのである。まさに奇々怪々の記事であろう。こうした奇々怪々が自然と消えるのは、この記事のそもそもが北九州を原点とする勢力の文献である、とした場合だけである。つまり古田武彦氏の指摘を正当とした場合のみである。

その日本史的意味は、北九州に中国・朝鮮正史類から「倭・倭人・倭国」と呼ばれる国家的勢力が存在し、その王朝（古田氏は近畿王朝の対語として九州王朝とされている）が南九州の勢力と抗争をした記事である。これは「狗奴国」等と抗争をくりかえしたという、『三国志』魏志・倭人伝の記載にも反映されている。つまり志賀海神社とは、北九州の勢力で形成された王朝が、自己の武運長久を祈願する神社なのである。文字どおり日本古代史上の真の大社である。ここから金印・「漢の委（倭）国王の印」が出土しているのである。この事実が語るものこそが真の日本古代史の姿である。

しかも、この金印は日本古代国家形成・誕生の探究で決定的な「考古学的遺物」である。これを軽視・歪曲して「土器」をどんなに詳細に分類しても、それは真の国家形成・誕生を探究する考古学とはいえないこと、あたかも稲荷山出土の鉄剣の黄金文字の大王の名を歪める考古学とおなじであろう。

② 戦前・戦後日本古代史学の金印歪曲の姿

この金印を漢の印制にしたがって扱えば、その瞬間に「大和朝廷一元史観」、戦前・戦後の日本古代史学の「学説」は、根本から崩壊するのである。虚構というものは「ないものをある」「黒を白」ということであるから、戦前・戦後の日本古代史学の諸権威が全員顔をならべ、その膨大著書を積みあげてみても、ただ一つの真実のまえで恐慌状態になるのである。あたかも「裸の王様」「王さまの耳はロバの耳」の例えの如しである。

つまりこの金印の真の性格を否定することこそが、「大和朝廷一元史観」にとっての「考古学」のあるべき姿となるのである。こうして大学的日本古代史学はまず、この金印を「漢の委（倭）の奴の国王」を訓《よ》んで、その「奴国」を〝博多湾付近の小勢力〟とすることは周知の事実である。こうした「理解」からは、この金印を「日本本土の史上最初の大国の証明の考古学的遺物」という認識や評価は当然でてこない。したがってこの金印の「読み方」問題こそは、日本古代国家形成の姿の理解を左右する、日本史的意味をもつ問題ということになる。

石母田正氏等の「マルクス主義」の古代国家形成論は実に、マルクス・エンゲルス等の古代国家形成論を歪曲・変質したものである点は指摘したが、それが絵に描いたように展開されているのが、この金印の解読問題に示されるのである。さてこの金印をめぐる大学的日本古代史学の最大の問題点は以下の点にある。

a　後漢王朝という当時の東アジアの大国が、金印を「委奴国王」に贈与している事実は、「委奴国王」を当時の東アジア世界で大国と認識していたからである。これが本来の、現実に出土している金印への率直な「考古学的」理解のはずである。

b　しかし、戦前・戦後の大学的日本古代史学は、これを認めず「後漢が博多湾付近の村落の「王」に、間違って大国におくる金印を与えたに過ぎない」と一致して主張しているのである。つまり後漢王朝の誤認説である。それどころか最近まで直木孝次郎氏のような偽造印説の立場の人まであったほどである。

しかし、後漢王朝が誤認したという根拠は何も示されず、例によって例のごとく学者の多数決でしかない。しかし、学問である以上、誤認説の動かざる事実が示されなければならないはずである。大学的日本古代史学の異常性は、この当然の証明・実証がいっさいない点である。

二　一世紀、「大和朝廷」は存在したか

この金印問題の正しい解決は簡単であって、この金印が贈与された西暦五七年、すなわち一世紀の半ばに「大和朝廷」が存在したか、という問題に帰着するのである。こうしてマルクス・エンゲルス等の古代国家形成論、すなわち都市国家論がこの金印問題をつうじて、日本古代史をしっかりとその網の目に取り込むのである。当然であろう。人類の国家形成史の普遍性を反映した科学的理論から、人類史の一翼をしめる日本民族の歴史性が除外されるなどはあり得ないからである。

さらに言えば、津田氏でさえもが「大和朝廷の成立を二世紀」としていることは、先に引用した。そうであれば一世紀に「大和朝廷」など存在していないであろう。本来は、この金印は「大和朝廷一元史観」の誤りを、物証として示す輝きなのであるが、江戸時代には、まだ探究途上の面もあったが明治以降はその真の輝きの否定こそが、次に示すとおりに古

代史学の課題となるのである。

① 金印解読の歴史とその特徴

まずは金印解読の歴史から簡略にふりかえろう。この金印は江戸時代の天明四年（一七八四）に志賀島の農民が田の溝の水流の方向を変える作業中に発見したという。以来、この金印の読みと理解をめぐって論争が繰り広げられてきた。この金印は『後漢書』倭伝の、「建武中元二年（西暦五七年）、倭奴国、奉貢朝賀す。使人自ら大夫と称す。倭国の極南なり。光武、賜うに印綬を以てす」の「印綬」記事の印に該当するという点は一致している。

こうした事情もあって、「サテ此ノ漢委奴国王ノ五字ハ如何ニ読ムベキカ。……而シテ皆之ヲ後漢書ナル倭奴国ト同一ナリトセリ。蓋《けだ》シ後漢書ナル倭奴ハ唐書（通称・新唐書）ニ、日本古倭奴也（日本は古の倭奴なり）ト云ヘルヨリ、以後人皆之ヲ只倭と云ヘルト同ジモノト為《な》セリ」（三宅米吉氏著、「漢委奴国王印考」、『史学会雑誌』「三——三七、一二月号」、一八九八年＝明治三一）と三宅氏が云われるように、中国史書の「倭奴国」は、これを連読して一国名と理解していたのである。ここで重要な点は「倭奴」で一国名として理解されていた点である。当り前であろう。「倭国は古の倭奴国」（『旧唐書』倭国伝）または、「日本は古の倭奴」（『唐書』、日本伝）とあるからである。

「然ルニ本居宣長ノ倭奴ト倭トハ一ツニアラズト云ヒ、コノ金印ノ発見アリテヨリ人皆倭奴委奴ヲ相通トシ以テ怡土に附会スルニ至レリ」（『日本考古学撰集　第一集』、三六頁、傍線は引用者）という事態になり、「倭奴国」を怡土・伊都国にあてるようになったとされている。以上にたって三宅米吉氏は、「漢委奴国王ノ五字ハ宜シク漢ノ委ノ奴ノ国ノ王ト読ムベシ。委ハ倭ナリ、奴ノ国ハ古ノ儺縣今ノ那珂郡ナリ。後漢書ナル倭奴国モ倭ノ奴国ナリ」という見解を述べたのである。

したがって「委」と「奴国」を分割する視点を提唱したのは本居宣長なのである。ここが非常に重要な点なのである。では本居宣長の視点とはどんな特徴があるのか、これから見ていこう。彼は『漢書』地理志から『後漢書』の「倭人」の中国交流記事をさして、中国側が「……漢の時より通ひ始めたりとのみいひ、また皇国にてもみな、誠にしか有りけんとのみ心得いて、いささかうたがふ人もなし。今つら、、考へるに、そのかみ御おもむけ（天皇の支配）のいまだ天の下にあまねかざりし（およばない）程、いといとかたほとり（はるかなるかたすみ）の国造別《わけ》や稲置などようの、一しま（領域・縄張り）一郷をうしはきいたりけん（支配していた）人共などの、わたくし（私的）にかの国へことかよはしし事（使者派遣）などは、おのずから有りもやしけん。それだに猶うたがわしきを、まして、皇国より、大御使などつかはすべきよしもなし」（『馭戎概言』、傍線は引用者）というのである。宣長は「大和朝廷」は神代の時代から受け継がれたという立場であるから、漢の時代一世紀には「大和朝廷は存在した」という考え方なのである。つまり一世紀に「大和朝廷」が存在したという主張は、実は国学等の「大和朝廷」神国論の露骨な継承なのである。

三宅氏が「委（倭）奴国」を〝委（倭）と奴〟に分割する真の動機はここにある。同時に、三宅氏は「委奴国」を「伊都国」にあてる従来の訓を批判もしているのである。それは、「伊都」の「伊」の音は「イ」であるのに、「委奴」の「委」は「ヰ」であり、「都」は「ト」であるのに「奴」は「ド」であるという、音韻上の問題である。しかし、この「三宅説」には学問的意味はないのは、「倭奴国」はそもそも「伊都国＝怡土」ではないのであるから、そこに音韻上の問題など本来あるはずもないのである。「伊都国＝怡土」説は、本居宣長以降の誤った理解に過ぎないからである。

さて三宅氏の「漢ノ委ノ奴ノ国ノ王」読みは一見、宣長以降の「怡土・伊都」読みの批判に見えるが、実は日本史観においては宣長の「倭奴ト倭トハ一ツニアラズ」を真正面から継承したものなのである。ここが重要なところである。宣長はその著『馭戎概言』において、『後漢書』倭伝を評して、「天皇の御末ならで、王といふ例は、さらになきことなるを、三〇許《ごとに》国々、皆王を称すといへるは、まことには王ではあらで次に大倭王といへるぞ、まさしく天皇をさして申せるには有ける。……かの魏志に、旧百餘国、漢の時、朝見せる者有りといへるも、百餘国の王どもの中に、朝見せしが有しといふ詞なるをおもへ。次ぎに後漢が光武が時に、倭奴国奉貢すといへるは、倭奴国は、いづれの国をいへるにか、さだかならねど、これも凡《おおよそ》百餘国といへる中の一つにて、倭国之極南界也とあれば、つくしなどの南のかたつかた（辺垂《へんすい》＝国境、ここでは国の辺境の意）なるべし」（傍線は引用者）と述べている。

この主張は、『漢書』地理志はいうに及ばず、『後漢書』倭伝、「魏志」倭人伝中の「三〇余国」等および「倭奴国」すなわち日本の都市国家群や「邪馬台国」を「一シマ一郷」の村長とか、「南のかたつかた」、「一〇〇分の一国」と称して、それに古代中国王朝が金印を授与したという、「シナ語シナ文は人の思惟を導きえない」云々という津田左右吉氏と、甲乙つけがたいほど古代中国文化とその記録を罵ったものである。

三宅氏はこの「一シマ一郷」説を継承して「倭（委）奴国王」の委（倭）を「大和朝廷」とし、「奴」をその支配下にある福岡県の「灘県＝那珂郡」に分割して、「倭の奴国」と読むのが正しいとしたわけである。ここに志賀島の金印への大学的日本古代史学の訓みと理解の問題点、すなわち日本本土最古の王国という認識を否定する「大和朝廷一元史観」が示されているのである。ここにあるのは厳然として存在する「金印」という考古学的出土物が語る真実を、史観による解釈という道をとおって否定するという最も反学問的態度であって、日本哲学上での重大な問題であろう。これを許せば主観主義が天下を闊歩する自由に無防備となるのである。

　さて、三宅氏は自説を補強として「魏志」倭人伝のつぎの記載をあげている。それは「伊都国」に続いて記される「東南奴国……」と、その後の「次ぎに奴国あり。此女王の境界の尽くる所なり。その南に狗奴国あり」の二つの奴国が記載されている点を指摘して、「コレ伊都ノ次ナル奴国ト最遠ノ奴国トヲ取リ違ヘタルナレド、尚《なお》、之ヲ以テ此ノ編者ガ倭奴国ヲ倭ノ奴国ナル意ニテ書キタル一證トスベシ」というのである。しかし、これには根拠も道理もない、という他はない。

a　この金印は一世紀半ば（西暦五七年）に後漢王朝が「倭奴国」におくるために造印したものである。これを否定できる方はおられまい。『後漢書』倭伝の金印贈与記事は、この事実を記したまでのものである。

b　「魏志」倭人伝は三世紀の「倭国」を記録したものである。したがってそれより約二〇〇年前の「漢委奴国王印」と、三世紀の「倭国」記事に何回「奴国」がでてくるかという問題は、直接的にはなんの関係もないことは明らかである。

　つまり金印の「委（倭）奴国」の名は一世紀の半ばに後漢が造印した金印自身によって読むべきもので、その時代から約二〇〇年も後の「魏志」倭人伝に、何回「奴国」が登場するかは無関係であろう。三宅氏の「魏志」倭人伝の「コレ伊都ノ次ナル奴国ト最遠ノ奴国トヲ取リ違ヘタルナレド、尚《なお》、之ヲ以テ此ノ編者ガ倭奴国ヲ倭ノ奴国ナル意ニテ書キタル一證トスベシ」という理解は、無関係なものを無理に関係づけようとしたものであろう。いったい「此ノ編者ガ倭奴国ヲ倭ノ奴国ナル意ニテ書キタル一證……」というその編者は、だれであるか。

　志賀島の金印はあくまで一世紀に後漢王朝が造印（西暦五七年）したものである。この金印の製造者である後漢の王は、いつどうやって約二〇〇年後の『三国志』の記事の内容を知り得るのか。いったいこの西暦一世紀半ばの現実を、なぜ約二〇〇年後の『三国志』の魏志・倭人伝の記事に何回「奴国」が出てくるかで理解しなければならないのか。

　したがって「委奴国」は「委（倭）ノ奴国ナル意ニテ書キタル一證」とした「編者」など、この宇宙開闢以来一人もいないであろう。つまり、金印は「此ノ編者」が造印したものではない。この印は西暦五七年に後漢によって「倭（委）奴国王」に贈られたものである。したがって「漢委奴国王」の印の読み、「漢の委奴国王」と訓む以外の読み方などはないのが本来の姿なのである。この「倭（委）奴国王」を「倭（委）の奴国の王」と分割して読むのが正しいという説の難点は、訓み問題としては西暦五七年に「委奴国」に渡された金印を、それから約二〇〇年後の「魏志」倭人伝の文中に、「奴国」が何回出てくるかなどは全く関係がないという点にあるのである。

　にもかかわらず「漢の委の奴国」と三段こまぎれ式に読むのが正しいと、大学的日本古代史学が三宅米吉説を採用する理由は何かを考えれば、残る理由は金印の「読み方問題」を口実に、金印「委奴国王」の上に「大和朝廷」をおこう、という「大和朝廷一元史観と心情」しかでてこないであろう。この点をもっとも端的に示しているのが、先の本居宣長の『馭戎概言』の一節である。

というと「それは皇国史観の見地であって、それを批判したうえで今日、三宅説が定説と了解されているのだ」というような議論がかえってくることも考えられる。しかし、「一見は、百聞にしかず」という（なお引用文の傍線は引用者）。

a　直木孝次郎氏、「弥生時代（氏の場合は『土器編年』）の中期、早くも北九州の海に沿う平野地帯には、いくつかの村落を統合する首長があらわれ、みずから王と称して、遠く中国の都の洛陽まで使いをだすものがあるほどであった」（直木孝次郎氏著、『日本の歴史・1』、一五五頁、小学館、一九七三年、第一版）

b　戦前の「邪馬台国・九州説」にたつ津田左右吉氏、「委奴国」時代より約二〇〇年もあとの「邪馬台国」の姿を、「『倭』は本来、シナ人が我がツクシ地方の住人を呼ぶために用ゐた文字であって……中略……実をいふと、ツクシ地方の少なくとも北部がヤマトの朝廷を戴く国家組織に入ったのは、晋初、即ちツクシの邪馬台国が晋に交通していた時代と百済が我が国に交渉を生じた時代との、中間に行はれたのだが、そういふ事情は、百済人もシナ人もよく知らなかったであらうから……」（『日本古典の研究・上』、一一三頁、岩波書店、一九六三年）。

つまり、百済でさえ「三世紀の倭国」が天皇国家に併呑されたことに気がつかなかった、「倭国」はその程度の弱小勢力だった、というのである。これに魏が大国におくる金印をおくっているのであるが……。

c　つぎに例の石母田正氏である。「われわれは日本国家の起源を、西暦三世紀の邪馬台国にみることができる。それ以前の西日本の諸国、たとえば『前漢書』の前期の倭の『百余国』、西紀五七年……一〇七年にそれぞれ漢室に朝貢している北九州の奴国や伊都国等の諸国は、すでに支配者の王をいただいていたにせよ、前記の国家の諸特徴（前方後円墳に示される水準の支配階級の成立を指す）のいずれをもほとんどそなえておらず、したがってそれらの『国』は、まだ国家でなかった」（岩波講座・『日本の歴史・1』、一二頁、一九六七年）。これこそが氏の「マルクス主義」国家形成論の正体なのである。

以上、論者各自の思想・信条はいざ知らず、しかし、一～二世紀の北九州の都市国家的存在に対して、本居宣長の「近畿中心、北九州『一シマ一郷』的勢力」論と、五〇歩百歩の「弱小勢力」論を、まるで戦前の日本軍隊の「歩調とれ」式行進にて整然と維持しているのは、引用のとおりである。

②　一世紀、近畿に「委＝倭」はあったか

石母田氏をふくむ大学的日本古代史学の巨頭たちは、「国

家発展論」を掲げるのであるが、都市国家論の否定というよりは氏族社会から国家への発展という場合に、その土台となる氏族社会の原始「都市」が前提であって、国家への発展はそこにおける「階級分化」が土台である、という世界の古代史で証明ずみのマルクス主義の国家発生論の、「イロハ」が理解できていないというより、「最終的に『ヤマト政権』に収斂……」させる都合上、都市国家の存在、その意味を無視するのである。

さて、「念には念をいれる」ために、一世紀の近畿に「大倭＝大和朝廷」があったか、を検証しよう。これが「漢委奴国王」問題の核心であると考えるからである。

がしかし、その前にまず指摘すべきは、明治時代から大学的日本古代史学内部に、〝漢の印制〟という重要な視点から、「漢の委の奴の国王」訓みを批判される見地があったことをのべておきたい。最近は古田武彦氏（『失われた九州王朝』、「志賀島の金印の謎」）があるが、古くは古田氏も例証されているとおり、通説内部に明治時代から三宅説につぎのような批判があったのである。

その一つが、一九一一年（明治四四）に稲葉君山氏が『考古学雑誌』（1―一二・八月）で、「漢委奴国王印考」と題されて指摘されたものである。「金印は奴国のような小国に与えるものではなく、金印はその宗主国（中心的な統率国）に与えるもので、宗主国に統率される一国家に、大国としての金印を与えるとするのは、漢の印制に反する」というまことに正当な指摘である。

さらに一九三七年（昭和一二）には、市村瓚次郎氏が「支那（中国）の文献に見える日本及び日本人」（『東方文化』、七月）で、三宅説を評して、「……支那の方から異民族の国王等に贈りました印は大抵漢の何々王印とありますが、漢の委の奴の国王と云う三段に書いた所の印は無いのでありますから、この説は実際に於いて如何かと思います」といわれるものであった。

③　階級分化、近畿と北九州の弥生遺跡

さて一世紀に「大和朝廷」は存在したか、である。

a　池上曽根遺跡

池上曽根遺蹟は弥生時代の近畿の環濠集落として、唐古・鍵遺蹟とともに有名であって、とくに「大形建物」は、「長辺（桁行）約一九・三m、短辺（梁間）約七・〇m、床面積一三五㎡（約八三畳分）」（秋山浩三氏著、『池上曽根遺跡、弥生実年代と都市論のゆくえ』、三五頁、新泉社、二〇〇六年、第一刷）の出土で脚光をあびた遺跡である。

この「大形建物」に関して、春成秀爾氏は「正殿・祭殿などの公的機能をもつ政治と祭宴の中枢機能」（佐原真氏編、『古代を考える　稲・金属・戦争』、二二九頁、吉川弘文館、二〇〇二年、第一刷）としている。これに対してこの遺蹟の発掘にたずさわった秋山浩三氏は、

「共同作業所と貯蔵倉庫」（前掲書、四七頁）とされている。どちらが正しいか、といえば「大形建物」から石包丁、打製石器、木製農具、ならびに建物の周辺にもみ殻とそれに由来する植物性珪酸体化石（プラント・オパール）が大量に検出されていることが述べられ、ここでの作業が個別的一時的なものではなく、組織的かつ継続的なものとされている点に照らして、秋山氏の指摘が正しいことになる。同時に、われわれは大学的日本古代史学の真っ只中に、春成氏のような「インカ・マヤ国家論」と全く似た「大形建物・支配階級の建物論」ならびに、その破綻を見るのである。

さらに非常に重要な点が二点ある。

(1) この「大形建物」の柱を使った「年輪年代法」による測定値は、西暦前五二年、先述のとおり歴博の14C年代測定値では前一一〇～前八〇年。結局は「年輪年代法」の測定値が採用されているのである。つまり、この近畿地方で有名な遺蹟の年代はわずかに紀元前一世紀の半ばだという点である。

(2)「わずかに」という意味は、この遺蹟をはじめ近畿地方の弥生の遺蹟には、北九州の遺蹟と異なり氏族社会から国家へと向かうにあたって、是非なければならない「階級分化」の遺跡がないのである。この遺跡には幸いにも墓域があって「方形周溝墓」が二三基ほど確認（秋山氏、前掲書、三一頁）されている。しかし、近畿地方の「方形周溝墓」には、「階級分化」の痕跡はないのが最大の特徴である。

つまり紀元前五〇年代は、志賀島の金印の贈与された年からちょうど一〇〇年前である。問題の中心はたった一〇〇年で階級がない氏族的社会が、北九州までを支配する王朝になり得るか、である。しかも、池上曽根遺蹟をふくめて、当時、近畿地方は北九州に対して圧倒的に後進地域である。これを次に述べる。

b　弥生遺蹟、近畿地方の姿

(1)「この世の社会の相が、墓の営みに反映している北九州では血縁的共同体の共同墓地から、特定の集団に富が集中していることを示す特定墓地の出現が……解明されている。畿内では、副葬品を埋める習俗が見られず、**社会の変遷について弥生時代の墓は多くを語らない**」（金関恕・佐原真氏編集、『弥生文化の研究・９』、九頁、雄山閣、一九九六年、第二版。傍線、太字は引用者。以下同様）。みごとな「一元史観」の弁であろう。「階級分化の遺蹟がない」というべきところを、「多くを語らない」いうのである。つまり規定性が必要な学問上の問題で、規定を避けるのである。

(2)「弥生前期後半以降、方形周溝墓といわれる低い墓丘をもつ墓が、全国にさきがけて畿内とその周縁地方であらたな墓制として創始され、やがて東国へと広く波及した。この墓制がもっとも流行した弥生中期についてみると、周溝で区画された低墓丘には規模に大小の格差があり、社会に不均等が萌芽しはじめた様子がしのばれるが、堺市四ツ池・東大阪市瓜生堂・茨木市東奈良遺跡などでの多数の方形周溝墓の群在の様子からみると、これらは、弥生社会（農業共同体）を構成する単位集団（世帯共同体）の有力家長層の墓であって、王＝首長の墓とまではみなすわけにゆかないものばかりである」。

「首長が一般共同体員から隔絶した地位をもちだしたことを教えてくれる発見であった。これに類した墓は畿内のそのほかの遺跡ではまだ確認されていない。もちろん、佐賀県吉野ヶ里遺跡の墳丘墓は、加美遺跡より大きいうえ、有柄付銅剣・青色ガラス管玉（額飾り）が検出されるなど、豊かな内容を備えており、**弥生中期段階では、まだ畿内の経済的・政治的・国際的力量が、北九州に一歩を譲っていたことはたしかだ**」（『古代を考える難波』、直木孝次郎氏編、石部正志氏著、「三難波と河内」、三八頁、吉川弘文館、一九九二年、第一刷。）と、言われている。氏等は「邪馬台国、近畿論」である。「弥生中期」を直木氏は「紀元前五〇年〜後二〇〇年」、直木孝次郎氏著、『日本の歴史』「倭国の誕生」、一五五頁、小学館、一九八七年）言われるのである。

（3）「弥生時代に階級の成立することをたびたび述べたが、その証拠の一つは、りっぱな副葬品をもった墳墓がこの時代にあらわれることである。弥生時代の墓がたくさん発見されるのは、北九州を中心とする西日本であるが、とくに九州には大形の甕に死者をいれて葬ったものが多い。……北九州の各遺跡埋葬・墳墓の形式の説明……略……。さて、これらの墳墓は、めぼしい副葬品をともなわないものが多いが、なかには入手の容易でない鏡・剣・矛・釧《くしろ》など青銅器や、各種の鉄器、玉類、貝製その他の身飾具などを豊富に副葬しているものがある。それが富裕の人々、したがって、特権をもつ人々の出現をしめすものであることは、いうまでもない。階級社会が成立したのである。

そのほか近年近畿地方では木棺を埋めた墓の発見される例が増えた。また弥生時代の末から古墳時代へかけて、溝で四辺を方形にくぎった墓――方形周溝墓――のつくられたことが、各地で明らかにされつつある」（『直木孝次郎氏著、『日本の歴史』「1倭国の誕生」、一七四頁、傍線は引用者）。

以上のとおり、各論者とも階級分化の遺跡にかんしては、北九州方面の支石墓等をあげ、ここでは引用はしなかったが直木孝次郎氏は、さきの著書で、「奴国王の墓」（須玖岡本遺跡、三雲遺跡、同書一八五頁）や「遠賀川の王墓」（同、一八八頁）の豪華な出土品にかなり詳しくふれておられる。つまり弥生時代に近畿地方には氏族社会から国家の形成を根拠づける、「階級分化の遺蹟と痕跡」は発見されていないのである。

C「纏向遺跡・古代大和朝廷・発祥、大都市論」について

これは寺沢薫氏や石野博信氏らが力説されているところである。氏らの主張によればこの遺跡の推定総面積は一㎢におよぶというもので、数字上では世界の都市国家成立条件を須久岡本遺跡同様に満たしている。がしかし、寺沢氏の云われるところでは、この「大都市」は農耕を基礎にした性格は希薄で、「前方後円墳」造営的特性に著しく傾斜した、しかも、近畿地方随一の巨大「都市」というのである。氏はこの遺跡の特性を集約的に特徴づけておられるが、そのいくつかを列挙すれば次のようである。

(1) 集落規模がきわめて大きく、弥生時代以降の拠点的な一般農耕集落規模をはるかに凌駕した規模をもつ。

(2) 弥生時代にはむしろ、過疎地であった纏向地域への突然のこの大集落の形成が、周辺の前期（土器編年、引用者）大形古墳の繁栄、消長と軌を一にしている。

(3) 鍬、鋤の比率（鋤九五%）からみて農耕的色彩は希薄であり、逆に、大溝の性格等も考慮に含めると、纏向遺跡の造成など大土木事業（古墳造営、引用者）に供された可能性がたかい。

(4) 搬入土器の量の多さとともに、「比類のない対象の広域的広がり（主として東国方面、引用者）をももっている。

(5) 大和東南部が交易上の利点をもっているばかりではなく、纏向遺跡付近には「大市」の存在が予測され、かつ「市」名墨書土器も検出されている。

(6) 建物群中に、ほぼ真北方向に企画され、かつ柵（垣）をめぐらせた付属建物（二間・三間の妻入り構造の中心的掘立柱建物、同書、一〇九頁。引用者）を配すようなきわめて特殊な掘立柱建物が存在する」（同書、一〇八頁）として、

次のようにまとめておられる。

「このような掘立建物はあきらかに特異な例といえ、一般の高床住宅や倉庫などに帰されるべきではなく、例えば宮殿や神殿のように、政治的かつ祭祀的色彩のつよい建物のうちでもきわめて高次元の〈場〉の一部であると想像されるのである。つまり、これをさきの要素との関連で考えるならば、いわゆる初期ヤマト政権の実体的な場である象徴的な建物の一部であると考えることも可能なのである」（同書一一〇頁）。

ここには大学的日本古代史学に特徴的な思考様式が、傍線部分に典型的にしめされていると考える。客観的事実とその明確な体系ではなく、心情的体系、すなわち「政治的、祭祀的色彩のつよい建物」という実証はないにもかかわらず、「考えることもできる」とか、「初期ヤマト政権」の実体も具体的に示されていないにもかかわらず、伝統的な「大和朝廷

一元史観」を心情的な前提として、「……初期ヤマト政権の実体的な場である象徴的な建物の一部であると考えることも可能」というようにである。

しかし、この「纏向遺跡」の存在年代は三~四世紀とされている。それは引用の(2)で明らかであろう。とすればこの遺跡は日本における国家の誕生・形成にとって、さしたる意義をもたないものである。

それは第一に、日本における都市国家の形成こそが国家の形成を意味するのであって、それは北九州の紀元前からの古代中国文献が記し、「委奴国王」の金印によってすでに存在しているからである。

第二に、この第一の見地と北九州の水田稲作民の東進という事実にたつ時、この「纏向遺跡」は、石野氏自身がいわれるように「近畿弥生社会の中の九州的要素」(同書、三二頁)や、「方形周溝墓と銅鐸の初現は九州か」(同書、四四頁)などの指摘に見られるように北九州的要素が軽視できず、また、遺蹟には環濠がまたく見られない、すなわち戦乱の心配がない集落という点でも、寺沢氏が云われる「前方後円墳」造成のためと、一定の広域的交流をもその特質とした集落の可能性はあるかも知れない。

ただし、その造営者は北九州から来た者達で、「大和朝廷」ではあり得ないのである。理由は、第一に、寺沢氏らが鍬と鋤の対比で鋤が九五%という数字の理解、すなわち非農耕集落と観方が正しいのならば——土を掘っても、それを除去するために天秤籠等に容れる場合、鍬がスコップ状の道具よりも場合によっては便利である、と私の経験はいう——ここで作業をする「比類ない規模」の都市の人々に食糧を供給する必要がある。

そのためにはその付近に相当の水田面積と集落が必要であるばかりか、それが余剰生産をしていること、それを購入する商品をもつ特別な力が是非、必要である。すなわち社会を支配・統治する力=国家的勢力が前提となるのである。がしかし、述べたとおりに弥生時代の近畿地方には、その特別の力を生む、階級分化の遺跡がないのである。これは決定的な要素である。

さらにはこの「纏向遺蹟」よりははるかに古い北九州の、巨大都市遺蹟の須久岡本遺蹟には、「弥生時代」の日本本土を代表する階級分化遺蹟とともに、また巨大な環濠遺蹟とさらには青銅・鉄器の製造過程の大規模な遺蹟があるが、「纏向遺蹟」にはそうした古代都市国家を形成する要素は、いまのところないのが実際である。

「大和朝廷」には、七世紀末以前において都城が存在していないであろう。現に、いうところの「大都市」たる「纏向遺跡」が、云われるところの「宮殿や神殿のように、政治的かつ祭祀的色彩のつよい……高次元の〈場〉の一部であることが想像できる」のであれば、なぜ初期ヤマト政権は、そこを都城としていないのだろうか。

d　北九州——巨大階級分化遺蹟・「須玖岡本遺跡」

すでに述べたとおり弥生時代の周溝集落（環濠集落）の遺跡数もさることながら、その面積の大きさも北九州が近畿地方を圧倒しているのである。その中でも「伊都国」に当てられる「三雲南小路遺跡」（福岡県前原市）と、特に「倭奴国」の中心とされる「須玖岡本遺跡」は規模、質において圧倒的であって、「大和朝廷一元史観」の学者でさえもが「弥生都市の最有力候補である」（古代を考える稲・金属・戦争』、一〇二頁）というほどである。「須玖遺跡」の年代は、紀元前約一世紀、「三雲南小路遺跡」もほぼ、同時期の遺跡とされている。池上曽根遺跡と同時期の弥生集落遺跡である。

（1）まず「須玖岡本遺跡」は、三雲南小路遺蹟ともども「王墓」が確認され、いまさらいうまでもなく直木孝次郎氏のような「邪馬台国・近畿論者」でさえもが、「階級社会の成立」を認めている。その面積は、世界的な古代都市国家の一基準である「一平方km²を優に超える」（古代を考える稲・金属・戦争』、一〇二頁）規模であって、しかも巨大な環濠を具えている。

（2）そもそも「吉野ヶ里遺蹟では……弥生中期初頭（前一世紀初頭?）～前期、鋳造溶解滓や鋳型片・高純度の錫片・刀子やノミ状の鉄製工具……多量の焼土・灰・炭化木などが出て、この近くに青銅器の鋳造工房があったと見られる」ばかりではなく、「……これにたいして奴国（倭奴国）の中枢地帯、春日市須玖遺跡では、丘陵前面の低地に後期の青銅器工房が、永田、坂本、墨田と大々的に展開する。鋳型や中子、銅滓、ルツボなどが出土するのはもちろんだが、永田では最低でも二〇〇〇㎡ほどの広さを溝が長方形に区切り、坂本や墨田も一部溝が検出されているから同様で、青銅器生産の場が明らかに区画されている。

また、永田では湿気抜きの溝をめぐらして、その中の一方に片寄る手工業生産用の掘立柱建物（おそらくは片方の空白地で型ばらしや成品・未完成品をひろげたとみられる）があり注目される」（金関恕氏編、『弥生時代の集落』、一一二頁、武末純一氏著、「北部九州の弥生集落」、学生社、二〇〇三年、初版）という。これに先に述べた鉄の製造と鉄器の普及における北九州の圧倒的優位性を考慮すれば、一世紀に「博多湾付近の一小君主たる奴国の上に『委（倭）＝大和朝廷』がいた」といくら主張しても、それを正当化する根拠、すなわち同時代に近畿地方に北九州をはるかに凌駕する階級分化遺蹟、原始「都市」から国家へと進みつつある遺蹟も痕跡もないことは、大学的日本古代史学の考古学者等の報告からも明らかであろう。

e　近畿地方　階級分化の遺跡の不存在と「処女懐胎説」

以上、著名な「邪馬台国・近畿説」の学者・考古学者の研究にもとづいて、弥生時代の北九州と近畿地方の遺跡の差異について述べてきた。それによれば北九州の遺跡に階級分化、青銅器・鉄器の使用・製造が見られ、これに反して弥生時代の近畿地方に国家はおろか階級分化遺蹟もなく、分業の発展、青銅器・鉄器の使用・製造も北九州に遠くおよばないものであった。これはいまさら私がいうまでもなく、北九州が大陸に近い結果の〝初期的現象〟のようにいわれてきたことではある。

しかし、氏族社会から生れる国家は都市国家であるという、決定的なことは述べられず指摘されなかった。この人類史の普遍性にたてば、近畿地方に都市国家誕生の痕跡も条件も皆無というのが、引用した学者等の研究の実態である。こうした事実にもとづいた結論は、しかし、「弥生時代は最終的に『ヤマト政権』に収斂する」という歴史観にとって、許容しがたいものであることは見やすい道理であろう。ここに大学的日本古代史学が氏族社会から誕生する国家は都市国家という、日本本土以外では述べてきたとおりの当然のことを、語らず指摘しないどころか、歪曲さえする真の動機があると思われる。

これを端的に示す例が先述（二一六頁参照）の石母田正氏の、エンゲルスの古代国家形成論の傍若無人の歪曲と蹂躙である。日本の古代国家の形成を、「……未開の末期から文明の段階の初期、西暦七世紀初頭の推古朝におよぶいくつかの段階を経て一歩一歩実現される」などと称して、「未開末期」とか「文明初期」などという単語のなかに都市国家論をくってこれの意義を抹消し、地域国家段階に該当する「推古朝」を持ちだしてみせる手法である。そうして北九州の先進性が、いわば手の平を返すように豹変的に「後進」に転落させる契機として、近畿地方における巨大「前方後円墳」がもちだされのは周知のことである。

しかし、この巨大「前方後円墳」造営の勢力は、歴史の発展論からいえば弥生時代の都市国家段階より発展した水準の、地域国家的勢力の出現を意味するのである。現に大学的日本古代史学は、近畿地方におけるこの巨大「前方後円墳」の出現をもって「大王の世紀」、「統一王朝・大和朝廷の出現」としている。これは大学的日本古代史学がいう「国家」とは、実にこの段階、すなわち「大和朝廷の出現」、それのみを言うのだ、ということである。

だからこそ「マルクス主義」の石母田氏等は、小林行雄氏の「巨大『前方後円墳』・大和朝廷造営論」に馳せ参じ、エンゲルスの『家族・私有財産、国家の起源』の古代国家誕生論を、小林説の寸法に合うように裁断・細工してみせたのである。

しかし、くりかえすが人間はすべて赤ん坊として生れてくるのと同様に、国家も氏族社会の原始「都市」集落から誕生する以上は都市国家として誕生し、のちに赤ん坊が成長するのと同様に地域国家へと発展成長するのである。この人類の国家誕生・発展の普遍性にたてば、大学的日本古代史の「日本＝大和朝廷」国家形成論の決定的欠陥は、近畿大和に弥生時代に階級分化の遺蹟がない、すなわち初期都市国家へと発展しつつある遺蹟がないのに、どうして三世紀～四世紀初頭に「大和朝廷」という地域国家が突如として誕生しうるのか、という点にあるのである。

いわば赤ん坊がいない者にどうして成人式を迎える子供がいるのか、さらに例えれば懐妊の事実がない者が、どうして出産できるのか、という、極めて単純にしてあまりにも当然な問題が、実に、恣意的に無視、隠蔽されているのである。それが恣意的なものであることを端的に示す例が、漢が周辺国家の大国におくった金印が、志賀島から出土しているという厳然たる事実をさえ、「漢の委の奴国」というような「三段細切れよみ」の考案によってその歴史的意義を抹殺し、これを理論家の石母田正氏が、「未開末期」とか「文明初期」という単語をもちだして擁護・合理化している姿に、その典型例をみることができるのである。

こうして石母田正氏らの「日本的マルクス主義」の歴史学をふくめて、大学的日本古代史学の「大和朝廷」誕生論の中心に、「処女懐胎論」、歴史発展の普遍的な一段階の一致した無視が鎮座していることが明らかになるのである。

すなわち一世紀には「大和朝廷」などは存在していない、ということである。したがって「委（倭）と奴とを二つにわけるどんな客観的・日本史的根拠も存在していない」というのが、正しい日本史なのである。

三　日本における都市国家の存在と古代中国史料等

以上、氏族社会からの国家の形成・誕生には恣意的なものを許す余地はなく、都市国家群の形成・誕生こそが最初であって、これから地域国家へと発展するのである。したがって都市国家群の痕跡のない地域での、突然の「大和朝廷」＝地域国家が誕生した論は、あり得ないもの、というほかはないのである。ひとたびこの真理にたてば、巨大「前方後円墳」造営勢力は、水田稲作、青銅器、鉄器の製造・使用において先進的地域に誕生した、都市国家群のなかから成長した勢力の東進の結果ということになる。この都市国家から成長した勢力は、都城を構えていたのは当然である。

なおここで述べておくべきことは、本書は史観として古田武彦氏の「多元史観」を正しいとし、先学と仰ぐ立場であるが、しかし、都城の存在こそを国家存立の前提と考える本書の立場は、「大和朝廷」は七世紀末以前においては、国家的勢力ではあり得ないという見地である。

①　都市国家としての「委奴国」

この「委奴国」は北九州で誕生・発展した勢力である、ということには誰も異存はなかろう。しかし、これは日本古代史学のコペルニクス的展開を意味するのであるが、しかし実際は、これまでの「日本史」は、『古事記』『日本書紀』を源流とする近世尊皇思想とその史論を、自己の権力奪取の正当化論とした明治政府と、これに奉仕することを本旨とする明治以降の「歴史学」によって、日本古代史の事実が強引に「逆立ち」させられてきたのである。

したがって正しい視点が与えられるならば、『旧唐書』東夷伝」以前の歴代中国正史類と、『三国史記』等の朝鮮史料が記す「倭」にかんする記録が、まるで生命を得たように生き生きとして、約三〇〇〇年前からの北九州の日本古代都市国家の姿と、その発展史を語ってくれるのである。しかし、それは「万世一系の天皇制」の国家論にとっては、指摘してきたとおりに戦前・戦後の憲法の「天皇制条項」の歴史的根拠を根本的に否定する道に通じる、体制にとっては容認すべからざるものなのである。

つまり結局、日本古代史探究には二つの道があって、その一つは日本古代国家形成の探究を人類史の普遍性にたって、その普遍性を反映している古代中国・朝鮮史料の記載と、それと合致する世界の科学的歴史学の到達点を重視するか、それとも国学等以来の古代中国正史類等の対日交流の記録を否定・敵視する、「ヤマトタマシイ」にたって人類史の普遍性を拒否する道かという、近世以降の日本古代史探究をめぐる二つの視点、二つの道の対立である。

同時に指摘しておくべきは「東遷説」の主張についてである。この「倭国・東遷説」の「卑弥呼・大和朝廷の始祖論」は根拠がないが、巨大「前方後円墳造営勢力」は、「北九州・九州からきた勢力」という立場には、真実の日本史が反映されている面があるという点で、「邪馬台国・近畿説」とはことなる、真理性の一面が反映された部分がある。

② 一世紀、委奴国の実像

a 『三国史記』の記載

そもそも他民族との抗争のなかで国家を形成・発展させてきた中国等が、「博多湾付近の小君主国を大国と間違えた」、などという主張そのものが常軌を逸したものであって、本居宣長から一センチの進歩もない姿である。大学的古代史学はこの金印贋印説や三段こまぎれ読みには熱心であるが、実のところこれと表裏一体のものとして、紀元前後の「委奴国・倭国」の実際を記録した朝鮮史料に当然ながらきわめて否定的である。これは志賀島出土の金印の意義の否定への情熱の必然的な結果と考える。

『三国史記』は高麗の仁宗二三年（一一四五）の成立であるから、日本書紀よりはるかにおそい成立である。しかし、その史料的価値は低いとはいえないのである。『三国史記』新羅本紀では、紀元前から連綿として倭人の侵攻が記されている。あまり日本古代史学ではまとまっては取りあげられない。しかし実に恐るべき記録である。まずここでは『後漢書』倭伝と比較対照できる「新羅本紀」の、日本古代史学が「伝説時代」という時代の記事を重点的に列挙することからはじめよう。

1（紀元前五〇年）「倭人、兵を行《つら》ねて、辺を犯さんと欲す」。（以下略、以下同様。傍線は引用者）

2（紀元後一四年）「倭人、兵船百余艘を遣わし、海辺の民戸を掠む。六部の勁兵を発して、以て之を禦ぐ」。

3（後五九年）「倭国と好《よしみ》を結び、交聘す」。

4（後一二二年）「大風、東より来る。木を折り、瓦を飛ばす。夕べに至りて止む。都の人、訛言《かげん》（＝流言蜚語）す。倭兵、大いに来ると、山野に争い遁る。**伊飡翌宗《いさんのよくそう》**等に之を諭止せしむ」。

5（後一二三年）「倭国と和を講ず」。

6（後一五八年）「竹嶺を開く。倭人、来聘す」。

7（後一七三年）「倭の女王卑弥乎。使を遣わし来聘す」。

8（二〇八年）「倭人、境を侵す。……」。

9（二三二年）「倭人、猝《にわ》かに至りて金城（新羅の首都）を囲む……」。

10（二三三年）「倭兵、東辺に寇す」。

11（二三三年）「**伊飡于老《いさんのうろう》**、倭人と沙道に戦う」。

12（二四九年）「倭人、舒弗柑《じょふつかん》于老を殺す」。

13（二八七年）「倭人、一礼部を襲い、火を縦《はな》ちて之を焼き、人一千を虜にして去る」。

14（二八九年）「倭兵の至るを聞きて、舟楫《しゅうしゅう》を理《おさ》め、甲兵を繕《つくろ》う」。

15（二九二年）「倭兵、沙道城を攻め落す」。

16（二九四年）「倭兵、来たりて、長峯城を攻む。克てず」。

17（二九五年）「王、臣下に謂いて曰く。倭人、屢々我が城邑を犯す。百姓、安居するを得ず。吾れ百済と謀りて、一時に海に浮かび、入りて其の国を撃たんと欲す。如何にと。舒弗柑弘権、対《こた》えて曰く、吾人、水戦に習れず。険を冒して遠征せば、恐らくは不測の危きこと有《な》らん。況《いわ》んや百済は詐《いつわ》り多く、常に我が国を呑噬《どんぜい》（＝のみこむ）するの心有り。亦、恐らくは与《とも》に謀を同じうするに難からんと。王、曰く。善《よ》しと」。（傍線、太字は引用者）

18（三〇〇年）「倭国と交聘す」。

なお、例の渡来人説との関係で先に航海術を問題にしたが、ここでその航海術にかんして古代朝鮮人自身が、「倭人」にはるかに劣るというを、「17」で述べていることを指摘しておきたい。

さて、『三国史記』新羅本紀は、敬順王（在位九二七〜九三五年）まで記され、大略「白村江の決戦」を境に「倭」と

「日本」に分けて、日本列島側の侵攻記事がつづき、この『三国史記』の後は倭寇の悲惨というべき侵入記事が新たに続くのである。これらの記事にたいする戦後の大学的日本古代史学の理解・立場は次のようなものである。それを佐伯有清氏の『三国史記倭人伝』の、「解説」（岩波文庫、一九八八年、第三版。傍線は引用者）をも参照しながら見ていこう。

（1）「従来、『三国史記』新羅本紀の倭国関係記事の大半は、造作されたものであって信憑性に欠けるというもの、あるいは史料的に利用できるものは、四世紀後半の奈勿《なもつ》麻立干（三五六～四〇二）のころからの記事とするもの、そこに記載されている倭は、のちの日本（大和朝廷・引用者）のこととみなすのが大勢であった」。（同書、一六頁）。

（2）右に対して「……始祖赫居世《かっきょせい》居西干《きょせいかん》八年（前五〇年）から、知麻立干《しょうちまりつかん》二二年（五〇〇）四月条までの記事にみえる倭人、倭国、倭兵や倭王などを、いずれも大和朝廷とは無関係であって、新羅と陸続きの加羅をさす」（井上秀雄氏）とか、それと同工異曲である「倭国は大和政権であるが、倭人・倭兵は洛東江下流域から慶尚南道の東南海岸地帯、それに対馬あたりまでを含む地域の住民」とするもの。

（3）氏は非常に興味深い点を指摘されている。それは、「……しかしながら倭人や倭国を、のちの日本人や日本の国としてしまうことは、なお問題が残っている。その問題とは、倭がのちの日本であるとしても、それが日本列島内の大和政権のことなのか、それとも九州北部にあった勢力のことなのかという問題である」（同書、二一頁。傍線は引用者）とされるところである。

　右にみるとおり、この記事の真偽の基準はもっぱら「大和朝廷であるかないか」に尽きている、といっても過言ではないであろう。「平家にあらずんば人にあらず」というが、「大和朝廷にあらずんば日本にあらず」であろう。それを端的に示すものが、佐伯氏の「倭はのちの日本」としつつも、「大和政権のことか、九州北部にあった勢力のことか」という問題がある、という指摘であろう。佐伯氏の問題意識は、「大和朝廷」とは別の「九州北部にあった勢力」が行ったことではないか、という含みをのこしたものに見えるが、「九州北部」という表現で、「西の鄙の勢力」という史観をにじませてもいる。しかし、まずは紀元前後から二世紀までの「倭人」が、「大和朝廷」ではあり得ないことは、すでに述べたところである。

　この史料の意味は、「大和朝廷」など存在しなかった時代に、大規模な「倭人、兵を行《つら》ねて、辺を犯さんと欲す」、「倭人、兵船百余艘を遣わし、海辺の民戸を掠む。六部の勁兵を発して、以て之を禦ぐ」などと、新羅が自国の正史に記している意味である。新羅はいうまでもなく七世紀には、唐の力を借りたとはいえ朝鮮半島を統一した勢力である。この新羅国への襲撃をくりかえし、『後漢書』倭伝の金印の時代に新羅は自己の正史に、「倭国と好《よしみ》を結び、交聘す」としているのである。先の「委奴国」弱小勢力論の本居宣長、津田左右吉、直木孝次郎、石母田正の各氏の「日本史」論と比較していただきたいものである。しかも弱小論の論拠は、大和朝廷でないから……というのが唯一の論拠なのである。本書が一貫していう「大和朝廷一元史観」とはこれを指すのである。

『三国史記』のこれらの記事は、攻撃され損害をこうむったという内容である。しかし、一国が自己の正史に自分の国家・民族が系統的に攻撃され、損害をこうむったという事実がないのに、こんなことを書きつらねるなどは断じたありえないであろう。にもかかわらずあえてこの史料を、「造作」等と称して否定する態度には、そのなかに日本帝国主義の残滓すなわち朝鮮史料を見下す態度と、自説の都合を理性のうえにおく文字通り、「大和朝廷一元史観」の心情が横たわるとおもわれるのである。

したがってここに『三国史記』の信憑性について、日本側を代表して佐伯有清氏のいわば通説的な陰を宿した見解と、第三者として中国の見解を代表して、北京大学教授で日本古代史学専攻の沈仁安氏の見解をあげておこう。

まず佐伯氏である。「……『三国史記』が中国史書を多く参照して編纂されたものであることは、つとに指摘されているが、その編年は、すでに『三国史記』より古い『旧三国史』において、はじめて編年に組み込まれたという推定もあって、伝説時代における倭関係記事も『三国史記』において、はじめて編年に組み込まれたとは、一概にいえないだろう。その史実性は問題外であるが、『三国史記』での伝説時代における倭関係記事の材料は、すでに朝鮮の古史料・古文書に存在していて、その成立は、かなり古い時期であったと想定することも可能である」(前掲書、一二三頁、傍線は引用者)。この氏の「史実性は問題外」という発言は、しかし、「古史料・古文書の存在、かなり古い時期」という文章と矛盾する。この歴史家の考察には、比較的に客観的冷静さがあるように見えるが、しかし、最後はやはりその属する陣営への配慮だろうか。次に中国側の目である。

「『三国史記』と『三国遺事』は著しく遅れて書となり、その史料価値は、同時代史の性質を持つ中国の史籍と同列に論じることはできない。しかし、日本の史籍の『記紀』と比較すると信頼性は高くなる。金富軾と僧一然がこの書を編纂したのは、当時残っていた朝鮮の古籍に依拠しただけではなく中国の史籍も参考にしたのである」(沈仁安著、藤田友治・美代子氏訳、『中国からみた日本の古代』、一二三頁。ミネルヴァ書房、二〇〇三年、第一刷、傍線は引用者)という指摘がある。

b 『後漢書』倭伝との比較

さらにこれらの記載の信憑性を検証する意味で、『後漢書』倭伝記事と比較し、同時にその関連をも考えよう。

（1）『後漢書』――（西暦五七年）「建武中元二年、倭奴国、奉献朝賀す。使人自ら大夫と称す。倭国の極南界なり。光武、賜うに印授を以てす」。

（2）『三国史記』――（西暦五九年）「倭国と好《よしみ》を結び、交聘す」。

（3）『後漢書』――（西暦一〇七年）「安帝の永初元年、倭国王・師升等、生口百六十人を献じ、請見を願う」。

（4）『三国史記』――（西暦一二三年）「倭国と和を講ず」。

御覧のとおり西暦五七年に「委奴国」は後漢に通じている。この時代近畿大和には「大和政権」はない。西暦五七年に後漢に通じる力があり、後漢王朝がこれに大国におくる金印をあたえている。この「倭人」が、紀元前五〇年に「兵を行《つら》ねて、辺を犯さんと欲す」、または紀元後一四年に「倭人、兵船百余艘を遣わし、海辺の民戸を掠む。六部の勁兵を発して、以て之を禦ぐ」、さらには「後五七年」に、「倭国と好《よしみ》を結び、交聘す」とある記事の、いったいどこが不都合なのであろうか。

つまり、「大和朝廷一元史観」という大学的日本古代史学の特殊な視点を度外視すれば、どこにも不都合はないのである。「委奴国王」を「委の奴の国王」という視点からは、この「新羅本紀」記事を「事実」とするわけにはいかないであろう。いわゆる「プロクルステスのベッド」の論法であろう。

がしかし、ひとたびマルクス・エンゲルス等の「古代国家誕生・都市国家論」に立脚すれば、その生命力は日本古代史においても、いわば葉を青々と繁らせていることが確認できると考える。

C 「大国」・委奴国の姿

『三国史記』の「伝説時代」とされる時代の記事にたって、『後漢書』倭伝とも比較しながら委奴国の真の姿を探究したが、それは当時の新羅王国に侵攻する勢力であるに止まらず、新羅王国が「倭国と好《よしみ》を結び、交聘す」と国交を開いたと記す存在でもある。ここでは、その点をふたたび『三国史記』と、『後漢書』倭伝をふまえて検討をしたい。

『後漢書』では

（1）「国、皆王を称し、世々統を伝う。その大倭王は、邪馬台国に居る」（「今、使訳通ずる所三〇国」＝「魏志」倭人伝）。

（2）「建武中元二年（西暦五七）、倭奴国、奉貢津朝賀す。使人自ら大夫と称す」。

（3）「安帝の永初元年（西暦一〇七）、倭国王、師升等、生口一六〇人を献じ、請見を願う」とある。

この（1）が「魏志」倭人伝を念頭にした記事であることは周知のことである。つまり三世紀に、「三〇国」が存在し、それらが「皆王を称し、世々統を伝う」と記されている点は、『漢書』地理志の倭人記事の「百余国」とともに、日本本土における国家形成上の貴重な史料であろう。ただし大学的日本古代史学は、『漢書』地理志の倭人記事を、紀元前一世紀ごろと解釈したために、わずか二〇〇～三〇〇年程度で一〇〇から三〇国になるという、ありえない姿を人為的に描きだしこの記録を台なしにした。実際は、約一〇〇〇年程度の歴史のなかで、約三〇ヶ国に縮小したという意味である。

どんな民族も最初の部族的な、「四血縁集団・四地区制」的な原始「都市」から、本格的な古代都市国家への発展は、多元的であると同時に、それがいっそう淘汰される過程も、また当然、歴史的な時間を要するとおもわれる。さらにはこの「百余国」、「三〇国」を、単純に日本本土内とばかりは言えないとおもわれる点である。現に「魏志」倭人伝では、対馬人は「船に乗りて南北に市糴す」る人々であり、また、「女王国より以北には、特に一大率を置き、諸国を検察せしむ」という諸国は、玄海灘をもって限りとするという意味ではないと考える。

したがって『漢書』地理志や『後漢書』倭伝、「魏志」倭人伝が、ほんの少々の字数で伝える「倭人・委奴国・倭国」の国数の記載の背後には、古代の地中海を舞台にしたギリシャ人等の活躍とにて、北九州・本土西部の日本海側は出雲をふくめ、さらには朝鮮半島南部を舞台に、しかも政治的経済的交流としては中国をも対象とした、おおよそ当時、北九州等からの植民地であった奈良地方の狭い範囲とは比較にならない、国際的な世界での「倭人」の意気たかい活躍があった、というのが真実の姿と思える。

現に、(3)には「生口一六〇人を献じ、請見を願う」とある。この「生口」は、単純に北九州を中心とする日本本土内の捕虜とばかりは言えないであろう。『三国史記』の「伝説時代」以来くりかえされる「倭国」の侵攻、襲撃には、当然「奴隷狩り」という、古代国家形成時代に世界のどこの民族にも見られる姿が、日本古代史との関連でも生々しく記されている、というべきではないだろうか。

また、外国に奴隷一六〇人を連行することは、その叛乱・逃亡を考えれば大変なことと思われる。またこれだけの奴隷を獲得することは、簡単なことではないと思われる。こうした勢力の真の姿を示すものが、『三国史記』の引用した〝後一二三年〟の「倭国と和を講ず」であろう。『後漢書』では「安帝の永初元年(西暦一〇七)」記事は、国名が「倭国」と変わっている。大学的日本古代史学では、これを「『翰苑』所引の『後漢書』には『倭面上国王師升』、唐類函・辺塞部倭国の条所引の『通典』には『倭面土地王師升』とあり、北宋版『通典』には、『倭面土国王師升』とあり、『釈日本紀』開題には『倭面国』とある」(石原道博氏編訳、『魏志倭人伝・後漢書倭伝・宋書倭国伝・隋書倭国伝』、五八頁、一九九一年、第五四刷)として、これの注釈として「倭面土ヤマト説は内藤博士であり、周鳳や松下見林は倭国王師升を景行天皇にあてる。白鳥博士は九州イト説であり、志田氏は黥面文身より委面説をとっている」と記されている。この注釈は本書では紙数の都合で省く。ただハッキリしていることは、西暦一〇七年の時点では「大和朝廷」の存在などは論外のことであるということは、すでに指摘したところである。

この点、先に試算した「神武」を例え実在としても、その在位期間はせいぜい西暦一一七年ごろである。これが一〇七年に北九州を支配していた、というためには『西遊記』の孫悟空の力でもかりる以外にないであろう。

そうして『三国史記』新羅本紀に（西暦一二三年）「倭国と和を講ず」とある。新羅をさして「いくつかの村落統合する首長が王を称した国」とか、〝その滅亡を中国も日本も知らない程度のもの〟などという学者はいないであろう。新羅は当然ながら七世紀末以前においては、百済、高句麗とともに朝鮮半島を代表する国家である。この新羅が、「倭国と和を講ず」とその正史に明記しているのである。にもかかわらず石母田正氏のような、「紀五七年……一〇七年にそれぞれ漢室に朝貢している北九州の奴国や伊都国等の諸国は――前方後円墳体制を欠くから――それらの『国』は、まだ国家でなかった……」という説を承認するとすれば、新羅は国家以前のものにさえ頭を下げる存在、ということになるのである。

結局、『三国史記』『後漢書』倭伝を踏まえて検討すれば、まさに後漢王朝が「委奴国王」に大国に与える金印を贈呈したのは当然である、という姿が鮮やかに浮かんでくるのである。

これを認めない姿は結局は、「大和朝廷にあらずんば国家にあらず」ということであって、したがってこの史観と両立しない志賀島の金印は、後漢が奴国という「大和朝廷が支配する」一小地域の勢力を、大国と誤認して与えたものだ、とか、『三国史記』の「伝説時代」と日本の学者がいう記事は、「造作の説話」という主張を必然とするのである。しかし、それはまさに「異朝の書の見聞の誤りと申し破」る姿である。だが、ここに真実はないのである。都市国家だから弱小勢力だなどという観念は、アテネやスパルタ、ローマ、また夏・殷・周をみれば世界に通用しないものである。

四　二世紀の卑弥呼

氏族社会の原始「都市」から誕生した都市国家のなかから、地域国家が成長するのである。しかし、それはそれぞれの民族・国家の統一を一挙に行うのではなく、その統一される領域のある程度の範囲を支配する勢力へと成長するのである。これを本書では「中規模国家」と呼ぶ。日本本土においてはこの中規模国家としては、「倭国」の他に関東の「大王」勢力と、その他に水田稲作の普及が大幅に遅れた結果もあって、そこが国家形成の水準にまで達したか否かは今後の研究を待つとしても、東北地方に西隣の関東の「大王」勢力とは争ったと思われる、中国正史類（唐王朝）が「蝦夷国」とよぶ勢力があったことは確かであろう。

特に北九州の都市国家から「倭国」への発展過程が、さいわいにも『三国史記』によっても後づけられていることは貴重である。先述の『三国史記』新羅本紀に、「（西暦一七三年）

倭の女王卑弥乎。使を遣わし来聘す」がある。これにかんして『三国史記』（東洋文庫、平凡社、一九八〇年、第一刷）の訳注者の井上秀雄氏は、『三国志』魏志・倭人伝の景初二年（二三八）六月の記事をあげ、「この記事はそれより六五年前のことになっており、『三国志』より造作したものであろう。その際、干支一運をさかのぼらせたのではなかろうか」（同書、六一頁、「註九」）とされている。しかし、「委奴国」がすでに大国であることが明らかである以上、井上秀雄氏の見解に妥当性はない。

この一七三年時点での卑弥呼の存在を示す記載の意味は、「邪馬台国・近畿大和説」の破綻というよりも、真の日本古代史にはそれは最初からあり得ないものである、ということを示すものである。歴代の古代中国正史類の「倭国」記載からも、近畿地方における水田稲作の開始の大幅な遅れ、それを反映した階級分化の遺蹟の不存在等からみても、何よりも『古事記』『日本書紀』に卑弥呼の記載などまったくない事実に照らしても、それはそもそもあり得ないものである。

卑弥呼＝大和朝廷の始祖論は、『古事記』『日本書紀』さえ無視したもので、戦後の「皇国史観」批判が「皇国史観」の本質が「大和朝廷一元史観」であると、正確に看破し得なかった結果の産物にすぎない。より正確には戦前から「皇国史観」の圧力のしたで燻っていた「邪馬台国・近畿説」と、「九州説・四世紀初頭ごろ大和朝廷に滅ぼされた論」等が、戦後に江上波夫氏の「騎馬民族東遷説」などとともに、「皇国史観批判」を契機に公然と頭をもたげたものである。

しかし、これらは先述のとおり「皇国史観批判」のドサクサに、無原則な「記・紀不信論」すなわち本来は「大和朝廷一元史観」こそが「不信」の対象であるべきを、あくまで「一元史観」に固執しつつ、あれこれの「記・紀」の記事が事実か否かという、第二義的問題にすりかえて、その陰で戦後の天皇制護持の視点から、「不正確な中国史料をただし『記・紀』の記載を補完する」という姿勢が、戦後の「記・紀」研究の基本とされ、さらに三角縁神獣鏡・魏鏡説等の主観主義的考古学で、この「一元史観を実証」するという道が正道の観を呈した。

こうした背景にたって「邪馬台国・近畿説」と、これに対抗しつつ「邪馬台国・九州説」や「東遷説」が「大和朝廷一元史観」の掌を大地とし、まさにその故に安心して、その故に「自由なる学問探究」の意欲と情熱さえ発散させて燃えあがったのである。

しかし、この「論争」も古田武彦氏の『「邪馬台国」はなかった』が一九七一年に世にでるや、水をかけられた燃えさかるたき火のように、しかも、大学的日本古代史学内部の論争の決着はついていないにもかかわらず、ほとんど一瞬にして沈静化した。

何故か？　ヨーロッパに「沈黙は承認のしるし」という諺があるが、居並ぶ日本古代史学の諸権威は、古田氏の事実の緻密な調査と、それにたった透徹した理論の前に絶句したのである。

もし古田氏がこの著書で探究を止め、「九州王朝」などということを口にさえしなければ、家永三郎氏の例にみるように、古田氏を絶賛する大学的日本古代史学の先生も少なからず現れたかもしれない。しかし、古田氏の偉業は、「九州王朝説・古代国家形成の多元論」を発展的に掲げられたところにある。

以上に述べたような戦後の大学的日本古代史学の情況から誕生した、とりわけ「邪馬台国・近畿説」には、そもそも「大和朝廷一元史観」絶対主義という、国学的主観主義以外にはなんの根拠もないものである。なにごとも客観的事実にたたない「自由」とは、いつでも「得手勝手」のことに過ぎない。したがってそれはおそかれはやかれ消滅する運命であるが、これが社会に大きな影響をおよぼす場合、つねにその被害は大きいのである。その点からも『三国史記』の「二世紀の卑弥乎（呼）」記事の史実性について、詳しく検討することは重要である。

①『三国志』魏志・倭人伝との比較

まずそのために『三国志』魏志・倭人伝と関連させて考えてみよう。
（1）「阿達羅尼師今の二〇（一七三）年、倭の女王卑弥乎、使を遣わし来聘す」（『三国史記』）。
（2）「景初二（二三八）年六月、倭の女王、大夫難升米等を遣わし郡に詣り、天子に詣りて朝献せんことを求む」（「魏志」）。
（3）「その四年（正始四＝二四三）、倭王、また使大夫伊声耆、掖邪狗等八人を遣わし……」（「魏志」）。
（4）「その八年（正始八＝二四七）、……倭の女王卑弥呼、狗奴国の男王卑弥弓呼と素より和せず。倭載斯烏越等を遣わして郡に詣り、相攻撃する状を説く」（「魏志」）。
（5）「卑弥呼以て死す。大いに冢を作る」（「魏志」）。
卑弥呼の死に関して『北史』に「正始中（正始は二四〇～二四八年）、卑弥呼死す」とあることから、卑弥呼の最後は正始九（二四八）年と考える。なお通説では卑弥呼の死の年をめぐって「卑弥呼〝以て〟死す」の〝以て〟を理由に、「すでに死んでいた」と解釈する例もあるが、死の前年の正始八の記事を読めば、「倭載斯烏越等を遣わして郡に詣り、相攻撃する状を説」かせたのは卑弥呼に決まりきっているので、ここでは特に取り上げない。もし卑弥呼を「すでに死んでいた」と解するならば、「正始八年」の使者を、倭国側はだれが派遣したのか不明となろう。「魏志」倭人伝が「国家間の交流記」である以上、「正始八年」の使者派遣の責任者が不明ならば、魏が問題にしないなどはあり得ない。

以上にたって卑弥呼の死亡年から阿達羅尼師今の二〇（一七三）年を差し引けば、その間七六年となる。問題は、卑弥呼が何歳で女王に「共立」されたかである。それはもちろん不明である。しかし卑弥呼の「共立」の事情として、「その国、本また男子を以て王となし、住《とど》まること七、八十年。倭国乱れ、相攻伐すること歴年、乃ち共に一女子を立てて王となす。」とあり、また壱与の「共立」に関しても、「更に男王を立てしも、国中服せず、更々《こもごも》相誅殺し、当時千余人を殺す。また卑弥呼の宗女壱与年一三なるを立てて王となし、国中遂に定まる」とあるので、卑弥呼もまた「一女子」の段階で「共立」されており、その年齢を壱与同様に一三歳と仮定すれば、卑弥呼はその生涯を八八歳で閉じたことになる。

したがって卑弥呼の年齢は「女王」に「共立」された年齢で動き、あり得ないと思われるが計算上は、生まれた年に「共立」されれば一三年短縮されることになる。したがって卑弥呼の実際の生涯の年齢は七五歳以上となり、八八歳での死亡はかなり現実性のあるものといえよう。ここから『三国史記』の卑弥呼の記事は、人間の自然な年齢の範疇におさまる可能性がたかく、その意味で『三国史記』のこの記事を、単に造作と否定する根拠はないことになろうと考える。

さらに卑弥呼の年齢問題では、「倭人の年齢計算方法」という問題があるのである。それは、「その人、寿考、あるいは百年、あるいは八、九十年。」とある。これにかんして『「魏志」』の裴松之の注に「『魏略』にいわく、その俗正歳四時を知らず、ただ春耕秋収を記して年紀となすのみ」を石原道博氏はあげ、古田武彦氏は『古事記』『日本書紀』の一〇〇歳をこえる「天皇」の年齢をふくめて、古代の倭人が一年を春と秋に分けて二年とした、「二倍年暦制」であったとされた。これでいけば「倭人」の平均年齢の「一〇〇歳〜八・九〇歳」は「人生五〇年」となる。したがって壱与の一三歳は六歳〜七歳と考えられ、ここから卑弥呼の生涯は実際には八一〜八二歳の可能性もある。

いまから約二〇〇〇年前の八一〜二歳という年齢は、長寿であり、その死は戦乱や暗殺等ではなく皆に見守られた安らかな死、すなわち〝老衰〟であろう。「魏志」倭人伝は卑弥呼の死にかんして如何なる事件等の記載もなく、「以て死す」と簡単に伝えるだけである。若し政治的・軍事的な要因による死であれば「親魏倭王」の死である。なにも書かないはずはないと考える。

こう考えれば日本古代史にとって、重要な意味があるのはその誕生年となろう。なぜならば卑弥呼の生まれた年に「邪馬台国」はすでに存在していたはずだからである。

②「住まること七、八十年」＝「桓・霊の間」について

次に考えるべきことは『三国史記』の一七三年記事の意味についてである。それをここでは「卑弥呼共立」の年か、その直近の年に新羅にその旨を伝えたものと推定すると以下のようにもなる。この仮説を、再び『後漢書』倭伝・「魏志」倭人伝と関連させて年暦計算から推測しよう。

これを考えるにあたって重要なのは、「魏志」倭人伝の「卑弥呼共立」に関する先の記事の、「住まること七、八十年。倭国乱れ……」という記事と、『後漢書』倭伝の「倭国大乱」

を「桓・霊の間」とする記載の関連である。『後漢書』には「住まること七、八十年」という表現はない。そしていきなり「桓・霊の間」と書いている。「桓・霊の間」とは、桓帝の治世が一四七年～一六七年、霊帝が一六八年～一八八年であるから、その「間」とは一四七年から一八八年の四二年間を指すことになる。ではこの『後漢書』の記載の「四二年間」と、「魏志」倭人伝の「住まること七、八十年」との関係はどうなるのか、という問題が起きてくる。さらにこれが『三国史記』の「一七三年」の卑弥呼記載と合致するだろうか、これが検討課題となる。

まず「魏志」倭人伝の「住まること七、八十年」とある部分は、「倭人」の説明を書いた部分であるから、その年暦は「二倍年暦」でその半分となる。したがって今日の年暦に変えれば三五年～四〇年間となる。すなわち「桓・霊の間」の「四二年間」と符合する。この間、男の王がいて、その間に「倭国乱れ、相攻伐すること歴年」という状況に至ったことになる。いまもし一七三年を卑弥呼「共立」年と仮定すれば、それ以前に男王がいて「倭国大乱」があったことになろう。つまり一三三年または一三八年頃から一七三年までの間に男王が存在して、その間に「大乱」があったということになる。

『後漢書』の編者の范曄はこれを漢の王位で表現して「桓・霊の間」、すなわち桓帝の一四七年から霊帝の一八八年までの四二年間に該当するとしたと思われる。一七三年を卑弥呼擁立の年とすれば、『三国史記』のこの記載は『後漢書』倭伝に比較して、時代が若干前にずれるのであるが、これは『後漢書』よりも、『三国史記』がより正しいとも考えられる。例えば『梁書』倭伝は「倭国大乱」を、「漢の霊帝の和光中（一七八年～一八四年）」としているが、当時の「倭国」と中国、朝鮮半島諸国の交流の頻度を考えれば、中国よりも朝鮮半島の諸国の方が倭国との関係はより〝日常的〟である。これをうかがわせる記事が「魏志」倭人伝に次のように書かれている。「王、使を遣わして京都（魏都・洛陽）・帯方郡・諸韓国に詣り、および郡の倭国に使するや、皆津に臨みて捜露し、文章、賜遣の物を伝送して女王に詣らしめ、差錯するを得ず」である。

これからみて「倭国」にとって、「京都」（洛陽）に到ることとは極めて非日常的なことであり、次が「郡」すなわち帯方郡である。比較的に交流が頻繁だったのは「諸韓国」であろう。ここから察して「倭国」にかかわる情報は、中国よりは韓国諸国の方が早くても不思議ではないのである。同時に、肝心な点は『梁書』倭伝ならびに『後漢書』の「桓・霊の間」からも、「卑弥呼は二世紀の存在」であるのである。

なお、これと関連して指摘すれば石野博信氏は『大和・纏向遺蹟』で、「卑弥呼の治世期間と土器」という小見出しで、『後漢書』『梁書』の「倭伝」をあげて、「卑弥呼二世紀論」をかかげられ、その死亡年齢を八〇歳（二五頁）と推定されている。もちろん氏は「邪馬台国・近畿説」の立場ではあるが……。

③「二世紀の卑弥呼」の日本史的意味と都城

二世紀に卑弥呼が存在したことは『梁書』倭伝をふくめて確実であろう。この西暦一七〇年代からの卑弥呼の存在、すなわち「倭国」の存在は、日本民族の古代国家誕生の舞台からは、近畿大和は退場を余儀なくされることを意味する。それは北九州は水田稲作の始原から西暦一七〇年代まで約一五七〇年以上であるが、近畿大和は「実年代」派の「歴博」の測定値、紀元前六〇〇年をとっても七七〇年であり、階級分化の痕跡のない池上曽根遺跡からは約二〇〇年程度である。「神武」の推定存在年数からは、わずかに五〇〜六〇年程度に過ぎない。

同時に、おかしいのは南九州である。卑弥呼の「倭国」と戦ったのは「狗奴国」である。これは熊本か、宮崎方面であろう。とすれば南九州の階級分化の遺蹟がないのは、やはり首を傾げざるをえない。これは「大和朝廷一元史観」を克服して、日本本土における古代国家の形成・誕生を、あらためて探究する必要性を示すものと思われる。後述するとおり日本本土の初期「前方後円墳」がいわば密集しているのは、南九州であろう。

これと関連して、これまで国家形成と発展が「一元史観」で占められ、古代国家形成等にかかわる研究が近畿大和偏重主義に著しく傾斜して、北九州、南九州、関東、東北地方での研究と発掘調査も、その予算措置をふくめて、大きな不均等があるように感じられる。いわば大学的日本古代史学からみて「地方」での発掘等は、付随的の観なきにしもあらずで、きわめて不十分と思われる。

いずれにせよ二〜三世紀の卑弥呼の勢力を示すものが、先に述べた『三国志』魏志・倭人伝中の卑弥呼の都城の姿である。その規模と内容からは、津田左右吉氏がいうように大和朝廷に併合されても、中国はもちろん百済さえもがそれに気づかない程度の、いわば豆粒「王朝」ででもあるかの主張などは論外のことであろう。また、「纒向遺蹟・大和朝廷の首都論」にかんしては先述したとおり、階級分化の痕跡さえなく「首都」云々は、寺沢薫氏がかかげるマルクスの「古代国家形成論」と一致しないのである。

さて、三世紀の「倭国」の都城はどこか。有明海は潮の満ち引きが大きい。やはり玄海灘に面した地点に近くて朝鮮半島に面し、また、筑後から南九州に通じ、かつ都城防衛の地の利を得ているところといえば、大宰府付近ないしは大宰府であろうか。この地は東九州方面の豊前に通じて東南九州と近畿地方への海路の基地、宇佐に陸路でも通じている。次章でこれを検証しよう。

Chapter 12
第12章
倭の五王の都城
——「日本書紀」の「二国併記」

本来、卑弥呼についで「前方後円墳・大和朝廷造営論」をとりあげるのが普通であるが、すでに指摘したとおり弥生時代の近畿の遺跡に階級分化の痕跡がなく、青銅器についで鉄器の製造・使用でも先述のとおり、大学的日本古代史学自身の内部にさえ、近畿地方の大幅な遅れを指摘する、その限りで正当な見地がある。

この地に弥生時代の北九州の「階級分化」遺跡の段階より発展した水準の国家の段階を示す、巨大「前方後円墳」造営勢力が、「神武」の推定年代の二世紀初頭から〝わずかに数十年で近畿地方に誕生・出現した〟というのは問題にさえならず、紀元前わずかに五二年ごろの階級分化の痕跡が全くない、その意味でいえば完全に氏族社会的集落の一つである「池上曽根遺蹟」から、僅かに二〇〇年程度で「大和朝廷」という領域国家が誕生したというのは、歴史学を『西遊記』の「觔斗雲《きんとうん》」的速度で考えるのに似ている。

つまり近畿地方における「前方後円墳」の出現は、これが近畿地方の外から近畿地方の中に持ち込まれたものである。これが唯一の理性的な見解であろう。それを証明しているのが「天皇の代替りごとの遷宮」である。したがってここでは歴史の順序にそって「倭の五王」の考察へと進み、その上にたって近畿大和地方に巨大「前方後円墳」を造営した勢力の探究をしよう。

一　「呉国　貢奉る」
——『日本書紀』の記述の不可解

戦後の大学的日本古代史学では、卑弥呼の次は「倭の五王」が登場する。しかし「皇国史観」時代は学校で卑弥呼はもちろん、「倭の五王」などは教えなかった。理由は多分、まず卑弥呼について本居宣長は、『馭戎概言』で、『三国志』魏志・倭人伝を引用して、「姫尊《ヒメミコ》（＝神功皇后）の御世にあたれり。然れども此時にかの国へ使をつかわしたるよししるせるは、皆まことの、皇朝の御使にはあらず。筑紫の南のかたにていきほいある、熊襲などのたぐひなりしものの、女王の御名のもろもろのから（戎）国（外国の意）まで高くかがやきませるをもって、その御使といつわりて、私につかわした使也」とあることによると思われる。

ここには一介の地方勢力と国家の使者さえ区別できない中国人という、「異朝の書の見聞の誤り論」式の、極端な主観主義が先駆的に示されている。中国・朝鮮諸国を「戎」と罵り、王朝の使者と一私人の見分けもできないかにいう態度こそは、中国・朝鮮国民にたいする戦前の国学等の主張にたった天皇主義的日本軍国主義の特質であり、それはまた金印「委奴国王」の訓み問題等にみるとおり、後漢王朝を大国と小国の区別もできないものとし、さらには魏が卑弥呼に金印をおくってもそれを無視する、津田氏をはじめ戦後の大学的日本古代史学の姿勢に継承されているものである。異常な態度であろう。これにつづいて宣長は「倭の五王」記事にかんしても、

「天皇に、讃珍済興武などと申す御名あることなし。……中略……遠つ飛鳥宮より穴穂の宮まで御代御代に、もろこし（中国）へ御使つかはして、かの国のつかさ（爵号）などうけ給ひしよしなどしるせるは、ましてかたじけなく、かけてもあるまじきわざ也。すべてこれらは、そのかみ（昔）韓のから（戎）国へまかりゐて、其国々の政《まつりごと》とりける、日本府の卿《まへつぎみ》の、わたくしのしわざになん有し」と述べている。さらには松下見林の『異称日本伝』の「倭の五王・天皇論」を批判して、「松下氏、此天皇たちの御名みなを、おのおのかの讃などいへる名共にあてたれど、さらにかなはず、いささかも似つかぬしひごと也」（『馭戎概言』）と述べている。

明治時代では、『日本書紀』の年紀への批判的な検討で有名な那珂通世氏は、「（倭の五王の）貢献除授等ノ事ハ、国史ニ聊カモ見ヘザルノミナラズ、畏クモ我ガ天皇タチノ、支那付近ノ諸小蕃ト等シナミニ、都督将軍ナド云ヘル官爵ヲ受ケ給フベクモアラザレバ、倭王ノ使ト云ヘルモ、皇朝の御使ニハ非ザリシコト、論ナシ」（『外交繹史』（五四五頁、岩波書店、一九五八年）と述べている。

「皇国史観」時代、天皇制は「天上無窮の神勅」からうまれたものとされた。これが戦後、否定されて「天皇の人間宣言」のあとで、『宋書』倭国伝の「倭の五王」を、「天皇に、讃珍済興武などと申す御名あることなし……」といえば、その瞬間に「大和朝廷一元史観」は崩壊し、「倭の五王」はどこの「天皇か」大問題になるであろう。したがって戦後、『異称日本伝』の「倭の五王・天皇論」が、その理屈づけもその言葉のままに再評価される結果になったのである。

この豹変の最大の特質は、戦前の無視から戦後の「倭の五王・大和朝廷論」への転換が、そこに学説上の新たな発展や考古学的新発見があったのではなく、ただ「皇国史観」の権力基盤であった戦前の天皇主義的軍国主義的政府が倒れたこと、しかしそれにもかかわらず戦後も、「万世一系の天皇制」は「象徴」天皇制として継承されたという政治があることである。つまり「倭の五王」無視から「大和朝廷論」への転換には歴史学的根拠も要素もなく、あるのは政治的動機だけと

いう姿なのである。

しかも、この言わば豹変的な「倭の五王・大和朝廷論」には、肝心の『日本書紀』の仁徳から雄略紀に、戦後の大学的日本古代史学に足払いをくわせる性格の記事があるのである。だからこそ戦前の『古事記』『日本書紀』絶対の時代にさえ、那珂通世氏にみるとおり「(倭の五王の)貢献除授等ノ事ハ、国史ニ聊カモ見ヘザルノミナラズ……」と、いわば『日本書紀』のいまから指摘する記事を無視せざるを得なかったのである。

戦後の大学的日本古代史学の「倭の五王・大和朝廷論」は、この『日本書紀』の記載をさえ無視するのである。まさに「なりふり構わぬ姿」そのものである。

呉国　貢奉る

それは『日本書紀』の南朝劉宋を『三国志』の「呉国?」と称し、これを「大和朝廷」の属国という記事である。『古事記』『日本書紀』絶対主義の時代、「大和朝廷一元史観」擁護を絶対的な「学問的」課題とする、戦前(戦後も同様であるが)の大学的日本古代史学の諸教授さえ、口ごもらざるをえない記事なのである。

1「(応神三七年)阿知使主《あちのおみ》、都加使主《つかの》を呉に遣して、縫《きぬ》工女《ぬひめ》を求めしむ。……中略……則《すなは》ち高麗に至れども、更に道路を知らず。……高麗の王、乃《すなは》ち久礼波《くれは》、久礼《くれ》志《し》、二人を副へて、導者《しるべ》とす。……呉の王、是に、工女兄媛《ぬひめえひめ》、弟媛、呉織《くれはとり》穴織《あなほとり》、四の女婦《おみな》を与える」。(『日本書紀・上』、三七八頁)

2「仁徳五八年冬十月、**呉国・高麗国、並に朝献《みつぎたてまつ》る**」。(同書、四一二頁)

3「雄略六年の夏四月、**呉国、使を遣して貢献《みつぎたてまつ》る**」。(同書、四七二頁)

4「雄略八年春二月、身狭村主青《むさのすぐりあを》・檜隈民使博徳《ひのくまのたみのつかいひはかとこ》をして呉国に使しむ」。(四七六頁)

5「雄略十年の秋九月、身狭村主青等、**呉の献《たてまつ》れる二つの鵞《が》を将《も》て、筑紫に到る**」。(四八六頁)

6「雄略一二年の夏四月、身狭村主青と檜隈民使博徳とを、呉に出使《つかは》す」。(四八七頁)

7「雄略一四年、春正月、身狭村主青等、**呉国の使と共に、**呉の献れる手末《たなすゑ》の才伎《てひと》、漢織・呉織及び衣縫の兄媛・弟媛等を将《い》て、**住吉津《すみのえのつ》に泊る。****是の月に、呉の客の道を為《つく》りて、**磯歯津路《しはつのみち》に通《かよは》す。呉坂と名く」。(同書、四九〇頁、傍線、太字は引用者)

おおむね以上であるが、先ず『古事記』には「呉国貢奉る」式の記事はないのである。あるのは応神記に「また百済の国主照古王、牡馬一疋、牝馬一疋を阿知吉師に付けて献上《たてまつ》りき。また横刀また大鏡を貢上りき。……中略……また手人韓鍛《てひとからかぬち》、名は卓素《たくそ》、また呉服《くれはとり》(=呉の国の機織女工)の西素《さいそ》二人を貢上き……」となっている。すなわち相手は百済となっているのである。

さて、『日本書紀』は「呉国貢奉る」というのである。『日本書紀・上』の校注者は、右の「1」にかんする注釈で、「呉国」にかんして次のように述べている。「中国の江南の地をさす。この年は丙寅で、干支二運繰り下げると四二六年丙寅となるが、その頃の江南は南朝の宋の代で、宋書、夷蛮伝に「太祖（文帝）元嘉二年（四二五）、讃（倭王の名）又遣司馬曹達、奉表献方物」（太祖の元嘉二年、讃また司馬曹達を遣して、表を奉じ方物を献ず）とある。ただし南朝史書の倭の五王関係記事に見える如き政治的目的をもった交渉事実は、書紀からはまったくうかがわれない」（「上段、注九」、三七九頁。傍線は引用者）とか、当該『日本書紀』の記事を「もちろんたしかな記録によった記事ではなく、疑わしい」（『日本書紀・上』、「上段、注七」、四一二頁）などと、きわめて不十分ないしは不当な理解と論評に終わっている。

不当という意味は、『宋書』倭国伝の「倭の五王」が戦後日本古代史学が一致していうように「大和朝廷」ならば、その「正史」に「呉国」という時代錯誤的国名もそうであるが、中国を「大和朝廷」の朝貢国とする大学的日本古代史学の諸先生もさすがに唖然とするような記事を、何故並べるのか、明確な説明が求められると考えるからである。そもそも「倭の五王」が「大和朝廷」というのならば、なぜ「東晋」「宋」等の南朝系の国名がなく、「呉」など「三国時代」の名が登場するのだろうか。

それればかりではない。呉国の使者が身狭村主青等に連れられて、「大和朝廷」を訪ねて来日し住吉津に泊まったという大変な記事である。もちろん南朝関連の中国側にはそんな記録は一切ない。ところが、というべきか、当然、というべきかはおくとして、「7」の記事には「呉国」から来た使者の名前も官位も、「呉国王」からの国書のたぐいも一切記載がない。おおよそ国交記事としては最低の体裁さえそなえていない記事である。

ここまでくればこの「呉国、貢奉る」式記事は、一〇〇％の造作記事であって、しかもその造作が驚くほど当時の東アジアの国際関係の実態に無知であることを示しており、しかも造作の仕方も、相手国の名、王名・国書の類、使者名とその官職等の記述さえないほどの粗雑で幼稚なものである。学問ならば当然こうした文章の造作性を正しく批判して、こうした造作記事が大和朝廷の正史になぜ記されているのか、解明するのが本来の姿のはずである。

ところが岩波書店の日本古典文学大系の『日本書紀』では、「呉国」からの使者訪問記事にかんしては、一切、注釈がないのである。そしてなんと「上段注一四」（四九一頁）には、おどろくなかれ「呉の客の道を為りて……」に関して、「推古一六年の隋使来朝のことであるが……」として『隋書』俀国伝の一節をもちだしている。この『日本書紀』の校注者らは、通説の諸権威が名を連ねている。にもかかわらず雄略時代を語るのに、推古朝をもちだすのは歴史学がそれこそ泣くのではないだろうか。江戸時代を語るに昭和時代をもってすれば、普通は笑われると思う次第である。

ところが上田正昭氏は、「……『日本書紀』の編集者たちが、『宋書』の存在を知っていたとする説では、その遣使記事を、日本にとって不名誉なことであるので採用しなかったという。その説に留意すべきものがある。……」(『日本の歴史』、「2大王の世紀」、二五七頁、小学館、一九八七年、第九刷)」とされている。

この上田氏の「『宋書』記事・不名誉説」もまた奇怪な主張である。それは「大和朝廷」が中国南朝に臣下の礼をとったのを不名誉としたという、宣長的見解に過ぎない。「皇国史観批判」が一時代をおおったかに見えるその真中で、国学的「愛国心」が学術論文に堂々と登場するわけである。問題は「倭の五王」が「大和朝廷」ならば、『宋書』記事は当然承知のことのはずである。

むしろ「大和朝廷」にこそ南朝に使者を派遣した当人として、その記憶と記録が当然あるはずである。「倭王・武」の上表を読めば堂々たる漢文である。〝五世紀の大和朝廷は文章能力が不十分だった〟などは、それこそ不名誉であって到底通用するものではないであろう。したがって「倭の五王」が「大和朝廷」ならば、自己の記録にたって書けばいいだけの話である。

上田氏は引用文の後半に『隋書』俀国伝問題を云々されているが長くもなり、「呉国、貢奉る」問題に直接関係がないのではぶくが、「不名誉」だから「事実を記録せず、まったく造作記事を正史に記した」という主張は、如何であろうか。しかも『日本書紀』編纂期の大和朝廷は、遣唐使を何回も派遣してその遣唐使たちは、「得るところの錫賚《しらい》(＝たまもの)、尽《ことごと》く文籍を市《か》い、海に泛《うか》んで還る」(『旧唐書』日本国伝)と、それまでの「倭国伝」にはまったくない、あまり名誉とはいえない評価を唐で下されているのである。

この引用文の意味は、大和朝廷の遣唐使たちは唐・中国でもらったいろんな贈り物や御祝儀を、帰国にあたって文籍(書物)にかえて、船一杯に積んで帰った」というもので、これまでの「倭国」とちがって、中国交流での新参者という評価が強調されているのが特徴なのである。上田氏等は、この「大和朝廷」への極めて不名誉な唐の評価には沈黙して、「倭の五王・大和朝廷論」にしがみつく大学的日本古代史学の手前、『日本書紀』のこの記事のあまりの出来の悪さに苦慮して、結局は、「大和朝廷の心中を察して、この『呉国、貢奉る』記載を理解すべきだ。それ以上に踏み込んで検討すべきでない」という、本居宣長式の「立ち入り禁止」表示を掲げるのである。つまり、歴史の記録の検討に面子・国学的「愛国心」をもちだす態度であって、典型的な近世尊皇思想の非科学的態度である。

以上、『日本書紀』の「呉国」記載は、事実の記載ではない。完全な造作記事である、ということである。

『日本書紀』の応神から雄略までの「呉国、貢たてまつる」という記事は、八世紀の大和朝廷とその史官らが、『宋書』

倭国伝の記事は見て「倭国」と南朝の交渉は知っていたが、「倭国」ではない「大和朝廷」はその意味を理解する立場になく、引用のような国際関係・他国との交流の常識の最低限度の知識もない、記事を造作して羅列せざるを得なかったのだろう。

「倭の五王」が「大和朝廷」ならば、こんなデタラメな記事を羅列する必要はないことは明白である。上田氏等の国辱論は、そもそも「倭国」という「大和朝廷」とは異なる王朝にかんする記載とその存在を、歴史から抹殺する立場からの見地である。

二 「倭の五王」問題は、都督府とその所在地の問題

「倭の五王。大和朝廷論」をめぐる大学的日本古代史学の論争は、「邪馬台国論争」同様、この学派内部では決着がつかず、放り出したままである。ここではその一々の学説には立ち入らないが、『宋書』倭国伝等に登場する「讃・珍・済・興・武」という、「倭の五王」を「大和朝廷」と主張する結果、大学的日本古代史学には、次のような説が登場して収拾がつかないままなのである。その根本原因はこれから明らかにするように、「大和朝廷」など存在しない時代の「倭国の五王」を、〝大和朝廷だ〟と主張することから起きるのである。その理屈をいわば考えだした最初が『異称日本伝』を執筆した松下見林である。その「倭の五王」論も見ておこう。

「今按ずるに永初、元嘉（中国年号、引用者）は本朝の允恭天皇の時に当たる。大明、昇明は雄略天皇の時に当たる。讃は履中天皇の諱、去来穂別《イサホワケ》の訓を略す。珍、反正天皇の諱、瑞歯別。端・珍と字形似る。故に訛《ナマ》りて珍と曰う。濟、允恭天皇の諱、雄朝津間稚子、津・濟と字形似る。故に訛りて之を称す。……安康天皇の諱、穴穂を訛りて興と書く。武、雄略天皇の諱、大泊瀬幼武、之を略す也」（近藤瓶城氏編輯、『異称日本伝』、二二頁、近藤活版所、一九〇一年・明治三四年）というのがそれである。

これが今日も大学的日本古代史学の「倭の五王・大和朝廷」論の、人名比定の唯一の「方法論」なのである。その「論理」は、古代中国人が天皇の和名の字数が多いので、中国流に勝手に一字にかえ、その際、変えた字をも間違えたというものである。古田武彦氏が『失われた九州王朝』で、すでにこの問題点を正当にも指摘されている。このような主観主義にたった議論を根幹とする戦後の大学的日本古代史学の「倭の五王」論は、客観的な基準・事実の検証と事実にたいする忠誠心がなく、したがって最終的には権力の要請の枠内で、学者の「学問の自由」なる思いつきが対立したまま、結局、結論はうやむやになるという、真の「学問の自由」とは異質なものである。

こうした議論の破綻は具体的には次の点に現れるのである。「倭の五王」にたいして履中、反正、允恭、安康、雄略の五

人をあてるという常識的対応をすると、「倭の五王」と在位年代が合わないという致命傷を負うのである。

これは古田武彦氏が指摘（『失われて九州王朝』、一一二頁、角川文庫本）されたとおりに、讃の最初の使者派遣の年は西暦四一三年（東晋の義熙九年）、次が四二五年（『宋書』の元嘉二）である。したがってあしかけ一三年以上は在位していることになる。さらに次の珍は四三八年（元嘉一五年）に使者を派遣している。つまり讃と珍の使者派遣年数からの推定在位年数は、二人で二六年以上になるのである。ところが履中は六年、反正は五年、合計一一年に過ぎないのである。しかも『日本書紀』の年紀は二倍年暦であるから、実際は二人あわせた五～六年程度である。

この矛盾の打開をめざしたのが星野恒・那珂通世等の讃＝仁徳説である。那珂通世氏は先述のとおりに「倭の五王」は「大和朝廷ではないと断言しているのである。しかし、同一の論文「第四十一章　宋斉梁書ノ倭国伝」で、この断言のあとに、讃＝履中説を批判して、「履中天皇ハ、在位モ短ケレバ、宋書ニハ、此ノ一代ヲ脱シ、其ノ御弟ナル反正天皇即珍ヲ以テ、直ニ讃ニ接シ、且誤リテ讃ノ弟トナセルナリ」（同書、五四八頁）としているのである。こうして大学的日本古代史学では、五人の「倭王」に五人の「天皇」を当てると在位年数が大幅に食い違い、この難をのがれるために、在位年数の辻褄あわせをすれば五人の「倭王」に六人の「天皇」をあて、しかもその間の続柄が食い違うという始末であって、こうして「あちらをたてれば、こちらがたたない」にもかかわらず、お互いに激しく論争をする姿こそ、「一元史観」固執の史学の理性の世界とは無縁の光景と思われる。

それにしても那珂通世氏は自分の論文の前半でみずから否定したものを、後半では肯定的に論じるのである。この姿は異様ではなかろうか。しかし、権力の自己正当化論に追随するならば、事実にたって真理を探究するという、世界の学問とは正反対の方向以外に道がなく、こうした権力追従が基本となれば、同じ学者の内部で権力に追従する自己と、常識からみてどうもおかしいと思う自己が、分裂することがあっても不思議ではない。那珂氏の場合、これに該当する可能性がある。しかもこの分裂は日本古代史学の場合、権力追従の限度内で那珂氏を先頭に、「学問の自由」（実際は歪曲）と称して、半ば公認されていたことはすでに指摘（二五頁参照）した。

①「倭の五王」と都城問題

述べてきたとおり大学的日本古代史学の「倭の五王」論は、これを「大和朝廷」にはめ込むことを念頭にした結果、人名、年代続柄比定のみであって、『宋書』倭国伝そのものは、ほとんど重視されなかった。われわれは中国南朝の文献からはじめて「倭の五王」の存在を知るのである。これは「委奴国」「卑弥呼」「タリシホコ」等も古代中国正史類から初めて知るのと同様である。

Chapter 12

『古事記』『日本書紀』にこれらの重大な記事は皆無だからである。したがって「倭の五王」の実態を知るためには、なによりもこの史料自身を中心にすべきである。こんなことは本来だれでもわかる道理である。

そこにたてば「五王」の中国・南朝劉宋への使者派遣の動機は、大学的日本古代史学も一応は認めているとおり、朝鮮半島諸国への支配権を中国・南朝からいわば認可、承認を得るためである。それは、

1「太祖の元嘉二年（西暦四二五）、讃、また司馬曹達を遣わして表を奉り方物を献ず。讃死して弟珍立つ。使を遣わして貢献し、自ら使持節都督倭・百済・新羅・任那。秦韓・慕韓六国諸軍事、安東大将軍、倭国王と称し、表して除正えられんことをもとむ」。（傍線は引用者、以下同様）

2「二八年、使持節都督倭・新羅・任那・加羅・秦韓・慕韓六国諸軍事を加え、安東将軍は故《もと》のごとく……」。

3「世祖の大明六年（四五四）……興死して弟武立ち、自ら使持節都督倭・百済・新羅・任那・加羅・秦韓・慕韓七国諸軍事・安東大将軍・倭国王と称す」。

つまり朝鮮半島南部の六国（計七国）への支配権、すなわち「使持節都督」と「大将軍」を要求し、中国側は百済と「大」をのぞいて「使持節都督……六国将軍」に任じている。つまり七国と六国、大将軍と将軍の違いはあれ、倭王は、自国の他に朝鮮のいくつかの国の支配権をみとめられている。とくに目を引くのは新羅が加えられていることである。新羅は古代朝鮮半島の代表的な国家の一つであることはいうまでもない。この意味は、この「使持節都督倭……安東大将軍、倭国王」という将軍職は、その国際的序列において中国に次ぐ性格をもつものだ、ということである。

第一に、これは「倭国」が新羅より大国であることを、中国が認めていることを示すものであろう。また、中国側は認めていないが百済への支配権も執拗に要求している点をみると、「倭国」は百済よりも大きいという自負心が強かったと思われる。ここで注目すべきことは、新羅は、建国以来、慶州・金城（五世紀～滅亡時まで月域）を一貫した都城とし、百済もまた王の世代交代ごとに遷都・遷宮するような存在の国家ではない、という点である。

問題は、その意味である。中国側から任じられた「使持節都督倭……六国諸軍事、安東将軍」職は、国際的な性格の「将軍職」である。つまり「倭国」は中国側からいえば「倭国」をのぞく五ヵ国、「倭国」の自負からいえば、新羅、百済をふくめた六ヵ国から、「朝貢」を受ける立場であることを、当時の国際社会の中心である中国の皇帝に認知（百済は除かれているが）されているのである。

そもそも「使持節」とは〝中国皇帝の指示を伝える旗（竹の棒＝節）を持った使い〟を意味するという。これがこの「将軍職」の性格すなわち「都督」であって、この「将軍職」にはその役所・「都督府」が当然おかれるのは、あたかも

「県」を設置すれば「県庁舎」がおかれるようなものである。問題は、この中国に次ぐ国際的地位を、「倭の五王」達は当時の国際社会に一目瞭然の姿で誇示したはずだ、という点にあるのである。これは世界の政治・権力の普遍的な鉄則であろう。

　ではそれは何か、これが日本古代史――「倭の五王」問題解明――への真に客観的な視点と考える。答えは都城であろう。新羅や百済等の使者が一目見て、自分達の都城をうわまわると実感する規模と威容であろう。現に時代は約一〇〇年ほど後ではあるが、『隋書』俀国伝に、「新羅・百済、皆俀を以て大国にして珍物多しとなし、並びにこれを敬仰し、恒に通使・往来す」とある。この大国の内容はいろいろであろうが、しかし、先ずは俀国を訪ねる使者が第一に目にするものは、その都城であることはいうまでもないであろう。

　しかも、この将軍職の任命者は中国なのである。その意味は新羅等の使者が「倭国」を訪ねて、その都城を見て、〃中国の皇帝が倭国を「使持節都督倭……六国諸軍事、安東将軍」職に任じたのは無理もない〃と、納得する規模と内容をそなえていたと考えるべきだ、ということである。都城とは、古来、その国家の元首、古代ならば王・皇帝が存在する、その国家・王朝の首都・中心であることは、いまさらいうまでもない。

　以上からは、この「倭の五王」達の都城の規模・内容が、新羅や百済のそれを上回っていたということになる。したがって五世紀に日本本土において新羅、百済の都城を上回る都城がなければならないのである。

② 「都督府」の痕跡、近畿地方になし

　ところがこの当然の視点にたてば、五世紀に都城など存在しない「大和朝廷」は、先ず「倭の五王」の資格の第一条件を持たない失格者であることが判明するであろう。左記の表は大学的日本古代史学が一致して、「倭の五王」にあてる「天皇」の「宮、在位年数、年齢」を一覧表にして示したものである。

天皇名	在位年数	年齢	宮名《みやこ》	所在地
仁徳	八七	一一一	難波の高津宮	大坂城付近という。不明
履中	六	七〇	磐余の稚桜宮	奈良県桜井市付近～磐余池付近かという
反正	五	六〇	柴籬宮	「河内の丹比」。大阪府羽曳野市丹比付近という
允恭	四二	七八	遠つ飛鳥宮	奈良県明日香村・不明という
安康	三	五二	石上の穴穂宮	奈良県天理市田町という
雄略	二三	一二四	泊瀬の朝倉宮	奈良県桜井市大字泊瀬――諸説あって不明という

（所在地欄の傍線は大阪）

　この表は、「天皇」の代替りごとの遷宮というに止まらず、その一代限りの「宮」の規模を考えるうえで、その在位年数

と年齢は大きな意味をもつという考え方にたったものである。年齢をみると仁徳は一一一歳、雄略は一二四歳（古事記）である。この意味はこの年齢が例の「二倍年暦」であることを推測させるのである。したがって在位年数も普通でいえばこの年数の半分という理屈もなりたつのである。がしかし実際には『日本書紀』の年紀は、「推古天皇」九年（干支の辛酉年」を基点に讖緯説《しんいせつ》にたった暦計算方法が採用されているというのが定説である。

すなわち辛酉年から数えて六〇年目の辛酉年を一元とし、遡って二一元目の年（一二六〇年目）に「大革命」が起きるという、先述した王充が迷信と批判した古代中国の暦観念の一つである。この『日本書紀』の紀年をみると、「神武から応神天皇」まで一七人（神功皇后を含む）、その在位年数は合計（空位をふくむ）で一〇五九年、一人当たりの平均は実に約六二年である。

これにたいして「履中天皇」の即位年から「崇峻天皇」の退位年まで一六名、その在位年数（空位をふくむ）の合計は一九三年、一人当たりの平均在位年数は約一二年と大きな差異がある。したがって神武～応神と履中～崇峻とでは一人当たりの平均在位年数に大きな差異があって、この年紀はまったく信頼できない。しかし、ここでは便宜的に天皇の在位年数と年齢を半分にして考える。

「倭の五王」を「大和朝廷」とすれば、近畿地方に「使持節都督倭……六国諸軍事、安東将軍」職の都城が、当時の国際的観念からみて朝鮮諸国はいうまでもなく、中国からみても自分に次ぐ第二位の王朝として諸外国に遜色のない姿で、あたりを睥睨していなければならない。しかし、「大和朝廷」の実際は前頁の一覧表の姿である。しかも大阪から奈良県へ、また逆に大阪へと動いており、その在位期間からみて履中、反正、安康などは、二分の一にすれば、その宮の規模は、電動工具もトラックもない時代の建築の工期から考えて知れたものであろう。

それは允恭や雄略にしても在位期間を半分にすれば基本的に同様である。もしこれを「当時の国民の多くは、半地下式の家に藁をしいて暮らしていた」といっても意味がなく、比べるべきは中国、朝鮮諸国の王宮、すなわち都城の国際的な規模と内容でなければならない。それは「倭の五王」の中国交流の動機が、そもそも指摘したように国際関係にあるからである。

以上にたって近畿地方に「都督府」の存在の影さえない事実をみれば、「倭の五王・大和朝廷論」は存立の要件を、根本的に欠くことは多くのべるまでもない。五世紀の「天皇」と当該「倭の五王」の名も在位期間も続柄も合致しないのは当り前で、王朝と王朝でないものを「同一だ」という視点、史観、思想が間違っているのは、明らかである。

③「都督府」跡としての大宰府・「都府楼」

今日、日本本土でこの「都督府」の名称やその痕跡があるのは、全国でただ一つ大宰府の「都府楼」である。この「都府楼」は今日もJR鹿児島本線では「都府楼南」、西鉄大牟田線では「都府楼前」という駅名で残っている。いったい「都府楼」とはなにか、である。黒田藩の儒学者・貝原益軒（一六三〇〜一七一四）が、その著『筑前国続風土記』で、「都督府の楼なれば、都府楼といへる也」と述べている。さらには菅原道真が「不出門」という詩で、「都府楼は纔《わずか》に瓦の色を看る」とうたっている。非常に古い、しかも、日本古代史の真の陰をやどした名称である。それればかりではない。日本古大学的日本古代史学の都城研究者もまた、当然「都府楼」の名は熟知している。たとえば「福岡県太宰府市のほぼ中央部に『都府楼』の名称で親しまれている一画がある」（『古代日本と朝鮮の都城』、二〇二頁）。

しかし、この都督府とはなにかという問題は語られることはない。ただ地元の古来からの人々が「都府楼」という名を、学者風の「大宰府政庁跡」という呼称よりも親しみをこめて、伝統的に保持してきたのである。九州には国には無視されながら、国宝級の仏像等が地元の部落の人々の連綿たる努力で、今日に伝えられている（大分県等）などの例がある。

それればかりではない。『日本書紀』等が「磐井の乱」と称し、マルクス主義をいう日本古代史学者もそれに追従する「磐井」にかんする『風土記』（「筑後国」）に「磐井」の墓の記述がある。

そこに「筑後の国の風土記に曰く、上妻《かみつやめ》の縣《あがた》、縣の南二里に筑紫君磐井の墓墳あり」で始まる、日本史解明で重要な記述がある。この中に、「東北の角に当たりて一つの別区《ことどころ》あり。號《なづ》けて衙頭《がとう》と曰ふ。衙頭は政所《まんどころ》なり」という一節がある。古田武彦氏はこれを指して、「衙頭」の「『頭』はほとり、本体は『衙』」であることを指摘され、「この『衙』とは大将軍の本営をさす言葉、『牙』という字で書くこともある。『牙旗』とは大将軍の旗」（『古代は輝いていた・Ⅱ』、二四三頁）と指摘され、中国側は「大将軍」を認めていないが「倭の五王」の一人武は、「自ら使持節都督……七国諸軍事・安東大将軍・倭国王と称す」（『宋書』倭国伝）などとして、さらには「武が、『開府儀同三司』を自称している」……すなわち『―府』を開いていた」（前掲書二四四頁）点をも指摘されている。

すなわち、この「磐井」と「記・紀」が呼ぶ人物は、自分が造営した墓に堂々と自らを古代中国王朝下の「大将軍」職を名乗り、「衙頭」を開いていたと記されているのである。

中国側は「将軍を容認」、磐井「倭国」側は「大将軍」を自称したという違いはあるが、また、そこを「衙頭」と呼ぼうとよぶまいと将軍職の「都督府」をおくことは、中国南朝からみてもあまりにも当然のことである。したがって「倭の五王」探究の要はこの「都督府」の所在地とその遺蹟、その規模の探究が基礎でなければならないのである。

なお、南朝が「倭国」に「将軍」職を承認したのに対して、「倭国」が勝手に「大将軍」を称したことは、「倭国」と中国のその後の王朝との関係に、悪影響を及ぼした可能性もあるかもしれない。当時の中国には南朝、北朝の対立が民族問題を基礎に展開されていたとはいえ、それは中国内部のことであって、いったん統一中国が出現すれば、それぞれの対外政策は継承・維持される場合もあったと考えられるからである。

④ 再び大学的日本古代史学の姿

「倭の五王・大和朝廷論」を確定事項のようにあつかう大学的日本古代史学は、しかし、『宋書』倭国伝をとりあげながら「使持節都督倭……六国諸軍事、安東将軍」職と、その役所、ならびにその所在地にかんしては何の関心もしめしていない。大学的日本古代史学のこの論争には顕著な特徴がある。それは「倭の五王」を「天皇」に該当させる人名、在位年数、続柄の比定で各論者間に一致点はもちろんないが、各論者は「倭の五王・大和朝廷」と決め込んで議論をし、そもそも「倭の五王」は「大和朝廷か」という、当然あるべき議論はまったくないのである。

したがってこの「論争・研究」は、各人各様様々な「思いつき」的「学説」しかないにもかかわらず、〝倭王・武は、雄略天皇である、という点だけは一致する〟という、世にも不思議な姿で「論争」は中断したままである。すなわち「はじめのボタンは合わないが、最後のボタンは合いました」という「論理性」である。

しかし、これは本来の「論理性」とは両立し得ないものである。だがここにこそ戦後古代史学の特質が凝縮されていることは、次の点をみれば明らかである。それは「邪馬台国論争」でも、卑弥呼は大和朝廷の始祖という一点で「近畿説」も「東遷説」も一致している、のと同様だということである、つまり一致点は「大和朝廷一元史観」だけなのである。実に、ここに戦後の大学的日本古代史学の「邪馬台国論争」「倭の五王」論争の真の性格があるのである。

それは第一に、「倭は大和朝廷」という観念が絶対化されていることである。同時に、これは「皇国史観」が神話を持ちだして「大和朝廷」を「限りなく由来深い」と、まるで氏族社会の世襲酋長職同然の「万世一系」を言っていたが、この「限りなく由来深い」という観念を、戦後、姿を変えて維持している当のものが、この「邪馬台国論争」や「倭の五王」論争の真の姿である。

つまり「大和朝廷」がどこで、どう王家として誕生・発展したのかという、日本古代史学の本来の実証的な探究は棚上げされたままで、古代中国正史類等を歪曲しつつ「倭は大和朝廷」を造作して、「大和朝廷は限りなく由来深い」という観念を形成・維持することが、この「学」の性格と思える次第である。

「皇国史観批判」は、本質的にはまったく存在しなかったのである。この「大和朝廷一元史観」こそは、明治維新以来の日本資本主義を推進・維持する体制・政権の、日本史を利用した自己正当化論であり、その理念なのである。日本の真の民主主義的発展は、この「万世一系の天皇制は日本の伝統論」の正しい批判と克服を、不可欠の課題としていると考える。

三　巨大都城　大宰府
――『日本書紀』の「二国併記」

①「倭の五王」のいう都城の地理上の位置

以上の見地からは、『宋書』倭国伝自身から「倭国」とその「五王」の姿を探究し、これと『日本書紀』等を対照することが「倭の五王」問題の解明の道である、ということになる。

『宋書』倭国伝の倭王武の上表には、この王が自分の「都」の地理的な位置をふまえて、簡略ながらも日本古代史解明で決定的な意義のある「倭国史」を述べていることは先述した。くりかえすが、「昔より祖禰躬ら甲冑を擐き、山川を跋渉し、寧処に遑あらず、東は毛人を征すること五十五国、西は衆夷を服すること六十六国、渡りて海北を平ぐること九十五国」(傍線は引用者)である。

いうまでもなく大学的日本古代史学は、この東西を近畿大和にたって〝西は九州、東は蝦夷〟と一致して述べている。しかし、それでは「渡りて海北」と西・東が両立しない。この「渡りて海北」とは朝鮮半島をさす方向指示である。したがって通説のように近畿大和を中心に理解すれば、朝鮮半島は「渡りて海西」の国とされなければならないことは、云うまでもないであろう。

『日本書紀』『古事記』でも近畿地方から北九州や朝鮮半島をいう場合、例外なく「海西の国」としていることは周知のことであり、またそれは当然でもある。さらに北九州にたって「海北」の方向を指示したものは、筑紫～朝鮮半島の方向としている。これもいうまでもない。「東西南北」にイデオロギーなどは存在しないこと、あたかも物差しのメモリにイデオロギーがないのと同然であろう。

この問題をとりあげられてこの「上表」の東西は、朝鮮半島を海北という方向指示が適切な日本本土の一点にたっていわれたもの、と看破されたのは古田武彦氏(『失われた九州王朝』、「Ⅳ『分国論』と倭の五王」――「海北の国」)が始めてであろう。朝鮮半島を「海北」と指示できる日本本土の一点で、もっとも歴史的な合理性がある地方は、筑紫である。これは古田氏の日本史的意義をもつ指摘の一つであった。

「倭王武」は今日流にいえば日本人である。その上表はその日本人が書いたものである。この人物が、朝鮮半島を〝海北〟という日本本土の一地点に立って、東西を述べているのである。肝心の中国側は、この「倭王武」の上表の「東西・海北」をどう理解するか、これを問うのは大きな意味のある角度である。この上表は中国皇帝にあてられたものだからである。

すでに引用した『三国志』魏志・倭人伝中の、「郡より倭

Chapter 12

に至るには、……その（倭）の北岸狗邪韓国に到る七千余里」、と対照すれば自ずから明らかであろう。筑紫は朝鮮半島の南であり、朝鮮半島は筑紫の北である。こうした単純な東西南北ということをさえ、認めないのが大学的日本古代史学の姿である。おそるべきものではなかろうか。当然ながら「倭の五王」の都は筑紫・大宰府、多分、卑弥呼のすでに指摘した巨大都城が聳えた地である。なお、この〝朝鮮半島を北とい う一点にたって東西を指示したもの〟という指摘に、感覚的にピンと来ないという側面があるように思える。

つまり「日本」というと思わず近畿大和を中心に東西という感覚があって、筑紫にたって「東西」といわれても、ピントこないということであるが、ここに「倭国」という国家があとの大和朝廷とは、歴史的・文化的、地勢的に異質のものという面があるのである。それは二点である。一つは執拗に新羅・百済への支配圏を要求していること、二つは今日流に云えば日本人でありながらも「唐名」をもっているらしいという点である。『宋書』倭国伝にも引用したとおり、「司馬曹達を遣わして……」というように記されている。

第一に「倭王」達自身が〝讃・珍・済・興・武〟と、中国風の一字の名を称している。これは紀元前約一〇〇〇年以来、古代中国と交流してきた「倭国」の当然の姿と思われる。これは後述するとおり最初の中国交流が唐という大和朝廷とは、本質的に異なる日本民族の文化形成の古層部分を形成したものであろうと考える。

この「唐名」はその他に時代がずっとさがるが、日本本土とは別に国家形成をおこなった、古代琉球王国の支配層もまた保持したものである。その意味では「倭国人」が「唐名」をもっていることは、いささかも不思議でも不当でもないどころか、むしろ当然の姿である。

こうした当然の歴史をまったく反映していない「大和朝廷」とその正史、それを絶対化する近代尊皇思想は、歴史の真実を知らない無知を神聖化する態度に通じるものであろう。これほどの親不孝、愛国心のなさは他にないであろう。

②「国破れて祝賀あり」
──『日本書紀』の「二国併記」的記事

さて大宰府を「巨大都城」というと、吹き出す人もおられよう。しかし、そういう人は『日本書紀』天智紀をお読みいただきたい。大学的日本古代史学では大宰府問題は、文献的には『日本書紀』によっている。『日本書紀』によれば大宰府の諸施設は、六六三年八月の白村江での唐・新羅連合軍との決戦で、「日本」が大敗したので本土防衛のために造営したとされている。大学的日本古代史学はもちろんこの立場である。

ところで『日本書紀』には、『旧唐書』東夷伝の「日本本土二国併記」とみごとに照応する、日本古代史の真実にとって重大な意味のある記事が、一見なにげない姿で記されている。それは、唐・新羅との白村江での決戦の大敗と、それにつづく大和朝廷＝天智天皇がとった一連の戦後措置である。以下の引用文の傍線は引用者。

一　白村江の決戦での大敗の日――「天智二（六六三）年、「秋八月己酉（二八日）」（岩波古典文学体系『日本書紀・下』、三五八頁）。

二　敗戦の翌年（六六四年）、「天智三年、春二月……天皇、大皇弟《ひつぎのみこ》に命《みことのり》じて、冠位の階名《しな》を増し換《か》ふること、及び氏上・民部・家部等の事を宣《のたま》ふ」（同書、三六〇頁）。

三　天智三年（六六四）五月、唐の百済占領軍総司令格の劉仁願が、朝散大夫の郭務悰を日本に派遣。一〇月に郭務悰帰国、「是の日に、中臣内臣（鎌足）、沙門智祥を遣わして、物を郭務悰に賜ふ。戊寅に、郭務悰に饗賜ふ」（同書、三六一頁）。

四　〝六六四年〟（天智三）一二月に、「是歳、対馬嶋・壱岐嶋・筑紫国等に、防《さきもり》と烽《すすみ》とを置く。又筑紫に、大堤を築きて水を貯へしむ。名づけて水城《みずき》と曰ふ」（同書、三六二頁）と書いている。

つまり敗戦の日を『日本書紀』のいう、「天智二年八月二八日」として、本来ならば大敗の報に接するや直ちに、北九州を中心に本土防衛の緊急措置が指示・伝達されるべきものであろう。しかし、『日本書紀』の記事の実際は、なんの措置もとらず、敗戦の日から約六カ月後に、「冠位の階名を増し換えること……」という措置が最初なのである。これは重大な意味をもつ記事であろう。事は唐・新羅という外国との戦争である。大敗すれば直ちに対応策がとられるのが必至のはずである。

なぜならば「倭軍」の大敗を追って、直ちに北九州侵攻軍が準備され上陸されて敗北すれば、国土の占領のみならず「倭王」は責任を追求され、処分されるか追放されるか唐に拉致される等、王朝にとって存廃がかかる顔面蒼白の緊急事態のはずである。

第二次世界大戦の敗北をみればおして知るべしである。にもかかわらず約六ヶ月間にわたって無為無策であるのは異常である。そればかりか敗戦後の措置の第一はなんと、「冠位の階名を増し換えること……」というのである。

「国破れて山河あり」とは聞くが、「国破れて祝賀あり」と聞いたことがない。そもそも大敗した王朝が、戦後処理の第一に〝官位を増設しよう〟などという措置は、断じてあり得ない姿である。これができる者は、敗北した王朝の行く末が滅亡であることを願う者、ないしはそういう見通しをもって、「いよいよ出番がまわってきたぞ」という立場のものの露骨極まりない狂喜の姿であろう。

現に、本土防衛措置もとらずに敗戦の翌年の五月に唐の百済占領軍総司令格の劉仁願が派遣した郭務悰と、六ヶ月にわたって交渉を行い、その結果がよほど嬉しかったとみえて、郭務悰の帰途に贈り物をし、さらには別れの宴まではっている。そうして敗北の日から約一年五ヶ月たって、つまり本土に上陸した唐軍の使者が近畿を去ったはるかあとに、「是歳、対馬嶋・壱岐嶋・筑紫国等に、防と烽とを置く。又筑紫に、大堤を築きて水を貯へしむ。名づけて水城と曰ふ」というのである。

つまり、ここにみられる措置は、敗戦から寸暇を惜しんで国土や国民を防衛し、戦地に送った兵を少しでも保護するなど王朝ならば自己防衛の都合から必ずとられるべき最低の措置さえ、事実上、皆無なのである。それどころか唐軍の九州上陸に心を痛めるのでなく、その使者と面談して来るべきわが世の春を謳歌するという、「大和朝廷」が当時の「倭国・日本」の王朝ならば絶対にありえない姿である。これはまさに、『旧唐書』の日本本土二国併記（三四六頁参照）とピッタリと照応した、大和朝廷自身による日本史の真実の思わぬ告白であろう。

それにしても『日本書紀』にこうした記事が明記されながら、戦前・戦後をつうじて大学的日本古代史学のいかなる学者も、これに不審を表明したものがいないのである。驚くべきことである。もし本書のこの指摘にたいして、「『日本書紀』の記事は必ずしもすべてがあてになるわけではない」という人がいれば、もはや『日本書紀』は日本史の史料から除くべきであろう。一国の戦争の勝敗、その経緯と措置にかんする記載さえ〝当てにならない〟というのであれば、である。以上の考察からおのずからでてくるものは、大宰府造営にかんする『日本書紀』の言及は、次に指摘するとおりに単なる〝つけたし〟記事だということである。

③『日本書紀』の大宰府造営記事は虚構

先の記事から浮かびあがる当時の姿は、「倭国」の中心地、北九州は唐・新羅連合軍、ないしは唐軍によって占領・支配されていたということである。現に『日本書紀』天武紀には、真実の日本史にとってきわめて大きな意味がある次の記事がある。

「十二月に、天命開別《あめみことひらかすわけ》（＝天智）天皇崩《かむあが》りましぬ。

元年（六七二）の春三月……（干支）……に、内小七《うちのすなきなつの》位《くらい》阿曇連稲敷を筑紫に遣して、天皇の喪を郭務悰等に告げしむ。是に、郭務悰等、咸《ことごとく》に喪服《あさのころも》を着て、三遍《みたび》挙哀《みねたてまつ》（＝声を発して哀情を表す礼）る。東に向ひて稽首《をが》む。壬《みずのえ》子《ねのひ》に、郭務悰等、再拝《おが》みて、書函《ふみばこ》と信物《くにつもの》（＝土地の産物）を進《たてまつ》る。

夏五月の辛卯《かのとのう》の朔《ついたち》壬寅《みずのえとらのひ》に、鎧冑弓矢を以て、郭務悰に賜ふ。是の日に、郭悰務に賜ふ物は、総合《すべ》て絁《ふとぎぬ》一六七三匹、布二八五二端、綿六六六斤」（『日本書紀・下』、三八四頁）である。

天武元年は西暦六七二年である。白村江の決戦の大敗は六六三年の八月である。つまり「倭国」大敗の年から一〇年も経過して郭務悰という唐の百済・倭国戦の将軍が何のために筑紫に、また筑紫のどこに駐留していたのか、であろう。これは日本古代史の大問題ではないだろうか。当然、その駐留地は大宰府であり、その駐留目的の第一は「倭国」権力の解体であろう。なぜならば白村江につながる百済の遺民の新羅・唐への決起を軍事力をもって支援した者は、大宰府に都城を構えた「倭国」だからである。

こう考える以外に白村江の大敗の報に接して真っ先に、「冠位の階名を増し換えること……」という措置をとった大和朝廷（の始祖）の態度を説明できるものはないであろう。

したがって筑紫への郭務悰等の駐留は、大使館形式ではなく軍事的駐留と考えることが自然である。これは明らかに日本民族に対する外国勢力の侵略・介入という大問題である。

にもかかわらず、その事実の基本部分を何気ない仕方で正史に書きはしたが、その意味、その歴史的経緯と措置等にかんして一切記載がないのは実に大問題であろう。ここに大和朝廷の本質がある。

しかも『日本書紀』に大和朝廷が外国人等に、これほど莫大な贈り物をしている記述の例はないのではないだろうか。なにはともあれ「倭の五王」問題で指摘したとおり、中国南朝をさえも「貢奉る」と書く、尊大な「大和朝廷」である。この記事はその意味でも『日本書紀』にしては異例と思われる。

また、いつも「貢奉る」水準にあつかわれている新羅にたいしても、郭務悰への贈答記事の前年に、「新羅の王に、絹五〇匹、絁五〇匹、綿一千斤、韋《をしかは》（＝皮）一百枚賜ふ」（『日本書紀』天智一〇（六七一）年の一一月。同書、三八〇頁）ともある。この唐と新羅が「倭国」滅亡の立役者である。

この点に光をあてると『日本書紀』の他に類例のないこれらの記事の、真の意味を明らかにできるのである。これらの記事は、『旧唐書』東夷伝の日本本土の二国併記という額縁にみごとにおさまり、かつ『旧唐書』の二国併記を歴史論として、「日本」側でみずから補完する関係である。

したがって「〝六六四年〟（天智三）一二月に、『是歳、対馬嶋・壱岐嶋・筑紫国等に、防と烽とを置く。又筑紫に、大堤を築きて水を貯へしむ。名づけて水城と曰ふ』」という記事は、百％造作記事というよりは、正確には単なるつけ足しでしかないのである。軍事的進駐されたあとで「防と烽とを置く。又筑紫に、大堤を築きて水を貯へしむ……」といっても、防衛措置としては無意味だからである。

だが問題は、古代中国・朝鮮文献に「異朝の書の見聞の誤り」という恣意的態度をとり、「万世一系の天皇制」を史実とし、これを信じ、これを誇りとすることこそが「愛国心」であるかにいう者達が、「白村江の決戦」の大敗にかかわる『日本書紀』の記事の、天智を先頭とする大和朝廷の言動を不問にふすこと、特に唐の大宰府占領に沈黙する態度は、はたして愛国心のある姿であろうか。深刻に問われるべきである。

④「天命開分天皇」について

なお天皇の名をいろいろ云うのは六六三年以前については無意味である。というのも「大和朝廷」が存在しないからである。がしかし、天智天皇は大和朝廷の間違いのない直接的な始祖である。その名も「天命開別《あめみことひらかすわけ》」とある。

『日本書紀・下』の「上段注一」には、「天命を受けて皇運をひらいたの意か」（叢書、三五二頁）とある。

中国古典と「倭語」をつき混ぜた名と考えるが、問題は「天命」である。この「天命」とは「天命論」からの、俗流的解釈による借用であろうと推測する。もちろん正しい意味の「天命論」ではないが、「天命開別」をしたつまり〝天の命によって王家を開いた〟と理解できるのである。十分に当時の現実を反映し、それを自己合理化に利用したもので、唐・新羅の「倭国」への侵攻とその滅亡という思いがけない「天命」によって、「天皇」の地位を開いた王といっても間違いではない。つまりこの「天命開別天皇」という命名は真実の日本史を反映した名と思われる。

これを通説のとおり天智を当時の天皇とすると、外国に大敗して降伏した天皇を「天命開分」ということになり、理性的にも常識的にも成立しないことになろう。

四　都城・大宰府の実像

大宰府の造営に天智時代の大和朝廷がかかわっていないという考え方は、単なる解釈ではない。まず、大宰府が「山城」を配置した高句麗、新羅、百済の都城と同一の形式であるという点の意味である。大学的日本古代史学でも大宰府を「朝鮮式山城形式」とはいうのであるが、なぜ大宰府が「朝鮮式山城形式」なのかの説明は、『日本書紀』「天智紀」の「四年八月」の〝百済人を派遣して長門と大宰府の大野城と基肄城を築かせた〟という記事に任せている。一国一王朝の肝心要の防衛施設の造営を外国人に任せるという記事も異様であろう。

この大宰府の全容は、南北から大宰府を防衛する大野城と基肄城の配置、かつ条坊制の京師があり、巨大な「水城」を複数配置し、特に重要なのは大宰府を中心に何重にも巡らされた「神籠石」群など、朝鮮諸国の都城よりもはるかに大きく、『日本書紀』天智紀の記事のように、敗戦のどさくさに造営するなどは論外の規模だという点である。そうして「朝鮮式山城」形式は、歴史的に朝鮮諸国と関係の深い「倭国」の都城だからなのである。この日本史的意味が抹殺されてきたのである。

①　諸施設の規模

（1）大水城一カ所

全長　約一・二km　外堀・全長　約一・二km
土塁の高さ　約一三m　同上・幅　約六〇m
土塁の基底部幅　約八〇m　同上・深さ　約　四m
（土塁部分、田村円澄氏編、『古代を考える　大宰府』、四八頁、「外堀」、一三三頁、一九八七年、吉川弘文館）

造営労力

土量　三八万四〇〇〇立方m

一〇t積みダンプカー六万四〇〇〇台

作業人員数　延べ約一一〇万人。沢村仁・元九州芸術工科大学教授の試算（内倉武久氏著、『太宰府は日本の首都だった』、一九〇頁、ミネルヴァ書房、二〇〇一年、第二版）。以上は大水城のみであって、この他にも三つの水城の存在が指摘されている。

（2）大野城と基肄城

大宰府は北に大野城が、南に基肄城が大宰府をはさむように建てられている。

「大野城は、約六・五kmの土塁をめぐらし、河谷の水流部は石畳をつくり、両端は石垣となっている。北側の百間石垣がある宇美口、および南辺の大宰府口、坂本口、水城口の四箇所に、城門の遺跡がある。また城内の八箇所から七〇棟の遺構が確認された」（田村円澄氏著、『大宰府探求』、四五頁）。典型的な山城である。

基肄城についても「約三・八kmの土塁をもち、石塁・石垣が各所に残存している。城門跡として確認できるのは二箇所である。城内の建物は約四〇棟あったと推定される」（同書、同頁）とされている。

（3）東西二・四km、南北二・二kmの日本初の条坊都市

大宰府は『条坊都市』という。「郭内は一町（約一〇〇m）を単位として、正方形の碁盤目状に街路が走り、左郭、右郭それぞれ一二坊、南北二二条となる。中央北端には方四町の府庁（大宰府政庁）がおかれ、その東に方二町の学校院、さらにその東に観世音寺が方三町の寺域を占めている」（田村円澄氏編、『古代を考える「大宰府」』、石松好雄氏著一一〇頁）とある。

こうした規模の工事を敗戦直後の動揺する北九州の一角で、七世紀のなかごろに可能なのか、これを当時の社会と生産力から考えても、不可能であることは例えば「大水城」の造営一カ所をあげても、多く云々の必要もないであろう。大学的日本古代史学の体質に、「大和朝廷」といえば〝可ならざるはなし〟的な、国学的神道精神がある。〝仁徳陵・ピラミッドに匹敵論〟などがその典型である。しかし、物は人間が作るのである。それにはそれをおこなう条件がある。それを考慮もせずに「天皇が詔られた」といえば、不可能が可能になる式では「学」とは呼べないのである。現に、通説にたたれながらも、

「いま遺構を残す水城・大野城・基肄城の造営について、竣功までに相当な期間を要した、とする仮説を想定する必要があるのでないか」（田村円澄氏著、『大宰府探求』、四六頁、吉川弘文館、一九九〇年。傍線は引用者）とされている。

さらには、「『日本書紀』は水城や大野城・基肄城の築造については記述するが、中枢となるべき施設ないし建物などに

Chapter 12

ついては、一言もふれていない。外郭防衛の造営が先行し、中枢部の造営がおくれたことも考えられるが、しかし防衛されるべき中枢部について、文献資料から解明する手だてはない。それだけではない。水城や大野城・基肄城などによって、厳重に防衛されることになるはずの中枢部の名称、いや外郭防衛の諸施設を含む全機構の官衙名についても、『日本書紀』は無言である。これだけの規模の造営工事を実施しながらも、中枢部の機能や、施設全体の官衙名を明記しなかったのは、異例というほかはない」（田村円澄氏編、『古代を考える「大宰府」』、五頁、吉川弘文館、一九八七年。傍線は引用者）とも指摘されている。その限りでは正当な指摘と考える。

② 大宰府の造営年代

大学的日本古代史学の大宰府造営年代の根拠は、『日本書紀』と「土器編年」である。それは「宣化紀」の五三六年の「官家の修造」記事を史実とし、「磐井の乱」以降に「那津官家」が建て直されたという視点に基礎をおき、さらには「推古紀」にある「筑紫太宰」云々をふまえて『日本書紀』の記載をもとに、いろいろ「考察」をするという姿勢である。

が、しかし結局、「筑紫大宰の時代（前期・六〇七～六六三年）を通じて、筑紫において海外の客の施設としての『館』の存在を、文献史料の上で確認することはできない」（『大宰府探求』、田村円澄氏著、二七頁、吉川弘文館、傍線は引用者）という始末になるのである。つまり『日本書紀』の「前期」と通説が分類する期間の記事は、当時の「大和朝廷」の事実でないので、結局は確証しえない性格の記事なのである。この点が通説の研究者によって指摘されたということである。

こうしてかなりハッキリと大宰府政庁が「大和朝廷」との関連でも確認できるのは、六六三年の「白村江の決戦」での大敗と唐の筑紫占領以後になるのである。通説は大宰府の通説にたてば「天智朝」、すなわち真実の日本史では、「倭国」の中枢、いわゆる大宰府政庁の歴史的な考察で、「白村江の決戦」から七世紀末を「一期」とし、八世紀初頭からを「二期」とするのである。この一期～二期の大宰府政庁の造営年代の設定は、もちろん「土器編年」である。

a 通説の造営年代

第一期の造営年代への通説の説明も引用できるが、煩雑なので第二期造営にかんして述べるにとどめる。「南門跡と中門跡の基壇中から出土した須恵器の短頸壺二点がある。……中略……Ⅱ期政庁の造営年代を決める有力な資料である。この短頸壺の年代については胴部の最大径の上昇ないし下降といった形態的変化、ないしは胴部の張りなどに注視すれば、八世紀前半を下らないものと考える」（『大宰府政庁跡』、三八六頁、九州歴史資料館編集・発行、吉川弘文館、二〇〇二年、第一刷。傍線は引用者）である。如何であろうか。年代設定の根拠が、壺の胴部分の〝膨らみや張り具合〟への「注視」なのである。

b　放射性炭素14C年代測定値

（1）福岡市・鴻臚館遺跡の測定値

Ⅰ　四三〇年±九〇年

福岡市の大濠公園の近くの「平和台球場」付近にあった、鴻臚館の便所の一番底にへばりついていた木片（古代人が用便のあと使ったという今の紙の代わりで「注木」といわれる）、深さ約三mの便槽の底の方にあったものという）。測定依頼者・福岡市教育委員会。

Ⅱ　五一〇年±一二〇年

測定者・「財団法人九州環境管理協会」（『大宰府は日本の首都だった』、一一三頁）。

（2）「大水城」の測定値

西暦四三〇±三〇年

測定機関（「九州大学理学部・放射性同位元素総合実験室（当時）、『一九七四年、年代測定結果集』、測定者、坂田武彦氏。『太宰府は日本の首都だった』、一九二頁

なお、内倉氏はここで坂田氏の測定にかんして、「……坂田さんの時代はまだ、放射性炭素の含有量の補正がされていない時代の測定値」とされ、「最新データで測定値を補正してみると、五四〇年ごろになりそうだ」という注釈をされている。同時に「水城の築造を四～五世紀」ともいわれている。

本書は、次にとりあげる『大宰府政庁跡』記載の第二期庁舎建築の時期にかかわる、14C年代測定値でも四三〇年代が記されていることから、また、大宰府政庁跡が後述するとおり古来より現代にいたるまで、「都府楼」と地元で呼ばれている事実をも斟酌して、五世紀を採用した。

（3）『大宰府政庁跡』

1「焼け落ちたⅡ期の瓦を破棄した土壌中の確実に焼土層にある瓦の内側の炭化物　測定年代ＡＤ　四三五年～六一〇年。

2「Ⅲ期整地層下位のⅡ期雨落ちと考えられる溝状遺構中の炭化物　測定年代ＡＤ　六四五年～八五〇年。

3「Ⅲ期整地層中に封入されたもの」　測定年代ＡＤ　一一八〇年～一二九〇年（『大宰府政庁跡』掲載の「Ⅶ章　自然科学分析」大宰府政庁正殿跡における放射性炭素年代測定、同書、三五三頁）。

以上であるが、いずれの測定機関の値も、大宰府の諸施設の存在年代を14C年代値で四三〇年代と示されている。大宰府政庁第二期建物の造営年代では、通説（七一六年）と最大で二八七年の差である。通説の「土器＝日本書紀」編年との

差が示すものは、水田稲作での北九州と近畿地方の差の場合同様、大学等の自然科学的研究部門と日本古代史学専攻部門の違いと対立なのである。

そしてこの事実は『日本書紀』の七世紀以前の記載が、『古事記』もろとも日本史の事実を反映していないことを示すものである。したがって『日本書紀』中心主義で、「大宰府探究」をまとめた九州歴史資料館編集・発行の『大宰府政庁跡』が、自身が依頼しておこなった右の建物（正殿跡）の14C年代測定値に全く沈黙しているのも、通説の「学問」では決して珍しくないものと云うべきであろう。以上の自然科学的年代測定値が明らかにするものは、この大宰府政庁ならびに大水城等や大野城・基肄城が、「倭王・讃」時代には、存在したことになるという、大変な問題である。

③ 大宰府にかんする「倭国」文章の残滓

『日本書紀』という文献の資料的特質はあとに述べるが、大学的日本古代史学でさえもが、古代中国王朝の正史類や古典さらには古代朝鮮国家の正史類や古記録を、盗作というのがもっとも適切な手法で切り取っている事実は指摘している。だがしかし、いっそう研究の必要があるのが、古代「倭国」や抹殺された東国王朝等（『日本書紀』、安閑元年、武蔵国国造・笠原直使主《かさはらのあたひおみ》と、同族小杵《おき》の争い。欽明の九年、上毛野君形名の蝦夷討伐記等）の文献からの、なにくわぬ顔で盗作、改竄をしていると考えられる記事である。

大宰府にかんしても一〜二を例証できるほどである。

a　「持統五年（六九一）の春正月……中略……丙戌《ひのえいぬのひ》（＝一四日）に、詔して曰《のたま》はく、直広肆《ぢきくわうし》筑紫史益《つくしのふひとまさる》、筑紫《つくし》大宰府典《のおほみこともちのつかさのふびと》に拝《め》されしより以来《このかた》、今に二十九年。清白《あけらけ》き忠誠を以て、敢へて怠《たゆ》情まず。是の故に、食封五十戸、絁十五匹、綿二十五屯、布五十端、稲五千束賜ふ」（『日本書紀・下』、五〇八頁）とあるのがそれである。

持統五年（六九一）正月から二九年前とは、六六三年である。すなわち白村江の敗戦の年に、「直広肆筑紫史益、筑紫大宰府典」が実在していたという記事である。さらには「直広肆筑紫史益」を『日本書紀』校注者等は、「他に見えず」と同頁の上段注「三」でいうのである。この記事について通説にたたれる方が、「大宰府は六六三に成立したといわれるが、とすれば、（この記事は）中央官制さえも整備されていない段階で四等官制を備えた官司が成立していたことになる。……ただちに従うことはできない」（『古代を考える　大宰府』、倉住靖彦氏著・「大宰府の成立」、五八頁）と云われている。しかし、この記事は「倭国」文献から持統紀に切り貼りしたものというのが最も正確で適切と考える。

b　「食は天下の本なり。黄金満貫ありとも、飢を癒すべからず。白玉（真珠）千箱ありとも、何ぞ能《よ》く冷《こい》（＝寒さ）を救はむ。夫《そ》れ筑紫国は、遐《とほ》く邇《ちか》く朝《もう》で届《いた》る所、去《ゆき》来《き》の関門《せきと》にする所なり。是を以て、海表《わたのほか》の国は、海水《しほ》を候《さもら》ひて来賓《もう》き、天雲を望《おせ》りて貢奉る。胎中之帝より、朕が身に泊《いた》るまで……」（『日本書紀・下』、宣化紀、五八頁）。

この筑紫国を正面にかかげた文章は、「天雲を望《おせ》りて貢奉る」としている。つまり筑紫国を天雲を仰ぎ見るように仰いで貢奉る、といっているのである。この文章に該当するものは「倭の五王」である。大宰府は筑紫国にあるのである。先述のとおり近畿大和地方には、「都督府」の痕跡も、巨大都城大宰府に匹敵する都城もこの時代にはない。

また、もしこれを「大和朝廷」が書いたといってみても、「夫れ筑紫国は、遐く邇く朝で届る所……是を以て、海表の国は、……天雲を望りて貢奉る」というのはおかしいであろう。この表現では「仰ぎ見られる天雲」は「筑紫国」である。したがって「大和朝廷」の文書ならば、「大和の国」とか「難波津は」とかいうべきであろう。以上からこの「胎中之帝」はつけたしであろう。さらに本書は、この「胎中之帝」でフタをしたその中身を検証しようとするものである。

五　巨大都城・大宰府の日本史的意味

以上、国家は都城を前提とするという日本本土以外の、古代琉球を含む全世界の古代国家の確認されている事実、およびそれを人類社会発展の事実にそくして解明した、約一〇〇年も前のモーガン、マルクス・エンゲルス等の科学的理論を導きの糸として、また日本古代史学史上、真に科学的日本古代史学の扉をはじめて開かれた、古田武彦氏の「倭国」の都城・大宰府論をはじめ数々の業績を先学とし、さらには内倉武久氏（『太宰府は日本の首都だった』、ミネルヴァ書房、二〇〇〇年、第一刷）等の探究を踏まえ、五世紀以前に日本本土で、文献的・考古学的に確認できる巨大都城が、大宰府に厳然として屹立していたことを明らかにした。これの日本史上での意味はまず、巨大「前方後円墳」の造営の主体は、「大和朝廷」ではあり得ないというばかりではなく、それを造営するにたる力の実態を明らかにした点である。

しかもこれは水田稲作の始原と展開、青銅器ならびに特に鉄器の使用と製造において、大宰府が存在する北九州が近畿地方に対して圧倒的に早いという、「前方後円墳・大和朝廷造営派」でさえ認めざるを得ない。不動の事実にたった日本史の姿である。「大和朝廷」には、巨大「前方後円墳造営」の如何なる文献的考古学的実証もないのである。そもそもそれを云々する如何なる根拠も、本来ない存在なのである。これが真の日本古代史であることを客観的に明示しているものが、「天皇の代替りごとの遷都・遷宮」なのである。

これは一見、学説上では日本古代史のコペルニクス的回転を不可避とするものである。しかし、これは本質的には『古事記』『日本書紀』が、改竄・隠蔽した真の日本史の復権であって、そこに鬼面人を驚かせる類のものは一切存在しない。いわば「天動説」をヨーロッパの封建制度の美化・合理化の具とした、中世キリスト教の世界観の誤りを正した地動説に該当するものである。

同時にこれは、『古事記』『日本書紀』の記載と、その意味を徹底的に明らかにする検証の機軸を示すものである。したがって『古事記』『日本書紀』が記す「日本古代史」の姿は根本的に否定され、これを妄信してきた近世尊皇思想と、これを自己の権力の日本史的正当化論の具にしている近代国家と、これに奉仕する大学的日本古代史学のいう「日本古代史」は、この断崖で自己の客観的な正当性を、人類の国家形成・誕生の普遍性と、それと基本的に合致する古代中国・朝鮮史料の前で、あらためて自己証明をしなければならないのが、真の学問の要請となるのである。この日は、おそかれはやかれ公式に訪れることとなろう。

あたかも第二次世界大戦が「絶対主義的天皇制政府」を瓦解させるや、井上光貞氏が云われたように「たちまち歴史が否定され、書きかえられた」ようにである。権力によって支えられた「歴史」は、その権力を失えば崩壊する点が、真の学問の「歴史学」との根本的な相違点である。真の科学的な歴史学は、あくまで都城の確立こそが国家形成・誕生の客観的な根拠であり基礎という、全世界の歴史学と共通の見地にたつものである。

しかし、これは従来の大学的日本古代史学の部分的訂正といった水準に止まり得ず、偽造・隠滅された日本古代史の復原という抜本的な、その意味では前人未踏の仮説の構築へと進むことになるのである。これの作業が大学の水準で本格化されるのは、おそらくは天皇制擁護権力の消失という、日本社会の根本的な変化のあとであろうと予想する。

それはやはりかなり未来の日本社会の姿となるかもしれない。本来は、現体制下の大学の歴史学の分野で真に革新的な思想・哲学が生れて、古田武彦氏等の見地を正当に評価してこれと結合して、現在の大学的日本古代史学を勇敢・誠実に批判しつつ、日本社会の進歩的変革に資する有力な知性が、大学的日本古代史学の一角に形成される姿が望ましいが、戦前の大学的日本古代史学と戦後の姿をみれば、これはまことに近代日本の惨めさを示すものであるが、「ないものねだり」の可能性がたかい。

戦前の大学的「皇国史観」史学は、天皇制と日本軍国主義の讃美に明けくれて、日本国民を破局に導く役割しか果たし得なかった。戦後も約六〇年が過ぎて、そこにたしかに貴重な研究や業績は、いわば個別的には少なからずある。しかし、最大の問題点である「大和朝廷一元史観」の克服という課題は、まったく自覚のきざしさえ見られない。その意味で、大学的日本古代史学に期待することは、「一〇〇年、河清を待つ」ことになる。これは「皇国史観」が国民にもたらした禍をふり返れば、大きな問題といわざるを得ない。

こうしたなかで日本古代史学のコペルニクス的転回は、ややしばらく一見、非専門家の孤立した主張という姿であるかもしれない。事物の進歩はそれに気づいた者たちが行進を開始することから始まる。日本には幕末の「草莽の志」がある。もっともこれは今日の官学を生み出したものに違いない。しかし、この古い「草莽の志」とは異なり日本社会の真に民主的な発展をめざす、新しい「草莽の志」は当然、あり得る。本書の見解が真にそうした性格をもち、それに貢献できるものであるとすれば幸いである。さて、人跡未踏の大きな山々の険しい峯々をめざして、「草莽」の新しい門出である。

Chapter 12

Chapter 13

第13章

『隋書』、『旧唐書』の日本本土の二国併記

一　『隋書』の日本本土二国併記の問題

『隋書』倭国伝は、その東夷伝に原文では「俀国伝」とあるものを、大学的日本古代史学では、説明抜きで「倭国伝」といわば原文改竄をし、戦前から「日出ずる処の天子、書を日没する処の天子に致す。恙なきや、云々」という国書を、聖徳太子が起草して隋の煬帝におくりつけたとして有名な史料である。しかし、この肝心の国書は『日本書紀』にはないことは周知のことである。しかもこの「日出ずる……云々」の国書を隋に送った者は、「多利思北孤・タリシホコ」という男王である。

ところが『魏志倭人伝・後漢書倭伝、宋書倭国伝、隋書倭国伝』（岩波書店）の編訳者の石原道博氏は、同書中の石原氏編集の原文（写真版）『隋書』俀国伝を、その表題、文章ともに「俀国伝」と原文改竄をするに止まらず、文中の「多利思北孤」を訳文では「多利思比孤」に、すなわち「北」を「比」に改変しているのである。しかも説明抜きである。

漢籍といえども外国文である。それの訳に説明抜きで原文を改竄が許されるとすれば、「辞書などいらない」ことになる。これでは国民はその原文を正しくしる権利を仲介者の恣意によって侵されることになり、この原文の正常な姿を知らないままで、その仲介者の恣意に従わされることになる。恐るべき思想・文化の統制という他はないであろう。

ただし、これは石原道博氏個人の個性ではなく、大学的日本古代史学の戦前からの姿である。古代中国正史によってははじめて、われわれは『古事記』等からは知り得ない日本の過去を知り得るのである。『隋書』俀国伝によって「日出ずる処の天子……云々」の国書を知り、「タリシホコ」という王の名と存在を知るのである。ところが戦前からの大学的日本古代史学は、「まず初めに大和朝廷ありき」といって悪ければ、「第一に漢意儒意を、清く濯《すす》ぎ去って、やまと魂をかたくする事を、要とすべし」という本居宣長の見地を唯一の基本とするのである。これは戦前はいうにおよばず戦後といえども堅持されて今日にいたる、大学的日本古代史学の基本姿勢である。

本居宣長以下、今日の大学的日本古代史学の如何なる教授といえども、「タリシホコ」王の署名がある「日出ずる処の天子、・云々」の国書を、自分の目で見たものは一人もいまい。それを見た者は書いた本人・俀国の関係者と、その国書を手にした隋王朝の関係者であろう。『隋書』俀国伝の記録は、この国書を現に見た読んだ王朝の記録である。これを否定できる人はおられまい。

つまり、「タリシホコ」の国書には王の署名や国名が明記されていたことは疑いないであろう。中国・隋はこれを記録するにあたって、その国書にもとづいたことも疑いえないことであろう。さらには俀国から隋に使者が派遣され対話が交わされている。したがって『隋書』の記載を否定するには明確な事実の指摘と、それによる改変の正当性の十二分の証明が求められるのが、理性というものである。説明なしの恣意的な改竄は学問としては正しくないものである。

しかし、大学的日本古代史学では、古代中国・朝鮮史料への恣意的態度が基礎となっていることはくりかえして述べた。まさに「プロクルステスのベッド」である。

① 「大和朝廷」の中国交流は隋が最初——『日本書紀』

なぜ『随書』俀国伝を「プロクルステスのベッド」風にあつかうことが、大学的日本古代史学にとって必要なのか、これを問えば、この史料の記録と『日本書紀』の記載が合致しないのである。『日本書紀』の記す国書と『隋書』俀国伝の国書も違い、「王」も男性と女性（推古）という絶対的矛盾があり、名も違う。にもかかわらず戦前から大学的日本古代史学は、これらの絶対的な矛盾を一切無視して、「俀国」＝「大和朝廷」に一致してたつのである。この事実も道理もあったものではない態度を何故とるのか、を問えば、すでに何度も指摘してきた問題、この違いを認めれば「万世一系の天皇制」は、その瞬間に根本から崩壊するのである。

しかも『隋書』俀国伝は、この「俀国」を卑弥呼・「倭の五王」の王朝であると、次のように記している。

一 「俀国は百済・新羅の東南にあり、……大海の中において島山に依って居る。魏の時、訳を中国に通じるもの三十余国邪靡堆に都す。則ち『魏志』のいわゆる邪馬台なるものになり」

二 「魏より斉・梁に至り、代々中国と相通ず」。

これは「俀国」が卑弥呼の王朝であることを述べたものである。しかもこれを追認する「大和朝廷側」の史料が二つもあるのである。その一が「推古紀」の「推古天皇」の隋朝あての国書の一節である。

1 「東の天皇、敬《つつし》みて西の皇帝に曰《まう》す。使人鴻臚寺の掌客裴世清等至りて、**久しき憶《おもひ》、方《みざかり》に解けぬ**」という、傍線部分である。「中国と国交を交わしたいという久しい思いが、隋の使者裴世清の訪問で「方《みざかり》（＝顔を合わすこと）にとける」、すなわち「お顔をあわせてお話しができて、やっと思いがかないました」という意味である。つまり、「大和朝廷の中国外交は隋が始めて」という意味である。現に、戦前の国史の学校教育は、この「遣隋使」が最初であった。

2

「次に用明、亦目多利思比孤と曰う。隋の開皇の末に当たる。始めて中国と通ず」。これは『唐書』日本伝中に記録された遣唐使が述べた「日本史」の部分である。「隋の開皇の末に当たる。始めて中国と通ず」という意味を説明する必要などないであろう。「大和朝廷」は隋の時代にはじめて中国に通じたと述べているのである。

同時に、ここの「目多利思比孤」は遣唐使が『隋書』倭国伝の一節をうろ覚えしていたことを示すものであろう。自国の「王」の名をいい間違える大使などはいないはずである。「倭国伝」では「多利思《タリシ》**北孤**《ホコ》」とあるものを、「モクタリシヒコ」と述べているところにそれは示されている。つまり「倭国史」を遣唐使が一方で「日本史」に取り込みながら、しかも「隋の時に始めて中国と通じた」と真実を他方で述べているのである。取り込みと真実を併せた結果、いわば支離滅裂の「日本史」なのであるが、実に、ここに『古事記』『日本書紀』の原点があるのである。

『隋書』倭国伝がこの国家をキチッと卑弥呼、「倭の五王」の国家であると述べ、『日本書紀』と遣唐使はともに「大和朝廷」の中国交流を、「隋をもって始めてとする」としているのは読めば明らかである。したがって両者をあわせて読めば「倭国」と「大和朝廷」が異なるものであることは、「二マイナス一＝二」という計算同様のものであろう。

にもかかわらず自国の正史の記載さえも無視するという態度は、繰り返し述べてきたとおり、そうしなければ「大和朝廷一元史観」が崩壊するからである。同時にこうした理不尽な態度が、日本では罷り通るという不思議さである。これで民主主義といっても理性が通用しない社会では民主主義はないこと、あたかも「無理が通れば道理はひっこむ」というが如しである。

②『隋書』日本本土の二国併記

さて、隋との交流では述べてきたとおり、『日本書紀』に遣隋使派遣記事があるばかりではなく、また『隋書』帝紀には「倭国入朝」記事が二カ所にわたってあるのである。つまり東夷伝には「倭国伝」だけがあって、「帝紀」には「倭国」記載のみがあるのである。

(1)「大業四（六〇八）年三月、壬戌、百済、**倭**、赤土、加羅舎国並遣使貢方物」

(2)「大業六（六一〇）年春正月、**倭国**遣使貢方物」

この問題をはじめてとりあげられたのは、古田武彦氏の『失われた九州王朝』（三〇五頁、角川文庫本）である。つまり『隋書』は、「帝紀」とその東夷伝をあわせ読めば、日本本土からは二つの「国」が隋と交流していることを記しているのである。

この「倭」は何か、を問えば、答えは「推古」の国家なのである。それは『日本書紀』に隋の煬帝からの国書にかんする記載があって、そこに「その書に曰はく、『皇帝、倭皇を問ふ……』」（『日本書紀・下』、一九〇頁）と明記されている。つまり「推古」は「倭」を名乗って隋に通じているのである。

さて、この（1）の小野妹子の隋派遣は、「推古」一五（六〇七）年七月である。そうして入朝が認められたのが翌年六〇八年の三月、すなわち隋使の裴清の倭国への出発の直前である。これが（1）である。

（2）は、推古一七年（六〇九）に「小野妹子等、大唐より至る。唯通事福利のも来ず」という記事があることを古田氏は指摘されて、通事（通訳）の福利が残留して、翌六一〇年の新年の祝賀に出席したと解されている。適切なものと考える。つまり『隋書』は東夷伝と「帝紀」によって、日本本土から二つの国家が交流してきた事実を伝えているのである。

――以上のように書けば、「お前は七世紀以前に『大和朝廷などは存在しない』といってきたじゃないか。それが急に『日本本土の二国併記だと！ 知性の廃頽じゃないか」といわれる方もおられるかも知れない。だがこれは、まさに真実の日本古代史が『日本書紀』によって隠蔽されているところ、従来の戦前・戦後日本古代史学のコペルニクス的転回の急所の一つなのである。

今日では半ば死語の感があるが、「事実は小説よりも奇なり」という。まして造作の歴史書『日本書紀』においてや。この謎を解く鍵こそが、巨大「前方後円墳」の出現なのである。後述する。

二 『旧唐書』東夷伝の二国併記

がさて、この「日本史の難所」を解く「前方後円墳」の真の姿を解明するために、まずは『旧唐書』東夷伝の「倭国伝」と「日本国伝」という二国併記の問題を記して、真実の日本史を明らかにすることから初めなければならない。

① 「倭国伝」およびそれの近畿支配

『旧唐書』の東夷伝には、七世紀に「倭国伝」、八世紀の初頭からは「日本国伝」と日本本土の「二国併記」が行われている。最初の「倭国伝」には、その冒頭に「倭国は古の倭奴国なり」とあり、あとに「世々、中国と通ず」と「魏志」倭人伝、『宋書』倭国伝、『隋書』倭国伝にある「倭国」と歴代中国王朝の一貫した交流が略記されている。つまり一世紀の金印「委奴国王」以来、漢・魏・南朝・隋と交流してきた「倭国」の姿が記されているのである。

もう一つ重要なものは、「貞観五年（六三一）」にこの「倭国」から使者が唐を訪れた答礼に、高表仁を派遣したが「表仁、綏遠《すいえん》（＝外交）の才なく、王子と礼を争い、朝命を宣《の》べずして還る」とあり、さらには、「二十二年に至り、また新羅に附し表を奉じて、以て起居（音信）を通ず」で終わっている。

貞観五年は「舒明天皇」の時代とされ、『日本書紀』に舒明四年に、唐から高表仁が訪れた、と記されている。がしかし「王子と礼を争った」ことは書いていない。つまり舒明紀の「遣唐使派遣記事」と、「倭国伝」の「高表仁」記事は別ものであって、これは文字通り「倭国」にかんする記事であり、「舒明紀」の記事は「大和朝廷」のこととしては真実か、疑われる。

理由は、真の日本史では推古・舒明・皇極紀の時代、やがて大和朝廷を生み出す、いわばその前史が、しかも「倭国」の手によって劇的に準備されたと考えられるからである。後述するが「大化の改新」と『日本書紀』が記すところのものは、実は「倭国」による蘇我氏の粛清と考えられるからである。『日本書紀』孝徳紀の「大化の改新」記事は、言外にそれを濃密に語る記事となっている。

こういうと「馬鹿馬鹿し」という方もおられよう。しかし、「前方後円墳」造営能力は都城がないものには不可能なのである。したがって『古事記』『日本書紀』がなにを記し、江戸時代以降の近世尊皇思想がどう言い、明治以降の大学的日本古代史学が一致してどう言おうと、世界の国家形成・誕生の普遍性に照らせば、「大和朝廷」にはこの時代〝都城がない〟と自らの正史で、系統的に断っている以上、国家・王朝としては存在し得ないことは否定し得ないのであって、当時、「大和朝廷」など存在し得ないのは疑う余地がないのである。

だが「前方後円墳」は、その「土器編年」の年代値には疑念がもたれるにせよ、実在するのである。この動かすことのできない事実に立てば、近畿地方に「前方後円墳」を造営した力は、巨大都城を構えた「倭国」の「東征勢力」と考える以外にないのである。問題は、ではそれは如何なる勢力なのか、ということである。「倭国」そのものは滅亡まで大宰府を都城とした以上、この王朝が直接近畿地方を統治したとはいえず、したがってそれを近畿地方において代表した勢力、すなわち「倭国」の総督府的な権力と考えるのが自然である。

それを武内宿禰～蘇我氏と考える理由は後述する。しかし重要な点は、大和朝廷は『古事記』『日本書紀』の編纂にあたって、大和朝廷に先行した国家的勢力を、たとえば「倭国王家」は「磐井～磐井の君」、東国王家は「上毛野君」などと「臣下」に格下げしている。これに照らせばかつての自己の直接的な支配者の蘇我、ならびに自己と肩を並べた物部氏を「大臣・大連」として描きだしたと考えられる。

蘇我氏の実際の姿は「大和朝廷の臣下」などではなく、「倭国」の近畿総督府であると考えられるからである。この蘇我氏は三世紀末ごろ、「倭国」の東征の将軍として活躍した武内宿禰の後である。それが長年の近畿支配による近畿への土着化がすすみ、同時に「倭国」と隋・唐の関係悪化を反映して、「倭国」の国力を傾注した唐との戦争準備が強化され、この結果、「倭国」内部（といっても愛知県以西ぐらいから九州）の国民との矛盾を激化させ、この事態のなかで蘇我氏は「倭国」からの自立をはかり、その一環として隋に使者小野妹子を派遣をし、そのために「倭国」によって粛清されたというのが、いわゆる「大化の改新」の真の姿と考える。

「大和朝廷」は長年、この武内宿禰～蘇我氏と姻戚関係を結び近畿地方で勢力を増大させ、「倭国」の蘇我氏粛清のあと「倭国」の近畿政策を息を殺して見守っていたと考える。ところが「倭国」は、六四五年のいわゆる「大化の改新」からわずかに一九年後、白村江の決戦で大敗・滅亡にむかったのである。こうみれば天智が白村江大敗の報に接して、「天皇、大皇弟《ひつぎのみこ》に命じて、冠位の階名を増し換えること……」というように、いわば手を打って喜ぶ姿は自然なものである。

つまり後の大和朝廷を生み出す者は直接的には蘇我氏という「倭国」の近畿総督府であって、この勢力こそが近畿地方に巨大「前方後円墳」を造営した勢力であろう。にもかかわらず後の大和朝廷は『古事記』『日本書紀』で、「倭国」をはじめ日本本土の「諸王家」を武内宿禰・蘇我等とともに「臣下」に仕立てたというのが正論と考える。

なお、この「倭国伝」の終わりの記事は、『隋書』俀国伝の最後の「その後遂に絶つ」という記事と一脈通じて、「倭国」と中国の関係が急速に冷え込んでいるらしいことが、示されているように思われる。しかもその冷却化は、「倭国」の側に「絶とう」という気持がつよいように見える。やがてくる唐・中国との激突、「倭国」滅亡と破局への序曲を感じさせる。

②『旧唐書』日本国伝

さてこの「日本国伝」は冒頭記事から異様なものである。

「日本国は倭国の別種なり。その国日辺にあるを以て、故に日本を以て名となす。あるいはいう、倭国自らその名の雅ならざるを悪《にく》みて、あらためて日本となすと。あるいはいう、日本は旧小国、倭国の地を併せたりと。その人、入朝する者、多く自ら《もと》矜大《きょうだい》（＝尊大）、実（事実）を以て対《こた》えず。故に中国焉《これ》を疑う」（傍線は引用者）という記載である。

しかも『旧唐書』日本国伝は最初の大和朝廷の遣唐使を、「長安三年（七〇三）、その大臣朝臣真人、来たりて方物を貢す」として、それ以前の大学的日本古代史学がいう「遣唐使」の名は一切ないのである。あたかも『隋書』が推古紀の「遣隋使」を、その東夷伝には記していない仕方に似ているのである。つまり国家とは認めないのである。本書のこの指摘を疑い、拒否される方々のために、もう一例を上げておこう。

「天聖四年（一〇二六）一二月、明州（浙江省鄞《きん》県、寧波）云う。『日本国大宰府、人を遣わして方物を貢す。しかも本国の表を持たず』と。詔してこれを卻《しりぞ》く。その後もまた未だ朝貢を通せず……」（『宋史』日本伝、石原道博氏編訳、「中国正史日本伝・2」、六九頁）である。ここの「日本国大宰府」は滅亡した「倭国」の復権をめざす勢力と推測するが、一一世紀の日本の政府は大和朝廷であって、中国・宋の政府は国家関係の当然の原則を守って、相手国政府の大和朝廷の他に、あらたに「国交」を要求してきている勢力を拒否しつつも、その事実だけは、その正史に明記しているのである。

国際関係の当然の姿であろう。大学的日本古代史学の異常は、この『宋史』日本伝の記事には満足を表明しながら、「倭国」が国際的に承認されている時代の記録になると、それを〝問答無用で否定、否認する〟といって悪ければ、「異朝の書の見聞の誤りと申し破り……破り捨て候」という態度に終始するところである。これは極端な主観主義でしかない。国際関係一般への正常な理解にたって『隋書』の「二国併記」と、その東夷伝に小野妹子が記されていないことや、『旧唐書』に七〇三年以前の「大和朝廷」の遣唐使が記されていない問題を理解すべきことは、本来、あまりにも当然のことであろう。

つまりここに近畿大和地方の一勢力が、当時の中国王朝が正規に日本本土の王朝・国家とは認めていないにもかかわらず、「王朝・国家」を名乗って国交を要請した、すなわち中国王朝の権威をもって、当時の東アジア世界と日本本土において、「王朝」自称の正統性の承認を得ようとしたという観方である。これを『隋書』時代において「大和朝廷」と見なし得ない根拠は、当時の「大和朝廷」には都城がないからである。都城のないものに「前方後円墳」造営などは論外のことだからである。

さて、『旧唐書』日本国伝の冒頭記事は最初から「日本国は倭国とは別国家だ」という痛烈なものである。別種の種は種族の種であって「別」と同意語である。つまり七〇三年に使者を派遣してきた日本国は、それ以前に日本本土を代表していた「倭国」とは別国家だ、と述べているのである。これが大学的日本古代史学では断じて受け入れられないのである。これを認めれば、その瞬間に、「大日本帝国ハ万世一系ノ天皇之ヲ統治ス」とか、「天皇は、日本の象徴であり日本国民統合の象徴……」といった憲法条項は、あきらかに日本民族の真の歴史を無視・否定したものになるのである。

これほど単純にして明快な歴史的な「天皇制批判」は他にないのである。なぜならば近代天皇制正当化論の唯一の根拠は、「万世一系論」という日本史論にあるからである。私が自由民権運動やその伝統を継承した、日本のマルクス主義政党である日本共産党の戦前の天皇制批判が「政治体制批判」であって、本来、これとあわせた日本史論からの批判が是非必要であったという由縁もここにあるのである。

にもかかわらず歴史論からの批判がまったくなかった理由の第一は、すでにくりかえして述べたとおりに、明治維新が「尊皇思想論」で正当化され、これが教学の中軸に据えられ、このもとで日本古代史学が育成されたということが第一である。第二に、中国文化と文献を蔑視・軽視する「文明開花」気分と思想、「入欧、脱亜」主義が、資本主義的生産様式とその蒸気機関車、軍艦、飛行機といった、近代工業の威容とともに一世を風靡したのは自然の流れとしても、その陰に古代アジア文明の優れた産物は廃物のように投げ出され、おまけに尊皇史学が巧みにこの「入欧、脱亜」主義を天皇崇拝と結びつけ、これを絶好の機会として古代中国・朝鮮史料への「不信論」を激化させたことが指摘されなければならない。

さらには戦前の日本社会では封建制への批判もあって、本来は国学的儒教、つまり「親に孝、君の忠」一点張り、『孟子』敵視の「日本・江戸式儒教」を批判すべきを、それを古代中国文化・思想の代表格と考え違いをするという、「文明開花」気分的側面の強い不正確な態度が許容された。これらは日本史における近代民主主義への、思想的政治的流れと伝統を正しく評価するうえで、巨大な「負の遺産」とならざるを得ないものであった。

さて次は、「倭国」と日本国は別国という指摘につづいて、国号日本の歴史的由来をめぐって唐・中国と、大和朝廷・遣唐使との間で、激しい論争があったことが示されている。唐朝に対する「多くの遣唐使」の「国号日本」の由来にかんする説明は、「その国日辺にあるを以て、故に日本を以て名となす」である。「東にある国だから日本というのだ」と一見、もっともに見える。しかし、誰に対して〝東〟なのか、という問題があるのである。

当然中国ではない。それは「倭国」に対してである。つまりこの意味は、中国・唐が大和朝廷に、「倭国」との関係を問いただしているのである。これに大和朝廷と多くの遣唐使は、「倭国などは国家ではない。ただ西にあったので国家を名乗って早く中国等と交流したに過ぎない。われわれはなるほど中国との交流はおくれたが、それは東にあったからで、われわれこそが古来、真に日本を代表する者だ」ということであろう。まさに本居宣長や津田左右吉、石母田正氏的な「古代西国弱小国論」の先輩格であろう。もちろんこれは推測ではあるが、以下に照らせばこの推測には根拠があると考える。

それはまず唐の反論である。「その人、入朝する者、多く自ら矜大、実を以て対えず。故に中国焉《これ》を疑う」である。すなわち大和朝廷の遣唐使の多くは、尊大にもわれわれ中国を見下し、われわれの事実――中国が『倭国』と交流してきたという歴史の事実――を認めず、これを否認する。われわれ唐・中国はこうした歴史の事実を無視・否定した日本・大和朝廷の主張は到底信じられない」としているところである。遣唐使の多くとか一部とかの区別は、「その人、入朝する者、多く自ら矜大……」という表現に示されている。

この唐・中国の主張が正当であることは、すでに『日本書紀』推古紀の「推古の国書」に、「大和朝廷の中国交流は隋をもって始めてとする」と明記され、同様のことが『唐書』日本伝の遣唐使が唐朝で述べた、「日本史」に明言されている点から見て明らかである。すなわち「大和朝廷」にとって「隋が中国交流の最初」ならば、「倭奴国」も卑弥呼も「倭の五王」も「大和朝廷でありえない」ことは、「二マイナス一＝一」同様であろう。

唐・中国は八世紀の初頭の大和朝廷の使者に、「あなた方と倭奴国、卑弥呼、倭の五王の王朝とはどんな関係ですか」と聞いているのである。これへの答えが「われわれの国は『倭国』の東にあり、中国との交流は隋が最初であるが、われわれこそが日本本土の唯一正統の王家であって、『倭国』などは本来、国家・王朝などではない」であろう。これを聞いた唐・中国側が「大和朝廷とその使者の多くは、『倭国』と中国の歴史的交流という事実を認めない、とんでもない矜大（尊大）な連中だ」と怒るのは、当り前であろう。

この論争のなかで粟田真人等の遣唐使等が、「倭国自らその名の雅ならざるを悪み、あらためて日本となすと。あるいはいう、日本は旧《もと》小国、倭国の地を併せたりと」と述べ、中国・唐の主張を肯定したと記しているのである。

すなわち「日本という国号はもともとは、倭国が倭という音が優雅でないのを嫌い、自らあらためて名乗った国号であり、また大和朝廷は、もともとは一小国であったが倭国が滅亡したのでこの地を併合し、その際、倭国が称していた日本を自分の国号にした」と述べているのである。

しかし、この「旧小国」はなお対外的誇張であって、その実態は「倭国」の近畿総督府の蘇我氏のもとで勢力をのばし、「倭国」から自立をはかる蘇我氏への「倭国」による誅滅と、「倭国」の白村江大敗による滅亡を機会に、台頭した文字通りの「新興勢力」に過ぎないのである。だからこそ唐・中国が根ほり葉ほり「お国柄」を聞いているのである。『旧唐書』日本国伝では、この「日中」論争で国号日本、すなわち日本史にかんして唐の見解と一致する「歴史」を述べる、粟田真人等が特記されているのが興味深い。

あまり長くもない「日本国伝」中で粟田真人には二〜三行もその讃美に費やされている。そのなかに「真人好んで経史を読み、文を属する（文章を書くこと）を解し、容止（容姿）温雅なり。則天これを麟徳殿に宴し……」などとある。絶世の美女といわれて、唐の高祖の皇后から独力で「周」を創設して、その女性皇帝にのしあがったほどの則天武后が、みずから宴を張ったというのは、当時、中国人から「この日本人は文章を書けるぞ」と珍しがられる水準の一介の東夷の使者としては、「容止（容姿）温雅なり」とともに破格の対応とおもわれるほどである。その他、この「日本国伝」には、その後の遣唐使や空海留学生、さらには唐に帰化した阿倍仲麻呂の記録もあって、その使者の往来の日時は正確そのものであることは、その道の研究者が認めているのである。

この当時の大和朝廷の文化水準は、『旧唐書』日本国伝に先述のとおりに「……得るところの錫賚、尽く文籍を市い、海に泛んで還る」と、珍しいものでも見るように記されているところに示されている。

こうした表現は「倭国」に対しては一切ない。紀元前約一〇〇〇年以来、中国・朝鮮と交流してきた「倭国」と、八世紀初頭の大和朝廷の「文化水準」の大きな差という問題である。後の「律令」問題では、大学的日本古代史学が「帰化人」を云々しているが、当時の中国人がこんな文化水準の大和朝廷の社会に帰化などしないであろう。「帰化人」とされているのは「倭国」人なのである。これに関しては拙著『放射性炭素年代測定法と日本古代史学のコペルニクス的転回』（本の泉社）に詳細に記したので、ここでは省略する。

以上に述べたような重要な史料の『旧唐書』倭国伝、日本国伝を黙殺して「日本古代史」といっても、それは真実の日本古代史にはならず、この史料を無視してはばからない態度を「学」といわれても、「ハイそうですね」とは云えないのが、やはり本来の姿、筋ではなかろうか。また、明治以降の著名大学の高名な諸教授が書かれている「日本古代史」と、八世紀初頭の遣唐使の語る「日本史」と、どちらがその時代の姿を知り語っているか、という問題もある。

日本古代史学はこれを「中国の史料」だから、「批判・無視するのは当然」といったふる舞いである。まさに「これは漢意、これは皇国の意と二つに分けて見よ」式の態度であろう。しかも、「大和朝廷」の中国交流は「隋が最初」という記述は『日本書紀』である。また『唐書』日本伝の遣唐使が語る「日本史」は、中国人が記録しようとも、それは日本の遣唐使の言である。にもかかわらずこれをも無視する態度は、所詮は冒頭に述べた稲荷山出土の鉄剣碑文への態度と同じであって、政治をはばかって、いわば「学」の上におく態度であろう。

③ 権力交代はいつか　国号・日本の真実

「倭国」と大和朝廷の権力交代はいつか、この問題を最初に指摘・解明されたのが古田武彦氏の『失われた九州王朝』である。ここに若干を記しておきたいことは、まず「倭国」は、都城一つない「大和朝廷」に亡ぼされるような存在ではない、という点が一つ。次に古田氏が指摘されたとおり唐・新羅連合軍と対決したのは「倭国」であって、「大和朝廷」ではないということである。そうしてすでに指摘したとおりに、このことをいわば告白しているのが『日本書紀』天智紀の、白村江大敗の報に続く戦後措置である。

最終的な「倭国」の消滅は七〇〇年であるらしいが、実質的権力の移行は六六三年から七〇〇年の間である。この間、「倭国」権力の消滅は唐・新羅によって遂行され、この間に大和朝廷が唐・新羅の容認のもとに成長したと考えられるのである。したがって六六三年以前の朝鮮史料等に頻出する国号「日本」は、「倭国」を指すものである。

これも古田氏が最初に指摘されたことであるが、日本史の真実の探究で画期的な指摘である。国号「日本」（日の本）「日の丸」を創設したものは「倭国」であり、最終的には「倭人」を根源とする今日の日本国民の祖先達である。なぜならば日本本土の小地名に「日の本」は、あちこちにあるからである。こうした「日の本」は、断じて権力者が命令して生れたものではなく、それぞれの地域で生れたものであって、これを「倭国」権力が自己の国際的な呼び名に選んだというのが国号「日本」の真実の姿であろう。したがって権力とこれに追従する「学者」が、この国号「日本」にかんして勝手な理屈づけや解釈を行うことは厳しく批判されるべきものであろう。

「君が代」もまた「倭国」の歌であることは、古田氏の『「君が代」は、九州王朝の讃歌』（新泉社、一九九〇年、第一刷）によって初めて明らかにされている。これに関して、その歌詞の「千代に八千代に、さざれ石の、巌となりて、苔のむすまで」は、縄文以来の日本人の「巨石・細石信仰」と結びついた「成長する石」信仰であることを、拙著『天皇制は日本民族の伝統ではない』（本の泉社）で述べておいた。

これには博多地方の神社、例えば「若牟須売神——コケヌスビの神を祭る桜谷神社、糸島郡、志摩町。同、細石《サザレイシ》神社等の存在は、まぎれもなく一方における「コケムス岩」、他方における「サザレイシ信仰」を示すもので、文字通り「君が代」の歌詩そのものであって、この地に巨石・細石信仰があったことをしめすものである。

それとともに「古琉球学」の確立者である伊波普猷全集、第五巻の「成長する石」（平凡社、一九五四年）等から教えられることが大であった。これは古代沖縄における巨石・細石信仰の存在を指摘したものであって、「君が代」の「さざれ石の、巌となりて、苔のむすまで」は、仏教や中国古典とは無関係な、縄文~弥生の「倭人」の信仰に根ざすものであることは間違いあるまい。

近代日本では古代の詩歌の理解や解釈が、「大和朝廷一元史観」でうち固められた『万葉集』理解が牢固として、真の縄文・弥生と継承される日本文化の古層がほとんど無視。軽視されてきた。

その結果、万葉学者等は「君が代」の「さざれ石の、巌となって、苔のむすまで」を、〝あり得ない自然の姿〟等と称して、さまざまな解釈を試みていることは周知のことである。こうした「文明開花」気分と思想および、「大和朝廷一元史観」的『万葉集』の理解では、真の日本史もしたがって日本文化も理解できないのである。

『古事記』等の神話の原点の理解には、古琉球の研究の重視とともに、方言研究が「多元史観」にたってあらためて重視されなければ、その真の姿は理解できないという状況である。こうした真の日本史探究を無視・拒否して、「日の丸」「君が代」を論じることは日本史の事実、日本民族の真の文化を無視・否定することになるのである。

したがって「日本」や「君が代」問題は、真の日本史の解明のなかで、あらためて国民的に検討されるべきもので、「大和朝廷一元史観」が国家によって半ば強制されている今日、単に、政治論としてだけ論じるべきものではない。然るを況んや権力によって強制するなどは、「日本」や「君が代」を創設した日本民族の歴史と文化を汚すものである。

Chapter 14

第14章

「倭国」の東進と前方後円墳

さて、では「倭国」は、日本本土全体を支配していたのであろうか。そうでないとすればどこまでか、という問題がいわば提起されることになるのである。「倭国」の東進といえば異様に聞こえるかもしれないが、「東遷論」という姿ではすでに江上波夫氏の「騎馬民族説」、水野裕氏の「狗奴国王・応神の東遷説」（『日本古代の国家形成』、講談社現代新書、一九六七年第一刷）、さらには井上光貞氏の「邪馬台国・北九州説・東遷論」がある。この東遷説は「大和朝廷一元史観」であって、その意味でまさに戦後的大学的日本古代史学の一翼であり、本質的には誤りである。

しかし、それにしても国学・水戸史学以来の近畿大和中心主義にたいして、主として古代国家形成期の日本文化が、「西に生れ東に進んだ」という根拠のある視点を踏まえ、とりわけ前方後円墳・九州誕生地説にたって果敢に、まったく客観的根拠のない「近畿中心説」への批判を展開されたことは、それなりの意義はあると考えるものである。とくにこの「東遷説」が戦後日本の民主化を日本古代史学で代表するかに、颯爽と登場したのは当時を知る人々にとって、一種の感慨をさそうものかも知れない。

その後、小林行雄氏の「三角縁神獣鏡・卑弥呼被授与説・前方後円墳体制論」なる、文献史学無視が特徴の本来の考古学とは異質のすなわち「主観主義的考古学」とよばれるものが登場して、主にこれらの考古学者らが後述するような無茶苦茶という他はない『三国志』魏志の倭人伝解釈を、真理のように云いたてるなどの姿が支配的になる事態が生れた。しかし、王仲殊氏の「三角縁神獣鏡・非中国鏡」という当然の科学的な考古学からの批判によって、一挙に沈静化に向かった。

同時に強調すべきは、以下に述べるのは「倭国の東遷」ではなく「東進」であるということである。この「倭国の東進」こそが巨大「前方後円墳」の近畿への出現をもたらすものである。つまり巨大「前方後円墳」造営勢力は、「天皇の代替りごとに遷都・遷宮」する「大和朝廷」ではありえず、水田稲作、青銅器さらには鉄器の使用と製造で、近畿地方に優越する「倭国」勢力の東進である。つまり日本本土で北九州地方において最初の都市国家群を形成し、やがてこのなかから成長した「委奴国、倭国」が地域国家へと発展・転化した勢力である、という把握である。

そうしてこの日本史の事実を隠蔽、改竄、反転させたのが『古事記』『日本書紀』である。したがってこれまで述べてきたところを踏まえ、『古事記』『日本書紀』への批判的な対照をおこなって、「倭国の東進」という真の日本古代史を探究し、第一五章でその実証として「前方後円墳」問題を考察するという順序ですすむ。これらの問題を、単に「古代史の問題」と考えるのは日本では誤りである。なぜならばこうした日本古代史学の趨勢如何が、「日の丸」「君が代」強制、「愛国心」教育という国家の動向と密接にかかわるからである。「日の丸」「君が代」強制等の問題をいわゆる政治論からだけ云々し、それへの歴史学的批判の重要性を無視するとすれば、それは戦前の天皇制批判の問題点に目を閉ざす態度に通じると思われるのである。

一　七〇三年時点の大和朝廷の支配範囲
――二つの毛人――

「倭国の東進」、この問題に明快に答える文献史料があるに止まらず、皮肉なことに大学的日本古代史学の学者の研究も、結果的にその文献史料と見事な一致を示すのである。まず、その文献史料である。

(1)「昔より祖禰躬ら甲冑を擐き、山川を跋渉し、寧処に遑あらず、東は毛人を征すること五十五国、西は衆夷を服すること六十六国、渡りて海北を平ぐること九十五国」(『宋書』倭国伝、傍線は引用者)である。

(2)「その国の界《さかい》、東西南北各々数千里あり、西界南界は咸《み》な大海に至り、東界北界は大山ありて限りをなし、山外は即ち毛人の国なりと」(『旧唐書』日本国伝。傍線は引用者)である。

ここには「五世紀の毛人」と「八世紀初頭の毛人」という二つの毛人が登場している。大学的日本古代史学はこれまで、(1)の「五世紀の毛人」だけを国民の前で論じてみせ、(2)の「八世紀初頭の毛人」に沈黙・無視をきめこんできた。

(1)は『宋書』倭国伝中の「倭王武」の上表の一節であることは、すでに述べた。(2)は七〇三年に唐朝で遣唐使が述べた八世紀初頭の大和朝廷の支配領域である。したがって(2)の地域から(1)の地域を差し引いた部分が古来の「大和朝廷」の固有の領域ということになる。したがってまずは(2)の大和朝廷の「領域」を確認することからはじめよう。しかし指摘すべきは、おおよそ大学的日本古代史学が大声で叫ぶ「五世紀の大和朝廷の日本本土統一論」と、八世紀初頭の遣唐使のいう「日本国の国境」と、おもむきは大いに異なるであろう。ここにも遣唐使の言さえも平然と無視する一元史観体質の度重なる露呈がある。

さて八世紀の初頭、「倭国」は滅亡して存在しない。したがって近畿大和の地にたって、九州と紀伊半島の西界南界は東シナ海と太平洋という「大海に至る」。実に正確である。となれば「東界北界」もまた正確な日本側の認識のはずである。ところでこの「東界北界」の大山とはどこをさすのか、もちろんわからない。しかし「論より証拠」というが、戦後の著名な日本古代史家・青木和夫氏の貴重な研究がある。

「平安初期の弘仁式や延喜式に規定されている各国別の出《すい》挙《こ》稲《とう》、つまり稲の強制貸し付け額をもとにして、その額にみあう各国別の人口を推計したもの」という、「十世紀の人口分布」（青木和夫氏著、『日本の歴史・3』、一八頁、中公文庫、一九八六年、二二版）を「図14」として掲載した。この図表では「陸奥・出羽・飛騨・日向」の人口が空白地である。これにかんして青木氏は、「蝦夷・隼人が……中略……久しく大和の朝廷に抵抗していた……」（一九頁）ことをあげておられる。すなわち一〇世紀においてさえ東北はひろく「毛人の国」なのである。まさに『旧唐書』日本国伝の遣唐使がいう、「毛人」の国に該当しよう。ただし、これは一〇世紀の姿である。では八世紀の初頭はどうであっただろうか。これを考える上で参考になる研究がある。

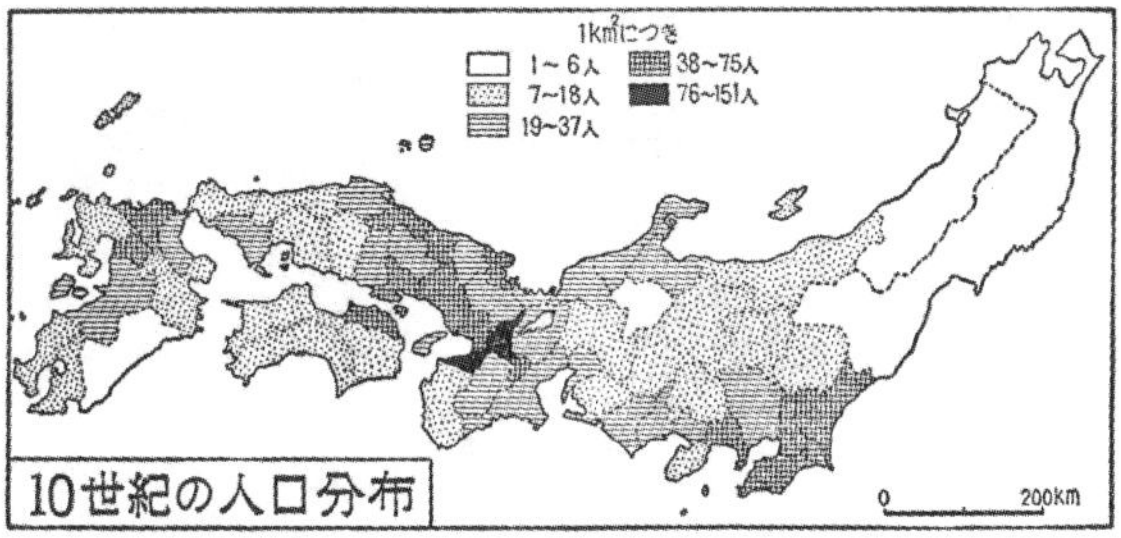

図14　青木氏作成の図

上田正昭氏が作成された「五世紀の県《あがた》および県主《あがたぬし》」の全国的な分布表（『日本古代国家成立史の研究』、上田正昭氏著、一四二頁、青木書店、一九八二年、初版。「図15」）である。上田氏は「縣《あがた》の範囲と内容」（『日本古代国家成立史の研究』、一三三頁。なお縣は以後・県とする）で、「『延喜式』までの古文書にみえる県ないし県主の実態よりみつめよう」と、

図15　上田正昭氏作成図

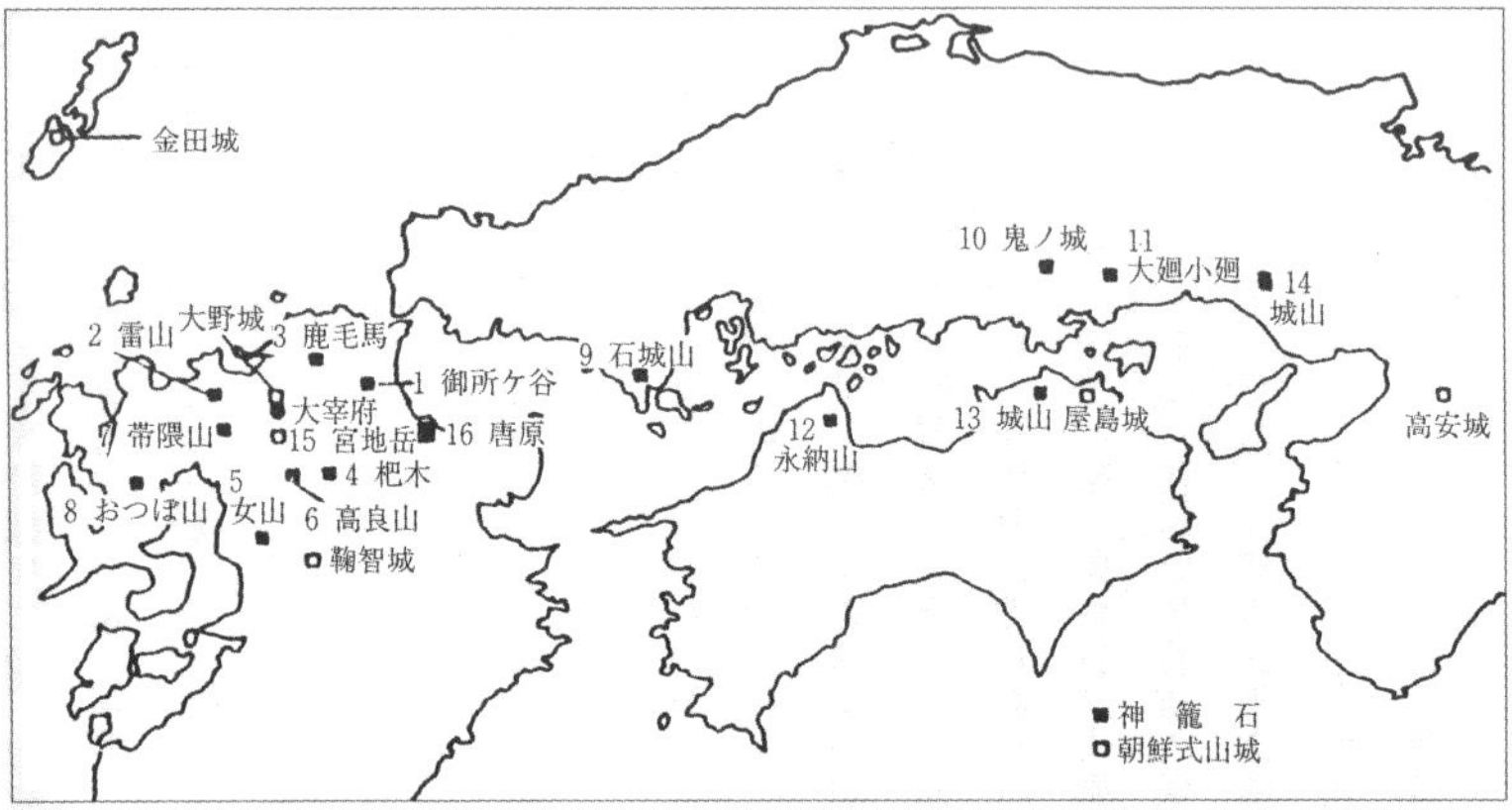

図16　大宰府と神籠石群

「記・紀」『続日本紀』『三代実録』等の諸文献に登場する「県」を、「倭・畿内」「東海道」「東山道」「北陸道」「山陰道」「山陽道」「南海道」「西海道」「その他」の地域に区分されて、その地域ごとの「県」の頻度がそれぞれ数字で示されている。

ここで注目されるのが「倭・近畿」という分類の仕方である。これは文字通り「倭＝大和朝廷」という国学史観が、その純粋性において示されている。がさて、その分類によれば第一位は九州・「西海道」の〝二三〟で、次の「畿内」は『日本書紀』の神武紀さえも計算に入れて〝一八〟で、九州が「畿内」を五つも上まわるのである。氏は「県および県主」の全国的分布は、「東限を尾張、美濃より北陸道の三国までとし、西日本に濃密にみられる」（前掲書、一三六頁。傍線は引用者、次も同じ）といわれ、その理由を「東国経営が五世紀に入ってよりさかんになるのに対して、西日本に県の集中するのは、五世紀以前のヤマト王権の拡大経過を反映すると思われる」（一三七頁）とされるのである。

さて、この氏のこの表は「県主」の分布表としては意義のある研究とおもうが、その日本史観は全く逆であって「倭国」の制度が、五世紀には近畿におよんでいたことを示すものである。それを語るものが（1）の倭王武の、上表である。

「昔より祖禰躬ら甲冑を擐き、山川を跋渉し、寧処に遑あらず、東は毛人を征すること五十五国、西は衆夷を服すること六十六国、渡りて海北を平ぐること九十五国」（傍線は引用者）である。先述のとおりこの地理的認識の中心は筑紫である。したがって「東の毛人」は、近畿地方を中心とした領域であっても不都合はない。この「東は北九州を中心にして近畿方面に接近した地域」（おおむね銅矛文化圏）という認識をはじめて示されたのは、古田武彦氏の『失われた九州王朝』（第二章、「倭の五王の探究」）である。

この指摘を私はさらに広げて近畿から愛知あたりまでとするのである。その理由は、実に『宋書』倭国伝と『旧唐書』

日本国伝に、それぞれ「毛人」が登場しているからである。戦後の大学的日本古代史学は、指摘したとおりにこの「二つの毛人」に沈黙して、「五世紀の大和朝廷の日本統一」を国民むけに述べてきた。しかし、もしこれが事実であれば東北日本も基本的に統一の領域下でなければならない。とすれば『旧唐書』日本国伝の遺唐使のいう「国界」が無意味になる。逆にこれが正しければ「五世紀大和朝廷の日本統一」が嘘になるのである。こうした食い違いがうまれるのは、古代中国正史類に原因があるのではなく、大学的日本古代史学の「倭の五王」大和朝廷論にあるのである。

すなわち『宋書』倭国伝の「東西・毛人」記載を筑紫を原点にして見た場合と、上田正昭氏作成の「県の分布図」はもっとも合理的にピッタリ合致していることが判明する。八世紀初頭、大和朝廷は旧「倭国」の版図を、そのまま手中にしたまでのことであって、それより東北は「毛人の国」であったというのが日本史の事実であろう、そのいわば遺制が八世紀から約二〇〇年後の青木和夫氏作成の「10世紀の人口分布表」の東北の空白図であろう。つまり真実の日本史では「倭の五王」なる「倭国」が三世紀以降に東進して、近畿からおおむねその東側、すなわち今日の愛知県ぐらいまでを支配下においたのである。

この視点の正統性を立証しているものが、「図16」の「神籠石系山城分布図」(『古代日本と朝鮮の都城』、「神籠石」、二一八頁より転載)である。明治以降の日本人はこうした図を近畿中心に〝思わず見る〟ように教育されている。しかし、それぞれの人が自分が一国の主となった気分でこの図を眺めたらどうであろうか。人は、自分の都城を守るのに、どうするであろうか。まず、自分の都城の周辺を厳重に防衛し、さらには遠方にたいしても要衝を占めるという方法をとるのが、世界共通の姿であろう。

こうした考え方にたってこの図をみれば、大宰府を中心に幾重にも防衛線がめぐらされ、瀬戸内海に面しても防衛上の配置がなされている。これに反して近畿は「高安城」なる山城が一ヶ所に過ぎない。まったく無防備である。

すなわちこの「神籠石系山城分布図」が語るものは、大宰府中心の防衛線であって文字通り「倭国・大宰府」中心の姿であり、またそれの東進上の要衝が示されたものであろう。つまり上田正昭氏作成の「県の分布図」も、青木和夫氏作成の「10世紀の人口分布」(図14)も、そもそもはこの「神籠石系山城分布図」に示される「倭国」中心という正しい日本史が、戦後の大学的日本古代史学の「大和朝廷一元史観」によって屈折されて反映したものであろう。

このように「倭国」とは、大宰府を中心に愛知県ぐらいまでを実効支配した王朝であると考えられる。「倭国」は近畿地方を支配したが断じて「大和朝廷」ではなく、したがって「倭を大和朝廷」と見なす考え方は間違いである。なお、「倭国」が愛知あたりまでを支配下におきながらも、大宰府を都城とした由縁は、朝鮮半島支配と介入がこの国家の氏族社会以来の性格であって、その結果として朝鮮問題に介入して滅亡したのである。

大和朝廷とは出生の由来が全く異なる性格の王朝であるが、この王朝の存在によって日本民族は、古代中国文明を摂取して後述する豊かな日本古代文化の基礎を形成し得たのである。「シルクロード」の日本本土における先駆的な受容体は、この「倭国」である。

二　「倭国」の東進

『古事記』『日本書紀』には、「大和朝廷」の〝九州討伐記事〟が、景行の熊襲討伐、仲哀・神功皇后の熊襲・新羅討伐、継体の「磐井の乱」鎮圧とある。これらはすべて語る値打ちもない造作説話に過ぎないものである。それに止まらず真実の日本史を逆転させた記事である。この点は、本書の述べてきた日本史から自然と生れる見地である。

①「倭国」東進と『古事記』『日本書紀』

ではいったい、いつ、どのように「倭国」の「毛人」討伐軍は東進をしたのだろうか。もちろん『古事記』『日本書紀』は、この日本史の事実を消去し、それを逆転させることを意図した「正史」である。したがってこれにその痕跡は一見ない。『古事記』『日本書紀』の真の性格は後述するが、この二書は真実の日本史を隠蔽・歪曲する目的で編纂されたものである。こうした動機で編纂された『古事記』『日本書紀』の九州討伐・支配記事のうち、「景行記・紀」は『古事記』と『日本書紀』の記事の違いもあるが、すでに古田武彦氏が詳細・正確に分析されたとおり、『日本書紀』の記事は「倭国」の南九州討伐記事の切り貼りが基本である。それを示す一例を私なりに示せば「景行紀」には、いわば古田説を承認する記載があるのである。

それが先述の「志我神」祈願である。したがって「倭国」健在の時代の日本では、「大和朝廷」とその家臣団の本家が九州・「倭国」に存在していたこと、あたかも新大陸に移住したアメリカ人の本家が、イギリス・ヨーロッパにあるようなものである。この「志我神」と、その家臣的神名の記述こそは、「景行紀」の「クマソ討伐記事」の本籍地をあけすけに語るものである。

②大学的日本古代史学の「王朝交代論」の奇妙

さて次が「仲哀・神功皇后」の「熊襲・新羅討伐」説話である。ところが戦後の大学的日本古代史学は、この説話を中心に崇神から応神「天皇」までを、「万世一系」的王朝交代という世にも不思議な「学説」で彩るのである。「万世一系的」王朝交代とよぶ理由は、新王朝の始祖たちは大学的日本古代史学の世界では、世界史の新王朝の始祖等が前王朝の非を鳴らし、新王朝の正当性と偉大さを叫ぶのが通常の姿とは反対に、「万世一系」を尊重・継承したというのである。あり得ないことであろう。

しかも「邪馬台国・近畿説」の直木孝次郎や上田正昭氏も、「東遷説」の井上光貞氏らも崇神・垂仁朝・初期大和朝廷論にたたれている。井上氏は、「……応神天皇は確実にその実在をたしかめられる最初の天皇であるといってよいであろう。わたくしは、神武から第九代の開化までは架空、崇神・垂仁・景行は実在の可能性があり、さらに成務・仲哀はほとんど実在性がない、と書いてきたのであるが、第一五代（応神天皇、引用者註）にいたって、はじめて実在のたしかな天皇にめぐり会えたわけである」（井上光貞氏著、『日本の歴史・1』、三七四頁、中公文庫、一九八八年、二四刷、傍線は引用者）とされ、応神天皇の父親にあたる仲哀天皇を「実在性がない」と、いい切られるわけである。

ここまでいえば応神天皇は征服王朝か簒奪者であって、いったいそれがどうして「万世一系の天皇制」や「象徴天皇制」と調和するのか、わからない。氏は同じ書物の「はじめに」で、戦後憲法の象徴天皇制にかんして、「日本の古来の天皇の伝統を発展的にうけついだもの……」（前掲書、六頁）ともいわれている。つまり一方では事実上の〝簒奪者〟を「日本最初の天皇」とされ、他方では「万世一系の天皇制」を擁護されるという、典型的な日本的光景、一方では「王朝交代説」めく説をかかげ、他方では「大和朝廷一元史観」に身をおかれるという、本来は水と油というべきを、〝まぜ合わせる〟ように見える。これは単に氏の問題ではなく、戦後日本社会に根ざすものとおもえる。

井上氏や水野裕氏の説はある点では、江上波夫氏式の「騎馬民族・天皇説」とも似ている面もあるが、その違いは、江上氏の場合は朝鮮半島から外来人が攻めこんでくるに過ぎないが、井上・水野説では日本列島の自生した「初期大和朝廷」との、王朝交代を言われるのであるから、これがなぜ「万世一系」なのかは私には分からない。しかし、驚くのは早いのである。近畿論者もまた「イリ王朝」から「ワケ王朝」へ、ないしは「三輪王朝」から「河内王朝」への転換は口にされるのである。もはやそれらの一々にはたち入らない。「万世一系」と王朝交代、より正確には、「万世一系の手のひらのうえの王朝交代」論とは、本来は成り立たないものではなかろうか。この辺に、戦後日本古代史学の限界と問題点が示されていると考える。ないしは「大和朝廷一元史観」特有の「言論の自由」らしい。いささか思いつき的な感じもするが……。

さて、邪馬台国・近畿説にたたれる上田正昭氏もまた、仲哀・神功皇后の実在性に否定的である。「……仲哀天皇は説話的加上の多い神功皇后の夫とされ、のちに造作された箇所の少なくないヤマトタケルの子とされている。そこで原『帝紀』にあっては垂仁天皇のあとは、皇子イニシキイリヒコからイホキノイリヒコへつながる系譜が王統譜のもとをかたちづくっていたのではないかという見解が有力となる」（『日本の歴史・2』、二二三頁、小学館、一九八七年、第九刷）とされている。

ようするに歴史の事実の問題として、仲哀・神功皇后造作説を基本とするのである。同時に東遷説も近畿説も応神天皇を「新王朝」とみなす点では一致するのである。すなわち「仲哀・神功皇后」記・紀に古代日本の王朝交代、権力の交代を見ているのである。にもかかわらず「天皇国家一元史観」は堅持されるのである。

③〝戦死〟した「仲哀天皇」

なぜ通説は仲哀天皇や神功皇后を「本来はいない人物」にしたがるのか、なぜ親も不明にされた応神天皇を「大王の世紀」の初代というのか。その背景は何か。これがこの節の課題である。仲哀・神功皇后記・紀の中心は、「熊襲討伐・新羅征服」説話であるが、話の筋は仲哀天皇の「熊襲討伐」に登場する神が「西に国（新羅）がある。自分を祭れば熊襲は自然と平伏し、新羅も征服できる」といったので、仲哀は「筑紫にいる」と「記・紀」にはありながら、「高き地に登りて西の方を見れば、国土は見えず、ただ大海のみあり」と、神への不信を述べたために神の怒りをかって死んだというのが、いわばこの説話の出だしである。つまりこの説話の中心は「仲哀天皇」の死なのである。

あとは神功皇后が怒った神を探し出し、その教えにしたがったら「熊襲」は自ずから従い、海魚の大群に助けられて新羅にわたり、これをみた新羅王は震え上がって臣従したという、「お伽話」水準の説話が続き、さらに大和帰還をめざしたら「応神天皇」と腹違いの香坂《かごさか》・忍熊《おしくま》二皇子が、叛旗をひるがえしたので討ったという結末である。つまり北九州から近畿大和への進撃説話である。ここに水野裕氏の「狗奴王・東遷説＝応神天皇」や井上光貞氏の東遷説の根拠があるのであろう。

この「仲哀・神功皇后記・紀」にたいして、〝大和朝廷の対新羅侵攻にかんする事実が忘れられた時代に、造作された説話〟という津田左右吉氏の説や、日本神話や日朝神話云々の説など、いろとりどりの解釈が繰り広げられているのは周知のことである。

しかし、この説話の決定的な部分は三点であって、仲哀天皇が「筑紫にいた」と強調されているが、朝鮮半島を「西」と認識する地点で、〝戦死している〟点が第一であり、第二は新羅征服がもう一つの要として構想されている点であり、そうして北九州から近畿大和への進撃が第三である。

中心点は実は、仲哀天皇の〝戦死〟と西軍の東征である。大学的日本古代史学は、「仲哀天皇」の〝戦死〟に目を閉じるのである。「仲哀天皇」の死にかんして『古事記』は御託宣中に神の怒りで死んだとし、『日本書紀』も基本的に同様の記事がある。しかし『日本書紀』には、「神のタタリ」の真の意味・内容が明らかにされているのである。

それによると「仲哀天皇」は神の御告げを、「然るに、天皇、猶《なお》し信《う》けたまはずして、強《あながち》に熊襲を撃ちたまふ。得勝ちたなわずして還《かへ》ります。……天皇、忽《たちまち》に痛身《なや》みたまふこと有りて、明日に、崩《かむあが》りましぬという……」とある。つづいて、分注形式で「一に曰く、天皇、親ら熊襲を伐ちたまひ、賊の矢に中《あた》りて、崩《かむあが》りましぬといふ」と記しているのである。すなわち『古事記』がいう「神のたたり」とは、戦死のことだったのである。

そもそも通説が〝仲哀天皇は存在しない天皇〟などというのは、相当に無責任と思われるのである。『古事記』、『日本書紀』に登場する「天皇」で、戦争の先頭にたったという天皇は、神武と仲哀「天皇」だけである。景行「天皇」は古事記に遠征記事もなくこの九州討伐記事は、日本書紀の編者らの単なる造作であることが判明するのである。しかも「敵の矢に倒れた」という「天皇」は、仲哀「天皇」一人である。いったい通説がいうように「存在しない天皇」を造作するにあたって、なぜ、どうして「敵の矢で殺された」などという造作が必要なのだろうか。突然の病気で亡くなったとすればいいではないか。現に、『古事記』はそれに近いあつかいであろう。それを「実は、皆が止めるのも聞かず、無理に戦争をして矢で殺されたのです」などと、分註で裏話の暴露形式まで取り入れた造作の必要性がどこにあるのだろうか。実際は仲哀なる人物は天皇ではないが、しかし戦死した人物なのである。

④ 大敗する「大和朝廷」

仲哀「天皇」は当然、「記・紀」の世界、したがって大学的日本古代史学では、「大和朝廷」軍の最高司令官であろう。この最高司令官が戦死したのである。これの軍事的意味はあまりにも明らかであろう。総崩れである。古来洋の東西を問わず最高指揮官の戦死または陣中の死は、その軍の大敗、ないしは敗走を意味していることはいうまでもないことである。たとえば武田信玄の死があり、また桶狭間での織田信長の攻撃で戦死した今川義元の例がある。総崩れである。こうした例からみて仲哀「天皇」を失った「大和朝廷」軍には敗走以外に道はない。これが洋の東西を問わず古代の戦争の常道である。

⑤ どこで負けたか

では日本列島のどの地点で〝戦死〟したのか、実はこれが大きな「日本史的」な意味をもつものなのである。『古事記』は仲哀天皇を「穴門の豊浦宮、筑紫の訶志比宮に坐して、天の下治らしめしき」としている。『日本書紀』も同様である。その敵は熊襲だと書いている。しかし、肝心の新羅の地理的位置にかんしては「海西の国」と述べている。この天皇の居場所と方角の矛盾を、「天皇は筑紫にいたが、読者は近畿の人が中心だから近畿地方からみた方角を書いた、といえば云えなくもないがしっくりしない。むしろ仲哀等は朝鮮半島を「西の国」という地点にいたのであるが、それでは具合が悪いので、筑紫にいたとしたのである。そもそも「仲哀天皇」の宮が筑紫にあるはずはない。それは「倭の五王」の都城大宰府の存在によって明らかである。

⑥ 神功皇后登場の意味

次が神功皇后の登場とその意味である。それは「大和朝廷」が負けた戦争を、勝ったことにする役割がこの神功皇后に課せられているのである。〝神の御告げに忠実にしたがえば、ことは成就したのだ〟と。そこから戦死した「天皇」に、かわいそうな「天皇」とでもいえそうな、「仲哀」などというい諡をしていると思われる。神功皇后に課せられた課題は、熊襲に反撃をしてさらに朝鮮侵攻を「大和朝廷が行った」という絵姿をになう役目である。その役割と功績を「神武」に次ぐ「神功」と命名するほど高く評価しているのである。

現に上田正昭氏は、「神功皇后の巻にみられる対朝鮮関係が、すべて虚構であるといっているのではない」(『日本の歴史・2』、一八六頁、小学館)とされ、縷々述べられている。これは別に氏だけのことではなく通説の諸教授の共通した姿である。つまり、「神功皇后記・紀」は立派にその役割をはたしているのである。

⑦ 神功皇后と「オホタラシヒメ」

この神功皇后もまたたしかに実体不明である。ところが『日本書紀』によれば神功皇后は気長足姫尊《おきながたらしひめのみこと》というのであるが、これは神功皇后の葬儀に際して「皇太后を追ひ尊びて、気長足姫尊と曰ふ」(『日本書紀』)とあり単なる諡に過ぎない。ではこの「オキナガタラシヒメ」とはどんな由来があるのであろうか。上田正昭氏は、「朝鮮渡来と伝えるアメノヒボコの伝承のなかにはぐくまれたオホタラシヒメの伝承とが複合されて、神功皇后伝承の源流がかたちづくられていく……」(前掲書、一九〇頁)とされている。すなわち神話的伝説に包まれているのである。たしかに負けた戦争を勝ったことにする主人公として登場するのであるから、神がかりは当然といえる。

⑧ 「オホタラシヒメ」と「九州年号」

ところが宇佐神宮の『八幡宇佐宮御託宣集』という文献に、「九州年号」とともに「オオタラシヒメ」(大帯姫)という「女王」が登場しているのである。宇佐神宮といえば「神武の東征」の第一段階に、「宇沙都比古、宇沙都比賣」と書かれて登場している。東南九州から近畿大和方面への海路の喉元が宇佐である。つまり九州からの東征軍の一拠点である。

この「オオタラシヒメ」の記事の文中に「九州年号」が記されているのである。宇佐神宮が「倭国」と深くかかわった神社である点では、志賀海神社と同様である。その記録に「九州年号」をともなう文章が存在している意味は、軽視しがたいものである。

まず、「九州年号」と呼ばれる年号は当然というべきか、日本古代史学ではまったくとりあげられていない。本来の学問であれば、こうした姿はあり得ないというべきである。それはこの「九州年号」の一つが、法隆寺の国宝「釈迦三尊像」の「後背碑文」の冒頭に、「法興元三一年」と刻まれているからである。この年号は「大和朝廷」の年号にはない。したがって学問という以上は、この年号はどこの年号か、いったい何か、ぐらいは探究しそうなものである。しかし、大学的日本古代史学と法隆寺等の通説的研究者らは、その年号には触れていない。まさに万人の目前で「事実を無視する」のである。そうしなければ「大和朝廷一元史観」は〝成立〟しないのである。

この事実を古田武彦氏（『失われた九州王朝』）が指摘して、もはや約三〇年以上が過ぎるが、わが国の高名な知性の如何なる人も、「やはり法興元という年号の由来は明らかにすべきだ」という声は、「声なき声」はいざ知らず寡聞にして知らない。自由とか民主主義とか、学問は事実の探究だとか、言葉は氾濫している。しかし、肝心要の問題になると「寂として声なし」である。これが近代ニッポンの実際の姿ではなかろうか。

この「九州年号」という名称は、古田氏の命名ではなく江戸時代の学者、鶴峯戊申《しげのぶ》がその著書『襲国偽僣考』で、「九州年号と題したる古写本によるものなり」（『失われた九州王朝』、三八七頁）として、この年号を考察していると指摘されている。先述のとおりこの「九州年号」問題を検討されて、「倭国」は「大和朝廷」とは別国家という見解は明治時代にはあったのである。この「九州年号」は、いわば西日本ではこんにちも、あちこちに残っているのである。たとえば道後温泉では聖徳太子が、「法興六年」にこの温泉を訪れたとしている。もちろんこれは本当は「倭国」の太子で聖徳太子ではありえないことは後述する。

また、この「九州年号」は、一四六二年に議政府領議政（首相にあたる）をつとめ、また一四四三年には日本を通信使として訪れた申叔舟の、日本と琉球王国のことを書いた『海東諸国紀』（田中健夫氏訳注、岩波文庫、一九九一年。なお「記」ともいう）の「日本国紀」に、国家年号として系統的に記載されている。たとえば「継体天皇。応神五世の孫なり。名は彦主人《ひこうし》なり。……始めて年号をたて善化と為す。五年丙午、正和と改元す。六年辛亥、発倒と改元す。……」（同書、六三頁）からはじまって、文武天皇の「大長」まで連綿として記されているのである。これにたいする田中健夫氏の注は、ことごとく「私年号」としているだけである。

しかし訳者の田中健夫氏は他方で、『海東諸国紀』の史料的性格にかんして、「『海東諸国紀』は、朝鮮王朝最高の知識人が日本と琉球の歴史・地理・風俗・言語・通交の実情を克明に記述した綜合的研究書である」と、「はしがき」の冒頭で強調されているのである。がさて、一国の王朝の首相をつとめ自らも日本に外交官としてきた人物が、相手国の「日本国紀」のうち、天皇にかんする記述をしている「天皇代序」

で、「私年号」を並べるだろうか。
そこには「国家年号」として、天皇国家には存在しない年号があったからこそ記録しているとするのが正常であろう。それが現に法隆寺の「国宝」や有名温泉である道後温泉に、聖徳太子のこととして伝わっているのである。これを「私年号」というのは、まさに「天皇国家の年号に非ずんば国家年号にあらず」である。しかし、こうした日本古代史学の姿は「学問は事実にたつ」という近代的・民主主義的学問と、大学的日本古代史学の「学」とは別物であることを自ら示すものであろう。

この年号は天皇国家よりはるかに歴史的に古く、かつ中国・朝鮮諸国とかかわってきた「倭国」の年号であることは、疑う余地などはないものである。もっともこれを認めれば近世以降の尊皇日本古代史、「大和朝廷一元史と史観」が否定されるので、大学的日本古代史の学者は断じて認めないのである。「事実」を認めると自分自身が否定されるのが大学的日本古代史学である。

こうして私たちは大学的な日本古代史学には、いわば国民には固く閉ざされた「開かずの扉」が、数多くあることを知るのである。はたしてこれでよいのかは、歴史に問うのみである。

⑨ 九州年号〝善紀〟と「倭国」の東征

さてこの「九州年号」を記載した『八幡宇佐宮御託宣集』(重松明久氏、校注訓訳、現代思潮社、一九八六年、以後、御託宣集という)は、宇佐神宮の祠官で辛島氏についで古いとされる大神氏の出とされる神吽《じんうん》(一二三一～一三一四年)が、約二四年の歳月をかけてその死の前年の一三一三(正和二)年に校了されたという史料である。

この『御託宣集』の説話は神仏習合にたっているのが特徴である。これは後述するとおり日本の仏教受容は、「倭国」が「大和朝廷」よりはるかに古く、かつその受容は当然ながら民族的神道と、仏教への理解を融合させたもので、きわめて自然な受容の姿と理解する。

源平合戦にさいして豊後の武士緒方惟栄・惟隆らによる宇佐神宮焼き討ちがおこなわれ古文書も奪取されたという。これを神吽が復元をはかったのであるが、その際に「倭国」と大和朝廷をもまた、「習合」したものとおもわれる。すなわち「倭国」史の史実を『風土記』風に、無理に大和朝廷のあれこれの天皇の治世と合体させる形式がとられている。例えば『風土記』と同様に、説話の冒頭に「第一六代(神功皇后をいれれば一六人、引用者)の応神天皇四一年庚午《かのえうま》二月一五日……」とか、「元正天皇五年、養老三年」等というような形式にされているのである。

さて、宇佐神宮の祭神はいわずとしれた応神天皇、神功皇后とされている。この『御託宣集』はこんにち一六巻からなっているが、神吽の序文があるのは第三巻であって、ここから一～二巻はあとから加えられたものという見方もあるという。この第一巻では、八幡大菩薩が人間の姿として応神天皇になったという説話が、『日本書紀』仲哀・神功皇后紀を転載する形で記されるなどの問題も指摘されている。

　さてこの「御託宣集」に、「神功皇后の新羅討伐」説話そっくりの記事が、「九州年号」をともなって記されているのである。「香椎宮の縁起に云く。善紀元年、大唐従《よ》り、八幡大菩薩日本に還り給ふて見廻り給ふに、人知らざるの間、御《おん》住所《すみか》を求め給ふて、筑前国香椎に居住し給ふ。その後新羅国の悪賊発《おこ》り来つて、日本を打取らんと為《す》る日、乍《たちまち》に胎《はら》に入り奉る四所の君達《きんだち》、当月に満ち給ふに依って、白石を取り給ふて、御裳の腰に指し給ふて云く。若し是の石験《しるし》有らば、我が懐《はらめ》る子、今七日の間生れ給はざれと。

　我が石神に祈誓し奉り給ふて合戦し給ふに、既に戦ひ勝って還り給ふ。石に験《しるし》（＝効能）有って、七日を過ぎて四所の君達《きんだち》生れ給ふ。穂浪郡（福岡県嘉穂郡大分村）の山辺に集り住み給ひて後、各の御住所を求め給ふて移住し給ふ。故に大分宮（穂浪郡に同じ）と名づく。件の白石の御正体は、尚大分宮に留め給ふ。是の如きの間、聖母大帯姫並びに四所の君達、併《なら》びに日本我が朝を領掌し給ふ……中略……（四ヶ所に分かれた君達とは次のとおり）

一所　筥崎（箱崎）
一所　大分宮
一所　御母に相副ひ奉り、香椎に住み座《ましま》す。
一所　穂浪の山中、多宝（塔）の分身なり」（同書、八六頁。傍線は引用者）

　この「善紀元年」とは「善化」の別名（『八幡宇佐宮御託宣集』、八六頁、上段注「九」）で「九州年号」と呼ばれる年号の最初のもので五二二年にあたる、とされる。この「善紀」は『御託宣集』の他のところにも、「又善紀元年の記に云く」（同書、九〇頁）とあり、内容は、右に引用したものの一説である。すなわち「善紀元年」云々のある記事は、明らかに「倭国」年号をともなう文献、すなわち「倭国」文献であるとかんがえられる。しかも、出産を遅らせる目的で腰に白石を結わえ新羅と戦うという、『日本書紀』等の神功皇后の説話のもとは、この「善紀」元年の「倭国」記事であろう。

　『日本書紀・上』では、「時に、適《たまたま》皇后の開胎（臨月）に当れり。皇后、則ち石を取りて腰に挿みて祈りたまひて曰《まう》したまはく、『事竟《ことを》へて還《かへ》らむ日に、茲土《ここ》に産《あ》れためへ』とまうしたまふ。其の石は、今伊覩県《いとあがた》の道の辺《ほとり》に在り。……中略……一二月……に、譽田天皇（応神天皇）を筑紫で生れたまふ」（三三六頁）となっている。

　この「倭国」記事の女性は「大帯姫」（オホタラシ姫）であり、しかも香椎の神である。それは「大帯姫――八幡此の八幡は、住吉を父となし香椎を母と為《な》し給ふ」（同書、八八頁）とあり、この住吉は福岡市住吉町の「住吉神社」であり、「記、紀」神話からもここが本来の「住吉神社」である。

　すなわち「タラシヒメ」の由来は、この「倭国」の「オホタラシヒメ」であろう。このように考えると「記・紀」の神功皇后の新羅討伐関連記事は、「倭国」文献からの剽窃記事の一つという点が明らかとなる。通説的立場からさえ「記・紀」の「これら応神天皇生誕伝説が、北九州の民間伝承であった……」（次田真幸氏全訳注、『古事記・中』、二〇六頁、講談社学術文庫本、一九八〇年、第一刷）という見解もあるが、「民間伝承」ではなく「倭国」関連史料からの盗作である。

それを示すのが以下の点である。神功皇后記・紀とは根本からことなって、大帯姫の子供は四人であって、いずれも九州に止まっているのは表記のとおりである。にもかかわらず堂々と「……聖母大帯姫並びに四所の君達、併《なら》びに（一緒に）日本我が朝を領掌し給ふ」（括弧・傍線は引用者）と書いている点である。こうした記述が「善紀」という、「倭国」年号をともなった文献に登場している事実は、いささかも軽視できないものである。

ここの「日本」は、まさに『旧唐書』日本国伝中の「倭国自らその名の雅ならざるを悪て、改めて日本となすと」という日本、すなわち「倭国」である。これは『御託宣集』に「倭国」時代の文献がある由縁であろう。極めて重要な文献である。「記・紀」はこの「倭国」史料の「大帯姫」を「神功皇后」に当てたとかんがえられる。

もっとも『御託宣集』のなかには、「記・紀」の記載に対応している側面は強くみられる。この姿は「倭国」滅亡後の大和朝廷側と宇佐神宮側の利害の一致の到達点とおもわれる。大和朝廷側は「倭国」時代から有名な宇佐神宮から、「神代からの日本の天皇」という信仰上のお墨付きをもらうことは絶大な意義があり、反対に宇佐神宮はその信仰の中心の権力を換骨奪胎することで、新しい権力のもとでもその社格を維持することができるのである。この点は、出雲大社においても基本的に同様であろう。

したがって「倭国」時代からの「大社」であった両社は、その信仰上の縁起を天皇国家に切り換えるのであるが、そもそもは「倭国」王朝が信仰上の対象であったものを、ある日突然、大和朝廷に鞍替えするのであるから、どうしてもそこに異質のものが「継ぎ目」をのこす結果となるのである。これは志賀海神社とても同様であろう。

「オホタラシヒメ」が「神功皇后」ではあり得ないという点を、この文献の記載から示せば、〝教到〟四年（五三〇）という「九州年号」が付された説話の中で、「豊前国下毛郡諫山郷の南の高き山は、大菩薩の御母大帯姫御垂跡（仏教用語、生れた）の洞なり」などがある。神功皇后の生れは大分県下毛郡だ、などという伝えはない。

そもそも大分県下毛郡の諫山などという地名は、今日の日本でも大分県の下毛郡にでも住んでいなければ、あまり知られていないところであろう。こうした耶馬渓という大宰府〜日田〜宇佐を結ぶ古代の内陸の幹線を熟知しているものは、古代九州文化の形成にかかわったもので、八世紀の大和朝廷の史官等の知るところではないであろう。

さらに『御託宣集』の「倭国」時代の文献の残滓とおもわれる例を挙げれば、第十四巻の「馬城峰また御許山（宇佐神宮東南方の峰）の部」に次の一節がある。「神亀五年より始めて、筑紫九国を領せる王有りき。阿知根王といいき。云々」（同書、四〇三頁。傍線は引用者）である。神亀五年は七二八年である。七二八年には九州を領有する王はいないであろう。であればこの記事はなにを意味するかであるが、この記事は「神亀五年より始めて」が余計なものであろう。すなわち天皇国家にあわせるための記載であろう。その意味は「筑紫九国を領せる王」という表現もまた、「倭国」というべきをきり縮めたものと考えられる。

以上から、「倭国」軍の東征のまえに戦死した「仲哀天皇」、すなわち敗北した勢力を逆に勝利者にかえるために、古来あった「倭国」の「オオタラシヒメ」を換骨奪胎して神功皇后を創作し、さらには「倭国」の東征を熊襲・新羅討伐の凱旋と「応神」の腹違いの「皇子」の叛乱鎮圧説話に立て上げて、あたかも「大和朝廷」遠征軍の凱旋ででもあるかに装う、これが「仲哀・神功皇后記・紀」の実際と考える。すなわち「倭国」の東征の隠蔽である。

三　「倭国」の近畿総督府としての武内宿禰・蘇我氏

この東征軍の指揮官が武内宿禰であった可能性が高い。「記・紀」はこれを臣下に格下げして、あたかも「大和朝廷」が一貫して日本の王家であるかに描いているのである。水野裕氏が南九州の狗奴国王を応神として、「大和朝廷」の始祖としたのは、「倭国」の東征と「大和朝廷一元史観」のいわば折衷である。東征部隊は「倭国」の近畿総督府を形成し古くから大阪湾に面して都城をかまえ、「前方後円墳」を造営したと考えるものである。興味深いのは『日本書紀』には、応神の「都」の記載が正規には記されていないという事実があることである。文中に突然、応神の二二年に「難波に幸《いでま》して、大隅宮に居ます」とあり、その死亡の場所を「四一年……明宮（『古事記』、軽島の明宮＝奈良県高市）」としている。ところが「仁徳」になると、その都は「難波の高津宮」なる「私曲」（私宅）とされていることは先述した。大阪である。応神も難波の「宮」である。私は九州から進撃した「倭国」の近畿総督府は、本国との関係からも大阪の古代地図上で海浜に、近畿総督府を造営したと推測するのである。後の「孝徳」に当てられる「難波長柄豊崎宮」は、その総督府の可能性があると考えるのである。

この武内宿禰の勢力は、本国「倭国」が隋の出現という中国南朝の滅亡と、北朝系の隋による統一中国の成立によって、朝鮮半島問題をめぐって中国との対立を深め、唐の成立以降には戦争準備に全力をあげていたと考えられる状況をしりめに、本国からの自立を模索して「遣隋使を派遣した」結果、「倭国」の怒りをかって成敗されたと考えている。これがいわゆる「大化の改新」と称されるものの実態であると考える。

『日本書紀』皇極紀には、蘇我入鹿が「聖徳」太子なる厩戸皇子の子である山背大兄攻撃の先頭に立とうとした時に、入鹿が次期天皇に擁立していたとされる古人大兄皇子が、入鹿のところに駆けつけて「鼠は穴に伏《かく》れて生き、穴を失ひて死ぬ」といったので、入鹿は攻撃に参加することを中止したとある。

奇怪至極の記事である。通説ではこの時代、「皇位継承問題」は殺し合いに発展する場合があるなど、それぞれの「皇位継承者」は相互に、死に物狂いで鎬《しのぎ》を削ったとされている。であれば入鹿ほどの実力者に支持されている「継承者」は、その後援者に深く感謝するものであろう。したがって古人大兄が入鹿に面とむかって「鼠」呼ばわりなどは断じてしないはずである。そのうえこの場合、山背大兄皇子攻撃に参加することが何故、「穴から出る」ことであろうか。「危険です」という程度の問題に過ぎない。

だがしかし、この「鼠」呼ばわりした者が「倭国」であったらどうであろうか。「我等が采配によってその地位が保障されている者が、愚かにも遣隋使など『自立』を志してその保障を失うとは」という意味である。つまり、隋に使者を派遣したことは、入鹿にとっては決定的な失敗だったのである。考えてもみよう。この時代「倭国」は当時の世界の超大国である唐と、戦争の準備をしていたのである。「大化の改新」は六四五年、白村江の大敗が六六三年、この間約一八年間で日本史は巨大な変化をするのである。「倭国」が存続すれば日本史に「大化の改新」なるものは存在しなかったはずである。それは「倭国」による蘇我氏の誅殺というのが真相と考えられるからである。

① 武内宿禰・蘇我氏の実体

さて大学的日本古代史学では、例えば岩波の日本古典文学体系本の『日本書紀・上』の注釈では、武内宿禰は「書紀の年紀では三百歳を保ったとされる」とのべ、この後で「武内宿禰の実在性については、その可能性はうすく、伝説上の人物であることは明らかで、しかもその伝承は、六世紀につくられた旧辞に最初から存在したものでなく、景行、成務、神功皇后が歴代として帝紀に加えられ、かつ歴年の観念がくわわった、七世紀前半以降に作られたものと考える。風土記に武内宿禰の名が全くあらわれないことから推しても、それはかなりおくれた時代に、中央で発達した説話であると推測される」（『日本書紀・上』、「補注7—三二」、五九五頁。傍線は引用者）とし、さらにこの説話を造作した中心人物は蘇我氏であるという津田左右吉氏の主張をあげ、また中臣氏説も加えている。

　この説の難点は、「仲哀天皇と神功皇后」を「造作の人物」とし、さらに武内宿禰をも造作とすれば、どうして「応神天皇」だけを「実在」と云えるのかという、にっちもさっちもいかない袋小路に迷い込むであろう。たしかに「記・紀」は日本史の造作をしたものではあるが、私見では、その造作の根本的課題は「倭国」の消滅とその他の国家の隠滅、すなわち「大和朝廷一元史と史観」の創作であって、神話やあれこれの説話や人物の細切れ的な造作だけではない、といえるのである。

　さて、先の『八幡宇佐宮御託宣集』に次の記事がある。

「昔、大帯姫霊行の時、異国降伏の刻、地神第五代の主、彦《ひこ》波激尊《なぎさのみこと》現れて言く、『我は即ち明星天子（金星の信仰的呼び名）の垂迹《すいじゃく》（仏教＝生れかわり）なり。第三の公子（若殿）有り。月天子（月の神格化）応作（仏・菩薩が人を救うためにとる姿）にしてこれを授け奉る。大将軍と為り、敵州降伏の本意を遂げらるべきなり』と云々。

　大帯姫、此の公子を賞し、大臣の官《つかさ》を授けらる。藤の大臣、連保《むらやす》是れなり。連保、乾満珠玉（彦火々出見尊が海神からもらった潮の干満を自由に操る珠）を垂《くだ》さしめ、尊神の本願を扶け奉る。筑後国の高良の玉垂大菩薩是れなり」（同書、一四七頁。傍線は引用者）である。どこが武内宿禰かといえば、福岡県三井郡御井町高良山の「高良神社」の祭神は武内宿禰、ないしは「藤大臣、連保」といわれ、別名「高良玉垂神社」とされているのである。

　こう見てくればこの「オオタラシヒメ」は「大臣の官《つかさ》を授ける」立場の存在であって、かつ、この「藤の大臣、連保」は、海戦において大海の潮汐を自由に操る「乾満珠玉」をつかう者とされている。まさに海人族固有の説話であろう。この「乾満珠玉」を操る「玉垂大菩薩」が「高良神社」の祭神であって、それが武内宿禰、ないしは「藤大臣、連保」とされているのである。

　この説話をみると「記・紀」の神功皇后説話の本体は、もともとはこちらであって「大和朝廷」とは本来は、なんの関係もないものであることが浮かびあがってこよう。なおこの「藤大臣、連保」は、「結界石」（神籠石）とも深い関わりがあるとされる点は注目に価する。つまり「倭国」防衛の神にされている、そうした経歴の人物の神話化されたものであろう。

②『古事記』帝紀と武内宿禰

　武内宿禰は蘇我氏の祖先である。『古事記』考元記の「帝記」に、武内宿禰の系譜をのせ、その子として波多八代宿禰以下九人を挙げ、それぞれについて計二十七氏の後裔氏族の名を掲げている。これに関して岩波文庫本の『古事記』の校注者の倉野憲司氏は、「臣下である武内宿禰の系譜を帝記の中に入れているのは異例である。これはその子孫が権勢をほしいままにしたからであろう」（同書、九六頁、下段注）とされている。しかし、この注は奇妙であろう。臣下でありながら不遜にも権勢をほしいままにしたというのならばきびしく断罪すべきに、「帝記」という「大和朝廷の系譜」の真っ只中に、しかも非常に詳しく「臣下」の系譜が述べられているのは、たしかに異常である。

しかも、この『古事記』はその編者の太安万侶の上表によれば、天武の詔によって稗田阿礼に「誦《よ》み習わしめた」「勅語の旧辞」を、安万侶が「撰録」したものである。つまり「勅語」すなわち天武が指定した「皇帝日継」が、『古事記』の「帝記」記事であろう。こうみてくると考元記の「帝記」中の武内宿禰・蘇我氏系譜の意味は、実のところ後述する蘇我蝦夷暗殺にさいして、**船史恵尺《ふねのふびとゑさか》が焼けかかったものを救いだしたという、蘇我氏作成の「天皇記・国記」に記されていた「帝記」**ではないかと考えるものである。

この「天皇記・国記」は「倭国・近畿総督府」から自立をめざして蘇我氏が記した、「近畿大和蘇我王朝」の正当化を策した史書の可能性が極めて高く、『古事記』『日本書紀』の実態探究では、あらためて検討すべきものと考える。つまり、『古事記』帝記の武内宿禰・蘇我氏の系譜は、造作でも誤記でもなく、真実の日本史の影を宿した貴重な記録の残滓の可能性が強いと考えるのである。なお聖徳太子については後述する。

ここで大学的日本古代史学の蘇我氏の把握の仕方を一瞥しておこう。石母田正氏は「（聖徳）太子の死後、大化改新にいたる二三年間、国政を独占した蘇我氏には、政治らしいものは無いに近く、権力をもっぱらにするだけで、その本居たる大和葛城県を天皇に強請し、あるいは皇室に匹敵する壮大な墳墓や城柵を在地に造築するなど――天皇陵はそれ以前の用明・推古陵からすでに薄葬に移行しているにもかかわらず――いずれもオミ系土着豪族の特徴を完全に克服していないことをあきらかにした。天皇の宮殿造営は東西の『諸国』に命じて役丁を徴発した……王権が諸国の国造の支配のうえに立っていたのにたいして、蘇我氏はせいぜい中央の部民制的官司制と近畿豪族層を掌握していたにすぎないことを示した」（『岩波講座・『日本の歴史1』、三九頁、一九六七年。傍線は引用者）というのである。

これは基本的に通説の蘇我氏論であろう。しかし、この通説的蘇我氏論への疑問は、〝「大和朝廷」は宮殿造営には東西の「諸国」から役丁を徴発した〟というのであるが、いったい、その「宮殿」とはどの天皇のなんという宮殿なのだろうか、という点である。すでに述べたとおり『日本書紀』自身が、蘇我氏滅亡の後の「孝徳紀」の「大化の改新」の詔で、「その二に曰はく、初めて京師を修め、畿内国の司、郡司……を置き」といっているのであるから、それ以前に「京師」、すなわち王都＝都城などはなかったことは明らかであろう。あったのは天皇の代替わりごとに浮動する「都宮」でしかない。いったいこの「宮殿」に日本列島の「東西の諸国」

から、役丁を徴発する」必要が生じたであろうか。

ここに肝心の「大和朝廷」の代替りごとの「遷宮」問題には完全沈黙しながら、蘇我の「横暴な態度」批判では、さっそく「大和朝廷」に大都城があるかに事態を描いてみせる姿は、この学者が国家と都城問題の関係をまったく知らないのか、あるいは知っていながら国民を欺こうとしているかの、そのどちらかということになろう。

Chapter 15

第15章

蘇我氏支配と「倭国」、「大化の改新」

一　「大化の改新」、大学的日本古代史学が語らない「詔」

先に引用したとおり大学的日本古代史学が重視する「大化の改新」の詔は、まことに異常なものである。通説はこの「大化の改新」の詔を、「大和朝廷」が蘇我氏の横暴を力でおさえて律令制を確立し、これをもって本格的な古代専制国家へのスタートラインと描き出してきたことは云うまでもない。しかし、その「詔」の「字と文章」を直視すれば、一流大学の教授諸氏の伝統的見解とは全く異なるものであることは、まさに〝読んで字の如く〟である。

そもそも蘇我氏誅殺の後に、なぜ、「その二に曰《のたま》はく、初めて京師を修め、畿内国の司、郡司、関塞《せきそこ》（＝塞は、軍事的防衛壁類——石垣等）・斥候《うかみ》・防人《さきもり》（＝辺境防衛の兵）・駅馬《はいま》（＝令制で駅をおき、各駅におく馬）、伝馬（各郡に伝馬）を置き、鈴徴を造り、山河を定めよ（地方制度の確立）」など、後の律令制度がここに遡及されて書かれているのか、という大きな問題があるが、いっそう本質的な問題は実に、この「詔」の内容は、事実上の「国家創設宣言」である、という点である。

つまり、「初めて京師を修め……」と明言されているところである。「京師」とは都城・国家。行政制度の確立であって日本本土以外では、古代沖縄諸国をふくめて国家成立の証である。にもかかわらず『日本書紀』という大和朝廷の正史に、「京師」記事が登場する最初がこれであって、しかも自ら「初めて」を明言・強調しているのである。大学的日本古代史学はその「大和朝廷一元史観」から、この肝心要の「字と文章」、文字通り眼前の事実に「見ざる、云わざる」を決めこむのである。

つまり問題の核心は、なぜ蘇我氏を誅滅した途端に「国家・王朝」創設宣言が、「初めて」と明言されながらたからかにうたいあげられるのか、である。この「詔」にてらせば蘇我氏権力が存在した時代には、大和朝廷の「京師、畿内、郡司」や「山河が定め」られていなかった、ことになるであろう。すなわち蘇我氏存命中には「大和朝廷」の国家組織がなかった、ということを告白しているのである。しかもこれは、大和朝廷が創設したらしい「郡制度」の前に、「評制度」が実在したことが井上光貞氏の有名な研究によって明らかにされている点（三七五頁参照）に照らして、間違いないものと確信できるものである。

以上、この「詔」の「初めて京師を修め」、国家・行政制度を整備せよ、という「詔」の意味するものは、天智紀の大宰府問題での「日本本土二国併記」とみごとに照応する、事実上の「二つの国の支配交代記」であって、この両者は『旧唐書』東夷伝の「日本本土二国併記」とみごとに一致する。しかも大和朝廷自身による「大和朝廷」の出生を明らかにした、実にじつに意義ある記載である。

二　「大化の改新の詔」は八世紀の現実の遡及

しかも、この「大化の改新の詔」は八世紀の律令制度にたった造作文であることが指摘されている。「この詔の文の各項のうちに……最初に簡単な概略の文、すなわち『首文』があって、つぎに具体的に『凡《おおよ》そ』ではじまる法律的条文的な記載すなわち『凡例』が多く、その点で前後の詔にくらべてととのいすぎていることや、とくに凡例のなかには、半世紀後の大宝令（七〇一年制定）とまったく同じものや、そのできあがった法典を念頭におかないと意味のとれない省略文などがところどころにある……」（井上光貞氏著、『日本の歴史』、「三飛鳥の朝廷」、三〇七頁、一九八七年、第八刷）と指摘されている。

問題は『日本書紀』の編者等は、日本史の事実としては存在しない「大化の改新の詔」を造作までして、何故「孝徳紀」に書き込んだのか、である。これは推測ではあるが、八世紀初頭の大和朝廷とその史官等には、「倭国」の近畿総督府的な蘇我氏の突然の滅亡によって、自分達を万力の力で支配した力が消滅し、また、その後二〇年足らずで「倭国」そのものが滅亡したのであって見れば、後の「大和朝廷」勢力にとって蘇我氏の誅滅から「倭国」の滅亡までの期間は、「日本国王」への飛躍の胸おどる画期であって、是非それに相応しい記事を書きたいという衝動が、おさえてもおさえても抑えきれない歓喜と興奮をともない、「一元史」造作のなかに「初めて京師をおさめ……」などと、つい思わずもの本音をもらす結果になったものであろう。

蘇我の誅滅がよほどうれしかったと見えて、引用した「初めて」の他に、「大化元年、八月」条に、「天神の奉《う》け寄《よさ》せたまひし随《まま》に、方《まさ》に今、始めて万国《くにぐに》を修めむとす」と「東国等の国司を拝《め》す。仍《よ》て国司等に詔して曰《のたま》はく……」（『日本書紀・下』、二七三頁）として記している。あからさまであろう。「天神の奉け寄せたまひし随に」とは「運良く」という意味である。すなわと蘇我氏とそれに続く「倭国」滅亡という「運に恵まれて、まさに今、やっと『万国』、つまりは日本の国々を支配できることとなった」といっているのである。つまるところは『旧唐書』日本国伝中の唐ならびに粟田真人の「日本史」そのままである。ただし孝徳が東国の国司を集めて云々は、「大化の改新の詔」同様の作文である。当時は、まだ「倭国」は健在である。

三 「倭国」支配と「評制」

さて、大和朝廷が「初めて京師を修め……」、すなわちその支配権を確立したのは「倭国」滅亡以後、具体的には七〇〇年の直前ごろからと推測される。問題は、「大和朝廷一元史観」に立てば、それ以前の「大和朝廷」の統治機構は実際は不明であることは、すでに井上光貞氏などの指摘を引用したところである。

がさて、この井上光貞氏の探究によって、七〇一年以前に国家組織として「評制」があったことが指摘、確認されている。

井上光貞氏は、「大化の改新の詔」に、「郡とか郡司とか、郡の大小領などという文字がところどころにみえているが、そして『日本書紀』はこのあとにも、ずっとその字を使っているが……『書紀』以外の金石文とか、その他の史料には、大宝令の制定（七〇一年）のときまで、これとは別系統の評（こおり・ひょう）と評造（こおりのみやつこ・ひょうぞう）、評督（こおりのかみ・ひょうとく・助督（すけのかみ・じょうとく）などの文字が使われているという事実があった。

これはこの詔が、『書紀』編纂時の現行法典である大宝令によって、大幅に修飾されていることの確実な証拠であって……中略……昭和四一年（一九六六）、藤原宮の発掘によって出土した木簡文章によって、このことはさらに確かめられることとなった」（井上光貞氏著、『日本の歴史3』、三〇七頁、小学館）という指摘は、「大化の改新の詔」の性格を明らかにするうえで大きな貢献であった。

七〇一年以前の日本の行政制度が「郡制」ではなく、「評制」であったことを指摘された井上光貞氏の研究の意義は、実に大きなものがある。それは日本書紀の編者等は、なぜ「郡制」の前に実際には、「評制」であったといういわば天下公認の事実をあえて隠蔽し、八世紀以降の「大和朝廷」が創設したらしい「郡制」のみを記したのか、という点である。それは第一に「大化の改新の詔」にある、「初めて京師を修め……」で明らかであろう。この「初めて」は大和朝廷にとっての「初めて」であって、日本民族にとっては、いささかも「初めて」ではないのである。だがその事実を記さないことが『古事記』『日本書紀』編纂の目的である。つまり「倭国」等の大和朝廷に先行した諸政治勢力の抹殺と隠蔽こそが、これらの書の眼目だからである。

本書のこの推察に明確な根拠を与えてくれるのが、井上光貞氏の次の研究である。氏は「畿内国は王城を中心にした一定の範囲内の区域で、中国はもちろん、朝鮮にも類似の組織は早くから存在した。たとえば……」（『日本の歴史3』三二〇頁、小学館、傍線は引用者）として、『隋書』高句麗伝・百済伝の他に『梁書』新羅伝をあげられている。『隋書』高句麗伝では、「復《また》、内評・外評、五部褥薩《じょくさつ》あり」とある、とされ、「五部褥薩」にかんして池内宏氏の研究をあげられて「五部とは内評・外評をあわせた地域で、内評はそのなかのいわば畿内の州県であり、外評はその他の四部、畿外の州県であり、褥薩とは五部の長官のことである」とされている。「百済伝」では、「畿内を五部となす……云々」とあり、また『梁書』新羅伝では「其の俗、城を呼んで健牟羅という。其《その》邑《ゆう》、内にあるを啄評《たくひょう》といい、外にあるを邑勒《ゆうろく》という……云々」（同書、同頁）とあると指摘されている。

概略こうした説明の後に、「大化の改新の詔」の「首文に畿内国司があることからみても、このような朝鮮諸国の先例をみて、大化の為政者が畿内を設け、そこに国司をおいたことは疑えないところである」（同書、三二一頁。傍線は引用者）とされている。

すなわち井上氏の探究で「大化の改新」以前に、この日本に「評制」という、「畿内・畿外」を区分する行政制度が実在したことが解明されているのである。この「評」とは「坪」と同じ意味で一定の空間を意味するともいわれている。つまり行政制度を都城を中心に一定の空間に区分して考えるものである。したがって天皇の代替わりごとに「都」を浮動させる水準では、断じてうまれる必然性がない制度である。

すでに問題は解明されたというべきであろう。天皇の代替わりごとに浮動する姿にはるかに先駆けて、大宰府に「都城」を構えた「倭国」が五世紀には存在していたのである。この国家は古代中国・朝鮮諸国とも、はるかに古くから交流しており、当然、王城を中心に畿内・畿外をわける行政制度を確立していても不思議ではないであろう。

にもかかわらず『日本書紀』は、一方では「評制」に一切沈黙して「郡制」を新設し、他方では「初めて京師を修め、畿内国司……を定めよ」と、まるで天皇国家が「初めて」都城制度を確立したかの姿を示すのであるから、これは単に朝鮮諸国の真似ではなく、日本列島に「大化の改新」以前に、都城を中心に「畿内・畿外」を区分する行政制度が存在していたことを、隠したものと解す他はないであろう。

これを実証すると考えられるものが存在しているのである。それは大宰府の観世音寺の梵鐘と兄弟鐘といわれる、京都の妙心寺の梵鐘の内側に、「戊戌年四月一三日壬寅収、糟屋評造春米連廣国鐘鋳」という、「陽鋳されている碑文」があることである。つまり「戊戌年四月十三日壬寅に糟屋評造春米《こほりのみやつこつきしね》連廣国《むらじひろくに》が鋳た鐘を収めた」というものである。ここの糟屋は「筑前粕谷郡」ということは通説でも認めている。つまり京都の妙心寺の鐘は北九州産なのである。しかもこの鐘銘にはどこにも「献上」を意味する文字はない。つまりこの鐘は有名であった春米連廣国に鋳造してもらったと誇っている、すなわちブランド品なのであろう。

その鐘の鋳造者が「糟屋評造」というのであるから、この「評造」は行政組織名である。さてこの妙心寺の梵鐘と兄弟鐘とされる観世音寺の梵鐘は「創建寺以来のもの」と、この寺の副住職で通説の著名な歴史学者である高倉洋彰氏が、その著『大宰府と観世音寺』（一〇一頁、図書出版海鳥社、一九九六年、第一刷）で述べられているので、本書の立場からこの指摘を理解すれば、この梵鐘は日本最古のものとなるばかりではなく、この鐘を鋳造した「糟屋評造」という行政名もまた、当然「倭国」の行政名ということになる。

この問題の最後は、この「評制」が藤原宮の木簡からも確認されている事実である。すなわち八世紀以前においては近畿・大和地方でも「倭国」の地方制度が、支配していたことをしめすものであろう。上田正昭氏が作成された「五世紀の県・県主分布図」は、氏が熱弁をふるわれるような近畿・大和の朝廷の西国経営の証を示すものではなく、天皇国家が自己の正史でその存在を隠したがる、「評制」の普及下の「県・県主」の分布図なのである。すなわち「倭国」支配図であろう。

こうして上田氏作成の「図表」に関東方面の「県主」の痕跡がないことは、関東方面が「倭国」の直接支配地域ではなく、「倭国」滅亡から間もない八世紀初頭ごろは、「東界北界は大山ありて限りをなし、山外、すなわち毛人の国なり」と、まだ言わざるを得ない状態だったと思われる。先述のとおり一〇世紀においてさえ広大な未支配地があったほどである。ただし東国にも「倭国」の文化は多面的に浸透していたとおもわれる。

Chapter 16
第16章
「前方後円墳」

一　前方後円墳は九州産

まず、「前方後円墳」にかんする考古学者の報告から拝聴しよう。「周防灘あるいは玄海灘沿岸の大型の古墳について（従来は、引用者）注目されることが多かった……より以上に東九州地域のなかでも宮崎県地方の実態がかなり明らかになった」とあり、「前期前方後円墳では、墳丘が一〇〇mクラスの久里双水《くりそうず》（北九州）古墳が一〇年前に発見され、また九州の古墳は圧倒的に前方後円墳であって、宮崎県の生目《いきめ》古墳群、西都原《さいとばる》古墳群が定式化された最初の段階にちがいであろうという実態があきらかになりました。

その結果、二〇〇mを越えるもの（墳岳の長さ・引用者）が相当数ある。とくに前期の様相のなかでは、宮崎はやや特殊なありかたをしているということもわかりました。それと大規模な前方後円墳が、古墳時代初期の段階から中期頃ぐらいまでにほとんど終わってしまっている……」（『シンポジュウム・日本の考古学・4』、「古墳時代の考古学」、五八頁、学生社、二〇〇〇年、重刷。傍線は引用者）という注目すべき報告がある。続けて「九州の前方後円墳の総数が五六〇基ぐらい」とあり、その三分の一の約一五〇基が宮崎県に集中しているなど、「前方後円墳」問題での重要な言及である。宮崎の「前期」の巨大「前方後円墳」群の存在と、神武の故郷が宮崎方面という「記・紀」の説話の関連もあらためて注目すべきであろう。

①　造山古墳

造山古墳は全国でも第四位ぐらいに位置する、全国屈指の巨大「前方後円墳」であることはいうまでもない。「この古墳の前方部頂上に小さい社があって、その前横には刳抜《くりぬ》きでつくられた石棺の身がある。社の裏手横には蓋の一部があり、蓋の内部には朱の付着も残っている。……この石棺の出土地については、いまではすでに明らかでない。ただ造山古墳とまったく無縁な地で出土したものではないといえる。造山古墳出土でなくても、造山古墳とつよいつながりのある周辺の古墳から出土したに違いない。この石棺の石材が、九州阿蘇山系の凝灰石であり、畿内的な組み合わせの長持形石棺に似せる努力をしながらも、九州の石棺の形に大変よく似た刳抜きの石棺である」（『日本の古代遺跡・岡山』、森浩一氏企画、間壁忠彦・間壁葭子氏共著、一二二頁、保育社、一九九五年、第三刷）とある。ここには「畿内の真似」というように近畿を中央、九州を地方とする視点はあるが九州産の特質が強調されていることは間違いないであろう。

② 千足古墳

この造山古墳群の一翼に千足古墳があり、間壁ご夫妻の指摘によると「この装飾石障にかぎらず、すべての石障の石は、九州の唐津湾周辺の砂岩製と考えられる。また石室を構成した多くの板状の石のなかで玄武岩ないし安山岩系のものは、ともに北部九州から運ばれた石とおもわれる。この古墳は、構造や装飾にかぎらず、主要な石まで九州的であり、古墳築造の材料から構成技術者まで九州から運ばれたとみられる。榊山古墳が朝鮮的であり、造山にある石棺や千足古墳の主体部が九州的であることは、この吉備中枢部の古墳の主たちが、いかに西の勢力とつよく関係していたかがうかがえる」（前掲書、一二四頁）とされている。

③ 葬送の「舟」の出土――奈良・巣山古墳

二〇〇六年二月二二日に、奈良県広陵町の「巣山古墳」（全長二二〇ｍの前方後円墳）から、『隋書』俀国伝記載の「葬送の舟」が出土したと、同町教育委員会が発表（『朝日新聞』）している。その「葬送の舟」にかんする「俀国伝」の記事は次のとおりである。

「死者は斂《おさ》むるに棺槨を以てし、親賓、屍について歌舞し、妻子兄弟は白布を以て服を製す。貴人は三年外に殯《もがり》し、庶人は日を卜して瘞《うず》む。葬に及んで屍を船上に置き、陸地これを牽くに、小举《しょうよ》（＝ちいさい台車）を以てす」（傍線は引用者）である。この「葬送の舟」が出土したのである。その大きさは舟形木製品が長さ三・七ｍ、高さ四五㎝の板状で、木棺のふたは長さが約二・一ｍ、幅約七八㎝とある。金印の場合もそうであるが、文献の記載を証明する出土物がある場合、基本的にはその文献は正確な記録とすべきではなかろうか。

さきに水田稲作の東進をになった安曇族の関東、長野県ぐらいでの展開について、西田長男氏の『古代文学の周辺』の指摘を引用したが、これらの見地が正しいものであることが、『隋書』俀国伝中の記載が実証されたことによって証明されたのである。

二　鉄

江上波夫氏は「前方後円墳」の前期と後期の性格を峻別され、「前期古墳文化は確かに弥生式文化からでたもので、多分に弥生式文化要素を保っており……その担い手の社会は、魏志倭人伝に見える倭地の状態からあまり遠くないことが想像される」（江上波夫氏著、『騎馬民族国家』、一六〇頁、中公新書、中央公論社、一九六二年、初版）とされている。これにたいして「後期古墳文化」は、前期とは「その性格には本質的な相違がある」とされ、後期古墳文化の特質を「……弥生文化およびそれに続いた前期古墳文化の呪術的な、祭祀的な、平和的な、東南アジア的な、いわば農耕民族的な特徴がひじょうに希薄になって、現実的な、戦闘的な、王侯貴族的な、北方アジア的な、いわば騎馬民族的な性格がいちじるしくなった」（同書、一六六頁）とされる。

後期以降の古墳の副葬品の特徴は一語にして云えば「鉄」と「馬」である。たとえば井上光貞氏は、「大阪府美原町黒姫山古墳」の例（『日本の歴史・1』、三九二頁、中公文庫）として鉄の甲と冑が、驚くべきことに二四個ずつ発見されたとあり、また大阪府堺市の履中天皇（伝・引用者）陵の陪塚である、「七観山古墳でも人体埋葬の確証はなく、おもに武器類が発掘された。戦時中の防空壕掘りで約一〇〇本以上の鉄刀剣を出し、最後の調査となった一九五二年では、一つの粘土槨からだけで鉄刀一二〇～一三〇本、剣三〇本、計一五〇～一六〇本という多数の鉄製武器が出土している。……このような鉄製武器の驚異的数量の埋納は、応神陵を盟主とする誉田古墳群と、仁徳陵を盟主とする百舌鳥古墳群がよく知られている」（『日本の歴史・1』、三九二頁、中公文庫、一九六三年、初版）。

さらにつづけて奈良市の中期の大「前方後円墳」のウワナベ古墳の陪塚をあげられている。「それは大型の鉄鋌《てってい》二八二枚、小型の鉄鋌五九〇枚、そのほか鉄斧一〇二個、鉄鎌一三九個などの農工具であった。……鉄鋌とは鉄材のことで、鍛造でこしらえた扁平な長細い鉄板である。

鉄の原材をこの形で運搬し、保有したのであって、これを加工して鉄器にすることもあれば、また貨幣のような役割にも用いることができた。鉄鋌は朝鮮でも、国内に鉄資源をもっていた新羅の古墳にもっとも多く埋葬されているが、形態・製作法、規格が日本のそれと似ている。このころ、日本国内での製鉄はとても需要を満たすほどではなかったと考えられるが、日本が南朝鮮進出に成功している頃に営造されている大古墳に、鉄材や鉄器の埋納が爆発的に多いのは鉄資源を南朝鮮に依存していたことを物語っている。応神陵や仁徳陵墳丘の大きさが示している強大な天皇権力は、このような大量の鉄や鉄製品が有力な一つのささえとなっていたのでろう」（同書、三九三頁、傍線は引用者）とされている。

傍線部分こそは通説の「考古学・歴史学」が強調して止まない、「大和朝廷一元史と史観」の「実証主義」の力点である。

しかし、すでに述べたとおり（二七八頁参照）に鉄の製造・使用は「倭国」とその中心の北九州が、近畿地方にはるかの先駆けている。同時に、この大学的古代史学の「実証主義」のアキレス腱は都城問題なのである。もし井上氏等がいわれるように、応神・仁徳朝に「偉大」な力があるのならば、なぜ応神の「宮都」は「私宅」なのか、「倭の五王」の都を示す「都督府」が、大宰府にあって河内や近畿大和にないのは何故かと。

一方だけをおおいにかざして強調するが、他方では、本来なければならない「都城」にかんしては沈黙し、大宰府に「都府楼」と命名されてきた「都城」遺跡が実在しても、それは『日本書紀』の記事を掲げて否定・無視し、『隋書』の日本本土二国併記では、『日本書紀』さえ無視するという観点・方法に固執する。これではこの学の基礎はなにか。答えは「大和朝廷一元史観の固執のみ」であろう。

さらに鉄問題であるが上田正昭氏が、「『魏志』弁辰の条の……『国、鉄を出す。韓・濊・倭、皆従って之を取る』とある倭も……「大和朝廷の倭でない」（『日本の歴史・2』、一七五頁、小学館、一九七三年、第一刷）とされる記載に関連して次の報告がある。この鉄が「当時は倭にたいしても鉄素材というかたちで供給あるいは交易されただろうと思います。その証拠に、つい二～三年前に福岡市の西新町遺跡で大型の板状鉄製品が出土しています。まさに鉄の素材であって、韓国の南海岸の三千浦市勒島《のくと》遺跡のものとまったく同じで、しかも大型です。それ以外に佐賀の城《じょう》の上遺跡でも、宗像（福岡市）の瀧ヶ下遺跡でも発掘されています」（シンポジュウム『日本の考古学・4』、「古墳時代の考古学」、四九頁）と、出席者の東潮氏が指摘されている。

ところでこれらの出席した学者はもちろん「邪馬一国」近畿説とおもわれるが、鉄資源問題をめぐって次のような通説的な特質にあふれた議論を展開している。それは「……これは五世紀段階になっても日本列島で用いられる鉄の相当量は朝鮮半島に頼っていた……。朝鮮半島の鉄資源を日本列島に運んでくるばあい、最も重要な役割をはたしたのはいうまでもなく『魏志』倭人伝にでてくる奴国・伊都国・末盧国など玄海灘沿岸地域の人たちだと思います。事実、弥生後期の鉄器の分布状況などをみると、北部九州と近畿地方等は格段の差があるので、近畿中央の勢力が鉄資源をスムーズに入手しようとすると、どうしても玄界灘沿岸の地域と対決せざるをえなくなる……」（シンポジュウム『日本の考古学・4』、「古墳時代の考古学」、四六頁）という、司会者の白石太一郎氏の発言である。

氏は「倭国」というべきを「玄界灘沿岸の地域」と矮小化しつつ、このあとにつづけて「おそらく近畿地方の勢力を中心に、吉備などの瀬戸内海沿海部各地の勢力、北部九州でも瀬戸内側の豊前の勢力などは一つにまとまって、玄界灘沿岸地域と鉄資源を中心とする先進的文化入手ルートの支配権をめぐる争いがあったのではないか」といわれるのである。

この推測にたって「中国の歴史書（『三国志』魏志・倭人伝、『後漢書』倭伝をさす。引用者）にでてくる『倭国の乱』『倭国の大乱』も、つまるところ、この争いにほかならないのではないかとおもいます」とされ、この勝敗の鍵を玄界灘沿岸の「出現期の古墳」を、近畿地方、吉備地方、豊前地方に比較して、「明らかに小さい」といわれ、近畿勢の勝利は当然とされて、この政治的対立の形成期を「二世紀末から三世紀初頭」（同書、四七頁）とされるのである。

すでに指摘したとおり二世紀や三世紀初頭に、近畿地方には階級分化の遺跡からも『後漢書』倭伝や『三国史記』の二世紀の卑弥呼記事からも、この時期に「大和朝廷」などは存在の客観的な根拠がまったくないことは述べてきた。にもかかわらずこうし議論が考古学者の間で声高に主張されるのは、その考古学が小林行雄氏式の「三角縁神獣鏡」と「前方後円墳」だけの考古学であって、水田稲作の始原と展開、古気象や近畿地方の古地形、階級分化遺蹟の有無、青銅器・鉄器の使用と製造での北九州の先進性、国家と都城など、国家の誕生の土台をなす基礎部分への意図的・主観主義的態度、それを生みだす近世以降の尊皇思想・尊皇史学と、松本清張氏の指摘をかりれば「学説の都合と、将来の立身出世への配慮」であろう。

本来は、こうした歴史学と考古学にたいして真に科学的歴史学・考古学を対置すべき、日本の古代史学にかかわるマルクス主義の学者等は、しかし、まことに残念なことにに真っ先に小林説に馳せ参じた面々であろう。

三　軍馬と轡

日本最古の馬具は「福岡県老司古墳や池ノ上六号古墳からでてくる鑣轡《はみえだくつわ》というタイプの轡」であって、この轡は「年代的に五世紀の前半ないし四世紀末ぐらいまでさかのぼっていくので、鑣のタイプの馬具がいちばん古手のものだということがわかりました」（前掲『古墳時代の考古学』、一〇七頁）とある。また日本列島で「石人・石馬」遺跡が濃厚に残存するのも筑紫を中心とする九州である。この点でも当然ながら北九州の先行性があきらかである。

四　沖の島の遺跡

近畿地方の巨大古墳が「倭国」勢力によって造営されたという例に、「海の正倉院・沖の島」の驚くべき遺跡があげられなければならない。沖の島の奉納品に関しては、井上光貞氏の指摘を参考にした。氏は、一九五四年から五回にわたる学術調査の結果をふまえて、「沖の島」遺蹟について次のように述べておられる。「祭祀場の跡は巨岩の陰にあった。古墳のように地中に埋もれておらず、まるで昨日そこに置き去ったように、銅鏡や金銅製品が輝いていた。沖の島への奉納品は、古墳の時代、とくに中期や後期の品物が多いが、調査の対象になったものだけでも、銅鏡四二面、鉄刀二四一本をはじめ装身具や馬具など、当時の大古墳の副葬品にも劣らないものが数万点も発見されている。この多数の、また優秀な奉納品は、大和政権の海外進出にともなった国家的規模の大祭祀でなければとうてい考えられるものではない。沖の島はもともとは、この地方の集団の祭祀の場所であったろうが、やがて大和政権はここの神々を国家的な規模で祭り、それに朝鮮経営の守護や軍船の安全を祈ったのであろう。……沖の島は五～六世紀の大和朝廷の朝鮮経営を物語る貴重な遺跡である」（前掲書、四〇〇頁。傍線は引用者）。この「沖の島」の遺品の奉納者を「大和朝廷」とみなす見地は、通説の立場である。

しかし、この島が「五～六世紀」に天皇国家の支配下にあったという説には、その成立の客観的根拠がまったくなく、まさに「倭国」が、「新羅・百済、皆倭を以て大国にして……並びにこれを敬仰し、恒に通使・往来す」と記されている時代、近畿地方の「前方後円墳」等から出土する豪華な副葬品に比較しうる奉納品が沖の島に大量にあるのは、第一に「倭国」政権の「国家的規模の大祭祀」であり、第二に近畿地方の巨大「前方後円墳」等は「大和朝廷」の造営ではなく、「倭国」からの「東征」勢力の造営であるということになる。

だからこそ大和朝廷はこの古墳に無関心であり、葬られている人の記録も伝承も、その墓の古代名も失われたのであろう。国学が誕生して以降に「大和朝廷一元史観」から、全く日本史を歪曲する見地が主観主義にたって登場したのである。

Chapter 17
第17章
蘇我氏と聖徳太子の実在問題

一　蘇我氏と豊国法師

武内宿禰・蘇我氏が「倭国」出身者であることを示す例が、仏教受容と関連して『日本書紀』用明紀に記載された次の記事である。「是に、皇弟皇子（穴穂部皇子）、……豊国法師名を闕《も》らせり。を引《ゐ》て、内裏に入る。物部守屋大連、邪睨《にら》みて大いに怒る」（『日本書紀・下』、一五八頁）という条である。これは「用明天皇」が病床で〝仏教に帰依したい〟とのべたことをめぐって、物部守屋大連と蘇我馬子が対立したという記事に関連して出てくる人物である。

そもそも大学的日本古代史学は、『日本書紀』等にしたがい百済から仏教がつたえられ、蘇我氏がこれを受け入れたというのであるが、百済はその当時、天皇の代替りごとに「都」を浮動させる水準の「大和朝廷」と国家関係などはあり得ず、「百済から仏教がもたらされる」はずもないのである。

したがって蘇我氏がそれの意味を感得するはずもないのである。しかし、近畿地方に仏教を広げる原動力は蘇我氏という「紀」の記載はあながちに否定はできない。理由は、「豊国法師」を記載している点である。『日本書紀・下』の上段の「注一六」（一五八頁）は、この「豊国法師」にかんして「伝承不明。法師の号の初見。欽明一三年条の仏教伝来記事以後、蘇我氏をめぐる朝廷と仏教の関係の記事は、ほとんど元興寺縁起にあるが、この豊国法師の話は全くそれに見えない」（傍線は引用者）とある。

しかし、この法師は「日本史」に登場する、最初の和名の「法師」というのである。となればこの法師はすでに「仏法」を習得して、「法師」と名のることを社会に、したがって「大和朝廷」に認められた人物であるからこそ、この段に登場するのである。これを否定できる方はおられまい。

ならばいったいどこで、いつ仏法を習得したのか、その法師の資格を認めた社会はどんな社会か、これこそがここでの「学問的探究」の最重要事であろう。この法師が「豊国」と呼ばれていることから推察すれば、その本拠は「豊国」、今日の大分県地方であろう。ここには近畿仏教遺蹟よりははるかに古い仏教遺蹟、「国東《くにさき》六郷満山寺院群」や「熊野磨崖仏」

をはじめとする石仏群、さらには「白鳳時代」と称される廃寺群がいわば密集している。がしかし、もちろん八世紀より古いという公式の評価もなく静寂のなかに地元の人々の営々たる努力によって、黙々と存在するのみである。あたかも大宰府が「都府楼」と地元で呼ばれている姿に似ている。

こうした背景が考えられるこの法師は、その法師の資格を少なくとも「大和朝廷」下の社会で認められたものではないことは、この時点で「大和朝廷」下の社会に仏教は受容されていない点から明らかである。しかし、もちろん大学的日本古代史学はこうした極めて重要な問題の探究などはない。こうした姿の大先輩は『日本書紀』の編者等であろう。「天皇と、仏教受容派と拒否派」が一同に会する場に、堂々と案内される「法師の号の初見」というような人物は、断じて「名を闕《も》らせり」で終わるような水準の人物ではないはずである。

しかしその真実を書けば「大和朝廷一元史」が崩壊するから、「名を闕《も》らせり」と逃げたとしか考えられないであろう。したがってこの謎を解くことは、同時に蘇我氏の真の姿を明らかにすることであろう。またこれを探究することは大学的日本古代史学が、この時期を「大和朝廷」が真の専制的支配権確立へとむかう過程、すなわち古代国家の本格的な成立の前史と描きだすのであるが、これの真偽をも照らし出す鏡ともなろう。

①「倭国」への仏教公伝

通説は『日本書紀』欽明の一三年（五五二）の〝百済の聖明王が釈迦仏金銅像一躯、幡蓋《はたきぬがさ》若干、経論若干巻〟を天皇に奉ったという記事、ならびに『元興寺伽藍縁起流記資材帳』（七四七年起源という）の「戊午年」（五三八）を云々し、日本への仏教公伝・五三八年説をたてるのである。しかし、すでに述べたとおり百済の聖明王と「大和朝廷」は当時、無関係である。通説の誤りについては古賀達也氏が「倭国に仏教を伝えたのは誰か」（『古代に真実を求めて』、古田史学論集・第一集、古田史学の会、明石書店、一九九九年）で以下の重要な指摘をされている。

まず「最澄が『顕戒論』で指摘しているように、『日本書紀』によれば欽明期（五四〇〜五七一）には戊午の年は存在しない』」ことを明らかにされ、通説が欽明天皇の即位年を、通説的〝学問〟によって改変する仕方をも批判されて、古田史学にたつ中小路駿逸氏（追手門学院大学教授）の研究をあげて、「中小路氏は、近畿天皇家への仏教初伝は『日本書紀』が、『仏法の初め』と自ら記している敏達一三年（五八四）であり、しかもそれは百済からではなく播磨の還俗僧恵便からの伝授とされ、永く通念であった欽明一三年の記事は『仏教文物の伝来』であって、『仏教の伝来』ではないと喝破された。更に返す刀で、『上宮聖徳法王帝説』や『元興寺伽藍縁起』などに見える、百済からの戊午の年に伝来したとする説は近畿天皇家の伝承にはあらず、……中略……九州王朝への仏教初伝伝承であり、その時期は四一八年の戊午である蓋然性がおおきいとされた」（五〇頁）と指摘されている。これも日本古代史解明で大きな意味のある指摘と考える。

　これに加えて古賀氏は『元興寺伽藍縁起』の「大倭の国の仏法は、斯帰嶋の宮に天の下治しめし天国案春岐広庭天皇（欽明）の御世、蘇我大臣稲目宿禰の仕へ奉る時、天の下治しめす七年歳次戊午年一二月、度り来たるより創《はじ》まれり」の、「七年歳次戊午年」を重視され、その「治世七年」が「戊午年」に当たる天皇を、『日本書紀』の年紀である紀元前六六〇年を元年とする所謂「皇紀」にしたがって調べ、「允恭天皇七年」しか該当者がいないという事実を指摘され、この年は西暦で四一八年である（前掲書、四九頁）とされている。

『日本書紀』は「倭国」の史書を盗作・改竄して、「唯一王家史」を綴っている側面がある〝お蔭〟で、正しい日本史観にたてば、通説にとって最も恐るべき批判の書物に転化するという特質があるのである。さて仏教公伝についても、通説を根底的に否定するばかりか、中小路氏等が指摘されているように、また大宰府・都府楼、鴻臚館や大水城への炭素（C14）年代測定値と、見事に照応する恐るべき記事を掲げている。これは「推古紀」三二年（六二四）の次の記事である。

「是に、百済の観勒僧《くわんろくほうし》、表上《ふみたてまつ》りて言《も》さく、『夫れ仏法、西国より漢に至りて、三百歳を経て、乃ち伝えて百済国に至りて、僅に一百年になりぬ。然るに我が王、日本の天皇の賢哲を聞きて、仏像及び内典を奉って、未だ百歳にだも満《な》らず……』」（『日本書紀・下』、二〇九頁、傍線は引用者）である。これは古代中国〜百済〜「日本」への仏教公伝の記事である。まず問題点は「日本」「天皇」である。この記事は推古紀にあるのだから七世紀の二〇年代に、「日本」「天皇」を称しているのは、卑弥呼の国家である「倭国」である。はたしてこれが成立するか、という問題をも含むものである。

1　古代中国への仏教公伝は「明帝（後漢）の永平十年（六七）」（『後漢書』）である。

2　百済への公伝は「枕流王《ちんりゅうおう》の元年（三八四）」（『三国史記』）とある。すなわち「仏法、西国より漢に至りて、三百歳を経て、乃ち伝えて百済国に至り」という記述と、『後漢書』と『三国史記』の仏教公伝記事は、この間約「三百歳」でピッタと一致している。

3　観勒僧が、「日本・天皇」に上表した年は、「……伝えて百済国に至りて、僅に一百年になりぬ」、すなわち三八四年より百年後、つまり四八四年である。観勒僧はまさにこの「年」にたって、「日本への仏教公伝」を語っているのである。したがってこの記事はそもそも、推古の三二年、西暦六二四年当時のものではないことが判明するのである。ここにも『日本書紀』の編者等のお馴染みの手口が見られるのである。したがって「日本、天皇」はますます天皇国家とは無関係となる。

4　「日本」＝「倭国」への公伝の年は、「日本の天皇の賢哲を聞きて仏像及び内典を貢上りて、未だ百歳にだも満《な》らず……」、すなわち四八四年から振り返って百年未満、といっているのである。四八四年の時点で「倭国」への仏教公伝の時期を中小路氏や、古賀氏が指摘された四一八年の戊午年におけば約七〇年が経過していることになり、おおむね「未だ百歳にだも満《な》らず」という記事に合致する。じつに五世紀初頭である。通説の仏教公伝をかりに「五三八年」としても、「大和朝廷」は「倭国」に遅れること一二〇年である。さらに仏教公伝を「敏達」一三年（五八四）とすれば、「倭国」に遅れることじつに一六六年である。

これは卑弥呼から「倭の五王」への連綿とした中国交流を念頭におけば、むしろ当然のことである。仏教受容の年代が四一八年に当たるとなれば、「倭の五王」の最初の「倭王・讃」の東晋へのはじめての遣使が四一三年であって、有名な「高句麗好太王碑文」の「倭軍」の侵攻が、三九一（辛卯）年、四〇四（甲辰）年に記されており、この時代は「倭王・讃」の時代であると、古田氏は『失われた九州王朝』の、「高句麗王碑と倭国の展開」の「倭の正体」で指摘されている。こうした高句麗と百済、新羅三国の対立・抗争を背景に、「倭国」に百済から「七支刀」が贈られ、また観勒僧の上表にある「日本の天皇の賢哲を聞きて仏像及び内典を貢上」しているのである。つまり「倭国」の支援をあてにしているのである。

上記の考察にしたがい、かつ『元興寺伽藍縁起流記資材帳』の「戊午年」を正しいとすれば、仏教の公伝は四一八年＝「允恭天皇の七年」に、なければならないのである。しかし「観勒僧の上表」は「倭国」の史実であっても「大和朝廷」のことではないので、『日本書紀』の編者らが七世紀の「推古記事」に、「切り貼り」したと考えられるのである。これが『日本書紀』の「倭国史料」剽窃の一見本である。

なお『隋書』倭国伝に「仏法を敬す。百済において仏教を求得し……」とあり、大業三（六〇七）年の隋への使者派遣に、倭国伝は「沙門数十人」を同行させたと記している。これは倭国の仏教受容が六〇七年から振り返って、はるかに以前に行われていたことを示唆するものであって、「大和朝廷」の「敏達」一三（五八四）年程度では、六〇七年までたかだか二四年間程度にしかならず、これでは「沙門数十人」を隋に派遣するほど仏教を隆盛にするのは時間的に無理であろう。現に「大和朝廷」は六〇八年の小野妹子派遣にさいして、学問僧四人が派遣されただけに過ぎない。

以上であるが、ここから見て「倭国」の仏教受容は四一八年、大宰府の建設が四三〇年代としても、天皇国家にたいして約一二〇～一六〇年も古いのである。『八幡宇佐宮御託宣集』の教到四年（五三五、九州年号）の、英彦山権現等の記載が「倭国」の仏教説話にかかわるものであるという点で、事実の記載と考えられる。「豊国法師」はこうした重要な歴史的事実と結びついた存在であって、かかる法師を招聘しようるところに蘇我氏の本質が示されているというべきである。

さらには宇佐神宮とは何か、という今日、これらの社が自ら称している縁起の表面からはうかがえない、真の姿を闇から浮かびあがらせるのである。

② 日本古代史の捏造

「日本への仏教」公伝記事は右のとおりである。ここでは次に「観勒僧」のいう仏教伝達記事が、「推古三二年」に該当しない点をかさねて見ておきたい。理由は、依然として百済・新羅から貢をとっているのは天皇国家である、という記事がつづくのであるが、それが日本古代史のあまりにもひどい改竄・歪曲の記事、つまり「大和朝廷一元史」を造作したものであることを、むき出しにさらけだしているものだからである。

「百済の観勒僧」のこの記事は、一人の僧が「斧を執りて祖父を殴つ」という事件を発端とし、「天皇」が出家した者は「三寶」（仏教）に帰依して戒律をまもるべきなのに、たやすく「悪逆」（律令用語で、肉親の殺害）を犯したことを非難して、天皇が「……悉《ことごとく》に諸寺の僧尼を聚《つど》へて、推《かんが》へ問へ。若し事実ならば、重く罪《つみ》せむ」（『日本書紀・下』、二〇八頁）という指示をだしたところ、「百済の観勒僧、表上りて言《まう》さく」として、右の仏教の漢から百済、そして「日本」への公伝の時期を述べて、「故、今の時に当りて、僧尼、未だ法律《のり》を習はぬを以て、輒《たやす》く悪逆なることを犯す。是を以て、諸の僧尼、惶懼《かしこま》りて、所如知《せむすべしらず》。仰ぎて願はくは、其れ悪逆せるものを除きて、以外《ほか》の僧尼をば、悉に赦して勿罪《なつみ》したまひそ。是大なる功徳あり」（同書、二一〇頁）と述べた、というのである。

すなわちこの「百済の観勒僧」の上表は、百済から「日本」に仏教がもたらされて、「百年にだも満たない、今の時」にたってだされたものなのである。したがって時代は四八四年である。これに反して「紀」のいう推古紀」三二年は六二四年、この「上表」の提出された時代から約一四〇年も後である。この斧で祖父を「殴った」僧とは、「倭国」の僧であろう。

問題は、『日本書紀』の編者等のあくどいまでの姿勢と態度であって、ここには古代中国の史官が命をかけて真実の記載を、国民にたいする義務と心得たという姿と対比すれば、権力に盲従してただそれの要請に答える事以外には、なにも念頭にない姿がくっきりと浮かぶ。それが「白を黒」ということであっても平然とやってのける姿には、本当に驚きと恐怖さえ感じるのである。これこそが『古事記』、『日本書紀』の姿であり、また近世尊皇思想と史学、それを継承する大学的日本古代史学の本質である。

③ 木造寺院の発展は「倭国」――法隆寺は新築にあらず

通説が困惑している問題がある。現存の法隆寺である。現法隆寺は木造建築物として優れたものという。この法隆寺の完成は大体七〇〇～七一〇年ごろと言われる。とすれば五八八年の「始めて」の法興寺から約一二〇年程度である。この短時日に優秀な木造寺院建築技術が発展・成熟したというのは、日本人好みのはなしではあるが果たしてそうであろうか。さて、ちなみに「倭国」の仏教受容から法隆寺までは約二九〇年である。すなわち日本における木造寺院建設は、本当は「倭国」において発展し、蘇我氏等によって天皇国家に普及したというのが真実だと考えるものである。

次に、法隆寺の釈迦三尊像の後背碑文の年号について述べたが、この高度の仏教彫刻を仏教受容からたかだか約一〇〇年たらず（製作期間を考えると）でできるであろうか。「倭国」の仏教受容の圧倒的速さを考えれば、この仏像が「倭国」から「倭国」滅亡後に天皇国家にもたらされたものというのが、本当の日本史であろう。この仏像が「倭国」で製作されたという点に関しては、すでに古田氏によって指摘（『失われた九州王朝』）されている。

第二に、通説にとっての困惑は法隆寺そのものが、新築ではないという否定し難い事実が明らかにされている点である。それは五重の塔の心柱伐採年代が五九四年と確定されたことと関連している。この伐採年代問題は従来から年輪年代法で探求されてきたが、「今回、光谷拓実さんは京都大学木質科学研究所に保管されていた心柱を、ソフトX線で撮影し、新たに樹皮に続く辺材を見つけた（『年輪年代法と文化財』）。この研究調査が画期的な意味をもつ。なぜならこの辺材が発見されたことにより、伐採年を確定することが可能になったからである。その研究成果によると、残存するもっとも外側の年輪の測定年代は五九四年であった」（『聖徳太子』、吉村武彦氏著、岩波新書、一四五頁、二〇〇二年、第四刷）。

現法隆寺は実際にはいつ造営事業が開始されたのかも不明、という謎があることは周知のことである。これ自身が陰のある問題であろう。したがって例えば六七〇年の斑鳩寺全焼直後に再建にかかったとしても、塔の心柱伐採から約七七年以上を経過している計算になる。通説は『法隆寺資財帳』等に依拠して金堂が持統七（六九三）年、塔をその翌年とする見地などがあるが。だとすれば塔の心柱は伐採から実に約百年が経過したことになるのである。

こうして通説は重大な壁に直面するのである。吉村武彦氏は「どのような理由で、再建された法隆寺の心柱に古い木材が利用されたのであろうか。ここに新たな『謎』が生じることとなった。……中略……他の寺院の部材を転用したと考えた場合、五重の塔の心柱は太いため、どの寺院の心柱でも使えるということにならないだろう。……中略……『書紀』の記事どおり斑鳩寺が全焼したのであれば、法隆寺の心柱は他の寺院の心柱を再利用した可能性が強い。しかし、『書紀』に疑問をはさめば斑鳩寺の心柱であった可能性も否定できない。ここでは、これ以上の推測を慎んでおきたい」（『聖徳太子』、一四六頁）といわざるを得ないのである。

しかし、若草伽藍の心柱は「心礎には上面に心柱をすえるための掘りこみがある。それで心柱は径約七十センの八角材であったことがわかる。現在の五重の塔（法隆寺）の心柱は八十センチだから、それより少し小さい」（『日本の歴史』、直木孝次郎氏著、中公文庫、一二九頁）のであるから、斑鳩寺の心柱が残っても「小は大をかねる」ことはできないであろう。

④ 法隆寺は「倭国」寺院の移築

しかも法隆寺の解体修理にたずさわった浅野清氏著の『古寺解体』（学生社、一九九〇年、重刷）では、「また解体を進めていくと壁や窓材、戸口材で固くおおわれた柱面が、かなりひどく風蝕しているのに気づいた……」（同一五四頁）とある。氏は「これも建物の主体が組み立てられてからも、これらの雑作を施して完成するまでの年月がずいぶん長かったことを示す……」と解釈されている。しかし、〝心柱伐採から「天智九（六七〇）年の全焼」まで七七年、その後いつ着工かは不明として、骨組だけをして柱が「かなりひどく風蝕」するまで放置した新築〞というのも、あまりにも不自然であろう。

さらに「『昭和資財帳』作成のための調査で法隆寺釈迦三尊像台座の調査が行われた。その結果、『辛巳年』（しんし、六二一年、推古二九年）の干支銘を有する墨書が発見され、台座には実は扉口の建築部材が転用されていたことがわかった。……残念ながらどの建物の部材かは不明であるが……」（吉村武彦氏著、『聖徳太子』、一四六頁）というのも、法隆寺が新築という説と鋭く矛盾している。御本尊の台座に古材を使うなどは考えられないであろう。発見された「墨書銘」は、「辛巳年八月九日作□□□□。留保分七段。書屋一段。尻官三段。御支□三段」というものだという。

通説が常にそうであるように、これを先ず天皇国家のものと断定するのである。そして「書風からみて六二一年（推古二九）にあたる」という、舘野和己氏の「釈迦三尊像台座からの新発見の墨書銘」の説を採用され、すべて「段」とある「書屋」とか「尻官」等は何かを憶測されるのである。問題は「尻官」も「御支□」も何をいうのかわからないのに、「推古朝に官司が存在したことが明らかになった」（吉村武彦氏著、『聖徳太子』、五八頁）というのである。むしろこの「墨書銘」は「倭国」のものの可能性があろう。

以上に止まらず、五重の塔の現在の須弥山の下に別の須弥山が隠されていたという事実が、浅野氏によって解体修理に際して発見され、また、塗りつぶされた壁画も発見されている。こうした事実全体を眺めれば、すでに建立されていた寺院を解体して現在の所に移築したと考えるのが自然である。これについては米田良三氏が『法隆寺は移築された』（新泉社、一九九八年　第一刷）で、浅野清氏の『昭和修理を通して見た法隆寺建築の研究』等をふまえてすでに展開されている。氏は法隆寺の先住地を「大宰府」の観世音寺とされている。

この当否はさらに研究の余地があるのかもしれないが、法隆寺の本尊に「倭国」年号がある以上、その仏像を安置していた寺院もまた、「倭国」の寺院とすべきであるという点で、米田良三氏が移築論を提唱されたことは大きな意義のあるものといわなければならない。同時に「昭和の解体修理」で、法隆寺の部材に残されている。たとえば、〝西から何番目の東〟という「符丁」等があるが、これによれば「倭国」に在った時と、現在と九〇度の違いがあるという指摘なども画期的なものであろう。

⑤「様式論」の合理的解明

法隆寺については、「再建」「非再建」論争が有名である。この論争は「若草伽藍」の発掘によって決着を見たはずである。現法隆寺は再建されたものだと。だがしかし、実態は歯切れがわるいのである。その理由は現行法隆寺の建築様式にある。様式論の急所は、法隆寺が「大化の改新」以降は行われなくなった、「飛鳥様式」という点にある。この問題をもっともすっきり解決するのが「移築論」である。同時に、これは今日「飛鳥様式」などと呼ばれているものの本体は、「倭国」様式であった可能性が極めてたかい、ということを示すのである。これは仏教にせよ政治体制にせ律令制度にせよ、「倭国」が天皇国家よりはるかに先進であることからの当然の帰結である。

二「倭国」文明の古さと先進性

さて蘇我氏の本質という側面を、通説日本古代史とは正反対の立場から眺めてきた。ここまできて個別に「倭国」と天皇国家を比較するのではなく、全体的な視野からこの問題を、なかばおさらい的な面をふくめて見ておくこととする。

まず水田稲作にかんしては、すでに指摘したとおりに一千年以上も九州が古い。第二が「都城」である。大宰府建設が四三〇年代であるから天皇国家の本格的な「都城」である平城京（七一〇年＝和銅三、三月遷都という）と比較すれば、約二八〇年は「倭国」が古い。とはいえこれは巨大都城大宰府に関してであって、すでに「倭奴国」時代には都城があったと考えられるから、そこにたてば約六五〇年程度は古く、「倭国」は朝鮮諸国と肩を並べることになる。

第三が「年号」使用である。天皇国家が正式に年号を連続的に使用する最初は、七〇一年の「大宝」からである。これにたいして「九州年号」とよばれる年号の最初は「善化」であって、その最初は西暦五二二年にあたるとされる。したがってその差は一七九年である。ほぼ仏教受容の差とにた数値である。年号名にも五三六年を元年とする「僧聴」、五六五年を元年とする「和僧」があり、注目すべきが六二九年元年の「聖徳」があることである。仏教の受容でも約一六〇年は先である。

この意味は政治制度においても、「倭国」がはるかに先進であることを意味するのである。通説は一致して推古朝の「日本」の国家制度と地方制度について、『隋書』倭国伝の「内官に一二等あり。……中略……なお中国の牧宰《ぼくさい》の如し。八〇戸に一伊尼翼を置く、今の里長の如きなり。一〇伊尼翼は一軍尼に属す」をもちだすのである。しかし、「倭国伝」は天皇国家のことではない。したがって直木氏が以下のようにいわれるのも、通説の立場からは〝むべなるかな〟ということになるのである。

「軍尼は国造のことかと思われる。伊尼翼（稲置）は県主《あがたぬし》の姓《かばね》で県主を意味するという説もあるが、稲城と県主とは別とする説の方がよいだろう。ともかく隋書のいうように八〇戸ほどの村落の長であると解釈しておこう。この八〇戸ほどの村落が最小の行政単位で、それが一〇あつまって国造の支配する一つの国となり、日本の国内にそうした国が一二〇ある、というのが隋書の記事である。しかし七世紀前半の日本に、そんな整然とした地方行政制度が成立していたとは思われない。この記事のもとは、隋に行った日本の使者があなどられまいとして法螺をふいたのか、日本にきた隋の使者が、河内や大和などの日本のもっとも進んだ制度を、日本全体に拡大して報告したか、どちらかになるだろう」（直木孝次郎氏著、『日本の歴史・2』、八七頁、中公文庫、傍線は引用者）

大変なことが書いてあるが通説の世界ではこれが常識的なものであろう。まず、当時の日本では河内や大和にしか地方行政制度は整備されていない、というのである。国家論からいえば理解しにくい説である。例えば井上光貞氏は応神朝に関して、全国統一の土台を築いた「……部族連合的な族制を多分にもった原始国家」ともいわれていた。こうしたことになるのも「大和朝廷の五世紀の日本統一」など存在しないにもかかわらず、「一元史観」にたって「五世紀の統一」をいう結果、「統一」の実態が不明ということになるのである。

しかも、「記・紀」にたてば「大和朝廷」が、どのように全国統一したかの実態はわからないのである。これに疑問をかんじずに津田氏式の「単一民族・平和的統一」論という反歴史的観念が生れる由縁は、結局は、巨大「前方後円墳」と聞けば、「ああ、大和朝廷が造営した」と、論証・実証抜きで反応する、いわば条件反射のようなもので、その実態は「天皇国家唯一史観」すなわち「記・紀」の恐るべき効能に過ぎない。したがって最後には通説の必然性として、ありもしない「大和朝廷の五世紀の統一」をいう結果、いわば身からでた錆である国制の不明の責任を他に転嫁して、〝外国人に法螺をふく日本人〟とか、〝近畿地方の一部の先進的地方を日本全国と間違えた中国人〟とかの、異様な物語を創作しなければ落ちつかない結果となるのである。

三　「天皇」を殺す蘇我氏

通説は、仏教の受容問題をめぐって蘇我と物部の対立を

「紀」の記載にそって、あたかも「進歩派対保守派」という角度から描いている。しかし、すでに指摘した豊国法師を氷山の一角とする「倭国」仏教を正面にすえれば、蘇我・物部の対立を「保守・革新」としてとらえるのは、あまりにも皮相であろう。この背後には「倭国」の文化や政治制度をも近畿に持ち込み、同時に一層強烈な近畿支配をめざすのみならず、遂に「倭国」からさえ自立を疑われて失墜にいたる蘇我氏、すなわち「大化の改新」への底流があると考えるものである。『二世紀の卑弥呼と「前方後円墳」真の構築者』で述べたので、ここでは繰り返さないが、通説がいう蘇我氏と物部氏の対立なるものは、「記・紀」が両者を「大和朝廷」の臣下、その「大臣」「大連」として描くことへの追従的考察に過ぎない。実際の「日本史」では、武内宿禰～蘇我は「倭国」の近畿総督府のようなものであり、同時に近畿地方にきて数百年をへて土着化の側面も強化されたと思われるのである。その結果もあって、北九州から近畿への先行移動者として物部氏等に代表される勢力と、何かと対立があったのは当然と思われる。通説が強調する仏教受容問題をめぐる対立論は、「一元史観」の賜物である。

　さらに重視すべき点は、「大化の改新」すなわち蘇我氏の抹殺のわずか十九年後に、蘇我氏抹殺をおこなった「倭国」が、唐と新羅によって滅亡へと追い込まれたという事態こそが、実に「大和朝廷」成立の契機となるのである。「大化の改新」の実相と「大和朝廷」誕生の真相は、直接的にはこのわずか二〇年足らずの年月に展開された、通説がいっさい語らないこの間の歴史の巨大なドラマにあるのである。誠に不十分ながら拙著『二世紀の卑弥呼と「前方後円墳」真の構築者』で若干の考察を試みたので、ここでは省略する。

　「大和朝廷」にかんしていえば七世紀末以前は、「古代国家の成立」などというのはお門違いもはなはだしい事態である。すなわち近畿大和は「倭国」東進勢力の支配下にあったのである。したがって直木孝次郎氏が「天皇専制か豪族連合か」（『日本の歴史・2』、二〇頁）で、「天皇専制」という当時の歴史の方向が一時、蘇我氏の台頭で挫折したかにいう、大学的日本古代史学の歴史認識は事実とは違うものである。むしろ「紀」という「天皇国家唯一史」造作の書でさえも、「蘇我専制」をいわざるを得ない姿にこそ、隠滅してもなお痕跡を止めざるを得ない当時の近畿の姿が露呈しているのであろう。

　「記・紀」では欽明天皇のあとに敏達、用明、崇峻、推古とつづくのであるが、この時代をとり仕切っているのは、蘇我氏であろう。この直前に継体も殺され、大伴大連金村も「倭国」・蘇我勢力によって同様の運命をたどり（拙著、『天皇制は日本の伝統ではない』参照）、かわって登場してきた物部氏も用明天皇の死後、穴穂部皇子を担ぐ魂胆とされているが、馬子は姪にあたる後の「推古天皇」（炊屋姫《かしきやひめ》）を担いで、と「紀」には書いてあるが、ようするに「穴穂部皇子」を殺し、物部大連守屋をも攻め殺したと、『日本書紀』は書いている。さらに用明の後の「崇峻天皇」も馬子に殺されたとある。この馬子の行動に非難がましいことは一語もないのである。所詮、「皇位継承問題」といい、「天皇・皇子」等を簡単に「人をやって殺す」と書かれているのであるから、いったい誰が王者でだれが家臣なみか、自ずからあきらかではなかろうか。

四　聖徳太子は実在したか
——九州年号「聖徳」

蘇我氏の近畿支配を考えるうえで、聖徳太子存在の真偽は大きな意義がある問題である。それはまず遣隋使派遣という問題である。本書の立場は、蘇我氏の近畿支配は「倭国」の出先機関としてであって、近畿の勢力が「倭国」とは独自に、中国と「国交」を交わすとなれば、それは「倭国」からみれば蘇我氏の自立の動きと見なされるはずだ、という視点である。したがって遣隋使問題で重視すべきは、この使者派遣が通説がいうように「聖徳太子」によるかどうか、ということは真実の日本史では、非常に大きな意味をもつと考えるものである。

この見地から『日本書紀』推古紀をみれば、この有名な太子は〝聖徳〟太子としては実在していない、と云わざるを得ない記載がある。「推古紀」は冒頭から「聖徳太子」を特筆しているが、その記載が事実を述べたものではないことが、以下の記述から判明するのである。「(聖徳太子が)……且《また》、内教(仏教)を高麗の僧慧慈に習ひ、外教(儒教)を博士覚哿《かくか》に学ぶ……」(『日本書紀・下』、一七四頁)とあるが、いうまでもなく推古時代に高麗や百済の僧が天皇国家にくるはずも、「聖徳太子」を教えるはずもない。

朝鮮諸国が「敬仰」したのは「倭国」であることは、すでに指摘した。「大和朝廷」には私人は往来したかもしれないが、国家を代表するような人物は、その「格」においては往来していないとすべきである。これをいわば証明するのが、「推古の二九年」にこの「太子」が斑鳩宮で死亡したとして、帰国していた高麗の僧慧慈がこの知らせを聞いて、自分も近く死ぬのであの世で「共に衆生を化《わた》さむ」と誓ったという、次の記事である。そこに「(推古二九年=六二一)……この誓願に曰く、『日本国に聖人有《ま》す。……中略……玄《はるかなる》なる聖の徳《いきおひ》を以て、日本の国に生《あ》れませり。……』」(『日本書紀・下』、二〇四頁)とある。

問題は慧慈が「日本」という国号を述べている点である。「推古紀」にある遣隋使記事では、当時の「大和朝廷」が自国を「倭国」と隋に称していたことは、「推古天皇」への隋の煬帝の国書中の「皇帝(煬帝)、倭皇に問ふ。使人長吏大礼蘇因高(隋がおくった小野妹子の名)等、至《まう》でて、懐《おもひ》を具《つぶさ》にす」(『日本書紀・下』、一九一頁、傍線は引用者)で明らかである。「倭皇」と呼びかけている。すでに指摘したが当時、蘇我氏は「倭」を名乗って隋に使者派遣したのである。

これに照らしても「日本」を国号にしていたのは、「倭国」であることは疑う余地がない。六二一年の時点で「日本」と呼ばれる国家は、卑弥呼、「倭の五王」の国家である「倭国」であって、断じて天皇国家ではありえないことはくりかえし述べてきた。

したがって〝聖徳太子〟が「内教を高麗の僧慧慈に習い……」などという記事は、「倭国」史料の盗作・転載といわなければならない。当時、蘇我氏の「倭国」からの自立という野望によって、「遣隋使」派遣を敢行したというのが実情と考えるが、こうなると「僧慧慈」がその死を痛み、自身も死を誓った〝日本の聖徳〟は、天皇国家の人物ではなく、〝「倭国」の人物〟ということになる。

ところで「九州年号」とよばれるものに「聖徳」があるのである。例えば『海東諸国紀』である。その「日本国紀」天皇代序には、「舒明天皇、名は田村、元年己丑（六二九年）、聖徳と改元す」とある。この「聖徳」は当然ながら、天皇国家の年号ではなく岩波文庫本の『海東諸国紀』の訳註者の田中健夫氏は、この「聖徳」に「私年号、『年代記』『皇代記』『春秋歴略』『襲国偽僭考』『如是院年代記』『和漢年契』『清白士集』『茅窓漫録』などにみえる」（六九頁）と注釈されている。これによれば、「推古紀」の「推古二九＝六二一年」に、この記事をあてていることもはたして正確か、疑われるが、国号「日本」と九州年号の「聖徳」の両面から考えて、聖徳と呼ばれる人物は断じて「大和朝廷」の厩戸「皇子」ではない、ということは断定的である、と考える。

① 法隆寺・釈迦三尊像は聖徳太子とは無関係

これを立証するものが法隆寺の国宝の釈迦三尊像である。仏像の後背碑文に「法興元」という九州年号が刻まれていることを古田武彦氏が指摘され、この像が「倭国」で「倭国王」のために製作されたことをはじめて明らかにされた。

後背碑文冒頭は以下のとおりとされる。「法興元卅十一年、歳次辛巳（六二一）年十二月、鬼前太后崩ず。明年（六二二年）正月二十二日、上宮法皇、枕病して愈《よ》からず。干食王后、仍《よ》りて以て労疲し、並びに床に着く。時に王后・王子等、及び諸臣と与《とも》に、深く愁毒を懐き、共に相発願す」である。古田氏はここの年号とともに「法皇」をも問題にされ、「『法皇』の語は、通例の古代の熟語にはない（中・近世は別）、ただ法王はある。釈迦如来のことだ」（『古代は輝いていた・Ⅲ』、二二九頁、朝日新聞社、一九八五年、第二版）とされている。

さらに、「ここではもちろん、『法皇＝法王』ではない。この人物が〝仏法に帰依した権力者〟であることをしめす造語であろう。それも、単なる権力者の中の一員ではなく、至上の権力者、つまり『天子』だ」（同書、二三一頁）とされ、その理由を次のように指摘されている。「太后＝大后――天子の母をいふ。秦の昭王から始まった称（諸橋『大漢和辞典』）」とされて、「『太后』が天子の母とすれば、当然ながら『法皇』は、〝仏法に帰依した天子〟の意とならざるを得ない。同様に『王后』も〝王の正夫人、皇后〟の意だ」（同頁）とされている。正論であろう。したがって「上宮法皇」の息子は「王子」となる。要するにこの「上宮法皇」は「王」であって、「聖徳太子」とされるような「太子」ではないという、決定的差異を指摘されている。

おまけに「上宮」であるがそもそもこの「上宮」は、阿蘇山にも「上宮」があり、「下宮」は現阿蘇神社の地があり、さらに「大宰府裏の竈門神社に『上宮』（山頂）『中宮』（中腹）『下宮』（山麓）があるなど、その例はおびただしい。したがって『上宮』の二字をもって、『聖徳太子にあやまりなし』と信じるのは、『関白とあれば、すべて豊臣秀吉』と妄信する類の理解であるまいか……」と指摘されている点も、正面から受け止めるべきものであろう。

決定的な点はこの「上宮法皇」は「上宮」で死んでいるのに対して、「聖徳太子」は斑鳩に居を移している点をも指摘されている。つまり、これらの史料がしめすどの面からみても、厩戸「皇子」が「聖徳」であるということは出てこないのである。

② 「大委国上宮王」にかんして

「聖徳太子」が「三経義疏」を著したという信仰は有名である。これに関しては直木孝次郎氏のような近畿大和論者も否定的である。そもそも「聖徳」が近畿大和に存在したことがないことからも、当然のことである。ただし「三経義疏」を「聖徳太子」が作ったことはない、というだけならば通説でさえ指摘しているところであって、これで問題が解決したわけではないのである。

直木氏は『日本の歴史・2』（中公文庫）で、法隆寺から「太子」の真筆として明治時代に天皇家に献納されて御物となった、「法華義疏」があると指摘されている。

それが真筆とされる由来は、この書の「巻頭見返しの下部の貼紙に『此是大委国上宮王私集非海彼本』」（一三六頁）とあることによると指摘されている。これにかんして直木氏は「かつては御物という権威におされてか、伝説どおり太子真蹟とする学者が多かったが、ほかに比較のできる太子の真蹟があるわけでないから、断定できるはずがない。今日では疑問とする学者がふえているのは当然である」とされている。

この「批判的検討」は、ただ「真蹟がないから比べようがないから……疑わしい」という視点で、これでは道半ばである。これとともに真蹟の由来・根拠とされる「大委国上宮王」とは何か、これが問われなければならないと思われる。問題の中心は、「大委国上宮王」ではないだろうか。私見ではまず「大委国」とは「大委国《タイイコク》＝俀国（タイ国）」であろう。すなわち『隋書』俀国伝の俀国である。「倭・委」は古来「イ」と発音されていたことは周知のことである。この国名・俀国に関して古田氏は、「大倭国・大委国」に隋が卑字を当てたとされている。卑字を当てた理由は俀国王のタリシホコが隋の煬帝にあてて、例の「日出ずる処の天子、書を日没する処の天子に致す。恙なきや云々」という国書を送ったことに煬帝は激怒して、「蛮夷の書、無礼なる者あり、復《ま》た以て聞するなかれ」といったことによるとされている。そのとおりであろう。

「倭」は「弱い」という意味があるとされる。すなわち「野蛮人が、無礼な国書をよこしおって、今後、そのようなものは、内容を一々報告するにはおよばんぞ」とでもいう煬帝の怒りをうけて、「弱い」という意味の「大委国」とほぼ同音の字をあてたものが「倭国」である、という指摘である。したがってタリシホコはその国書に「大倭国」ないしは、「大委国」と国号をしたためていたと考えられるのである。以上からこの「法華義疏」にある「大委国」は、すなわち「大倭国＝倭国」のことであって、この国家は隋に、「倭国」を称した「国家」ではあり得ないことはいうまでもない。

さらに「上宮王」であるが、これは古田氏が釈迦三尊像の碑文の冒頭部分を分析されて、「上宮法皇」は「王」である、とされた考察そのもので、これに何かをつけくわえる必要もないほどであろう。文章の形式でいえば「国号＋王」という形である。「大委国＋上宮王」であって、これを仏教上での「王」という意味と限定することはできないであろう。結論は「上宮王」は大委国の「王」なのである。断じて「太子」ではないのである。つまり倭国王なのである。この真蹟の由来とされる文章は、「此れ大委国上宮王の私集にして、海彼（海外）本に非ず」というもので、どこをおしても「大和朝廷」とか、「厩戸皇子」が顔をだす余地はないものと思われる。

以上であるが結論的には法隆寺の御本尊の釈迦三尊像といい、法隆寺そのもの、並びに「大委国上宮王」署名の文献といい、すべからく「倭国」の影が全面を濃厚におおい、結局、「聖徳太子」なる人物は「倭国」の仏教普及で著名な王を、仏教ともども六六三年の「倭国」滅亡後に近畿大和に移築・移植する、いわば取り入れ口として造作された者で、それの本当の姿は「単なる一豪族の息子の一人」であろう。

法隆寺の釈迦三尊像の後背碑文中の「法興元」をはじめとする「九州年号」や、それと関連して法隆寺が旧寺を組み立てたものであること、また大宰府が「都督府」の別称である「都府楼」と古来呼ばれている事実、さらには磐井の墳墓の「衙頭」という呼称等は、「倭国」を六六三年以前において中国等に日本列島を代表していた王朝・国家という、古代中国正史類の記載の正しさの動かざる物証である。

③　一七条の憲法は「倭国」憲法

「大和朝廷一元史観」の熱烈な擁護者の一人である直木孝次郎氏でさえも、聖徳太子作という「一七条の憲法」について、「偽作の可能性がおおきい」（『日本の歴史・２』、八二頁）といわざるを得ないものである。氏がそう考える根拠は、「江戸時代の金石学の大家の狩屋棭斎《かりやえきさい》がこの疑問を提出し、近くは古典研究の巨峰、津田左右吉氏も後代の――といっても天智・持統朝ごろだが――太子信仰がたかまった時に偽作されたものとした」（『日本の歴史・2』、七九頁、中公文庫）とされ、つづいて津田氏以降には逆に太子創設論が台頭したとされて、その背景を津田氏以降に推古朝の研究が発達して、推古朝が氏姓制度ではなく、官司制、官僚制の政治体制がおこなわれていたことが明らかにされたことをあげて、その頃は直木氏自身も太子創設論にたったとされている。しかし、その後、推古朝のころに「一七条の憲法」条文中の、「『詔を承れば必ず謹め。君を則《すなわ》ち天とし、臣を則ち地とす』（第三条）とか、『国に二君靡《な》し、民に両君なし。率土《そつと》の兆民、王をもって主と爲《な》す』（第一二条）など、君主（天皇）の地位を絶対化する思想がつよく出ている……」（同書、八〇頁）点に次のような疑問をもったとされている。

「一七条憲法は、規範や原則を示したものだから、実情とちがっていてもよいが、現に強大な蘇我氏がおり、また諸豪族に多数の私有部民が属しているときにこのようなことを規定するのは、あまりにもできすぎている。さきばしりすぎているのではなかろうか」（同書、八一頁）とされている。結論は、津田説を再考されて「『一七条憲法も白鳳時代の聖徳太子信仰家の、おそらくは僧侶の偽作であって、どこかの寺院にあったものと考えたい』、という聖徳太子研究の大家小倉豊文氏の説に、もっともひかれるのである」（同、八二頁）といわれるのである。とは云え、氏は慎重である。太子が実際に「一七条の憲法」を作った場合もあり得るが、「太子真作の憲法は失われ、現存のものはそのあとで若干の断片的な遺文や伝説をもとにして作られた、とわたくしは考えたい」と、云われるのである。所詮は偽作説である。

通説の「一七条憲法」ひいてはわが国の法令の発展にかかわる考察で、目につくのは「偽物か本物か」とか、その時代の国情を反映しているか、適正か、という、それ自身は一見もっともなものであっても、中国における「律令」の発展との関連という視点が重要問題とされていない点である。

この点を端的に示されたのもやはり古田武彦氏である。古代中国の「律令」は秦の始皇帝が、天下統一の後に法家の説にもとづいてはじめて施行したもの、と古田氏はその著『古代は輝いていた、Ⅲ』（三七頁）で指摘され、これを漢も継承したことをもふれられている。そうして「……秦・漢の律令は、魏・晋・宋・梁・陳と六朝に継承された」こと、ならびに『隋書』刑法志記載の梁の武帝の天監元年（五〇二）の「律令」制定記事、「八月、乃ち詔を下して曰く、『律令、一ならずば、実に弊を去り難し。……前王の律、後王の令、因循創附す。良《まこと》に各以有り」を引用され、隋もこれを継承したことを確かめられている。そして秦から隋までの「律令」を〝古律令〟とされ、これと唐の「律令格式」と一応は区別され、わが国の律令研究がほとんど唐の「律令格式」中心で、これを基礎に「大宝律令」を論じる点を欠陥とされて、歴史論としては、こうした「唐」一辺倒の問題点を指摘されるのである。

それは三世紀の卑弥呼から五世紀の「倭の五王」ならびに、『隋書』のタリシホコまでの、中国交流と〝古律令〟とのかかわりという問題である。紙面の都合で詳しくは古田氏の著書をお読みいただくとして、例えば氏があげる磐井の墓の例をここでは述べておく。「筑後風土記に曰く、上妻《かみつやめ》の県《あがた》、県の南二里、筑紫の君、磐井の墓墳有り。高さ七丈、周り六十丈なり。墓田《はかどころ》は、南と北と、各々六十丈、東と西と、各々、冊丈《よそつえ》なり。

石人と石楯と各六十校《むそひら》交連《こもごもつら》なり行《つら》を成して、四面に周匝《しゅうさう》(=めぐら)す。東北の角に当りて一別区《ことどころ》あり。号して衙頭《がとう》と曰ふ。衙頭は政所なり。其の中に一石人あり。縦容《しょうよう》(=悠然)として地に立てり。号して解部《ときべ》(=裁判官)と曰ふ。前に一人あり、裸形にして地に伏せり。号して偸人《ぬすびと》と曰ふ。猪を偸むをなすを生ず。仍《よ》りて罪を決するに擬す。側《かたわら》に石猪四頭あり。贓物と号す。贓物は盗み物なり。彼の処にも亦、石馬三疋、石殿三間、石蔵二間あり」(前掲書、四二頁。なお他に「日本古典文学体系・『風土記』、五〇七頁)。なお、この文に「筑紫君磐井、生平《い》けりし時、預《あらかじ》め此の墓を造る」とある。

古田氏はこの石造の人や家畜群等を「裁判」の場面とされ、「解部」を裁判官とされて、磐井がなぜこんな墓を自分で造ったかを問われて、「それは、彼にとって、自己の業績の中で、もっとも誇るべきものだったからであろう」(同書、四三頁)とされている。いったい裁判の場面を自己の功績の最大のものとして後世に残そうという、考え方の意味するものはなんであろうか。それは裁判の基礎をなす「法律」の制定とその執行に大きな業績をあげ、世間からもそう目されている場合ではなかろうか。ということは法律を制定・執行するものは誰か、古代では王であろう。つまり磐井は王なのである。ここにある裁判の骨子となる法律は、古田氏がいわれる〝古律令〟と深い関係があろう。ここには「聖徳」太子時代よりはるかに古く、磐井の国家「倭国」にはすでに〝古律令〟が存在し、天皇国家の大宝律令制度制定の中心を担った者は、天皇国家の遣唐使や帰化人などではなく「倭国」の役人たちであったと推定できる記事が『日本書紀』にある。

当然であろう。中国では秦以来、約八〇〇年間をかけて「律令」制度は発展してきたのである。これを隋・唐時代に何回か使者派遣して、日本の現実に適正に適応・発展させたかにいうことは、あり得ないこと、と考える。現に天皇国家の遣唐使の〝文化水準〟をしめす記事が、『旧唐書』日本国伝で特記されていたことは指摘した。

はじめて中国に渡った大和朝廷の役人はその文明に圧倒され、また、自分たちが「倭国」人にくらべてはるかに後進的であることを自覚して、中国の書籍を買いまくって、船いっぱいに積み込んで帰ったのである。こういう新参者的な記載は、「倭国」関連の記録には一切ないことも述べた。当然である。紀元前約一千年も前から系統的に古代中国と交流しているのが「倭国」である。その文化の蓄積を天皇国家と比較しても、天皇国家は長いあいだ「倭国」の東進勢力に抑えられて、事実上、その支配下の一豪族に過ぎない。それが「倭国」に遠くおよばないとしても不思議はない。

また唐からの帰化人を云々しても、特定の国家・社会に他国の文物を適応・具体化するには、例えば漢籍で唐の律令を読み、理解できるだけでは、日本と中国とでは習慣等の社会的・歴史的な相違があって、やはり単純にできるとは思われない。結局は、一方では漢籍の律令に精通し、他方では日本での具体化に歴史がある「倭国」の役人や知識人がいた場合、「倭国」と天皇国家の間に違いがあってもなお、この人々こそが真に力になることは、理屈としても自然なものである。

この他に「一七条の憲法」問題では、これの思想や表現が、「多くの学者によっていわれているように、儒教、仏教、法家などの説をとりこみ、用語の出典は、詩経・尚書・孝経、論語・左伝・礼記、管子・孟子・墨子・荘子・韓非子・史記・漢書・文選などにおよぶという。さすがに太子である。太子の天才をもってしてはじめて可能である。というのが通説である。

用語はそれぞれの原典から直接とったのではなく、美辞名句集といったような書物から孫引きしたのかもしれないが、いくら太子が偉いといっても、七世紀初頭の日本でそこまで進んだ文章が書けるだろうか、と疑うのが津田流の考えかたである。読者はどちらの考えかたに賛成されるだろうか」（直木孝次郎氏著、『日本の歴史・2』、八三頁）というのである。多くの中国古典文献が「一七条憲法」の背後にある、という指摘は、岩波古典文学全集本の『日本書紀・下』でも同様である。

通説では結局は、太子を「大天才」ともちあげるか、「七世紀初頭の日本でそこまで進んだ文章が書けるだろうか」と、最終的には「偽作」説に終わるか、そのどちらかしか道がないのである。たしかに「一七条の憲法」は推古紀では、〝その（推古）一二年〟すなわち小野妹子の隋派遣の約三年前にできたことになっているのである。天皇国家自身が「隋をもって中国交流の始めとする」と明言しているのである。それの三年まえにどうやって右の膨大な中国古典を手にいれたのであろうか。これから約一〇〇年後の遣唐使にかんして、「船いっぱいに書籍を積んで帰る」と中国人が特記するほど、天皇国家は古代中国文化の一刻もはやい受容に躍起となっているのである。

これを全体的に視野におけば「一七条憲法」を、七世紀初頭以前につくりうる唯一の条件を備えているのは「倭国」であろう。単に中国との交流史の長短というに止まらず、「一七条の憲法」条文が実際に合致する水準に「倭国」は達していたのである。例えば「篤く三宝を敬え、三宝とは仏法僧なり」（第二条、以下略）では、「倭国」の仏教受容の圧倒的速さから問題はない。また、「群卿百寮、早く朝《ちょう》し晏《おそく》退け」（第八条、以下略）も、天皇一代ごとに都を浮動させている天皇国家では、「大臣以下、朝は早く出勤して、帰りはおそ

Chapter 17

くせよ」などといわれても、電車も自動車もなくたかだか牛車しかなければ通勤も、ままならない大臣もいたかもしれないではないか。それとも当時の大臣・大連以下「群卿百寮」は、単身赴任だったとでもいうのだろうか。

　これに反して大宰府に数百年にわたる巨大な「都城」を、どっしりと構えた「倭国」でこそ、この第八条も自然なものとして理解できる。さらに「国司国造、百姓を斂《おさめ》ること勿《な》かれ、国に二君靡《な》し、民に両主無し。率土の兆民、王を以て主となす」（一二条、以下略）も問題がないどころか、「国司・国造」の用語も制度も、「倭国」産であることがここに明記されているとみなすべきであろう。結局、本来は「倭国」憲法というべきものを盗作して、「天皇国家唯一史」を造作するために天皇国家には存在しない「聖徳」を、厩戸に接ぎ木したのである。

五　聖徳太子　不存在の日本史的意味

　以上、述べてとおりに「聖徳太子」なる人物は、日本史には存在したことのない人物である。この人物が創作された由縁は、「倭国」を隠滅しつつ「大和朝廷一元史」を造作するうえで、近畿地方での蘇我氏支配を否定し、遣隋使派遣を「大和朝廷」の外交政策の実行と描き、あわせて「倭国」仏教の近畿地方への広がりを、あたかも「大和朝廷」の業績ででもあるかに描きだす役割を担うものとして創作されたものであろう。この人物の不存在は、何よりもだれが遣隋使の派遣を企画・遂行したかという問題を、新たに浮かび上がらせるのである。それは蘇我氏をおいて他にないであろう。

Chapter 18
第18章
『古事記』『日本書紀』の真実

大学的日本古代史学の「日本古代史」探究は、松下見林以降の近世尊皇史学を「国史々々」主義と指摘・批判した新井白石の言葉そのままに、結局は『古事記』『日本書紀』中心主義、とくにその「大和朝廷一元史観」を絶対とするものである。

しかもこの二書が、なぜ、他ならぬ八世紀初頭に、どんな動機と目的をもって、どんな編集方針のもとに編纂されたか、これがきわめて明確に語られている史料があるにもかかわらず、明治以降、これがまったく問題にされないという、不可解な態度が堅持されているのである。

それは「天武の詔」である。これは今日『古事記』の序文とされている、太安万呂の上表（序第二段）に記されている。この「詔」は古来、「大和朝廷一元史観」からのみ云々され、率直にそのいうところを正面から取りあげた検討は、古田武彦氏の『失われた九州王朝』での指摘が最初である。

一　「天武の詔」

「ここに天皇詔《の》りたまひしく、『朕《われ》聞きたまへらく、諸家の賫《もた》る（正しくは＝もたらす。古田氏注）帝紀及び本辞（旧辞）、既に正実に違ひ、多く虚偽を加ふ』といへり。今の時に当りて、其の失《あやまり》を改めずは、未だ幾年をも経ずしてその旨滅びなむとす。これすなはち、邦家の経緯、王化の鴻基《こうき》なり。故《かれ》これ、帝紀を撰録し、旧辞を討覈《とうかく》（＝調べる）して、偽りを削り実《まこと》を定めて、後葉《のちのよ》に流《つた》へむと欲《おも》ふ」（傍線と括弧は引用者）というものである。この「詔」は単に安万呂が『古事記』を編纂する動機・指針に止まらず、『日本書紀』の編纂をも貫くものと津田氏も位置づけている（津田左右吉氏著、『日本古典の研究・上』、三八頁、岩波書店、一九六三年）。この「詔」の意は

1　「記・紀」以前に複数の「諸家の帝記と旧辞」と呼ばれる書物があったこと

2　『古事記』『日本書紀』の編纂は、この「諸家の帝紀と旧辞」を撰録＝集めて、討覈＝検討をくわえて、「削偽＝偽りを削り、定実＝真を定め」たものであること、

ということになろう。

この「詔」は奇々怪々の集積・かたまりというべきものであるが、それを一つひとつ指摘したい。

その一　「大和朝廷の帝紀・旧辞」すなわち「邦家の帝紀、旧辞」が一言も語られていないことである。この姿は「万世一系の天皇制」に照らせば、奇々怪々であろう。本来、自分の王朝史に一番精通しているものは自家の記録であるはずで、「天武の詔」にのっとって云えば「諸家の帝紀・旧辞」に対して、「邦家の帝紀、旧辞」が語られているべきだからである。

その二　ところが「万世一系の王朝」のはずが「邦家の帝紀、旧辞」は語られないどころか、「諸家の帝紀・旧辞」を集めて「削偽定実」して、「邦家の帝紀、旧辞を定めて、後世に伝えよう」というのである。つまりこの「詔」が言うところは、「万世一系なる大和朝廷」には、天武の時代、七世紀の末に「邦家の帝紀、旧辞」が存在せず、それを「諸家の帝紀・旧辞」の「撰録、討覈、削偽定実」によって「つくろう」ということである。すなわちこの「天武の詔」が示す意味は、「万世一系の天皇制は日本の伝統」論の真っ正面からの自己否定なのである。

その三　これを自ら証明するものが、「諸家の帝紀・旧辞」の天武が指摘するところの性格である。それは「既に正実に違ひ、多く虚偽を加ふ』といへり。今の時に当たりて、其の失を改めずは、未だ幾年をも経ずしてその旨滅びなむとす。これすなはち、邦家の経緯、王化の鴻基なり」とされている。大変な危機感である。その危機感の由来は、「其の失を改めずは、未だ幾年をも経ずしてその旨滅びなむとす。これすなはち、邦家の経緯、王化の鴻基なり」に端的に示されている。

この「既に」は意味深長である。漢文の常套句に見えるがここでは明快に、「倭国」が滅亡した「今の時点では、すでに」の意である。

つまり、その後の「正実、虚偽」の意味の規定が、「既に」によって示されているのである。それは「倭国」が滅亡して日本本土の政治状況が劇的に変化した今では、「倭国」や関東王朝等の「諸家の帝紀・旧辞」は、「時勢とは違う」という意味である。これが「正実、虚偽」の意味であり、したがって大和朝廷の確立が確実な今の時代に、「諸家の帝紀・旧辞」類を集めて、「万世一系の天皇家」にとって邪魔なものは「偽り」として消去・抹殺し、「一元史観」構築に利用できるものは「実」（事実）として利用して、「邦家の帝紀、旧辞を定め、後世に伝えるべきだ」という意味。内容である。あからさまな日本史改竄の「詔」である。

①『日本書紀』の一書群

それを具体的に示すものが『日本書紀』に夥しく登場する、「一書に曰はく」（あるふむみにいわく）群の登場であろう。この「一書に曰はく」問題を正面から取りあげられたのも古田武彦氏である。「第一、実名を秘して『一書』とは何だろう。書物であれば、必ず書名があるはずだ。そうして『書紀』の編者がそれを引用したなら、彼は当然その実名を知っていたはずだ。では、なぜそれを隠そうとするのだろうか。〝一々面倒だから〟では答えになるまい。その理由は一つだ。『他王朝の歴史書』であることが一目瞭然、バレてしまうからである」（『盗まれた神話』、一四三頁）と指摘されている。

②「諸家」とは「諸王家」

そもそも「削偽定実」して「大和朝廷の正史」、すなわち「邦家の帝紀、旧辞」をつくる素材とされる「諸家」が、あとで考察する津田氏らがいう「臣下」などではあり得ないことは、本来、常識の範囲のことであるが、この常識が通用しないのが日本古代史学ないしは日本なのである。それは現代史において天皇主義的日本軍国主義が、世界の面前でおこなった「南京大虐殺」をさえ、公然と否定する本居宣長的精神が健在である点にも示されている。〝況んや古代史においておや〟であろう。

この「一書」の真の姿の一つが、「倭国」王朝の史書である点を具体的に指摘された最初も、古田武彦氏（『盗まれた神話』。氏は「倭国」を九州王朝と呼ぶ）である。『日本書紀』雄略紀の二一年の条の分注に、「汶洲王は、蓋鹵王《かふろおう》の母の弟なり。日本舊紀に云はく、久麻那利《こむなり》を以て、末多王《またおう》に賜ふといふ。蓋《けだ》し是《これ》誤りならむ」（『日本書紀・上、四九六頁）とある。

古田氏は、「『この条の本文を次に記そう。二一年の春三月に、天皇（雄略）、百済、高麗の為に破れぬと聞きて、久麻那利（領地名）を以て汶洲王に賜ひて、其の国を救ひ興す。……』。この百済大敗は、『漢城（百済の都城）の落城』として知られる事件だ。この条の直前（二〇年項）に『百済記』からの有名な引文がある。百済記に云はく、『蓋鹵王の乙卯年の冬に、狛の大軍、来りて、大城（漢城）を攻むること七日七夜、王城降り陥りて、遂に尉礼を失ふ。国王及び大后、王子等、皆敵手に没す』と。

つまりこの漢城落城（四七六年）のさい、日本の天皇（書紀は雄略にあてる）は任那の一部の久麻那利を割《さ》き、汶洲王（書紀の註では、蓋鹵王の母の弟。蓋鹵王の敗死後、熊津を都として百済王室を継ぐ）に贈ったというのである。

この記事を本文に記したあと、『書紀』の編者は註記に『日本旧記』なる書物から引文した。それが『（日本の天皇は）久麻那利を末多王に賜うたという一句である。そうしてこれに対して『書紀』の編者は『蓋し是誤りならむ』と批評している。〝久麻那利を贈った相手は、本文のように汶洲王であって、『日本旧記』のように『末多王に賜うた』というのは誤りだろう〟という判定を付しているのである。

しかし、わたくしの観察では、これは『誤り』ではない。雄略二三年項にあるように、このとき末多王は日本に来ていた。『日本の天皇』は王の聡明を愛していた、という。そこで末多王に祖国の存亡にさいして『久麻那利』を贈ったのである。百済側から見れば、これは進物などではなく、『領土割譲』であるから、時の百済王たる汶洲王に贈られたものと解したのである。……それを国内史料と外国史料が矛盾すると外国史料の方を採用する『書紀』の編者……は、『百済紀』に従って本文を作った。そうして『末多王に賜う』とした日本側史料を非としたのである」(『盗まれた神話』、九二頁。傍線と文中括弧は引用者)

以上であるが、先ずこの『日本旧記』とはどこの文献史料か、という問題である。本書のこれまで述べて見地からは、五世紀には都城一つない「大和朝廷」などは存在せず、したがって朝鮮半島問題に口出しなど論外のことである。また五世紀の事件を「旧記」という書物で語っているのであるが、この「日本」とは、すでに述べたとおり「倭国」の国号であって、この『日本旧記』は古田氏がいわれるとおり「九州王朝」、「倭国」の文献であることは疑う余地はない。

現に、自国の領土の一部を割譲することは、その政府の大問題に違いなく、それを自身で行った政府(大和朝廷・雄略)が、これを全文、「百済記」という外国の史書の引用だけで済ましている姿も異様であろう。

それにたいして『日本旧記』は自国の政治としてこの割譲を述べているのである。さらに『書紀』の編者等は、『日本旧記』から引用している以上、この書を知っていたはずであり、当然、本来、この史料の説明があるべきところ、それさえなく、まるで「文明開花」気分と思想ににて、欧米文化を仰ぎ見てアジア文明を見下すように、『日本旧記』を見下しつつ、古田氏も指摘されているとおりに、『百済記』という外国の史料を、いわば仰ぎ見る態度である。

③ 「諸家」文書の抹殺

さて、「天武の詔」を以上のように理解することの正しさを示すものとして、『古事記』『日本書紀』の編集の資料であって、「撰録、討覈、削偽定実」された「諸家」文章類が、一冊はおろか一字も残っていないという現実の不可解さがある。「天武の詔」に照らして、『古事記』『日本書紀』の編纂にあたった者等は、その目で「諸家の帝紀・旧辞」を読んだことは、『日本旧記』の例にみるとおり否定できないであろう。ではなぜ『古事記』『日本書紀』は残存したのに、肝心の「諸家」文章は一字も残存しないのか。

本来、権力や権威に惑わされずに「天武の詔」を率直に読めば、その真の意味はそう難しくもないにもかかわらず、

「大和朝廷一元史観」を国民に徹底することを唯一、最終の課題とする大学的日本古代史学は、「天武の詔」の〝日本古代史を大和朝廷一元史に改竄・歪曲・造作〟という、重大な意味、内容に目を閉ざし、もっぱら後述するとおり「大和朝廷一元史観」合理化論の視点でのみ論じてきたのである。

　したがって『古事記』『日本書紀』編纂の不可欠の資料たる「諸家」文章が、一冊はおろか一字も残存していないのはおかしい、というあまりにも当然の疑念、問題意識も語られない。この結果は『日本書紀』のあとの大和朝廷の正史、『続日本紀』の次の記述、その意味・内容も当然ながら無視されたままである。

　それは『続日本紀』に三回にわたって記される、「国禁の書」ならびにそれとかかわると考えられる記事である。その一つは文武天皇から元明天皇への皇位継承を祝した大赦（七〇七年）、二つは元明の和銅元年（七〇八）の改元を祝賀する大赦記事、三つは養老元年（七一七）の同じく改元大赦記事である。

　これは「山沢に亡命して武器を挟蔵し百日首《もう》さずんば、罪を服すること初めの如くす」というのが、七〇七年と七一七年大赦記事であるが、重視すべきは「武器を挟蔵し」が七〇八年では、「山沢に亡命して禁書を挟蔵し百日首《もう》さずんば、罪を服すること初めの如くす」（傍線は引用者）となっているところである。この大赦の意味は、「百日以内に自首すれば赦す」というものであるが、「武器」と「禁書」とは別とも解釈できるが同じものであって、「禁書」は大和朝廷からみて、最大の〝凶器〟と見なされた可能性も、また否定できない。

　当時の法令とは律令である。「亡命」とは八つの重大犯罪「八虐」の、第三の重罪にあたる「謀叛」であって、刑は絞首刑である。「三に曰はく、叛を謀かる。謂はく、圀《くに》を背きて偽《ぐゐ》に従へむと謀れるをいふ」（『律令』、日本思想体系新装版、一六頁、岩波書店、二〇〇一年、第二刷）というものであって、国家反逆罪である。そもそも律令制もまた倭国が大先輩である。やっと唐の力等をかりて倭国を滅亡させたばかりの「旧小国」の大和朝廷が、唐時代まで古代中国が数百年をかけて発展させてきた法令・刑罰を、整理・体系化したものを倭国の知識人らの力をかりて、一応の体裁にしたに過ぎないというのが、当時の大和朝廷の姿であって、「謀叛」を起こす最大の危険勢力は、従前の「旧小国」の大和朝廷勢力内部にあるのではなく、「山沢に亡命」などして、復権をはかる「倭国」等の旧国家の残存勢力というのが実際の姿であろう。

　これが「禁書」という言葉で鮮明に示されていると考えられる。そもそも単なる書物で「国家反逆罪」として絞首刑の対象とされる文章とはなにか、であろう。それは日本民族の歴史の事実を記録した史書などの文献記録である。すなわち「『既に正実に違ひ多く虚偽を加ふ』といへり」と、大和朝廷が評する「諸家」文章であろう。だからこそ「今の時に当たりて、其の失《あやまり》を改めずは、未だ幾年をも経ずしてその旨滅びなむとす。これすなはち、邦家の経緯、王化の鴻基《こうき》なり」とあるとおり、これを放置するならば大和朝廷の正統王家としての根拠は、たちまち否定されるのであってこれを探し出し、「削偽、定実」すなわち利用できる部分は利用して、その他は破毀・隠滅して、大和朝廷の正統性を明らかにした史書を新たに作るべきだ、ということであろう。

またこの「禁書」記事の年代が、きわめて大きな意味をもつことは、これらが七〇七、七〇八、七一七に該当している点に端的に示されている。何故ならば『古事記』の成立が七一二年、『日本書紀』が七二〇年であるからである。

二　日本本土の文字使用の起源

『古事記』『日本書紀』の本質を明らかにするうえで、日本本土における文字の使用がいつからかという問題の解明は、大きな意味をもつことはいうまでもないであろう。それは述べたとおり二〜三世紀以前である。それを示すものが『三国志』魏志・倭人伝中の次の文書である。

1　「正始元年（二四〇）、太守弓遵、建中校尉梯儁《テイシュン》等を遣わし・詔書・印綬を奉じて倭国に詣《いた》り、倭王に拝仮し、ならびに詔を齎《もたら》し、金帛・錦罽・刀・鏡・采物を賜う。倭王、使に因って上表し、詔恩を答謝す」（傍線は引用者）

2　「その八年（二四七）、太守王頎官に到る。倭の女王卑弥呼、狗奴国の男王卑弥弓呼と素より和せず。倭の載斯烏越等を遣わして郡に詣り、相攻撃する状を説く。塞《サイ》曹掾史《ソウエンシ》（＝辺境守備の役所？）張政等を遣わし、因って詔書・黄幢を齎《もたら》し、難升米に拝仮せしめ、檄を為《つくり》てこれを告諭す」である。

ここには「倭王、使に因って上表し、詔恩を答謝す」「因って詔書……を齎し……」と、曖昧さなく「倭国」の文字使用を記録している。しかもその水準が高度であったことは、「上表し、詔恩を答謝す」などと表現されているところに示されている。

古代中国人は政治体制の確立にあたって文章主義とでもいうべき、官僚制を発展させたことは周知のことである。したがってその形式等は煩雑で、とりわけ中国皇帝にあてた「上表」という文章は、その形式がやかましいものであり、その作成にあたっては高度の漢字の知識を必要としていることが、古代琉球史に指摘されているところである。

古代琉球の対中国交流と三世紀と、その時差は大きいがしかし、上表の形式が皇帝と臣下、また中国と外国人の関係を反映してそれなりに高度の漢字の知識と、古代中国文化に精通している等を要したことは同様であろう。こうみてくると「倭人」は三世紀には高度の漢字の知識をもっていたことは明らかである。

古田武彦氏はもちろん上田正昭氏も、「……文字の使用においても例外ではない。弥生時代後期の外交が『文章』によって行われていたことは、『三国志』の『魏志』東夷伝倭人の条に、『文章、賜遣の物』による交渉を記すのにも明らかである」(『東アジアと海上の道』、一五頁、明石書店、一九九七年、第一刷)とされている。ただし上田氏の場合には、「そして文字の使用にもっとも活躍したのが渡来の人々であった」としているが、これは津田史学にしたがって、『漢書』地理志の「倭人」の中国交流を「前一世紀ごろ」と、約一〇〇〇年間を十分の一に切りちぢめる結果である。紀元前約一〇〇〇年ごろから中国と交流して、古代国家を形成しつつある「倭人」が、〝字だけは学ばなかった〟などということはあり得ない。

世界の古代国家形成が文字の発明と使用と結びついている点にてらしても、われわれ今日の日本人の祖先もまた、漢字を修得して自国の社会の発展の要請に、みずからこたえたことを疑うことはできないであろう。したがって「倭国」をはじめ日本本土内部の国家的勢力は、それぞれ文字文化を身につけていたことは、稲荷山古墳出土の鉄剣の黄金文字銘文にも明らかであろう。

こうして三世紀には十二分に文書記録を編集する能力が、「倭国」にそなわっていたことが判明するのである。

三　津田左右吉氏の「諸家論」

①「諸家」は臣下でありえない

ところが「大和朝廷一元史観」を絶対とする大学的日本古代史学では当然といえば当然であるが、この「諸家」を「臣下」と解するのである。もしそうだとすれば『古事記』とりわけ『日本書紀』は、津田氏のいうところによれば、「臣下」の立身出世の野心にまみれた家系とその伝承を取り込んで綴りあわせた、いわば臣下の着古したボロを集めて「大和朝廷」の晴れ着をつくった、とでもいうような話になるのである。こうした主張ぐらい「不敬」なものはない。しかし、この説に「不敬である」という非難はないのはどうしたことだろう。

つまり「諸家」を「王家」とすれば『古事記』『日本書紀』は「偽書」になるしかなく、これを回避したいのならば「不敬」も「耐え難きを耐え、忍び難きを忍ぶ」以外にない、ということになるしかないのである。ここに「天武の詔」が不可避的に語る七世紀末以前の「大和朝廷」の姿、ひいては真の日本史の扉が嫌でも姿をあらわすのである。つまりどちらに転んでも『古事記』『日本書紀』は、古代中国、朝鮮諸国の正史とは、くらべるべくもない水準のものという性格は動かないのである。

この項では、戦後の大学的日本古代史学の開祖たる津田左右吉氏の『日本古典研究・上』によって、「諸家」の臣下論が成立するかを見ておこう。

氏は、この考察にあたってまず、「天武の詔」の格下げ的評価を掲げることからはじめるのである。

a 「なほ一歩を進めていふならば、此の修史事業は必ずしも天皇の御考のみから出たことではなく、その時代の官府としてぜひとも計画しなければならなかったことであるから、安万呂の上表に、専ら天皇のおぼしめしであるやうに書いてあるのは、かゝる場合の慣例である文筆上の儀礼が含まれてゐるに違ひない」、（『日本古典の研究・上』、七六頁、岩波書店、一九五三年、第三刷。傍線は引用者。以下同じ）というのである。

しかし、氏が言われる形式論だけならば、氏自身が「天武の詔」を長々と『日本古典の研究』で考察している態度と矛盾するであろう。〝ここには「詔」がもっともらしく掲げてあるが、これは形式で「正史を編纂せよ」とのべただけのことだ〟といえばすむことだからである。こうして氏は自分で書いている事と、その実際の態度が矛盾するのである。

b 「さて、帝記の原本が朝廷で撰定せられたものであることは、其の性質上おのづから推測せられる。皇室の系譜が朝廷でないところで知られるはずもできるはずもないからである。のみならず、旧辞とても、諸家でめいめいに、また自由に、言ひ伝へや見聞を書き記したといふやうなものでは決してなく、或る時期に於いて、或る権威を有するものの手によって、述作せられたものに違ひない。勿論、次にいふやうに後になってそれが種々に、また幾度も変改せられ、従って幾様かの異本ができて来て、それが諸家に伝へられてゐたのであるが、そのもとは一つであったらう」（四六頁）。

c 「……阿礼の誦習した帝記と旧辞とは多分宮廷に伝はってゐた一本であったらうと思はれる。諸家には種々の異本があったが宮廷にも一本あったので、削偽定実の大事業を行ふ準備として、天武天皇は先づそれを阿礼に誦み明らめさせられたのであらう」（六一頁）。

d 「が、改作はかういふ事情からのみではなく、家々に於いてその家格を尊くしやうとか、祖先を立派にしようとかいふ動機から出た場合も、少なくなかったらう。允恭天皇の時に姓氏の混乱を正されたといふ話があるのも、かういふ事情の反映であって、或は領地等の物質的利益のためから、或は一種の名誉心から、種々の造作が家々の系図に加へられたのであらう。特に身分の卑しい、系図のわからぬものが、身を立て地位を得たやうな場合に、かういふことが行はれたらうといふことは、後世の状態からも類推せられる」（五一頁）。

②「諸家」臣下論への批判　その一

この氏のいわば「諸家」臣下論の矛盾は、まず第一に、臣下の家系なるものが王家の「帝紀・本辞（旧辞）」を改作できるか、という初歩的ないしは基本的な問題があることである。氏自身が「帝紀」すなわち「天皇の系譜」が、王朝以外で記される性格を持たないことを口にせざるを得ない点に「諸家」論の本質があろう。つまり「諸家の帝紀」、すなわち「帝紀」をもつ「諸家」とは、津田氏の但し書きからみても、そもそも「帝紀をそなえた家」つまり「諸王家」であって、「臣下の家系」などがそもそもここに顔を出す場ではない、ということである。

しかし、「諸家」臣下論に立てば、臣下共が勝手に王朝の系譜を書き替える、すなわち大学的日本古代史学にたてば「天皇の系譜」を勝手に書き替え、それが天下に通用し、「大和朝廷」が自分の「正史」を編纂するに、その「臣下共」の勝手な「天皇の系譜」を恭しくおしいただいた、というマンガにもならない愚論を、「学問的」なものとせざるを得ないであろう。

ここではそれの指摘にとどめて、第二に、「次にいふやうに後になってそれが種々に、また幾度も変改せられ……それが諸家にもつたえられた……」という点に関して検討をしよう。

さて、この氏の文章から察するにこの「改変」の主体を、氏は「大和朝廷」自身としていることは明らかであろう。そうであればその「改変」が、「其の失を改めずは、未だ幾年をも経ずしてその旨滅びなむとす。これすなはち、邦家の経緯、王化の鴻基《こうき》なり」という性格を持ち得るか、を問えば、これに該当しないことは云うまでもないであろう。「大和朝廷」自らが「改変」した「異説」が、「大和朝廷」の王家としての正統性を危なくするなどということは、あり得ないからである。

③ その二

次が「臣下の家格向上」の野心からの「家系の改作」が、「大和朝廷」の「邦家の経緯、王化の鴻基」を覆す性格を持ち得る否か、ということである。この津田氏の議論の不真面目さは、臣下の「家系の改作」と、王家の「帝紀・本辞」の改作を、同列で論じてみせるいい加減さにある。氏自身がいうように「帝紀・本辞」は、どこの国であれ「皇室の系譜が朝廷でないところで知られるはずもできるはずもないからである。のみならず、旧辞とても、諸家でめいめいに、また自由に、言ひ伝へや見聞を書き記したといふやうなものでは決してなく、或る時期に於いて、或る権威を有するものの手によって、述作せられたものに違ひない」ものに決まり切ったものである。

それが氏によると、「後になってそれが種々に、また幾度も変改せられ、従って幾様かの異本ができて来て、それが諸家に伝へられてゐたのであるが、そのもとは一つであったらう」と、改変・異説を強調するのであるが、しかし、それは氏の憶測に過ぎない。氏は自説の補強として、「これには前に言及したことのある欽明紀（『日本書紀・下』、六八頁）の分註の『帝王本紀に、多《さわ》に古き字ども有りて、撰集《えらびさだ》むる人、屢遷《しばしばうつ》り易はることを經たり。後の人習い読むとき、意を以て刊《けづ》り改む。伝え写すこと既に多《さわ》にして、遂に舛雑《たがいきそうこと》を致す。前後次を失いて、兄弟参差《かたたがい》なり』とあるやうな事情から来たものがあるでもあらう。この注は顔師古の前漢書叙例の一節を殆どそのままに取ったものであるが、それがあてはまるやうな事実があったらしく、解せられる」とされているだけである。

そもそも『日本書紀』は「倭国」文章の盗作の他に、「潤色の『種』は舶載書、即ちいわゆる漢籍にほかならなかった」（『日本書紀・上』、一七頁、岩波書店）と解説者が指摘しているほど、古代中国正史類の文言が、全編に引用、本文化されていることは周知のことである。この他に朝鮮史料（百済新撰、百済本記、百済記など）をも遠慮なくとりこみ、継体紀や欽明紀など、全編これ他国の史書をならべたような姿であって、こうしたものの一例に過ぎない顔師古の前漢書叙例の一節を、自説の憶測の補強材としても、それは客観的な根拠とはいえないものである。

また、万に一つ、王朝に異説の「帝紀・本辞」があったとして、それは「大和朝廷内部の争い」であって、断じて「今の時に当たりて、其の失《あやまり》を改めずは、未だ幾年をも経ずしてその旨滅びなむとす。これすなはち、邦家の経緯、王化の鴻《こう》基《き》なり」の「邦家」すなわち「大和朝廷」そのものの、〝王家としての正当性の否定〟という根本的な危機には該当しないからである。

「天武の詔」の核心はここにあるのであって、王朝内部の「帝紀・本辞」の異説だの、臣下の家系があれこれの「帝紀・本辞」の異説を都合よく取り込んだ云々とは無関係のことである。万に一つ、その王朝内部の「帝紀・本辞」の異説とか、それを臣下が自家の家系や家伝に取り込んだとして、それが「大和朝廷の王家としての正統性を覆す」という性格のものに、どういう風になるのであろうか。そうした家系の氾濫は、万に一つあったとしてもせいぜい、「大和朝廷」の臣下の身分序列を狂わせる水準でしかない。

またこうした水準の津田氏の改作・異説説を採用したとしても、そもそも正史を一度さだめれば異説が根絶され、臣下の「家系の改作」熱が消えてなくなるわけでもないであろう。したがってもし「大和朝廷内部の異説論」と「臣下の家系の改作論」にたつ限り、『古事記』『日本書紀』の編纂以後も再度・再再度の正史を正す試みがないことは不条理となる。「臣下の家系の改作」が『古事記』『日本書紀』の編纂以後、なくなったとは聞いたことがない。

以上から、「大和朝廷内部の改作」であれ、「臣下の家系の改作」であれ、「改作」が原因・動機での正史の編纂などは、論外のことでしかない。そもそも「改作説」を採用すれば、あとの時代の正史についても、その都度、「改作」問題がなければおかしいことにもなる。

四　「諸家」と蘇我氏

「諸家」とは「諸王家」である。これが「天武の詔」の「諸家」の正体である。これを文字使用からも眺めると「諸王家」論が無理なく現れるのである。三世紀には「倭国」には高度の文字使用があったという事実、「倭国」は「大和朝廷」にはるかに先んじた王朝である。これらをみれば『日本旧記』が「大和朝廷」の文献でないことは明らかである。

もちろん「倭国」文献がこの『日本旧記』だけとは当然いえない。しかし、少なくともこうした史料が先行してありながら、一切の説明もなく、残存もしていない。問題の核心部分は「倭国」王朝が存在していれば、「帝紀」もその歴史書の旧辞も存在していたであろう。関東の「カタシロ大王」とその王朝が存在すれば、その「帝紀」も「旧辞」も存在したであろうことは、「稲荷山の鉄剣の黄金碑文」から十二分に推測できる。

問題は、それのみではない点である。それは「大化の改新」に関連して『日本書紀』皇極紀に、蝦夷が「悉《ふつく》（＝ことごとく）に、天皇記・国記・珍宝を焼く」（『日本書紀・下』、二六四頁）とあり、このうち国記は船史恵尺が救い出したとあるが、この記述も不審である。理由は、なぜ焼く必要があるのか、である。この疑問がおこるのは推古紀の二八年一二月に「是歳・皇太子（聖徳太子とする）、嶋大臣（蘇我馬子）、共に議《はか》りて、天皇記・及び国記、臣連伴造国造百八〇部并《あわせ》て公民の本記をつくる」（『日本書紀・下』、二〇三頁）とあるからである。

この「天皇記・国記……」は、『日本書紀』上段注二三（二〇三頁）では、蝦夷邸で焼かれたものであるが、それは未完成であったので蝦夷邸にあった、としている。したがった「聖徳太子」存在論の大学的日本古代史学にたてば、蝦夷邸のこの書物は、そもそも「聖徳太子」と共同作業のものである以上、焼く必要はないはずである。誰にみられようと憚《はばか》るものではないはずだからである。

さらにこうした「正史」を王朝を代表する人物と、単なる臣下が対等平等どころか、その保管所が臣下の家という関係のもとに編纂されるとするのも、大学的日本古代史学が当時の「大和朝廷」を、専制君主制への飛躍の前夜と把握している認識と著しく矛盾するであろう。

したがって本書がいうように「聖徳太子」が不存在であれば、この『天皇記・国記』等の保管場所が蘇我邸である意味は、きわめて自然に理解できるのである。つまり、この『天皇記』等の編纂の主体は蘇我氏である、というのが歴史の事実であるものを、『書紀』の編者らが「大和朝廷一元史」造作の都合上、「聖徳太子」を加筆したのだと。つまり、この『天皇記・国記』は蘇我氏一存の編纂であって、「倭国」からの自立を策して準備したものであれば、「倭国」に知れることを恐れる理由はあるのである。したがって火に投げ入れた可能性は高い。しかし、『書紀』が云うように『天皇記』は残らなかったというのは疑わしい。「記・紀」編纂の有力史料の一つと考えられる。

つまり「諸家」とは古田氏が示唆されたとおり、そもそも「帝紀と旧辞（本辞）」をそなえた存在であって、一言でいえば八世紀の大和朝廷成立以前の、王朝および王朝的諸勢力であって、「帝紀・旧辞」とは、これらが本来保持していた文書記録を指すというのが本当の日本史の姿と考える。この「諸家」は当然、出雲勢力の問題もある。この勢力もまた「倭人」の一種であって、卑弥呼的勢力の先行した初期国家的勢力と考えられるからである。

同時に、私はこの「諸家」に蘇我氏編集の「天皇記・国記」等が含まれるのではないか、と考えるのである。本来、七世紀末まで近畿地方の一豪族に過ぎない「大和朝廷」に、『古事記』『日本書紀』のような「帝紀・旧辞」などはあり得ないと見なすのが正道であろう。したがって『古事記』や『日本書紀』の「帝紀」も「旧辞」も、正しい歴史学が大学的日本古代史学をもとらえる時代がおとずれる世には、根本的な再吟味が新たな課題となりうると考えるものである。

こうみてくれば「天武の詔」は、「大和朝廷一元史」作成の観点と方法を明快の述べた、まさに『旧唐書』東夷伝と『隋書』の日本本土の「二国併記」とみごとに照応する、日本自身による日本古代史解明の決定的な史料ということになる。

五　『風土記』の正体

なおここで『風土記』について、多少ふれておきたい。『風土記』は、地方の昔からの伝承等を記録したものではない。『古事記』が完成した翌年、「……元明朝の和銅六（七一三）年の中央官命に基づいて、地方各国庁で筆録編述した所命事項の報告公文という意味での風土記ということである」（岩波、日本古典文学体系、『風土記』、「解説」九頁）。その特徴は、本来、「諸家」の諸記録や文献を『古事記』、とりわけ『日本書紀』編纂にあたり、利用すべきは利用して造作した「正史」の史観と整合性を保つものとして、意図的に整備された「官庁文献」に過ぎないのである。

「現伝風土記中、九州のものに日本書紀と記事文章の近似するもののある故をもって、風土記編述が日本書紀編纂の資料収集のためであったと解することは早計である。天武朝より奈良朝初期へかけての修史事業は、天皇中心的な国家体制を歴史によって確立しようとするもので、大化の新政が意図するところを整備しようとする事業の一つと解すべきものであった。……中略……中央と地方との相違をもって、国史編纂と地方誌編述の官命とは、同じ時代機運の上にたつ併行的な企画事業で、……あったのである」（一一頁）とか、「豊後・肥前のみならず、逸文によれば九州諸国は同一の編述方針のもとに同体裁に編述せられている。そして筑前・豊後・

肥前・肥後・日向などの諸国にわたって日本書紀と記事内容のみでなく文章の酷似する記事のあることも共通であるが、書紀の資料となった地方記録に拠ったとするよりも、書紀そのものを所拠として筆録したものと認められる」（二一八頁）などというのは、いわばその大学的日本古代史学的解釈に過ぎない。

たとえばなぜ急に、「天武朝より奈良朝初期へかけて……天皇中心的な国家体制を歴史によって確立する修史事業」が、ほかならぬこの時期に急に必要になったかの説明では、大学的日本古代史学の「大化の改新」の解釈論よりも、『旧唐書』日本国伝やこれと照応するものとしての「天武の詔」等の方が、はるかに政治・軍事・行政等の全面的見地から合理的である。

九州地方の『日本書紀』の記事内容のみならず文書の酷似したものがある事実は、「天武の詔」の指摘どおり「倭国」文献を切り貼りしたことを如実に示すものである。

Postscript あとがき

——消された真の日本古代史——

今日の「日本古代史」は、七世紀の後半に成立した大和朝廷が、その王朝の正当化・神聖化をはかる目的で編纂した、『古事記』、『日本書紀』を源流とすることはいうまでもない。これらの正史はその政治的意図にそって編集・構成された文章であって、その本質は、日本民族の真の歴史の改竄・造作、真実の隠蔽を目的としたものである。すなわち日本民族の真の古代史は、「消去」され改竄されたのである。

これはきわめて大きな問題である。古代史はその民族、その文化にとって決定的な意義をもつものである。それはヨーロッパ文明にとっての古代ギリシャ・ローマ史、中国と東アジア文明にとっての、中国古代史をみれば多くの言葉を必要としないことであろう。もし真の日本古代史が他民族のように基本的に残存していたならば、例えば鎌倉幕府を創設した東国武家政権は、ためらいもなく古代大和朝廷政権に、他民族同様にとって代わったであろう。つまり「日本革命」が存在したであろう。

ここに『古事記』『日本書紀』のもつ「日本史的意味」があるのである。この影響は、単に日本の中世史にとどまらず、今日の日本社会、近代日本の文化、社会的意識に負の遺産として云い知れない重荷となっているものである。

真の日本古代史学の意味は、真実の日本古代史を解明・復権することによって、この負の遺産を明らかにして、これを根本的に克服することと結んで、日本の真の民主主義思想と文化、制度を確立・発展させる、民族の歴史的事業に貢献することにある、と考えるものである。

今日、『古事記』『日本書紀』の存在意義は、そこに藤原京以前に都城・京師がないことを公言しているとか、白村江の大敗のあとでの第一の措置が「官位を増しくわえること」、すなわち「国破れて、祝賀あり」的な、本来ありえない記述が堂々とおこなわれ、そこに『旧唐書』東夷伝での「日本列島二国併記」や、その「日本国伝」中の粟田真人等の「日本本土二国論」に照応した記述が、正史として存在しているなどのところにある。同様の点は、この他にも、「大化の改新」以前に、すでに「評制」という行政区が存在していながらこれに口をつぐみ、「大化の改新の詔」で素知らぬ態を装いながら、「初めて京師を修め……」などとしたところにも、日本古代史の偽造者、改竄者の素顔が否定し難く示されており、その意味できわめて大きな意義をもつものと考える。

さらには江戸時代、長期の鎖国のなかで国学等の『古事記』『日本書紀』を妄信する近世尊皇思想が生れ、これが幕末に下級武士の倒幕の大義名分論とされ、維新以降には日本の近代化を上から強行するにあたって、政権の正当性の歴史論的な合理化の具とされ、国民支配と抑圧、さらには対外侵略での日本的な理念とされた。すなわちその本質は歴史論をよそおった、階級的支配の正当化論である。とくに重視すべきは、国学等の「万世一系論」の絶対化・神聖化の意図が、同時に、「天命論」という北条鎌倉幕府～足利幕府成立までの、古代天皇制とその尊皇論への批判論と克服の偉業を、「反日本的」として意図的に位置づけている点である。

この点で近世以降の「尊皇思想」が、単に『古事記』『日本書紀』への妄信というに止まらず、武家階級の発生・発展とそれの古代勢力との階級闘争とその勝利を、尊皇思想から意図的・否定的に総括し、いわば発展させたものという特質があるのである。

これの近代史上での重要な意味は、古代天皇制への批判と克服という進歩的意味と価値を、尊皇思想によって歪曲・否定して、天皇制への絶対服従と追従を歴史論の体裁で正当化し、人類史の進歩思想とその闘いを悪とした点である。明治政府はこれを教育行政を柱に、日本国民に行政的に強要してきたのである。

にもかかわらず近代日本の意識には、これへの正当な批判は歴史論としてはもちろん、日本思想史論としても皆無であった。これはあまりにも大きな迂闊さではなかろうか。それは近世尊皇思想の「万世一系論」の政治的性格と、それが必然的に秘める歴史論としての欺瞞性を正しく見抜けなかった、という、あまりにも大きな弱点である。この近代日本の世界に例を見ない迂闊さが、自由民権運動や日本のマルクス主義政党の正当な天皇制批判を、「体制論批判」に閉じこめた要因でもあろう。

この迂闊さをうむ軽視しがたい要素に「入欧・脱亜」式の、「文明開化」気分と思想という東アジア文明を、遅れた文明とみなすアジア軽視があったと考えるものである。同時にそこには「よらば大樹のかげ」的自主性のなさがあろう。こうした風潮が支配的な役割をはたした結果、「万世一系論」の欺瞞性を見抜くことができず、あわせて日本民族の進歩の思想と伝統についても、自由民権運動以降の進歩思想を初期武家階級以来の「天命論」などの進歩的世界観の、正当にして当然の継承であり発展であるという自覚、これを歴史の事実にたって解明し広く国民に明らかにすべきを、それもまた、なしえていないという巨大な損失を生みだす結果になったと考えるものである。

つまり世界の発展のなかで、日本人にしてはじめて成しうる、アジアの進歩思想と文明の世界的意味を明らかにするという、真の学問は、生れなかったというべきであろう。中国人も今後はなしうるかもしれない。しかし、資本主義を懐胎した封建制を古代社会から誕生させえたのは、世界で日本人だけであろう。したがって先進的欧米文化を評価し学ぶのは当然としても、それによって東アジアの従来の文明を一面的に、遅れたものと考え込むことが自然であるとか当然であると、肯定されるようなものではないであろう。民族的な真の意味の自主性・独立心のなさは高価な価値を祖先から与えられても、それを自覚することができず、ヨーロッパの反封建・ブルジョア民主主義革命や、民主的古代ばかりが唯一のお手本と考える、一見、華やかではあるが、しかし、深刻な惨めさ――文化的後進性根性とそれ故の知的貧困――を生むと思われる。

万に一つも「武家は封建勢力だ」という観方が金科玉条というのであれば、古代ギリシャ・ローマの「民主主義」は奴隷制の民主主義である。封建制は悪で奴隷制は善というわけではあるまい。いや民主主義はいいが封建制は悪だ。それはヨーロッパでも資本主義勢力が民主主義をかかげて否定したものであるから、悪だ、というとすれば、ヨーロッパの輝く民主主義的古代は、ローマにおいてアジア的・専制的なにおいが漂う帝政をうみ、しかも、みずからの中世・封建制をうみだすこともなく滅んだ。

しかし、日本では、古代天皇制とそれを神聖化した尊皇思想と対決して、これを封建社会に変革した。それは進歩ではないというのである。この時代の武家の思想は日本思想史にも語られず、評価もない。本書が、ヨーロッパを金科玉条にする、というのはこれを指すのである。それぞれの国家・社会にはそれぞれの歴史の個性があり、その中をそれぞれの国家・社会の歴史的進歩の歩みが貫いている。したがって具体的な歴史の具体的事実にたって、それぞれの進歩の実態を探求し見極めることが学であろう。

しかし残念ながら、近代日本では「口を開けば万世一系」、口を開けば古代ギリシャ・ローマ、イタリア・ルネッサンス、口を開けばフランス革命、ドイツ哲学、口を開けばアメリカの独立戦争、奴隷解放、口を開けば欧米の科学技術、口を開けばマルクス・エンゲルスといった具合であって、いわゆる「では（出羽）の守」に塗りこめられて、アジアとそれと不可分の日本は、なきが如し、に思える次第である。この近代日本の姿は、日本の近代化を上から強行した勢力にとって、天佑というべき状況を生みだしたと考えるものである。しかも、初期武家の「天命論」を評価できなかったに止まらず、明治時代の「万世一系論」への歴史論的批判（七八頁）をも評価しえなかったのである。

自分達がアジア人であり、アジアの文明は人類文明創設の一つであって、しかも、人類史上にヨーロッパ人が造りだした資本主義の犠牲者にされながら、中国、ベトナムをはじめ民族的流血のなかから、しかし、資本主義的植民地というわば資本主義的欧米と日本をはねかえして、世界の人類文明創設の地のなかで、もっとも活力をもって羽ばたきはじめている。もちろんこの地の歴史を発展させることは、人跡未踏の困難はあるであろうが、この新しいアジアは新しいヨーロッパを求める人々同様に、この人跡未踏の新たな道を切り開くと思われる。

　この偉大な時代に、自分達がアジア人であること、そうしてアジア人たる日本人にして、はじめてできる世界的意義ある課題がありながら、「万世一系」のまえにひれ伏し、「英語でしゃべらナイト」などという安保文化を世界の限りとする姿では、如何であろうか。

　こうした時代に、古代中国正史類への正当で当然の評価にたって、また、それへの不当な評価に明確な批判を展開され、それによって真実の日本史への扉を開かれた古田武彦氏が登場された。いわば日本古代史学、ひいては日本史学・日本思想史学――日本学――の真の夜明けである。しかも、この古田氏などの古代中国史料への正当な評価は、マルクス主義――モーガンの氏族社会論とマルクス主義の古代国家形成・誕生論――の普遍的な結論と、まるで符丁のように一致するのである。

　ここに目をみはるべき教訓があろう。「文明開化」気分と思想が、遅れた文化で無価値なものでもあるかに扱ってきた古代中国文化の産物が、ヨーロッパの古代民主主義文化ならびに、反封建制の資本主義的民主主義革命が生み出した「科学的思考」、それを継承・発展させたマルクス等の科学的思考と一致するのである。これは真の驚きでなくてなんであろうか。今日、儒教ときくと軽蔑したような顔をする進歩的知識人は多いであろう。しかし、これらの儒教論は一方では国学等の万世一系的儒教と、孟子を孔子とともに二本柱とする本場儒教を混同したものであり。他方で、古代中国史の新たな発展のなかで、この儒教を見直す必要を自覚しない、時代遅れの「文明開化」気分と思想を限りとするものである。

　これらの民主主義論は欧米中心主義であって、エンゲルスが『家族・私有財産・国家の起源』のゲルマン人への考察で、氏族社会論を展開している見地は、マルクス・エンゲルスの庭園の花とされるにとどまって、都市国家の創設期に文字を創造した古代中国思想と氏族社会の民主主義との関係などは、「ベルリンの壁」ならぬ「遅れたアジア文化・思想」論という鉄壁でさえぎられて、検討すべしという発想さえないのである。

　しかし、「事実は小説よりも奇なり」という死語的格言は、生きているらしい。『孟子』の世界を歩けばマルクス・エンゲルスの庭に、氏族社会の民主主義という小道をとおって通じている。ひとたびこの小道が見つかれば孔子論も、否、古代中国思想論も「封建制のイデオロギー」という古色蒼然とした規定も、マルクス・エンゲルス、モーガン等の諸研究によって、見直しがせまられる面もある。

　さて本書は、都城なき「大和朝廷」などの「日本古代史学」は、歴史の欺瞞に過ぎない、という立脚点から出発した。同時にこの過程は、古代中国正史類の「倭国」記載がモーガン、マルクス・エンゲルスなどの古代国家形成論と照応するという発見でもあった。その意味で、マルクス主義の古代国家形成論と、古代中国正史類の対日交流にたった日本記載、および古田氏の日本古代史論が一致するのである。

考えてみれば当り前で、世の中、「事実と道理」が問題だからではなく、「○○主義」が真の問題ではなく、「事実と道理」が問題だからである。東アジア文明の精華は、マルクス主義の普遍的性格と根本において、一つの巨大な流れに合流するのである。ただその流れは、氏族社会という共通の源流から流れだしてはいても、その流域の景観はそれぞれの支流において、それぞれ個性に彩られているという、当り前の姿を示しているに過ぎない。

それにしても日本において、天皇制批判の見地は平将門以来、国際性にたって行われているのである。つまり、人間性とその社会の普遍的真実の姿は、「天皇制とその尊皇思想」とは「共にならびたたない」のである。しかも、これは当然であって、「まことの道は、天地の間にわたりて、いずれの国までも、同じくただ一すじなり。」だからである。

世界の国家・王朝発展史の姿は、どこも、「多元的都市国家から、中規模国家、次に統一王朝へとすすみ　、その過程で幾多の王朝が姿を消し、また統一王朝さえ交代と滅亡をくりかえしている」のが普遍的な姿である。日本民族の国家・社会発展史が、この世界的普遍性を共有しているのは、日本民族が人類の一構成部分であれば、あまりにも当然のことであろう。

明治以降の「日本古代史学」の真の性格をもっともよく表現している、ないしはそれを理解するうえでもっともピッタリしているものは、やはり『資本論』、第二版後記にみるマルクス自身の言葉であると思う。それはマルクスが、勃興期のブルジョア経済学の科学的・学問的正統性――日本にはこれに該当する経済学はないが、日本史論としては新井白石などがある――にたいして、資本主義的政権確立以後のブルジョア経済学――明治以降の日本古代史学と読む――の変質を特徴づけた有名な次の一節である。

「ブルジョアジーはフランスとイギリスですでに政権を獲得していた。そのときから、階級闘争は、実際的にも理論的にも、ますますあからさまな険悪な形をとってきた。それは科学的なブルジョア経済学の弔鐘を鳴らした。いまや問題は、これとあれとどちらの定理が正しいかではなく、それが資本にとって有益か有害か、好都合か不都合か……だった。私利をはなれた研究に代わって金でやとわれた喧嘩売りがあらわれた。とらわれない科学的探究に代わって弁護論の無良心と悪意とがあらわれた。」（『資本論』、第二版後記、マルクス・エンゲルス全集第二三巻　第一分冊、一六頁、大月書店）。

明治以降、とくに戦後の「皇国史観批判史学」は、その「大和朝廷一元史観」の旗を担ぎあるいた、日本的マルクス主義の古代史学等の逸脱もおおいに役立って、「日本古代史学」は事実を誠実に探究している学問である、と国民を信じ込ませることに確かに成功した。しかし、それは真の批判者が不存在だったからに過ぎない。いわば真の野党がいない国会のようなもので、「同一の世界観の者たちだけの」意見の相違に過ぎなかった。

古田武彦氏の探究をもって、初めて真の日本古代史学の扉が開けられたのである。真実の日本古代史の探究は、明治以降の「日本古代史」がいわば国教である点にてらせば、そのあり方は日本国民と日本社会のあり方にとって、極めておおきな意義がある分野と考えるものである。

●著者紹介

草野善彦（くさの・よしひこ）

1933年12月16日、神戸に生まれる。
1957年　武蔵野美術学校（大学）西洋画科卒

著書
『天皇制国家唯一史観を疑う』（光陽出版社）
『天皇制批判と日本古代・中世史』（本の泉社）
『放射性炭素年代測定と日本古代史学のコペルニクス的転回』（本の泉社）
『放射性炭素14C測定と日本古代史』
（国際教育研究第24号収録、東京学芸大国際教育センター）
『二世紀の卑弥呼「前方後円墳」真の構築者
——「日の丸」「君が代」と日本古代史学』（本の泉社）
『天皇制は日本の伝統ではない　——墓より都　君が代——』（本の泉社）

Profile

消《け》された日本古代史《にほんこだいし》を復原《ふくげん》する
――マルクス主義《しゅぎ》の古代国家形成論《こだいこっかけいせいろん》にたって――

2009年７月15日　第１刷発行

著　者　草野善彦《くさのよしひこ》
発行者　比留川　洋
発行所　株式会社　本の泉社
〒113-0033　東京都文京区本郷2-25-6
TEL.03-5800-8494　FAX.03-5800-5353
http://www.honnoizumi.co.jp/
印　刷　音羽印刷　株式会社
製　本　株式会社　難波製本

ISBN978-4-7807-0449-5　C0021